本书

系浙江大学教育学院优势特色学科建设项目研究成果

受中央高校基本科研业务费专项资金资助

Supported by the Fundamental Research Funds for the Central Universities

肖　朗　商丽浩◎主编

教育交流与变革

——教育史研究的当代视域

Educational Exchange and
Transformation:

A Contemporary Perspective of Educational
History Research

ZHEJIANG UNIVERSITY PRESS
浙江大学出版社

第十届海峡两岸及港澳地区教育史研究论坛

中国 · 杭州 2016年11月18-20日

全体与会代表合影

论坛开幕式

主会场演讲

分会场报告

与会代表发言

与会代表交流

部分与会代表留影

目 录 Contents

教育史学理论与方法研究

探寻教育史学科重建的出发点 ……………………………………… 张斌贤/3

偏离了主体与主流的中国教育史学 ………………………………… 周洪宇/13

教育史有什么用? ………………………………………………… 陈露茜/17

民国教育史学史的小微样本:学前教育史学史 ……………… 朱季康 胡金平/28

当代美国教育史学的新进展:边缘群体教育史研究 ………… 吴路珂 杨 捷/48

教育交流、传播及互动研究

东亚科举文化圈的形成与演变 …………………………………… 刘海峰/57

徐光启与马相伯的中西文化教育会通之比较 …………………… 黄书光/68

外国人眼中的晚清儿童教育 ……………………………………… 陈桃兰/77

论近代国人赴海外教育考察(1876—1937) ……………… 于书娟 毋慧君/92

梁启超的《和文汉读法》及其对清末民初思想界的影响 ………… 肖 朗 孙莹莹/105

中外"社会教育"交流中的问题与论争

　　——一种历史视角 ………………………………………… 王 雷/119

步济时与近现代中外教育交流的关系 …………………………… 杨 燕/126

吸收外来教育思想过程中出现的偏离与折射

　　——以胡适对《民主主义与教育》思想的解读和口译为例的考察 ……… 赵 康/133

另类的教育交流:日伪政权统治下的北京师范大学办学活动及其清除 …… 孙邦华/140

外国教育制度、思想及学说研究

结构、义理与修辞——柏拉图《理想国》教育理解引论 ………………… 王 晨/161

从"美诺悖论"到"问题解决":教育研究的论争与反思 …………… 郭法奇　郑　坚/175

虚幻的自主:重论中世纪大学的法律身份与地位 ………………………… 覃红霞/185

儿童教育的真知灼见——蒙田儿童教育思想探析 ………………………… 单中惠/196

卢梭自由教育思想探析 …………………………………………………… 刘黎明/203

英国"科学教育协会"的演进及其教师教育活动 ………………………… 朱镜人/216

近代日本的民族启蒙教育及其逆袭 ……………………………………… 杨　晓/225

达特茅斯学院案与美国高等教育的公私之辨 …………………………… 王慧敏/236

多元、创新、卓越:美、加一流大学教育学博士人才培养之研究

　　　　——基于对六所一流大学的实证分析 ………………………… 刘　盾/246

中国古代教育制度、思想及文化研究

57种中国教育史教材所选入古代教育人物分析

　　　　——兼论古代教育家群体的形成 ……………… 杜成宪　李得菲　张月佳/259

中国古代"即身而道在"教育的基本特征

　　　　——一种具身性教育的永恒魅力 ………………………… 李申申　李志刚/273

先秦创始道家的原创性教育思想探赜 …………………………… 王凌皓　王　睿/290

祠学璧合:两宋书院祠祀活动及其价值期许 …………………… 赵国权　周洪宇/303

王学在杭州书院的传播 …………………………………………… 兰　军　邓洪波/315

明清江南家族教育形式研究 …………………………………… 蒋明宏　胡佳新/324

教师荣誉制度的历史渊源 ………………………………………………… 施克灿/341

清代金门科举式微与地方社会应对措施 ………………………………… 毛晓阳/348

中国近代教育思想、人物及其交往研究

危机意识与乐观精神:晚清教育危机下的士人心态 …………………… 陈　胜/367

中国近代教育家通识教育理念及其影响 ………………………………… 张亚群/373

蔡元培语文教育改革思想管窥 ………………………………… 刘立德　程　锦/382

为职业教育与时俱进的一生

　　　　——论黄炎培的职业教育心路历程 ………………………… 谢长法/388

妥协中的坚守

　　——无锡国专与中国传统书院文明赓续 ……………………… 陈兴德/399

民国高校教师学术交往方式的选择 ……………………………… 王建军/412

郭秉文与陶行知的交往与合作研究(1917—1923) ……… 李　永　柯　琪/428

中国近代教育组织、制度及教科书研究

民国时期北京大学学术休假制度考述

　　——基于高等教育国际化的视角 ………………………… 田正平　王　恒/439

晚清和民国时期教会大学"双层董事会"的制度转向 ………………… 任小燕/451

研求学术:民国时期高校教师公派出国制度的演进 ………… 商丽浩　葛福强/462

中国近代"教育会"的功能变迁及其当代启示 ………………………… 马洪正/471

从阎锡山"治晋"看地方教育改革的首创性与示范性 ………………… 申国昌/479

留学生与民国时期中国教育史教材编写中的民族主义倾向 ……… 刘　齐　胡金平/496

国定教科书:时代价值及其局限

　　——从南京国民政府的国定教科书说起 ………………… 张　文　石　鸥/506

民国国立中央大学学科变革的历史考察(1928—1937) ………… 曲铁华　王丽娟/515

20世纪30年代我国大规模院系整顿及其动因分析 ……………… 斯日古楞/525

第三次全国教育会议与抗战初期高等教育改革 ……………………… 于　潇/533

论抗战时期大学先修班的创立 …………………………… 刘正伟　顾云卿/538

中国现当代教育变革与发展研究

一核多元、中和位育:中国当代少数民族教育法律与政策述评 …………… 吴明海/551

后　记 ……………………………………………………………………… 563

教育史学理论与方法研究

探寻教育史学科重建的出发点

◎张斌贤*

摘　要：近30多年来探讨教育史学科重建的成效不彰，其关键原因在于忽视对教育史学科本体问题的思考。本文通过梳理部分教育史教材和专题研究成果发现，受正统教育理论和线性历史观的双重影响，教育史学科将视野局限于正规学校教育的变迁，导致研究领域狭窄和对教育史本质的曲解，从而使教育史学科陷于进一步被弱化和边缘化的困境；主张更新对教育史本质的认识，强调作为教育史学科研究对象的教育史是过去一切时代人类所开展的社会化活动及其共时性和历时性的关系。

关键词：教育史；学科重建；教育史定义；社会化活动

自20世纪80年代以来，学科重建一直是教育史学界普遍关注的重大问题。几代学人为之殚精竭虑，上下求索。然而，尽管付出了巨大的努力，取得的实际成效却并不显著。总体上，近30多年来，教育史研究虽然在研究领域的拓展、研究内容的更新和研究史料的丰富等方面取得了令人瞩目的成就，但无论是在研究方法和研究范式上，还是在教育史观上，鲜有重大的突破或革新。教育史研究的视野仍主要局限在各类学校和大学等正规教育机构的围墙之内，教育史研究的主题依然宏大、难以把握，教育史论著的"写法"仍沿袭着"背景""过程""结果与影响"以及"当代启示"这样的陈规套路，实用主义的教育史价值观仍大行其道，如此等等。伴随着学科重建进程的艰难推进，教育史学科处于进一步被弱化和边缘化的境地。

为什么教育史学界重建学科的努力没有能够取得预期的成效？其中的原因固然非常复杂，但缺乏对学科本体问题的深入探讨无疑是其中的一个关键因素。由于缺乏这样的探讨，重建工作只能囿于学科大厦既有的框架结构，学科只能发生表面的渐变和数量的增长，难以取得实质性的突破和根本性的变革。

一

本文所说的教育史学科重建的"出发点"，实际上就是指对学科研究的对象及其范

---

　*　作者简介：张斌贤，北京师范大学教育学部教授。基金项目：全国文化名家暨"四个一批"人才自主选题资助项目"美国教育思想史"。

围、边界、性质的合理认知与科学把握。易言之,教育史学科重建的"出发点"是对作为教育史学科研究对象的"教育史"的合理界定,对"什么是教育史"这个既非常简单又异常复杂的问题的解答。

对研究对象及其性质、范围和边界的确定,不仅是一个学科或学科领域区别于其他学科或学科领域的本质特征,而且是该学科或学科领域得以存在的基本前提。对一个新兴学科或学科领域而言,如果不能充分证明其研究对象的特殊性,清晰说明其研究对象的性质,或许就难以在学术界立足。对一些业已存在多年的学科或学科领域而言,这种合法性的证明似乎没有那么重要,以至于在该学科或学科领域中活动的研究者几乎忽略了对研究对象的系统审视,凭借某种约定俗成的共识开展研究工作。教育史学科就存在这种状况。

查阅诸多中外教育史教科书,编著者通常会对"什么是教育史"这个问题进行或详或略的解答。例如,"教育史是教育科学的一门分支"[1];"教育史是从历史的角度探讨人类教育发展的演进与积累,以及从这一过程中不断提炼和总结人类已有的教育经验和教育规律。因此,在某种程度上,教育史就是一部活生生的人类教育从无到有、从小到大、从不完善到完善、从对教育理解的肤浅到深刻的教育百科全书"[2];"中外教育史是关于中国与外国教育思想、教育制度的产生、变革和发展轨迹并由此揭示其规律的一门学科,是教育科学的一个重要分支"[3];"教育史(history of education)是教育科学的一门分支学科,它以人类教育理论与实践发展的历史为研究对象,其任务是分析、研究各个时期人类教育理论与实践发展的实际情况和发展进程,总结教育发展的历史经验,探讨教育发展的客观规律,为解决当代教育问题提供启示和借鉴,并预示教育发展的方向"[4];如此等等。

从以上引述中可以看到,现有教科书中所说的"教育史",其实通常都只是对作为一个知识领域、教育学科一个分支学科的界定,而不是对作为教育史学科研究对象的、客观存在的教育历史的概括。易言之,现有教科书所解答的其实是"什么是教育史学科"或"什么是教育史研究",而非"什么是教育史"。

为数不多的教科书虽然对这一问题有所涉及,但往往语焉不详。例如,认为"教育史是教育的发展历程,即关于教育发生、发展、演变的历史过程"[5]。再如"我们通常所使用的教育史这个概念,实际上包含了三个层次的含义。第一,客观的历史,即已经发生的教育事件、活动、思想及其结果。第二,主观的历史,即人们对客观历史的认识和理解(即'史学')。第三,反思的历史,即人们对自身历史认识的再认识。这种再认识的结果通常可以称为历史哲学"[6]。

如果说由于编写教科书的主要目的是系统展现本学科的知识体系,因而难以对一些

---

[1] 贺国庆、谢长法主编:《简明中外教育史教程》,河北大学出版社 2004 年版,第 3 页。

[2] 王晓华、叶富贵主编:《中外教育史》,首都师范大学出版社 2007 年版,第 1 页。

[3] 胡金平主编:《中外教育史纲》,南京师范大学出版社 2004 年版,前言。

[4] 吴式颖、李明德主编:《外国教育史教程》,人民教育出版社 2015 年版,第 1 页。

[5] 张传燧主编:《中国教育史》,高等教育出版社 2010 年版,第 1 页。

[6] 张斌贤主编:《外国教育史》,教育科学出版社 2015 年版,前言。

可能存在争议或属于教育史学范畴的问题展开详尽的讨论,那么,作为对教育史研究本身进行研究的教育史学就应该对"什么是教育史"这个学科的基本问题有所探究,但事实却非如此。

近30年来,教育史学从"无"到有,从不自觉到自觉,从零星到系统,取得了较为重要的发展,成为这个时期教育史学科建设区别于以往各个历史时期的显著特征。尽管如此,由于研究基础不足,教育史学研究仍存在巨大的开拓空间。一个突出的问题是,已有的教育史学研究更多地关注教育史的认识论和方法论问题,而忽视了教育史的本体论问题。通过对研究文献的检索和研读可以发现,已有教育史学研究重点探讨的主要问题包括:教育史研究存在的主要问题及其生成原因、教育史研究范围和领域的拓展、教育史研究方法的更新、教育史学科定位的确立以及对教育史研究功能的重新认识,等等;而对作为教育史学科研究的客观对象即"教育的历史"或教育史本身的探讨则不多见,或者说研究缺乏对"什么是教育史"这个教育史本体论问题的系统解答。正是因为教育史学者忽略了对这个基础性问题的深入探讨,对其他问题的研究便难以产生预期的成效,从而直接制约了教育史学科重建的进程。原因很简单,如果对"研究什么"的问题都未加系统深入的反思,怎么能期待对"为什么研究""如何研究"等问题的探讨取得令人满意的成效呢?

<h2 style="text-align:center">二</h2>

尽管至今为止教育史学界尚未对"什么是教育史"这个问题进行自觉和系统的思考和探索,但这似乎丝毫不影响教育史学者对其开展相关的研究和教材编写工作,也几乎没有因对概念的理解不同而产生交流障碍的,甚至都不存在不同的理解。如果一本著作的书名叫做《外国教育史》或《中国教育史》,没有人会认为这是一种讨论教育史学的著作,而自然会想到这是一部叙述外国或中国教育演化历程的历史著作或教材。当学者们讨论教育史研究或教育史学科存在的"危机"时,无须做任何特别的说明,也很少会有人认为这样的论文或著作是在讨论具体的教育史问题,或者认为是在研究中国或外国的教育史上出现的某一个危机,而都会想到它们是在分析教育史研究工作面临的严峻挑战。也就是说,即使教育史学者并未对"什么是教育史"这个问题提供明确和系统的解答,但这种解答实际上是存在的,并且发挥着实质性的作用,只不过是以隐性、含蓄甚至是以只可意会而不可言传的方式存在和发挥作用的。不仅如此,这种解答具有高度的一致性,以至于无须做出任何必要的说明,也不会产生任何歧义。或许正因如此,才会出现教育史学界长期忽视对这个问题进行探讨的现象。

那么,教育史学者通常如何认识作为研究对象的教育史或如何解答"什么是教育史"这个问题呢?因为教育史学者尚未对此问题进行较为充分和明确的阐释,且大多数教科书很少直接解答这个问题,所以只能从现有教科书的内容中挖掘和分析那些隐性的表达。①

通过对现有教科书的分析可以看到,虽然不同教材之间在内容结构上存在一定的差异,但它们的共性是非常明显的。第一,都试图较为完整地反映除中国以外的国家和地区教育的历史沿革。除北师大版教材外,其他几种教材的上限均为史前时期的人类教育,而下限则多为20世纪七八十年代,人教版教材则下延至20世纪末,其时间跨度大多超过一万年。第二,在空间维度上,都努力涵盖世界各主要国家和地区。与传统的同类教材主要涉及欧洲、北美、俄罗斯及苏联、日本以及拜占庭与阿拉伯地区相比,这些教材都不同程度地涵盖了亚洲、非洲和拉丁美洲国家的教育。这不仅在一定程度上淡化了欧洲中心论或西方中心论的色彩,也使"外国教育史"真正成为中国以外的世界广大地区的教育史。第三,在内容上,都不同程度地加大了第二次世界大战后教育变迁的比重,而且都努力吸收考古学、人类学和历史学等不同学科的相关研究成果,从而表现出与传统同类教材明显不同的特征。第四,在分期上,都努力避免简单套用社会发展史的阶段划分,而采用古代、近代和现(当)代这种较少意识形态意味的分期。

这些教材更为主要的共性则表现在对教育的内涵以及教育历史演变本质的认识上。深入研读这些教材可以清楚地看到,除史前时期之外,这些教材对不同历史时期教育的关注主要集中在那些较为正规和专门的教育形式,即不同历史时期不同名称和不同层次的学校教育,对那些并不正规或专门的教育形式或学校之外的教育则较少留意,甚至基本不予关注。例如,在古希腊时期,这些教材通常主要叙述的是文法学校、弦琴学校、体操学校、体育馆等具有学校形式的教育机构中所开展的教育活动,而对诸如日常生活、公民大会、宗教仪式、戏剧演出、奥林匹克运动会等学校之外的社会教育或其他教育形式缺乏讨论。在古罗马时期,则以初等学校、文法学校和修辞学校为主要叙述内容。在中世纪部分,这些教材往往侧重于对修道院学校、主教学校、宫廷学校、骑士教育和大学的讨论,而对教区学校、不同教团的传教活动以及宗教仪式等非正规的教育活动少有叙述。到了近代,这些教材自然更为强调各级各类学校教育的变迁、国民教育的兴起、教育法规的颁布等,对夜校和培训班等各种校外教育形式,图书馆和博物馆等具有教育功能的社会机构以及诸如教会、童子军等发挥着重要教育作用的社会组织等少有提及,至少其没有被当作需要关注的内容,对报纸、宣传手册、广告、电影、电视、广播等发挥广泛社会化功能的媒介则完全忽视。此外,在对不同历史时期不同类型和层次的学校教育的关注中,这些教材往往又主要注重学校中那些具有一定制度化水平的现象,例如当局制定的教育宗旨、学校开设的教学科目、学习年限等,对这些不同学校中其他不那么制度化的事

---

① 限于作者的专业领域,以下仅以几种使用范围较广的外国教育史教材为例进行分析(其实,就本文所涉及的主题而言,中外教育史的教材并无本质上的不同)。本文用作分析样本的教材主要有:吴式颖、李明德主编:《外国教育史教程》(第3版),人民教育出版社2015年版(文中简称人教版);贺国庆、于洪波、朱文富主编:《外国教育史》,高等教育出版社2009年版(文中简称为高教版);周采主编:《外国教育史》,华东师范大学出版社2008年版(文中简称为华师大版);王保星主编:《外国教育史》,北京师范大学出版社2008年版(文中简称为北师大版);张斌贤主编,王晨副主编:《外国教育史》(第2版),教育科学出版社2015年版(文中简称为教科版)。

物则较少注意,例如教师的教学活动、学生的学习、师生关系等。

不仅教育史的教材主要关注正规的学校教育,大量的专题研究论文和著作也同样将研究重心集中在学校教育和与学校教育相关的人物、思想、理论、法律、运动等上。就外国教育史的专题研究而言,近些年所发生的主要变化是,开始关注过去长期忽视的一些重要历史现象和问题,例如对欧美高等教育史、职业教育史、中世纪教育史(特别是中世纪大学)的探讨,对历史上一些重要教育运动、教育立法和判例的研究,等等。① 另一重要的变化是对过去虽有研究,但限于历史条件而未能深入展开的一些问题进行重新研究,例如对于卢梭、杜威等人教育思想的研究等。这些研究无疑是很有意义的。但从这些研究工作所反映的认识路线看,基本上仍然沿袭了将正规教育作为研究主题的教育史学科传统。因此,尽管在过去 30 多年里外国教育史研究的主题、内容和范围等都出现了显著的变化,但认识方式和研究视角却并未因此发生根本性的转换与更新。大量更为生动、丰富和重要的教育现象与教育活动至今仍处于教育史学者的视野之外,例如,起源于中世纪的学徒制,在 10 多个世纪中对欧洲广大人群产生重大影响的宗教礼拜活动,为数众多的教团的传教活动,等等。

由于主要关注各种类型、各种层次的正规学校教育,而忽视对不同历史时期各种非正规教育形式的探讨,“外国教育史”变成了“外国学校教育史”(或者说“教育史”变成了“学校教育史”);而且,由于仅仅注重学校中那些被制度化了的事物和现象,外国教育史事实上又变成了正规学校内部局部的、片断的教育现象或事物的历史。在这种情况下,原本非常广阔、丰富和多样的教育史就不可避免地被局限在一个非常狭窄、贫乏和单一的空间里。这样编撰的教育史既不可能充分或全面地反映人类教育的过去,又很难真正成为完整的教育史,至多只是人类教育历史整体中一个很小的片断。更为重要的是,如此理解的教育史有可能使教育史研究离真实的历史更加遥远。

三

之所以存在这样的问题,是因为相关史料的缺乏,但更主要的原因是受到研究者对教育认识的制约,而这些认识又往往受到教育学理论的深刻影响。与一些国家从事教育史研究的学者大多出身历史学等学科不同,国内教育史学者的学科背景大多为教育学。因此,其在教育史方面的研究难免会受到教育学理论的深刻影响。在很长时间里,教育学界在讨论教育起源和教育本质问题时,会不约而同地批判以法国社会学家利托尔诺(Charles Letourneau)、英国教育学家沛西·能(Thomas Percy Nunn)为代表的“生物起源论”和以美国教育学家孟禄(Paul Monroe)为代表的“心理起源论”,并强调教育是人类特有的社会活动。为了说明人类教育的特殊性或优越性,教育通常又被划分为广义的教育和狭义的教育:在广义上,教育被当作人类社会特有的一种社会现象,是培养人的一种社会活动;在狭义上,教育则是指教育者根据一定的社会要求和年轻一代身心发展的规

---

① 张斌贤、林伟、杜光强:《外国教育史研究进展:2010—2014 年》,《教育研究》2016 年第 1 期。

律,对受教育者所进行的一种有目的、有计划、有组织地传授知识技能,培养思想品德,发展智力和体力的活动。尽管教育有广义狭义之分,但实际上,在通常的情况下,当教育学者(也包括教育史学者)讨论教育问题时,主要就是指这种有目的、有计划、有组织的传授活动,而这种有目的、有计划和有组织的传授活动通常都主要,甚至只发生在正规学校的正式教育中。

正如黑格尔指出的那样:"一门学问的历史必然与我们对于它的概念密切地联系着。根据这概念就可以决定那些对它是最重要最适合目的的材料,并且根据事变对于这概念的关系就可以选择那必须记述的事实,以及把握这些事实的方式和处理这些事实的观点。"[①]当深受主流教育学理论影响的教育史学者将眼光投向人类历史不同时期的教育活动和教育现象时,他们的视野必然聚焦于那些"有目的、有计划、有组织的传授活动"上,聚焦在发生这些活动的组织和机构上,聚焦于关于这些活动的思想探索上。由此,那些以现代标准看似无目的或缺乏明确目的的、无计划或被以为没有计划的、无组织或不是在专门教育机构开展的教育活动和发生的教育现象,自然被教育史家排除在视域之外。也因此,在不同历史时期对大多数社会成员发挥重要陶冶、教化和训练作用的教育活动、教育现象、教育过程以及教育方式,都被置于教育史研究领域之外。其结果必然就是,将教育等同于教学,将教育等同于学校,因而也就将少数社会成员的教育等同于人类群体的教育,将局部的教育等同于人类教育的整体。

众所周知,在人类教育历史的大部分时期,学校教育都只是全部人类教育的一个很小的方面,甚至不能说是主要的方面。这是因为,一方面,在漫长的历史时期,学校教育只是一种极少数人才能享用的奢侈品,大多数年轻一代的社会成员是在家庭里、邻里间以及祭祀、礼拜、节庆、礼仪等各种形式的社会活动中接受教育的。即使对那些能够接受正规教育的少数人而言,学校教育也只是其全部教育中一个很小的片段。这既指接受学校教育的年限通常很短,又指每天在校接受教育的时间也非常有限。只是进入近代,特别是从 20 世纪初开始,由于普及义务教育的推行和中等教育的民主化,在西方国家,包括初等教育和中等教育在内的学校教育才逐渐成为广大人群普遍接受的必需品。而在世界许多国家,直到 20 世纪 80 年代之后,人人享有初等和中等教育才逐渐成为现实。另一方面,即便是在学校教育高度普及、教育高度制度化的现代社会,学校教育仍然只是一个人所需教育的一部分,尽管可能是很重要的部分,但也无法替代其他形式的教育。因此,如果把仅仅适用于近一两百年历史和仅仅适用于教育世界一个部分的概念放大到更为漫长、更为广泛的教育历史中,并以此解读,显然是"削足适履",其结果是不能完整地把握历史,甚至不能合理地理解历史。

不仅如此,在教育学理论中,对于广义教育与狭义教育的区分不仅仅是对事实的概括,实际上还隐含着一种对价值的判断,即正规的教育必然优越于非正规的教育,制度化的教育必然优越于非制度化或制度化水平较低的教育。正因为如此,现代教育必然优越于此前一切时代的教育。这种结论与长期以来支配历史研究的进化论历史观念以及从

---

① 黑格尔:《哲学史讲演录》第 1 卷,贺麟等译,商务印书馆 1981 年版,第 4 页。

苏联传播而来的社会发展阶段论完美地结合,形成了盛行一时且至今仍在制约乃至决定教育史学界对教育历史性质理解的观念,即线性教育史观。

根据这种理解,与以往各个历史时期相比,当代教育的正规化和制度化水平无疑处于更高的阶段。如此一来,教育史就成为教育从低级到高级、从落后到先进、从前制度化到制度化的进步、发展和螺旋上升的过程。正如一学者所指出的那样:"教育史是从历史的角度探讨人类教育发展的演进与积累,以及从这一过程中不断提炼和总结人类已有的教育经验和教育规律。因此,在某种程度上,教育史就是一部活生生的人类教育从无到有、从小到大、从不完善到完善、从对教育理解的肤浅到深刻的教育百科全书。"[1]其实,早在20世纪初孟禄就已经非常明确地提出了类似的结论。在其《教育史教科书》(1905年)中叙述原始社会的教育时,孟禄指出:"原始社会以最简单的形式展现了它的教育。但是,教育过程的早期阶段却包含了在其高度发达阶段所具有的全部特征。"[2]

以这种"线性论"的教育史观看待历史上曾经出现的教育现象、教育活动和教育思想,过去的一切必定就是过时、陈旧和落后的,人类历史上曾经产生的各种教育形式、内容、方法和手段必然处于较低的发展阶段。在这种情况下,古代社会普遍采用的口耳相传的教育方式当然不能与正规学校教育同日而语;长期盛行的个别教学方式必定落后于班级授课制;学校必然在私塾之上;实科教育比古典文科教育更适应近代科学技术和资本主义经济发展的需要;资本主义社会的教育必然优越于封建社会、奴隶社会和原始社会的教育;如此等等。总之,今胜于昔,新高于旧,现代优于传统。根据这种逻辑,过去一切时代教育的唯一意义就是它为建构更高一级的教育奠定了基础、准备了条件和提供了材料(教育史研究中非常盛行的表述是"为……奠定了历史基础"),而更高一级的(特别是当代的)教育理所当然地被认为是在科学合理地汲取了先前时代一切有价值因素的基础上建立起来的,是一切优秀历史遗产的唯一合法继承者。[3]作为这个判断的自然推论,就是当代教育以及接受了这种先进教育的当代人当之无愧地立于历史的制高点上,处于更高发展阶段的当代人自然有权利对过去的一切评头论足。这不仅满足了当代人的文化优越感,也赋予当代人评判一切历史的权利。教育史学科之所以历来注重对教育历史现象、历史人物及其思想的评价,甚至把历史评价作为历史研究的主要任务或目的,并不是没有原因的。总之,根据线性教育史观,一部教育史就成为不断否定过去、摧毁既往、破旧立新、不断重建的过程。如此编撰的教育史虽然不再是硝烟弥漫的阶级斗争、政治斗争和思想斗争的战场,但却成了"今"战胜"古"、"新"取代"旧"的竞技场,是一个没有硝烟的战场和一个被告缺席的法庭。

但是,福祸相依。当代人在傲视历史、获得巨大优越感的同时,也使自身陷于一个作茧自缚的尴尬境地。一方面,历史学家总是不断地强调历史的价值和意义,强调从历史中获得教益的重要性。另一方面,正是当代人所奉行的历史观使一切历史研究丧失了应有的意义和价值。试想,如果过去的一切都是落后、低级和过时的,那么,当代人还有什

---

① 王晓华、叶富贵主编:《中外教育史》,首都师范大学出版社2007年版,第1页。
② P. Monroe, *A Text-Book in the History of Education*, New York: The Macmillan Company, 1905, p. 1.
③ 张斌贤:《教育史观:批判与重建》,《教育学报》2012年第12期。

么理由向历史学习? 既然现代已经科学合理地继承了所有的历史遗产,学习和研究历史还有什么必要? 过去又如何能为当代人提供有价值的教益? 因此,不管史家如何强调历史之于现实的价值,这些雄辩总是苍白无力的。事实是,由于受这种历史观念的影响,对大多数当代人而言,除了能从历史著述中获得有关过去的信息和知识碎片,除了可寻章摘句、炫耀学识或者满足猎奇心之外,历史不会提供任何实际有用的帮助和教益。同样,尽管教育史学者不断声称教育史研究能为当前教育改革发展提供历史经验教训,但实际上,迄今为止,这仍是一个遥不可及的目标。在这种情况下,教育史学科自然难逃被弱化和边缘化的命运。

四

早在 20 世纪 60 年代,针对当时美国教育史研究中存在的对历史作过度化处理(即"浓缩历史")的现象,劳伦斯·克雷明(Lawrence Cremin)就指出,对于教育史家来说,最重要的是研究"广义的历史"。他所谓的广义的教育历史,主要强调要拓展对教育的认识。他指出:"在我的著作里,我把教育看作是一个审慎的、系统的和通过不断努力去得出或唤起知识、态度、价值、技能和情感的过程。"[1]由于拓展了教育概念的内涵,克雷明将教育史的研究范围扩展到正规的学校教育之外,更多地关注诸如家庭、教堂、图书馆、博物馆、出版社、慈善机构、青年社团、农贸集市、广播网、军队和科研机构等教育场所。[2]

克雷明的主张对于摆脱将教育史研究的视野局限在学校内部、拓展教育史的研究领域,无疑具有重要的启发意义。因此,他的三卷本著作《美国教育史》对 20 世纪 60 年代后的美国教育史研究产生了持久重要的影响,也对我国教育史研究产生了一定的作用。但是,客观地说,他的结论缺乏充足的依据,至少他并未充分说明从"广义的"角度理解教育和教育史的合理性与必要性。这是因为,如果不能从历史的角度清晰地分析"教育是什么",也就很难充分地说明教育史是什么。

不管如何界定教育的概念,在本质上,教育就是人类为维持个体生存和种族延续所开展的社会化活动,就是种族向年轻一代传递生存和生活所必需的经验、技能、方法、规则等的教育活动,就是年轻一代学习和掌握种族历经艰难获得的经验、方法和规则的活动。人类学的研究表明,与一些灵长类动物一样,人的生存所必需的经验、技能等并不是由基因决定的,而是在后天逐渐获得的。[3] 而人类个体在生理方面的特殊性决定了人类的新生代比其他动物幼崽具有更长的未成熟期,这也就决定了人类比其他动物需要更长的抚养、教育和学习的周期。与此同时,人类所面对的更为恶劣的生存环境以及更为复杂的组织结构,需要新生代掌握更多和更为复杂的生存和生活所需的技能、方法和规则。就此而言,教育是人类种族固有的需要,或者说是人类的本能。这种本能和需要既是生物学的,也是社会学的。正因如此,有了人类,便有了教育,教育是与人类相伴随出现的。

---

① 克雷明:《美国教育史》第 1 卷,周玉军等译,北京师范大学出版社 2002 年版,第 2 页。
② 克雷明:《美国教育史》第 1 卷,周玉军等译,北京师范大学出版社 2002 年版,第 3 页。
③ 康拉德·菲利普·科塔克:《人性之窗:简明人类学概论》,范可等译,上海人民出版社 2014 年版,第 2,90 页。

考古发掘和人类学研究表明,在那些仍处于史前社会发展阶段的社会,普遍存在大量,甚至非常复杂的教育活动。[①]

随着时间的推移,教育所面临的社会日益多元化,教育的机构逐步增加,教育的内容不断丰富,教育的过程更趋复杂。经过数千年的演化,最终形成了当代世界高度正规化、制度化的各级各类学校教育体系以及学校教育中各种复杂的制度。但是,不论教育采取了何种形式或方式,运用了何种手段,在何种环境条件下进行,都不能改变教育作为社会化基本途径的本质。不同时期、不同地区出现的各种不同的教育机构、制度、形式、方式、方法和内容等等,都是开展社会化活动的不同形式、途径和手段,是人类不同群体在不同历史和社会条件下对教育活动思考和探索的不同结果。这些结果的差异主要取决于产生这些结果的环境和条件的特殊性。

一方面,在人类教育演化的相当长的历史时期内,由于地理环境的隔绝,世界各民族的教育都是在一种相对孤立、隔绝的状态下独立发展起来的。由于不同的社会条件和社会需要,世界不同地区相继产生了截然不同的教育机构、制度、内容、方法和手段,在此基础上,形成了世界各地不同民族间具有显著差异的教育传统,形成了世界教育历史的巨大差异性和丰富多样性。

另一方面,在同一民族内部,因为不同时期教育的社会需要的变化以及不同时期的经济、社会、政治和文化发展所能提供的条件不同,教育演化呈现不同程度的阶段性特征。不同时期不同的教育机构、制度、内容、方法和手段既是不同社会历史条件的产物,也是满足不同社会需要的结果。在古代世界,面向全体社会成员的教化活动主要是在各种形式的狩猎、采集、祭祀活动、公民大会、戏剧表演、诗人的吟诵以及神话、史诗的口耳相传等活动中进行的。在年复一年、日复一日不断进行的各种生产、政治、宗教和文化活动中,在非专门的教育机构中,族群固有的价值、道德、态度、社会生活的经验和技能逐步传递给年轻一代,使他们通过一个又一个具体的场景、一次又一次庄严的仪式,耳濡目染,习得和掌握成年后履行社会职责所必需的规则和方法。这些在当代人看来非正规的、低效的教育,却是古代社会最为普遍和最为有效的教育。这些直观、形象和具象的教育活动不仅适应古代人类生活状况,也适应古代人类的思维发展水平和文化形态(即使到教育高度制度化和正规化的当代社会,也很难完全否定这些在直接的社会生活中获取教益的意义和价值)。随着人类知识的不断积累、教育的社会需求和条件的变化,在不同历史时期,同一个民族的教育相继发生不同程度的变化,最终形成了现代的样式和形态。

任何时代的教育之所以具有独特的内容、方式、方法,是因为它们都具有特定的产生基础,服务于特定的目的,也都具有特定的作用。因此,不同时代的教育都具有独一无二的特征,都曾经以不同方式、在不同程度上对人类文明的历史进程产生了不同的影响,都曾传承了前代的人类文化、塑造了同时代的文化、探索了人类教育的不同形式,都具有独特的价值和贡献。不同时期的教育虽然在时间序列上前后相继,但就其独特性而言,它

---

① 爱德华·泰勒:《原始文化》,连树声译,广西师范大学出版社 2005 年版;列维-布留尔:《原始思维》,丁由译,商务印书馆 1985 年版。

们都处于同等重要的地位,都具有不可替代性。在一定意义上,各个时代的教育之间不存在低级与高级之分、落后与先进之别,它们之间所具有的只是基于历史联系而形成的差异、共性和关系。教育史学科研究的对象正是这样一种历史的独特性,教育史学科所要研究的就是不同历史时期的教育如何在特定历史条件下形成与变化,不同时期的人们如何基于特定的历史条件开展教育活动:他们如何理解教育,如何认识知识,如何对待年轻一代以及在遭遇各种困难时如何进行探索和实践,如此等等。

与此同时,还需要认识到一点,不同时代的教育方式方法、内容手段等方面的探索和创造,通常都是在继承、延续在其之前时代历史遗产的基础上的,根据特定历史条件的需要而进行调整、变化和探索的结果,既不是凭空而来,也不是以简单地否定、抛弃前人的思想和探索成果为前提,而是也必然是在充分吸收和借鉴前人探索、实践和创造成果的基础上进行的,因而处于一种必然的历史关系中。这种关系导致了教育历史的巨大复杂性,也为教育史研究提供了巨大的拓展、更新和丰富的空间。

由此,可以对"什么是教育史"(即作为教育史学科的研究对象)这个问题作如下初步解答:所谓教育史,就是不同历史时期,世界不同国家、地区和人民为延续群体生存、传递种族经验、使年轻一代实现社会化所从事的不同活动、所进行的不同思考、所开展的不同探索,就是作为社会化过程的人类教育在过去一切时代存在的形态、样式、过程和目的,就是作为社会化过程的人类教育在不同历史时期的生成、演化和变迁,就是不同历史时期教育之间的相互关系、联系和差异。简言之,作为教育史学科研究对象的教育史就是过去一切时代人类所开展的社会化活动及其共时性和历时性的关系。

从不同国家地区人类教育的独特、平等和共存的视角出发,从不同时期人类教育相互联系的视角出发观察教育的历史,呈现在我们面前的将是一幅完全不同于过去的、崭新的教育历史图景,其中充满了无数的多样性和巨大的丰富性。教育史学科的研究不会再陷于正规教育史的羁绊之中,将逐渐摆脱狭隘的学校教育史的桎梏,从而走向更为丰富、多样和广阔的天地。而异常丰富多样的教育现象、教育活动及教育过程,为教育史学科研究提供了无尽资源。更为重要的是,对教育历史的态度也将发生根本性的变化。在这种视角下,过去曾经存在的教育现象、教育活动与教育认识并不是当代教育的"史前史",也不是当代教育的序曲,而是具有独特意义和价值的历史存在。教育的历史就不再是人类教育从低级到高级、从原始到现代的线性进化的过程,而是前后相继、相互联系、不断演化的进程。在这种情况下,才有可能形成对教育史的尊重,才有可能客观地开展对教育史的研究。

原载《北京大学教育评论》2016 年第 4 期

偏离了主体与主流的中国教育史学

◎周洪宇 *

摘　要：教育史是历史学的分支学科，也是教育学的基础学科。但这种双重属性不是对等平衡的关系，从主体上看它更偏重于历史学，这一点从教育史在西方和中国的发展史上可以看得比较清楚。无论中西，最早的教育史学都是从历史学分化而来的，也是在历史学母体的丰厚营养滋润下成长壮大起来的。教育史学研究的对象和任务是历史上的教育问题和现象，探讨的是教育的历史规律，主要采用了历史学的理论、方法和学术规范。从这个意义上来说，教育史研究回归历史学的主体和主流是当今我国教育史学界应该重视和提倡的，国外学界的相关研究成果也为我们提供了足资借鉴的经验。

关键词：中国教育史学；国际历史科学大会；国际教育史常设会；教育活动史研究

改革开放以来，中国的教育史学得到了很大的发展。除了出版大量的学术论著外，培养教育史硕博士生的高校及导师、每年毕业的硕博士也越来越多，教育史研究队伍明显壮大。但这其实只是量的增长而非质的提高，只是"学科增长"而不是"学术增长"。研究成果虽多但质量普遍不高，存在着五个"缺乏"的问题，即缺乏正确史观，曲解教育历史；缺乏问题研究，选题普遍偏大；缺乏史料支撑，多用间接资料；缺乏实证研究，论证多不深入；缺乏深刻见解，创新之作罕见。一句话——"繁荣中的贫困"。

原因何在？近年来学术界对此多有探讨，人们观点不一。笔者以为，许多看法都不无道理，但有一点需要特别揭示，即从根本上看，中国的教育史学其实已多少偏离了历史学主体和国际历史学与教育史学主流。因此，中国教育史学的当务之急是"回归主体，回归主流"。

教育史学的主体是什么？教育史学是历史学与教育学交叉而成的一门学科，具有双重的学科属性。它既是历史学的一门分支学科，又是教育学的一门基础学科。但这种双重属性不是对等平衡关系，从主体上看，它更偏重于历史学。这一点从教育史学在西方和中国的发展史上可以看得比较清楚。无论中西，最早的教育史学都是从历史学分化而来的，也是在历史学母体的丰厚营养滋润下成长壮大起来的。教育史学早期的研究队伍大多来自历史学界，至今也仍有相当一批历史学者从事教育史学研究。教育史学研究的对象和任务是历史上的教育问题和现象，探讨的是教育的历史规律，主要采用了历史学

＊　作者简介：周洪宇，华中师范大学教育学院教授。

的理论、方法与学术规范。历史学是实证学科,研究规范强调历史研究的"五性",即史料的原始性、史实的真实性、过程的完整性、结论的客观性和文字的朴实性,要求史料原始、丰富和可信,忌讳使用二手资料,严禁使用三手资料,反对"拣到篮子里就是菜",讲究"孤证不立""有一分证据说一分话""小心求证""不苛求""不虚言""不溢美"。这些都是自历史学创立以来就逐渐形成的固有的学术规范。而反观现实,中国教育史学,无论是中国教育史研究,还是外国教育史研究,在尊重和坚守教育史学的基本性质和规范要求上,都做得远远不够。即使是笔者自己,检讨起来,也离完全遵守历史学的这些学术规范还有相当距离,首先需要反省。

10年前,笔者在《关于教育史学若干基本问题的看法》一文中,曾经指出:"今天的教育史学研究太'教育学科化'了,太注重思辨性而缺乏实证性了,太失去自己固有的学科属性和特征了,这其实是很不利于教育史学走向成熟的。行文至此,不禁想起了20多年前中国教育学会教育史专业委员会理事长、教育史学家陈学恂先生在武汉对笔者讲过的一番话:'哪一天教育史学研究者的成果在《历史研究》《近代史研究》《中国史研究》《世界历史》等刊物上发表,被历史学界所普遍认可,哪一天我们的教育史学就成熟了。'现在看来,陈先生的话意味深长,发人深省。或许正是由于我们长期以来对教育史学学科性质认识不清,客观上降低了学术标准,放松了学术要求,才进一步增大了教育史学与历史学科之间原来就存在的差距。因此,我们教育史学研究者应当认清学科性质,建立学科标准,积极关注历史学科的学术动态,认真吸取历史学科的研究成果,向历史学科看齐,使我们的教育史学论著更富于'史味',更具有'史学'特征,让陈先生的期待早日成为现实。"现在看来,笔者当年的判断与倡议仍未过时。

偏离主体,必然偏离主流。当今历史学尤其是国际历史学和教育史学的主流是什么?我们不妨来看看2015年国际历史学和教育史学两场学术盛会的议题,就大致明白了。

国际历史科学大会于2015年8月23日至29日在山东济南举行第22届会议。该组织创办于1900年,每5年举办一届,迄今已举办21届,是当今影响力最大的历史学国际盛会,素有"史学奥林匹克"的美誉。除美国、加拿大、澳大利亚各举办过一届外,其他18届都在欧洲举行。这届大会在济南举行,是大会首次在亚洲国家举办。来自世界90个国家和地区的2600余名史学家出席了会议,可谓盛况空前。

这次大会的主题是"自然与人类历史",下设四个主要议题,分别是"全球视野下的中国""历史化的情绪""世界史中的革命:比较与关联"与"数码技术在史学中的运用"。第一个议题"全球视野下的中国",凸现了世界对正在迅速崛起的中国的高度关注,体现了中国的主场优势,这个议题范围广泛,参加的中国学者也最多。第二个议题"历史化的情绪",包括"情感、资本主义与市场""情感与'他者'的塑造""身体和空间中的情感"和"书写历史上的情感:理论和方法论"等分议题。第三个议题"世界史中的革命:比较与关联",包括"近代早期的革命""20世纪欧洲的革命""近代东亚的革命"和"近代非洲和中东的革命"等分议题。第四个议题"数码技术在史学中的运用",包括"亚洲获取文献记录的数字手段""数字数据库:挑战与可能性""新技术与新文献""新数据与新叙事"和"在全球范围内推动数字化的历史"等分议题。

除了大会主题和四大分议题,大会还根据需要设立了若干个"特别议题"和"联合议题"。在"特别议题"方面,有"书写行为与书写文化的历史""城镇村民:日常生活、闲暇与社会主义城市""讲述史前史""关于古代晚期的当代辩论""为国家写传记""人道主义干涉之理由:一部历史""作为干预和理念的发展史""历史死亡率的性别与遗传研究""全球年轻女性的历史"等,甚至连"足球在全球化进程中的作用"也纳入史学家的探讨范围。在"联合议题"方面,则有"第一次世界大战的反思:以全球的、帝国的和跨国的视角""书写印度洋的历史""历史学和比较学的角度谈自然灾害""城市卖淫:世界各城市卖淫""冷战和福利国家""青少年到青年的运动和教育""时空中儿童们社会和文化价值观念的变化""全球化、国家发展模式和企业战略(19—20世纪)""外交实践史中的新方法"等。

会议期间,学者们还就"作为人类历史研究资料来源的大型档案馆与图书馆""档案领域的新进展""世界历史服务于什么世界?""想象力在构建集体认同中的作用""记忆中的海洋""共话公共史学""国家认同与世界遗产""历史编纂及其道德蕴意的比较研究""历史视野下的事件与时间""当代艺术与历史学的未来""妇女史研究前沿""东亚的现代西化""东欧的法律与法规"等史学家们感兴趣的问题,以"圆桌会议""特别会议"形式予以专题探讨。

与此同时,国际历史学会的各种附属机构,也在会议期间组织了专门会议及全体会议,对各自重点关注的问题予以探讨。与教育史研究关系最直接、最密切的国际教育史常设会也举行了"东亚的教育史:本土发展与跨国关联"的专题研讨会。

由此我们能够了解,当今国际历史学关注的问题极为广泛,几乎所有比较重要的历史问题和现实问题都被关注到了。尤其值得注意的是,当代历史学正在发生着重要变革,出现了"情感转折"和"数字化转向"。这里的"情感转折"是指从"情感"(emotion)、"感情"(feeling)和"情绪"(affect)等角度来考察人类行为的历史学研究。它兴起于20世纪80年代,兴盛于2010年以后,被学者认为代表了"历史研究的一个崭新方向"。"数字化转向"则是指一场基于网络技术和大数据的研究资料、分析手段乃至书写模式和传播手段等的变化,这种变化正在史学研究中悄然发生,它深刻反映了网络数字技术对历史学已经产生和正在产生的巨大影响,促使人们关注和思考历史学在"互联网时代"的发展问题。国际历史学的主流及其新趋势在当代中国历史学界也引起了热烈反响,近年来公共史、家庭史、性别史、疾病史、环境史、身体史、情感史、史学的数字化研究等都出现了一批可喜成果。

国际历史学的主流以及正在发生的"情感转折"和"数字化转向"也在近年的国际教育史学界出现。这从伊斯坦布尔2015年国际教育史常设会(International Standing Conference for the History of Education,ISCHE)年会的讨论范围就可以看得很清楚。这届年会讨论的内容,不仅有教育与文化、具身认知与文化适应、教育仪式、教师批判性思考等,还有身体与情感、对学科发展数据的搜集和分析等,讨论范围相当广泛。如智利学者布兰克(Pablo Toro Blanco)以情感史与身体史的融合为视角,以问题为导向,在考察1870—1960年间智利教育对学生身体的形塑激发了学生国民意识和国民情感的教育事实基础上,试图回答以下问题:教育如何在不同时期通过身体影响学生既存的情感?青年人的情感如何通过一定的身体行为,例如学校体操和爱国仪式,得以宣泄?在智利将近100年的中等教育中,学生情感、国家主义与学生相应的身体表达间的关系模式应当如何认识?在"对学科发展数据的搜集和分析"小组专题会上,则有多位学者做了发言。比如,意大利佛罗伦萨大学的卡佩利(Lucia Cappelli)介绍了他自2012年着手创建的"意大利各大学教育史博士论文数据库"的情况。为了加强国内教育史学界教授及博士生间的联系并尽量实现国际化,自2012年起意大利教育史学会推动创建此数据库。这些都表明国际教育史学界与历史学界是同频共振的,历史学的主流及其走向也是国际教育史学界的主流及其走向。

回望中国教育史学,不难发现,研究者多少偏离了国际历史学和教育史学主流,长期关注的仍是传统的教育思想史和教育制度史,忽视了更为本源、更为基础的教育活动史,忽视了教育者、受教育者的日常生活史,忽视了一个个真实、具体、过去曾经发生且至今仍在发生的教育问题。在教育思想史研究中,人们大多盯着所谓的精英人物,盯着那些在社会上有头有脸的教育家的思想,忽视了广大一线基层教师与普通民众对教育的感受与议论;在教育制度史研究中,人们也只关注学校教育制度、书院制度、科举制度、行政管理制度,关注正规教育、正式教育,而对那些非正规教育、非正式教育(如家庭、私塾蒙馆、宗祠寺庙、乡规民约等)则关注不多。近年来笔者一直主张"大教育观"、"大文化观"、"大历史观"("新三观"),提出要改变"教育就是学校教育"的狭隘理解,尤其是要改变"教育史就是教育思想史和教育制度史"的狭隘理解,呼吁开展教育活动史研究,推动教育生活史、教育身体史、教育情感史、大数据与教育史学变革等研究,以使中国的教育史学回归历史学特别是国际历史学和教育史学主流。

中国教育史学当然不应该跟在历史学尤其是国际历史学和教育史学后面亦步亦趋。中国教育史学应从中国教育历史与实际出发,研究那些更加满足中国现实需要的教育问题,保持自己的学术追求和学术品格,这是毫无疑问的。但学术是天下公器,有其自身的内在规律。对于人类社会生活与教育中一些带有共性的问题,各国历史学和教育史学工作者都不可避免地会涉及并研究它。同时,中国教育史学要想得到更大发展,实现更大繁荣,也迫切需要走向世界,走向历史学,在与历史学特别是国际历史学和教育史学界的互动中,了解对方,并展示自身实力与风采。中国教育史学不能在封闭中徘徊,而应在开放中发展。只有先汇入主流,才有可能成为主流,才有可能在世界教育史学界赢得自己的一席之地,真正建立起自己的学术话语权。

"回归主体,回归主流",迫在眉睫,刻不容缓。

原载《华东师范大学学报(教育科学版)》2016年第4期

教育史有什么用？

◎陈露茜*

摘　要：当下对教育史实用性的片面强调已经严重干扰了教育史的学术研究，具体表现为要求教育史直接服务于现实、服务于学科、服务于政治政策，这根源于我们混淆了教育史的研究和教育史的应用；我们将教育史理解为一门自然科学，而非具有人文主义情怀的经验知识；而究其实质是唯科学主义思维定式对教育史学术研究的侵害。事实上，教育史研究的价值是不能以直接服务于行动的能力来衡量的；它应是一类不牵涉任何实际利益的、纯粹地为了实现精神满足而进行的研究；它要求教育史研究者能够出于纯粹的学术兴趣进行研究，能够在教育所处的历史、文化、社会、政治、经济的真实"情境"之中发现教育的真实问题与价值，能够更加深入、真实地了解本土或异域的历史文化，帮助我们更好地认识自己、认识他人，从而愉悦身心、充实生活。

关键词：教育史；实用价值；自由价值

教育史有什么用？这是萦绕在教育史研究者心中久久难以厘清的困惑。[①] 而对于职业的教育史研究者而言，时不时地为自己辩护，申诉教育史如何"有用"，似乎也成了一种本能的习惯。因为这不仅关乎职业的教育史研究者从事这一职业的意义，更关乎教育史存在的合法性问题。

一

要回答"教育史有什么用"的问题，关键在于我们如何理解"用"这一字。许慎在《说

---

* 作者简介：陈露茜，北京师范大学教育学部副教授。基金项目：教育部人文社会科学研究一般项目"'社会效率'观与美国公共学校改革"（16YJC880003）。

① 近年来有诸多研究专题或部分论及教育史研究"用"的问题，其中核心文献包括：杜成宪等《中国教育史学九十年》，华东师范大学出版社1998年版；张斌贤、高玲：《教育史研究的功用》，《河北师范大学学报（教育科学版）》2013年第9期；王保星：《外国教育史学科的困境与超越：基于我国外国教育史学科功用的历史分析》，《河北师范大学学报（教育科学版）》2009年第5期；于述胜：《中国教育史学科结构方式的历史探究》，《北京师范大学学报（社会科学版）》2008年第1期；郭法奇：《什么是教育史研究？——以外国教育史研究为例》，《教育学报》2005年第3期；郭法奇：《再论什么是教育史研究》，《教育学报》2009年第4期；李忠：《建国后教育史研究取向的转换》，《华东师范大学学报（教育科学版）》2011年第1期；李涛：《百年中国教育史研究高潮的回顾与反思》，《东北师大学报（哲学社会科学版）》2003年第2期。

文解字》中说："用,可施行也。"我们大多将其理解为"器用",发挥实际的作用、功用,也因此认为"用"这个字有强烈的实用主义情结和工具主义的态度。而这一含义也能够回应当下我们对"教育史有什么用"的不断追问,希望教育史研究能"鉴往知来""温故知新"——发挥"借鉴"的功效,能有现实情怀、关照现实问题,为当下的教育现实问题或教育改革提供历史答案。这种对教育史研究的实用价值的强调是当下学界对教育史价值的重要认知,它主要有以下表现:

第一,教育史之用在于服务学科。这指的是教育史研究长期以直接服务于教育史学科建设为核心使命,进而形成的"教科书模式"。教育史中"教科书模式"的出现,与教育史的起源有着非常密切的联系。无论在中国的历史上,还是在西方的历史上,教育史都不起源于历史学①,而是起源于教学的需要②,以及 17 世纪以来国民学校与师范教育的发展。从这个意义上说,教育史指称的是师范教育中的一类入门课程,其目的在于帮助本国的未来教师从整体上了解本国和外国教育历史的发展,把握教育发展的客观规律,从而更好地服务教育的现实与未来。③ 教育史成为师范教育中的常设课程之后,便出现了编写教科书的需要,以及随之而来的为编写教科书而展开的教育史研究。由于教育史的教材编写为的是以通俗的表达方式来指导教师的现实工作,因此,以编写教材为目的的教育史研究有强烈的现实关怀,自觉地联系历史与当前的教育问题和教育实践。④ 例如,美国教育史上辉格派史学的代表作——克伯莱的《美国公共教育》,事实上就是克伯莱在斯坦福大学教育学系讲授教育史所使用的教材。在开篇,克伯莱直接指明了他编写这部教材的原因是"当下……教育史所写、所教的内容与当前的教育问题无关,是因为它不能以通俗的表达方式发挥指导未来教师的'功能'……只有两三种教科书试图将它们所阐释的历史与当前的教育问题联系起来。只有一种教科书,真正地将教育史研究与美国在教师培训方面的努力联系起来……"⑤在我国的语境中,也是如此,例如,曾担任京师大学

① 教育史成为历史学的一个分支研究领域是晚近的现象,大致是 19 世纪、20 世纪之交,在"兰普勒希特辩论"之后,并随着 20 世纪初期新史学范式的确立,史家反思由修昔底德开创的、将史学研究局限于政治史和军事史的经典史学范式,要求历史研究回归由希罗多德所开创的文化史的怀抱,将历史学拓展为研究人类过去事业的一门极其广泛的学问之后,教育史才真正进入历史学家的视野。参见詹姆斯·鲁滨孙:《新史学》,齐思和等译,商务印书馆 2012 年版;于沛:《20 世纪的西方史学》,武汉大学出版社 2009 年版。

② 美国著名教育史学家孟禄认为,法国人克洛德·弗勒里(Claude Fleury)写于 1675 年的《学习方法的精华》是教育史学科的开山之作。当时,他担任宫廷教师,负责王室子弟的教育。为了指导儿童学习,他写作了这部书。在书中,他开门见山地写道,为了很好地理解我们的学习科目的顺序,我认为有必要追溯智慧的源头。参见张斌贤:《教育是历史的存在》,安徽教育出版社 2007 年版,第 68 页。

③ 在中国的历史上,最早的教育史出现在 1904 年"癸卯学制"之后,它规定大学堂、进士馆和师范学堂的课程中均应有教育史;在西方世界也有类似的情况,最早的师范教育可以追溯到 17 世纪的法国,德、美、英等主要国家均受其影响,其中教育史便是师范课程中的一门。参见杜成宪等:《中国教育史学九十年》,华东师范大学出版社 1998 年版;史静寰、延建林等:《西方教育史学百年史论》,人民教育出版社 2014 年版;王保星:《外国教育史学科的困境与超越:基于我国外国教育史学科功用的历史分析》,《河北师范大学学报(教育科学版)》2009 年第 5 期。

④ 卡特林娅·萨里莫娃、欧文·约翰宁迈耶主编:《当代教育史研究与教学的主要趋势》,方晓东等译,教育科学出版社 2001 年版。

⑤ E. P. Cubberley, *Public Education in the United States: A Study and Interpretation of American Educational History*, New York: Houghton Mifflin Company, 1919, p. vii.

堂译学馆监督、编书局和译书局监督的黄绍箕就曾因不满翻译的教材——"既倡导学习西学，又深恐'新学至于蔑伦纪，废孔教，而遂不可为矣'"①——而专为中国学生撰写《中国教育史》作为中国教育史的教材。② 这种"教科书模式"在改革开放以后，在我国教育史学科重建的迫切需求的驱动下，得到了进一步的强化，这使得教育史"在研究中更多地关注概念、范畴本身的确定性，更多地关注概念与概念、范畴与范畴之间的逻辑关系，更多地关注学科体系的严谨、完整和包容性……无论是研究课题的确定还是课题研究所要达到的目的，都主要是以学科本身作为出发点的"③。不可否认"教科书模式"曾在我国教育史研究的发展中发挥了极为重要的作用——因为任何一个细小而具体的知识点都需要在整体知识系统有附着点，而任何一类研究也都需要学术积累，形成一类由基本知识构成的逻辑框架，也就是常说的由重要人物、重要事件、重要制度构成教育历史脉络，然后再往上填充具体细微的知识，进而形成一个丰满而成熟的知识逻辑体系。也只有这样，研究具体而细小的问题才是有意义的，也才有可能推进原创性知识的形成与发展，否则"皮之不存，毛将焉附"？但同时，"教科书模式"是一把双刃剑，当教学、教材、学科成为教育史研究的全部之后，其潜在的风险也悄然出现，它使得我国的教育史研究往往满足于一种叙事性的描述，却缺乏对历史事件本身有深度的理解——"满足于宏大叙事，关注大问题、大事件、长时段……而忽视了对个别的、具体的教育史实和教育问题的专门研究……"④

第二，教育史之用在于服务现实。这种观点的典型表现就是教育史研究中的"古为今用""洋为中用""学以致用"，其"原因大概还是在于我们研究历史主要不是为了发思古之幽情，而是为了社会的需要"。⑤ 也就是说，中国的教育史研究——无论是外国教育史还是中国教育史，都具有强烈的中国现实关怀和中国问题意识，都是直接从中国教育的现实需要出发的，希望通过了解本国或外国的教育历史经验乃至具体做法，对中国教育改革的现实有所助益。因此，研究者们往往根据自己对"社会需要"的理解，在选题、立意、解释、立场、评价和言说方式上表现出强烈的现实关怀，希望自己的研究能有一定的用途或者说"实践价值"；而对具体而复杂的历史情境与语境，对现实既定的概念与历史概念的变化，对各类错综复杂的教育历史问题采取了一种简单化的理解，在史料的选择、解释的路径、评价的偏好上也往往服从于先入为主的观念。这使得一些研究在匆忙而简短地交代教育历史事实之后，就迫不及待地开始阐述教育历史经验对现代教育改革与实践的启示、借鉴与价值；使得教育史研究大多是经验性的、介绍性的，停留在"是什么"的表象实操层面，而没有对"为什么""如何发展至此""其中存在着哪些问题"等深层次的问题进行足够有深度的讨论，更无须说本国或外国的教育历史是如何与当时整体社会中的

---

① 杜成宪等：《中国教育史学九十年》，华东师范大学出版社 1998 年版，第 3 页。
② 杜成宪等：《中国教育史学九十年》，华东师范大学出版社 1998 年版，第 2 页。
③ 张斌贤：《从"学科体系时代"到"问题取向时代"：试论我国教育科学研究发展的趋势》，《教育科学》1997 年第 1 期。
④ 张斌贤、王晨：《教育史研究："学科危机"抑或"学术危机"》，《教育研究》2012 年第 12 期。
⑤ 南开大学美国史研究室编：《美国历史问题新探：杨生茂教授八十寿辰纪念论文集》，中国社会科学出版社1996 年版，第 24 页。

观念、常识、习惯、阶级、族群（种族）、性别等至关重要的社会维度之间产生互动与影响；使得"事实本身既不可靠，意义不免沦为虚妄"。① 事实上，现实关怀体现了研究者们强烈的社会使命感和迫切希望强化教育史学科价值的诉求。但是，这种强烈的"现实关怀"不可避免地带来学术上的问题——"现实"的暂时性、短视性与学术研究的长周期、稳定性之间的矛盾日益暴露并激化，"为了直接服务于现实需要，研究者往往过于注重发掘历史现象的意义，以致对事实的意义的重视甚于对事实本身的重视"②，进而严重干扰了学术伦理与规范，减损了学术价值。随着新世纪的到来，随着中国教育史研究者对教育史研究中"学科意识"和"学科危机""学术危机"的自我反思的不断深入③，随着一股出于纯粹学术兴趣而开展的教育史研究的"暗潮潜涌"，这一现象开始被尝试纠正，但其潜在的风险依然值得学界警惕。

第三，教育史之用在于服务政治政策。这也是我们常说的教育史研究中的"资政"功能，它使教育的历史经验能够"经世致用"，能够为当下的政治行为或者政策的拟定提供历史的经验与"借鉴"。这表现为研究者们从政治政策的角度来思考教育历史的问题，或者以政治政策上的意义来评价教育历史研究中的意义。例如，在教育政策的研究中，我们往往会以历史经验作为铺垫，以论证当下政策的合理性；在学术研究课题的成果鉴定上，我们往往热衷于追逐各级领导的"批示"，以此证明学术研究的价值。毫无疑问，准确的教育历史知识，对于教育政策、教育政治、教育管理的健全而言是至关重要的，正如巴茨所言："虽然教育史本身不能解决眼下的实际问题……但它可以帮助我们……找出这些重要问题是怎么出现的……"④但是，历史知识一旦与权力联系起来，问题也就出现了：决策者如何看待、使用历史经验或者历史知识，往往不是以历史学家的发现或者所谓的"客观历史"为转移的，而是取决于政治的需要，也就是说"政客们的更大兴趣，无疑在于要求历史学家肯定他们已经具有的看法，而不是从历史中获得可能导致他们改变意见的例子"⑤。而这类纯粹为了政治需要而进行的历史研究或者宣传，有意或无意地带来历史知识的误解或者扭曲，事实上"无异于历史的谎言"⑥。在历史上，所谓的"春秋笔法"⑦"影

---

① 李剑鸣：《"克罗齐命题"的当代回响：中美两国美国史研究的趋向》，北京大学出版社 2016 年版，第 362 页。
② 李剑鸣：《"克罗齐命题"的当代回响：中美两国美国史研究的趋向》，北京大学出版社 2016 年版，第 362 页。
③ 张斌贤：《从"学科体系时代"到"问题取向时代"：试论我国教育科学研究发展的趋势》，《教育科学》1997 年第 1 期；张斌贤：《全面危机中的外国教育史学科研究》，《高等师范教育研究》2000 年第 4 期；张斌贤、王晨：《教育史研究："学科危机"抑或"学术危机"》，《教育研究》2012 年第 12 期。
④ R. F. Butts, *A Cultural History of Education：Reassessing our Educational Traditions*, New York: McGraw-Hill Book Co., 1947, pp.1-2.
⑤ W. E. Leuchtenburg, "The Historian and the Public Realm," *The American Historical Review*, 1992,97(1).
⑥ 转引自何兆武：《历史理论与史学理论》，商务印书馆 1999 年版，第 695 页。
⑦ 春秋笔法，即在孔子的《春秋》中所表现出来的历史写作方法，后世称为"春秋笔法"。后世正统史家将其抬得很高，誉为"微言大义""一字之贬，严于斧钺，一字之褒，荣于华衮"。但按照《春秋公羊传》的解释："《春秋》为尊者讳，为亲者讳，为贤者讳"，也就是说在历史写作中遇到尊者、亲者、贤者都要采用"隐恶扬善"的曲笔。

射史学"①"历史的辉格解释"②"普鲁士政治史学派"③等都是例证;比如,在《资治通鉴》中类似的情况比比皆是,因此,司马光在发现原始记录互为抵牾后,便撰《资治通鉴考异》三十卷,说明取舍缘由,记载异说,以备后人查考。但即便如此,司马光的苦心依旧没有成就"稽古之盛德""无前之至治"。教育史不是"任人打扮的小姑娘",它与教育政策学、教育领导学、教育管理学等政治政策类学科是不同的,它不能也不应该以直接服务决策参考为目的④——因为不仅历史是不断变化的,而且它的答案也是不断变化的,绝对意义上的重复与循环是不存在的⑤。不加具体分析的、武断的"拿来主义"是对历史女神克莱奥的僭越;而强行将史实与现实比附、盲目跟风,只能是有害无益,有多少自以为是的历史"舶来品"都在现实中纷纷破产,这便是克莱奥的惩罚。正如台湾学者杜维运所言:"历史就是历史,历史女神克莱奥永远凛凛不可侵犯。"⑥所以,研究教育史的目的在于探究关于教育的过去的知识,而非"活在当下"。

对于教育史的工具主义者而言,克罗齐所谓的"一切真历史都是当代史"以及以鲁滨孙为代表的"新史学"所提倡的"有用的历史"是经常被援引的例证。但遗憾的是,这些命题都遭到了曲解。"一切真历史都是当代史",是克罗齐对"历史是生活的教师"的重新诠释,他主张要在综合意义上将历史与生活统一起来,凭借着当下史家的"直觉与反省""意识与自动意识"来追寻过去的问题、来完成"历史性的叙述"。⑦ 也就是说,"一切真历史都是当代史",要求现实中的人用"思想之光"来照亮过去、"行动"起来。但这里的"行动"绝非狭隘而具体的现实行为和工具价值,而指称的是"作为行动的力量起作用。我们是在最宽泛的含义上,即有益、道德、艺术或诗及其他含义上理解行动的,包括哲学的或历史学的活动,即哲学—历史,这是过去思想、新形势、新哲学思维的整体史,它反过来又超越历史学的对象",即凭借着现实人的人文主义情怀,来发现、研究过去的问题,进而寻求意义,追问人生与社会,其目的依然是"为认识而认识",而绝非是解决现实中的实际问题。⑧而鲁滨孙虽然哀叹指责历史学家们纠缠于无谓的"公元887年7月1日胖王查理是在英格海姆抑或是在鲁斯特脑"⑨的考订,但正是鲁滨孙及其学派发现:我们一般认为标志着西罗马帝国灭亡和中世纪起点的公元476年,并没有发生西罗马帝国灭亡这件事,"因为当时根本就没有可灭亡的西罗马帝国,而且那一年也没有大事发生"⑩。而1776年7月4

---

① "影射史学"是在"文革"时期流行的一种历史写作方式,在历史写作中先入为主,带着自己的目的去寻找甚至制造对自己有利的"史实",对于不利于自己的材料,要么绝口不提,要么歪曲篡改,用自己的目标来"创造"历史。

② 赫伯特·巴特菲尔德:《历史的辉格解释》,张岳明、刘北成译,商务印书馆2012年版。

③ 19世纪下半期,以德罗伊森(J. G. Droysen)、西贝尔(Heinrich von Sybel)和特赖奇克(Heinrich von Treitschke)为代表,反对脱离现实的"冷血"的历史研究,认为历史研究的目的就是要"为德意志帝国提供一个坚实的历史基础",历史要为政治服务。

④ 李剑鸣:《隔岸观景》,社会科学文献出版社2012年版,第159页。

⑤ 詹姆斯·鲁滨孙:《新史学》,齐思和等译,商务印书馆2012年版,第105页。

⑥ 杜维运:《史学方法论》,台湾三民书局1985年版,第47页。

⑦ 克罗齐:《历史学的理论和实际》,傅任敢译,商务印书馆2014年版,第2—4页。

⑧ 克罗齐:《作为思想和行动的历史》,田时纲译,商务印书馆2012年版,第33—34、40页。

⑨ 卡尔·贝克尔:《18世纪哲学家的天城》,何兆武译,生活·读书·新知三联书店2001年版,第86—87页。

⑩ 詹姆斯·鲁滨孙:《新史学》,齐思和等译,商务印书馆2012年版,第149页。

日,根本没有所谓的《独立宣言》的签署,仅仅是各个殖民地就宣言草稿达成了一致意见,并在当天被大会通过;事实上,在当年的 7 月 2 日,大陆会议就已经表决通过了《独立决议案》,而我们现在看到的《独立宣言》是在同年的 8 月 2 号经大字誊抄核对后才真正签署的,因此他们发现将美国的独立日定在 7 月 4 日是不妥当的①;等等。可见,要建构所谓"有用的历史",其前提依然需要"嗜古成癖",依然需要出于纯粹的学术兴趣而探寻的纯粹而准确的历史。

二

那么,为什么我们会对教育史有着如此执着的工具主义情结? 大致可以从以下几点原因进行讨论:

第一,我们对教育史的研究与教育史的运用的认识存在着混淆,导致了教育史研究的泛政治化和唯工具主义。事实上,当我们谈及"教育史的研究"时,它包括三个层次:第一个层次指的是作为"史实"的教育史,即过去发生过的种种与教育相关的事件,它包括教育的现象、实践、制度、人物、思潮、观念等的总和,即那个已经消逝了的教育的过去,是不以人的意志为转移的存在;第二个层次指的是作为"史料"的教育史,是那些被各种形式记录下来的关于教育的过去的知识,包括文献、纪念物、象征等等,即那些已经"消逝"但还未"消失"的教育的过去;第三个层次指的是作为一个学术研究领域的教育史,即当下的研究者们对过去发生的种种与教育相关的事件的理解和叙述,意指现实中的人对于教育的过去的理解和认识,是"历史学家与历史事实之间连续不断的、互为作用的过程,就是现在与过去之间永无休止的对话"。② 也就是说,对于职业的教育史研究者而言,教育史的研究是研究者依托第二个层次的教育史,来建构第三个层次的教育史,而其"崇高的理想"③使得第三个层次的教育史尽可能地接近第一个层次的教育史——遵循历史主义的检验,这是教育史研究的全部目的和核心使命。但对于一般人或者绝大部分教师而言,第一个层次和第二层次的教育史是没有什么价值的,他们既不一定有兴趣也没有必要去理解这两个层次的教育史。他们所接触到的,或者他们更需要的是在职业的教育史研究者对第三个层次教育史的准确诠释的基础上的一个"附产品"或者"副产品"——教育史的运用——它可以用于教学、宣传、为教育的实践研究提供相关的背景信息、总结历史规律,甚至是娱乐、消费,等等。在应用层面的教育史,可以根据现实的需要,进行必要的选择和取舍,但这种选择和取舍,不是歪曲和扭曲,真实性和准确性依然是它的准绳。由于在很长一段时间内,受到历史的、政治的、现实因素的制约,教育史研究出现了"本末

① 卡尔·贝克尔:《18 世纪哲学家的天城》,何兆武译,生活·读书·新知三联书店 2001 年版,第 169—170 页。
② C. A. Beard, "Written History as an Act of Faith," *The American Historical Review*, 1934,39(2);卡特林娅·萨里莫娃、欧文·约翰宁迈耶编:《当代教育史研究与教学的主要趋势》,方晓东等译,教育科学出版社 2001 年版;E. H. 卡尔:《历史是什么?》,陈恒译,商务印书馆 2014 年版,第 115 页。
③ C. A. Beard, "That Noble Dream," *The American Historical Review*, 1935,41(1);彼得·诺维克:《那高尚的梦想:"客观性问题"与美国历史学界》,杨豫译,生活·读书·新知三联书店 2009 年版。

倒置"的现象，我们将教育史研究的附属物——教育史的运用视为教育史研究的全部目的，并以此来评判教育史研究的价值；却没有对教育史研究的本质——以"历史主义"为准绳，"回到过去"，尽可能地还原那个准确真实的教育历史①——给予足够的重视。也就是说，教育史的运用需要有一个健全而健康的知识前提——充分的教育史研究；如果我们对"教育史研究是什么""它的属性和特点是什么""它的价值和意义又在何处"等问题没有充分地理解和把握，就奢谈对教育历史规律的总结与把握、教育历史经验对教育现实的启迪与借鉴，其结果必然是教育史运用的混乱与盲目，以及教育史研究中的短视与功利。

第二，我们下意识地将教育史理解为一门总结教育历史规律的科学，却忽视了它作为人文知识的属性。这里的"科学"既不泛指"一切形式的学问"，也不指称"一科一学"，而是作为英文中"science"的译名，指称自然科学，后逐步演化为"正确之学""有用之学"②。在当下学界的语境中，讨论教育史的功能时使用的表达大多是"探索教育发展历程""总结经验教训""摸清教育发展客观规律""服务当下教育实践"，等等。③ 这类表达很显然参照的也是自然科学的定义。作为自然科学，有着对"确定性"的前提假设，其特点在于实际方面的直接利用和理论知识方面对于"因果"规律的演绎。但教育史的情况则是不同的。一方面，教育史作为历史研究的一个分支，具有历史学的典型特征——不确定性，对于史学家而言只有变化才是绝对的。④ 也就是说，虽然史料本身是不变的，但是研究者对于史料的解读则是在不断变化的，因为研究者的思想是在不断变化的；在历史研究中，研究者是有价值判断和立场的，"他在自己的精神中重新思考、重新建构人类集体的经验……认识过去……历史学家通过它来追寻自己……"⑤，因此，他是无法"抽身而出""独善其身"的；绝对意义上的历史循环或者重复是不存在的——"因为一件事的本身就是许多背景的组合，其中没有一件将会再度发生"⑥，所以"没有两个历史事件是同一的"⑦——对历史的解释只有在当时的时空网络中进行综合理解才是有意义的，而剥离了历史条件的历史经验是不可靠的。也正是因为如此，与科学相比，"历史只研究特殊……历史不传授教训……历史不能够做预言……历史必然是主观的，因为人在观察自身……历史涉及宗教、道德问题"⑧。另一方面，教育史作为教育研究的一个分支领域，它也兼具教育学中的人文气质。虽然从教育学产生那天开始，学人就自觉地用自然科学的范式来进行自我规范，认定教育、教学是有规律的，人的理性可以认识和把握这些规律，并自觉

---

①　"真实的"历史是可以追寻的吗？它是海市蜃楼还是崇高的理想？这个问题本身就值得讨论，但本文限于篇幅，不便在此讨论，该问题将在后续研究中重点分析。

②　冯天瑜：《中西日文化对接间汉字术语的厘定问题》，《光明日报》2005年4月5日。

③　王炳照：《简明中国教育史》，北京师范大学出版社1994年版；吴式颖、任钟印：《外国教育思想通史》，湖南教育出版社2002年版；滕大春：《外国教育通史》，山东教育出版社1989年版；周采、杨汉麟：《外国学前教育史》，北京师范大学出版社1999年版。

④　K. Popper, *The Poverty of Historicism*, Boston：Beacon Press, 1957, p.67.

⑤　安托万·普罗斯特：《历史学十二讲》，王春华译，北京大学出版社2012年版，第147—149页。

⑥　转引自何兆武：《历史理论与史学理论：近现代西方史学著作选》，商务印书馆1999年版，第624页。

⑦　E. H. 卡尔：《历史是什么？》，陈恒译，商务印书馆2014年版，第157页。

⑧　E. H. 卡尔：《历史是什么？》，陈恒译，商务印书馆2014年版，第157页。

地在教育教学实践中运用这些规律。但同时,教育学还是一门关于人的学科。因为教育从本质上来说是个体的社会化和社会个性化的过程,它意味着代际经验的传递以及个体的成长,是人与社会互动的过程。也就是说,关心人、研究人、塑造人,是教育学的核心使命。而独尊自然科学的范式使以"人"的养成为目标的教育学陷入了两难的泥潭。因为一旦涉及人的问题,他的出身、他的立场、他的偏好、他的选择、他的际遇、他的价值观等论题都是不可回避的,这必然要求教育学有人文关怀。因此,无论我们是从历史学中来理解教育史,还是从教育学上来言说教育史,教育史都不是也不应成为一门研究客观实体、把握客观规律的自然科学,它的真实性从本质上说是无法检验的——它关注人,也必然随着人的经验的变化而发生变化,并随时随地接受经验和逻辑的修正。从这个意义上说,教育史是一门经验知识,具有人文主义的属性。

第三,我们之所以强调教育史是有工具价值的,强调教育史是一门科学,究其本质是受到唯科学主义思维定式的影响。这是自近代以来形成的一种根深蒂固的观念,认为"宇宙万物的所有方面都可通过科学方法来认识"[1]"科学是全知全能的……它甚至可以检验精神、价值和自由"[2]"一切都应该以科学性为其唯一的准则,一切论断都须从科学出发,并且以科学为唯一的归宿"。[3] 唯科学主义是 19 世纪的产物,是科学革命催生对人类理性万能的崇拜的结果,它使得"事实与理性的联姻""科学与自然界普遍法则的联姻"完全解体,"自然哲学被转让为自然科学。自然科学就变成了科学,而科学家们则摒弃了自己曾经引以为荣的哲学家这个头衔,认为那是对个人的一种侮辱"[4]。在中国,唯科学主义出现在 20 世纪的前半期,它与近代中国救亡图存、富国强兵的民族期盼联系在一起,其倡导者并不总是科学家,而是一些热衷于用科学及其引发的价值观和假设来诘难直至取代传统价值主体的知识分子。正如胡适在 20 世纪 20 年代观察到的那样:"这三十年来,有一个名词在国内几乎做到了无上尊严的地位;无论懂与不懂的人,无论守旧和维新的人,都不敢公然对他表示轻视或戏侮的态度。那个名词就是'科学'。这样几乎全国一致的崇信,究竟有无价值,那是另一问题。我们至少可以说,自从中国讲变法维新以来,没有一个自命为新人物的人敢公然毁谤'科学'的。"[5]到了 20 世纪中期之后,这种对"科学"的崇拜,在西方的语境中,已然日薄西山,这在后现代主义的解构中甚至是一个"荒诞不经"的话题[6];但在中国的语境中,这种唯科学主义的情绪在 1923 年的"科玄论战"之后,随着科学技术进一步成熟,不但没有减弱反而增强了,并一直延续至今。[7] 事实上,我们强调的追寻"教育规律"、重视工具价值的教育史研究也不自觉地接受了唯科学主义的思维定式。但我们很少想到的是,为什么"科学"这么重要?教育史研究为什么必须是"科学"的?放弃了"科学"的目标,教育史的研究就毫无意义了吗?以自然科学为大旗的

---

① 郭颖颐:《中国现代思想中的唯科学主义》,雷颐译,江苏人民出版社 2010 年版,第 3 页。
② D. R. G. Owen, *Scientism, Man, and Religion*, Philadelphia: Westminster Press, 1952, p.20.
③ 何兆武:《历史理性批判论集》,清华大学出版社 2001 年版,第 7 页。
④ 卡尔·贝克尔:《18 世纪哲学家的天城》,何兆武译,生活·读书·新知三联书店 2001 年版,第 29 页。
⑤ 张君劢等:《科学与人生观》,岳麓书社 2012 年版,第 2—3 页。
⑥ 李剑鸣:《历史学家的修养和技艺》,上海三联书店 2007 年版,第 36 页。
⑦ 郭颖颐:《中国现代思想中的唯科学主义》,雷颐译,江苏人民出版社 2010 年版,第 117 页。

"科学"只是人类诸多知识门类中的一种；对科学的尊重正是以承认人类思想中非科学的因素为前提的——例如，直觉、情感、信仰、欲望等。独尊"科学"恰恰不是科学的，它混淆了"批判态度"与"方法论权威"、"科学客观性"与"绝对理性"、"科学规律"与"不变的教条"①等至关重要的问题，带有宗教崇拜般的情绪，充其量也只是奥古斯丁式的"天城"②而已。

三

事实上，当我们论及"有用"这个话题的时候，它暗含着强烈的价值判断，而并非是绝对客观的存在，正如梁启超所言"为用不为用，存乎其人"③。一方面，随着时代的变化，随着主体的变化，对同样的知识内容，我们的判断有可能是截然相反的。就好比在奥古斯丁眼中，只有信仰的知识才是唯一真知，而其他一切世俗的知识都是"靡靡之音"一样；到了斯宾塞的时代，只有科学的知识才是"有用的"知识。就好比在传统史学独尊的时代，只有英雄人物、政治精英、军事外交能够成为史学家们关注的热点与焦点，而对于日常生活中的账册、契约、日记、报纸等一类历史文献不屑一顾，而在"新史学"大气已成的今天，史家们无疑早已意识到后者对于历史研究的价值和意义。另一方面，所谓的"有用"，有长期效应和短期效应之分、有"工具理性"和"价值理性"之分、有已知和未知之分：有些知识眼下看来非常"有用"，能产生立竿见影的功效，但实际上那是长期知识积累的结果，自然科学在其产生之初也只不过是炼金术士们的"奇技淫巧"；资本主义在资本的原始积累阶段的目的也不是为了"集中"和"垄断"，而是为了"赞美上帝"；④中国道教所谓的"外丹黄白术"，虽然现在看来是极其愚昧无知的，但在炼丹的过程中却无意间促成了火药的发明，进而推动了整个现代文明的发展。因此，我们对于"有用"的判断是相对的，既不存在绝对的"有用"，也不存在绝对的"无用"。在真正的学术研究开展之前，研究者们面对的是一片未知的汪洋，很难判断哪些论题有用、哪些论题无用，哪一个论题能比另一个论题发挥更大的实际效用。对于这一点，即便是在代表最严谨的自然科学范式的物理学中也是如此，更毋庸说人文知识。⑤　知识是一座宝库，它需要日积月累的积攒才能形成真正的智慧，才能在真正需要行动的时候提供智力上的支持。而如果我们仅仅追逐眼下暂时的"有用"，却放弃了对整个知识宝库充分完善的重视，其结果必然是舍本逐末，导致整个知识界的矮化。

① 郭颖颐：《中国现代思想中的唯科学主义》，雷颐译，江苏人民出版社 2010 年版，第 145 页。

② 又称为"上帝之城"。奥古斯丁在其代表作《上帝之城》之中系统阐述了基督教原理和神学历史观，他以"上帝的意志"来解释世俗历史，并对整个人类历史的发展过程作出相应的说明，宣称上帝创造一切、安排一切，把整个人类历史看成善与恶、"上帝之城"与"世俗之城"相互斗争的历史，认为"上帝之城"是人类历史的最后归宿。参见奥古斯丁：《上帝之城》，王晓朝译，人民出版社 2006 年版。

③ 梁启超：《清代学术概论》，东方出版社 1996 年版，第 45 页。

④ 马克斯·韦伯：《新教伦理与资本主义精神》，彭强、黄晓京译，陕西师范大学出版社 2002 年版。

⑤ 普里戈金：《确定性的终结：时间、混沌与新自然法则》，湛敏译，上海科技教育出版社 2015 年版；沃勒斯坦：《知识的不确定性》，王昺等译，山东大学出版社 2006 年版。

对于教育史研究来说,也是如此。教育史研究的价值是不能以直接服务于行动的能力来衡量的;它应是一类不牵涉任何实际利益的、纯粹地为了实现精神满足而进行的研究。它既不比其他任何一门知识更有用,也不比其他任何一门知识更无用;它既不比其他任何一门知识更高贵,也不比其他任何一门知识更低贱;它与其他任何一门知识一样,丰富人的认识,推进人整体思维的发展,进而实现人类知识整体的发展,并为其从业者带来智力的满足与身心的愉悦。这便是教育史研究的"自由价值"。也就是说,教育史研究的自由价值主张教育史研究者能够出于纯粹的学术兴趣进行研究,而不是为了解决和满足当下教育发展中的问题与直接需要;能够在教育所处的历史、文化、社会、政治、经济的真实"情境"之中发现教育的真实问题与价值,而不是在现实话语系统中"自说自话";能够更加深入、真实地了解本土或异域的历史文化,帮助我们更好地认识自己、认识他人,从而愉悦身心、充实生活,而不是为了"下一次更聪明一点"。

首先,教育史研究的自由价值是由教育史研究的性质所决定的。从本质上说,教育史研究是教育学与历史学这两大艺术共同搭建的一个交叉研究领域,因此,它也应兼有历史研究与教育研究的共同魅力。历史就是历史,"克莱奥"既精深严谨又美妙动人,它是"智人"的全面发展之必需,①它带来的是"求真"的愉悦。"历史是自由的历史",黑格尔的赞叹既指史家对历史的解释原则——"事实是神圣的,解释是自由的";又指历史所要达成的道德理想——人类精神的独立与自由。也就是说,历史的智慧是具体的,它更是抽象的,虽然我们永远无法重复具体的历史,但是抽象的历史却可以潜移默化地对我们进行思维的训练,进而达成身心的愉悦与智力的满足。因此,历史是一类人文知识,而非实用学科。而教育学也是一门关于人的学科,其理论体系的起点——教育与个人发展的关系问题以及教育与社会发展的关系问题——使得教育研究不仅仅要"价值中立"地处理事实与规律,更应该是一个"价值涉入"的过程,在这一过程中必须关注人,包括关注人的选择、关注人的价值、关注人的发展。从这个意义上说,教育研究应是一类具有人文主义气息的"自由艺术"。而教育史也是这样一类场域,对教育史的研究既是我们练习自由的场地,更是职业的教育史研究者自我实现、达成思想自由的手段,是"对自身提高"的一个方面。②

其次,教育史研究的自由价值是由教育史研究的对象和目的所决定的。教育史研究的对象是"鲜活的""生动的""真实的"的教育发展历程,其目的是为了"回到过去",发现真实的"教育历史之情境",真实地再现教育的历史。也就是说,作为"史实"和"史料"的教育史本身并不能自行描绘出一幅悬之为鹄的教育史画卷,它需要职业的教育史研究者们的雕琢,在其思维和想象中才能建构完成。也就是说,"史实"和"史料"只是砖瓦,职业的教育史研究者们需要在他们的心中建构起教育史的图景,而作为"思想"结果的教育史研究只能是职业的教育史研究者们思想劳动的结果,是所谓的"史实"与"史料"在其心中的倒影。因此,并不是有了生动的"史实"和"史料",就能有生动的教育史研究。而是有

---

① 马克·布洛克:《历史学家的技艺》,黄艳红译,中国人民大学出版社 2011 年版,第 35 页。
② 安托万·普罗斯特:《历史学十二讲》,王春华译,北京大学出版社 2012 年版,第 268 页。

了自由而生动的教育史研究,才会有自由而生动"史实"和"史料"。教育史研究所描绘的是职业教育史研究者思维的轨迹,以及由此呈现、建构产生的教育的历史。它要求教育史研究者不能只是空洞地"存在",而必须丰富地"生活"。[①] 面对德尔斐之神谕"了解你自己",赫拉克利特的回答是:神既"不告诉你什么,也不向你隐瞒什么,它只是指点迷津"。[②] 而这对于职业的教育史研究者而言则意味着,作为一个学术研究领域的教育史,必然要实现教育史研究者与作为"史实"和"史料"的教育史之间永无止境的对话,并最终在教育史研究者的自由精神中建构形成一幅生动的教育历史画卷。立足于精神自由的教育史研究应该是让人记忆深刻的;应该是感情细腻的、色彩鲜明的、情节丰富的;应该是让人发自内心地被触动、被感动,甚至被震撼的;应该是融汇了当时社会与潮流的风情、风貌和风格的。而教育史的书写与阅读也应该是让作者与读者共同沉浸在这样"生动的"历史之中。

当然,不可否认的是,如果一门知识不能为我们生活的改进与社会的进步提供实质性的帮助的话,我们总会觉得有所缺憾。这是实用理性带给我们的惯性思维,但正是出于这种惯性思维,在我们为教育史研究寻找可具体行动的方向时,我们在事实上便假定了它存在的潜在价值。也就是说,"教育史的价值"与"教育史有什么用",从本质上来看是有区别的。如果我们将教育史之"用"严格规定在"实用""用途""效用"的层面上时,教育史的合法性问题——它的意义、价值——便与它的实用问题剥离开了。即教育史的自由价值讨论的是思想观念层面的认识问题,是更深层次的实质问题;而实用问题仅仅描述器物层面的实操问题,是浅表性问题。

同时,在我们区分了教育史的自由价值与实用问题之后,我们会发现:即便是寄希望于教育史研究能够发挥实际的用途,我们首先需要做的也是理解和认识——只有真实地发现教育的历史,才有可能为我们的现实行动提供真正有意义的思维指导。而摒弃一切外在的工具目的和功利诉求,真正地"回到过去",以真正的历史问题为导向,发现真实的"教育历史之情境",真实地再现教育的历史,教育史研究对增扩人类思维与整体利益的自由价值便达成了,同时才有可能真正实现教育史研究对现实的教育行动的指导意义。因此,从这个意义上来说,对教育史实用性讨论的落脚点依然是教育史研究的自由价值。而让教育史研究回归历史研究与教育研究的本质,真实地"回到过去",实现教育史研究的自由价值,并为之献身,应成为教育史研究者的"志业"。

(该文诸多观点受到张斌贤教授、李剑鸣教授的启发,在此一并感谢。)

原载《清华大学教育研究》2017 年第 1 期

---

① 弗里德里希·尼采:《历史的用途与滥用》,陈涛、周辉荣译,上海人民出版社 2005 年版,第 93 页。
② 弗里德里希·尼采:《历史的用途与滥用》,陈涛、周辉荣译,上海人民出版社 2005 年版,第 97 页。

民国教育史学史的小微样本：学前教育史学史

◎朱季康　胡金平*

摘　要：学前教育史研究作为民国教育史热潮的一个部分，虽然没有进入民国教育史研究的主流视野，但也取得了阶段化的成果。科学救国思潮、妇女解放思潮、自由主义思潮等社会潮流都对包括学前教育史在内的教育史解释方法、研究的视域与叙事研究产生了影响。民国学前教育史的研究是伴随着民国学前教育事业的发展而进行的，由于战争的影响和白话文运动的推进，其研究的深度与广度虽不令人满意，但回答了一些关键的问题，亦有一些明显的特色。以历史眼光考察，民国学前教育史的成果完成了基本问题的回答，担负了历史责任，展现了一定的价值。

关键词：民国；学前教育；史学史；中国近代教育史

民国时期，学前教育思想传播与事业发展为学前教育史研究提供了丰富的素材，学前教育的研究成果前后相继，为民国学前教育研究的史学史总结创造了条件。这些总结可为中国学前教育事业的发展提供历史资鉴。

一、研究者与成果

（一）研究者与研究动因

冯品兰说："研究教育史意在帮助我们研究现代教育。"[①]清末，国人所见的中国教育史著作大多是日本学者的译作。中国学者独立开展近代中国教育史的研究工作是从民国开始起步的，学前教育史的研究也大致同步。从事学前教育史研究的人员以高校及中学教师为主，其中不乏陈鹤琴、张雪门、张宗麟等名家，亦有部分政府官员及社会学者。相较于同期的教育史研究，关注学前教育史的群体还较狭窄，缺乏专业史家的身影。促

---

　*　作者简介：朱季康，扬州大学社会发展学院教授；胡金平，南京师范大学教育科学学院教授。
　①　冯品兰：《西洋教育史》，大华书局1933年版，第6页。

使他们进行学前教育史研究的最初动因来自新学制的刺激。①

新学制确立了学前教育的法制地位,"中国幼稚教育事业是伴随着新型学制的制订而出现的"②。此地位的确立不但推动了民国学前教育事业的发展,而且也激发了学前教育史研究的潜在需求。

师范学校对学前教育史课程的设置引发了现实的研究需求。"癸卯学制"规定:"大学堂、进士馆、师范学堂课程中必需设教育史科。"随着民国师范教育事业的推进,各级师范学校大多开设了包含有"教育史"的课程,进而有学校专设了"幼稚教育史"课程,如北京女高师开设的"幼稚教育史"课程。江西省立实验幼师从1943年开始试用的幼稚教材中即有"幼教发展史"的内容。上海商务印书馆和中华书局等出版机构"竞相为师范学校出版教育史课本"③,其中也不乏学前教育史的教材。

各类学前教育研究机构的成立与儿童教育学术刊物的出现也为学前教育史的研究提供了基础支持与展示平台。1919年至抗战时期,十数个学前教育研究机构推动了学前教育事业的有组织及系统的研究工作,其中也包括学前教育史的相关研究。④《东方杂志》《教育杂志》《中华教育界》《良师月刊》《幼稚教育丛刊》⑤等杂志也做出了贡献。这些专门研究机构与学术刊物为幼稚教育史的研究提供了相当的便利与助力。

海外学者的访华讲学活动也推动了相关研究的发展。如杜威曾来华讲学,周游华夏,"其学说对于吾国之教育界及思想界,影响殊深"⑥。这些讲学包含了近代海外学前教育的宗旨与思想、理论,客观上增强了民国学者对此领域的兴趣。

---

① 1922年11月,中华民国教育部公布《学校系统改革令》,又称"壬戌学制"或"新学制",规定在小学下设幼稚园,收受六岁以下之儿童,并将幼稚园正式列入学校系统,改变了以前蒙养院和蒙养园没有列入学制的状况。将幼稚园正式列为国民教育的第一阶段。此后,教育部多次出台法令,对幼稚园规程等进行规范。可以说,"壬戌学制"为民国学前教育事业的法制地位及发展空间奠定了合法基础。

② 王炳照、阎国华:《中国教育思想通史》第7卷,湖南教育出版社1997年版,第244页。对此,舒新城有不同看法,认为"幼稚教育不与学制系统同源"。因为"就学制形式而言,蒙学堂似属幼稚教育,但其规定之入学年龄为六七岁,实际上仍属小学"。参见舒新城:《近代中国教育史稿选存》,中华书局1936年版,第608页。

③ 蔡振生:《中国教育史研究的历史回顾与反思》,《北京师范大学学报(社会科学版)》1988年第3期。

④ 此类具有较大规模与影响力的组织为:北京女高师幼稚教育研究会(1919年),该会创办了会刊《幼稚教育的研究》;上海的广东公学幼稚园、广肇公学幼稚园、养真幼稚园等幼稚园联合组织成立上海幼稚教育研究会(1925年12月中旬);陈鹤琴与陶行知、张宗麟等人发起成立中国幼稚教育研究会(1927年3月),并创办会刊《幼稚教育》(后改名《儿童教育》);在南京幼稚教育研究会基础上改组而成的中华儿童教育社(1929年),该会发展到1937年,分社达60多个,成员逾4000人,成为当时全国最大的教育学术团体之一;晓庄幼稚教育研究会(1929年);首都(南京)幼稚教育研究会(1930年)。这些学前教育机构的成立为民国学前教育事业的发展拢聚了人才资源,建构了研究团队。如中华儿童教育社的社务目标则为:研究问题;实验方案;提倡风气;建议政府;编译图书;流通书报;协助社友;辅导教师;采访资料;联络研究;等。参见中华民国教育部:《第二次中国教育年鉴》(第3册),商务印书馆1938年版,第51页。抗战时期成立的中国战时儿童保育会(1938年3月)、陕甘宁边区战时儿童保育分会(1938年7月)等组织也对儿童教育事业有相当促进。

⑤ 民国时期,大量的杂志登载学前儿童教育的文论及译作,不下数千篇,其中以《教育杂志》等教育专业类期刊及《东方杂志》等综合类期刊为主要阵地。

⑥ 陈健吾:《近代各国儿童教育发展的略史》,《中法大学月刊》1932年第1卷第5期。

(二)阶段化的成果

学术界一般以 20 世纪 20 年代至抗战全面爆发前的十数年间为近代教育史研究的黄金期。[①] 正是在这一阶段,学前教育史开始作为一个独立的学科出现。[②] 抗战爆发后,对学前教育史的研究也逐渐沉寂下来。"1937 年到 1949 年间,由于连年战争,教育和学术受到不同程度的影响,教育史的研究几乎处于停滞的状态。"[③]

综合文献,20 世纪 20 年代以前,虽有相当数量的中国近代教育史研究成果面世,但未见学前教育史的研究成果。[④] 自 1922 年"壬戌学制"改革至 1927 年大学院制改革时期,民国学前教育史研究有了第一批的成果。1922 年,陈鹤琴的《研究儿童的历史》[⑤]发表,这是民国时期第一篇对"儿童研究"冠以"历史"之名进行研究的学术文章。同年,唐毅在其编译的《近代教育家及其理想》(中华书局)中论述了"儿童学"的发展历史,还对福禄培尔等海外学前教育家的生平及其教育思想作了简单介绍。吴康翻译了美国学者格莱夫斯(F. P. Graves)于 1913 年所作的 *A History of Education in Modern Time* 一书,以《近代教育史》(商务印书馆 1922 年初版)为译名出版,这部被译者以为"其文甚详而不烦"[⑥]的著作,其中多有学前教育史的内容。[⑦] 凌冰著的《儿童学概论》(商务印书馆 1921年初版)为著者讲演录,共 8 篇,其中有一篇为儿童学的历史。1923 年,胡寄尘的《儿童读物趣史》(《红杂志》第 2 卷第 60 期)虽然仅有两页纸,却是民国第一篇对儿童读物进行历史研究的文章。1924 年,李浩吾编译的《西洋教育史纲要》[⑧](上海商务印书馆)谈到了蒙

---

① 杜成宪等学者认为在 20 世纪 20 年代后,即新文化运动后,中国近代教育史学的研究开始崛起。"进入 20 世纪 20 年代后,以民国第二次学制改革及'壬戌学制'的颁布为契机,中国教育史学科迎来第一个大发展时期。这一时期酝酿于 20 年代前半期,20 年代后半期大量有质量的研究成果开始涌现,而于 30 年代中期达到发展高潮。"参见杜成宪等:《中国教育史学九十年》,华东师范大学出版社 1998 年版,第 15 页。蔡振生认为这个崛起时期可上溯至民国成立时期。"民国初年两次学制改革前后的 10 余年间(1912—1927),可以看作是中国教育史研究的发轫期。"参见蔡振生:《中国教育史研究的历史回顾与反思》,《北京师范大学学报(社会科学版)》1988 年第 3 期。无论是以 1912 年,抑或以 20 世纪为开端,中国近现代教育史在民国的黄金发展期集中于抗战爆发前的十数年间已为学界共识。

② 持这种观点的学者如杨汉麟、周采等人,他们以为,"20 世纪 20 年代后,随着教育史研究以及幼儿社会教育的长足发展,幼儿教育史开始从教育史中分化出来,成为一门独立的学科"。参见杨汉麟、周采:《外国幼儿教育史》,广西教育出版社 1993 年版,第 6 页。

③ 杜成宪等:《中国教育史学九十年》,华东师范大学出版社 1998 年版,第 41 页。

④ 学术界一般以为近代中国最早的教育史研究成果为日本学者的研究。"最早的中国教育史专著,是日本学者狩野良知的《支那学教史略》,光绪二十七年(1901)十一月由上海商务印书馆印行。"而最早的国人所进行的近代教育史研究为黄绍箕的《中国教育史》,该书铅印于 1905 年。参见蔡振生:《中国教育史研究的历史回顾与反思》,《北京师范大学学报(社会科学版)》1988 年第 3 期。而同时期一些零散的学前教育史的描述并不能给人以研究的资鉴。

⑤ 陈鹤琴译:《研究儿童的历史》,《心理》1922 年第 3 期。该文摘译自马特(Mateer)的 *Child Behavior*(《儿童行为》)的第一章。严格意义上说,这是一本对于儿童心理学研究历史进行研究的译著。在这本书里,作者认为"裴滋德洛奇"(Pestalozzi,即裴斯泰洛奇)为研究儿童个性的最早者。陈鹤琴所摘译的内容是 17 世纪以来,德、美、法、意、比等国儿童心理学家的主要成就。该文甚至还谈及中国学者亦有相关研究动机。

⑥ 格莱夫斯:《近代教育史》,吴康译,商务印书馆 1922 年版,第 5 页。

⑦ 该书第二章"教育上之自然主义",重点介绍卢梭的《爱弥儿》。第三章"教育上之慈善事业",介绍了法、英、美等国及纽约等城市的"婴儿学校"。第五章"教育上之观察及工业教育"中重点介绍了裴斯泰洛奇的思想和实践、影响。第七章"近代教育实施方法及发展"中则重点介绍了福禄培尔的观点及幼稚园等机构。

⑧ 该书实际成稿于 1922 年 2 月。

台梭利的幼儿教授法及儿童心理测量等方面的内容。杨汝觉的《历代教育目的之进化论》①（《云南教育会月刊》第 1 卷第 1、2 期连载），其第 8 章为"卢梭以后之教育的目的"，也有部分学前教育史的内容。1925 年，潘光旦的《二十年来世界之优生运动》②（《东方杂志》第 22 卷第 22 号）是一篇关于优生学的史学论文。1925—1926 年，《京师学务公报》连载了李贻燕的《幼稚教育史》，③可算民国时期第一个对海外幼稚教育事业及教育家进行系统介绍的文献。1926 年，艾伟作《儿童心理学之发达史》（《教育杂志》第 18 卷第 8 号），对近代儿童心理学研究的历史进行了详细展示。两年后舒新城的《近代中国幼稚教育小史》（《教育杂志》第 19 卷第 2 号）是一部描述中国实行新政后学前教育事业发展的文章，也是民国第一部专论中国学前教育史的文章。同年，张宗麟、雷震清所作的《幼稚教育中文参考书目》（《教育杂志》第 19 卷第 2 号），应是民国首部关于学前教育史研究的工具书。该年还有陈鸿璧在上海所作的《幼稚教育之历史》（《教育杂志》第 19 卷第 10 号），也是具有开创性的研究成果。

有学者以为，中国教育史学科确立于 20 世纪 20 年代末期至 30 年代中期，理由是在该时期，"出现了更多的研究专著，更广的服务范围，更大的研究队伍和更加复杂的史学观点论争的局面"④。这个判断是客观的，就学前教育史学科来看，也是正确的。1928 年，张铭鼎作《近今幼稚教育之概况》（《教育杂志》1928 年 11 期），部分涉及了学前教育史领域，揭开了民国学前教育史研究高潮的序幕。1929 年，陶父的《儿童问题发端》（《新女性》第 4 卷第 6 期）则是一篇夹叙夹议的好文章。⑤ 1930 年，米克（Lois Hayden Meek）著、林仲达翻译的《十年来美国蒙养学校运动》（《教育杂志》第 22 卷第 6 期）是对美国蒙养学校进行短时段历史研究的论文。1931 年，金海观的《幼稚教育的沿革与趋势》（《现代教育》1931 年第 3 期）发表，该文述及海外及中国学前教育的历史及新趋势。朱镇苏翻译了何林华（Leta S. Hollingworth）的《高才儿童历史的研究》（《上海市教育季刊》第 3 期），这是一篇有关学前教育与天才儿童之间关系的研究文章，对于当时的学术界具有开辟盲区的意义。林树艺翻译日本学者千叶龟雄的文章，以《儿童权运动之起源与发展》为译名发表于《教育杂志》（第 23 卷第 9 期）。次年，陈健吾作《近代各国儿童教育发展的略史》（《中法大学月刊》第 1 卷第 5 期），谈及儿童教育学的起源及海外等国的学前教育史。该年还有张宗麟的《中国幼稚教育略史》问世。冯品兰的《西洋教育史》（上海大华书局）是一本教科书，服务于简易师范学校、乡村师范学校等，其中有对卢梭、裴斯泰洛奇、福禄培尔等人的思想专论。1933 年，刘诚写成《儿童心理研究之演进》（《教育论坛》第 2 卷第 6 期），该文是作者根据当时在美国哥伦比亚大学心理学专业任教的美国学者加德纳·墨

---

① 此文之一部分曾在《教育新刊》上发表过，后增补内容，全文刊载于《云南教育会月刊》。

② 该文篇幅较大，分为"引言""若干历史的步骤与运动之大势""优生运动之现状""若干结论"等内容，对 20 世纪前 20 年的世界优生学思潮与组织活动进行了详细的阐述。

③ 连载于《京师学务公报》的第 1 卷第 6 号、7 号及第 2 卷 2 号、4 号、6 号上，有人称其文为著作，故《京师学务公报》在刊登此文时，用的是"专著"栏，但未见其单行本，存疑。

④ 蔡振生：《中国教育史研究的历史回顾与反思》，《北京师范大学学报（社会科学版）》1988 年第 3 期。

⑤ 该文从儿童教养的现实危机谈起，联系到爱伦凯的"儿童的世纪"观点及海外各国关于学前教育的种种观点，包括《日内瓦宣言》等有关内容，亦有对中国现实的数据分析，文末还有作者的建议。

菲（Gardner Murphy）所著的 *A Historical Introduction to Modern Psychology*（《近代心理学历史导引》）中第 1 章的材料整理写作完成的。他谦虚地认为，"这里谈不到历来儿童心理的总研究，不过是一个儿童研究的发展概况，及在此过程中，几个大教育家所采取的路径与其成绩和影响罢了"[①]。这是民国学者对海外儿童心理学研究进行引介的首篇力作。1933 年，时在法国留学的朱镇苏作《德国的学前教育》（《东方杂志》30 卷第 12 号）。次年，谢康翻译了德国学者麦纳尔（Adele Methner）的文章，以《德国幼稚教育史要》为译名发表于《中华教育界》（21 卷第 9 期）上。同年，谢康在《教育旬刊》（第 8 卷 5—6 期）上发表《德国幼稚教育演进史要》。两文基本雷同。叶恭信则翻译了贝利奥森（D. Belliorson）的文章，以《苏联幼稚教育》为译名发表于《教育研究》（第 50 期）。张雪门作《世界的幼稚教育》（《时代教育》33 卷第 1 期），谈近十年全世界幼稚教育的一种"特殊的转变"的过程。[②] 张雪门的《我国三十年来幼稚教育的回顾》（原载于《新幼稚教育》，后由儿童书局发行），是一篇对中国近现代学前教育史采取短时段历史研究方法的文章。罗静轩所编的《儿童书目汇编》（《北平图书馆协会会刊》第 5 期）所载多为北平市立第一普通图书馆所藏儿童书目，其中以学前儿童书目为起点，也可作为学前教育历史研究的参考书。苏联学者品克唯区所作、高构所译的《苏联的学前教育》（《东方杂志》第 31 卷第 14 号）是一篇内容不仅限于苏联学前教育事业发展演变的文章，它包含了近代学前教育事业的发端史。1935 年，作为我国最早的学前教育理论专著，张宗麟的《幼稚园的演变史》[③]（商务印书馆）出版。有学者评价此书："关于中国学前教育史的研究，是当时最为成熟的研究成果。"[④]丁致聘所编的《中国近七十年来教育记事》（上海国立编译馆）专记中国教育重大事实，自同治元年（1862 年）至 1933 年止，其中也记载了学前教育事业的大事，亦可算为学前教育史的资料。美国哥伦比亚大学师范学院教授何林华（L. S. Hollingworth）著、朱镇苏所译的《天才儿童》（上海中华书局）中有天才儿童研究的历史内容。葛鲤庭的《三年来之中国幼稚教育》（《江苏教育》第 4 卷第 1、2 合期）是具有"断代"身份的学前教育史研究。邵鸣九编著的《幼稚教育史大纲》（上海世界书局）对民国及海外学前教育事业的演变状况也有详细说明。樊兆庚所编的《幼稚教育》（商务印书馆），第二章则为"幼稚教育发达史略"。美国学者古柏莱（Ellwood P. Cubberley）所著、詹文浒所译的《世界教育史纲》（上海世界书局）里也有相关内容。同样，姜琦所著的《现代西洋教育史》（上海商务印书馆）对爱伦凯等欧美学前教育家的思想也有系统归纳。熊寿文的《欧美各国教育学的现况》（《江西教育》1935 年第 3、4、5、7 期连载）主要谈"挽近二三十年来，欧美各国教育学状况何如"[⑤]，略涉及德、英、法、意、美等国的学前教育事业史。1936 年，时在日本留学的丘晋畴翻译了敖得萨社会教育研究所著的《儿童心理学研究的新方

---

① 刘诚：《儿童心理研究之演进》，《教育论坛》1933 年第 2 卷第 6 期。
② 张雪门：《世界的幼稚教育》，《时代教育》1933 年第 1 卷第 9 期。
③ 该文原为张宗麟应主编商务印书馆幼稚教育丛书的沈百英所求，以《幼稚教育史》为名而作。写作中，恰逢湖北全省小学教师讲习会要张宗麟讲幼稚教育，他即以此为讲稿，行文 4 万字，后改名为《幼稚园的演变史》付梓。虽然题名关键词为幼稚园，但从其写作出发点即可见此文与整个学前教育史的联系。
④ 朱宗顺：《百年中国学前教育史研究的回顾与展望》，《教育研究与实验》2005 年第 3 期。
⑤ 熊寿文：《欧美各国教育学的现况》，《江西教育》1935 年第 3 期。

向》（《大钟》第 2 卷第 1 期）。张雪门著《幼稚教育新论》（上海中华书局），第 2 章为"我国幼稚教育的历史及其背景"。时为安徽大学教育学系学生的程谪凡所作的《中国现代女子教育史》（上海中华书局）通过对民国女子教育的观察，间接剖析了同时期学前教育的发展历史。1937 年，碧云作《儿童生活之史的考察》（《东方杂志》第 34 卷第 9 号）。李梓才作《儿童研究的史略》（《实报》1937 年第 12 期），算是为这一波学前教育史研究的热潮做了一个短暂的小结。

抗战及内战时期，学前教育史研究遭受顿挫，成果寥寥。1938 年，拉斯克（Robert R. Rusk）原著、周竞中译的《幼稚教育史》（原名 *A History of Infant Education*）于商务印书馆出版。同年，雷明特（T. Raymint）著、富伯宁译的《幼童教育史》（原名 *A History of the Education of Young Children*）发表于《教育杂志》第 28 卷第 10 期。此文原著发表于 1937 年，次年即被翻译引介，可见尽管学者身处战争环境，但其视野并未远离。1939 年，杨服贞女士的《幼稚教育行政研究》（《教育月刊》第 1 卷第 1 期）部分地谈及了近代学前教育行政演变的历史。1941 年，谢康所译的《德国幼稚教育演进史略》[①]（《活教育》第 1 卷第 4 期）发表。抗战胜利后，陈鹤琴于 1947 年发表了《战后中国的幼稚教育》（《教育杂志》第 32 卷第 2 期）。同年，黄尚仪的《天才儿童》（《南大教育》1947 年第 1 期）也谈及了特殊学前儿童的历史回顾问题。次年，袁昂作《英国幼稚教育的发展》（《教育杂志》第 33 卷第 5 期）。他的另一篇文章《中国幼稚教育之瞻望》（《教育杂志》第 33 卷第 1 期）对晚清至其时的中国学前教育的演变做了介绍。倪翰芳在《儿童身体的发展与养护》（上海中华书局）中专门谈及了"儿童研究的史略与方法"。

这十数篇相关论文及数十本译著、著作中所涉及的内容是民国学前教育史研究所拿出的成绩单，虽略显单薄，但横向考量，已十分不易。

二、民国学前教育史的解释方法、视域与叙事

民国肇始，又逢社会转型，文化与社会思潮的兴起、引介与交流、争鸣风起云涌。科学救国思潮、妇女解放思潮、自由主义思潮等社会潮流都对包括学前教育史在内的教育史解释方法、研究的视域与叙事研究产生了影响。

（一）历史解释的方法

中国古典教育史的解释方法是一种模糊的定性模式。通过"叙述"以"阐明"所谓教育事实及教育理论的发达变迁过程。但民国教育史学者已认识到"教育史决不单是留下教育事实的形迹的，教育史决不单是追溯教育上诸英雄伟人的形状者，教育史也决不单是记录教育思想的派别者。除这种种要素以外，教育史实尚有更根本更重大的任务"。[②] 民国史学流派纷呈，但主流为两股：一是以兰克式实证史学为代表的海外史学东渐潮流；

---

① 该文与原作者 1934 年所翻译发表的《德国幼稚教育演进史要》（《教育旬刊》第 8 卷第 5—6 期）几乎雷同。

② 李浩吾：《教育史 ABC》，ABC 丛书社 1929 年版，第 2 页。

一是以"新史学"为代表的本土史学转型潮流。从学理及事实上看,这两股潮流是交融并进的,其核心都在于对待史料的实证性上。有学者主张"实证史学成为1949年之前在中国势力最大的海外史学思潮"①。笔者以为,无论本土传统史学,抑或贴着"海外史学"标签的新论述,都是民国学者们围绕实证而进行的作业成果。激进者称民国全部史学变革皆来自于海外实证史学引介的刺激,所有新史学流派"莫不因应于西潮的冲击而生,或以洋为师,或以洋为鉴……或挟洋以自重"②。所谓"新史学"也为本土史学接受海外实证思潮潮流而自我扬弃的产物。如果单纯从史学研究解释方法的角度,再限以教育史的范畴,我们可以谨慎地承认这种观点。同样,民国学者的学前教育史研究中所采用的历史解释方法也在各方面接受着实证史学的影响。

实证史料的搜集是民国学前教育史研究的基础,民国教育史研究者对于史料的界定水平也有新的提高。如冯品兰对教育史料进行的正、副史料之分、舒新城总结出搜集教育史料的六点注意等。建立于实证史料基础上的教育史研究要求也直接体现于民国学前教育史的研究中。在舒新城的《中国幼稚教育小史》中,他系统罗列了清末民初时期政府有关幼稚教育的政策法规③,并对之进行详细分析与客观评论。袁希涛在《筹设幼稚师范学院模范幼稚园提案》、张雪门在《参观三十校幼稚园后的感想》、张宗麟在《调查江浙幼稚教育后的感想》等文中都对学前教育史的相关史料数据进行了广泛的收集与列举。在葛鲤庭所作的《三年来之中国幼稚教育》中,有大量的中国幼稚园发展状况的历史数据。较之"古典"史学研究方法,这些研究充分体现了民国学前教育研究者对实证性史料的重视。

从文献分析来看,民国学前教育史学研究者所运用的历史解释逻辑方法中存在两个主要的模式,即启蒙逻辑法与理性逻辑法。所谓启蒙逻辑法,也可称为解答问题法。即针对国人近代学前教育基础素养不足的现状,以常识解释作为学前教育史写作的主要线索进行串联,从而展开历史叙述。这是一种常见于学前教育史领域的特殊历史解释方法。以舒新城的《中国幼稚教育小史》为例,其文主要围绕着"吾人应如何使一般教育者真正重视幼稚教育""吾人应如何谋法制之改革,以植幼稚教育之基础""吾人应如何使社会了解幼稚教育之真相"三个启蒙性的问题而展开线索。此三者都非学前教育史乃至学前教育所应关注的核心问题,但皆是扫除国人对于学前教育基础性认识盲区的必要问题。在解答的过程中,顺理成章地进行历史叙事,实现了文章的教育史主题。陶父在《儿童问题发端》中,开篇即提出"儿童问题是一个怎样的问题?它为什么发生?它具有何种内容?要用什么方法来解决?这都是关心社会问题的人所欲知道清楚的"④。在展开叙事时,也多用启蒙问题来引领。所谓理性逻辑法,即以理性思维逻辑作为线索而展开学前教育史的历史叙述,这是与中国古典史学解释方法相异的。如张铭鼎的《近今幼稚教

---

① 陈峰:《西潮冲击下民国史学风气的嬗变》,《山东大学学报(哲学社会科学版)》2011年第3期。
② 许冠三:《新史学九十年》,岳麓书社2003年版,"自序"第2页。
③ 包含1912年至1916年间颁布的《师范学校令》第十条、第十一条;《国民学校令》第十一条;《师范学校规程》第六十八条等及1916年的《国民学校令施行细则》其六章之前半部分等法规内容。
④ 陶父:《儿童问题发端》,《新女性》1929年第4卷第6期。

育之概况》一文,开篇即设立"幼稚教育之解释"段落,先概述幼稚教育的意义,再条分缕析,沿着理性思维的逻辑思路进行讲述。再如朱镇苏所译的《高才儿童历史的研究》中,原作者以"优秀份子的承认"开篇,以"关于天才的迷信"引入讨论主题,以"伟大的科学的研究"展开叙事,以"事实解释的不一致"深入探讨,以"伟人研究的批评"点明观点。客观地说,启蒙逻辑法与理性逻辑法在具体的运用中是交融的,都体现着对逻辑思维的尊重。这是民国历史研究法在实证主义思潮影响下的进步,也是对民国学者理性高度的展现。

在民国史学潮流中,马克思主义唯物史学及其方法论也占有一席之地,但因为理论研究基础的薄弱,造成实践研究的相对滞后,它难以动摇实证主义史学的主流地位。"纵观解放前的中国教育史学,运用马克思主义观点开展的研究基础是非常薄弱的。"[①]由于民国学前教育史研究者对于马克思主义史学理论的掌握与理解刚刚起步,民国学前教育史研究中并没有出现有分量的马克思主义唯物史学研究成果。

(二)研究的视域

与中国古典教育史研究相对注重教育政策(典章制度)、教育人物(列传)、教育单位等对象相比,民国学前教育史研究者的视域增加了学前教育事业发展的整体历史进程[②](包括特定时期史)、学前教育研究史[③](含儿童心理学研究)、国外学前教育史、学前教育业务发展史等内容。这些领域的开拓体现了在实证主义史学思潮的指引下,民国学前教育史研究者对历史趋势与细节研究的进步。正如范寿康所总结的,"教育史应研究的要点",为"一般社会的趋势""教育实际的状况""关于教育的学说"。[④] 民国学前教育史的视域进步也恰恰体现在此三方面。

1. 中国古典教育史研究视域在民国学前教育史研究中的传承

在中国古典的教育史视域中,论及学前教育政策(典章制度)演变历史的,首推舒新城的《中国幼稚教育小史》,他将自 1903 年至 1916 年间有关中国学前教育的政策倡议及政府政策文件进行了罗列。在教育人物(列传)方面,李贻燕的《幼稚教育史》对海外学前教育家的介绍相当系统,包括培根、卢梭、裴斯泰洛奇、福禄培尔、蒙台梭利等人。很多研究者延续了传统,在教育单位发展史研究上重彩浓墨。如陈鹤琴在《战后中国的幼稚教育》中对幼稚师范学校的创设及其课程演变的描述,再如李贻燕在《幼稚教育史》中对幼稚园发展过程及其种类的分析。

2. 实证主义新视域观为民国学前教育史开辟了新的空间

学前教育事业的整体历史进程是民国学前教育史学者关注的一个重点。这种宏观的整体研究视域的开辟是建立在海外整体史观潮流的影响之下的。[⑤] 曹炎申的《美国的

---

① 蔡振生:《中国教育史研究的历史回顾与反思》,《北京师范大学学报(社会科学版)》1988 年第 3 期。

② 所谓学前教育史事业发展的整体历史进程,即学前教育事业整体史。研究者的视域不限于所研究对象的单一领域或局部元素,而是综合考量该研究对象的整体演变过程及发展态势。

③ 学前教育研究史,即指对学前教育进行研究的历史。

④ 范寿康:《教育史》,商务印书馆 1923 年版,第 2 页。

⑤ 因为近代学前教育事业整体发展从海外起步,故此类研究也多以海外作为研究视域的着眼点,针对中国的关注则相对较弱。

幼稚教育》就是一个例证。张宗麟在《幼稚园的演变史》中谈到了自 1816 年福禄培尔创办第一所非正式的幼稚园,到其写作时的 1935 年间,海外各国幼稚园发展的历史。陈鸿璧的《幼稚教育之历史》是一部关注中国近代学前教育整体发展史的文章,从幼稚教育的始祖开始,述及中国幼稚教育事业的发展进程。尽管作为一个历史时期来考察,民国为时较短,其近代学前教育事业的演变历史更无"底蕴",但亦有相关的"断代"研究。如葛鲤庭的《三年来之中国幼稚教育》就专门以 1932 年至 1935 年作为自己研究的时间范围,"叙述三年来之中国幼稚教育"[①]。这些研究在一定程度上因为其视域时空的集中,丰富了民国学前教育整体历史进程研究的视域层次。

在学前教育研究史方面,倪翰芳所作的《儿童身体的发展与养护》是一篇典型之作,对海外国家关于儿童研究的史略、研究儿童的方法进行了记录。从这篇文章,我们可以感受到民国学者们在学前教育史学史领域的反思与开拓精神。除了分布于各个视域领域的研究外,民国学者亦有较为集中的讲述。如陈健吾在作《近代各国儿童教育发展的略史》时,就开宗明义,称"三十年来,此学日昌。今将各国情形,分述于后"[②],分别讲述了美、法等国学前教育的发展史。单独国别的研究则有曹炎申的《美国的幼稚教育》,讲述美国幼稚园的主旨、贡献等内容。苏联学者品克唯区著、高构译的《苏联的学前教育》讲述苏联学前教育机关的演变史等。亦有进行多国内容讲述的,如袁昂的《英国幼稚教育的发展》不单研究英国学前教育史,还兼及西欧其他各国。金海观的《幼稚教育的沿革与趋势》从希腊时代就开始捕捉学前教育的雏形,讲述了海外各国幼稚教育的历史,称"欧洲古代,没有所谓的幼稚教育,希腊大儒像柏拉图、亚里士多德,也不反对加杀害于有残疾之儿童"[③]。李贻燕的《幼稚教育史》更是涉及法国、荷兰、意大利、西班牙、土耳其、英国、美国、日本等诸国学前教育史。一些相关译作对此也有贡献。德国学者麦纳尔(Adele Methner)著、谢康翻译的《德国幼稚教育史要》讲述了一战初期及战后德国学前教育事业的进展。雷明特(T. Raymint)著、富伯宁译的《幼童教育史》在开篇引介称:"这本书就充分地告诉我们英国的幼儿教育事业,在怎样一个社会里,抓到怎样一种契机,全亏了多少有热诚有头脑的教育者逐渐培植,逐日滋长,而至于今天的一个长期的故事。我想在这儿童保育声浪响彻云霄的时候,这本书到是值得一读的。"[④]儿童心理学的研究史成为最吸引读者的部分。陈健吾的《近代各国儿童教育发展的略史》是这样讲述法国儿童心理学史的开端的:"在法国尚无专门研究教育心理的杂志,但在哲学杂志 *Revue Philosophique* 及心理学杂志 *Journal de Psychologie* 等刊物中,有时亦有儿童心理研究的文字。"[⑤]作为一篇放眼世界的学前教育史文章,儿童心理学的历史研究占据了文章的主要篇幅。再如刘诚所译的《儿童心理研究之演进》也是类似的内容。国外学前教育史作为一种研究视域而言,极大地提高了民国学者对近代学前教育的理解,也激励着国人

---

① 葛鲤庭:《三年来之中国幼稚教育》,《江苏教育》1935 年第 4 卷第 1—2 期。
② 陈健吾:《近代各国儿童教育发展的略史》,《中法大学月刊》1932 年第 1 卷第 5 期。
③ 金海观:《幼稚教育的沿革与趋势》,《现代教育》1931 年第 3 期。
④ 雷明特:《幼童教育史》,富伯宁译,《教育杂志》1938 年第 10 期。
⑤ 陈健吾:《近代各国儿童教育发展的略史》,《中法大学月刊》1932 年第 1 卷第 5 期。

在学前教育事业上的奋斗热情。

在政治社会环境与学前教育事业发展的联系研究视域，不乏佳构。如陈鸿璧在《幼稚教育之历史》中首先谈及人文进化与教育的联系，认为人文进化之力对于人类进步有莫大的作用。"进化之原动力为何？曰'教育'。"[①]张雪门的《世界的幼稚教育》一文以苏俄、美国为例，实质是谈国家政治与学前教育的关系。陶父在《儿童问题发端》中所谈及的儿童劳动问题也是如此。对具体数据的追求成为新的细节研究要求，以陈鸿璧的《幼稚教育之历史》为例，书中作有附表《上海幼稚园一览表（1926年12月）》，对其时上海各幼稚园的校名、地址、开设年月、男女生数、幼生总数、保师人数都有详细记录。这些细节介绍都是以往从未有过的。

（三）历史叙事

意大利学者安贝托·艾柯曾指出："文本就不只是一个用以判断诠释合法性的工具，而是诠释在论证自己合法性的过程中逐渐建立起来的一个客体。"[②]与历史解释的艺术性、创造性相结合的叙事方式对历史研究的完成与价值体现有着被低估的影响力。中国古典教育史的历史叙事是与文言文的话语规范紧密联系的，很大程度上被文言文所"绑架"。"文言的本质决定了它不仅是一种非个人性的团体话语，是一种超越日常生活的人为语言，也是一种典型的权力话语。"[③]在新文学运动的直接触动下，在海外史学叙述的影响下，特别是在光绪二十一年（1895）之后，在新文学运动的推动下，民国学前教育史的历史叙事手法有了巨大的变化，主要体现在四个方面。

1. 叙事结构与视角的丰富

民国以前，中国古典史学与西方近代史学在叙事结构与视角上存在着根本的差异。西方近代史学叙事结构较为完整且多样化，还有限制叙事与客观叙事手法的运用，注重情节细节的刻画。在叙事视角上，西方近代史学一般采用第三人称，较之中国古典史学叙事更加洒脱。在新旧话语语系转变的环境下，民国史学创作也在改变。"中国的创作，也就在这汹涌的输入情形之下，受到了很大的影响。"[④]张宗麟的《幼稚园演变史》就是一篇在叙事结构上有很大突破的力作，全书先有详尽而多面的背景阐述，续之各个主题单元的分述，其中多有情节完整的故事性描写。如对于福禄培尔生平的描述，不但有情趣盎然的细节描写，甚至还有情绪渲染的气氛刻画。这种具有故事性及自问技巧的叙事方式完全脱离了中国古典史学的窠臼。类似者还有陈健吾的《近代各国儿童教育发展的略史》，也对学前儿童教育产生的背景进行了阐述，再谈美、法诸国的实际情况，追本溯源，一目了然。再如张铭鼎的《近今幼稚教育之概况》，从幼稚教育概念的解释到整个历史的描述，最后以巴比特（Bobbitt）的几句说明幼稚教育与其他各教育阶段的关系的话为该文的结论。这方面的典型之作还有艾伟的《儿童心理学之发达史》，以"最初的儿童心理学"

---

① 陈鸿璧：《幼稚教育之历史》，《教育杂志》1927年19卷第10号。
② 艾柯等：《诠释与过度诠释》，王宇根译，生活·读书·新知三联书店2005年版，第68页。
③ 赵静：《话语权力的交锋——对白话文运动的重新解读》，《西南民族大学学报（人文社科版）》2003年第6期。
④ 阿英：《晚清小说史》，人民文学出版社1980年版，第181页。

引介开头后,用 7 个单独的章节系统阐述近代儿童心理学的演变史,从叙事结构上来看,俨然是一幅西方化的叙事画卷。

2.中西结合的叙事风格

白话文的不成熟与西方近代史学叙事规则的强势介入,使得民国史学的叙事风格呈现中西结合的特点。在民国学前教育史具体的叙事实践中存在着两种处理方式:一是将中国古典史学与西方近代史学叙事方法相"杂合"①;二是将西方文本使用"新式"②的叙事方法进行重构(多见于译著)。所谓"一种历史观或历史知识的生产模式,……而是在具体的社会和生活土壤上生长出来的、与地方情况相配的地方性叙事"③。有学者就以为:"白话文成了一种'披着欧洲外衣',负荷过多的海外新词汇,甚至深受海外语言的句法和韵律影响的语言。它甚至可能是比传统的文言更远离大众的语言。"④在这样的语言环境下,需要对中西叙事方式进行融合。对白话文较为娴熟的学者来说,"为了读者容易接受,他们在翻译过程中往往采用中国传统的叙事手法对原文进行改编。这些都阐释了译入语叙事对翻译的影响是不可避免的"⑤。如张宗麟在《幼稚园的演变史》中曾解剖其行文:"略略带些有系统的历史性的叙述,但不是编年体裁或传记体裁的叙述。我总觉得找出一件事的因果来,比只做事实的叙述要有意义些。"⑥这是其自觉地对中国古典史学叙事的扬弃。这种处理方法虽有时代进步潮流的指引,但实也是不得已而为之。从李贻燕的《幼稚教育史》中即可见此端倪。李贻燕称:"盖幼稚教育之思想,端自十六世纪。如培根及康孟纽斯等,皆重视幼稚教育之提倡,不遗余力。迨十七十八世纪,卢梭及彼斯他罗奇出,幼稚教育,愈大放光明。十九世纪,福列培尔继之,而幼稚教育机关之幼稚园,遂告厥成功焉。今述幼稚教育家及其幼稚教育之原理,如左。"⑦又如"变态"等词的运用,全文遣词造句,亦中亦西,正是这种叙事风格的体现,也是民国学前教育史叙事成熟过程中的必经阶段。

3.通过文化认同建构共识基础的历史叙事

出于对传统育儿理念的坚持与保守思维的惯性影响,对于海外近代学前教育思想及实践活动,民国社会并非全盘接纳,而是存在着一定程度上的抵触情绪与行为。民国学前教育史的成果从以中国古典人文道德为主要内容的历史叙事向以近代学前教育科学为主要内容的历史叙事转变,映射着西方近代理性思维及人文关怀的身影。也有学者以为"中国的知识传统,解决人文知识的方法虽然不是遵循严格的科学理性标准,但同样表达了另一种'理性'的思维方式和思考方向"⑧。这就为两者奠定共同的理性与人文共识

① 之所以称之为"杂合"而非"结合"或"融合",是基于民国学前教育史论著的叙事成就而言,白话文的相对幼稚与西方近代史学叙事"拿来主义"的仓促,没有使两者的交融达到理想的效果。
② 相对于中国古典史学叙事而言,民国史学已在叙事结构、用词行典等方面有所改变。
③ 赵汀阳:《没有世界观的世界》,中国人民大学出版社 2005 年版,第 119 页。
④ 王跃、高力克编:《五四:文化的阐释与评价——西方学者论五四》,山西人民出版社 1989 年版,第 9 页。
⑤ 曾竞兴等:《中国小说叙事传统对中国近代小说翻译的影响》,《湘潭师范学院学报(社会科学版)》2009 年第 2 期。
⑥ 张泸编:《张宗麟幼儿教育论集》,湖南教育出版社 1985 年版,第 369 页。
⑦ 李贻燕:《幼稚教育史》,《京师学务公报》1925 年第 1 卷第 6 号。
⑧ 朱祥海:《文化认同、历史叙事及其方法》,《社科纵横》2012 年第 7 期。

基础提供了可能。如何使近代学前教育思想传播开来并深入人心，学前教育史研究者也有一定的构思，通过文化认同建构共识基础就是其中的一个技巧。富伯宁在译作《幼童教育史》的序言中谈道："在这次民族抗战的大洪流中，有多少儿童沦陷在敌人的魔手中，遭受杀戮、虐待和愚弄。有多少儿童流落在前线或后方，饱尝奔波、饥寒和恐惧的痛苦。因此保育儿童的声浪，热烈地传遍全国。但是，讲到儿童保育工作，一时地保育几许难童，还是不够的。我们应该抓住这个契机，培植更深、更远的儿童教育事业才好。"①这是一段通过将现实与海外原著的社会背景相联系、通过文化情感打动民众的典型叙事案例。同样，朱镇苏所译的《高才儿童历史的研究》谈道，"人类中优秀份子的存在，已为全人类所承认"②，也是此种叙事理念的展现。

4. 批判立场的叙事价值观

民国学前教育研究者对传统的育儿理念大多持批判态度，这种立场也体现在学前教育史的叙事中。洪堡特说："每一语言都包含着一种独特的世界观。"③在进行学前教育史写作时，基于批判立场，作者们自觉或不自觉地建构起一种本体主义的批判叙事框架。在很多文论中，这种批判立场的叙事价值观表现得十分直接。如在张铭鼎的《近今幼稚教育之概况》中，就有这样的叙述："虽然从前对于此种富有可教性的幼稚时期，却并没有加以任何在家庭里所受的训练，如以科学的眼光看来，既不合于幼稚时期之发展情形，复不适于教育上之需要。于是所谓身体的、心理的、道德的、社会的习惯，惟有决诸不适当的养护与盲目的幸运。因此，儿童天赋的能力固未能加以充分的发展，且儿童的死亡率乃多由是而激增，幼稚儿童之不幸，莫此为甚。"④类似的内容几乎出现在每篇民国学前教育史的文论中。这种对传统育儿理念及现实进行批判的价值重构手法体现在各个方面。民国学者对学前儿童基本问题的批判建立在对海外近代学前教育价值观的肯定上。陶父在《儿童问题发端》中对中国学前儿童地位、学前教育责任者的批判，皆以海外近代学前教育价值观为准绳。研究者们还对学前教育事业发展是单纯由教育者推动之说进行了批判，张铭鼎就认为近代学前教育发展的渊源在于慈善家、医生、保姆、教育学者、心理学者的共同贡献。倪翰芳说："最初的儿童研究者既不是心理学家，又不是教育家。他们的著作都是空谈哲理的。"⑤陈健吾则称："真正奠定教育的础石者，乃哲学家、生理学家、心理学家、生物学家、语言学家、人种学家、医生与犯罪学家等。"⑥冯友兰曾说："封建时代的著作，是以古人为主，而'五四'时期的著作是以自己为主。"⑦可以说，正是研究者本体主义的觉醒促成了这种批判立场的叙事价值观。这在一些译著、译文中表现得更加明显，如《儿童权运动之起源与发展》所描写的希腊时代的神话中对于妇女儿童的"渺小与

---

①　富伯宁：《幼童教育史》，《教育杂志》1938 年第 10 期。

②　何林华：《高才儿童历史的研究》，朱镇苏译，《上海教育季刊》1931 年第 3 期。

③　威廉·冯·洪堡特：《论人类语言结构的差异及其对人类精神发展的影响》，姚小平译，商务印书馆 1997 年版，第 70 页。

④　张铭鼎：《近今幼稚教育之概况》，《教育杂志》1928 年第 20 卷第 11 号。

⑤　倪翰芳：《儿童身体的发展与养护》，中华书局 1948 年版，第 2 页。

⑥　陈健吾：《近代各国儿童教育发展的略史》，《中法大学月刊》1932 年第 1 卷第 5 期。

⑦　冯友兰：《三松堂全集》第一卷，河南人民出版社 1985 年版，第 201 页。

不尊重"观、13 世纪的英格兰国王爱德华一世故事中对于妇女儿童的"懦弱怜悯"观到儿童本体主义观的演变历史等。

三、对学前教育史研究的分析

民国学前教育史的研究是伴随着民国学前教育事业的发展而进行的,由于战争的影响和白话文运动的推进,其研究的深度与广度并不令人满意。但它回答了一些关键的问题,亦有一些明显的特色。

(一)研究兴趣的产生

正如近代学前教育事业的跃进是以卢梭的《爱弥尔》为刺激点的,民国学前教育史研究者没有回避研究兴趣的产生原因,他们普遍认为对国人的启蒙愿望促发了他们的研究冲动。正如李梓才在《儿童研究的史略》中所说的:"因追溯儿童研究的历史,以见儿童节产生的艰难。更希望我国做父母和教师的人们,能本着儿童研究的结果,以解决儿童的一切问题。应用试验心理学的方法,以发见前人所未发明的事实。不但是儿童本身的福利,恐怕也是我全中华民族的福利罢!"①这种启蒙愿望是建立在研究者对学前儿童历史地位认识基础之上的。倪翰芳说得好:"儿童为一国未来的主人翁,将来社会上的一切事业,都要靠着他们来创造和建设,但是我们要教育儿童使他们将来有建设社会的资格,来实现我们的新理想,实在不是一件容易的事。我们教育儿童如果没有科学的根据,贸然施以教育,与庸医不察病源,乱投药石有何不同,其危险可想而知了。因此,我们对于儿童身心的研究,实为一件急不容缓的事。这是我们要研究儿童的第一种原因。"②此类观点在民国学前教育史文论中俯拾即是。

批判传统的立场、现实发展的困境与对未来的期望要求民国学者们去寻求历史的帮助。对传统育儿理念的批判立场要求研究者通过对历史的追溯与剖析,探寻历史经验,整顿本国现实。这种历史回顾主要从西方历史中进行。陈鹤琴翻译《研究儿童的历史》,借用卢梭的话谈海外近代学前教育研究的兴起原因,所谓:"普通所用教育的方法,在在摧残儿童的本性。这样不懂儿童的心理和摧残儿童固有灵性的教育,我们应当竭力革除,使儿童本性得以自由发展,脱离万恶教育的束缚。当时学者甚之,研究儿童学的兴趣于是大起。"③面对民国学前儿童教育事业发展过程中的种种困境,学者们也需要从海外近代学前教育事业发展历史中找寻解决的方法。陈健吾在《近代各国儿童教育发展的略史》中谈道:"一种科学的产生,本为解答人类对于某种现象所发生问题,我们研究儿童教育学的起源,亦即因为当时有人对于儿童开始怀疑,便感觉有知道'什么是一个儿童'的需要,以求解决某种已经发生的问题。因此,自然会想到这些研究儿童的性质与儿童发

---

① 李梓才:《儿童研究的史略》,《实报》1937 年第 12 期。
② 倪翰芳:《儿童身体的发展与养护》,中华书局 1948 年版,第 1 页。
③ 陈鹤琴译:《研究儿童的历史》,《心理》1922 年第 3 期。

展的步骤之教育问题。"①更有一种期望是通过对海外近代学前教育史的研究,以鼓舞国人的学前教育热情,促进民国学前教育事业的奋进。诚如富伯宁在《幼童教育史》中的话:"目前吾国的幼儿教育,也已有社会客观的需要。今后之能否发达,要看教育家的能否专心尽瘁。希望读此书的,能够振臂以起,完成此国家伟大的使命,切勿再像历来,处处归罪于环境,把人的努力看成太猥琐微小,而自暴自弃了。"②

多重因素的结合促成了民国学前教育史研究的发端,这种发端是启蒙性的,也是实利性的。

(二)学前教育研究领域的相关分期

在民国学前教育史中,对海外近代及中国学前教育的发展历程进行分期是一个基本问题。

1. 对海外学前教育史的分期

1931 年,金海观在《幼稚教育的沿革与趋势》中将古代以来至 20 世纪初年的西方学前教育历史做了五期的阶段划分,其各阶段划分关键节点分别是:古代的方式;慈善家主持的慈幼教育,如婴儿学校、慈幼院等;福禄培尔、蒙台梭利;幼稚园的猛进等。这五个阶段的划分尽管并不权威,但对一些关键节点的把握还是有其科学性的。1932 年,陈健吾对近代学前教育的开创时期做了界定,"等到法国的哲学家卢梭(J. J. Rousseau)出来,才算是儿童学真正的前驱,他的《爱弥儿》发表后,大家才承认是真能认识儿童的著作,为儿童教育学开一新纪元"③。他评价卢梭是真正从儿童出发,以儿童为中心,而之前的蒙代略(Montaigne)、菲洛龙(Fénelon)等人皆没有从儿童本位出发,不是真正的学前教育者。但他同时认为学前儿童教育学在这个阶段尚属与哲学相混淆的一个领域,没有被普遍视为独立的科学派系。他说:"继哲学家与医生之后,尚有其他许多专门学者,接踵而起,注重儿童精神的活动,……对于儿童学均有极大的贡献。"④这个观点于 1934 年发表的、由德国学者麦纳尔(Adele Methner)著、谢康所译的《德国幼稚教育史要》中得到了佐证。1948 年,倪翰芳论述道:"一八九三年美国辛女士把她的侄女生后第一年的发育详述在她所发表的《一个婴儿的传记》(*The Contents of a Baby*)里,到了此时,儿童研究已从理论方面而转入实验方面,儿童的研究已成为一种专门的学问了。"⑤考虑到文章所限定的前提,倪翰芳的这个论断是可以被保守地接受的。

2. 对中国学前教育史的分期

限于教育阶段与性质的差异,民国学者对于中国教育史的分期与中国学前教育史的

---

① 陈健吾:《近代各国儿童教育发展的略史》,《中法大学月刊》1932 年第 1 卷第 5 期。
② 富伯宁:《幼童教育史》,《教育杂志》1938 年第 10 期。
③ 陈健吾:《近代各国儿童教育发展的略史》,《中法大学月刊》1932 年第 1 卷第 5 期。
④ 陈健吾:《近代各国儿童教育发展的略史》,《中法大学月刊》1932 年第 1 卷第 5 期。
⑤ 倪翰芳:《儿童身体的发展与养护》,中华书局 1948 年版,第 3 页。

分期差异较大。[①] 金海观认为中国近代学前教育的历史分期可分为三个时期。第一期为"创始期",亦称"外人代办期",理由是"前清末年,学制上虽也规定了设立蒙养院,但是因为没有适当的方法和师资,所以没有举办过。这时只有教会学校开始创办幼稚园,结果自然不很好,民国五六年时,才有自办的,成绩也不大好"[②]。第二期为"改良期","民国七八年以后,受杜威博士学说的影响,幼稚园才加以改良,不过效力不大,社会不注意,即教育界也不很注意"[③]。第三期为"进步期","在民国十二三年以后,十四年南京鼓楼幼稚园成立,十五年出版《幼稚教育》,出了两期,即改名为《儿童教育》。那时中国注意幼稚教育的人渐渐的多起来了。研究问题也很精细,民国十六年以后幼稚园数量增加,以浙江而论,民十六有三十四个,现在已有四十五个,民十六学生有一千〇九个,现在有一千五百三十九个。别省不知究怎样。总之,各方面都有进步可以断言"[④]。1935 年,张宗麟的《幼稚园的演变史》出版,将 1903 年至 1935 年来中国学前教育的演变事略分为三期,分别为 1903—1919 年,1920—1927 年,1928—1935 年。同年,邵鸣九在《幼稚教育史大纲》中将中国近代学前教育史分为"创始时期""过渡时期"与"改进时期"。两者的分期较之金海观的观点相差并不大。

3. 对学前教育研究史的分期

李梓才在《儿童研究的史略》中,将学前儿童研究的历史分为"萌芽时期""发展时期"与"昌明时期"三个时期。所谓"萌芽时期",是指希腊时代前后的研究,理由是"这一时代不过是有几位大教育家[⑤],对于儿童研究作为教育论的副品"[⑥]。所谓"发展时期","是指把儿童作为科学的研究时期"。[⑦] 其依据在于德、法、英、美等国的学者所作的研究[⑧]。所谓"昌明时期","是指把儿童作为独立的科学而研究的时期"[⑨]。理由是最近二三十年间的著作及事实[⑩]。对学前教育研究史的分期成果不多,但意义深远。它说明,在民国时期,学前教育史的研究者已经有意识地对学前教育研究历史进行总结,这是一种更高层

---

① 王凤喈在其《教育史》中有关中国近代教育史的分期可作为民国学者于中国近代教育史分期的一个主流观点。他以为中国近代教育史分为 3 期,分别为"新萌芽时期"(1862—1901 年)、"新教育发展时期"(1902—1921 年)、"学校系统改革时期"(1922—1945 年)。参见王凤喈编:《教育史》,国立编译馆 1945 年版,第 276 页。

② 金海观:《幼稚教育的沿革与趋势》,《现代教育》1931 年第 3 期。

③ 金海观:《幼稚教育的沿革与趋势》,《现代教育》1931 年第 3 期。

④ 金海观:《幼稚教育的沿革与趋势》,《现代教育》1931 年第 3 期。

⑤ 指夸美纽斯、卢梭等。

⑥ 李梓才:《儿童研究的史略》,《实报》1937 年第 12 期。

⑦ 李梓才:《儿童研究的史略》,《实报》1937 年第 12 期。

⑧ 他列举了德国提阿曼氏的儿童观察、卢卡锡的《儿童心理进化史》、普累叶的《儿童心理》等;法国米启兰氏研究提对曼氏的《儿童观察录》、太奴氏关于儿童及人类言语习得的记录、克延氏的《儿童的睿知及言语的观察》等;英国洛克氏的《人类悟性论》、达尔文的《婴儿传略》、波洛开研究儿童言语的发达、华耐氏的《儿童研究法》、萨立氏的《儿童期的研究》等;美国海尔氏、都列斯氏等人的著作及巴尔威氏的《儿童及民族的精神的发达》、都恩女士的《儿童的传记》、剑百会氏的《儿童》等。

⑨ 李梓才:《儿童研究的史略》,《实报》1937 年第 12 期。

⑩ 著作方面,包括斯底路氏的《差异心理学》、萨恩敌福氏的《儿童的心物的生活》、毕马氏的《学龄前儿童的心理》、鲁斯开氏的《实验教育学入门》、叔齐氏的《实验心理学》及《教育学》等。事实方面,包括:美、英、德、苏俄等国儿童学会的设立;国际性的儿童幸福运动的进行;世界各国儿童节的成立。

次的历史回顾与检讨。

(三)集中于海外近代学前教育研究史

限于资料与历史底蕴的积累条件,兼之译文的比重优势,海外近代学前教育史的介绍占据了民国学前教育史研究的大部分。专论中国学前教育史的文论亦有,但类似于葛鲤庭《三年来之中国幼稚教育》、陈鹤琴《战后中国的幼稚教育》之类的文论,其比例相对较少。以至于有学者以为"中国一般教育家对于教育的历史研究,多数忽略,即知道留心的人也多只能详说外国教育史,对于本国教育历史反多不明白"[1]。集中于海外近代学前教育史研究的内容主要体现在学者及著作、学前教育事业及机构两方面。

1. 学者及著作的介绍

很多海外学前教育及相关理论研究者的著作被民国学前教育史的研究者们引介过来。如陈鹤琴所译的《研究儿童的历史》就对近代海外学前教育研究者及其著作进行了介绍,涉及 1774 年裴斯泰洛奇对 3 岁孩子的日记研究,认为这是"研究儿童个性的发展最早,且有简略的记载者"[2]。而研究儿童学的鼻祖,应该是提对曼(Dietrich Tiedemann),他于 1787 年发表的成果由米夏兰姆(Michelam)译成法文,在 1863 年登于 *La Journal de l'Instruction Publique*,得以传世。还介绍了福禄培尔的 *Die Menschenerziehung*(1826 年)、索热尔(Mme Necker de Saussure)的 *Education Progressive*(1828 年第 1 卷、1832 年第 2 卷)等著作。刘诚所译的《儿童心理研究之演进》中介绍了柏拉图的《共和国》、洛克的《教育思想》、卢梭的《爱弥儿》(1762 年)、辽别许(Lbisch)的《儿童进化史》(1851 年)、细揭史孟脱(Sigismund)的《儿童与世界》(1856 年)等著作。陈健吾的《近代各国儿童教育发展的略史》中则介绍了杜威等人的著作以及戴洛(Taine)、爱若(Egger)、阿奈黑(Allairé)、夺魏洛(Deville)等儿童语言学者,比奈(Alfred Binet)的心理实验法,等等。此外,艾伟的《儿童心理学之发达史》更是近代西方儿童心理学名家及著作介绍的集大成者。

2. 学前教育事业及机构等的介绍

对学前教育事业及机构等方面的介绍充斥于民国学前教育史的论著中。在这些论著中,类似于金海观《幼稚教育的沿革与趋势》的中外兼备,外国篇幅明显超过中国的内容分配最为常见。林仲达所翻译的《十年来美国蒙养学校运动》一文除了对相关组织的介绍外,还涉及法案的进步。邵鸣九在《幼稚教育史大纲》第五部分专门谈各国幼稚园教育的历史及现实状况,包括欧洲、美洲及东亚地区。张宗麟编《幼稚园的演变史》,以大量海外幼稚园为例,认为海外幼稚园的演变路径经历了五个阶段。富伯宁所译的《幼童教育史》主谈法国与英国的学前教育事业史。类似于谢康所译《德国幼稚教育史要》这种国别史的文论也将此作为叙述重点。如高构所译的《苏联的学前教育》对苏联托儿所、幼稚园、暖室及幼稚园日程的介绍就十分详尽。除此之外,在学前儿童心理学的研究发展史

---

① 陈翊林:《最近三十年中国教育史》,太平洋书店 1930 年版,第 1 页。
② 陈鹤琴译:《研究儿童的历史》,《心理》1922 年第 3 期。

方面,也有不少的描述。陈鹤琴在翻译《研究儿童的历史》时谈道:"近来美国对于儿童学,大有注重方法和分条研究的趋势。对于智慧测验兴趣的浓厚,更为他国所不及。"①陈健吾在《近代各国儿童教育发展的略史》中说:"我们先从美国说起,因为美国对于儿童心理的研究,非常发达,其影响远播于欧洲。"②而"变态儿童的心理学(La psychologie des enfants anormaux)在美国亦甚研究"③。

3. 海外近代学前教育原则与政策的引介

海外近代学前教育的一些原则与政策被民国研究者们广泛地引介进来。有些是译作中自然的反映,如高构所译的《苏联的学前教育》中关于苏俄人民教育委员会对于创办学前教育必要性的肯定。"我们最基本的教育学的定律是,儿童应该放在能供给他们以全部发展他们的能力的最大机会的环境里。"④该书还包括十月革命后苏俄政府在学前教育领域所做的大量改变措施。林仲达所译的《十年来美国蒙养学校运动》、谢康译的《德国幼稚教育史要》、林树艺译的《儿童权运动之起源与发展》等文中都有大量的相关内容。而在民国学者的本土文论中,也常见此类内容。陶父的《儿童问题发端》一文中提到了"近来儿童保护问题又有发展为国际的运动之趋势"⑤。对比利时政府发起的国际儿童保护大会及瑞士的儿童保护财团国际联合会等组织的活动进行了介绍,还对 1925 年 8 月的第一次儿童幸福国际大会所通过的《日内瓦保障儿童宣言》进行了摘录。

(四)研究超越文献

民国学者的学前教育史研究,不拘泥于文本,在思考层面上实现了对单纯文本研究的超越。

1. 方法论的探索

冯品兰以为中国教育史的研究方法有三种,所谓比较、贯通与证验。⑥ 而在学前教育史研究的方法论上,一些民国学者开始有了具体的探索。邵鸣九在《幼稚教育史大纲》中提出了"怎样研究幼稚教育史"的问题,并作了初步的解答。倪翰芳在《儿童身体的发展与养护》中具体论述学前儿童研究的史略与方法,总结了海外等国研究学前儿童教育史的五种基本方法:传记法、回溯法、问卷法、测验法、等级评定法。倪翰芳以为"上述的几种方法,是研究儿童时所常采用的,不过我们应知道这些方法各不相同。每个问题有它的特殊性质,所以应用研究问题的方法须视其性质而定"⑦。根据不同的研究对象和研究目的,需要采取不同的研究方法,也可以结合数个研究方法同时进行。"当然我们又应注

---

① 陈鹤琴译:《研究儿童的历史》,《心理》1922 年第 3 期。

② 陈健吾:《近代各国儿童教育发展的略史》,《中法大学月刊》1932 年第 1 卷第 5 期。

③ 陈健吾:《近代各国儿童教育发展的略史》,《中法大学月刊》1932 年第 1 卷第 5 期。

④ 品克唯区:《苏联的学前教育》,高构译,《东方杂志》1934 年第 31 卷第 14 号。

⑤ 陶父:《儿童问题发端》,《新女性》1929 年第 4 卷第 6 期。

⑥ 比较,即分析各时代或一时代的教育状况,互相比较,以辨别异同得失。贯通,即比较所得,作系统研究,以发见共通原理。证验,即所得原理证诸实际状况,看他是否适用。参见冯品兰:《西洋教育史》,大华书局 1933 年版,第 9 页。

⑦ 倪翰芳:《儿童身体的发展与养护》,中华书局 1948 年版,第 8 页。

意某一种方法应用时的缺点。此种缺点必须设法补救,假使无法补救,则在解释结果时,应考虑其对于结果所产生的影响,加以申明。"①这段话表明了作者谨慎的态度与实事求是的史学精神。

2. 对学前教育的界定

民国时期,面对身份尚显模糊的学前教育,即便是西方学者也有多种意见。如除了幼稚园、托儿所外,类似于婴儿学校这样的机构是否可以定性为学前教育,这些问题在当时仍存在争议。民国学前教育史研究者们在对学前教育身份的确认方面也做了概念定性的尝试。李贻燕说:"幼稚保育之起点为家庭,两亲即为适当之教育者,再进则为幼稚园。"②张铭鼎称:"幼稚教育之滥觞,实始于一二慈善家之慈善事业。"③他继而谈及海外学前教育机构的阶段分类:"近今幼稚教育之范围,盖包含育婴学校(Nursery School)与幼稚园两方面;如广义言之,即小学校的最低年级亦多划入幼稚教育的范围之内。至于幼稚儿童的年龄,自三个月或六个月起,即可施以幼稚的教育。自此至三岁或四岁,率为育婴学校的教育时期。自四岁至六岁,率为幼稚园的教育时期,其后则为小学校的教育时期。"④曹炎申称:"幼稚园的入学年龄,由四岁起至入小学本科时止(约在六岁至七岁之间)。它实为继续托儿所教育的小学预备班。"⑤这些概念定性的尝试虽不像专题研究那样明确与详细,无论其内涵外延,还是年限方面,都缺乏科学的、有说服力的论证,但客观上也对近代学前教育概念的界定起到了呼应的作用,是民国学前教育史的额外贡献。

3. 对学前教育事业发展历程的史论与期待

民国学前教育史的研究者们除了阐述史实外,还对整个学前教育史的发展历程进行了评述。首先是对中国学前教育事业发展状况不满情绪的表达。舒新城在《近代中国幼稚教育小史》中以为清末以来中国学前教育事业的发展完全是被动的行为,不是健康的自然发育。"中国自同治初元创设同文馆,至光绪二十八年建立学制系统,均以外患为背景,故教育制度之发展,系人为的,而非自然的!"⑥他认为欧战以前,政府根本不重视学前教育事业,没有起到应尽的责任,这是清末以来中国学前教育事业发展不理想的主因。其次,研究者们在关注历史的同时,更关心未来。他们通过学前教育史的研究而构想中国学前教育事业的前景。张铭鼎曾大胆展望过未来学前教育的规范化前景,以为其前途是光明而有希望的:"即就幼稚教育的本身看来,教育之应施于幼稚的儿童,已成为近今不移之铁案,如英、美各国对于幼稚教育之设施,在最近四五年间,实有争先恐后之势,于此,我们对于此种教育的发展,实可大胆预想一个光明的将来了。"⑦陈鹤琴在《战后中国的幼稚教育》中提出了推进中国学前教育事业发展的具体措施。金海观在《幼稚教育的沿革与趋势》中构想了学前教育发展的新趋势,而学前教育的终极目标,在他看来,仍旧

①　倪翰芳:《儿童身体的发展与养护》,中华书局1948年版,第8页。
②　李贻燕:《幼稚教育史》,《京师学务公报》1925年第1卷第6号。
③　张铭鼎:《近今幼稚教育之概况》,《教育杂志》1928年第20卷第11号。
④　张铭鼎:《近今幼稚教育之概况》,《教育杂志》1928年第20卷第11号。
⑤　曹炎申:《美国的幼稚教育》,《出版周刊》新242号。
⑥　舒新城:《近代中国教育史稿选存》,中华书局1936年版,第608页。
⑦　张铭鼎:《近今幼稚教育之概况》,《教育杂志》1928年第20卷第11号。

是"福禄培尔的老话,也是最近教育家所乐道的,就是一个'爱'字"①。这些史论观点与期待是民国学前教育史研究者们在对学前教育事业进行历史研究后的判断。

4.对外国学前教育研究的评论

对海外学前教育研究的评论,体现出民国学前教育史研究者的价值立场。他们首先是充分肯定海外学前教育研究工作的成绩。正如袁昂在《英国幼稚教育的发展》中所说的:"英国经过这一次世界大战,产生两种空前的觉悟。在政治上,他们解放了殖民地;在教育上,他们重视了幼稚儿童。"②但肯定中也有批判,他们认为海外各国的研究具有一定的门户之见,其方法并非完全科学,其结论也不尽正确。如陈鹤琴所评论的:"从卢梭以及到 Necker 所有的研究其焦点都是要谋教育儿童适当的根据,所有的发表,大抵缺乏科学的精神。"③又如陈健吾所论:"美国之儿童教育,仍不脱卢梭的主张。卢梭视教育的重心,不在规程与书本,而在儿童的本身。现代教育家真能瞭解此种重要者,莫如杜威 John Dewey。"④最为独特的是张雪门的惊人之论,"我们现在所应记住的——只有一点——就是最近幼稚教育的目标紧跟着各国政府的政策而转移,不论其为资本主义的国家或社会主义的国家,都是有这一种的倾向罢!"⑤这已是对于学前教育历史研究的深度剖析了。

四、衍生的评价

从民国学前教育史研究的整体成就上来评价,其研究进度与研究成果的成熟度是与民国时期的教育史研究相一致的。以历史眼光考察,民国学前教育史的成果完成了基本问题的回答,担负了历史责任,展现了一定的价值。

舒新城说:"近代教育史的研究,可以使我们知道教育制度与社会组织的关系。"⑥伴随着民国教育事业的阶段化发展,民国教育史研究经历了民初的启动、复辟期的顿挫、20世纪20年代末至30年代的"黄金期"等阶段。陈东原称:"中国教育史之亟待研究,是国内教者、学者公认的事实。"⑦这里所指的"亟待研究",即是对其时教育史研究的一种鞭策,也是对研究现状"锦上添花"的期望。在民国教育史的热潮中,学前教育史尽管在其研究力度、广度、深度等方面皆不落后,却难以进入民国教育史研究的主流视野。一方面,以学前教育史(幼稚教育史、儿童教育史、幼儿教育史等)命名的专题类史学研究成果较为少见;另一方面,在大量的民国教育综合史类著作及文论中,给予学前教育的篇幅也十分紧张,大多一掠而过。即如毛邦伟的《中国教育史》(北平文化学社1932年版)、陈东原的《中国教育史》(上海商务印书馆1936年版)等著作虽然涉及了学前教育史的内容,但其篇幅几可忽略。外国教育史研究同样如此,如王克仁的《西洋教育史》(上海中华书

① 金海观:《幼稚教育的沿革与趋势》,《现代教育》1931年第3期。
② 袁昂:《英国幼稚教育的发展》,《教育杂志》1948年第5期。
③ 陈鹤琴译:《研究儿童的历史》,《心理》1922年第3期。
④ 陈健吾:《近代各国儿童教育发展的略史》,《中法大学月刊》1932年第1卷第5期。
⑤ 张雪门:《世界的幼稚教育》,《时代教育》1933年第1卷第9期。
⑥ 舒新城:《近代中国教育史稿选存》,中华书局1936年版,第1页。
⑦ 陈东原:《中国教育史》,商务印书馆1936年版,第1页。

局 1939 年版)等著作。产生这种现象的表面原因是学前教育的非国民学历性质,而深层次原因则是民国时期国人对学前教育认知的水平远不及其他阶段教育。结合本文有关民国学前教育史研究群体的分析,更可见民国时期教育史研究群体对此领域用心的后知后觉。

评判民国学前教育史研究的满意度,需要借鉴当代教育史学研究的高度,更须从当时的认识高度去进行。结合教育史研究的基本规律,学前教育史的研究通常需要回答三个基本问题,即学前教育史研究的基本理论问题、学前教育史研究的对象问题、学前教育史的发展阶段问题。民国学者李浩吾认为:"真正的教育史",还需要回答"教育之意义与目的怎样变迁""教育思想变迁的真义与教育制度变迁的根源何在""支配阶级与被支配阶级在教育上之关系何如"等问题。[1] 1945 年,王凤喈在其编著的《中国教育史》中曾系统勾勒了教育史的研究程序。[2] 从这个程序考察,民国学前教育史的研究大多遵循了这一步骤。正确的步骤有助于问题的回答。从文献来看,民国学前教育史研究在基本理论问题、对象问题乃至发展阶段问题等方面都有所进展,如陈鹤琴的《研究儿童的历史》、艾伟的《儿童心理学之发达史》、舒新城的《近代中国幼稚教育小史》、陈鸿璧的《幼稚教育之历史》、张铭鼎的《近今幼稚教育之概况》、陶父的《儿童问题发端》、金海观的《幼稚教育的沿革与趋势》、张宗麟的《幼稚园的演变史》等文论都对此有所解释。从效果上看,民国学者以为教育史的研究需要使读者达到"促进根本的理解""培养共同的批评""鼓舞教育的精神"[3]的目标。亦有人说:"我们研究教育史至少可以得到人人公认的三种教益,即养成教育的思想、公平正确的识见、服务教育的精神。"[4]虽然没有数据的分析,但就笔者作此篇小文的感受而言,民国学前教育史研究的成果在其时应该具有了这样的担当。

原载《武汉大学学报(人文科学版)》2017 年第 3 期

---

① 李浩吾:《教育史 ABC》,ABC 丛书社 1929 年版,第 2 页。

② 他以为:研究教育史的第一步工作在确定教育史的方位,第二步工作在依此范围搜集史料。第三步,批判史料之真伪。第四步,分类整理。第五步,解释论断。参见王凤喈编:《中国教育史》,国立编译馆 1945 年版,第 4—5 页。

③ 范寿康编:《教育史》,商务印书馆 1923 年版,第 3—4 页。

④ 冯品兰:《西洋教育史》,大华书局 1933 年版,第 7 页。

当代美国教育史学的新进展：边缘群体教育史研究

◎吴路珂 杨 捷*

摘 要：20世纪80年代以来，边缘群体教育史受到美国教育史学界的广泛关注。当代美国边缘群体教育史勇于开展跨学科研究，积极借鉴运用新的其他学科的研究理论和方法，为当代美国教育史实现学术创新、缓解学科危机做出了重要贡献。以跨国主义、交叠性、种族批判、数字人文等为代表的边缘群体教育史研究理论打破了传统的教育史研究视角和叙事方式，形成了当代美国教育史研究新的生长点。

关键词：边缘群体教育史；跨国主义；交叠性；种族批判；数字人文

当代美国教育史学更加注重群体的差异和多元，强调以往主流教育史叙事有限的代表性。"边缘群体"在美国历史图景中命途多舛，处于弱势地位，但在当代教育史研究中却占据重要地位。边缘群体教育史研究的兴起为美国教育史研究理论与方法创新注入汩汩清流。尤其是近20年，围绕这一群体，美国许多历史学家和教育史学家采用了新的理论框架和研究方法，重新考察了性别、阶级、儿童、青少年等认识范畴与教育的互动关系。[1] 当代美国边缘群体教育史研究的理论与方法体现了"后修正主义史学时代"美国教育史学界的自我批判和学术创新。它们不仅拓宽了美国教育史学的研究方位，而且帮助了美国教育史学走出学科危机，获得新的发展动能。

一、当代美国边缘群体教育史研究的兴起背景

20世纪60年代以来，在历史学界修正主义思潮的影响下，美国教育史学涌现出一批新的研究主题、研究视角和研究理论。其中，美国历史上的土著群体、移民群体、有色人种、女性群体等边缘或弱势人群逐步被教育史学家所聚焦。

（一）修正主义流派推动当代美国教育史学转型

美国传统教育史学主要以公立学校制度的一元颂歌模式阐释美国教育发展过程。

---

* 作者简介：吴路珂，河南大学教育科学学院博士研究生；杨捷，河南大学教育科学学院教授。

[1] W. J. Reese & J. L. Rury, *Rethinking the History of American Education*, New York：Palgrave Macmillan, 2008, p. 5.

冲破这一桎梏的是 20 世纪 60—80 年代兴盛起来的美国新教育史学。鉴于对传统教育史学修正方式的不同,美国新教育史学逐渐形成两大支流:温和主义修正派和激进主义修正派。[①] 特别是以斯普林为代表的激进主义流派对美国公立学校教育发展进行了尖锐的批判,进而使人们对美国教育传统教育史学的评价也"翻了个个儿",更加审慎地探寻教育表象背后的运行机理——那些复杂难辨的政治经济因素,那些错综交叠的矛盾斗争和阶层利益,甚至成为传统教育史学家们的价值取向和叙事动机。

最近几十年是美国教育史学受到修正主义深刻影响的阶段。一方面,教育史的研究对象范围扩展至边缘群体;另一方面,围绕边缘群体的新的教育史研究理论和方法不断创新。从这个角度看,修正主义教育史学不仅在美国教育史学发展历程中具有界标性质,同时还起到视角转换的作用,具有"启智"之功。

(二)学科外的研究理论与研究方法逐渐渗透

20 世纪六七十年代,美国修正主义教育史学流派打破了人们对于美国教育历史,尤其是公立学校教育制度发展史的史诗化崇拜,它将人们的目光转向了更宽广的教育历史发展背景,特别是激进主义修正派更是直接将历史解释指向了学校教育发展历程中的矛盾、斗争与问题。[②] 这种转向与研究对象的扩展紧密相连。究其原因,除了这些群体本身在美国近现代社会处于"被剥削、被压迫、被排斥"的不利地位之外,主要还在于传统研究范式束缚了教育史研究的解释力。

尽管到了 20 世纪 80 年代初期,修正主义教育史学流派走向式微,但这两大支流却将美国教育史学发展推向了新高潮。它们的"破"为后来者的"立"开辟蹊径。美国教育史学在保留传统编撰方法和编年史体例的基础上,不断借鉴当代历史科学和社会科学的最新研究成果,从传统的单纯叙事向以叙事为基础的问题导向型研究模式转变。妇女、性别、种族和阶级所碰撞出的社会问题在历史写作中日益凸显。修正主义教育史学的微观研究视角也进一步促进了研究方法的转向。近些年,社会学、人类学、美国研究、女性研究和城市研究中的理论框架和研究方法被大量纳入美国教育史研究中。另外,在对修正主义进行批判继承的前提下,全球史观、跨国主义视角、后现代主义、文化形态史观的理论框架和研究方法也为教育史研究注入新的活力。

二、当代美国边缘群体教育史的研究内容与研究理论

本文研究对象为当代美国边缘群体教育史研究,属于教育史学元研究的范畴。其中"当代"一词不以具体时间年份为限,主要面向 20 世纪七八十年代以来美国教育史的研究成果,本文更加注重美国教育史学在经受修正主义教育史学变革洗礼之后的研究转向、研究状况和研究趋势。

---

① 周采:《战后西方教育史学流派的发展》,《教育学报》2010 年第 1 期。
② 张宏:《美国教育史学中的"修正派"》,《史学理论研究》2004 年第 2 期。

"边缘群体"(The Marginalized)主要指美国土著群体、移民群体、有色群体、女性群体,以及由此衍生出的交叉或重叠身份。在当代美国教育史研究中,多样化的复合研究理论和方法的构建与运用成为教育史转型的重要突破口,边缘群体教育发展史逐渐成为聚焦的对象。近年来,许多美国历史学家和教育史学家将"跨国主义"(transnationalism)、"种族批判理论"(critical race theory)、"交叠性"(intersectionality)、"数字人文"(digital humanity)等理论框架与研究方法运用于美国教育史研究,从而形成了当代美国教育史学的新领域——"边缘群体教育史"(History of Education for the Marginalized),以"边缘群体"为主要研究对象的教育史理论也逐渐形成。

(一)当代美国边缘群体教育史研究中的跨国主义理论

跨国主义主要是面向当代跨国移民群体的一种社会学分析框架,并被人类学、历史学、教育政策、双语教育等领域所关注和运用。国外学者认识到日渐频繁的移民活动所带来的超越民族国家界限的社会联系,因此在研究中对于跨国主义的理论范畴和工具性进行了探讨。此后,这些研究成果被借鉴运用于当代美国教育史学,尤其是当代移民教育史和跨国史研究中的教育分支。

对跨国主义的研究方法就是通过对跨越国家和文化的社会流动性的观察,将一国历史放置在更加广阔的、互为联系的全球景观之中,有时还需要针对同一问题在不同国家历史档案之间进行实证研究。具体到当代美国教育史研究领域中,学者们同样注意到了和教育问题相关的全球性流动现象,较为强调跨国主义理论与实证性或档案类的文献研究方法的兼容并蓄,并尝试运用"去地域性"(deprovincializing)的"民族—国家"的方式区别对待移民群体的教育史。[①]

受到传统教育史学叙事模式的影响,以往的移民教育史研究往往陷入一种以"输入国"美国为中心,以其他"输出国"为边缘,或是以美国主流社会人群为中心,以移民群体为边缘的层级架构中。美国当代一些历史学家在涉及移民教育和文化适应问题时,试图利用跨国主义避免传统研究"中心—边缘"框架结构。杰夫瑞·E.麦来尔(Jeffrey E. Mirel)撰写的《爱国性的多元主义:美国化教育和欧洲移民》(*Patriotic Pluralism*:*Americanization Education and European Immigrants*)就是一部移民教育史研究专著。[②] 该书利用"爱国性的多元主义"这一核心概念,反映欧洲移民群体在接受强势美国移民教育的同时,通过与新的政治同盟的协商,达到保持原有文化根基的目的。作者巧妙运用芝加哥和克利夫兰等地的外文报纸为研究资料,锁定报纸编辑为特殊对象,从他们的工作和活动中观察到跨国主义理论中个体身份的转化形式。书中的移民群体身上展现出多元性的爱国主义是一种特殊的美国化形式,它一方面阐释了移民对美国的爱国之情,另一方面又显示出移民群体对自身原有文化的尊重,这种双重性正是跨国主义理

① T. S. Popkewitz (ed.), *Rethinking the History of Education*:*Transnational Perspectives on its Questions*,*Methods*,*and Knowledge*,Gordonsville:Palgrave Macmillan,2013,p.94.

② J. Mirel, *Patriotic Pluralism*:*Americanization Education and European Immigrants*,Cambridge,Mass:Harvard University Press,2010.

论内涵的体现。

(二)当代美国边缘群体教育史研究中的交叠性理论

交叠性理论(intersectionality)用以对一些边缘群体的多重社会身份进行研究。该理论旨在说明处于多种情况和身份维度的个体或群体的社会互动。当性别、种族、阶层、能力、性取向、宗教、年龄等不同属性类别集于一人之身，交叠性理论能够更好地解释这种复杂状况，使人们较好地认识个体身上不同特性之间的紧密联系。

交叠性理论首先出现在美国社会学领域中，之后逐步蔓延至历史学、心理学、批判法学、社会工作、特殊教育等不同领域。当代美国教育史研究更多地受到社会学和历史学的影响，交叠性理论更加侧重于对有色人种，尤其是女性有色人种的教育问题研究。有学者运用交叠性理论考察了黑人女性对于家庭、社会和自我的认知变化过程。该研究同时结合人种史学的方法，展现了 20 世纪 60 年代密西西比自由学校中非洲裔美国女性教师的教学经验，将参与 1964 年"密西西比自由夏天项目"的教师活动史纳入美国当代民权运动之中。[1] 同样地，苏伦·霍伊(Suellen Hoy)也在对芝加哥天主教女子学校的历史研究中利用交叠性的理论和方法，分析了投射在学生身上的种族和宗教的矛盾交叉；[2]而德文·艾伯特·米喜苏娃(Devon Abbott Mihesuah)则通过切罗基族(Cherokee，北美易洛魁人的一支)女子神学院内的寄宿学校这一特殊场所，观察到了离开保留地的土著美国女童和女性的教育史，并对她们身上交织着的种族和阶层特性进行了研究。[3]

(三)当代美国边缘群体教育史研究中的种族批判理论

种族批判理论兴起于批判法学领域，它将社会上的种族问题看成是有色人种在社会环境中受到局限或被强迫的现象或结果。当具体到不同少数族群的社会公平问题时，该理论又分化为拉丁裔批判研究、同性恋批判研究、女性主义种族批判研究和白人批判研究等等。

作为一种理论分析框架，种族批判理论(Critical Race Theory，CRT)一般用于考察占据主导性的话语体系和社会环境中的种族和种族主义。人们试图通过种族批判理论来理解在体系化的种族主义的影响下，有色人种受到了怎样的影响，以及如何通过不同的话语体系和文化构建来抵抗这种影响。[4] 这类理论方法一方面能够打破被优势群体所固化的社会刻板印象，另一方面则可以通过不同的叙事方式让那些在历史上被剥夺了权

---

① K. T. J. Moore, *She Who Learns，Teaches：Black Women Teachers of the* 1964 *Mississippi Freedom Schools*，Doctoral Dissertation of the University of North Carolina，2009.

② S. M. Hoy，"No Color Line at Loretto Academy：Catholic Sisters and African Americans on Chicago's East Side"，*Journal of Women's History*，2002，14(1).

③ D. A. Mihesuah，*Cultivating the Rosebuds：The Education of Women at the Cherokee Female Seminary*，1851-1909，Urbana：University of Illinois Press，1997.

④ Critical Race Theory (1970s-present). 参见网站：https://owl.english.purdue.edu/owl/resource/722/14/.

利的人们发声。[①]"反叙事"（counter-storytelling）就是该理论在教育史研究中的重要体现，旨在抵消或挑战主流叙事方式和认识结论。杰克·多尔蒂（Jack Dougherty）的教育史研究即为此例。他打破了人们对美国种族和教育历史的惯性思维，甚至包括对更广泛的民权运动的理解和叙事。其研究弥补了"民权—黑人权力"单一解释模式的不足，刻画出有色人群为取消学校种族隔离所进行的多方面斗争。[②] 多洛雷斯·德尔加多·伯纳尔（Dolores Delgado Bernal）的研究也同样利用反传统的叙事方式记述了 1968 年洛杉矶高中的女性奇卡诺人（Chicana）[③]的反抗行动。

（四）当代美国边缘群体教育史研究中的数字人文理论

数字人文是当前美国历史学研究的前沿热点之一。它内涵广泛，核心在于计算机信息技术与人文学科、人文精神的结合。就科研方面而言，数字人文涉及人文学科的数据库建设、交互合作系统、视觉呈现技术、地理空间信息系统等"非传统"文献和研究方法。数字人文为人文学科的发展提供了信息技术支持，开拓了新的发展空间。当代美国历史学和教育学领域对这一理论的应用仍处于起步阶段，这主要体现在空间史研究理论和方法，以及地理空间绘图等方法。但由于数字人文与现代空间信息技术和大数据发展趋势紧密结合，它对于今后美国教育史研究方法的革新将会起到重要的引领作用。

数字人文在历史学领域集中反映在"空间史"研究中，而这类研究又渐次影响了美国教育史学界对于数字人文的理解。埃里克森（Ansley T. Erickson）的教育史研究成果有力地证明了这一点。她在《分裂的隔离、合并的隔离：黑人学校、住房和种族隔离的多种形式》（*Segregation as Splitting, Segregation as Joining: Schools, Housing, and the Many Modes of Jim Crow*），以及《城市学校教育》（*Schooling the Metropolis: Educational Inequality Made and Remade Nashville, Tennessee, 1945-1985*）的研究中充分运用了网络数据模型建构以及地理空间绘图工具，从可视化的图像和数据模型中发现了美国地方教育机会、种族隔离与住房政策之间的深层关系，为美国教育史研究方法的创新提供了另一种可能。

三、当代美国边缘群体教育史研究的显著特点

当代美国教育史研究对于边缘群体的观照日益强烈，跨国主义、交叠性和种族批判理论等为边缘群体教育史研究提供了更多维的思路和发展空间。总体上看，这些运用仍处于积极探索时期，既为今后美国边缘群体教育史理论与方法研究提供了一定思路，也

---

① M. C. Ledesma & D. Calderón, "Critical Race Theory in Education: A Review of Past Literature and a Look to the Future", *Qualitative Inquiry*, Vol, 2015, 21(3).

② J. Dougherty, *More Than One Struggle: The Evolution of Black School Reform in Milwaukee*, Chapel Hill, N. C: University of North Carolina Press, 2004.

③ 奇卡诺人是指墨西哥裔美国人，也就是出生于美国，但祖先是墨西哥人的美国人，区别于仅仅生活在美国或移居美国的墨西哥本土人群。

显示出当前及未来美国教育史学的一个重要发展方向。

(一)高度重视边缘群体自身价值和研究价值

无论是跨国主义、交叠性还是种族批判理论，它们不约而同地强调边缘群体在历史中的独特价值。不论边缘群体的种族属性或身份属性为何，他们的教育经历会影响所有美国人，而涉及边缘群体的各类教育史文献都是对美国文化价值和集体信仰的重要证明。因此，这些理论也成为边缘群体教育史研究中用以抵消或者挑战主流叙事体系的一种有效方法。比如，种族批判理论在对某些历史背景中的教育问题进行研究时，就专注于种族主义、白人特权及其衍生出的叙事方式对少数种族文化生活所带来的伤害，以及这种叙事方式本身的科学性谬误与研究缺陷。[1]

(二)摒弃传统教育史学的简单化解释方式

英美教育史学界自 20 世纪 60 年代以来就开始批判先前教育史写作的辉格史观。[2]正如有学者观察到的那样：这是一个"从讲简单的故事到讲复杂的故事"的过程，"在美国教育史学抱负扩大的同时，教育史是否能把故事讲得确实无误也引起更多质疑"[3]。当代边缘群体教育史研究中的理论和方法正是体现了这样一种转变和质疑。边缘群体教育史的书写总是伴随着教育中的不公、歧视、隔离和反抗，对于边缘群体而言，他们所接受的学校教育从来都不是直线进步、日臻完善的。跨国主义不再满足于单纯讲述移民在移居国的教育遭遇，而是更加重视跨国移民对国与国之间的文化交流和教育活动所产生的影响；交叠性理论则强调多重身份的叠加对边缘群体的教育经历带来的复杂效应；种族批判理论也想要跳出以往白人特权和传统种族主义话语体系下的叙事方式，竭力呈现出边缘群体视角中的教育史。这些研究理论和方法好比是一个多棱镜，照射出历史的多面性，使我们避免对"复合状态的历史"进行简单化的理解。

(三)与现实教育发展紧密关联，蕴含时代特征

跨国主义、交叠性理论、种族批判理论和数字人文在教育史研究中的应用大都始于20 世纪七八十年代。在这期间，跨国流动性的增强、美国民权运动的波动、教育上学校隔离的废除等都为上述理论的形成和发展提供了现实土壤。美国社会对边缘群体教育问题的特殊性有了新的认识。边缘群体教育史研究对时代变迁和教育历史遗留下来的问题做出了更为敏锐的反应。它们的理论和方法也仍然适用于今后较长一段时间内关于美国社会边缘群体的教育问题。

---

① D. G. Solórzano & T. J. Yosso, "Critical Race Methodology: Counter-storytelling as an Analytical Framework for Education Research", *Qualitative Inquiry*, 2002,8(1).

② 周愚文：《辉格史观与教育史解释》，《教育研究集刊》2007 年第 1 期。

③ 周采：《战后美国教育史学发展趋势》，《大学教育科学》2009 年第 5 期。

教育交流、传播及互动研究

东亚科举文化圈的形成与演变

◎刘海峰*

摘　要：唐宋两代放宽条件，以附名榜尾的方式录取域外举子为宾贡进士，这体现了中朝统治者怀柔远人的政策，对吸引外邦士人到中国来求学和应举、扩大中华文化的影响都起过重要的作用。日本最早仿行科举，也是实行科举时间最短的国家。朝鲜王朝的科举甚至比明清时期的中国还更为频繁地开科，在社会中占据核心地位。越南的科举制延续到 1919 年，其是世界上科举制度的终结地。琉球也曾实行过科举制度。12—19 世纪，中、韩、越三国连同琉球构成了一个独特的东亚科举文化圈。正是由于科举传统的延续，东亚才能够演变形成在世界上特色颇为鲜明的考试文化圈。

关键词：科举；东亚；科举文化圈；宾贡；宾贡进士

科举文化是中国传统文化中的一个重要方面。作为中国古代人文活动的首要内容，科举的影响既广且远，它不仅在当时中国社会政治、文化教育上占有核心的地位，而且还渐次被周边东亚国家所效法。以往许多人只知道科举是中国的"特产"，了解一下日本、韩国（朝鲜）、越南等国模仿实行科举的情况，便知道这种"特产"曾出口过。笔者曾论述过中国对日韩越三国科举的影响①，本文将进一步探讨此问题。古代日本、朝鲜、越南、琉球等国与中国一起形成了一个东亚科举文化圈，其深远的影响至今还可以从这些国家大学入学选拔时注重考试这一点明显看到。

一、宾贡进士怀柔远人

唐代中国是一个国力鼎盛、蓬勃开放的国度，具有一种"大漠孤烟直，长河落日圆"的恢宏气象。作为先进文化之邦，唐都长安成为四夷向慕、万方辐辏的国际性大都会，许多周边国家都派遣留学生来华学习。这些异国学子修习中国的经籍诗赋之后，可与中国的生徒、乡贡一样参加科举考试。为了优待异邦士人，从唐穆宗长庆元年（821）以后，在每年的进士科考试中，往往照顾录取一至数名外邦举子，称为"宾贡进士"。

新罗人崔致远曾说唐廷对待异邦士子，"春官历试，但务怀柔。此实修文德以来之，

---

　*　作者简介：刘海峰，厦门大学高等教育发展研究中心教授。基金项目：教育部人文社会科学重点研究基地重大项目"中国科举通史"（13JJD880010）。

　①　刘海峰：《中国对日韩越三国科举的影响》，《学术月刊》2006 年第 12 期。

又乃不念旧恶之旨"①。可见唐代在科举中采取怀柔政策,对异域举子有所优待。由于异域举子才学程度与本邦举子有所差别,为了优待那些异邦举子,特设保障名额,或放宽条件,或单独别试,录取宾贡进士。《册府元龟》卷六四二《贡举部·条制四》载,五代后唐长兴元年(930),中书门下奏文说:中书省按规定复核该年进士所试诗赋,重试发现及第进士中有卢价等七人的诗赋各有不合韵格之处,将其落下,并云:"高策赋内于字韵内使依字,疑其海外音讹,文意稍可,望特恕此。其郑朴赋内言胠股,诗中十千字犯韵,又言玉珠。其郑朴许令将来就试,亦放取解。仍自此宾贡,每年只放一人,仍须事艺精奇。"高策赋文不合韵律估计是因为"海外音讹",说明他是海外举子,大概就是宾贡。对待宾贡进士要求一般较低,鉴于其"文意稍可",特别予以宽待,即放其及第。郑朴诗赋试卷中问题较多,故未放及第。从奏文中可看出,此前每榜可能不止录取一名宾贡进士,此后明确规定每榜进士只取一名宾贡。既然有一名保障名额,通常总会出现放宽标准录取宾贡进士的情况。

　　宾贡进士的放榜方式,通常是与中国进士同榜录取,附在唐朝或宋朝进士之后同榜公布。新罗宾贡进士崔致远说自己"十年观国,本望止于榜尾科第"②。高丽名儒崔瀣《拙藁千百》卷二《送奉使李中父还朝序》云:"所谓宾贡科者,每自别试,附名榜尾。"唐穆宗长庆元年(821)宾贡登科的金云卿是以新罗人在唐首名宾贡进士及第者,此后唐五代多数年份都有宾贡进士及第者。以宾贡身份应进士科考试者,主要是新罗及其以后的高丽、渤海国以及少数长期居留于中土的大食、波斯人,至明代尚有安南、占城、琉球人应试。

　　关于唐代中国录取域外举子是否设有专门的"宾贡科"问题,学术界存在着争论。严耕望、高明士先生等认为唐代特别设有宾贡科③,而张宝三先生主张在中国古书中,从未见"宾贡科"之称,因此唐代并无"宾贡科",只有宾贡进士。④ 也有学者主张宾贡最初仅泛指上古宾荐之礼或外邦朝贡方式,唐穆宗长庆年间以后乃特指入唐游学应试的异域贡士,其进士及第者便称作"宾贡进士",以此区别于唐本国进士。唐代并未特设宾贡一科,宾贡进士仅是唐代进士的一种类别称谓,并非科目名称。⑤ 有的论者则认为虽然存在对周边诸族士子参加进士科举考试予以优惠待遇的宾贡科,然而,"每自别试"并非唐制,而是宋代才出现的新制度。⑥

　　其实,是否称之为宾贡科只是观察角度不同而产生的问题。站在中国的立场观察,从中国的史籍来看,历史上确实只有优待异国举子的宾贡进士而从无"宾贡科",此宾贡进士与乡贡进士一样,只是按考中进士者原来身份不同而用的称呼,与此类似的还有"太

　　① 转引自党银平:《唐代宾贡进士的放榜方式》,《文史杂志》2000 年第 6 期。
　　② 崔致远:《桂苑笔耕集》卷十八《长启》,商务印书馆 1936 年版。
　　③ 高明士:《宾贡科的起源与发展——兼述科举的起源与东亚士人共同出身之道》,《唐史论丛》第 6 辑,陕西人民出版社 1995 年版。
　　④ 张宝三:《唐"宾贡进士"及其相关问题论考》,载《语文、情性、义理——中国文学的多层面探讨国际学术会议论文集》,台湾大学,1996 年。
　　⑤ 党银平:《唐代有无"宾贡科"新论》,《社会科学战线》2002 年第 1 期。
　　⑥ 樊文礼:《宋代高丽宾贡进士考》,《史林》2002 年第 2 期。

学进士""太常进士""成均进士""司成馆进士"①等称法。不能说因有"乡贡进士""太学进士",就可以称之为"乡贡科""太学科""太常科"或"成均科"等。如果因有宾贡进士就说有宾贡科,那么有色目进士是否也可以称有"色目科"呢?虽然到宋代肯定有别试,但单独考试录取者还是称之为进士,只是根据其考生来源加上"宾贡"二字而已,并不是另设"宾贡科"。这就好比唐宋有"别头试""锁厅试",但也只是因报考进士科的考生来源不同而设立的特别考试,所录取者也还是叫进士,而不是有另外的"别头科""锁厅科"一样。

宾贡之制与俊士之制有点类似,唐代俊士科是选拔庶民子弟入四门学的考试科目,是一种入学选拔性考试,与秀才、明经、进士科不同,因此从严格意义上说不应称为"科",而应称为俊士制度。② 严格地说,中国也只有录取宾贡进士之制而无"宾贡科"。

但是,从韩国的史籍和整个东亚世界的视野来看,尤其是从韩国历史的角度来看,又确实有"宾贡科"之称,存在类似于单独设科的"宾贡科"的说法。"宾贡科"一词古已有之,并非现代学者为了标新立异而生造出来,或从研究中抽象概括出来的。以高丽、古代朝鲜人的眼光来看,将在中国考上宾贡进士的人称为"宾贡登科"或"登宾贡科"是不足为奇的事。不过,实际上,"宾贡登第""宾贡登科"与"登宾贡科"的含义有所不同,"宾贡科"并非严格意义上的科目。

《增补文献备考》卷一八四《选举考·科制》条末史臣"补"订曰:"丽制贡制有三等:王城曰土贡,郡邑曰乡贡,他国人曰宾贡。"同理,这里的"宾贡"也只是因土贡、乡贡对应的进士来源身份不同而作的区别,不宜解释为科目。高丽和李朝所称的宾贡科更多的时候是称之为"制科"或"中制科"。《高丽史》卷七十二《选举志》二《科目》二谈到景宗"十一年,罕、琳登宾贡科,授秘书郎"是放在专门叙述"制科"的部分,那些"宋诏举子宾贡""元颁科举诏""大明颁科举诏"的记载也是属于"制科"的内容,崔瀣等数十人在中国登第都是称之为"中制科"。《增补文献备考》卷一八五虽有载录"宾贡科"的各种史料,但真到将宾贡进士一一列名时,却统一用"制科总目"的名称,将"新罗金云卿"以下在中朝宾贡登科者都列为中制科类。就像我们不能因元代以后高丽人有"制科"的记载就说中国元明两代或从唐到明代设有专门的"制科"一样,也不能因高丽史籍中"宾贡科"的说法就认为中国唐宋两代设有专门的"宾贡科"。

不过,无论是否存在"宾贡科"这一科目,唐宋两代放宽条件,以附名榜尾的方式录取域外举子为宾贡进士,体现了中朝统治者"怀柔远人"的政策,对吸引外邦士人到中国来求学和应举、对扩大中华文化的影响都起过重要的作用。

"作贡诸蕃别,登科几国同。"③确实,整体而言,传统的东亚地区,可说是一个特定的历史世界。在这个历史世界里,东亚士人扮演着非常重要的角色。中国科举录取宾贡进士,已成为东亚士子共通的出身管道,由于具有共同的学养(儒家经学),且共同应试,可

① 徐松:《登科记考》卷二七,中华书局1984年版。
② 刘海峰:《唐代俊士科辨析》,《中国史研究》2000年第2期。
③ 唐昭宗乾宁二年(895)进士张蠙《送友人及第归新罗》诗云:"家林沧海东,未晓日先红。作贡诸蕃别,登科几国同。远声鱼呷浪,层气蜃迎风。乡俗稀攀桂,争来问月宫。"见《全唐诗》卷七〇二。

以达到文化的认同。① 设立宾贡进士制度，为东亚国家了解科举制提供了很好的示范。随着中华文化向外邦的渗透，东亚周边国家也或迟或早仿效中国建立了各自的科举制度。

二、日本科举的兴衰

黑格尔在《历史哲学》中有言：山脉一般阻隔人们的交往，而水势则会将人们连通起来，这便是"山势使人隔，水势使人合"的规律。中国的西域多为山脉和高原，而东面则是平原和海洋，水往低处流，因此中国人向来是从西天取经，再向东方传播。就科举制而言，也是对西域较难渗透，对东土则广泛流布。科举制对古代东亚国家的影响是从日本、高丽、越南、琉球等国渐次展开的。

日本是东亚国家中最早仿行科举，同时又是实行科举时间最短的一个国家。七八世纪之际，日本引进唐朝的律令制度，仿行与中国大体相同的贡举制度。日本古代法典《养老律·职制律》说："贡者，依令诸国贡人；举者，若别敕令举及大学送官者，为举人。"日本掌管贡举事务的机构是式部省。按《养老令》所载，日本的贡举（即科举）科目主要有秀才、明经、进士、明法等四科和医、针等二科。各科的考试内容如下：

秀才，取博学高才者，试方略策二条，文理俱高者为上上，文高理平、理高文平者为上中，文理俱平为上下，文理粗通为中上，文劣理滞为不第。

明经，取通二经以上者，试《周礼》《左传》《礼记》《毛诗》各四条，余经各三条，《孝经》《论语》共三条，皆举经文及注为问。其答者皆须辨明义理，然后为通。试通二经者，答案通十为上，通八以上为中，通七为上下，通六中上，通五以下，或仅通一经者，《论语》《孝经》令不通者，皆不第。若有通三经或通五经者，每经问大义七条，通五以上为第，以下为不第。

进士，取明闲时务，并读《文选》《尔雅》者，试时务策三条，帖《文选》七帖、《尔雅》三帖。评审标准，其策文词顺序、义理惬当，并帖过者为通。事义有滞、词句不伦及帖不过者为下。等第区分，帖策全通为甲第，策通二、帖过六以上为乙第，此外为不第。

明法，取通达律令者，试律令十条，其中律七条、令三条。识达义理、问无疑滞为通，"粗知纲例、未究指归"者为不通。十条全通者为甲第，通八以上为乙第，通七以下为不第。

以上由式部省掌管的四个科目，要求应举者"皆须方正清修、各行相副"。其科目名称、评审标准、等第区分和及第授予的官阶与《唐六典》所规定的唐代科举制度基本相同。日制与唐制相异之处有：日制除进士科以外均无帖试，而唐制除秀才科以外均加考帖试；日制于明经科特别规定《孝经》《论语》全不通为不第，唐制无此规定，日本似较唐更重视

① 高明士：《隋唐贡举制度》，文津出版社1999年版，第168—169页。

《孝经》《论语》；唐制考试内容较日制难，录取标准也比日制较高，尤其是明经、进士两科；及第后授与阶位的制度，只有秀才科相同，而日制明经科上上第授正八位下、上中第授从八位上，进士甲第授从八位下、乙第授大初位上，明法甲第授大初位上、乙第授大初位下，一般比唐制高出一个阶次，这说明日本比唐朝更重视科举出身者。[1]

唐朝科举还有明书与明算两科，日本书、算两科未列为贡举科目。《养老令·学令》虽规定书学生可以听任贡举，算学生考试得第叙位办法准明法科之例，但两科之学生只要通过大学寮的寮试，即可任官，属于寮内考试范围而不属于式部所管辖，不完全是科举考试性质。不过，日本贡举科目中，却有医科、针科，《养老令·医疾令》规定："医、针生业成送官者，式部复试，各二十条。"而按《唐六典》卷十四《医疾令》条所载，唐朝只将医学列为太医署内部的教育事业，医、针生"若业术过于见任官者，即听补替"。另外，唐代科举允许举子"投状于本郡"，即可以通过自荐参加贡举，而日本的贡举实际上只限于官僚子弟占多数的大学寮学生报考，因而日本的科举较少具有平民化色彩。

日本在天平二年(730)，于大学寮中增置了文章生 20 人、文章得业生 2 人，成立文章科。到 820 年，考试文章生最优秀的 5 名称为"俊士"，再从中挑选 2 名翘楚者，称为"秀才生"。827 年，文章博士都腹赤在反对使文章科贵族化的牒状中奏称："依令有秀才、进士二科，课试之法难易不同，所以元（即原）置文章得业生二人，随才学之浅深，拟二科之贡举。"[2]日本的秀才科也比进士科难度更大，但唐代秀才因难度过大，在永徽二年(651 年)以后例已废绝，而日本的秀才科，对方略策登第而入仕。但是，由于贵族干政，加上学官世袭，10 世纪以后，日本的大学寮基本上都被贵族所把持，大学寮博士推荐学生参加贡举，不是依据被推荐者的才学高下，而是以资历名望，致使科举考试逐渐流为形式，[3]尤其是秀才科更为世业儒术的贵族子弟所垄断，实际上成为一种科名官僚世袭制。到 11 世纪以后，虽然日本在形式上还继续实施式部省试办法，但不仅考试名目上已有所改变，而且考生皆由权贵人物推荐，通常考试只举行于行幸、飨宴等际会，其内容一般为赋诗，应试者称为入分学生，基本上是无条件及第。科举制度至此已完全异化，以致现今许多人误以为日本从未实行过科举制度。

三、韩国科举的盛衰

韩国科举是除中国以外最为兴盛和完备的科举制度。早在公元 9 世纪初，朝鲜半岛还处于三国朝代时，新罗人唐留学生便十分向往中国的科第名物。赵在三所著的朝鲜史籍《松南杂识·科举类》在"东人唐第"条中说："唐长庆初，有金云卿者，始以新罗宾贡。又金夷鱼、金可纪、崔致远、朴仁范、金渥皆登唐第。"从长庆元年金云卿中宾贡进士开始，新罗人登中国朝廷科第者络绎不绝，至唐末前后有 58 人，登五代梁、唐科第者又有 31

① 高明士：《日本古代学制与唐制的比较研究》，学海出版社 1986 年版，第 277—278 页。
② 藤原明衡：《本朝文粹注释》卷二，天长四年六月十三日格，内外出版株式会社 1922 年版。
③ 高明士：《隋唐贡举制度对日本、新罗的影响》，载林天蔚、黄约瑟主编《古代中韩日关系研究》，香港大学亚洲研究中心，1987 年，第 65—102 页。

人。这些宾贡及第者中不乏才学之士,其中《桂苑笔耕集》的作者崔致远尤为知名。不少人及第东归后,对传播中国的科举文化起了重要作用。与此同时,在新罗本土的"读书三品出身法"已粗具科举制的形式。

936 年,朝鲜半岛统一,建立了高丽国。高丽光宗九年(958),光宗听取后周出使高丽并留任为官的中国谋士双冀的建议,借鉴唐代科举,建立了高丽的科举制度。朝鲜史籍《增补文献备考》卷一八四《选举考·科制》载:"高丽光宗九年,命翰林学士双冀知贡举,试以诗、赋、颂及时务策,取进士,兼取医卜等业。御威凤楼放榜,赐甲科崔暹等二人、明经三人、卜业二人及第。自是取人之法,专在科举。逐年取士无定数。其法大抵皆袭唐制。冀屡典贡举,奖劝后学,文风始兴。"从此以后,高丽朝科举制度逐渐发展,走向兴盛。高丽科举,总体上模仿中国,设有制述业(即进士科)、明经、明法、明书、明算业(科),并以制述业为主。制述业与明经业的考试内容是诗赋与经文之类,而且所用教材也是中国的儒家经典。考试的形式与中国类似,并于显宗二年(1011)由礼部侍郎周起奏定糊名试式,于文宗十六年(1062)全面实行封弥之法。高丽朝也有金行成等 9 人在中国宋朝宾贡及第,张良寿在金朝宾贡及第,金禄等 20 人入元朝宾贡及第,金涛在洪武四年(1371)入明朝获三甲第六名进士。因此,高丽朝的科举在一定程度上是从属于中国科举的。

洪武四年,明太祖朱元璋遣使到高丽颁科举诏,此后高丽的科举乡、会试程式依照明朝制度。《高丽史》载:"大明颁科举诏,令就本国乡试,贡赴京师至会试,不拘员数选取。"[1]

李朝太祖元年(1392),李朝取代高丽朝,统治朝鲜半岛后,当年即定科举法,次年便正式开科举。李朝将三年一试的"大比之科"称为"式年试",通常录取人数是 33 名,后期式年试录取人数常达 40~50 名。式年试除了在世祖二年(1456)和处于战乱的宣祖二十七年(1594)、宣祖三十年(1597)以及仁祖十四年(1636)停办之外,在其他年份无一例外全都实行过。直到高宗三十一年(1894)朝鲜王朝废除科举制为止,总共实行了 165 次式年试。除了式年试,朝鲜时代还实行过奉王命而实行的特别考试。特别考试虽然在朝鲜初期实行次数较少,但是之后实行次数逐渐增加,到了 15 世纪后期其实行次数已经超过了式年试。整个朝鲜时代总共实行了 583 次特别考试,达到了式年试的 3.5 倍。最初,由于特别考试是由皇帝亲自主持,所以也被称为亲试。但是没过多久,为了与式年试相区别,而把特别考试称为"别试",并且在考试形式上有了许多变化,因此产生了多种多样的考试。结果在成宗十六年(1485)出版的《经国大典》里,科举考试只有一种式年试。但是到了英祖二十二年(1746)编辑出版的《续大典》里,科举考试除了式年试之外,还有别试、增广试、谒圣试、廷试、春塘台试、外方别科等多种形式。[2] 这些式年试以外的科目少则录取 3 名,多则录取 40 余名,通常录取人数为 10 余名。

李朝的科举甚至比明清时期的中国还更为频繁,几乎每年都开科,在社会上占据核心地位。宣祖十七年(1584),李珥指出:"今世以科举取士,虽有通天之学,绝人之行,非

---

① 郑麟趾等:《高丽史》卷七十四《选举志》二,文史哲出版社 2012 年版,第 515 页。
② 朴贤淳:《朝鲜前期的别试》,载刘海峰、胡宏伟主编:《科举学的历史价值与现代意义》,华中师范大学出版社 2016 年版。

科举无由而进于行道之位。故父教其子,兄教其弟,科举之外,更无他术。"①但是,由于科举频繁,也带来一些问题,有的大臣认为科举常开非但为国家之巨弊,也妨士子着实用功,使业不专一,而且出现不少与中国科举类似的弊病。李朝有许多大臣也先后提出科制改革案,或提出"科荐合一说",即实行考试与推荐结合的办法,朝廷也曾颁布过"科弊纶音""科场救弊节目",采取一些改革措施,但终究无法根除科举制的固有局限性。与科举在中国的命运类似,李朝末年,科举日益走向衰败,不断受到人们的抨击,在内忧外患的压迫下,李朝科举更是处于风雨飘摇之中,高宗三十一年(1894),日本侵略朝鲜,爆发了中日甲午战争。李朝科举制遭到日本入侵事件的沉重打击,该年7月,军国机务处启:"科文取士,系是朝家定制,而难以虚文取用实才。科举之法,奏蒙上裁变通后,另定选举条例。"②高宗皇帝在此情况下,不得不允准停罢了科举制。这样,从公元958年开始设立的科举制,到1894年走完了936年的历程,比科举制的祖先——中国科举制早11年寿终正寝。

四、越南科举的兴废

越南是东亚诸国中最迟实行科举也是最后废止科举的国家。975年,宋太祖册封丁部领为交趾郡王,越南从此独立。独立后的越南在相当长时期中主要从佛道僧侣中选任官员,至李朝仁宗太宁四年(1075)才引进科举制。《钦定越史通鉴纲目》正编卷三太宁四年条载:"选明经博学者以三场试之,擢黎文盛首选,入侍学。"并注云:"本国科目自此始。"③但此后科举并不正规,至广祐二年(1086)举行第二次科举,第三次开科则至李高宗贞符十年(1185),第四次开科在天资嘉瑞八年(1193)。李朝科举总共只有这四次,且第一、二次仅各取1人,第三次取20人,第四次所取人数又减少,因此,越南李朝科举制度还只是处于探索阶段,影响不大。

陈朝建立后,陈太宗建中八年(1232)设立太学生科,从太学生中考取进士,也模仿中国科举体制,以三甲定高下。到陈睿宗隆庆二年(1374),陈朝开始设立进士科,首次录取了50名进士,越南进士科至此才正式被确立。

1370年,朱元璋遣使颁科举诏,同时准许安南、高丽、占城士人在本国乡试毕,贡赴京师参加会试。到了黎朝时期,越南科举出现兴盛局面。黎太宗绍平元年(1434),黎朝定取士科目,诏曰:"得人之效,取士为先,取士为方,科目为首。我国家自经兵燹、英才秋叶、俊士晨星。太祖立国之初,首兴学校。祠孔子以大牢,其崇重至矣。而草昧云始,科目未置。朕纂承先志,思得贤才之士,以副侧席之求,今定为试场科目,其以绍平五年(1438)各道乡试,六年会试都省堂。自此以后,三年一大比,率以为常,中选者并赐进士出身。所有试场科目,具列于后:第一场经义一道、《四书》各一道,并限三百字以上;第二

① 《增补文献备考》卷一八八《选举考·科制》四,东国文化社1964年版。
② 《增补文献备考》卷一八八《选举考·科制》五,东国文化社1964年版。
③ 《钦定越史通鉴纲目》正编卷三,太宁四年条,台湾"中央图书馆",1969年。

场制、诏；第三场诗、赋；第四场策一道，一千字以上。"①

这种科举考试规制明显模仿明朝的科举成式，所不同的一点是明朝科举考三场，而黎朝科举考四场，增加了诗赋这一场。黎朝洪德六年(1475)科举会试第三场规定考诗赋各一，诗用唐律，赋用李白体。其他三场的具体考试方法为：第一场，《四书》论(《论语》三题、《孟子》四题、《中庸》一题)，总八题，举子自择四题作文，《五经》每经各三题，独《春秋》二题，举子自择一题作文。第二场则制、诏、表各一。第四场策问一道，其策题则以经史同异之旨，将帅韬钤之蕴为问。此外，黎圣宗光顺三年(1462)定乡试法，规定在四场考试之前，要求举子"先暗写一场，谓之汰冗"②，也与中国科举制不同。除了进士科，黎朝也开过4次制科和8次诸科考试(3次宏词科、3次士望科、1次明经科、1次选举科)。黎朝开科举300多年，科举制度处于鼎盛时期。据越南《李、陈、黎、莫、阮进士科试和考取进士人数综合表》所列，越南历朝总计开科187次，取士2991人，其中黎朝开科129次，取士1936人，占2/3。③潘辉注《历朝宪章类志》评述道："历朝科举之盛，迨于洪德(黎灏年号)至矣。其取人之广，选人之公，尤非后世所及。"④另外，黎圣宗洪德十五年(1484)，命立进士题名碑于国学，此传统为以后历代所遵行。

1802年，越南改由阮朝统治，阮朝在乡会、殿试级之前，创设"核"这一级考试。所谓"核"，即士人乡试前先由州县学校教授、训导考核，再由国子监祭酒、司业或营镇督学进行复核，核的考法依照乡试试法。阮朝乡会试有时考三场，有时考四场，当乡、会试为四场时，核就"略具四场题目"，乡、会试改为三场后，核也就"略备三场文体"。核的试场规则相当严密，举子应核时，必须在试卷上按上指印、以防冒名顶替。各地的核均按士人多少、文风高下规定取中数额，考中者可免除一年或半载的兵徭，并获得乡试资格。阮朝的核实际上相当于中国明清科举中的童试一级，尤其类似于童试中的岁科试，此外，阮朝于明命十年(1829)还在科举中引入八股文这种复杂的标准化考试文体。⑤

越南科举不仅采用了八股文体，而且还发展出类似于中国贡院的专门试场，因此，相比韩国的科举，越南模仿中国的科举更到家。后来阮朝时期也出版了不少制义的备考书籍，如绍治六年(1846)出版的吴巨川《初学灵犀》一书，对破题称呼、破题字眼、破题式、破承题式、起讲式、提比式、中比式、后比式、看书法、相题法、命义法、养气法、布格法、行文法等都有专门的论述，并在各种笔法之下列举了八股文的范文。⑥与中国的乡试录、会议录类似，越南在乡会试之后，也立即刊刻载有考官姓名官职、场务人员、举人名录、题目、范文的科举文献，而且通常也在序文中提到应试人数。如成泰丁酉科《河南乡试文体》序便说"今科应试数较与前科稍胜(兹河内、南定、山西、比宁、太平、兴安、海防、广安、太原、北江等省道，咨将士数九千九百五十名存……"⑦成泰甲午科《河南场乡试文选》序文还将

---

① 《大越史记全书》卷二《黎纪》二《太宗》，东京大学东洋研究所1968年版。
② 《钦定越史通鉴纲目》正编卷十九，光顺三年条，台湾"中央图书馆"，1969年。
③ 金旭东：《越南科举制度简论》，《东南亚南亚研究》1986年第3期。
④ 潘辉注：《历朝宪章类志》卷二六《科目志》，越南教育文化部，1974年。
⑤ 金旭东：《越南科举制度简论》，《东南亚南亚研究》1986年第3期。
⑥ 吴巨川：《初学灵犀》，右文堂绍治六年(1846)刊。
⑦ 监考高大人：《河南乡试文体》，柳文堂成泰九年(1897)刊，"序"第1页。

"圣批"内规定的"临读避音、临文改用别字、人名地名不得冒用"的具体规定列出。① 越南流传下来的专门科举文献也比韩国的科举文献种类更多。

法国远东舰队于1858年袭击岘港,法国开始了对越南的殖民侵略,1884年,法越签订了《顺化条约》,次年中国清朝也不得不承认越南为法国的保护国,越南沦为法国的殖民地。在法国殖民者的统治下,西方资本主义新学动摇了儒学的一统天下。科举考试也随之改变,考试内容一方面加入法语、越南语和越南、全球历史地理、时事、格物等内容,另一方面停止诗赋和减少儒家经典、中国历史等考试内容。② 越南科举制发展到后来也暴露出不少弊病,中国戊戌维新的改革风潮也影响到越南。特别是原先与越南唇齿相依的科举制的大本营中国,于1905年将科举制彻底停废,作为模仿中国科举的产物,越南科举更是风雨飘摇,逐渐走向穷途末路。1906年,越南成立了教育改进委员会,学习新学或西学的学校大量创办,传授儒学的科举教育日渐式微。阮王启定四年(1919),举行了越南科举史上的最后一科会试,录取23人。此后,科举制度在东亚历史上终于完全退出了舞台,越南也成为世界上科举制度的终结地。

五、东亚科举文化圈的影响

除了日、韩、越三国或长或短实行过科举制之外,处于东亚地区的小国琉球也曾实行过科举制度。清代琉球的学校"讲解师"的来源是"久米内大夫、都通事、秀才诸人中择文理精通者"③。学校的教材以《四书》《五经》为主,生员分为两类,一类是从缙绅子弟年十六以上者直接选送,另一类需经过考试,如"外府布衣子弟则由法司考取俊秀始得入学肄业"。学习制度也十分严格,每月考试一次,或《四书》文,或五言四韵六韵诗,"其勤学而诗文佳者升为学长,以次入仕籍"④。当然,琉球所实行的只是初级的科举,基本上仅相当于明清中国科举中的府州县试。但因其地域狭小,人口较少,这种考试制度也属于科举制的一种形态。近年来,日本学者水上雅晴发现不少琉球汉籍资料,证明琉球存在过"科"的制度。⑤ 可见,科举在当时的东亚世界具有一种"普世化"的趋势。12—19世纪,中、韩、越三国连同琉球一同构成了一个独特的东亚科举文化圈。

从世界范围来看,历史上东亚是一个自成体系的文明区域,在教育与考试方面也具有鲜明的特色。在相当长的历史时期中,日本、高丽、越南、琉球等国的人士向中国辐辏,中国的儒家文化则向周边辐射。从公元7世纪至17世纪的千年间,中国的物质文明和制度文明曾广泛地影响过东亚诸国,东亚国家文化教育的"国际化"实际上便是中国化,

---

① 钦差主考官:《河南场乡试文选》,柳幢匠目成泰六年(1894)刊,"序"第1页。
② 陈文:《试析法国人对越南科举考试的影响》,载刘海峰、朱华山主编:《科举学的拓展与深化》,华中师范大学出版社2013年版,第501页。
③ 徐葆光:《中山传信录》,《台湾文献丛刊》第306种,台湾银行经济研究室1972年,第214页。
④ 齐鲲:《续琉球国志略》,冲绳县立图书馆昭和53年影印版,第182页。参阅谢必震:《中国人眼中的琉球社会》,第四回琉中历史关系国际学术会议琉中历史关系论文,1993年。
⑤ 水上雅晴:《再论琉球的"科":以现存琉球汉籍为线索》,《厦门大学学报(哲学社会科学版)》2016年第4期。

以至形成了古代汉字文化圈或东亚科举文化圈。科举是具有世界影响的中华文明产物①，在近代以前，其影响主要是在东亚地区。部分是由于科举传统的延续，东亚才演变形成了在世界上颇为独特的考试文化圈。

近代以后，伴随着欧风美雨和坚船利炮的入侵，西学东渐的大潮冲击着东亚的文明体系，东亚国家过去行之有效的教育和考试制度经历了衰弱、解体的过程。在"师夷之长技以制夷"的观念指导下，东亚国家的教育不得不进行了脱胎换骨的转型，东方型的教育制度几乎全盘转化为西式教育制度。然而儒家思想仍根深蒂固，传统文化的影响充分体现在"中体西用"与"和魂洋才"等东西结合的方式中。这部分归因于科举制度的运行，汉字与儒家文化得到迅速的流布，其深远影响至今仍可以深切地感受到。科举时代形成的读书至上和高度重视考试竞争的传统，使当今东亚国家和地区的民众特别推崇名牌大学，在大学招生和各类资格确定中相当依赖考试的办法。

解脱欧洲中心论的迷思，用多样性的眼光来观察东亚世界，我们便可看出科举制在古代东亚世界扮演着一种重要的角色。东亚国家和地区重视考试是一个历史与文化现象。虽然日本的科举在11世纪已完全异化直至消亡，但到近代以后，考试在日本教育和社会生活中还是占有重要的地位，将缺失的一环补上，形成了完整的东亚考试文化圈。在此考试文化圈中的国家，民众高度重视教育并倚重考试，形成了一种考试社会。考试社会是指考试已广泛渗透到社会各行各业，并把考试结果作为教育机会获取和职业准入的重要乃至唯一依据，作为职业升迁的重要乃至唯一参考，考试成为解脱人情困扰、维护社会公平、稳定社会秩序的有力手段，考试社会是民众因强烈而浓厚的"考试情结"而深受其影响的社会。② 大体而言，中国、日本、韩国等都具有某些考试社会的特征。由于具有重视考试的文化传统，将考试作为维护社会公平和实现社会稳定的重要手段，现代东亚国家和地区考试体系大同小异。以考试成绩作为大学招生的主要依据，成为东亚高等教育不同于欧美高等教育的一大特色。

由于长期实行科举制，即使在科举被废后，韩国和越南至今还保存了大量关于科举的文献，成为两国宝贵的文化财富。韩国因为有深厚的科举传统，也形成了重视教育和考试的风尚，其程度完全可与中国相比。李穑曾说："三韩人物之盛，虽不尽在科第，然由科第之盛，而一国政理之气象益著而不可掩矣。……所以荣华夸耀，耸动一时，使愚夫愚妇皆歆科举之为美，而勉其子弟以必得之。……是以熏陶渐渍，家家读书取第，至于三子五子之俱中焉。"③有的韩国学者认为，以民族意识结构为核心的现代韩国人价值观的形成，可以从儒教思想和以科举制度为中心的中央集权制的政治制度上来寻找。"在历史上积累下来的韩国人的欲望是做官，所追求的价值是荣华富贵。过去，通过科举考试求得官职才是荣华富贵的唯一途径。人们现在则认为应该同时满足致富欲和扬名欲，要致富就必须出名，要出名就必须要致富。"④科举在韩国社会历史上的地位不亚于科举在中

① 刘海峰：《高等教育的国际化与本土化》，《中国高等教育》2001年第2期。
② 郑若玲：《"考试社会"解析》，《中国考试（研究版）》2008年第5期。
③ 《增补文献备考》卷一八四《选举考·科制》一，东国文化社1964年版，第128页。
④ 《树立韩国经营模式》，《参考消息》1994年11月8日。

国历史上的地位,现代韩国人对教育和考试的重视程度与中国也颇为相似。

现代东亚各国各地区都不同程度地存在着过度倚重考试的现象。日本有所谓"考试地狱"之称,中国人对考试的崇拜迷信程度比日本有过之而无不及,其结果是出现考试领导教学或"应试教育"的弊端。同时科举时代形成的科名崇拜和科场迷信,对当今东亚学历社会的文凭崇拜与考试迷信也有深远的影响。不过,我们应该看到,科举制及其所衍生的科举文化虽有其消极成分,但它是古代东亚文明的重要构成内容之一。而现代东亚考试文化圈的形成,对东亚国家和地区避免教育与文化的全盘西化、保持世界文化教育的多元性而言,也具有一定的积极意义。

原载《厦门大学学报(哲学社会科学版)》2016年第4期

徐光启与马相伯的中西文化教育会通之比较

◎黄书光*

摘　要:作为"中国天主教史上的双子星",徐光启和马相伯分别是第一次及第二次"西学东渐"浪潮中的著名爱国教育家。系统考察和比较他们对西方文化教育精神的认知与理解、对中国传统文化教育的评判与摄取,感受其学术文脉相续及其微妙差异,探讨其中西会通的不同着力点,对全球化背景下的当代中外文化教育交流具有重要的学术价值。

关键词:徐光启;马相伯;文化教育;中西会通

徐光启、马相伯,分别生活在"天崩地解"的明代后期和"灾难深重"的近代中国。虽然所处时代不同,但他们都是著名的天主教教徒,被誉为"中国天主教史上的双子星"①,都对中西文化教育会通做出了十分突出的贡献。系统考察和比较他们的中西文化教育会通观,剖析其对西方文化教育精神的认知、对中国传统文化教育的评判,感受其学术文脉相续及其微妙差异,探讨其中西会通的不同着力点,无疑具有重要的学术理论价值和一定的现实借鉴意义。

一、西方文化教育精神的认知

作为"中西文化会通第一人",徐光启在与传教士利玛窦等人的交往中逐渐感知西方文化教育中的宗教底色和科学精神,进而成为天主教教徒。他立足于晚明社会的振衰起敝,致力于引进西方的先进科学知识,包括数学、天文、水利、火器、测量等诸多方面,特别是其与利玛窦合作翻译的《几何原本》(前六卷),对此后中国人的思维方式变革和科学教育发展产生了十分重要的实际影响。

众所周知,利玛窦以"学术传教"的行动策略,开创了其辉煌的中国传教事业;而徐光启等士大夫之所以受洗入教,绝非一时冲动,而是在与传教士近距离接触、思想情感交流中,逐渐皈依其宗教信仰,并深信宗教与科学存在某种内在关联。特别是利玛窦善于利用中国先秦古典知识来阐释天主教义,携西洋奇器,言格物之理,并着儒服传教布道,着

＊　作者简介:黄书光,华东师范大学教育学部教授。基金项目:2016年度教育部人文社会科学重点研究基地重大项目"中国基础教育学校现代化发展道路的本土探索"(项目批准号16JJD880019)。
①　王瑞明:《中国天主教史上的双子星——徐光启与马相伯》,《中国宗教》2004年第8期。

实让徐光启大开眼界。反观当时社会百态，徐光启指斥佛教无补于世道人心，他说："奈何佛教东来千八百年，而世道人心未能改易，则其言似是而非也。"①而来自西方的传教士，凭借徐光启的累年观察与实际交往，断言其"踪迹心事一无可疑，实皆圣贤之徒也。且其道甚正，其守甚严，其学甚博，其识甚精，其心甚真，其见甚定，在彼国中亦皆千人之英，万人之杰。所以数万里东来者，盖彼国教人，皆务修身以事上主，闻中国圣贤之教，亦皆修身事天，理相符合，是以辛苦艰难，履危蹈险，来相应证，欲使人人为善，以称上天爱人之意。"②在他看来，天主教耶稣会士这一教人"去恶为善"的教化之举，正好可以起到"补益王化，左右儒术，救正佛法"的重要作用。③

事实上，徐光启不只在意天主教"补益王化"的劝世价值，进而以身入教；更从经世致用的高度，致力于引进西方先进的自然科学及其方法论思想。当他得知《几何原本》的学术价值后，便以"一物不知，儒者之耻"自勉，敦请利玛窦"口述"，自己为"笔受"。通过无数次的字斟句酌、反复推敲，遂于1607年合作译成《几何原本》（前6卷）。对此，徐光启深有感触地写道："《几何原本》者，度数之宗，所以穷方圆平直之情，尽规矩准绳之用也。……盖不用为用，众用所基，真可谓万国之形面，百家之学海。"④此外，徐光启继续和利玛窦合作翻译《测量法义》；并和熊三拔合作翻译《简平仪说》《泰西水法》。正是在与传教士的合作翻译过程中，徐光启深知中西"会通之前，必须翻译"之重要意义，其学术视野也因为深度理解而愈益开阔博大，一些对天文历法有深厚造诣的传教士，如：龙华民、邓玉函、汤若望等，均被正式请到历局任职，参与其主持的《崇祯历书》大型编撰工作，纠正了先前历法的诸多计算错误，推动了王朝天文历法事业的新旧更替。

徐光启对西方文化教育精神的认知与把握，不仅影响了明末开明士大夫的价值选择，开启了第一次"西学东渐"的运行规则及其发展路向，而且对近代第二次"西学东渐"仍然起到了潜移默化的积极作用。第二次"西学东渐"的核心人物——马相伯，他同样推崇西方文化教育中的宗教、科学精神，但因时易境迁、社会剧变，其认知过程自然要更加复杂，认知效果也更加通达透彻。

马相伯从小就生活在浓郁的天主教家庭氛围中，12岁之后又先后在上海徐汇公学、徐家汇神学院长期接受教会教育。因此，他获得神学博士学位，并同时成为司铎，乃是顺理成章之事。但当时耶稣会士的某些偏激行为深深地刺痛了马相伯的敏感神经，导致他一度离会入世，投身到轰轰烈烈的洋务运动之中。但经历过现实的种种遭遇与困境，20年之后的1897年，他还是回归教会，终究没有改变其天主教信仰。与徐光启注重宗教"去恶为善""补益王化"的教化功能遥相呼应，马相伯明确肯定《圣经》教化规训的人本价值，称："按救世主《圣经》之训，该本彼此相亲相爱而已。"⑤然而，马相伯所处的时代乃是民族灾难深重而功利主义极度膨胀的时代，许多人言行不一、人格分裂。马相伯甚至对

① 徐光启：《徐光启集》下册，上海古籍出版社1984年版，第432页。
② 徐光启：《徐光启集》下册，上海古籍出版社1984年版，第431—432页。
③ 徐光启：《徐光启集》下册，上海古籍出版社1984年版，第432页。
④ 徐光启：《徐光启集》上册，上海古籍出版社1984年版，第75页。
⑤ 朱维铮主编：《马相伯集》，复旦大学出版社1996年版，第186页。

某些虚伪的宗教论者也提出严厉批评,他说:"口宗教而内私欲,纵日言提倡宗教,日言维持宗教,日言推广宗教,然而言行不顾,丧尽天良,世道人心,由此益坏矣。"①在他看来,宗教的核心价值即在于超越世俗功利,注重人与人的"相亲相爱",追求"返本归原"的终极关怀。

马相伯不仅系统地接受教会学校所提供的科学教育,而且见证了近代中国科学落后所带来的巨大灾难。在他看来,"生计竞存"之当世迫使当时的人不得不高度重视科学,声称:"中国今日之危亡,实根因于科学之落后。……以科学救国,以科学建国,以科学创造全人类之福利,此则青年诸君所应肩负之责任也。"②1903 年,他创办震旦学院时,即把"崇尚科学"定为其办学的首要核心理念,明确将象数学、物理学、化学等自然科学列为重要课程,统称"质学"。但需要指出的是,马相伯崇尚科学,但并不迷信科学,而是极力反对将科学与宗教信仰、人文道德人为地对立起来。因此,他在所厘定的震旦学院办学理念中,还有另一个核心办学理念即是"注重文艺",包括古文(如希腊、拉丁文字)、今文(如英文)、哲学(含论理学、伦理学、性理学)、历史、舆地、政治等人文社会科学,统称"文学"。

概言之,徐光启和马相伯都认同西方文化教育的宗教底色,并成为著名的天主教教徒,都热衷于引进西方先进的自然科学知识。需要指出的是,马相伯对西方文化教育精神的把握已不仅限于宗教信仰、自然科学,还包括广义的人文社会科学门类,并将其融入自己的独特兴学实践中。这一点,显然也比徐光启对西学的认知往前迈进了。

二、中国传统文化教育的评判

徐光启 7 岁时即进入上海龙华寺私塾学习,深受儒家伦理教化思想的影响。后又拜心学大家王守仁的追随者——黄体仁为师,但他并不认同空虚近禅的王学末流,而对朱熹理学教育的伦理之实深表敬意。1605 年,他在《刻紫阳朱子全集序》中明确写道:"夫学而果求诸六经,又果求诸孔氏之六经,则舍紫阳其将何途之从而致之哉?今其书俱在,……藉第令深心读之,其实行实功,有体有用,将必因朱子以见宣尼之正脉,而俾天下国家实受其真儒之益处。"③在他看来,《六经》作为儒家教育的核心内容,理当注重儒家经学教育演化中的文化传承,理当关注并弘扬其深藏的人伦本位精神。他说:"先儒谓士立朝以正直忠厚为本,愚以为苟求正直忠厚之臣,必以立心为本;苟有其心,即两者不得不出于一,然而诡容饰迹,彼畔此附,甚而有托以行其私矣!诠品人伦者不可不审于此。"④

徐光启深信先秦教育并不缺乏"有用之学",只是后代教育偏离了这一宝贵传统。他说:"《周礼》三物,德行为先,下至礼乐射御书数,亦皆是有用之学。若今之时文,直是无用。"⑤明代科举考试中"代圣人立言"之八股文盛行,不仅背离了原始儒家的人伦实学之

① 朱维铮主编:《马相伯集》,复旦大学出版社 1996 年版,第 154 页。
② 朱维铮主编:《马相伯集》,复旦大学出版社 1996 年版,第 912—913 页。
③ 朱维铮、李天纲主编:《徐光启全集·徐光启诗文集》,上海古籍出版社 2011 年版,第 295 页。
④ 朱维铮、李天纲主编:《徐光启全集·徐光启诗文集》,上海古籍出版社 2011 年版,第 354 页。
⑤ 朱维铮、李天纲主编:《徐光启全集·徐光启诗文集》,上海古籍出版社 2011 年版,第 260 页。

真谛,更是扼杀了读书人的独立思考精神,许多人明知其害,却也无法从根本上摆脱之。徐光启自己也在科场考试的反复失败中顽强爬行,直到 43 岁那年才最后获取"进士"。他自嘲道:"我辈爬了一生的烂路,甚可笑也。"①然而,即便是可笑,子孙仍然要走此老路。他在给家人的信函中还是要特别督促其孩子的"破承"时文,写道:"教训诸子,尤是吃紧。……两儿做破承,不论是否,但将真笔真话寄来我看,切不可容先生文饰也。"②特别是与利玛窦等耶稣会士有了紧密交往之后,徐光启对西方数学、天文、水利等科学知识与实证方法的理解越来越充分,他开始更加自觉地审视中国传统文化教育的某些重要思维缺陷。在他看来,中国算数之学由来已久,但却"特废于近世数百年间尔",其首要原因乃是"名理之儒土苴天下之实事"。③

其实,徐光启对中国传统文化教育经典有很强的鉴赏和判别能力。以《诗经》研读为例,徐光启解诗,反对"附会""造作",重在探求诗作的"所以然之故",注重从"言外之意"去挖掘其深藏的诗趣哲理。他说:"求其故而不得,虽先儒所因仍、名流所论述,援因辩证,如云如雨,必不敢轻信所疑,妄书一字。"④以"国风"中的《小星》为例,徐光启说:"此诗只是说勤劳而安于命",声称刻意"要讲如何不妒,如何感恩,殊难措词,语也不雅,断非诗人之意。昔人称《易》在画中,诗在言外,言外之旨,此类可见。"⑤又如,"国风"中的《黍离》,本乃"闵周室之颠覆",但观其全文却"不见一宗周字,亦不及一宗庙宫室等字"。这在徐光启看来,正因为如此表现,方能让读者"有无限感慨之情,而于'谓我心忧''谓我何求'处自有含蓄,且不失诗人浑厚之旨"⑥。事实上,徐光启还善于在名家诗论的比较中择善而从,他在"国风"的《静女》中写道:"详味此诗,《序》说难通。而横渠、东莱诸家之说,亦似牵合,则朱注为长。"⑦在他看来,如若主观妄言,即使是圣贤名家,也不能贸然听从。他在"国风"的《烝民》中指出:"孟子因见本文有物则字、好字、懿德字,遂引之为性善之证,此正是断章取义之法。"⑧不难看出,徐光启对传统文化教育经典不仅有精深钻研,而且评述较为客观,不乏独立的学术创见。

与徐光启一样,马相伯早年也读过私塾。进入上海教会学校——徐汇公学(又名依纳爵公学)之后,他也没有减少对中国传统教育经典的习读。但徐汇公学及其后徐汇神学院的系统西学训练,确实使马相伯能够更加理性地审视中国传统文化教育。他虽然一度参加过乡试,且以失败告终;但近代中国较之徐光启时代显然有更多的谋生出路,也给他更多的对传统教育之反思机会。特别是袁世凯复辟帝制的企图愈益明显,迫使马相伯对儒家思想与专制主义封建教育之弊做更加深入的批判性思考,而他对传统文化教育之精华,则能自觉地予以维护与弘扬。

① 朱维铮、李天纲主编:《徐光启全集·徐光启诗文集》,上海古籍出版社 2011 年版,第 317 页。
② 朱维铮、李天纲主编:《徐光启全集·徐光启诗文集》,上海古籍出版社 2011 年版,第 309 页。
③ 朱维铮、李天纲主编:《徐光启全集·徐光启诗文集》,上海古籍出版社 2011 年版,第 284 页。
④ 朱维铮、李天纲主编:《徐光启全集·毛诗六帖讲意》(上),上海古籍出版社 2011 年版,第 29 页。
⑤ 朱维铮、李天纲主编:《徐光启全集·毛诗六帖讲意》(上),上海古籍出版社 2011 年版,第 61—62 页。
⑥ 朱维铮、李天纲主编:《徐光启全集·毛诗六帖讲意》(上),上海古籍出版社 2011 年版,第 123 页。
⑦ 朱维铮、李天纲主编:《徐光启全集·毛诗六帖讲意》(上),上海古籍出版社 2011 年版,第 95 页。
⑧ 朱维铮、李天纲主编:《徐光启全集·毛诗六帖讲意》(下),上海古籍出版社 2011 年版,第 631—632 页。

马相伯明确反对袁世凯的"尊孔读经"及其复辟帝制的闹剧。在他看来,"信仰自由"既然已经写入民国《临时约法》,袁世凯作为一国元首当然要恪守宗教平等、信仰自由的原则,不能偏袒一方,独尊孔教。把"孔子之道"上升为国民教育的"修身大本",马相伯以为不可。这不仅是因为,孔子思想中的"尊王攘夷""读书做官"观念不适宜近代中国社会的变化趋势,更主要是其"德上艺下"的偏见与近代"实业兴国"潮流的严重冲突。他说:"孔子之道,以学稼学圃为小人,又以货殖为不受命。四体不勤,五谷不分,实业之不讲,此我国之大愚也。"①孔子思想中的等级名分观念,更被专制帝王充分利用,成为维护封建专制统治、扼杀国人个性发展的利器。他说:孔子的"正定名分",实际上"替宗法社会的封建制度做了两千年的'叔孙通'",其流弊乃是"率天下后世以伪相欺"。② 至于以儒家为核心的经学教育,马相伯指出,其繁琐主义注经传统和清谈空虚的本质,严重背离了近代务实致用的社会生活实际。他结合自己所接受的经学教育,谈了切身感受,说:"中国的经学真正害死人!我从小的时候,有一位经学家为我讲解经书,常常为了一个字,引经据典讲了两个钟头……中国人受了经学的毒着实是很深的,因为经学完全是空虚的形式,大家中了空虚形式的毒,其流之极,便有两个毛病:一个是冬烘头脑;一个是欺饰心理。"③

需要指出的是,马相伯并没有否定中国传统文化教育之精髓。他虽然对孔子思想有过坦诚的直接批评,但对孔子高尚的君子人格和执着的求道精神则十分赞赏。马相伯说:"孔子一生,很是高尚……夫子自道:'朝闻道,夕死可矣!'这是什么道,朝闻夕死也心甘,可见这道真可贵了!"④对于孟子的反暴君之原始民主思想,马相伯也深表赞誉,他说:"孟子有言:'贼仁者谓之贼,贼义者谓之残,残贼之人谓之一夫。'专制时代,君主不仁不义,不爱人民,且得谓之一夫,现代国家的政府更不待言!"⑤又如:中国的优秀文学传统,马相伯认为,"自然要以《左传》为第一部好书。……有时候大气磅礴,真似长江大河;有时候细针密线,又似天衣无缝;有时候挖苦人挖苦得刺人骨髓;有时候同人辩驳又语妙天下。此种谨严巧妙,几夺天工的文章,不但在过去的文言文当中,视为宗匠,即现在做白话文也应当奉为圭臬,至少要把它的不朽处承袭将来"⑥。其后,司马迁得其薪传,更进了一步,"竟说出'窃钩者诛,窃国者侯'的话来,这已非左氏之文所能有"⑦。至于李白、杜甫的诗歌,作为中国文学史上的丰碑,在马相伯眼里,"真是拜读不厌"⑧。对于中国传统文化教育经典,马相伯不仅善于欣赏,而且视之为文化传承之珍宝,厉言大学教育实践不可"数典忘祖",中西偏废。

不难看出,徐光启和马相伯都是底蕴深厚的国学大师,对中国传统文化教育都具有独特的鉴赏能力和理性的批判精神。相比较而言,马相伯对传统文化教育的深度批判,

---

① 朱维铮主编:《马相伯集》,复旦大学出版社 1996 年版,第 252 页。
② 朱维铮主编:《马相伯集》,复旦大学出版社 1996 年版,第 1129 页。
③ 朱维铮主编:《马相伯集》,复旦大学出版社 1996 年版,第 1124 页。
④ 朱维铮主编:《马相伯集》,复旦大学出版社 1996 年版,第 1050 页。
⑤ 朱维铮主编:《马相伯集》,复旦大学出版社 1996 年版,第 1165 页。
⑥ 朱维铮主编:《马相伯集》,复旦大学出版社 1996 年版,第 1088 页。
⑦ 朱维铮主编:《马相伯集》,复旦大学出版社 1996 年版,第 1088 页。
⑧ 朱维铮主编:《马相伯集》,复旦大学出版社 1996 年版,第 1088 页。

已超越了徐光启的无奈,以及其借西学以"补儒"的致思路径,融入了近代社会的新学元素,突显了"古今汇合"的文化传承创新之发展路向。

三、中西会通的不同着力点

作为两次"西学东渐"的标志性人物,徐光启与马相伯都不同程度地致力于中西文化教育的比较会通。他们所致力的学术维度不完全一致,其着力点也不完全相同;但确实不乏赓续相通之处,值得深入挖掘与阐发。

其一,关于中西学术概念的翻译与会通。

通过与来华天主教耶稣会士的交往,徐光启深知,西方学术概念确有其独特之处,他主张通过中西"会通"而超胜之,而"会通"之前必须心平气和地翻译之。他说:"欲求超胜,必须会通;会通之前,先须翻译。"①当得知《几何原本》乃"度数之宗","能令学理者去其浮气,练其精心;学事者资其定法,发其巧思",徐光启即以顽强的毅力与利玛窦竭诚合作,许多学术概念都是"推敲再四"而后成。② 事实上,徐光启具有深厚的传统学术底蕴,特别对本土旧式算学的落后心知肚明,因此他接触西方新式算学之后,颇能自觉地进行比较与判别。他说:"吾辈既不及睹唐之《十经》,观利公与同志诸先生所言历法诸事,即其数学精妙,比于汉唐之世十百倍之。"③当他将中西算学进行"共读""共讲"后,赫然发现"与西术合者,靡弗与理合也;与西术谬者,靡弗与理谬也"。④

与徐光启相契合,马相伯也十分重视中西方学术概念的比较会通。他极力反对直接搬用日本人借中国文字所做的西学翻译,主张要与中国本土文化经典结合进行直接、有效的合理诠释。如:"Philosophia",他认为日本译为"哲学,似泛",建议译为"致知"。他说:"《大学》朱注:'致,推极也;知,犹识也;推极吾之知识,欲其所知无不尽也。'殆即西儒所谓 Philosophia(非牢骚非阿),译言爱智学者欤。"⑤又比如:"Being",常常被人译为"是""在""存在",这在他看来,是不够确切的,而应该译为"全有"——不是具体之有,而是总体之有。他说:"哲学的任务在追求 Being 的整体,不得已用中国语言,我们可以说,它是要知道'全有'。"⑥马相伯指出,Being 的否定也是一种有,Being 与 Non-Being 是对待关系,此乃我们认识万事万物和养成独立判断之基础。他说:"人类自孩提时首先碰到的问题就是 Being,与 Non-being 问题。有了这种思想,才有分别识;有了分别识,则万物万事才有能在我的意识中各从其类而加以适当的区分;有了适当的区分,则我对于此万事万物才有认识可言。人类自从呱呱坠地便渐渐养成此种需要,于是科学便应运而生。"⑦

其二,关于中西科学知识的理解与审察。

---

① 徐光启:《徐光启集》下册,上海古籍出版社 1984 年版,第 374 页。
② 徐光启:《徐光启集》上册,上海古籍出版社 1984 年版,第 76—77 页。
③ 徐光启:《徐光启集》上册,上海古籍出版社 1984 年版,第 81 页。
④ 徐光启:《徐光启集》上册,上海古籍出版社 1984 年版,第 81 页。
⑤ 朱维铮主编:《马相伯集》,复旦大学出版社 1996 年版,第 636 页。
⑥ 朱维铮主编:《马相伯集》,复旦大学出版社 1996 年版,第 1139 页。
⑦ 朱维铮主编:《马相伯集》,复旦大学出版社 1996 年版,第 1139 页。

作为前近代的科学先驱者，徐光启对西方科学知识系统有自己的独特理解。他认为，利玛窦所带来的"西学"可分为三种："大者修身事天，小者格物穷理，物理之一端，别为象数。"①即"修身事天"的宗教神学、"格物穷理"的自然科学及自然科学中最重要的数学——"度数之学"；而《几何原本》，又被尊为"度数之宗"。②在他看来，真正精通数学，是掌握以数学为基础的科学体系，即所谓"度数旁通十事"——包括天文、测量、乐律、兵器、建筑、理财、制造、舆地、医药等，这些与民事极为关切的"有形有质"之学，"莫不资于度数故耳"。③他深信："度数既明，又可旁通众务，济时适用。"④也正是出自"济时适用"的实用目的，徐光启认识到引进西方以《几何原本》为基础的"度数之学"及其学校教育制度的重要意义。他说："闻西国古有大学，师门生常数百千人，来学者先问能通此书⑤，乃听入。何故？欲其心思细密而已。其门下所出名士极多。……人具上资而意理疏莽，即上资无用；人具中材而心思缜密，即中材有用，能通几何之学，缜密甚矣！故率天下之人而归于实用者，是或其所由之道也。"⑥更为重要的是，徐光启十分强调引进西学与本土文化的会通创新。他说："翻译既有端绪，然后令甄明《大统》，深知法意者，参详考定，镕彼方之材质，入《大统》之型模；譬如作室者，规范尺寸一一如前，而木石瓦甓悉皆精好，百千万年必无敝坏。即尊制同文，合之双美。"⑦很显然，徐光启主持的《崇祯历书》并没有完全否定传统历书的价值，而是主张要中西参详而后论定。这一谨慎理性的态度，受到清代学者阮元赞誉，他说："徐光启熔西人精算，入大统之型模。正朔闰月，从中不从西；气分整度，从西不从中。"⑧徐光启在和利玛窦合作翻译完《测量法义》后，他又独立撰写了《测量异同》，将西学《测量法义》与中国传统《九章》中的"勾股测量"进行比较分析，指出："《九章算法·勾股篇》中，故有'用表'、'用矩尺'、'测量'数条，与今译《测量法义》相较，其法略同，其义全阙。学者不能识其所緐。既具新论，以考旧文，如视掌矣。今悉存诸法，对题胪列，推求同异，以竢讨论。"⑨

马相伯十分赞赏徐光启对西方科学知识的某些理解，他说："所谓格物，第一步工夫就是把各种事物下一个 Definition。这个字，徐光启这个先生译做'界说'，真是恰当之至。所谓界说，就是'分析'，就是把事物分成各种类别，使它有一定的界限。……亚里士多德之所以为西方哲学的开山老祖，其功也就在于'分类'，在于创定'界说'，给后人指出致知格物的门径。"⑩如上所述，徐光启把利玛窦所带来的西学分为三种类型和"度数旁通十事"的学科门类构想，从中我们不难感受到徐光启对知识"界说"的特别关注。诚然，徐

---

① 徐光启：《徐光启集》上册，上海古籍出版社 1984 年版，第 75 页。
② 徐光启：《徐光启集》上册，上海古籍出版社 1984 年版，第 75 页。
③ 徐光启：《徐光启集》下册，上海古籍出版社 1984 年版，第 337—338 页。
④ 徐光启：《徐光启集》下册，上海古籍出版社 1984 年版，第 333 页。
⑤ 即《几何原本》。
⑥ 徐光启：《徐光启集》上册，上海古籍出版社 1984 年版，第 76—77 页。
⑦ 徐光启：《徐光启集》下册，上海古籍出版社 1984 年版，第 374—375 页。
⑧ 阮元：《畴人传》，商务印书馆 1935 年版，第 528 页。
⑨ 朱维铮、李天纲主编：《徐光启全集·测量法义》(外九种)，上海古籍出版社 2011 年版，第 43 页。
⑩ 朱维铮主编：《马相伯集》，复旦大学出版社 1996 年版，第 1082 页。

光启已经注意到庞大的知识分类及其精深研究需要专门的大学教育制度之支撑，但这在他所处的"天崩地解"之晚明时代只能成为空想。而马相伯则能以顽强的毅力，通过其"毁家兴学"的震旦学院之办学实践化为现实，其"崇尚科学，注重文艺，不谈教理"的办学理念，成功地将西方科学乃至人文知识进行分门别类的"界说"，形成了以"质学"（即自然科学）与"文学"（即社会科学）为核心的近代知识分类系统之课程体系。马相伯在家乡私塾、上海徐汇公学和徐汇神学院接受了系统的中西学训练，这使他对中西科学知识的理解和思考达到了常人难以企及的深度，并曾撰有数学专著《度数大全》一书。他说："中国的'勾股'就是西洋数学当中的微积分；而中国之所谓'方程'就是西方数学当中的比率。……'少广'就是西洋数学上的 Extension。所以译 Extension 为'少广'，以余之意，再恰当没有了。"①马相伯还对"天圆地方"的习惯性误解提出严厉批评，他说："就我研究中国数理的结果看来，深知道，此种说法，并非断定天是圆的，地是方的，而是用它来测算圆周的。……是因圆求方的法。"②

其三，关于中西求学方法的思考与探究。

从长年埋头于"八股"制艺到后来从事"西学"译介，徐光启深知理学末流的空谈之弊和西学的实学致用之功。他说："方今事势，实须真才，真才必须实学。"③对西方"格致穷理"之学至为推崇，指出：其"格物穷理之中，又复旁出一种象数之学。象数之学，大者为历法、为律吕；至于其他有形有质之物，有度有数之事，无不赖以为用，用之无不尽巧极妙者。"④在他看来，只要真正掌握了"度数之宗"——《几何原本》的数理及其思维方法，就如同掌握了能绣鸳鸯花的"金针"，可任凭你自由驰骋。他说："昔人云：'鸳鸯绣出从君看，不把金针度与人'，吾辈言几何之学，政与此异。因反其语曰：'金针度与从君用，未把鸳鸯绣与人'。"⑤徐光启指出，《几何原本》所内藏的形式逻辑之缜密思维不仅能够消除学者的"浮气"，更能够养成其"精心巧思""穷原极本"的探究精神。他说："今所求者，每遇一差，必寻其所以差之故；每用一法，必论其所以不差之故。……又须穷原极本，著为明白简易之说，使一览了然。"⑥与其"实学致用"的理念相契合，徐光启十分重视实物实测、实选实炼、实地实验等具体方法。在治历方面，徐光启反对主观武断，强调要随时实测，"至期用仪器测验，以定真正时刻"⑦。他自己也尝主动要求在"日照前登台实测"，以便"次日具本奏闻"⑧。在军事方面，徐光启明确指出："用兵之要，全在选练。……但选必实选，练必实练。"⑨在他看来，"选练一法，将欲使智勇才艺，人尽其长；工械技巧。物究其极，然后

① 朱维铮主编：《马相伯集》，复旦大学出版社 1996 年版，第 1082—1083 页。
② 朱维铮主编：《马相伯集》，复旦大学出版社 1996 年版，第 1127—1128 页。
③ 徐光启：《徐光启集》下册，上海古籍出版社 1984 年版，第 473 页。
④ 徐光启：《徐光启集》上册，上海古籍出版社 1984 年版，第 66 页。
⑤ 徐光启：《徐光启集》上册，上海古籍出版社 1984 年版，第 78 页。
⑥ 徐光启：《徐光启集》下册，上海古籍出版社 1984 年版，第 333 页。
⑦ 徐光启：《徐光启集》下册，上海古籍出版社 1984 年版，第 393 页。
⑧ 徐光启：《徐光启集》下册，上海古籍出版社 1984 年版，第 410 页。
⑨ 徐光启：《徐光启集》上册，上海古籍出版社 1984 年版，第 98 页。

可折劲敌之冲,保金汤之固"①。在农业种植方面,徐光启更热衷于异地实验培植,他在《甘薯疏序》中饶有兴致地写道:"有言闽越之利甘薯者,客莆田徐生为予三致其种,种之,生且蕃,略无异彼土,庶几哉橘逾淮弗为枳矣。"②其皇皇巨著《农政全书》中所言之水利、种植等农事活动,他都有过不同程度的亲试亲为,备受时贤赞誉。陈子龙在《农政全书》的"凡例"中称赞徐光启,"生平所学,博究天人,而皆主于实用。至于农事,尤所用心。盖以为生民率育之源,国家富强之本,故尝躬执耒耜之器,亲尝草木之味,随时采集,兼以访问,缀而成书"③。

与徐光启崇尚实学致用的思想相通,马相伯也特别反对清谈空虚,注重严密思维和科学实验。他对空谈大理而不实际研究的诸多"治国阶段"的理学家提出了尖锐批评,以理学家所言的"君心正则国治"为例,马相伯诘问道:"不知君心正以至于国治,中间要有多少治国阶段! 一个'则'字,谈何容易? 尚清谈,少实质。"④与之相反,马相伯对西方科学探究的分析、综合之严密思维深致赞赏,他说:"盖研穷事物者,探明其性其理也。事物之表里精粗,性理之浑沦蕴结,若但观其大概,断难烛照无遗。故非研以小心,剖以大力,一一分枝解节,先观其散,后会其通不可。"⑤在他看来,研究者的自主探究和理性反思乃是求知明理的关键,他说:"理悬于天地,而系于人心。故明理之功,贵寻思,贵紬绎,贵体味,贵反求,尤贵自难肯明辨,所谓思则得之,学乃有获也。……信乎记闻之学,以之为修辞犹可,以之为致知,则大不可。"⑥对中西求学方法的反差,马相伯直言不讳:"从学术的研究上讲,我国书生,埋头书本,尚纸上空谈。……欧西科学,重在实际,事事要试验成功!"⑦

综上所述,徐光启与马相伯堪称晚明第一次"西学东渐"及近代第二次"西学东渐"的弄潮儿,分别在国势赢弱的不同时代致力于中西文化教育会通的艰难探索。虽然他们对西方文化教育精神的认知与把握、对中国传统文化教育的评判与摄取,对中西文化教育会通的不同维度与着力点,都不可避免地带上了各自时代的烙印,并进而表现出某些微妙的思想差异;但同样作为天主教教徒的爱国教育家和思想家,他们都流淌着中华民族的血脉,有着"和而不同"的学术追求。其崇高的宗教信仰、独特的分析视角和深邃的学术见解,都为全球化背景下的当代中外文化教育交流留下了十分宝贵的精神财富,值得我们反复研讨、体悟与学习。

原载《学术界》2017 年第 6 期

---

① 徐光启:《徐光启集》下册,上海古籍出版社 1984 年版,第 118 页。
② 徐光启:《徐光启集》上册,上海古籍出版社 1984 年版,第 69 页。
③ 徐光启:《农政全书》上册,岳麓书社 2002 年版,"凡例"第 17—18 页。
④ 朱维铮主编:《马相伯集》,复旦大学出版社 1996 年版,第 1022 页。
⑤ 朱维铮主编:《马相伯集》,复旦大学出版社 1996 年版,第 675 页。
⑥ 朱维铮主编:《马相伯集》,复旦大学出版社 1996 年版,第 641 页。
⑦ 朱维铮主编:《马相伯集》,复旦大学出版社 1996 年版,第 566 页。

外国人眼中的晚清儿童教育

◎陈桃兰*

摘　要:晚清许多来华外国人在其著述中写下了许多关于儿童教育的内容。他们用中西比较的眼光对中国传统儿童教育中的教育目的、教育内容和教育方法等进行了批判,同时也描述了在西学影响下中国儿童教育发生的一些新变化。这些叙述不仅在中西教育文化交流中起过积极的作用,在儿童教育研究中也有重要价值。

关键词:外国人;晚清;儿童教育

清末,随着国门洞开,大量外国人来到中国,他们以异域人的眼光打量这个陌生、神秘的东方古老帝国,并写下了所见所闻。其中有许多关于中国儿童教育的描写与评论,内容涉及儿童观、儿童游戏、儿童的教育生活、乡村学校的办学状况、塾师的生存状态及晚清儿童教育的改革等各个方面,其中评述最多的是关于中国儿童教育的目的、内容和方法的内容,以及西学影响下中国儿童教育呈现的一些新变化。这些作者有的是生活在中国多年的传教士、外交官、教习、律师,也有的是短暂来中国的记者、旅行者。虽然这些记述受各种因素影响,含有许多误读,但其中不乏认真观察、深切体会,并具有洞察力的写作,对于解读晚清儿童教育有重要价值。

一、中西比较视野中的晚清传统儿童教育

通过对中国儿童及其生活的观察,外国人发现中国人有严重的性别歧视,"大多数中国人比较喜欢男孩"[①]。传统中国是一个"穿蓝袍"的国度,社会上几乎没有女性的生活空间,学校教育作为社会活动之一,自然也为男性所独享。男孩五六岁或更早就会被送入学校接受教育,女孩则在家学习做家务,有的则开始过饱受苦难的"童养媳"生活。晚清中国还处于封建社会,此时的西方诸国则已进入工业文明时代,从教育目的、教育内容到教育方法与封建时期相比都发生了翻天覆地的变化。看到与自己母国截然不同而且相对落后的中国传统儿童教育,他们自觉地运用比较的方式对其进行了多角度的描述与批判。

---

* 作者简介:陈桃兰,杭州师范大学教育学院副教授。

① 泰勒・何德兰、坎贝尔・布朗士:《孩提时代:两个传教士眼中的中国儿童生活》,王鸿涓译,金城出版社 2011 年版,第 19 页。

（一）以"做官"为导向的教育目的

在中国，读书为求仕禄的传统有着悠久的历史。自从孔子提出"学而优则仕"，读书就与做官发生了联系。科举取士制度的建立更为"学而优则仕"提供了制度保障。读书人求学为将来能做官，学校教育的目标亦是要为国家培养从政人才，中国古代教育是如此，晚清中国的儿童教育同样以此为旨归。"每个孩子的命运是压在自己的书包里的"，"学习成绩如何肯定决定着孩子的命运"。①

"读书做官"是中国儿童求学的"唯一"出路。在当时现代工业已得到一定发展的西方，受过教育的人有很多不同的出路，他可以任职各行各业，即使要从政也有多条升迁路径。而在当时的中国，"读书做官"似乎是他们唯一的出路。就如美国传教士何天爵说的："西方人读书不一定是为了做官，而所有那些东方的莘莘学子孜孜矻矻，皓首穷经追求学问的明确目的，就是为了做官。他们视做官为梦寐以求的终生职业。"②英国传教士麦高温也说："在西方，一个人可以通过多种途径成为杰出的一员或获得显赫的社会地位，如国会议员，或者在某个政府部门中担任主管，而这些职位都能使他在公众面前得以抛头露面。但在中国，这些途径狭窄得只剩下一条，即从学校教室里走出来的一条路。"③只要关注中国教育，传教士们都会注意到这一问题。他们发现"在中国，读书求学的一切动机和最高期望，就是要步入仕途。当每一名孩子由懵懂无知到渐谙人事而进入学堂时，他首先被灌输和想到的，便是读书做官，而所有父母在为孩子提供受教育的机会时，他们念兹在兹的，也不过如此"。可以说"'念书做官'是每一位中国为人父母者常常挂在口头的一句话。那是他们对孩子的殷殷希望，因而也是每个孩子所孜孜追求的目标"④。

"读书做官"的信念之所以在中国人心目中坚不可摧，是因为这种观念已延续千年，深入人心，成为中国传统文化中的重要部分。"中国人笃信教育。不论是高官或是平民，是富人或是穷人，他们对教育的看法都是绝对一致的。而且，如果不是因为家里太穷或是因为父母没有足够的权威迫使孩子去学习的话，孩子们是必须要去上学的。人们不必对这种观点的一致性感到奇怪。"⑤通过考察中国的传统文化可以发现："中国式的罗曼史和恋爱、作战一点关系都没有，一般都是围绕一个主人公忠于职守、少年成名直至当上大官的过程展开的"，读书人"'十年寒窗，一朝得志'，然后就可以荣归故里，还会给父老乡亲带来欣慰和荣耀"。⑥ 中国儿童正是自小背负着光宗耀祖的使命开启其求学之途的。

参加科举考试是中国读书人实现"读书做官"梦想的必经之途。相比西方由贵族世袭掌权的制度，中国的科举制度给外国人留下了难以磨灭的印象：各级官员"都是通过一套精心设计的严密规章制度从民间遴选产生。步入仕途的大门向所有的人敞开。每个

---

① 马克戈万：《尘埃：百年前一个俄国外交官眼中的中国》，脱启明译，时代文艺出版社2004年版，第61页。

② 何天爵：《真正的中国佬》，鞠方安译，中华书局2006年版，第183页。

③ 麦高温：《中国人生活的明与暗》，朱涛、倪静译，中华书局2006年版，第60页。

④ 何天爵：《真正的中国佬》，鞠方安译，中华书局2006年版，第191页。

⑤ 麦高温：《中国人生活的明与暗》，朱涛、倪静译，中华书局2006年版，第60页。

⑥ 泰勒·何德兰、坎贝尔·布朗士：《孩提时代：两个传教士眼中的中国儿童生活》，王鸿涓译，金城出版社2011年版，第129页。

乳臭未干的男孩子都可能是未来权倾朝野的执政大臣。但是,每个人都必须从最低的一级官阶向上攀登",朝廷中很多"元老重臣都是从饥寒交迫、落魄失意的贫民子弟出身,一步步出人头地,位极人臣"。[①] 虽然外国也有"许多出身贫寒的孩子成长为大人物的事例",但这种成功的概率没法与中国相比。对中国人来说,"要做出如同他们先人所做的辉煌业绩的大门是敞开的"[②]。上至百岁老人,下至几岁孩童,都可以借由科举考试实现读书做官的夙愿。通过受教育就有可能实现社会阶层的晋升,"通向由政府给予荣誉与金钱的正统之路",从而"使得驰骋于年青人头脑中的狂热野心得以最后实现"。[③] 这显然是一条通向幸福人生的途径,因此中国儿童从小立此志向,期望借助科举走向飞黄腾达也就在情理之中了。

功成名就的理想与期望成为激励儿童刻苦求学的强大动力。"做官"对一个孩子的影响有多大,我们可以从一些国人自传或回忆录中找到佐证。如曾任北京大学校长的蒋梦麟虽然觉得家塾的学习枯燥乏味,但是做官对儿时的他来说很有吸引力:有了功名,家庙就能悬挂一面金碧辉煌的匾额;中了举人,家庙前面还有高高的旗杆。做了县太爷更是威风凛凛,不仅手握大权,出门办案还能乘坐四人抬的大轿,前面有一对铜锣开道,所经之处,老百姓都得肃静回避。再一级一级往上升,当了大官还可以在北京皇宫里饮御赐香茗。这在年幼的蒋梦麟看来,是何等荣耀的事。于是对未来的美丽憧憬在他眼前一幕幕展开:"自己一天比一天神气,功名步步高升,中了秀才再中了举人,中了举人再中进士,终于有一天当了很大很大的官,比那位县知事要大得好多好多,身穿蟒袍,腰悬玉带,红缨帽上缀着大红顶子,胸前挂着长长的朝珠,显显赫赫地回到故乡,使村子里的人看得目瞪口呆。"[④]因此,当面临将来想从商还是想继续求学的选择时,他毫不犹豫地决定继续求学以完成科举及第、金榜题名的梦想。普通人可以通过教育就"在权力与荣耀的官阶上步步高升",这种对科举及第后的美好憧憬及各种榜样的鼓舞激励着儿童从小埋头苦读。

"受教育"与"做官"的联姻使"文字和文学的地位,完全与出身和财富的高低分离",无论贵贱"只有通过这个阶梯,才能得到官职、荣誉和薪水",[⑤]这种官员选拔的民主性使得学子们的付出有回报的可能。以"做官"为导向的儿童教育,从积极方面讲,它激励了无数儿童努力求学;并由此形成重学的社会传统:"孩子念书被中国人看得非常重,这比任何事情都重要,因此才会有这样的说法:'养儿不读书,不如养头猪!'"[⑥]尽管因生活的贫困,能真正走到科举考场的学生寥寥无几,但是人们对教育的普遍重视提升了国民的受教育水平。但是从消极方面来讲,读书的目的就是为了将来做官,使得教育的功利性过强,目标过于单一。学校教育只为科举考试做准备,容易忽视生活中一些实用性知识

① 何天爵:《真正的中国佬》,鞠方安译,中华书局 2006 年版,第 33 页。
② 何天爵:《真正的中国佬》,鞠方安译,中华书局 2006 年版,第 191—192 页。
③ 麦高温:《中国人生活的明与暗》,朱涛、倪静译,中华书局 2006 年版,第 60 页。
④ 蒋梦麟:《蒋梦麟自传:西潮·新潮》,华文出版社 2013 年版,第 47 页。
⑤ 伊莎贝拉·伯德:《1898:一个英国女人眼中的中国》,卓廉士、黄刚译,湖北人民出版社 2007 年版,第 208 页。
⑥ 泰勒·何德兰、坎贝尔·布朗士:《孩提时代:两个传教士眼中的中国儿童生活》,王鸿涓译,金城出版社 2011 年版,第 124 页。

的教学和生活能力的锻炼。学生一旦无法实现目标,不仅精神饱受打击,本身也将变得"一文不值"。科举落第的读书人"贫困总是与傲慢形影相随","他什么都没有,也什么事情都不能做",准确地说是受"士农工商"等级思想的影响,"他不愿意做任何事情"。① 受"读书做官"思想裹挟的中国儿童教育显然过于单一,在外国人看来:"把一个国家的整个教育方式限定在一条狭窄的思想道路上肯定是错误的,我们应该向孩子们开放人类知识的整个殿堂。"②

(二)以科举考试为标准的教育内容

中国的儿童启蒙教育与西方有很大的不同,外国人发现:"在老式的中国学堂里,学生是不学 ABC 的,但必须熟记课本上的每一个方块字。若是以后想要经商的孩子,家里就会雇个账房先生或伙计来教他算术,但这只是极个别情况。通常情况下,在学堂里读书的孩子不学算术、地理之类的科目。"③对于中国儿童来说,从小要学习的主要是识字、书写和儒家典籍,为将来参加科举考试做准备。

中国儿童使用的教材主要是《三字经》《百家姓》《千字文》,以及四书五经。"西方的教科书都是从孩子们的兴趣开始进行启蒙教育的。而国外的这种教育方法则被中国的大学者、大教育家认作是不成体统、非常荒谬的。所以,尽管中国孩子的年龄只有八九岁,但他们不得不从小就接受诸如伦理道德等复杂的概念与观点的教育。《三字经》就是这样一种启蒙教材。"孩子们从识字开始就被灌输"人之初,性本善"这样十分深奥的哲学思想。"本来,对于这个年龄段的孩子是应该进行讲趣闻、说故事的教育的,但是,在中国则变成了脱离童趣的陈腐理论教育。"《三字经》尚且如此深奥,其他教材就更是晦涩难懂了,"就是成年人也不见得理解其中的含义与要素,甚至是很有功底的学者也要毕生钻研才能弄懂一二",让一个小孩子去学习这些内容,"不仅不适合自己的年龄,还与实际生活、情趣相脱节"。④ 因此,这些教材在外国人看来,"也许是学生手中最枯燥、最陈腐、最古怪的东西了。书的作者恐怕从来就没有考虑过学生们的兴趣爱好"。"事实上,中国人总是为成年人着想,两千年来没有哪位作家为孩子们写过什么,没有任何一个时期的艺术家为了带给孩子们欢乐而拿起画笔,去描绘孩子们的生活,也没有一位学者提议编写一套易学、有趣的教科书。这些因素所导致的后果就是:全国所有学校用的都是同样的书,既没有画片,也没有图解。这些课本都印在那种又薄又脆的纸上,文字拥挤不堪,字迹模糊不清,纸质封面也容易折角,看上去极不雅观","书的内容因单调而显得死气沉沉,既缺幽默又少机智,它们最大的'功劳'似乎就在于从来不会在孩子们那活泼爱笑的脸上增加一点儿轻松"。⑤ 这样的课本显然是不适合儿童学习的。1875 年 7 月 6 日的《纽

① 明恩溥:《中国乡村生活》,午晴、唐军译,时事出版社 1998 年版,第 91 页。
② 郑曦原编:《帝国的回忆:〈纽约时报〉晚清观察记 1854—1911》,李方惠、胡书源、郑曦原译,当代中国出版社 2007 年版,第 93 页。
③ 泰勒·何德兰、坎贝尔·布朗士:《孩提时代:两个传教士眼中的中国儿童生活》,王鸿涓译,金城出版社 2011 年版,第 125 页。
④ 马克戈万:《尘埃:百年前一个俄国外交官眼中的中国》,脱启明译,时代文艺出版社 2004 年版,第 66—67 页。
⑤ 麦高温:《中国人生活的明与暗》,朱涛、倪静译,中华书局 2006 年版,第 66—67 页。

约时报》的一篇报道也说："当我发现这些小家伙们正朗读着的课本并不是什么儿童入门之类的书籍，而是大清国的经典文学著作时，其惊讶程度可想而知"，有人"正朗诵着孟夫子的作品"，有人"能背读清国著名学者所有著作中的大部分内容"。"请想象一下，在一个乡村学校阴暗潮湿的屋子里，孩子们正在读柏拉图、荷马等人的著作，并且还能凭记忆把它们背诵下来，如此你就不难明白清国人的教育方式了。"①可见，外国人对于中国儿童教育，无论是教材的编写形式还是学习内容的难易程度都颇有微词。游历各地的外国人发现，除了上文提到的经典教材，还有一些常见的儿童读本，如《孝经》《神童诗》《小学》《家训全书》等。不同的学校采用的读本不同，其中《孝经》普及很广，"其普及程度大大高于英国的《男孩周刊》(Boy's Own Paper)"，"其中的一些故事生动地反映了中国人的生活和品质"。② 总体来看，外国人认为中国儿童所使用的教材内容艰涩难懂，编写者忽视了儿童身心发展的特点，不适合儿童阅读和学习。

在儿童学习过程中，识字、写字、写诗、写文章与经典学习同时进行。外国人认为中国文字对儿童来说极其难学，孩子们在学堂里不得不花费大量的时间和精力来识字和写字。汉字不仅难以书写，读起来也非常复杂，尤其是那些同音异义字和字的音调，简直难以辨读。"每一个字都有其独立的意义"，只有学会每个字，你才能理解它的意义，否则无法读懂。中国的"象形文字"，至少"会使欧洲的学生望而生畏"。"中国的孩子只有经过4～5年的初级教育（主要是识字与写字）才能从头至尾地读懂一本普通的书籍。"③他们还指出：相比难读、难记、难写的汉字，汉语的语法要简单得多，"就像根本不存在一样"。任何汉字都可以随意组合表示意思，"其中的词汇好像随着岁月的流逝和长期的使用已被消磨得溜光圆滑，几乎可以随心所欲地让它们充当句子中的任何成分，并赋予它们所需要的词性。只要使用者喜欢，他可以随手拈来，让一个字充当名词、动词、副词或者形容词或者其他的任何辅助词性。时态、语气、人称、性和数在汉语中都不存在"④。其实汉字无论书写还是语法，都不比英文简单，发此感慨者估计对于中文还处于一知半解的状态，难以掌握其中的规律与学习要领。中国儿童经过一段时间的识字、习字教学后，开始学写文章、信函和诗歌等。练习写文章和诗是中国学堂里的主要功课。等学完四书五经，学会写文章、写诗后，就可以去参加科举考试了，天资聪颖的儿童一般能顺利考取功名。

儿童教育主要为参加科举考试做准备，事实上就是为了将来"当官"做准备，因而他们"接受教育的终极目标，并不是要将他们的大脑装满知识，而是要使他们循规蹈矩，服从统治和约束，同时也是为了净化他们的思想和感情，是为了'洗脑'"。这些知识是"掌握和统治国家的高官们所必备的前提条件"，其中"包含着大量无关紧要、毫无价值的糟粕"，实用的知识只有"星星点点的中国历史和传统习俗、支离破碎的地理知识"，⑤因此，

① 郑曦原编：《帝国的回忆：〈纽约时报〉晚清观察记 1854—1911》，李方惠、胡书源、郑曦原译，当代中国出版社2007 年版，第 93 页。

② 玛丽·伊莎贝拉·布莱森：《中国家庭中的儿童生活》，邹秀英译，国家图书馆出版社 2015 年版，第 42—43 页。

③ 马克戈万：《尘埃：百年前一个俄国外交官眼中的中国》，脱启明译，时代文艺出版社 2004 年版，第 69 页。

④ 何天爵：《真正的中国佬》，鞠方安译，中华书局 2006 年版，第 42 页。

⑤ 何天爵：《真正的中国佬》，鞠方安译，中华书局 2006 年版，第 195 页。

这样的教育内容与儿童的实际生活严重脱节。而学生从小就一心只读这些圣贤书,"很少有机会学习其他实际事务,更少处理什么事务"①,结果四体不勤、五谷不分,一旦将来无法高中,最好的去处就是当塾师。但就算是做了塾师,生活仍然贫困潦倒,而且因大量读书人赋闲,一职难求。"不切实用"的教育内容造就了许多"百无一用"的书生。

总之,中国儿童教育内容的选择以科举考试为准绳,脱离儿童生活,忽视儿童兴趣,相对于当时多学科发展的西方教育而言是显得落后了。但是外国人在不遗余力地批判儿童教育内容的同时,也对其中某些价值进行了肯定。虽然儿童教育中使用的教材看上去非常老旧,大都成书于几百年甚至几千年之前,但其中的很多内容,用以教育儿童完全没有过时,如教诲儿童要讲真话,听老师讲课要全神贯注,做学生要谦虚好学、不耻下问,等等。而且在这些教学内容中有完整地教导孩子从咿呀学语到成年过程中的每个年龄阶段该遵守的道德礼仪规范。经受传统教育的中国小孩大多看上去彬彬有礼,举止优雅,即使置身恶劣环境都能保持其礼仪与修养。"我们完全认可那些伦理道德说教的存在价值。"②"几乎很难使人相信,在哥伦布还没有发现美洲新大陆的三个半世纪之前,中国的学堂里就已经有了这样一本包含如此精深智慧内容的教科书。"③"中国教育的目的,就是从古代人那里吸取智慧,将其灌输到现代人的心里。"④1876年2月20日,发表于《纽约时报》的《"四书五经"维系着清国灵魂》一文也指出:"'四书'、'五经',不管用欧洲人的标准来评判它们的真正价值如何,'从其影响了千百万人的思维这方面来讲,它们都是独一无二和无与伦比的'。这些闪烁着东方智慧之灵光的典籍比我们基督教教义的范围更加宽泛,而且在统治人的思想方面更加享有绝对的权威,在东方世界确实远比其他任何宗教信仰更有效地指导着人类。"⑤四书五经的教育是中国人的"精魂所系",是中国教育的特点所在,正因为如此,中国的历代统治者才将"四书五经"作为教育中国人思想的最高规范。他们认为这些典籍对汉民族的性格、观念的形成有重要影响。

(三)以记忆为主的教育方法

晚清儿童的教育方法与西方有着很大的差异,如西方人一般是从"猫""狗"之类的词开始他们的学习的,但这种方法在中国学者看来是太幼稚了,因而是不可取的。中国人采取的教学方法是让八九岁的孩子去读一本写有深奥伦理观点的书——《三字经》,由此开始他们的学习生涯。"想想一个十岁的英国孩子吧:在轻松的小故事和展现在面前的美丽图画中度过学校里的一天",而中国的孩子却不得不讨论一些深奥而抽象的问题。⑥内容如此难懂,教学的方法却非常简单。学完《三字经》,学《百家姓》《千字文》,再学四书五经。虽然书一本接着一本,但"其学习方法几乎是不变的",就是"一本一本地存进读书

① 明恩溥:《中国乡村生活》,午晴、唐军译,时事出版社1998年版,第89页。
② 何天爵:《真正的中国佬》,鞠方安译,中华书局2006年版,第195页
③ 何天爵:《真正的中国佬》,鞠方安译,中华书局2006年版,第193页
④ 明恩溥:《中国乡村生活》,午晴、唐军译,时事出版社1998年版,第88页。
⑤ 郑曦原编:《帝国的回忆:〈纽约时报〉晚清观察记1854—1911》,李方惠、胡书源、郑曦原译,当代中国出版社2007年版,第100页。
⑥ 麦高温:《中国人生活的明与暗》,朱涛、倪静译,中华书局2006年版,第66页。

人的肚子里(假定为知识材料吸收之处),如果有人给他提供半句线索,他能随时从记忆库中抽取出与之相对应的部分"。① "中国男孩只是在那里如鹦鹉学舌一样重复先生所教的课文,照葫芦画瓢般地摹写字帖上的字,而对它们的意思却知之甚少。"② 这些教育方法,在外国人看来都不适合儿童的个性特征,不利于他们的学习和发展。

首先,"学习时间太长",③ 使得儿童失去了很多活动与休息的时间,既不符合儿童活泼好动的个性,也不利于儿童的健康成长。因为要把一些超乎自己理解能力的内容记住,儿童必须花费大量的时间和精力。麦高温记录了中国学生一天的作息:早晨六点钟左右小孩子就背着书包走进教室,"老师已经在那儿等他们了,他满脸严肃,好像从来就没有学过如何微笑。孩子们得学到八点钟才能回家吃早饭。一小时后,他们又必须回来,坐在各自的高木凳上,摇头晃脑地高声诵读几百年前的古文,一直念到中午才再次被放回去吃午饭。孩子们用筷子把碗里的米饭草草地扒进嘴里,再咽下遭虫害的圆白菜和在煎锅里弄得黑乎乎的让人反胃的蜗牛、蛞蝓,随后他们又一次回到凳子上,继续上午的朗读过程。等到夜幕降临,高高的榕树下和教室里都变得昏暗起来,书中的字迹也难以分辨。没有了阳光,孩子们已无法与那些细小的文字做游戏了,该是放学的时候了! 回家以后,孩子们吃过晚饭也就该睡觉了"④。"学校几乎没有用于孩子们做体育、玩耍的课间休息",就算要去解手,也"只能得到一两分钟的自由,而且每次只能允许一个人"。⑤ 让一个个活泼好动的小孩从清晨到薄暮都端端正正地坐在那里读书、背诵,在外国人看来简直不可思议。儿童正是长身体的时候,长期静坐,忽视身体锻炼,不利于他们的健康成长,难怪读书人看上去一个个羸弱不堪。如果兄弟俩一个被父母送去学校读书,一个在家务农,若干年后则会被发现:"他的兄弟可以在整个酷热的七月光着头锄地,但如果他这样暴露在太阳底下,很快就会头痛;他的兄弟可以整天精力充沛地工作,但如果他被强迫干同样的工作,他很快就会吐血。"⑥

其次,反复地要求儿童读、记、背,这显然"不利于培养孩子们的学习兴趣"。儿童初入学校学习识字的时候,"几年中只学习发音,没有一点儿新鲜思想灌输给学生,使他们的智慧得以增长"⑦。识字本既无故事,也无插图,教师只会一遍遍地重复,让儿童不断地跟读,"强迫他的学生背书,再背书,永无休止地背书"⑧。具体的教学过程是怎样的呢? "刚入学时,孩子首先要站在老师的桌子前,听老师念《三字经》的第一行,一直到他完全懂了为止。然后,他就回到自己的座位上,开始不断地大声朗读。如果有人不记得哪个

① 明恩溥:《中国乡村生活》,午晴、唐军译,时事出版社 1998 年版,第 82 页。
② 玛丽·伊莎贝拉·布莱森:《中国家庭中的儿童生活》,邹秀英译,国家图书馆出版社 2015 年版,第 38 页。
③ 麦高温:《中国人生活的明与暗》,朱涛、倪静译,中华书局 2006 年版,第 68 页。
④ 麦高温:《中国人生活的明与暗》,朱涛、倪静译,中华书局 2006 年版,第 68—69 页。
⑤ 马克戈万:《尘埃:百年前一个俄国外交官眼中的中国》,脱启明译,时代文艺出版社 2004 年版,第 70 页。
⑥ 明恩溥:《中国乡村生活》,午晴、唐军译,时事出版社 1998 年版,第 89 页。
⑦ 麦高温:《中国人生活的明与暗》,朱涛、倪静译,中华书局 2006 年版,第 69 页。
⑧ 明恩溥:《中国乡村生活》,午晴、唐军译,时事出版社 1998 年版,第 101 页。

字怎么念,那么他就会再次走到老师的桌子前,向老师请教。不过,他并不能经常去。"①
"大声诵读"是孩子们在学校里主要的学习方式,老师需要通过朗读声来确认学生有没有
走神,学生需要大声朗读来记住教材的内容。那朗读声"震耳欲聋","一家机器轰鸣的工
厂或者热气腾腾的锅炉房同中国的教室相比,便立刻成了死气沉沉的教区墓地"。② 在学
生们大声诵读的过程中,如果老师突然"考班上的哪个人,那个人就需要转过脸去,手拿
着书、背对着先生,大声背诵,这是为了防止不老实的学生在背诵时偷看"③。识字、大声
朗读、背诵,这是儿童学习的固定程式,很容易想象这是多么无聊与沉闷。虽然在教学过
程中,教师有一定的讲解,如在教识字的时候老师不见得能把每个字的来历都说清楚,但
"一般情况下,教师需要把生字的称谓及产生的大体时代说给学生,并且还要讲解同一个
字的古代及现代的意义与用法"④。这种讲解在外国人看来,对于儿童来说也是非常枯燥
与无聊的,儿童得花很多时间把老师讲的强记下来。在讲解经典内容时,外国人同样觉
得中国教师讲解的方式极不合理,他们"更多的是注意自己展露知识的技巧,而不是将知
识传授给学生"。"每个句子都适合做一篇考试的作文",特别不适合年幼学生的理解,
"超出了他们能力范围"。⑤ 可见,在教学中教师无视儿童的兴趣和认知水平,只顾自己传
授知识,这样的学习经历对学生而言无疑是痛苦的,很多学生由此产生厌学情绪。也难
怪近代很多经历私塾教育的作家都把上学比做"坐牢",把学校比喻成"监狱"了。

再次,机械的教学方法势必会消磨儿童的创造力。在学习过程中"学生的注意力全
部集中在两件事上:一是以书本上的前后顺序重述所有的文字;二是尽量以最快的速度
背诵下来。然而,意义和表达则完全被忽视了,因为中国的学生没有在心中理解这些文
字所表达的思想。他唯一关心的就是背诵"⑥。教师们让儿童长时间地大声朗读、背诵不
经过理解、思考的内容,在外国人看来,这种方法"第能使人长记性,鲜能令人长心思"⑦。
长此以往,儿童的想象力、创造力会被逐渐抹杀,形成对教材的依赖而无法进行独立思
考。中国人被认为是世界上最聪明的人,但是两千多年来,中国人只知道死记硬背,接受
着一种鹦鹉学舌式的机械教育。仅仅把一些简单的词句硬塞进一个人的脑袋里,这绝对
算不上是最好的教育方法。人的大脑除了记忆之外还有别的更重要的功能,"把教育模
式限制在如此狭窄的道路上,致使人的心智就像清国妇女的小脚一样被挤压而萎缩。而
清国男人们心智的发展也被抑制在孔夫子时代的古老水平"⑧。

此外,儿童天性活泼好动,要让他们长年累月地静坐读记,显然不是靠简单的说教办

---

① 泰勒・何德兰、坎贝尔・布朗士:《孩提时代:两个传教士眼中的中国儿童生活》,王鸿涓译,金城出版社 2011
年版,第 125 页。

② 何天爵:《真正的中国佬》,鞠方安译,中华书局 2006 年版,第 199 页。

③ 泰勒・何德兰、坎贝尔・布朗士:《孩提时代:两个传教士眼中的中国儿童生活》,王鸿涓译,金城出版社 2011
年版,第 126 页。

④ 马戈戈万:《尘埃:百年前一个俄国外交官眼中的中国》,脱启明译,时代文艺出版社 2004 年版,第 69 页。

⑤ 明恩溥:《中国乡村生活》,午晴、唐军译,时事出版社 1998 年版,第 84 页。

⑥ 明恩溥:《中国乡村生活》,午晴、唐军译,时事出版社 1998 年版,第 79 页。

⑦ 李天纲编:《万国公报文选》,中西书局 2012 年版,第 207 页。

⑧ 郑曦原编:《帝国的回忆:〈纽约时报〉晚清观察记 1854—1911》,李方惠、胡书源、郑曦原译,当代中国出版社
2007 年版,第 94 页。

得到的,在教学过程中批评、惩罚是常用的手段。作为儿童启蒙教材的《三字经》就明确说,"养不教,父之过;教不严,师之惰",教师严厉地管教儿童被视为是理所当然的事。"戒尺总是摆在教师的桌子上","学生所犯的最臭名昭著的过错,莫过于总是不能在指定的时间内完成他的功课。由于这种错误,他总是要受到惩罚,经常是挨上几百板子。通常,坏学生或笨学生几乎每天都可能受惩罚,有时满身都是挨打的伤痕"。① 还有一种惩罚是罚跪,"受罚者要当着全体同学的面跪在教师面前,并且要挺直腰板,目力集中。罚跪时,还要准确无误地回答教师的提问"②。面对严厉的惩罚,很多学生恐惧到逃学,父母则会利用各种方法劝孩子回到学校,"反正老师定下的规矩是绝对要遵守的"。在中国老师看来,惩罚"是唯一能达到目标的途径","学习的课程,学习的方法,以及学生的能力,都是固定的量,唯一可变的是学生可被劝说或督促的勤奋程度。因此,典型的中国教师有时是个完完全全的文化暴君"。③ 中国"天地君亲师"的传统观念,使得教师有较高的社会地位。教师在学生面前有绝对的权威,学生对教师只有服从,不敢违抗,即使受到批评、惩罚,虽然内心怨恨,却也习以为常。严厉的惩罚逐渐养成孩子顺从的品性,以及对权威的迷信与崇拜心理,不利于儿童丰富个性的形成。

儿童教育方法简单、粗暴,但也不是一无是处。外国人也承认,这种教育至少完成了以下使命:"教授阅读和写作,培养锻炼并强化记忆力。可以说,通过这一体制培养造就的中国学生都具有惊人的记忆力,决非世界上任何其他民族所能比拟。"④而且在教育过程中,教学也是由浅入深,循序渐进的。如儿童入学后,先学会认字,进行课文背诵,然后开始学习书写。写字的时候首先要学习怎么握笔,然后开始描红,再过一段时间开始学写文章、信函。在学习过程中,写作比较难,所以学生们一般要学好几年。因材施教、举一反三、循序渐进等是孔子时代就倡导的教学方法,也被后人所传承。这些教学方法不论在东方还是西方,不论是在古代还是现在,都依然是行之有效的教育方法。

中国儿童教育从总体上来说,无论是教育目标、内容还是方法,都显得有些陈旧落后、机械单调,这种教育模式严重"禁锢了人们的自由思维空间,限制了人们的思维表达方式,并且倾向于压制人们的心理活动和创造性"⑤,阻碍了儿童个性的发展。长此以往会逐渐养成儿童因循守旧、墨守成规的性格,不愿意接受新事物。以中国士人为例,如果有任何其他知识的小舟敢于向他们靠近的话,他们就会咆哮不止;他们仇恨外国人,反对电报、铁路以及一切新鲜的东西;他们阅读的经典著作是孔夫子时代创作的,世界历史或人类思想、智慧的发展史,以及所有事物发展和学问的来源一切最本质的东西,就在那个时刻停顿下来。通过这样的教育内容培养出来的中国读书人或官员,喜欢寻章摘句,堆砌辞藻,引用一些久已为人们所遗忘的字词以故作高深,卖弄学问,一直在不断地咀嚼

---

① 明恩溥:《中国乡村生活》,午晴、唐军译,时事出版社1998年版,第77页。
② 马克戈万:《尘埃:百年前一个俄国外交官眼中的中国》,脱启明译,时代文艺出版社2004年版,第70页。
③ 明恩溥:《中国乡村生活》,午晴、唐军译,时事出版社1998年版,第77—78页。
④ 何天爵:《真正的中国佬》,鞠方安译,中华书局2006年版,第195—196页。
⑤ 郑曦原编:《帝国的回忆:〈纽约时报〉晚清观察记1854—1911》,李方惠、胡书源、郑曦原译,当代中国出版社2007年版,第104页。

着那几块干骨头,都是一些"没有知识的知识分子"。受过传统教育的中国人,就连形成一种科学观念和理性思维所必需的初步知识都没有,知识的缺陷使他们难以理解那些入侵的外国人及其文化。"把人的知识来源限定在这些古代经典大师们的身上,是大清国教育制度最大的弊端。"①显然,这种"教育体制容易使人的精神麻木不仁,教师成了机器,学生成了应声虫"②。在批判中国传统儿童教育的同时,晚清来华外国人在中国重教的文化传统中及聪明好学的中国儿童身上看到了中国振兴的希望:"中国的孩子们都特别喜欢学习,将来他们一定有机会让他们的国家再次扬名世界。"③

二、西学影响下晚清儿童教育的改革

晚清是中国儿童教育从传统向现代逐步转型的时期。尤其是 1905 年以后,在中国持续了一千多年的科举制度被废除了,各类新式学校在全国范围内兴办。当时的外国人是这样描述这个转变的:"全国各地都建立了国立学校,学校里挤满了求学的少年。他们接触到了西方思想的奥妙,与此同时,过去中国人从不了解的大陆现在也开始呈现在他们的面前,使他们吃惊地睁大了眼睛","一个新的历史纪元开始了"。④ 这些新创办的学校无论在培养目标、教育内容和教学方法上都与传统学校有显著差别,外国人在著述中描写了其中的一些新变化。

新旧学校有着显著差别。中国传统学校往往设施简陋,"大都是由几所又破又脏的大房子组成","教室里好像长年没有打扫过,地面满是灰尘"。四壁没有图片、地图之类的装饰,而是厚厚的烟灰。墙面上到处是学生们随意甩上去的墨汁,门框、窗格、墙角……都是成片的蜘蛛网。⑤ 新建立的学校,设备比以前丰富了许多,除了上课的教室,很多学校都增设了图书馆、手工训练室、体育馆和实验室等。"教学楼既高大又新潮,校园很气派,车道和人行道都保养良好。"⑥新式学校由中国人按照西方模式进行管理,许多学校的学生都有统一的制服,上课采用班级的形式授课。教授的课程也比原来增加了很多,除了"教授中国的古典文学",还开设了多门课程,包括英语课程。但是面对新式的课程与教学,学生似乎反应有些"冷淡",他们"对所授学科的反应比美国学生弱得多"⑦,不愿提问,对教师和课本有一种盲目的遵从。看来,办学形式上的"新"容易做到,人的观念的更新则需要更长的时间。当然各地办学条件有较大差异,很多乡村学校都是由旧式学校改造而成的,但至少在教育目标、内容、方法上已与传统学校迥异,是依照西方学校办

---

① 郑曦原编:《帝国的回忆:〈纽约时报〉晚清观察记 1854—1911》,李方惠、胡书源、郑曦原译,当代中国出版社 2007 年版,第 93 页。

② 明恩溥:《中国乡村生活》,午晴、唐军译,时事出版社 1998 年版,第 102 页。

③ 泰勒·何德兰、坎贝尔·布朗士:《孩提时代:两个传教士眼中的中国儿童生活》,王鸿涓译,金城出版社 2011 年版,第 129 页。

④ 麦高温:《中国人生活的明与暗》,朱涛、倪静译,中华书局 2006 年版,第 45 页。

⑤ 马克万夫:《尘埃:百年前一个俄国外交官眼中的中国》,脱启明译,时代文艺出版社 2004 年版,第 62 页。

⑥ 萨拉·康格:《北京信札——特别是关于慈禧太后和中国妇女》,沈春蕾等译,南京出版社 2006 年版,第 280 页。

⑦ E. A. 罗斯:《变化中的中国人》,公茂虹、张皓译,台湾花神出版社 2005 年版,第 306 页。

理的新式学堂。除了"正统"学校之外,一些专业学校也先后开办。如有人为贫困的街头流浪者尤其是小孩创办了工业学堂,有制造景泰蓝、家具、毯子、马车等的不同部门,希望学生通过学得一技之长将来可以自食其力。

幼儿园作为一种新式的儿童教育启蒙机构,在中国很快就流行起来。"小家伙们喜欢按时唱歌、比赛。他们的小手指在沙子上,可以堆个山、岛之类的东西,心灵手巧。通常,老师用彩球或石头弹子教孩子们数数。在图画课上,老师先会在黑板上画一幅画,然后再给他们讲解。他们的眼睛就专注地盯着黑板,认真地听讲。在幼儿园里,老师可以充分调动孩子的耳朵、眼睛、手、足,读书、写字、地理、算术都由乏味的功课变成了轻松愉快的游戏。这都要归功于那些仙女般的幼儿园老师。"放假前,"家长们会和孩子们一起看比赛和表演。家长们摇着彩旗,听自己的孩子唱劳动歌曲或一字不落地背诵,就会感到特别自豪"①。幼儿园采用西方的教育内容和教学模式,受到中国家长的欢迎。很多地方,政府无力顾及、承办这样的教育机构,家长们就自发捐钱,为学校盖楼或培训教师,学前教育得到了一定发展。

除了国人自办的学校,还有国外教会团体办的学校。教会学校是晚清在中国出现的新生事物,从获取中国人的信任到得到中国人的友谊,再到慢慢吸引中国的儿童入教会学校学习,经历了很长一段时间。教会团体描述了教会教育办学中遭遇的一些困难,如一位传教士在上海召开的教育同盟会议上发言:"清国毫无同情心地钳制着现代教育的新兴运动,使得我们的理念和方式与之一遍遍地发生着冲撞。"这些传教士认为"中体西用"的文化价值观,使得他们在中国学校的影响力变得非常有限,只有扭转这种不利局面,外国的教会教育、传教事业才能得到发展。在这些著述中他们还反复强调了教会学校为中国儿童教育所做的贡献,如收容、教育被遗弃的女童,教育贫穷子弟,并向他们传播福音等。教会学校还为中国儿童提供了相对宽泛的学习内容:除了中文学习,还学习《圣经》《基督教问答手册》《男孩经典》等。当然,他们对中国儿童在教会学校的优异表现也进行了毫不吝啬的赞美,认为中国儿童"有非凡的记忆力。如果被放在与英国孩子相同的环境下学习同样的功课,他们会大大超过大多数英国儿童。他们中的大多数人从不把背诵几个章节当回事儿,甚至整本福音书也不在话下"②。但从传教士关于教会教育的描写中,我们可以明显看出,传教是教会学校的主要目的,教育只是传教的重要手段。在《中国家庭中的儿童生活》一书中,就明确提到:"我们一直在努力培养既精通学问,又通晓基督教义的综合人才。"③美国传教士狄考文也曾明确表达过在中国开办教会学校,培养中国学生的目的:教会学校的真正目的和作用并不单在传教,使学生受洗入教。而是要给入教的学生以智慧和道德的训练,使学生能成为社会上和教会里有势力的人物,成为一般人民的教师和领袖。④ 尽管如此,教会教育在晚清儿童教育中起到了重要的补充

① 泰勒·何德兰、坎贝尔·布朗士:《孩提时代:两个传教士眼中的中国儿童生活》,王鸿涓译,金城出版社 2011 年版,第 128—129 页。

② 玛丽·伊莎贝拉·布莱森:《中国家庭中的儿童生活》,邹秀英译,国家图书馆出版社 2015 年版,第 127 页。

③ 玛丽·伊莎贝拉·布莱森:《中国家庭中的儿童生活》,邹秀英译,国家图书馆出版社 2015 年版,第 127 页。

④ 陈学恂主编:《中国近代教育史教学参考资料》(下册),人民教育出版社 2000 年版,第 14 页。

作用,弥补了中国儿童教育的某些不足。

晚清时女童也开始走入学堂,虽然人数极少,而且中国本土的女子在学校建立前入读的主要是教会学校。传教士发现:"让女孩子来上学要比让男孩子来上学困难得多,但如果她们能来,并能不缺课,我们发现她们会和那些男孩子一样聪明。"[①]她们在教会学校除了像男孩一样学习《圣经》《基督教问答手册》外,还学习做各种各样的家务活,学习"如何缝制自己的衣服、读书、写字和记账"[②]。这些学校的存在,在一定程度上改变了中国传统教育中男性独享学校教育权利的状况,也为20世纪前后中国本土女学的兴办提供了示范。这些受过新式教育的知识女性,其命运也发生了不同于传统女性的改变。在教会女学毕业的女学生,或者到女子医院学习,成为医生或护士,或者到幼儿园当老师,开始自食其力。尤其是在清末兴办女学的热潮中,大量女子学校的建立使得"受过教育的女性有了用武之地,教会学校女毕业生成了教师、护士甚至校长"[③]。"过去不准女儿受教育的父亲"看到因受教育获得的优厚薪水,心里也逐渐消除了顾虑,更多的家长开始允许女儿入学校受教育,女子教育得到了迅速发展。

中国儿童教育在晚清出现了一些不同于传统教育的变化,晚清教育改革尤其是科举制度的废除有力地促进了儿童教育的发展。对于晚清教育改革,外国人是这么评价的:"在英国和其他地方,似乎都有这样一种概括性的印象,清国最终挣脱了被捆绑了好几个世纪的桎梏,踏上了'改革'之途。至少在教育问题上,经过'全心全意'的深思熟虑之后,清国人确信,西学是使大清帝国继续生存和走向繁荣的根本之道。"然而,清末皇帝虽然下诏进行教育改革,但"所谓的'教育改革'……其实根本没有一种明确的教育方案,可被用来作为改革的基础"[④]。很多学校徒具学校的特征,但既没有学校的规模,也没有课程制定上的具体建议,"有关管理与指导这些学校的相关规定更是无从找到;并且,这些教育机构的财务需求也无法得到及时供应"。"到目前为止,还没有制定培养本国教师的规划,没有预备好统一的课本。"地方官员对教育改革也"兴趣索然,更把它视为要求他们投入巨大开支的一种学生负担,无法指望他们以积极节省开支来更多地投资于教育"[⑤]。评论指出了晚清儿童教育的不全面和不彻底性。儿童教育的改革是一项长期的工程,旧的传统与积习不可能立马被抛弃或隔绝,再加上晚清教育财政的匮乏、人才的不足,都会影响到教育改革的力度和效度。不管如何,外国著述中指出的这些问题在当时确实存在,我们要正视并努力去解决这些问题,改革才能取得根本成效。

三、结　语

我们从外国人对晚清儿童教育的描述中可以看出两种倾向:一种是以西方中心主义

① 玛丽·伊莎贝拉·布莱森:《中国家庭中的儿童生活》,邹秀英译,国家图书馆出版社2015年版,第131页。
② 玛丽·伊莎贝拉·布莱森:《中国家庭中的儿童生活》,邹秀英译,国家图书馆出版社2015年版,第168页。
③ E. A. 罗斯:《变化中的中国人》,公茂虹、张皓译,台湾花神出版社2005年版,第153页。
④ 方激编译:《帝国的回忆:〈泰晤士报〉晚清改革观察记》,重庆出版社2014年版,第53页。
⑤ 方激编译:《帝国的回忆:〈泰晤士报〉晚清改革观察记》,重庆出版社2014年版,第54—55页。

为主的倾向,他们以居高临下的目光、鄙夷的心态,对儿童教育中的落后现象进行了嘲笑式的描写。在这样的描写中难免有片面与偏颇之处。另一种则以博爱、济世的情怀,同情的笔触,甚至赞赏的口吻对中国儿童教育中一些有价值的东西进行了肯定,并尝试对某些问题进行文化省察。正如法国天主教传教士古伯察说的:"在中国同像在其他各地一样,好与坏、恶与善杂处五方,当注意力集中在某一边时,你既可以有机会讽刺,也可以有机会称赞,这取决于你的注意力在哪一边。"①因而,从这些对儿童教育褒贬不一的描述中进行历史的解读,需要我们保持客观的态度和立场。但不管哪种倾向,在这些著述中既有直观描述,也有批评论述,还往往配有与文字相应的图照加以佐证,使得晚清儿童教育的形象跃然纸上。也正是视角的多变与不同,为我们呈献了晚清儿童教育的丰富形象和不同侧面。这些记述不仅有重要的历史意义,也有一定的现实价值。

一方面,这些著述向外国读者介绍中国儿童及其教育的状况,有利于世界了解更真实的中国。英国传教士坎贝尔·布朗士在写作《中国儿童》时曾说:"我写这本书的目的,正是希望可以和你们一起远游,可以带你们到千里之外的中国,到那迷人的'孩儿谷'。"②英国传教士的夫人玛丽·伊莎贝拉·布莱森在写作《中国家庭中的儿童生活》时也谈到其目的是让英国人"了解这片土地上成长的儿童。因为你们一旦对他们幼时的教养与情况有所了解,也就会很清楚他们日后会成长为怎样的男人和女人"③。受语言、风俗习惯差异,交通以及长期的闭关锁国政策影响,西方世界对于中国了解不多,就如美国传教士何天爵说的:"西方的人们总是对中国的一切事物容易产生误会和曲解,这已成为一条规律。"④如1872年清政府派遣幼童赴美留学,当儿童抵达旧金山时,《纽约时报》对此事进行了报道,报道中称这些儿童都是"很勤奋和优秀的小姐"⑤,事实上当初被派遣的儿童中并没有女童,这是不了解当时我国的文化传统和教育实况所致。很多人认为中国是一个"不开化的国家",中国人愚昧、迷信,儿童阅读的典籍都是千百年前的古人写就的,陈腐无用。但是,如果能认真仔细地阅读一下中国的文化典籍,就会惊奇地发现这些典籍中"包含着大量精美的金玉良言、高尚的伦理道德,以及一整套相当完整的价值规范评判体系。可以说,这些东西完全可以拿来培养和教育西方的孩子们"⑥。外国人听闻中国虐婴、弃婴、杀婴等事时有发生,并断定中国人凶残、不喜欢孩子,成人对待儿童必然是态度冷漠、严肃且无情的。但在中国生活多年的外国人通过仔细观察发现在中国家庭中儿童经常被当"小皇帝"一样宠爱,不管他是生活在茅屋里,还是长在皇宫里,虽然这种宠爱带

① E.R.古伯察:《中华帝国纪行:在大清国最富传奇色彩的历险》(上),张子清、王雪飞、冯冬译,南京出版社2006年版,第48—49页。

② 泰勒·何德兰、坎贝尔·布朗士:《孩提时代:两个传教士眼中的中国儿童生活》,王鸿涓译,金城出版社2011年版,第112页。

③ 玛丽·伊莎贝拉·布莱森:《中国家庭中的儿童生活》,邹秀英译,国家图书馆出版社2015年版,第5页。

④ 何天爵:《真正的中国佬》,鞠方安译,中华书局2006年版,第19页。

⑤ 郑曦原编:《帝国的回忆:〈纽约时报〉晚清观察记1854—1911》,李方惠、胡书源、郑曦原译,当代中国出版社2007年版,第90页。

⑥ 何天爵:《真正的中国佬》,鞠方安译,中华书局2006年版,第191页。

着严重的性别偏见。① 中国儿童看起来像是小大人,穿着同大人一样的衣服,遵循着和大人一样的礼仪与规矩,活脱脱是一个缩小版的成人。但走近儿童才会发现他们的生活丰富多彩:玩游戏、唱儿歌、养鸟、玩蟋蟀、养金鱼、赶庙会、放风筝,不一而足。孩子们"一起学习,一起玩耍;有一样的发型;穿一样的衣服,但他们的生活仍然非常有趣"②。如果把单调乏味的成年人生活比作一条蜿蜒盘旋在小山丘中的荒芜小道,孩子们的生活则是走在这条小道上意外看到的"五颜六色的花园"③。1909 年萨拉·派克·康格在出版前言中写道:"为了纠正四处泛滥的关于中国及其人民的错误看法和观点,我出版了这些家书","衷心地希望理解的光芒能驱散无知的黑暗,向我们揭示出真正的中国,真正的中国人民"。④ 这些作者站在西方人的角度,记录了他们在中国的所见、所闻、所感,而且这些作品大多以游记、日记、书信与报道等普通民众乐于接受的艺术形式呈现,有利于修正西方人心目中对中国儿童形象的塑造及对儿童教育的想象。当然,这些作品中也存在一些失实的写作,如 1867 年 8 月 4 日,《纽约时报》发表文章向美国人介绍中国教育的情况。报道发自香港:教育在清国的普及程度与英国不相上下。那些生活在清国社会底层的苦力都能读和写,普通的民办私塾遍及清国的每个角落。政府还出资为穷人办免费的公学,每个城市都有数不清的为富人办的私立学堂。⑤ 无独有偶,很多著述中都盛赞晚清学校的普及程度,认为"学校几乎遍布大清帝国的每座城市和每个乡村。教育受到公众广泛而普遍的重视"⑥。或许这里记录了他们见到的某些地方的教育盛况,但对照晚清儿童教育实况,这些叙述似乎有夸大之嫌。西方人对晚清儿童教育的描述,难免有片面或者扭曲之处,我们要结合史料进行辨别。总之,他们的某些偏见,会使没有机会来中国的西方人对中国儿童及儿童教育形成一些错误的印象,他们的见证和良知也会很有说服力地纠正其中的某些偏见。但不管如何,这些著作的出版与传播促进了中西文化的沟通与交流。

另一方面,这些著述无论是对中国儿童教育问题的反思与改革,还是对中国儿童教育史的研究,都有一定的价值。这些外国人大多从中西对比的角度进行观察和记述,通过比较或许可以更清楚地看到中西教育的差异和差距,可以为中国教育的改革和新教育的创办提供参考。其中反映的一些问题曾经在历史上引起过国人的重视,有些问题甚至至今仍令人深思。这些著作当时在国外发表或出版时,国人一般无法亲阅,但外国人在参观、考察中国儿童教育时必然会与国人进行交流,在交流过程中,不排除有建议被中国

① 泰勒·何德兰、坎贝尔·布朗士:《孩提时代:两个传教士眼中的中国儿童生活》,王鸿涓译,金城出版社 2011 年版,第 21 页。
② 泰勒·何德兰、坎贝尔·布朗士:《孩提时代:两个传教士眼中的中国儿童生活》,王鸿涓译,金城出版社 2011 年版,第 29 页。
③ 泰勒·何德兰、坎贝尔·布朗士:《孩提时代:两个传教士眼中的中国儿童生活》,王鸿涓译,金城出版社 2011 年版,第 112 页。
④ 萨拉·康格:《北京信札——特别是关于慈禧太后和中国妇女》,沈春蕾等译,南京出版社 2006 年版,第 1—2 页。
⑤ 郑曦原编:《帝国的回忆:〈纽约时报〉晚清观察记 1854—1911》,李方惠、胡书源、郑曦原译,当代中国出版社 2007 年版,第 89 页。
⑥ 何天爵:《真正的中国佬》,鞠方安译,中华书局 2006 年版,第 197 页。

人采纳的可能。萨拉·康格于 1898 年跟随任美国驻北京公使的丈夫来中国，在一次觐见慈禧太后的过程中曾与太后谈起参观当地学堂的见闻，认为这么聪明的孩子将会成为中国的一股力量，并提议："如果清朝最有才华的少年既能接受国外教育，又能接受国内教育，这样不就使他们能理解和接受新兴的思想观念吗？"慈禧深表赞同。1902 年 2 月 1 日，慈禧太后颁发懿旨："我朝的外交关系至关重要。现值朝邦维新图强之际，更需广纳贤能。倘留洋之士，致力师夷邦科技之长技，方有望多育人才，稍应我朝人才之急。"因感八旗子弟教育未开化，尚无留学先例，要求宗室之中，遴选"品德纯良、天资聪颖、体格健全"的子弟，"资以生活所需，遣送海外游学，以利师夷长技，广闻博识，为我大清培养人才，效力朝廷"。① 萨拉·康格猜想懿旨与她们的谈话之间或许有些关联。这些著作出版以后，其价值不断受到国人的重视，鲁迅即是其中之一。1936 年 10 月 5 日，鲁迅在半月刊《中流》发表《"立此存照"（三）》，文中希望有人翻译明恩溥（Arthur Henderson Smith）所著的 *Chinese Characteristics*（现译《中国人的性格》或《中国人的特性》）。"看了这些，而自省，分析，明白那几点说的对，变革，挣扎，自做工夫，却不求别人的原谅和称赞，来证明究竟怎样的是中国人。"②这种态度应是我们阅读这些作品的正确态度。21 世纪前后，国人开始把这些著述集成各类丛书陆续出版，认为它们"能够为国人提供审视中国近代历史的另一视角，为学界提供更为丰富的第一手历史资料"③。这些著作中有些关于晚清儿童教育的叙述内容或许是中国正史不曾记载的史料，有助于我们发现更真实的历史；有些描写则体现了一些国人"习焉不察"的特点，可以使人警醒，有助于我们反思当前的儿童教育问题。

综上所述，这些中西比较视野中的晚清儿童教育描写，有重要的历史和现实意义。当然，我们在阅读这些著述的时候，要学会鉴别与分析。当美国传教士明恩溥在准备写《中国人的特性》时，曾受到广泛的质疑，人们认为他没有足够的资格来写这本书：一个人在中国生活了 22 年，并"不能证明他就有资格来撰写一部关于中国人特性的专著。中国幅员辽阔，各地状况千差万别，一个连她一半以上的省份都未到过而只在其两个省份呆过的人，当然就没有资格对她整个的情况进行概括、评论"④。这种质疑有一定的道理，正如英国诗人艾略特说的："中国是一面镜子，你只能看到镜中的自己，永远也看不到镜子的另一面——中国。"一个土生土长的中国人都不见得能真正了解中国，何况这些来自异域的过客。在关于晚清儿童教育的著述中，确实有不少以偏概全的描写与论述。但是，就算是这些分散、零乱的甚至是主观、片面的叙述，也同样蕴含着丰富的史料，为我们提供了另一种解读中国儿童教育的视角，丰富了我们关于晚清儿童教育的想象，因此其价值不容忽视。

① 萨拉·康格：《北京信札——特别是关于慈禧太后和中国妇女》，沈春蕾等译，南京出版社 2006 年版，第 207—209 页。
② 鲁迅：《鲁迅全集》第 10 卷，人民文学出版社 2014 年版，第 132 页。
③ 玛丽·伊莎贝拉·布莱森：《中国家庭中的儿童生活》，邹秀英译，国家图书馆出版社 2015 年版，第 2 页。
④ 明恩溥：《中国人的特性》，匡雁鹏译，光明日报出版社 1998 年版，第 3 页。

论近代国人赴海外教育考察(1876—1937)

◎于书娟　毋慧君*

摘　要:本文从近代国人赴海外教育考察的缘起和目的谈起,并运用定量研究方法,从不同维度出发,对近代国人赴海外教育考察进行量化分析。从考察时间来看,自1898年起,考察几乎没有中断过,期间出现了两次赴海外考察高潮;考察发起者主要以官方为主,民间为辅,两者各有千秋;考察目的地国由最初的日本,到之后的走向全球;考察主题逐渐丰富、顺时而变;考察成员构成越来越多元化、专业化,女性也参与到了教育考察中;考察成果及其发表方式呈现出化繁为简、及时便捷的特点;考察成效由浅入深、趋于成熟。对这些特点的把握,有助于我们深刻理解近代国人赴海外教育考察的历史意义与当代价值。

关键词:近代;教育考察;教育交流

随着中外教育交流史领域的不断拓宽,相关研究成果层出不穷。教育考察作为中外教育交流的一部分,国内外学者对其已经有了很多的探索。在对教育考察原始资料的收集和整理方面,王宝平主编、吕顺长编著的《晚清中国人日本考察记集成·教育考察记》中共收录晚清时期中国人赴日的教育考察日记26篇,具有很高的史料价值。另外,田正平教授的《论民国时期的中外人士教育考察——以1912年至1937年为中心》《"寻病源"与"读方书"——〈黄炎培考察教育日记〉阅读札记》,分别从整体研究和个案研究方面为我们提供了很好的借鉴。而其他研究大部分都运用了传统的文献资料法、个案研究法等,着重于对教育考察事件的梳理或者对考察日记、考察报告的分析等。

基于以上研究的不足之处,本文运用了新的研究方法,即将目前搜集到的教育考察相关内容,运用定量研究的方法进行量化处理,让数据说话,从而分析出近代国人赴海外教育考察的总体特点。并以此为基础,找出教育考察对近代社会的意义,以及对当代社会的价值。

　　* 作者简介:于书娟,江南大学人文学院副教授;毋慧君,江南大学人文学院硕士研究生。基金项目:2015年教育部人文社科青年基金项目"史学转型进程中的教育史学理论与方法研究"(15YJC880113)。

一、近代国人赴海外教育考察概况

(一)关于"教育考察"的概念解读

由现有资料来看,学界对教育考察并没有明确的定义,明确提出概念辨析的仅有王贺的硕士论文。作者本人对教育考察做出了界定,认为"教育考察是指一国考察人员对本国或其他国家的教育状况进行检查和察看。教育考察也是教育交流的过程"①。

大家都在谈教育考察,笔者在中国知网中搜到的有关教育考察的学术论文有 100 多篇,却几乎无人来界定这一概念。该现象的出现,可能有以下几方面的原因。一是因为这一概念并非新概念,早在 1912 年,便有王朝阳的《日本师范教育考察记》出版,之后又多次出现"教育考察"一词,如俞子夷的《欧美教育考察中之报告》、任诚的《欧美教育考察记》、孟宪章的《欧美教育考察记》、邓梅羹的《日本教育考察记》以及由程其保、杨廉、郭有守、李熙谋和厉家祥组成的"赴欧教育考察团"等。二是认为教育考察即为考察教育,两者可以画等号。《现代汉语词典》中关于"考察"的解释是:"实地观察调查;细致深刻地观察。"②所以,教育考察可以理解为对教育进行实地观察调查。

基于此,笔者总结了现有资料,发现学术论文中讨论的教育考察,是以考察本国或他国教育状况为目的并在成果中展示自己的考察情况。所以,本文中讨论的教育考察均以此为标准。

(二)近代国人赴海外教育考察的缘起

任何新生事物的发展都是一个不断完善的过程,国人赴海外教育考察亦是如此,是一个由无意识走向有意识的过程。1853 年,罗森随美国舰队前往日本商谈立约之事,并将见闻刊发。在《日本日记》中,罗森记载了日本取士之方及所读之书,"予问其国取士之方,称说文、武、艺、身、言皆取,而诗不以举官。所读者亦以孔孟之书,而诸子百家亦复不少。所谓读书而称士者,皆佩双剑,殆尚文而兼尚武欤"③?

罗森的记载是偶然的,内容也很少。而在 1898 年维新变法之前,像罗森这样偶然间得到教育信息并记录在册的还有很多,如斌椿、王韬、李圭、黎庶昌、曾纪泽等等。这些官员和学者有幸去到国外,偶然间参观了一些教育机构或了解到一些教育情况,记录了只言片语。这样的事件显然不能称之为教育考察。

通过整理现有资料,笔者发现,学界目前并没有对近代首位赴海外进行教育考察的国人进行准确定位。吕顺长教授在其博士论文《清末中日教育交流之研究》中将清末中国人的日本教育考察以甲午战争为界分为两个阶段,并将黄遵宪之前的中日交流以见闻

---

① 王贺:《赴美教育考察报告对"壬戌学制"的影响研究》,辽宁师范大学硕士学位论文,2013 年,第 5 页。
② 中国社会科学院语言研究所词典编辑室编:《现代汉语词典》第 7 版,商务印书馆 2016 年版,第 732 页。
③ 罗森等:《日本日记·甲午以前日本游记五种·扶桑日记·日本杂事诗[广注]》,岳麓书社 1985 年版,第 37 页。

浅陋排除①，故认为 1877 年清政府派驻日本公使何如璋、参赞黄遵宪，即为近代第一批赴日教育考察的中国人。而在此之前，首位驻英法大使郭嵩焘在欧期间，参观学校、考察教育制度、课程设置等等，在《伦敦与巴黎日记》中有多处记载。所以，笔者认为郭嵩焘在英法的教育考察是近代国人赴海外教育考察之嚆矢。

（三）近代国人赴海外教育考察的目的

近代中国是以战争这种非正常的方式参与到国际交流中的，整个近代百年，国家几乎被战争充斥，国运飘零，社会动荡，民族危机日益加深。有识之士将目光投向教育，教育救国思潮影响了近代中国近百年，这也是国人前赴后继到国外考察教育的最终目的。然而，不同时期或不同群体对教育考察目的的理解又存在些许差异。

张之洞等洋务派大员认为"中国不贫于财而贫于人才"②，"维持世道，首赖人材，人材之成，必由学术"③，遂多次派员出国考察教育。在张之洞看来，职官"出洋游历，分门考察，遇事咨询，师人之长，补己之短，用以开广见闻，增长学识，则实属有益无弊"④。可见张之洞更侧重于教育考察对人才培养的重要性。

湖南师大熊娉婷的硕士论文《中国驻西方公使的海外考察（1876—1894）》认为，清廷赋予了驻外公使一项特殊任务，即了解外情。⑤ 而晚清第一位驻外公使郭嵩焘在英、法期间，参观各类学校，了解西方教育制度、课程设置、教学设施、教学方法等，在其《伦敦与巴黎日记》中便有关于西方教育考察的记述。他非常重视教育对发展洋务的作用，在与巴兰德谈及如何促进中国洋务发展时，他说："一切新政，皆鼓舞百姓为之。其源尤在学校，学校章程必应变通。"⑥由此可以看出，郭嵩焘除了了解外情之外，还触摸到了更深层的东西。

张之洞、郭嵩焘等大臣对考察目的的理解反映了晚清时期清政府维护其自身统治的需要。而进入中华民国以后，教育专业人士赴海外考察明显增多，包括教育家、中学校教师等，他们更多地从发展教育本身的角度来理解考察教育，考察目的更为具体详细，或为办学校，或为发展近代教育。从田正平教授绘制的表格中，我们可以发现，考察目的已经细化为对某一方面教育的考察⑦，如张伯苓、蔡元培等为倡办南开大学或改革北京大学等原因赴欧美考察高等教育；黄炎培对职业教育的考察；胡元倓对华侨教育的考察；等等。民国时期的报纸杂志中亦有关于考察目的的报道，如教育部派员赴日时提出"凡关于中小学校设备规制以及教科书管理训练方法，并各详悉调查"⑧；教育部"派主事杨维新调查

① 吕顺长：《清末中日教育交流之研究》，浙江大学博士学位论文，2007 年，第 9—10 页。
② 苑书义、孙华峰、李秉新主编：《张之洞全集》第二册，河北人民出版社 1998 年版，第 1394 页。
③ 朱有瓛主编：《中国近代学制史料·第一辑》下册，华东师范大学出版社 1986 年版，第 392 页。
④ 苑书义、孙华峰、李秉新主编：《张之洞全集》第三册，河北人民出版社 1998 年版，第 1593 页。
⑤ 熊娉婷：《中国驻西方公使的海外考察（1876—1894）》，湖南师范大学硕士学位论文，2004 年，第 6 页。
⑥ 郭嵩焘：《伦敦与巴黎日记》，岳麓书社 1984 年版，第 739 页。
⑦ 田正平：《论民国时期的中外人士教育考察——以 1912 年至 1937 年为中心》，《社会科学战线》2004 年第 3 期。
⑧ 《七月二十五日教育部饬委游历员考察日本学校》，《教育杂志》1914 年第 6 期。

欧洲战后教育情形"①。

二、近代国人赴海外教育考察活动分析

笔者通过对大量现代书籍、现代期刊、近代报刊等资料的梳理，共整理出近代有记载的国人赴海外教育考察110批次。虽然近代国人赴海外教育考察活动不知凡几，但以笔者掌握的资料来看，这110批次的教育考察活动还是能反映出近代国人赴海外教育考察的一些特点的。所以，该部分将以此为依据，从考察时间、考察发起者、考察国别、考察主题、考察成员、考察成果及其发表方式、考察成效等相关维度进行分析，试图发现近代国人赴海外教育考察的一些特点，及形成这些特点的原因。

(一)考察时间:连续不断,高潮迭起

本文所研究的时间段为1876年至1937年。1937年7月7日抗日战争全面爆发，对国人赴海外教育考察造成了严重影响。就笔者目前搜集到的资料来看，1937年后有关国人赴海外教育考察的记载仅有一次，即1946年的《电影与播音》月刊刊载了"教育部派杜维涛赴美考察"的报道②，故对于这一时段暂不做研究。

笔者将整理的110批次的教育考察，按照考察者的出发时间进行统计，得出了如下的折线图（见图1）。虽不能完全准确代表当时的考察情况，却能反映出考察的总体趋势或大概走向。

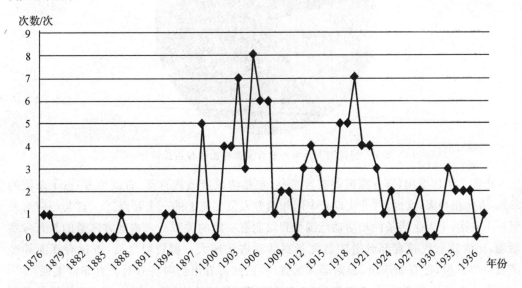

图1 近代国人赴海外教育考察次数统计

由图1可以看出，1898年维新变法之前，国人赴海外教育考察仅有寥寥数次，屈指可

---

① 《通知派主事杨维新调查欧洲战后教育情形(七年十二月十日)》,《教育公报》1919年第2期。
② 《教育部派杜维涛赴美考察》,《电影与播音》1946年第8—9期。

数,但此后教育考察逐渐活跃起来。而令人欣慰的是,1898 年至 1937 年这 40 年间,国人赴海外教育考察几乎没有中断过,说明虽然国人赴海外教育考察萌芽较晚,但是国人一直重视对国外优秀教育的学习。

此外,国人赴海外教育考察于 1901 年进入第一次大高潮,1905 年的考察次数多达 8 次。因为时值"清末新政"推行,其中的重要内容就有废科举、办学堂和倡留学等。教育的革新需要借鉴国外的成熟经验,国人纷纷出国进行教育考察乃顺应潮流之举。第二次小高潮则始于 1912 年,持续到 1922 年,其中于 1919 年达到高峰,考察次数多达 7 次。因为时值中华民国成立,"新文化运动"兴起,国人渴望用西方教育来挽救羸弱的中国,这体现了出国考察教育乃国家形势所迫。

(二)考察发起者或派出单位:官方民间,各有千秋

按照考察发起者或派出单位来分类,近代国人赴海外教育考察可以分为官方和民间两种。在此基础上,笔者将这两大类再次细分为五类,即清政府或教育部、省或地方、学校、社会团体和个人,并进行次数统计,从而形成了下面的饼图(见图 2)。

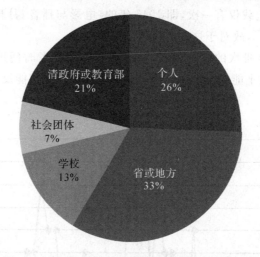

图 2 近代国人赴海外教育考察派出单位占比统计

由图 2 可以看出,官方派遣的教育考察(包括清政府或教育部、省或地方)占了总数的 59%,占比相当大,这也是"近代以来中国和西方人员交流上的一个特点"[1]。这与当时对外贸易不发达,个人生活条件和活动范围受到限制有一定的关系。省或地方派遣的教育考察活动,比清政府或教育部派遣的教育考察活动占比还大。据资料来看,不仅有江浙等经济发达的省份,还有如四川、云南等偏远省份,由此可看出当时各省对教育非常重视。

个人自愿出洋考察教育占比 21%,民间派遣(包括学校、社会团体、个人)的教育考察活动,占比达到 41%,这说明国人逐渐有了出洋考察教育的意识及能力。而民间派遣的教育考察从少到多的变化趋势,也与国家政策的鼓励、官方派遣的引导、有识之士对教育

---

① 钟叔河:《走向世界:近代中国知识分子考察西方的历史》,中华书局 1985 年版,第 61 页。

的关注等因素有关。

(三)考察国别：以日为师，走向全球

通过对近代国人赴海外教育考察目的地国的统计，笔者发现在不同时期，考察者对考察目的地国的选择存在着明显的差异，且考察目的地国的选择，以维新变法和辛亥革命为转折点，可划分为三个不同时期：洋务运动时期、维新变法之后辛亥革命之前、辛亥革命之后。考察目的地国几乎遍布全球，主要集中在欧洲诸国、美国、日本等。笔者将不同时期考察者对不同国家的考察次数进行统计(见图3)。

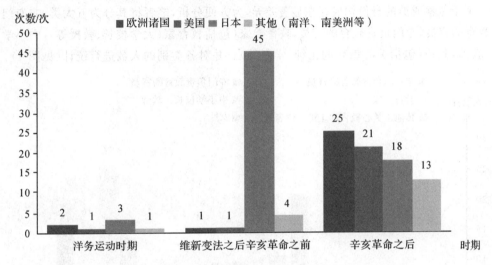

图3 近代国人赴海外教育考察目的地国次数统计

由图3可以很清楚地看出，洋务运动时期，教育考察次数较少，目的地国呈现分散趋势。这是由于清政府在这一时期刚刚开始向欧、美、日等派遣外交使臣，虽然清政府谕令各大使考察各国国情，但由于只有极少数外交大使较为重视教育，对其所在国教育进行了考察并记录在册，其他外交大使或者没有考察教育，或者仅是偶然记录，所以不能算作教育考察。这就出现了考察目的地国较为分散的情况。

维新变法之后，则出现了以日本为考察重心的情况。1894年至1895年的甲午中日战争，清政府大败，洋务运动随之破产。国内有识之士在痛心之余，看到了日本自1868年明治维新后将近30年间的迅速崛起，遂提倡变法图强，呼吁向日本学习。再则，日本距离中国近，近代教育已成体系，师范教育、女子教育等已十分发达，民间人士赴日的费用比赴欧大大节省，如1917年贾丰臻率学校教员、学生30余人赴日本东京参观学校，"期约三周，费仅千"[1]。于是便出现了国人赴日考察的大高潮。

辛亥革命之后，欧美各国一跃成为新宠，国人赴欧美教育考察次数在这一时期大幅增加，而对其他洲的考察也明显增加，尤其是对南洋诸国的华侨教育的考察。欧洲诸国一直以来都是教育强国，这一时期对欧洲的教育考察多为了解战后欧洲各国的教育情

---

① 贾丰臻：《参观日本东京学校笔记》，《教育杂志》1917年第8期。

况。而国人赴美教育考察则源于 1908 年美国国会同意退还中国"庚子赔款"中的超支部分,但须以中国向美国派遣留学生为退还方式,于是出现了国人留美高潮。在这些留美学生中涌现出的一批优秀学者、科学家、教育家等,使国人意识到美国教育的发达。另外,"当时风靡世界各地的杜威的实用主义教育理论和欧美各国如火如荼开展的'新教育运动'、'进步主义教育运动',无疑为正在寻求出路的中国教育界展现出新的曙光"①。所以,中国终于在经历了长达 10 多年的以日为师后,将视线转向了遥远的西方。

(四)考察成员:身份多样,女性参与

由于考察成员的身份构成存在显著差异,为方便分析,笔者将其分为五大类:非专门负责教育的官员,专门负责教育的官员,教育专家(包括教育家、大学校长、教授等),中小学校长、教师,其他(包括关心教育的士绅、学者等)。并对各类别的人数进行统计(见图 4)。

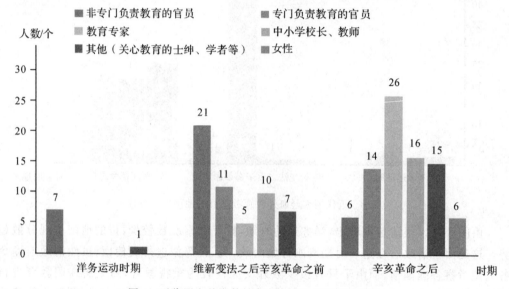

图 4　近代国人赴海外教育考察成员身份构成统计

从图 4 中我们可以看出,洋务运动时期,考察成员的身份构成非常简单,由非专门负责教育的官员和关心教育的士绅组成,以官员为主导,这是由于该时期出洋的国人以外交使臣为主。据笔者统计,这些外交使臣中,进行了教育考察并有考察材料留存的仅有 7 人,其中有 3 人是属于洋务派的大臣,另有 2 人甚至参与了维新变法,属于资产阶级改良主义者,而属于保守派的仅有 1 人。这些外交官员在国内时已开始关注洋务,到国外后更是亲身感受到了先进的教育对国家发展的重要性,故十分注重对所在国教育的考察。

维新变法之后辛亥革命之前这一时期,出现了新的考察成员群体,呈现多元化的趋势。中小学校长、教师这类考察成员群体的出现,说明赴海外进行教育考察的范围扩大了,由制定教育政策的官员扩展到了承担教育教学的一线教员,这是近代国人赴海外教

① 田正平:《论民国时期的中外人士教育考察——以 1912 年至 1937 年为中心》,《社会科学战线》2004 年第 3 期。

育考察的一大进步。这些一线教员到国外亲身体验先进的教育理念、方法、实践等,对其教育理念、教学实践的转变有很大的帮助。

辛亥革命以后,官员的派遣多以专门负责教育的官员为主,所以非专门负责教育的官员人数骤减,而其他类别的人数均有所增加,尤其是教育专家,如陈宝泉、郭秉文、张伯苓、蔡元培等,说明考察成员有了更强的专业性和更高的学术地位,但也不排除辛亥革命之前在中国的教育体系中高等教育薄弱这一原因。

据笔者对现有资料的统计,该时期的考察成员中有6名女性,包括北京女子师范学校学监主任胡周辉、留美学生胡彬夏、南洋女子英专高才生胡美伦、西摩路智仁勇女校校长徐任懿、教育家俞庆棠、江苏省立苏州女子师范校长陈淑。笔者认为,曾经赴海外考察教育的女性应该还有很多,只是困于资料限制,尚未发现。女性参与赴海外教育考察可以说是教育考察的一大突破,说明该时期女性已经可以代表国家进行对外交流,足以证明该时期女性教育的发展和女性地位的提高。

另外,就现有资料来看,考察成员中有两位少数民族学者,他们对一些伊斯兰国家的教育进行了考察,并在国内创建回文师范学堂、伊斯兰师范学校等,对我国少数民族教育做出了较大贡献。

(五)考察主题:逐渐丰富,顺时而变

通过对考察主题的整理,可以很明显地发现,不同时期考察者对教育的关注点不同,考察内容呈现出明显的差异及时代特点。笔者将考察较多的主题进行统计,分为基础教育、师范教育、女子教育、高等教育、职业教育和华侨教育六大类。

由图5可以看出,洋务运动时期能够归入以上6种类别的考察仅有4批次,这是由于该时期是教育考察的萌芽期,外交使臣在考察国外政治、经济等其他项目的时候,顺带考

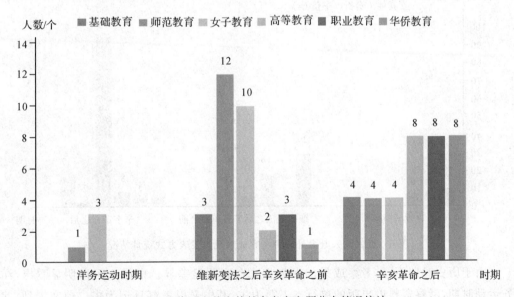

图5　近代国人赴海外教育考察主题分布情况统计

察了教育,所以大部分教育考察以介绍性质的论述为主,如论述国外的学校设置、国外教育的一般状况等,仅有一小部分涉及了师范教育和女子教育。

维新变法之后辛亥革命之前这段时期,考察者们则转向了对日本的师范教育、女子教育等的考察。日本在明治维新时,对教育进行了深度改革,仿照欧美迅速在全国建立了近代教育制度,师范教育在之后的 10 余年发展迅速,师范教育的发展带动了女子教育的发展。而中国国内的状况与明治维新之前的日本颇为相似,教育救国、强国保种等思潮充斥着中国社会,大批国人怀揣着教育报国的热情东渡日本,考察师范教育、女子教育等。

辛亥革命之后,考察主题出现了新的特点,高等教育、职业教育、华侨教育等成为热点。由于该时期教育专家成为考察成员的主体,如陈宝泉、郭秉文、张伯苓、蔡元培等这些教育家,他们身处高校,于是出国考察的重点则为欧美国家的高等教育。又由于当时中国民族资本主义工商业的迅速发展,要求国内拥有相配套的职业教育,于是像黄炎培、李熙谋等教育界人士,张振勋、聂云台等实业界人士纷纷到美国、日本、菲律宾等国考察职业教育。对华侨教育的考察在清末虽只是显露端倪,但这一时期黄炎培、胡元倓等人在南洋的考察却切实推动了当地及国内华侨教育的发展。

(六)考察成果及其发表方式:化繁为简,及时便捷

目前,笔者共整理出考察资料(包括考察日记、考察报告、演讲记录等)共 225 本(篇),其中能归入各批次考察活动的有 202 本(篇),未能找到其归属的有 23 篇。根据这些考察资料的不同发表方式,笔者对其进行了整理和统计(见图6)。

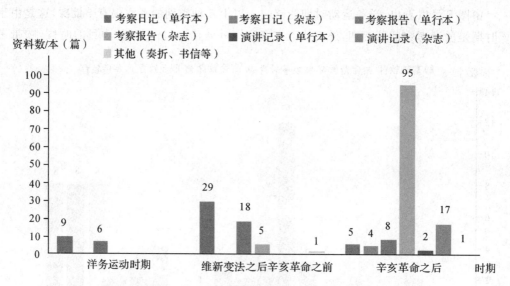

图 6 近代国人赴海外教育考察成果及其发表方式统计情况

由于历史时期不同,考察成果的发表方式存在明显差异。由图6可以明显看出,洋务运动时期,考察资料以出版的单行本书籍为主,其中又以考察日记为主。前文提到,此时出国者甚少,以那些有机会出国的外交官员为主,而"历届出使大臣遴选高才之员出洋

差遣,籍资阅历,各国政教风俗与农商矿各种制度、学问,课以日记,归为拜献之资,本系奏定章程"[1]。所以,他们多将自己的考察活动以日记形式记录下来,以备了解洋务之用,这些考察日记的发表同时也起到了广开社会风气的作用。

而这一时期之所以会出现 6 部考察报告,则与傅云龙有关。1887 年,清政府为向美洲派遣游历官而举行考试,"云龙列名第一,奏派游历"[2]。此后,完成游历图经及余纪 6 部,可谓当时国内考察日本、美洲之详细报告。

维新变法之后,虽然单行本的考察日记仍占主流,却也显露出一些其他特点。考察报告的出版量急剧增加,是洋务运动时期的 3 倍之多。其中以单行本的考察报告为主,而报刊刊载的考察报告则实现了 0 的突破,实现了从无到有的转变。由于该时期地方政府派遣的考察活动明显增加,而考察者大多需要向这些地方大员提交自己的考察报告,所以导致了考察报告数量的明显增加。

辛亥革命之后,报刊则成为考察者发布其考察成果的主要阵地。除此之外,演讲成为考察者宣传其考察成果的又一重要方式。报刊与书籍相比,具有出版周期短、流通速度快、传播范围广、更新快等不可替代的特点,加之此时国内各种报刊盛行,知名的报刊比单行本书籍更利于考察成果的宣传。除此之外,这一时期国外教育日新月异,有时考察者人在国外,也可通过与杂志社通信发表其考察成果,故报刊的省时、便捷且传播效果好等特点,使其迅速超越书籍,成为发表考察报告的主体方式。

而演讲则是这一时期出现的新方式,演讲者往往是教育专家,面向的群体则为教育界人士、学校学生等,媒体往往将其演讲词记录并发表。演讲具有一定的随意性,有时并未能将其考察的事项谈得面面俱到,但与报刊相比,演讲时观众能看到考察者的容貌,听到考察者的声音,甚至从其面部表情、声音变化感受到考察者的心情,这些比文字更具有震撼力。

(七)考察成效:由浅入深,趋于成熟

通过对近代国人赴海外教育考察活动的整理与分析,笔者发现,不同时期的考察成效不甚相同,考察成效由浅入深的发展过程,正显示了考察活动由萌芽到成熟的发展历程。

洋务运动时期,国人赴海外的教育考察处于萌芽阶段。翻检洋务运动时期的考察日记可以看出,基本上都是百科全书式的考察记录,并且考察内容浮于表面,尚未深化。许多考察者回国后,受国内局势的影响,自己期望发展新式教育的愿望并未能付诸实践,郭嵩焘的《使西纪程》曾一度被列为禁书长达十九年。所以,此时的考察成效甚微,仅仅是使国人了解到国外教育的一般情况罢了。

而甲午中日战争之后,国家陷入了空前的民族危机,学习日本的学制,创办新式学校、培养新式人才成为热点。罗振玉、吴汝纶等对日本的教育考察,间接影响了《奏定学

---

① 沈云龙主编:《近代中国史料丛刊(345) 光绪政要》,台湾文海出版社 1966 年版,第 1472 页。
② 罗森等:《日本日记·甲午以前日本游记五种·扶桑日记·日本杂事诗[广注]》,岳麓书社 1985 年版,第 192 页。

堂章程》的制定,而朱绶、严修、张謇、袁希涛等赴日考察回国后,或自己创办新式学堂,或影响了多所新式学堂的创建。总之,这些考察活动直接或间接地影响了国家的教育改革,推动了国家教育的近代化转型。

辛亥革命之后,除了对国外学制、办学方式的借鉴,还增加了对国外教育思想、教育方法等的引入,使国内的教育体系趋于完整。这种特点的出现,与这一时期教育专家、学校教师等群体对国外教育的考察有关。教育专家与国外教育家进行沟通交流,了解国外最新的教育思想与国外流行的教学方法,而中小学教师则更侧重于对教学方法、教学实践的细致考察,以期运用到自身的教学中去。

三、近代国人赴海外教育考察的历史意义与当代价值

近代国人赴海外教育考察不是一蹴而就的,而是由政府与民间共同完成的,是由小到大慢慢发展起来的。近代百年,深重的民族危机笼罩着中华民族,国人为寻挽救之方将希望由国内转向国外。近代国人赴海外教育考察对当时社会具有重要意义,同时对当今教育也有非常大的借鉴价值。

(一)定期派员赴海外考察教育,了解最新教育实践

由于信息闭塞,近代国人对中国之外的地方知之甚少。而当西方几乎已经普及义务教育的时候,我国依然在采用科举取士,教育的差距可见一斑。所以,当国人有了出国考察教育的意识并有机会亲自考察后,对西方教育才逐渐开始有了切身体会,并真正意识到中外教育的差距。而这些闻所未闻的新内容,给国人的思想带来的冲击可想而知,但也正是这些阵痛,才使国人获得了思想解放。由此可知,近代国人赴海外教育考察,为国内带来了新思想。

而在晚清时期,《学务纲要》就已经规定了"各省办理学堂员绅宜先派出洋考察"①。这些考察回国的官员,思想有了明显的改观,这对他们办理教育事务是极其有益的。从整个近代的教育考察成效来看,教育考察对国家教育政策的制定、学校的设置、先进教育理念和教育方法的宣传都有积极的作用。

(二)选择不同层次的考察人员,推动教育全面发展

近代以来,除了政府向国外派员进行教育考察之外,士绅学者们也逐渐意识到了教育对国家发展、民族未来的重要性,纷纷到国外寻求教育救国之法。尤其是中小学校长、教师对国外先进的教学方法、教学模式等的考察借鉴,推动了我国教育的发展。随着出国人数逐渐增多,国人对西方教育的了解也越来越系统、越来越具体,从而促进了我国教育的近代化转型。

从近代不同时期的考察成员构成及考察成果的比对可以看出,考察人员的选择十分

---

① 朱有瓛主编:《中国近代学制史料·第二辑》上册,华东师范大学出版社 1987 年版,第 81 页。

重要。田正平教授在谈到民国时期到国外考察的人员构成时也指出,民国时期的考察人员与晚清时期相比,拥有更高的学术、社会地位与学术素养,这就"更有利于在国内宣传、介绍、推广他们在国外获得的新理念、新经验、新方法;更有利于在国外的考察中接触最新的学术思想、了解教育发展的最新态势、与考察国高层人物进行直接的对话"[①]。因此,在选择考察人员时,应该选派具有较强专业性的人员,从而保证考察内容更具体、更深入。

而在专业的基础上,还应选派不同层次的人员。对照民国时期国人赴海外教育考察的考察者类别,我们可以将考察人员划分为:教育官员、高校领导干部、高校教师、中小学校长及管理人员、中小学教师等。而就目前我国的情况来看,教育部主要侧重于选派教育官员、高校领导干部、高校教师赴海外考察,无论是频率、规模还是资金投入,都明显优于其他层次的考察人员。而中小学校长、教师等赴海外考察的资金来源,则主要以地方或其所在单位组织并出资资助为主。但是,仅仅发展高等教育是不够的,我国基础教育弊端逐渐显露,中小学校园中各种冲突频发,适当选派基础教育人员赴海外交流考察,从基层改革基础教育,不失为解决基础教育诸多问题的良药。

(三)加大教育培训费预算比例,增强中外教育交流

除了向海外派遣留学生,近代国人赴海外教育考察也是近代中外教育交流中很重要的一部分,而在此之前,不论是战争还是传教,大多是外国人到中国的交流活动。国人到国外考察各类学校设置、学制、图书馆等教育场馆的建设情况等,将先进的教育理念、教育方法、教育形式介绍到中国,促进了近代中国教育的发展。这种赴海外教育考察是国人主动与世界其他地方交往的活动,这就使得中国与世界的联系更加紧密,中国与世界交流的内容更加丰富,促进了中外教育交流的发展。

近代国人赴海外教育考察之所以能延续不断地开展,一个重要原因就是经费供给充足。由于大部分教育考察属于官方派遣,政府为考察者提供了充足的考察经费。如张之洞派罗振玉、刘洪烈赴日考察时,"罗署正振玉应月给薪水、伙食用费一百六十元……刘训导洪烈,月给伙食用费一百元……另给往返川资一百二十元……不敷者到东后随时电请补汇"[②];"令北京医学专门校长汤尔和呈一件拟赴欧调查,川旅费请照高师赴美成例量拨由"[③];"女生胡彬夏毕业后准给调查费每月百元"[④],等等。

就目前的资料来看,国内有能力承担赴海外考察费用的,均属于富裕地区,如北京、上海、江苏、广东等。这些地区的教育行政部门可以满足高校、中小学赴海外考察学习的要求,如"北京市名校长工作室考察团""广州市教育局中小学优秀校长培养工程""江苏省基础教育代表团"等,但是这些考察活动大多是短期的,未能形成长期的规划。贫困地

---

① 田正平:《论民国时期的中外人士教育考察——以 1912 年至 1937 年为中心》,《社会科学战线》2004 年第 3 期。

② 苑书义、孙华峰、李秉新主编:《张之洞全集》第六册,河北人民出版社 1998 年版,第 4155 页。

③ 《部令 指令 第一千七百十九号(九年九月二十二日)令北京医学专门校长汤尔和呈一件拟赴欧调查川旅费请照高师赴美成例量拨由》,《教育公报》1920 年第 11 期。

④ 《致驻美代表公函》,《江苏教育行政月报》1913 年第 6 期。

区则很难有预算来支持赴海外的培训及考察活动，《中国青年报》甚至曾报道，"云南弥勒县贫困山区一小学校长违规使用教育资金，从义务教育经费中支出 12 万元组织教职工到北京、上海等地学习考察，被审计部门查处"①，这样的例子绝对不是个案。我国现在城乡教育存在显著差异，乡村教育资源贫乏问题亟待解决。虽然目前国家在政策上对贫困地区多有倾斜，但增加贫困地区教育培训预算，划出专门用来进行教育考察的专项资金，才能避免该类事件再次发生。

(四)适时调整赴海外考察心态，促进平等双向沟通

翻开中国近代史，每一页上都写满了屈辱和抗争，无数国人在自强独立的道路上前赴后继。这就是近代赴海外考察者所处的社会环境：外侮和内乱。中国就像一个奄奄一息的巨人，而他们则从海外输送最新鲜的血液，希望巨人尽快康复，重新站起来。彼时，中国没有安定的环境发展经济、增强科技、培养人才，又因错过工业革命落后西方近百年，这样的历史鸿沟非一朝一夕可填满。

而今日中国，已然成为国际社会的重要成员，经济总量跃居世界第二，科技、军事实力迅速增强，政治、文化影响力逐渐走向世界中心，受到越来越多的关注。1950 年，中国接收了东欧国家的 33 名留学生，发展至今（截至 2015 年），"在中国的外国留学生已达397635 人，分布于 31 个省，811 所高校、科研院所和其他教学机构"②。由此可以看出，中国高等教育的质量在不断提高，并逐渐被认可。另外，上海学生几度在 PISA 考试中拿下全球第一，更是令世界震惊。而在英国 BBC 的纪录片《我们的孩子够坚强吗？》中，中国班的学生也在最终考试中获得了成功。虽然成绩并不是教育的最终目的，然而，这至少可以证明中国的基础教育质量也在不断提升，甚至形成了自己独有的模式。

所以，在不同的时代背景下，赴海外考察者需要适时调整自己的心态，不狂妄自大，亦不妄自菲薄，以此保证跨国交流的对等性和平衡性。据报道，"上世纪 70 年代，我国曾派出一个访问团赴美国考察初等教育，考察团回国后写出了 3 万字的考察报告，称美国学生趾高气扬，基础知识还没弄明白就奢谈发明创造，课堂失控等，认为美国的基础教育已病入膏肓，中国将在 20 年后超越美国。然而，仅在 1979 年到 1999 年这 20 年间，美国共培养了 43 位诺贝尔奖获得者和 197 位知识型亿万富翁"③。由此可见，考察者的判断标准、心态是多么重要，甚至决定了考察的成效。所以，考察者不可抱有刻板印象，也不能一味地图新鲜，只看到表面现象。尽可能地用批判性思维来思考教育中更深的价值，则显得更为重要了。

---

① 国务院发展研究中心信息网，《贫困县教师公款考察"隐痛"何在？》，参见网站：http://d. drcnet. com. cn/eDRCNet. Common. Web/DocSummary. aspx? DocID=1678424&leafid=14396&chnid=1042.

② 中华人民共和国教育部：《去年在华外国留学生同比增长 12%》，参见网站：http://www. moe. gov. cn/jyb_xwfb/s5147/201604/t20160415_238378. html.

③ 李希贵：《一个中国教育局长眼中的美国教育》(上)，《人民教育》2006 年第 10 期。

梁启超的《和文汉读法》及其对清末民初思想界的影响

◎肖　朗　孙莹莹*

摘　要：作为一代启蒙思想家，梁启超身处近代中国特定的历史环境中，其"求新知于域外"的主要途径是利用"和文汉读法"大量阅读日文论著和译著，以了解、吸收和译介近代欧美及日本的思想观念，并写下了《和文汉读法》一书。该书不仅总结了以往中国人学习、研究日语的经验和成果，对此后日语教科书的编写及发展起到了承前启后的作用，而且启发并带动了大批留日学生和青年学子以梁启超为榜样，通过翻译日文书来导入、传播近代西方及日本的新知识、新思想和新观念，积极开展启蒙宣传活动，从而对清末民初思想界产生了巨大的冲击力。

关键词：梁启超；《和文汉读法》；日语教科书；日文汉译；清末民初思想界；启蒙宣传

梁启超在戊戌变法失败后流亡日本，他希望通过翻译日文书籍使国人迅速了解西方、掌握西学，从而达到变法图强的政治目的。为此，梁启超与罗孝高（即罗普）一起编写了一本学习日语的书——《和文汉读法》，提出了把日文"颠倒读之"的方法。据周作人介绍，《和文汉读法》中提出的"和文汉读法""大抵是教人记若干条文法之后删去汉字下的语尾而颠倒钩转其位置，则和文即可翻为汉文矣"。[①]　"其影响极大，一方面鼓励人学日文，一方面也要使人误会，把日本语看得太容易。"[②]关于《和文汉读法》的意义和影响，学界历来评价不一。例如，石云艳认为《和文汉读法》抓住了日语"和汉混合体"的基本特征和某些主要规律，虽然"漏略草率殊多"，但确实为当时有志西学的中国知识分子提供了学习日语的捷径，在当时的留日学生中产生了广泛的影响。[③]　徐一平指出，《和文汉读法》中提出的"和文汉读法"旨在通过读书看报来了解其大意，这种方法在解决应急问题或短时间内掌握阅读日文的技能这一点上应该说是有积极意义的，但终归不能使人真正掌握日语，而且强化了当时人们以为中日两国"同文同种"、日语仅属汉语一部分的错误观点。[④]　高宁认为，《和文汉读法》对清末传播新知识、介绍西学虽有一定的积极意义，但从

---

* 作者简介：肖朗，浙江大学教育学院教授；孙莹莹，浙江大学教育学院博士研究生。
① 钟叔河编：《周作人文类编·日本管窥》，湖南文艺出版社1998年版，第60页。
② 钟叔河编：《周作人文类编·日本管窥》，湖南文艺出版社1998年版，第158页。
③ 石云艳：《〈和文汉读法〉的主要内容及其历史评价》，《解放军外国语学院学报》2004年第6期。
④ 徐一平：《中国的日语研究史初探》，《日本学刊》2002年第1期。

语言学和翻译学的角度来看,它给我国的日文翻译以及日语教学带来了很大的负面影响。① 历史唯物主义认为,对待历史问题应该将其放在具体的历史环境中进行具体分析,因而不应该用今天的眼光和标准去看待、评价梁启超的《和文汉读法》。本着上述问题意识,笔者通过考察《和文汉读法》写作的时代背景、主要内容及其在清末的影响,形成以下两种主要观点:(1)《和文汉读法》并非严格意义上的日语教科书,它主要是一本介绍日文阅读方法的书,但由于该书揭示了日语学习的一些基本规律,有助于清末日语教材及教科书的编撰,因而在近代中国日语教科书发展史上起到了承前启后的作用。(2)该书的问世增强了清末中国人学习日语的兴趣和信心,进而提高其学习日语的积极性,使清末翻译日文文献的活动达到了前所未有的规模,并由此引起了西方思想观念大规模的导入和传播,在清末民初的思想界产生了不可忽视的巨大影响。

一、《和文汉读法》写作的历史背景

明清时期,中国人大多认为中日两国"同文同种"。关于中日同文,存在两种解释:其一认为中日两种文字中都有"汉字",书写上非常接近;其二则认为日语只是汉语方言的一种。在日本,长期以来汉字都是作为学术语言存在和使用的,官员、文人、知识分子大都精通汉文,各种公文基本上也用汉文书写。而不少中国人素来妄自尊大,加之自古以来汉语对中国周边民族的语言文字始终具有很强的辐射力和影响力,大多数中国人并没有把日语当作一门外语来对待,他们虽听不懂日语的发音,却能看懂日文;他们认为所有日语的发音都可以用汉字来标注,即用反切的方式来标注日语,却无视其假名的存在。

1862 年,作为外语学校的京师同文馆设立之初,相继开办了英文馆、法文馆、德文馆和俄文馆,却直到 1896 年才开办东文馆,即日文馆。1871 年中日两国签订了《修好条规》和《通商章程》,正式建立了外交关系,此后两国政府开始互派外交官并在对方国家设公使馆、领事馆。在此背景下中国出现了游历、考察日本的热潮,不少中国人写下了以日本的政治、军事、法律、教育等方面为重点考察对象的东游札记或日记。中国官员和文人在与日本人接触、交流的过程中感受到语言上的障碍,于是产生了培养日语翻译的客观需求。继而,甲午战争中清政府的失败使中国人对日本的认识发生了根本的变化,"以日为师"成为朝野上下居主流地位的呼声,于是派遣留日学生、组织官绅赴日参观考察、招聘日本教习、翻译日文书籍被视为向日本学习的主要途径。

1898 年 3 月,洋务派晚期代表人物、湖广总督张之洞撰成《劝学篇》,同年 6 月,光绪帝谕旨颁发各省官员。张之洞在《劝学篇》中强力主张派遣青年学子赴日留学,故《劝学篇》被日本著名学者阿部洋誉为清末"留学日本的宣言书"②。从清末鼓励中国人学习日本的意义上讲,《劝学篇》被称作"学习日语、翻译日文书的宣言书"也是完全合适的。张之洞在《劝学篇》中写道:

---

① 高宁:《"和文汉读法"与翻译方法论》,《中国翻译》2002 年第 4 期。
② 阿部洋:『中国近代の教育と明治日本』,福村出版株式会社 1990 年版,54 頁。

西书甚繁,凡西学不切要者,东人(指日本人——笔者注)已删节而酌改之。①

　　大率商贾市井,英文之用多;公牍条约,法文之用多;至各种西学书之要者,日本皆已译之,我取径于东洋,力省效速,则东文之用多……学西文者,效迟而用博,为少年未仕者计也;译西书者,功近而效速,为中年已仕者计也。若学东洋文、译东洋书,则速而又速者也。是故从洋师不如通洋文,译西书不如译东书。②

　　张之洞欲"假道日本,以学西方",力图通过翻译日文书籍来学习西学,以达到事半功倍的效果。他还指出师从西洋人寻求西学有两种弊端:若先从西洋教习学习,因语言不通,错误百出;若先习西洋文,学生学习时间长,教学成效迟缓。

　　维新派领袖康有为堪称清末"以日为师"的主要倡导者,他也热心提倡学习日语、阅读翻译日文书,曾明言:"泰西诸学之书其精者,日人已略译之矣,吾因其成功而用之,是吾以泰西为牛,日本为农夫,而吾坐而食之。费不千万金,而要书毕集矣。使明敏士人习其文字,数月而通矣,于是尽译其书。"③康有为把西洋人比喻为"牛",把日本人比喻为"农夫",力求生动地说明经过牛和农夫的耕作,西方学问的精华已形成可供中国人食用的果实,从而有力地佐证了通过阅读翻译日文书来学习西学的道理。

　　早在戊戌变法前,梁启超就曾在《变法通议》中论述道:

　　　　日本与我为同文之国,自昔行用汉文。自和文肇兴,而平假名、片假名等始与汉文相杂厕,然汉文犹居十六七。日本自维新以后,锐意西学,所翻彼中之书,要者略备,其本国新著之书,亦多可观,今诚能习日文以译日书,用力甚鲜,而获益甚巨。计日文之易成,约有数端。音少一也。音皆中之所有,无棘刺扞格之音,二也。文法疏阔,三也。名物象事,多与中土相同,四也。汉文居十六七,五也。④

　　梁启超在此简述了日文的源流概貌,强调明治维新后日本大力译介西学,故认为中国人应"学日文以译日书",并进一步将"日文之易成"的原因归纳为五点。

　　据载,1897 年 11 月 11 日(农历十月十七)王书衡拜访已授翰林院编修的蔡元培,后者在当天的日记中记述道:"拟辟东文书馆,以西书直贵,其要者,日本皆有译本,通东文即可博览西书,且西文非三、五年不能通,东文可以半年为期,尤简易也。"并嘱王书衡致书擅长日语的同乡人陶大均"问其详"⑤。蔡元培对日语的兴趣也源于日语"可以半年为期"的"简易",这种看法与其说是蔡元培个人的观点,不如说是清末中国知识界的普遍观念。由上可知,通过学习、翻译日文书来学习西学确属当时中国人的共同呼声,而《和文汉读法》正是在"学东语""读东文""译东书"的呼声中编撰而成的,它迎合了当时中国广大知识分子阅读日文书的需要,也调动了清末中国人学习日语、翻译日文书的积极性。应该说也是在这种历史背景下,梁启超在《论学日本文之益》一文中向国人推荐他的《和

---

① 张之洞:《张文襄公全集》(四),中国书店 1990 年版,第 569 页。
② 张之洞:《张文襄公全集》(四),中国书店 1990 年版,第 573 页。
③ 康有为:《康有为全集》(三),上海古籍出版社 1992 年版,第 685 页。
④ 林志钧编:《饮冰室合集》文集之一,中华书局 1989 年版,第 76 页。
⑤ 高平叔:《蔡元培年谱长编》上册,人民教育出版社 1996 年版,第 114 页。

文汉读法》：“日本文汉字居十之七八，其专用假名，不用汉字者，惟脉络词（现通称‘格助词’——笔者注）及语助词等耳。其文法常以实字在句首，虚字在句末，通其例而颠倒读之。将其脉络词、语助词之通行者，标而出之，习视之而熟记之，则已可读书而无窒阂矣。余辑有《和文汉读法》一书，学者读之，直不费俄顷之脑力，而所得已无量矣。”①尽管如此，梁启超并不认为《和文汉读法》中所提出的“和文汉读法”是学习日语的唯一方法，他分析道：“有学日本语之法，有作日本文之法，有学日本文之法，三者当分别言之。学日本语者一年可成，作日本文者半年可成，学日本文者数日小成，数月大成。余之所言者，学日本文以读日本书也。”②梁启超将学习日语的方法分为三种类型：学日本语之法、作日本文之法、读日本文之法，它们也可分别被视为对应学习日语的三个阶段。以他之见，学日本语即学习日语的日常口语，充分掌握日语的听说读写等技能，这相对来说是学习日语三个阶段中最困难的，所以需要一年的功夫；写日本文次之，需要半年的学习时间；而读日本文是学习日语三个阶段中最容易的，因为读懂日本人所写的汉文体文章对有一定汉语基础的知识分子来说自然是比较容易的。可见，梁启超并没有说“和文汉读法”是学习日语的唯一方法，他自己也认为这种方法局限性很大。梁启超之所以会编写《和文汉读法》，一方面是为了揭示日语的学习规律，这些规律可使中国人在短期内读懂日本人所写的汉文体文章；另一方面也是为了调动清末中国人学习日语的积极性，试图鼓励他们通过“学东语”“读东文”“译东书”来学习西学，最后达到变法图强的政治目的。

因此，并非梁启超的《和文汉读法》使清末中国人产生了“中日同文”的观念，相反《和文汉读法》正是在清末中国人“中日同文”观念的背景下产生的。针对民族危机日益加深的国情，梁启超等人主张“假道日本，以学西方”，为此撰写了《和文汉读法》，以求满足当时中国人学习日语的需要，并在客观上促使清末“学东语”“读东文”“译东书”热潮的兴起，从而有助于中国人了解西方、学习西学，进而推动中国早期现代化的进程。

二、清末的“和文汉读法”与日本的“汉文和读法”

说起“和文汉读法”，首先应介绍它产生的历史渊源，即日本的“汉文训读体”。在日本江户时代，日语分为“文语”和“口语”，文语即日本文，口语即日本语。由于当时的日语存在着“言文分离”的现象，所以口语和书面语并不一致。关于这一点，丁福保曾论述道：

> 东文（指书面语——笔者注）与东语（指口语——笔者注）其同者十七八，不同者十二三。阅东文书，其难易约分为三大类：一即中古文（上古文更另当别论），此犹乎周秦至唐宋之散文也，其文法略有与今违异者。此难读者也，然和文之根底在焉。一即俗文，小学读本之首数册及小说是也。此难读者也（中间半文半话，书简文亦同）。如不通此，则通俗应酬文无以读也。一即普通文，幸而讲学问之书，十八九此文。此文在彼国为难，因汉文多也。至我国人读之，则反之。故不欲入三岛（指日

---

① 林志钧编：《饮冰室合集》文集之四，中华书局 1989 年版，第 81 页。
② 林志钧编：《饮冰室合集》文集之四，中华书局 1989 年版，第 81 页。

本——笔者注）相交接，因陋就简，通普通文亦可矣。①

今天来看，日本语和日本文其实是一个东西，即都是指日本的语言文字，但从历史上看，"言文分离"的确存在过。在明治时代，日文文体大致有汉文体、和文体等数种文体之分，其中汉文夹杂假名的"汉文训读体"，即丁福保所说的"普通文"，广泛应用于各种公文、法令、诏书、报纸、教材等，也是当时知识分子使用的主要文体，居各种文体之首。直到明治维新前，日本官方文书等书面文字的书写仍大多使用"汉文训读体"，会使用这种文体被认为是知识分子的象征。换个角度来看，"汉文训读体"接近于当时中国的文言文，只是语法略有不同，而且由于这种文体中汉字多，对中国粗通文墨的人来讲，只要大致了解日语的语法结构，凭借汉字就很容易猜出其大意。梁启超在上述"学日本语者一年可成，作日本文者半年可成，学日本文者数日小成，数月大成"这段话中所说的"日本文"，就是指用这种"汉文训读体"写成的日本文；而他所提倡的用"和文汉读法"来翻译的日文书籍，也是指用"汉文训读体"写成的书籍。这种文体中的名词、动词、形容词、副词等几乎全用汉字书写，而用假名书写的不过是动词词尾的て、に、を、は等格助词。因此，中国人在阅读时只要了解了て、に、を、は等格助词的含义及其作用，按照梁启超所说的"和文汉读法""颠倒读之"，便可大致理解原文的意思了。

揆诸历史，起初日本人正是借助于"汉文训读体"而创造了翻译中国古典文献的方法，即"汉文和读法"。关于日本的"汉文和读法"，黄遵宪率先在《日本国志》中做了介绍，指出："汉文和读法"是日本人创造的能够将所有汉文典籍读懂、读通的方法。他写道："凡汉文书籍，概副以和训，于实字则注和名，于虚字则填和语。而汉文助辞之在发声、在转语者，则强使就我，颠倒其句读，以循环诵之。今刊行书籍，其行间假字多者，皆训诂语，少者皆助语。其旁注一二三及上中下、甲乙丙诸字者，如乐之有节，曲之有谱，则倒读逆读先后之次序也。"②黄遵宪在此所介绍的方法，就是日本汉文学者及大多数知识分子在阅读汉文书籍时，遇到实词就标注日语的假名，遇到虚词则添注相应的日语助动词，按照标记的顺序，"颠倒读之"就可以把汉文读懂的读书方法，即"汉文和读法"。迄今为止，学习汉文古诗词仍是日本国语教育的重要内容之一，现在的日本教科书中仍包含精选的汉文古诗词，日本学生在学习时使用的方法即为日本人发明的"汉文和读法"。因此，既然日本人在阅读、翻译汉文书籍时使用"汉文和读法"，那么清末一些知识分子开始阅读、翻译日文时使用"和文汉读法"便是顺理成章的事情了。

事实上，不但中国人的"中日同文"观念并非因梁启超的《和文汉读法》而产生，就连"和文汉读法"的最初使用者也不是梁启超。有专家考证，清末较早使用"和文汉读法"的是蔡元培在北京东文书馆（亦称东文书社）学习日语时的教师陶大均，他在教日语的过程中使用的就是"和文汉读法"，这种方法在清末曾风靡一时，被多数日语教师所青睐。③ 在

---

① 丁福保：《东文典问答》，文明书局 1901 年版，第 79 页。
② 黄遵宪：《日本国志》，台湾文海出版社 1968 年版，第 812 页。
③ 吉田则夫・劉建雲：「清末中国の日語教育水準を代表する教科書——郭祖培・熊金寿著『日語独習書』」，『岡山大学教育学部研究集録』2010 年第 144 號，63—74 頁。

北京东文书馆教授蔡元培日语的日本教习野口多内也使用这种方法来讲授《论语》和《韩非子》。[①] 应该说，正是在日本人发明的"汉文和读法"的启发和影响下，清末教授日语的中国教师和日本教习率先使用了"和文汉读法"，而后将这种方法传授给当时学习日语的中国学生；至于梁启超，主要是在此基础上通过撰写《和文汉读法》总结了这种阅读日文书籍的方法。

要言之，梁启超在《和文汉读法》中所说的"学日本文"并非今天意义上的"学日语"，而是指用一种特殊的方法来阅读明治时期日本人用"汉文训读体"所写的日文文章或书籍。因此，不能用今天的眼光和标准去评价当时的《和文汉读法》，而应认识到《和文汉读法》的产生有其特定的历史背景，所以应该把它放在清末具体的历史背景中，看它对当时的中国社会产生了怎样的作用和影响，并据此来评价其历史地位。

三、《和文汉读法》的编撰出版及其对清末日语教科书的影响

1902年，梁启超在《饮冰室诗话·问答》中介绍了《和文汉读法》写作的缘起及经过，他叙述道：

> 真通东文，固非易易。至读东书能自索解，则殊不难。鄙人初徂东时，从同学罗君学读东籍，罗君为简法相指授。其后续有自故乡来者，复以此相质，则为草《和文汉读法》以语之，此己亥（1899年——笔者注）夏五六月间事也。其书仅以一日夜之力成之，漏略草率殊多；且其时不解日本文法，讹谬可笑者尤不少，惟以示一二亲友，不敢问世也。后鄙人西游，学生诸君竟以灾梨枣，今重数版矣。而一覆读，尚觉汗颜。顷乞罗君及一二同学重为增补改定，卷末复用此法译东籍十数章以为读例，既将脱稿矣……窃谓苟依此法，不求能文而求能读，则"慧者一旬，鲁者两月"之语，决非夸言。[②]

梁启超指出"真通东文"并非易事，至于"读东书"则不是特别难的事情，而"和文汉读法"是罗孝高教给他的读日文书的简易之法，"苟依此法，不求能文而求能读"。但起初梁启超认为自己并不太了解日文文法，因而《和文汉读法》中"讹谬可笑者尤不少"，并不敢公之于众，随后因其学生的传扬，《和文汉读法》在清末短短的几年间一版再版，出现了多个版本。然而，迄今为止该书的初版却始终未被学界发现。例如，著名学者夏晓虹曾努力搜寻《和文汉读法》的初版，她曾在北京大学的图书馆搜寻，甚至在远赴哥伦比亚大学、

---

① 吉田则夫·劉建雲：「清末中国の日語教育水準を代表する教科書——郭祖培·熊金寿著『日語独習書』」，『岡山大学教育学部研究集録』2010年第144號，63—74頁。

② 梁启超：《饮冰室诗话·问答》，《新民丛报》1902年第15号。关于《和文汉读法》写作的缘起及经过，罗孝高在《任公轶事》中记述道："己亥春，康南海（指康有为——笔者注）先生赴加拿大后，任公（指梁启超——笔者注）约罗孝高普同往箱根读书，寓塔之泽环翠楼，以去年冬曾侍南海先生同游处于此。……时任公欲读日本书，而患不谙假名，以孝高本深通中国文法者，而又已能日文，当可融会两者求得捷径，因相研索，订有若干通例，使初习日文径以中国文法颠倒读之，十可通其八九，因著有《和文汉读法》行世。虽未美备，然学者得此，亦可粗读日本书，其收效颇大。"参见丁文江、赵丰田编：《梁启超年谱长编》，上海人民出版社1983年版，第175页。

东京大学、京都大学时也没有放弃寻觅，结果毫无收获。令人欣慰的是，夏晓虹在《清议报》第 64 册（1900 年 11 月）的广告部分发现了首次刊登的《和文汉读法告白》："此书指示读日本文之法，简要明白，学者不费数日之功，便可读日本文书籍。寓东人士深知其益，故特印行公世。兹由本馆代售，每册定实价银两毫，不折不扣。外埠邮费照加。上海寄售：抛球场扫叶山房书坊。"①

据上述材料，夏氏认为：(1)《和文汉读法》的初版应刊行于 1899 年 5、6 月至 1900 年 11 月之间；(2)此书系在日本刊印，很可能是由《清议报》馆承印；(3)刊印后传入国内，以上海为集散地；(4)书价标明为银两毫。其他相关版本均不属此列。据夏晓虹的考证，各种版本的出现顺序大致可确定为：梁启超《和文汉读法》初版、忧亚子《再版和文汉读法》、丁福保《增订第三版和文汉读法》、梦花卢氏增刊《和文汉读法》。② 但据陈力卫的考证，1899 年春出现梁启超手写本；1900 年五月（农历）沈埏云编印《和文汉读法》，同年六月（农历）励志会增补《和文汉读法》；1901 年七月（农历）前忧亚子刊印《再版和文汉读法》，同年八月（农历）丁福保刊印《增订第三版和文汉读法》；1901 年十一月（农历）至 1902 年梦花芦氏刊印增刊本《和文汉读法》。③

无论夏氏的考证，还是陈氏的考证，梁启超总结、传播"和文汉读法"在当时无疑具有很大的参考价值和现实意义，《和文汉读法》在 1899—1902 年间屡次增订再版、广为流传就是一个明证，这也从一个侧面反映了《和文汉读法》在清末深受欢迎的程度。

在现阶段，丁福保《增订第三版和文汉读法》是笔者在国内所能发现的唯一版本，现藏于国家图书馆古籍部，关于《和文汉读法》的具体内容可通过这个版本得以了解。该书包含两个部分，计 42 节，前 37 节为第一部分，后 5 节为第二部分。第一部分涉及日语五十音图及假名的读法、日语词汇的分类、日语句子的结构及如何阅读日语句子等内容，大抵是分项论述阅读日语句子时的规则。尤其在第一部分的前 9 节中，作者介绍了何为名词、动词、助动词、副词等，并认为在一个日语句子中副词排第一、名词排第二、动词排第三、助动词排第四。日语初学者在读日文时凭借"实字虚字颠倒之法"仍觉得混乱不能断句，这大抵是因为其不知何为副词，所以作者在第二个表中列出常见副词并建议初学者熟记之。另外，该书还提到，日文书中凡名词必写汉字而不用假名，所以凡名词下有附属之假名，其假名必为脉络词；而"凡副词、动词、助动词之下，皆有附属之假名，其假名即上一字之末音"④。就《和文汉读法》的第一部分而言，笔者认为该书在以下几个方面为当时及日后日语教材及教科书的编写提供了范例：

其一，书中列出五十音图及平假名、片假名，并标出假名相应的罗马字读音。日语假名是学习日语的基础，虽然编撰《和文汉读法》的初衷只是为了指导日语初学者阅读日文书籍，但书中五十音图的列出为当时及日后日语教科书的编写树立了榜样。通过夏氏和

---

① 夏晓虹：《阅读梁启超》，生活·读书·新知三联书店 2006 年版，第 279 页。

② 夏晓虹：《阅读梁启超》，生活·读书·新知三联书店 2006 年版。

③ 王志松：《梁启超与〈和文汉读法〉——"训读"与东亚近代翻译网络形成之一侧面》，《日语学习与研究》2012 年第 2 期。

④ 丁福保：《增订第三版和文汉读法》，辛丑(1901)八月无锡丁氏畴隐庐重印版，第十六节。

陈氏的考证,可以得知《和文汉读法》的初版大约出现在 1899—1900 年间,而此前的日语教材,如 1895 年陈天麒的《东语入门》可谓距《和文汉读法》的出版发行时间最近的一本日语教材,该书只是对日语单词的读法及意义做了简略介绍,并未涉及对日语假名的学习,对日语单词的读法也只是采取"切音"的方式,即用汉语的读音来标注日语单词的读音。《和文汉读法》作为当时仅有的几本供中国人学习日语的教材和读物之一,率先列出了日语的假名并标注了其相应的罗马字读音,从而开始采取比较科学的方式来拼读日语的假名,这无疑开创了先例。

其二,书中不仅向读者介绍了何为名词、动词、形容词、副词、助动词等词性,还介绍了日语的时态划分即现在时、过去时、未来时,以及日语动词等词尾的变化,如:

> 以上所列,如"有、无、不、可、云"等字,皆有语尾变化,其变化亦分现在、过去、未来等,与动词同例。我辈于其变化之法,皆可置之不理,但熟认之,知其为此字足矣。如"有"字有アラン、アリ、アル、アレ四种,其实则以"ア"字为主,而以"ラリルレ"四字为语尾变化耳。"无、不、可、云"等字亦然,"无"字以"ナ"字为主,而以"カキクケ"为变化;"不"字以"ザ"字为主,以"ラリルレ"为变化;"可"字以"ベ"字为主,以"カキクケ"为变化;"云"字以"イ"为主,以"ハヒフヘ"为变化。其变化之法,必以同一行之字母,既通其例,一以贯之,毫无窒碍矣。[①]

后来的日语教材,如《广和文汉读法》《东文典问答》《最新东文自修指南全书》等都模仿《和文汉读法》,重点介绍了日语的词汇分类以及动词、助动词的词尾变化及其用法;尤其是丁福保编写的《广和文汉读法》,不仅在内容上介绍了日语词汇的九种分类情况,还直接引用梁启超的《论学日本文之益》作为其序,该书受《和文汉读法》的影响之深可见一斑。

其三,书中不单列出こ、そ、あ等指示代词和て、に、を、は、の等大量脉络词,还对一些脉络词的用法及意义进行了详细的解释和说明,如:

> 以上皆脉络词,日本文中最要紧之字也,其中テニヲハノ等字尤为要中之要,日本文典所称"天尔远波"是也(天即テ,尔即二,远即ヲ,波即ハ)。连续成文,皆赖此等字,不可不熟记之。[②]
>
> ト字作"与"字解。如"我与尔",日文则云[我ト尔];"兄与弟",日文则云[兄ト弟ト]。大抵其句中两名词,一为主,一为宾者则用一ト字。其两名词属平列者,则用两ト字是也。[③]

由留日学生唐宝锷和戢翼翚编写、1900 年出版发行的《东语正规》被日本著名学者实藤惠秀认为是"中国人第一部科学地研究日语的作品"[④],其中就含有对と、も、を、に等日

① 丁福保:《增订第三版和文汉读法》,辛丑(1901)八月无锡丁氏畴隐庐重印版,第十六节。
② 丁福保:《增订第三版和文汉读法》,辛丑(1901)八月无锡丁氏畴隐庐重印版,第二十二节。
③ 丁福保:《增订第三版和文汉读法》,辛丑(1901)八月无锡丁氏畴隐庐重印版,第二十三节。
④ 實藤惠秀:『中国人日本留学史』,くろしお出版 1981 年增補版,298 頁。

语格助词的语法讲解。尤其是吴汝纶的儿子吴启孙编著的《和文释例》一书，不仅采用具体例子来说明《和文汉读法》的速成法原理，而且直接引用了《和文汉读法》中介绍虚词的内容。从《和文汉读法》起，一些研究日语的中文书籍开始关注对日语格助词的介绍和讲解，这无疑是一个改进，说明以《和文汉读法》为标志，中国人编写的日语教材和读物不再是单一的词汇汇编，而是从日语假名读音开始，广泛涉及并涵盖日语词汇分类、词汇的词尾变化等内容。《和文汉读法》一书中关于日语格助词的意义及用法尽管所言并不详细、深入，但毕竟具有明显的创新意义，起到了开先河的作用。

《和文汉读法》的第二部分相当于一个小词典，编者对日语中独特的汉字词语及人们常用的汉语成语逐项加以解释，从收词的特点上看，相当于"和文奇字解"或"奇字解"。①书中写道：

> 既熟知以上各例，于书中之假名，必无所窒碍矣。然常有日本字皆能解，而汉字反多不解者，其繁难之处，在此不在彼也。今择其副词、脉络词中常用之奇字列于下。

> 兹和汉异义字，照康熙字典例，分门别类以便学者易于检查，故特另页刊起。凡旁注假名，为原意，偏注于下之假名，乃其变化，间有字旁未注和字或解释用和文者，因急于刊刻不及细查，学者欲知字旁和字可查字典，欲知和文解释，可以和文排列法拼之，均非难事。②

陶珉的《和文奇字解》在其"凡例"中解释道："书中（指《和文汉读法》——笔者注）所列各字，系其字与汉字同，而其义则大异者，及数字连属，汉文中向无其字而另具一义者，故曰'奇字'。""是书照康熙字典分部，以变化之多寡定先后之次。"③《和文汉读法》在第六表中，按汉字偏旁部首的笔画多少，由简单到复杂地介绍了日文中的"奇字"，也为当时及日后汉日词典的编写提供了样本。有专家考证，《和文汉读法》屡次再版后，各种与"奇字解"相关的读物大量出版发行。例如，陶珉编《和文奇字解》，东京译书汇编发行所 1902年刊；沈晋康编《日语奇字例解》，出版机构不详，1905 年刊；冯紫珊编《东文奇字解》，中国书林 1907 年刊；司克熙、欧阳启勋编《普通/专门科学日语词典》中包含"奇字解"，出版机构不详，1908 年刊；上海作新社编《东中大辞典》中也包含"奇字解"，上海作新社 1908年刊。

此外，《和文汉读法》中还介绍了日语的成语，如：

> 言マデナク　直译为"言迄无"，译意则犹云不待言也，于是等处或作"云迄无"，"谓迄无"等，其迄字或写迄字或写マデ。

> 間違ナク　直译为"无间违"，译意则犹俗语这个自然之意，其用处与"言迄无"类同而小异。

---

① 沈国威：《关于"和文奇字解"类的资料》，《或问》2008 年第 14 号。

② 丁福保：《增订第三版和汉读法》，辛丑（1901）八月无锡丁氏畴隐庐重印版，第二十八节。

③ 陶珉：《和文奇字解》，东京译书汇编发行所（譯書彙編發行所）明治三十五年（1902）版。

　　程ナク　直译为"无程",译意即少顷之意,犹言无几时也。[①]

　　《和文汉读法》中关于日语成语的介绍,颇近似于今天日语的语法书里对某些日语语法内容的讲解,虽然介绍的日语成语并不多,但这也是此前有关日语学习的读物或日语教材中所未见的,因而对当时及日后的日语教科书编写来说颇具参考价值。总之,在清末急需大量日语人才翻译日文书籍的情况下,"和文汉读法"无疑是一种比较简洁的学习日语的方法,当时采用"和文汉读法"的大多数日语教师也都把"汉文训读体"的日文文章以及汉文古典读物作为日语教材来使用。清末广为流传的日语教材或教科书中比较重要的有《和文释例》《和文奇字解》《西书和文必读》《和文汉诂》等,它们大多是在《和文汉读法》的启发下编撰的。如果说清末各种日语速成教育机构如雨后春笋般纷纷建立,"奇字解"对此起到了推波助澜的作用[②],那么,梁启超的《和文汉读法》则可谓发挥了开风气之先的引领作用,它在一定程度上成为清末编撰日语教科书、教材以及词典类工具书的嚆矢。正如周作人所指出的:"梁任公的《和文汉读法》大约是中国人所著书中最早的一种,即使有些缺点,其趣味与影响原也不可掩没。"[③]

四、《和文汉读法》与清末日文翻译热潮的兴起

　　1896年,北京及广州同文馆决定开设东文馆,旨在培养日语翻译人才。1897年,大同译书局成立,梁启超撰写其章程。1898年,罗振玉为了培养日语翻译人才,在上海创办了东文学社,以藤田丰八为首任教习。1900年,留日学生在日本成立译书汇编社,随后在日留学生仿效译书汇编社纷纷成立各种翻译出版机构。总的来说,甲午战败后清政府在北京和广州相继设立东文馆、派遣留日学生,随之各地又创办了东文学堂,其最直接的影响就是促使清末中国掀起了"学东语""读东文""译东书"的热潮。

　　梁启超到日本之初对日语所知甚少,口语基本不会,与日本人交谈时只能借助笔录,"见东人不能与之谈论,又身无笔墨"时,便会不知所措。于是,梁氏开始认真学习日语,当他掌握并使用了"和文汉读法"后,如鱼得水,在短短的几个月里接触了大量的日文书籍,遂眼界大开,耳目一新。他抑制不住由衷的喜悦,写下了下面的文字:"哀时客(即梁启超——笔者注)既旅日本数月,肆日本之文,读日本之书,畴昔所未见之籍,纷触于目,畴昔所未穷之理,腾跃于脑,如幽室见日,枯腹得酒,而不敢自私,乃大声疾呼,以告同志曰:我国人之有志新学者,盍亦学日本文哉。"[④]至于为何要学日本文,梁启超进一步论述道:

　　　　日本自维新三十年来,广求智识于寰宇,其所译所著有用之书,不下数千种,而尤详于政治学、资生学(即理财学,日本谓之经济学——原注)、智学(日本谓之哲

---

① 丁福保:《增订第三版和文汉读法》,辛丑(1901)八月无锡丁氏畴隐庐重印版,第四十一节。
② 沈国威:《关于"和文奇字解"类的资料》,《或问》2008年第14号。
③ 钟叔河编:《周作人文类编·日本管窥》,湖南文艺出版社1998年版,第152页。
④ 林志钧编:《饮冰室合集》(文集之四),中华书局1989年版,第80页。

学——原注)、群学(日本谓之社会学——原注)等,皆开民智、强国基之急务也。吾中国之治西学者固微矣,其译出各书,偏重于兵学(指军事学——笔者注)、艺学(指自然科学技术——笔者注),而政治、资生等本原之学,几无一书焉。夫兵学、艺学等专门之学,非舍弃百学而习之,不能名家。即学成矣,而于国民之全部,无甚大益,故习之者稀,而风气难开焉。使多有政治学等类之书,尽人而能读之,以中国人之聪明才力,其所成就,岂可量哉? 今者余日汲汲将译之以饷我同人,然待译而读之缓而少,不若学文而读之速而多也。此余所以普劝我国人之学日本文也。①

梁启超从中日比较的视角出发强调了学习日语的重要性,特别提醒和告诫国人,"待译而读之缓而少,不若学文而读之速而多"。

与此同时,梁启超结交了众多友人、弟子,从他们那里也获得了不少新的信息。由于接触了一个全新的思想世界,梁启超的价值观、世界观发生了很大变化,对此他自述道:"师友弟子眷属来相见者,前后共五十六人,至今同居朝夕促膝者,尚三十余人,日本人订交形神俱亲、谊等骨肉者数人,其余隶友籍者数十人,横滨诸商、同志相亲爱者,亦数十人,其少年子弟来及门者以十数……又自居东以来,广搜日本书而读之,若行山阴道上,应接不暇,脑质为之改易,思想言论与前者若出两人。"②通过与日本人交谈,特别在广泛阅读了各种日文书籍后,梁启超既接触了吉田阴松、福泽谕吉、中村敬宇、中江兆民、加藤弘之等日本思想家的学说③,又研究了以培根、笛卡儿、孟德斯鸠、卢梭、康德、孔德、穆勒等人为代表的西方近代思想。在日期间,梁启超先后创办了《清议报》《新民丛报》《新小说》等刊物,他在这些刊物上发表的大部分文章均参考或摘录了日本人的论著或译著,用他自己的话来说,是以"读东西诸硕学之书,务衍其学说以输入于中国"为宗旨。④ 梁启超的学生冯自由在投身革命派后曾措辞犀利地指责梁启超剽窃日本人的文章,这也从一个侧面佐证了梁启超当年发表在《清议报》《新民丛报》《新小说》上的大部分文章都取材于日本人的论著和译著,梁氏本人的思想也在此过程中演变发展。梁启超通过发表在《清议报》《新民丛报》《新小说》等刊物上的大批文章,源源不断地促使西方的价值观念涌入中国,犹如飓风一般刮进了中国的思想界,冲击着当时人们头脑中的旧观念,使清末中国人的思想在潜移默化中发生了改变。

黄遵宪在致梁启超的信中说:

茫茫后路,耿耿寸衷,忍泪吞声,郁郁谁语! 而何意公之《新民说》逐陈于吾前也,馨吾心之所欲言、吾口之所不能言,公尽取而发挥之。公试代仆设身处地,其惊喜为何如矣! 已布之说,若公德、若自由、若自尊、若自治、若进步、若权利、若合群,既有以入吾民之脑,作吾民之气矣;未布之说,吾尚未知鼓舞奋发之何如也。此半年

① 林志钧编:《饮冰室合集》文集之四,中华书局1989年版,第80—81页。
② 林志钧编:《饮冰室合集》专集之二十二,中华书局1989年版,第186页。
③ 关于这一点,可参见肖朗:《福澤諭吉と梁启超——近代日本と中国思想·文化交流史の一側面》,载《日本歴史》1996年5月号,第67—82页;郑匡民《梁启超启蒙思想的东学背景》,上海书店出版社2003年版。
④ 林志钧编:《饮冰室合集》文集之六,中华书局1989年版,第54页。

中,中国四五十家之报,无一非助公之舌战,拾公之牙慧者,乃至新译之名词,杜撰之语言,大吏之奏折,试官之题目,亦剿袭而用之。精神吾不知,形式既大变矣;实事吾不知,议论既大变矣。①

严复在给梁启超的信中也称:"承赠寄所刊《丛报》三期,首尾循诵,风生潮长,为亚洲20世纪文明运会之先声。而辞意恳恻,于祖国若孝子事亲,不忘几谏,尤征游学以来进德之猛。曙曦东望,延跂何穷!"②黄遵宪、严复均可谓是近代中国知识界的杰出代表人物,从他们对梁启超文章的评价中可知,这些文章在当时产生了巨大的影响力。

据有的学者估算和记载,《清议报》在当时的销量十分可观,平均销量达三四千份③;《新民丛报》较之《清议报》销量更好,未及数月已风行海内外,创办的第一年,国内外销售地区多达49县市、97处,在很大程度上实现了梁启超"为国民之警钟,作文明之木铎"的创刊宗旨和宏愿。④ 黄遵宪说:

> 《清议报》胜《时务报》远矣,今之《新民丛报》又胜《清议报》百倍矣。(《清议报》所载,如《国家论》等篇,理精意博,然言之无文,行而不远,计此报三年,公在馆日少,此不能不憾也。)惊心动魄,一字千金,人人笔下所无,却为人人意中所有,虽铁石人亦应感动,从古至今文字之力之大,无过于此者矣。罗浮山洞中一猴,一出而逞妖作怪,东游而后,又变为《西游记》之孙行者,七十二变,愈出愈奇。吾辈猪八戒,安所容置喙乎,惟有合掌膜拜而已。⑤

《新民丛报》创刊时发行量是两千份,半年后即剧增为五千份,且传入国内后被反复翻印,于是拥有了一个广大的读者群,对中国的思想界产生了难以估量的巨大影响。毛泽东、鲁迅、郭沫若都曾是梁启超所创办刊物的热心读者。郭沫若在回忆录中写道:"他(指梁启超,下同——笔者注)著的《意大利建国三杰》,他译的《经国美谈》,以轻灵的笔调描写那些亡命的志士,建国的英雄,真是令人心醉。我在崇拜拿破仑、毕士麦之余,便是崇拜加富尔、加里波蒂、玛志尼了。"⑥当时那些令青年时代的郭沫若着迷的论著和译著,都是通过梁启超的手笔完成,并从近邻的岛国传入。正如有专家所说的那样,《和文汉读法》用今天的日语语法体系去衡量是杂乱无章、不成系统的,"但是当我们把它放在当时特殊的背景下,即帮助一个想在极短时间内获得阅读某种日语文献能力的初学者去审视时,我们就会发现其可贵的亮点"⑦。著名史学家张朋园曾指出:

> 任公于西方知识能有较深入的了解,纯粹得力于日本语文。论任公的日本文,是他所学习的四种外国语中最有成就者,至少他具有阅读能力,日常会话也能传达

---

① 陈铮编:《黄遵宪全集》(上),中华书局2005年版,第449页。
② 王栻主编:《严复集》第3册,中华书局1986年版,第515页。
③ 张朋园:《梁启超与清季革命》,台湾"中研院"近代史研究所1969年版,第281页。
④ 张朋园:《梁启超与清季革命》,台湾"中研院"近代史研究所1969年版,第297—299页。
⑤ 陈铮编:《黄遵宪全集》(上),中华书局2005年版,第429页。
⑥ 郭沫若:《郭沫若全集》第11卷,人民文学出版社1992年版,第121页。
⑦ 沈国威:《关于"和文奇字解"类的资料》,《或问》2008年第14号。

思想(过去他曾经随马相伯学习拉丁文及英文,因忙于为《时务报》撰写文章,无所成就。宣统元年在日本时又曾学习德文,然生活起伏不定,为时不长,无所成就。民国八年,在法国巴黎乡间居住时,又学习法文,是时年岁四十有余,学来更为吃力,亦无成就)。他在日文上确实费了一番工夫。传说他在政变后逃去日本,一夜之间在船上便学会了日文,此决不确实。正如他在《论学日本文之益》一文中所言,欲有所成,至少亦需数月工夫。①

由此可见,不仅梁启超对日本文化和思想的了解多得益于他所掌握的日文,而且他对西方近代思想观念的把握主要也是通过阅读日文著作和译著而实现的,所有这一切的历史的、逻辑的起点则在于他利用"和文汉读法"学习日语,通过亲身实践认识到这种方法的特点及其价值,并在此基础上撰写了《和文汉读法》。诚然,"和文汉读法"存在着很大的缺陷,梁启超对日语的掌握也存在不足,致使他对近代欧美及日本一些思想学说的认识和理解、译介和宣传不够准确、深入和系统,对此王国维早就尖锐地批评道:"此等杂志,本不知学问为何物,而但有政治上之目的,虽时有学术上之议论,不但剽窃灭裂而已。如《新民丛报》中之《汉德(即康德——笔者注)哲学》其纰缪十且八九也。"②梁启超晚年也做了深刻的检讨,他说:"壬寅癸卯间(1902—1903年间——笔者注),译述之业特盛,定期出版之杂志不下数十种,日本每一新书出,译者动数家,新思想之输入,如火如荼。然皆所谓'梁启超式'的输入,无组织,无选择,本末不具,派别不明,惟以多为贵。而社会亦欢迎之,盖如久处灾区之民,草根木皮,冻雀腐鼠,罔不甘之,朵颐大嚼,其能消化与否不问,能无召病与否更不问也。"③1930年,当中华教育文化基金董事会决议将原有的"科学教育顾问委员会"改组为"编译委员会"并聘请胡适担任委员长时,胡适专门起草了《编译计划》,申明其"编译主旨"如下:"无论是一个时代,或一个国家,各选择最好的历史一种或数种,并选择可以代表那时代或那国家的文艺作品若干种,使我们对于那时代或那国家的文化可以有明了的了解。"④为此,他对翻译的原则和要求也发表了明确的看法,如"译书一面要不失作者的本意,一面又要使读者能懂……译书人一面充分置备字典、辞书、百科全书,有疑则查,不可自误误人"⑤。不难看出,胡适拟定的这份编译计划提出了精选外国经典名著并进行系统而准确的翻译的宏伟理想,其中便包含了对自梁启超以来近代中国翻译输入外国思想文化成败得失的历史反思。

尽管如此,梁启超凭借日文论著和译著大量导入近代欧美及日本的思想、学说和文化,这在清末民初仍具有突出的积极价值和现实意义,而且因其传播之广、反响之大,既直接改变了国人的思想观念,又启发并带动了一大批年轻知识分子以梁启超为模范,通过"学东语""读东文""译东书"来开展启蒙宣传活动,其影响力实不可低估。著名学者谭汝谦强调道:"尤其是从甲午到民元,中译日书的数量是压倒性的……这批译书在移入新

---

① 张朋园:《梁启超与清季革命》,台湾"中研院"近代史研究所1969年版,第37页。
② 姚淦铭、王燕编:《王国维文集》第3卷,中国文史出版社1997年版,第37—38页。
③ 林志钧:《饮冰室合集》专集之三十四,中华书局1989年版,第71页。
④ 季羡林编:《胡适全集》第20卷,安徽教育出版社2003年版,第574页。
⑤ 季羡林编:《胡适全集》第20卷,安徽教育出版社2003年版,第576页。

思想、新事物的同时,又使一大批日本词汇融汇到现代汉语,丰富了汉语词汇,而且促进汉语多方面的变化,为中国现代化运动奠定了不容忽视的基础,也为近代中日文化交流开辟了康庄大道。"①据统计,1850—1899 年间刊印的 567 本中文译著中,只有 86 本译自日文,占 15.1%,而译自英文的有 368 本,占 65%;但在 1902—1904 年间则相反,译自日文的中文译著有 321 本,占 533 本中文译著的 60.2%。②

综上所述,《和文汉读法》在清末屡次再版,举国上下掀起了"学东语""读东文""译东书"的热潮,各种日语学习机构相继建立,各种版本的日语教科书相继编撰出版,各种日文书籍相继被译成中文,随之而来的是各种西方近代思想涌入中国,有力地促进了传统观念的变革。对梁启超本人来说,没有"和文汉读法",就不可能在《新民丛报》等杂志上发表那么多介绍欧美及日本思想文化方面的文章,也正是这些文章对清末民初的思想界产生了巨大的冲击力。③

原载《浙江大学学报(人文社会科学版)》2017 年第 1 期

---

① 谭汝谦主编:《中国译日本书综合目录》,香港中文大学出版社 1980 年版,第 613 页。

② 任达:《新政革命与日本:中国,1898—1912》,李仲贤译,江苏人民出版社 1998 年版,第 131 页。

③ 梁启超通过阅读、译介日文书来导入和传播西方思想观念,不可避免地受到这些日文书的局限,正如有学者所指出的,"梁启超为了变法维新,鼓励中国的知识分子以日本为中介,接受西学,而他自己也恰恰走上了这一条道路。所以他所介绍的'西学',也不可能不受'东学'的影响,蒙上了一层日本的色彩"(郑匡民:《梁启超启蒙思想的东学背景》,上海书店出版社 2003 年版,第 19 页)。关于这一点,当另文专论。

中外"社会教育"交流中的问题与论争

——一种历史视角

◎王　雷*

摘　要: "社会教育"与"社会的教育"之间的早期论争,形成了"社会教育化"与"教育社会化"的源头,出现了"社会教育学"与"教育社会学","社会即教育"与"教育即社会"等理论形态,并在论争的过程中出现了"教育的社会功能"与"社会的教育功能"的不同特质。在近代中外教育的各自发展中,出现了中外"社会教育"交流的弱化以及中国现代教育发展中"社会教育"的缺失,导致中国教育发展的许多难题难以破解,许多问题争论不休。

关键词: 社会教育化;教育社会化

"社会教育化"与"教育社会化"人们经常使用,耳熟能详,但是,长期以来,在学校教育的视域下,二者的含义及其关系并未得到科学合理的解释,二者的来源以及争论也未得到满意的回答。随着中外教育交流的日益丰富以及社会教育理论研究的深入,随着中外终身教育的交流以及建设学习型社会的需要,"社会教育化"与"教育社会化"的论争及其价值日益彰显,本文试从近代中外教育交流的视角就二者的内涵与论争过程作一分析,以明了各自教育的特质与价值,分析我国教育现代化进程中"社会教育"的缺失。

一、论争的源头:"社会教育"与"社会的教育"

考察中国近代社会教育思想史,我们就会发现,有两种思想形态自产生之日起就有争论,那就是"社会教育"与"社会的教育"。二者是什么关系?为什么会引起争论?我们从其产生的源头来看一看有关它们论争的过程及结果。

1912年,民国教育部首设社会教育司,开启了中国近代运用社会力量管理与发展教育的先河。社会教育在教育行政地位上的确立拉开了社会教育事业发展的序幕,也为社会教育与各种教育关系之争埋下了伏笔。

1917年,余寄编译《社会教育》一书,提出了"社会教育"与"社会的教育"的不同。文中首先认为"社会教育者以社会之全体为教育之客体而施教育于社会全体之谓也。其意

---

* 作者简介:王雷,沈阳师范大学教育科学学院教授。

义有广狭之不同。广义之社会教育,举凡社会上各种事业,其结果可使社会改良者均属之。狭义之社会教育,则仅以直接改良社会为目的"。紧接着指出"社会教育与'社会的教育'有别。'社会的教育'系指对于特殊的人之教育而言,学校即其例也。教育之方针虽与社会教育同,教育之客体则与社会教育异。社会教育之客体为社会,'社会的教育'之客体则为个人"。在这里他指出"社会教育"与"社会的教育"在各自的目的、对象上是有区别的。

1931年,高卓著《现代教育思潮》,把"社会的教育学说"看成是一种教育思潮。文中认为:"所谓社会的教育学说者,乃以社会的见地讨论教育之目的与实施之谓也。""教育学者乃以社会的眼光观察教育,此社会的教育学说之所由成立也。"根据这种观点,他认为德国教育家纳托普(Natop)和美国教育家杜威(Dewey)是这种"社会的教育学说"的代表人物。他认为这种学说的作用是"社会的教育思潮亦即所以矫正个人主义的教育之错误也"①。

1934年,近代社会教育学者马宗荣著《现代社会教育泛论》,文中认为:"社会教育与社会的教育不同,社会的教育是狭义中的一种教育理想,是从社会的见地而考察教育的一种教育学。""社会的教育的对象为个人,是特殊人施于特殊人的作用,是学校教育的一种理想,一种教育主义,而社会教育的对象是社会,是民众,是全民,不是个人。……社会教育事业的精神,是集中在社会全民的教化,社会全体的改善。学校教育非整个生涯的教育,社会教育乃全生涯的教育。"②进一步阐明了"社会教育"与"社会的教育"的区别。

在这个时期一些中译日的著作中,日本的一些教育学者也有此看法。日本近代社会教育学家吉田熊次在《社会教育的设施及理论》一书中特别强调:"在这个地方,要注意的是'社会教育'与'社会的教育'的区别","从概念上说二者非严密的区别不可"。他说:"社会的教育是对从来的所谓个人主义的见地而言,从社会的立场,以解决教育的诸问题的一种态度。即教育的主义并目的,要从社会的见地立论的意思。近时关于学校教育的主张,无论关于目的或方法方面从社会的见地立论的教育思潮颇为盛行,这是大众所周知的事实。这可以说是社会的教育主义之勃兴。"而社会教育是"为学校教育以外的事项,这是直接向着社会动作或社会向其成员动作的教育活动,是与学校教育相对而构成别个世界的"③。在这里日本教育学者也把"社会教育"与"社会的教育"看成是两种不同的教育主张和活动。

通过上面的考察与分析可知,在近代中国传播与兴起的社会教育思想,有"社会教育"与"社会的教育"两种思想形态,它们是有区别的两种教育观。

首先,从源头上看,我国近代兴起的"社会教育"以学校以外的教育事业而定位,其思想与事业主要是受日本影响的结果,日本社会教育是我国近代社会教育产生与发展的源头。④ 而"社会的教育"则是从欧美兴起的一种教育学说。

---

① 高卓:《现代教育思潮》,商务印书馆1931年版,第72页。
② 马宗荣:《现代社会教育泛论》,世界书局1934年版,第15页。
③ 吉田熊次:《社会教育的设施及理论》,马宗荣译,中华书局1935年版,第3页。
④ 王雷:《中国近代社会教育史》,人民教育出版社2003年版,第6页。

　　其次,从含义上看,中国近代出现的社会教育,自出现起,就以学校外的教育而定位,是通过社会面向民众所施的一种教育,其目的是提高民众的智识,以改良社会;而"社会的教育"则是一种与以社会为本和以个人为本的教育学相对立的一种教育学说,其主旨是考虑教育应该从社会出发。

　　这两种思想的差异说明了"社会教育"与"社会的教育"是两种不同的教育主张。在后来教育理论的发展变化中,"社会的教育"在思想层面上,对我国影响较大,形成了后来教育社会学的一种流派,这种思想是"教育社会化"的源头;而"社会教育"在实践层面上影响着我国社会教育事业的发展,形成了后来社会教育理论与事业的繁荣,这种思想是"社会教育化"的源头。

二、论争的特质:"教育的社会功能"与"社会的教育功能"

　　从词源来看,我国近代"社会"一词,是 20 世纪初由日文转译而来的,在时间上和"教育"一词的广泛使用是同时段的,在同一个时期"社会"与"教育"二词开始连用。受日本以及西方社会学说的影响,我国近代许多思想家和教育家开始用社会学原理来分析各种教育问题或用教育的知识分析社会问题。

　　在探讨社会与教育之关系中,社会学家和教育学家普遍都承认,社会与教育有重要的关系。这种关系在功能层面可以表现于两个方面:其一,教育具有社会性,教育具有社会功能;其二,社会具有教育性,社会具有教育功能。

　　第一方面的内涵,就是后来的"教育社会化",随着发展逐渐成为后来教育社会学研究的内容,形成了众多教育社会学流派。第二方面的内涵,就是"社会教育化",随着发展则逐渐演化为社会教育学研究的内容,成为后来许多教育家关注的对象。

　　由于近代救亡图存、社会改良和民众启蒙的需要,众多教育家给予社会教育学比教育社会学更多的关注。他们认为,社会制度本身就是一种教育制度,对人具有培养作用,它时时刻刻把知识、经验、思想等传递给国民,不同的社会制度对人的教育意义是不同的,一个人社会化的程度及性质,一个国家民智的高低,不仅仅取决于学校教育制度,同时也受社会制度影响。

　　我国近代著名教育家雷沛鸿,就曾提出"社会教育与学校教育合流"的主张,他认为:"一切社会制度均具有教育的功能,而学校只是社会制度的一种。文化的遗传要靠一切社会制度(如家庭制度、徒弟制度、行会制度等)来传递社会经验、知识技能等,学校既不是传递文化的唯一机关,所以学校制度应与其他各制度切实联系,使教育透过一切社会制度。"①他根据我国国情和民情的实际状况认为,在我国特别要注意发挥社会的教育作用,使教育通过一切社会制度来实现。

　　因为长期的封建制度是以愚民为主要特征的,专制制度不需要智慧高的国民,只造就奴隶,所以,没有民主制度的建设,一切学校教育制度都是徒劳的。为此,李大钊更为

---

① 韦善美、马清和主编:《雷沛鸿文集》下册,广西教育出版社 1990 年版,第 169 页。

尖锐地指出:"政治不好,提倡教育是空谈。"①因为政治本身就具有教育的功能。教育家陶行知则强调"生活就是教育""社会就是学校"。这些主张告诉我们,社会本身具有教育特性,社会的一切都具有广泛的教育内涵,所以,社会的建设、社会的改革、社会的活动都要考虑教育的功能;反过来说,教育的一切成果,包括教育目标、教育内容、教育方法等都要通过整个社会来完成,人才培养、民众素质的提高不仅仅是学校的责任,也是社会的责任,是学校与社会合力作用的结果。

现代社会学观点也告诉我们,社会具有教育的功能,也称为人的社会化过程或社会教化,即社会通过各种教育方式,使自然人逐渐学习社会知识、技能与规范,从而形成自觉遵守与维护社会秩序的价值观念与行为方式,取得社会人的资格的教化过程。有的社会学观点,甚至直接指出"社会教化是社会通过社会化的主体实施社会化的过程,它与广义的教育类同"②。

通过以上的分析,我们从二者的论争中可以得到这样两点认识,它们体现着各自的内涵与特质。

第一,从社会角度看,社会具有教育的功能,社会本身就是一种教育,一所学校。任何一个社会都会通过各种方法,使社会及其文化得以延续,并力图促使它的每一个成员发展成为符合该社会要求的人。社会对人的这种培养可以称为"社会教育化"。

第二,从教育角度看,教育具有社会的功能,一个社会的教育功能是由整个社会来完成的,一个社会的教育目的也是由整个社会来实现的,学校教育只是教育制度或教育形式之一种。社会文化、社会制度、社会活动等本身就具有各种教育意义,这就是"教育社会化"。

三、论争的形态:"社会即教育"与"教育即社会"

从内涵分析,"社会教育化"主要是指"社会"要具有"教育"形态,社会要有教育的意义。从动态来讲,社会是一个教育过程;从静态来讲,社会具有教育的因素;从目标来说社会应有教育的功能。按教育学意义分析,社会就是一所学校,社会的一切,包括制度、活动、设施等都应该有教育的意义,全社会应该广泛参与教育事业,考虑教育因素,关心教育的发展。

教育功能与目的的实现不仅仅是学校的特权,教育功能与目的的实现应该通过社会来进行。在教育实践中,表现于全社会都来关心教育、办教育,社会应为人们提供各种形式的教育机会。如行业办学、行业培训、企业办学、职工教育;发展广播、电视、网络等远程教育;增加与创新各种社会教育机构设施,为各个年龄阶段的人提供教育机会;等等。

"教育社会化",从内涵来分析主要是指"教育"要具有"社会"形态,教育要具有社会意义。从动态来讲,教育是一个社会化过程;从静态来讲,教育具有社会因素;从目标来

---

① 孙培青主编:《中国教育史》,华东师范大学出版社 2000 年版,第 408 页。
② 吴忠民:《社会学理论和方法》,中共中央党校出版社 2003 年版,第 10 页。

说,教育具有社会的功能。从教育学意义来看,强调学校应该对社会开放,学校教育只有在和社会各方面教育力量取得一致的情况下才能充分发挥作用。

因此,学校应该加强与社会各界的联系,争取社会各方面的配合,争取社会各界对教育的参与、关注与支持,协调社会各方面的教育影响,充分利用各种社会教育因素,同时学校要积极扩展社会服务的范围与对象,广泛参与各种社会活动,举办各种社会教育事业。在教育实践中则表现为,学校举办家长学校、社区学校、市民学校、培训学校等;同时,参与社会各种文化教育事业,如图书馆、博物馆、文化馆、青少年宫等活动,大学应对社会开放,要举办各种咨询展览、研讨座谈和公开讲座等。

通过比较我们可以看到"社会教育化"与"教育社会化"二者各有各的侧重。"社会教育化"的主词是"社会",强调的是社会应该办成一个教育型社会、学习型社会,做到"社会就是学校""生活就是教育";"教育社会化"的主词是"教育",它强调教育应该具有社会性,"教育就是生活""学校就是社会"。

"社会教育化"是社会教育学研究的问题,探讨的是社会的教育功能;"教育社会化"是教育社会学研究的问题,探讨的是教育的社会功能。

二者的联系表现在,它们是对立统一的关系,它们是互相联结、互相渗透、互相促进、互相演变和互相转化的。二者的对立统一与合作互动具有重要的教育学价值。

四、论争的问题:"社会教育"的争论

自 1912 年民国教育部设"社会教育司"以来,社会教育的地位问题,社会教育能否制度化问题,社会教育与学制系统的关系,社会教育能否提高"民智"与"民心"等问题,就一直受到人们的关注。许多人看到了社会教育有行政职能,但在学制系统上无地位的现象制约着社会教育的发展,影响着社会教育作用的发挥,因而提出了许多解决这个问题的主张,试图把社会教育制度化。但一直到现在,社会教育的制度化问题始终也没有解决好,导致许多问题争论不休,许多教育难题难以破解。

(一)合流说:破解社会制度有没有教育的功能

合流说的主要观点是"于现行学制系统内,加入社会教育系统,彼此联络"。[①] 著名教育家雷沛鸿就是这种观点的代表人物,他认为"中国的教育设施,通常分为两大类:一类是学校教育;一类是社会教育"。他说:"到现在我们感觉到两种教育并立或对立,是不合理的,应该合作起来。"[②]他提出了"社会教育与学校教育合流的主张"[③],他说:"一切社会制度均具有教育的功能,而学校只是社会制度的一种。文化的遗传要靠一切社会制度(如家庭制度、徒弟制度、行会制度等)来传递社会经验、知识技能等,学校既不是传递文

①　刊首语《这一期》,《教育与民众》第 5 卷第 1 期。
②　韦善美、马清和主编:《雷沛鸿文集》下册,广西教育出版社 1990 年版,第 165 页。
③　韦善美、马清和主编:《雷沛鸿文集》下册,广西教育出版社 1990 年版,第 168 页。

化的唯一机关,所以学校制度应与其他各制度切实联系,使教育透过一切社会制度。"①

他认为把教育分为正式教育和非正式教育,把学校教育看成是正式教育,把社会教育看成是非正式教育,这种划分"是不合理的",这样使学校教育"太偏枯"而使社会教育难以制度化,应该使社会教育与学校教育合流。

(二)并列说:破解社会教育是否存在

主张社会教育制度与学校教育制度彼此并列的人士认为"于现行学制系统之外,另订社会教育系统,彼此并列"②。这种主张在第一届中国社会教育社年会时,就曾作为一个方案,提交给大会进行讨论,会上决定把此项方案和其他方案一起广泛征求各方意见。1933 年 2 月,国民政府教育部召集各地社会教育与民众教育专家,讨论推行社会教育与民众教育方案,其中把"社会教育在学制系统上之地位"作为当时讨论的问题之一,在会上教育部也提出了这种方案,即"于学校系统外另定一平行之社会教育系统"。③ 并要求人们广泛讨论。这种方案在当时人们主张改造现行学制的背景下,具有一定的吸引力,它代表了当时一些重视社会教育和民众教育的人士的意见,也反映了他们主张发展社会教育的强烈要求。"但此事争执多年并无结果,一直到抗战开始,教育部才召集几位社会教育同人,共同讨论,另立教育系统于学校系统之外,但实在仍是办不通,因为我们的人力、财力很有限,不能另行筹划,专办社会教育。"④所以,这种试图建立社会教育系统与学校系统相并列的想法,直至抗战前也没有成功。

(三)创新说:破解社会教育适应国情

主张创新一种中国教育制度以包括社会教育和学校教育的代表人物是梁漱溟,他拟订的《社会本位的教育系统草案》是这种主张的代表作。

梁漱溟所拟订的这个草案,主要是试图以社会为本位来创新一个适应中国国情的教育系统,是为了矫正"中国三四十年来,学校教育之大弊在离开社会"的现象,也是为了矫正"视成人教育和社会教育为临时补充枝节应付之事",⑤在当时来看,无疑是一种创新。对此,俞庆棠曾评价说:"梁漱溟氏曾草拟社会本位的教育系统草案,并拟有社会本位教育系统图,即是一种彻底把教育范围扩大为全民众的教育的意见。"⑥但是,这种创新的尝试也随着抗日战争的爆发而被终止。

(四)兼办说:破解学校的社会教育能力

兼办说的主要观点是指社会教育的事业由各级各类学校兼办,利用学校的人力、物

---

① 韦善美、马清和主编:《雷沛鸿文集》下册,广西教育出版社 1990 年版,第 169 页。
② 刊首语《这一期》,《教育与民众》第 5 卷第 1 期。
③ 马秋帆编:《梁漱溟教育论著选》,人民教育出版社 1994 年版,第 100 页。
④ 韦善美、马清和主编:《雷沛鸿文集》下册,广西教育出版社 1990 年版,第 169 页。
⑤ 马秋帆编:《梁漱溟教育论著选》,人民教育出版社 1994 年版,第 113 页。
⑥ 茅仲英编:《俞庆棠教育论著选》,人民教育出版社 1992 年版,第 189 页。

力和场所,来从事社会教育的实践活动。蔡元培是这种观点的提倡者和支持者。

他早在 1916 年就十分赞赏国外学校的做法,认为美国的大学不仅"要把个个学生都养成有一种服务社会的能力","而且一切文化事业,都由大学包办,如巡回图书馆、巡回影戏片、函授教育等等"。[①] 他认为五四运动"最重要的纪念"事项之一就是"扩充平民教育"。[②] 他说,"改造教育同时改造社会,就是学生或教员一方面讲学问,一方面效力社会"[③],学校的教员和学生不能只专门读书,还应该影响社会。

中外社会教育的交流与论争,是我国自民国建立以来,教育发展中一个十分重要的教育问题。在教育思想方面,社会教育能否制度化问题的提出,是对近代以来发展教育时以学校教育为正统观念的一次冲击与突破,它丰富了教育的内涵,扩大了人们对教育的认识,拓宽了教育的范围,使人们从更为广阔的意义上来思考教育问题;在教育制度上,社会教育制度化问题突破了人们观念中的教育制度即学校教育制度的认识,使人们对建立国民教育制度有了新的思考,对后来国民政府颁布"国民教育法",做了思想上的准备;在教育实践与事业上,关于社会教育制度化的争论,使人们对近代以来出现的通俗教育、平民教育、民众教育、乡村教育以及社会教育等实践活动有了更深的认识。人们试图通过制度化的方式,在更高的层面上来统筹这些教育活动"各自为战"的局面,试图通过社会教育的制度化,以整合"包罗万象"的社会教育事业,为我们留下了许多值得认真思考的问题。

总之,社会教育和学制系统关系之争,为我们今天发展教育事业提供了众多的思考点。它启示我们社会教育应该是和学校教育一样并存并重的教育事业,社会教育承继古代的教化传统,吸取了国外优良的教育经验,在近代的教育转型过程中,它承担着许多当时在中国尚处于萌芽状态的教育的功能,孕育了许多现代教育因素,如社区教育、终身教育等。社会教育在近代的实践,扩大了教育的对象,丰富了教育的形式,突破了教育就是学校教育,办教育就是培养人才的狭窄教育工具观。它要求我们要树立大教育观,来思考和解决各种社会及教育问题,要引导和发挥社会教育功能来弥补家庭教育和学校教育的不足。社会教育能否制度化的争论是我们的先人在探讨教育如何适应国情的过程中,如何建立自己的教育思想与制度体系的实践中,所做的一次重要的尝试与努力,它告诉我们:中国的国情、民情和教化传统,需要我们重视发展社会教育的理论与事业,通过发展社会教育事业,破解教育发展的难题,回归教育的正路。

---

① 高平叔编:《蔡元培教育论著选》,人民教育出版社 1991 年版,第 358 页。
② 高平叔编:《蔡元培教育论著选》,人民教育出版社 1991 年版,第 378 页。
③ 高平叔编:《蔡元培教育论著选》,人民教育出版社 1991 年版,第 265 页。

步济时与近现代中外教育交流的关系

◎杨 燕*

摘 要：步济时在近现代中外教育交流活动中开展了大量的社会服务工作教育活动，产生了重要的影响。他先后在北京青年会和燕京大学工作，向中国传播了基督教理念下的社会工作教育主张，培养了一批社会工作人才，开展了多项社会调查工作。对于步济时在近现代中外教育交流中的历史价值，"冲击与反应"和"移植与本土化"是基于两种不同视角的评价，反映了中外教育视野的两种取向。

关键词：步济时；社会工作教育史；中外教育交流

步济时（J. S. Burgess），1909—1928年曾在华工作。步济时对中国社会工作教育的发展产生了重要的影响，左芙蓉的《社会福音·社会服务与社会改造：北京基督教青年会历史研究 1906—1949》[①]，阎明的《中国社会学史》[②]和彭秀良的《守望与开新：近代中国的社会工作》[③]对此都有所提及。鉴于目前学界对步济时在华社会工作教育活动的研究过于零散，本研究再次梳理其在华期间的社会工作教育活动，并探讨步济时与近现代中国教育交流的关系。

一、步济时在中国开展教育活动的两个阶段

（一）北京青年会学生部的领袖

1909年，步济时第一次来华。来华之前，他曾赴日本开展了两年的传教工作。从日本回到美国后，步济时进入哥伦比亚大学攻读硕士学位，同时在神学院进修。1909年，步济时完成学业，到北京进入普林斯顿—北京中心工作。步济时的家庭宗教传统深厚，父亲是美国长老会的长老，也是纽约州监狱改革的领袖。

步济时在普林斯顿—北京中心工作的职位是北京青年会学生部负责人，在这期间的

---

* 作者简介：杨燕，人民教育出版社与北京师范大学联合培养博士后。
① 左芙蓉：《社会福音·社会服务与社会改造：北京基督教青年会历史研究 1906—1949》，宗教文化出版社 2005 年版，第 208—212 页。
② 阎明：《中国社会学史：一门学科与一个时代》，清华大学出版社 2010 年版。
③ 彭秀良：《守望与开新：近代中国的社会工作》，河北教育出版社 2010 年版。

工作为他对中国社会工作教育的发展做出贡献奠定了重要的基础。普林斯顿—北京中心的成立与20世纪初美国社会福音和"学生志愿国外传教运动"有密切的关系。受"北美协会"①的委托,普林斯顿大学于1906年在北京创办了普林斯顿大学—北京中心,1909年又在中心组建了北京青年会。普林斯顿大学的毕业生特别组织了"普林斯顿—燕京"校友基金会,资助燕京大学社会学的发展。创办初期的教师大都是外籍教师,②其中部分是普林斯顿大学的校友。③ 中心的主要经费也来自普林斯顿大学的筹款。如1911年,普林斯顿—北京中心通过普林斯顿大学的筹措,获得了慈善家约翰·沃纳梅克(John Wanamaker)6万美元捐款,用于建设中心大楼。④

在普林斯顿—北京中心工作期间,步济时有两项重要成绩。其一,1914年,即来华工作的第5年,步济时在《教务杂志》上发表《建北京为社会服务基地》一文,正式向来华基督教组织提出以"社会服务"传播基督教。步济时是在华传教士中系统阐述社会服务传播基督教的第一人。他的阐述建立在调查的基础上,提出了社会服务工作构想的具体措施——培养一批社会服务人才和建北京为社会服务教育的基地。⑤ 其二,1919年,即来华工作的第10年,步济时领导北京社会实进会组织创办了《新社会》期刊。刊物虽然仅维持了半年⑥,但它是第一份中国社会学学术期刊。《新社会》主要刊登了由郑振铎、瞿秋白、瞿世英、许地山等人翻译或撰写的一些关于西方社会学说介绍、社会实况调查、社会问题分析等方面的文章。⑦

(二)燕京大学社会学系的主任

1922年,即来华工作的第13年,步济时从北京青年会转移到燕京大学社会学系工作。之所以转移,一方面因为北京青年会需要降低外籍传教士人员比重而实现中国化改革,步济时等外籍传教士不得不离开北京青年会⑧;另一方面因为燕京大学校长司徒雷登推行办学国际化的方针,十分青睐步济时等外籍教师传教士及其带来的普林斯顿大学的资助。⑨

---

① "北美协会"是美国和加拿大基督教青年会国际委员会(The International Committee of Young Men's Christian Associations of U. S. and Canada)的简称。

② 外籍教师的来源有三类,一类是由普林斯顿—北京中心支付薪金的兼职教师,如富博思、甘霖格、亨格力、布莱思德(T. C. Blaisdell)等,另一类是聘请的专职外籍教师,如德菲(Turfee),还有一类是从其他机构聘请的兼职教师,由燕京大学支付薪金。富博思,1919年来华,在北京青年会负责体育部的工作,1925—1932年一直负责燕京大学社会学科"娱乐"课程。甘霖格,1920年来华,1924—1934年,一直在燕京大学社会学科兼课,主要担任"男童的社会工作理论与实践"和"团体服务工作方法"课程,另外还开设过"宗教团体之调查""幼年团体领袖""志愿服务的监督"和"社会学机关的行政管理"等课程。

③ "Gift to Princeton Work in Peking Increased", *The Daily Princetonian*, 1911,153(1).

④ "Gift to Princeton Work in Peking Increased", *The Daily Princetonian*, 1911,153(1).

⑤ J. S. Burgess, "Peking as a Field for Social Service", *Chinese Recorder*, April,1914.

⑥ 《新社会》于1919年11月1日创刊,1920年5月停刊,共出版19期。

⑦ 郑振铎:《发刊词》,《新社会》1919年第1期。

⑧ 左芙蓉:《社会福音·社会服务与社会改造:北京基督教青年会历史研究1906—1949》,宗教文化出版社2005年版,第208—212页。

⑨ 司徒雷登:《在华五十年——司徒雷登回忆录》,程宗家译,北京出版社1982年版,第52—64页。

在燕京大学社会学系期间,步济时对中国社会工作教育发展的贡献达到了高峰。燕京大学是中国第二个开办社会学专业的高校。[①] 它培养了大批社会服务工作和社会学研究人才,在现代中国乡村建设运动中起到了重要作用。在 20 世纪 80 年代社会学重建中,曾在燕京大学学习和工作过的费孝通和雷洁琼是积极的倡议者和领导者。

作为创始人和系主任,步济时在燕京大学社会学系也完成了两项成果。其一,步济时设计了社会服务人才培养方案。1924 年,步济时在《教务杂志》发表《中国社会工作者的培训》,提出社会服务教育的目的是培养"帮助人找回权利的社会工程师",培养方案包括"总体性的社会认识""西方社会工作的历史""研究方法"和"社会服务技术"等四个方面。[②] 步济时还主张开设短期培训以扩大社会服务人员培训的规模。[③] 其二,步济时完成了北京城市调查和北京行会组织调查研究。1917 年至 1918 年,步济时与甘博合作开展北京城市社会调查,完成了近现代中国第一个城市调查。1925 年至 1926 年,步济时在燕京大学社会学系的学生张鸿均、王贺辰、李仕范,中华教育文化基金会委员会社会调查部主任李景汉及张鸿均的舅舅赵润山的帮助下,完成了对北京地区行会组织的社会调查,并撰写《北京的行会》[④]作为他攻读社会学博士学位的毕业论文。

二、步济时对中国社会工作教育的影响

在近 20 年的在华工作中,步济时对中国社会工作教育的影响体现在传播了基督教、培养了社会服务工作人才和开展了社会调查研究工作三个方面。

(一)基督教思想的传播

步济时的社会服务思想带有浓厚的基督教思想,他的社会服务教育工作向中国传播了基督教思想。步济时深受基督教家庭氛围和美国社会福音运动的影响,曾先后在日本和中国的传教组织工作。在来中国之前他还专门到神学院进修学习,因而他是具有较丰富的基督教知识和较强烈的基督教同情心的传教士,他的思想带有基督教哲学色彩。步济时在论述建北京为社会服务基地时提出:"在上帝面前人人平等,社会服务工作的目的是帮助那些受到各种限制不能享受上帝子民幸福的人改变境遇。"他认为尽管社会及私人组织提供了一些社会服务,但社会仍然需要基督教组织参与服务。基督教组织可以以信仰的力量成为北京社会服务的领导者。

步济时在实践中积极参加在华基督教组织的活动,助推了基督教思想在华的传播。

---

① 第一个开办社会学专业的大学是沪江大学(1915 年),继燕大之后开设社会学专业的大学有复旦大学(1925 年),清华大学(1925 年),光华大学(1926 年),大夏大学(1926 年),中央大学(1927 年),暨南大学(1927 年),东北大学(1928 年),上海劳动大学(1929 年),开封中山大学(1929 年)。

② J. S. Burgess, "The Train of Social Worker in China", *Chinese Recorder*, July, 1924.

③ 《明年的燕京大学社会学科(为毕业生实练社会实际工作而设的特别班和机会的计划)》,《北京大学日刊》1923 年第 1284 号。

④ 步济时:《北京的行会》,赵晓阳译,清华大学出版社 2011 年版。

1911 年,步济时开展学生调查,并把学生调查的结果发布在《教务杂志》上,[①]供其他传教士参考。1911 年至 1912 年,步济时在北京西山卧佛寺组织学生开展讨论会活动,增加了对北京地区和天津地区青年大学生的了解。[②] 1913 年至 1914 年,步济时组织了北京学生团社会实进会(Peking Students' Social Service Club,简称"实进会"),会址设在北京基督教青年会。会员共有 210 人,来自北京 13 个不同的大学,几乎覆盖了北京所有影响力较大的大学。实进会曾组织附近的儿童开展公共操场、公共图书馆、篮球、排球、秋千、电影放映以及课程补习等各种活动。1914 年至 1915 年,步济时指导实进会青年学生开展"北京人力车夫生活与工作状况调查"。步济时以基督教传教士的身份与青年学生交往,在各种行动中向青年学生潜移默化地传播了基督教思想。

(二)社会工作人才的培养

步济时先后在北京青年会和燕京大学社会学系开展社会服务培训和教育工作,为近现代中国社会培养了一批社会服务工作人才。

步济时在北京青年会期间曾为实进会的青年开展社会服务培训。培训起初是为了配合北京青年会学生部社团活动的需要而开办。培训的目的是使在校学生们具备一定的思想上和技能上的社会服务工作者素养。思想上要求有无私、积极、真诚无偏见等态度,技能上要求有科学方法、一定的社会服务历史的知识和获得被服务对象信任的能力。[③] 培训的时间和人员不固定,教学资源少,培训方案相对简单。教学方法有学生自学、集中讲演或自由讨论等。演讲课程的内容有社会服务实践技巧、社会服务原则和理论、社会服务领域、国外社会服务历史概况等。培训为学生提供了一些关于社会主题的书籍,芝加哥大学亨德森博士(Dr. C. R. Henderson)的友人杜德夫人(Mrs. Doud)曾提出资助建立公共图书馆。

步济时与燕京大学社会学系的联系开始于他在燕京大学宗教学院基督教道德与社会学系的兼职教学活动。据宗教学院院长提交的报告记载,步济时和另外两名外籍教师哈斯小姐(Miss Huass)和克若斯先生(Mr. Cross)共开设了"基督教社会信息""现代社会问题及其基督教道德"和"从道德和宗教角度看现代社会运动"等三门课程。[④]

1922 年至 1926 年,步济时在燕京大学主持了社会学人才培养工作。按照他所设计的培养方案,燕京大学社会学系培养了一批受社会欢迎的人才,北京社会局甚至邀请未毕业的学生去工作。[⑤] 步济时重视学生的社会实习教育,他认为社会实习可以帮助学生

---

① J. S. Burgess, "Some Tools for the Student Work", *Chinese recorder*, October, 1911.

② C. Corbett, "A Summer Conference for Government School Students", *Chinese Recorder*, October, 1911; J. S. Burgess, "The Second Government School Student Conference", *Chinese Recorder*, October, 1912.

③ 转引自左芙蓉:《社会福音·社会服务与社会改造:北京基督教青年会历史研究 1906—1949》,宗教文化出版社 2005 年版,第 146—147 页。

④ 《神学院主任的报告·燕京大学校长和系主任提交董事会的年度报告》(Report of the Dean of the School of Theology, Annual Reports of the President and Deans of Peking University to the Board of Managers),北京大学档案馆馆藏,燕京大学档案,档案号:YJ19210005。

⑤ 许仕廉:《对于社会学教程的研究》,《社会学杂志》1925 年第 4 期。

避免误人听信西方教科书空谈学术和盲目模仿西方的歧途。[①]

(三)社会调查研究的开展

步济时在北京青年会和燕京大学社会学系期间都积极倡导和组织社会调查工作,他是近现代中国社会调查运动的著名人物之一。

步济时在社会服务教育培养方案中指出,中国人"大概是"和"差不多"的态度对社会服务工作不利,社会服务工作需要科学精确的精神,社会服务必须以社会事实为基础。他推荐学习泰勒先生(Mr. J. B. Tayler)与赈灾委员会合作的乡村调查,布莱斯德(Mr. T. C. Blaisdell)和朱友渔先生(Mr. C. C. Chu)合作的北京地毯工业调查研究,以及米岚小姐(Miss Milam)完成的中国家庭生活调查,[②]要求学生学习社会调查的精神和方法。

步济时参与或主持完成了两部近代中国著名的社会调查报告《北京的社会调查》[③]与《北京的行会》。《北京社会调查》的组织者是甘博(Sidney David Gamble)。报告收集了北京社会政治、经济、人口、宗教、教育等各方面的资料,为研究近代北京社会留下了丰富的历史资料。《北京的行会》调查了北京地区及附近地区包括缝纫业行会、盲人行会、木器业行会、靴鞋业行会、理发业行会等在内的 42 个行会。调查几乎覆盖了北京所有的行会,调查数量占北京行会总数的 32.8%。调查采用问卷调查的方法。调查人员访问行会负责人,咨询由步济时设计的问卷上的问题,再如实记录并最后核对。被调查的行会都与调查人员张鸿钧的舅舅有很好的关系。他是北京精忠庙的庙司,熟悉行会的会议程序和礼仪,为了支持将到美国留学的外甥而非常乐意帮忙联系行会。由于这层关系,张鸿钧能获得被调查人的信任,帮助步济时完成了调查。

三、步济时与近现代中外教育交流的关系

在中外教育交流视野中,步济时在华期间的社会服务教育活动产生了两种不同的历史价值。步济时在中国的社会工作教育活动中接触了中国多个社会阶层的人物(具体包括教师、青年学生、被调查对象),同时步济时的工作受国际基督教组织和国际社会学界的领导和资助。从国际交流双向性特征的角度看,在同一活动中,参与活动双方的目的、角色定位和影响力不同。即便活动同时满足了双方各自的要求,但双方不同的国际交流历史背景决定了活动对双方的历史价值不同。

(一)步济时的对华教育活动受基督教普遍主义思想的影响

从国外对华交流的角度看,步济时来华的社会服务工作教育活动与基督教的普遍主义思想密不可分。步济时深受基督教普遍主义思想的影响,是基督教普遍主义思想的产物——"美国社会福音运动"和"学生志愿国外传教运动"中的基督教徒之一。他曾先后

---

① J. S. Burgess, "The Train of Social Worker in China", *Chinese Recorder*, July, 1924.
② J. S. Burgess, "The Train of Social Worker in China", *Chinese Recorder*, July, 1924.
③ 甘博:《北京的社会调查》,陈愉秉等译,中国书店出版社 2010 年版。

到日本和中国工作,与基督教海外传教组织的合作时间长达 20 年。1818 年,基督教的普遍主义开始踏进中国。1877 年,基督教的普遍主义开始深入到中国的教育领域。基督教普遍主义对中国教育的影响分为三个阶段:(1)1877 年至 1890 年,来华基督教组织开始零星地在华开办学校,活动范围基本在基础教育领域;(2)1890 年至 1920 年,来华基督教组织开始有组织地开展教育活动,教育活动范围从基础教育领域扩展到高等教育领域;(3)1920 年至 1952 年,来华传教士建立了完备的三级教育体制,且产生了较强的社会影响。在普遍主义的影响下,在华基督教教育的哲学是基督化。① 步济时先后分别在北京青年会和燕京大学社会学系开展的教育教学活动,其发展节奏与受基督教普遍主义影响的中国基督教教育节奏吻合——1920 年前初步涉足高等教育领域,1920 年后全面进入高等教育领域。由此可见,基督教普遍主义是中国现代教育兴起的国际背景之一。

基督教普遍主义为中国现代教育的兴起建立了"冲击与反应"的历史进程。19 世纪末至 20 世纪初,西方现代教育思想在通过受基督教普遍主义思想主导的传教活动进入中国后,对正在受国人质疑的传统中国教育进行了猛烈的批判,还开办了具有示范作用的实施现代教育的学校。② 因此,经中外交流教育活动的融合与合作,传统中国教育逐渐被改造成以西方教育为模板的现代教育,形成了西方教育视野中的"冲击与反应"历史进程。

(二)自古以来的对外交流传统是近现代中外教育交流的基础

从中国对外交流的角度看,中国自古以来的对外交流传统为步济时来华开展社会服务工作教育活动提供了基础。步济时在华期间的所有工作都离不开中国同事和学生的支持。早期参加香山讨论会的青年学生、实进会中组织儿童活动的青年学生、《新社会》期刊的编辑委员会以及协助开展北京行会调查的燕京大学同事李景汉和学生张鸿均,都对步济时在华的社会工作教育有帮助。中国同事和青年学生对步济时的教育活动的接纳与认可,与中国古而有之的对外交流的开放观念分不开。中国对外交流活动的历史可以追溯自黄帝与空桐、昆仑等地的传说。汉代开始了大规模的对外交流活动,隋唐时期文化、宗教、艺术等领域的对外交流活跃,元明清时期对外交流活动发展到贸易和科学领域。③ 19 世纪末 20 世纪初,中国先后向日本、欧洲和美国派出大量留学生,对外交流的观念深入民间社会。④ 自古以来的对外交流观念为步济时接触青年学生,宣传社会服务教育观念奠定了基础。

中国对外交流活动为现代中国教育的兴起建立了"移植与本土化"的历史进程。燕京大学社会学系在步济时移植现代社会学后,经过以许仕廉、吴文藻、费孝通为代表的中国籍教师本土化改革,才成为中国社会学界的重要力量。因此,经中外交流教育活动的

① 胡卫清:《普遍主义的挑战——近代中国基督教教育研究 1877—1927》,上海人民出版社 2000 年版,第 52—77 页。
② 孙邦华:《西学东渐与中国近代教育变迁》,中国社会科学出版社 2012 年版。
③ 方豪:《中西交通史》,上海人民出版社 2008 年版。
④ 田正平:《中外教育交流史》,广东教育出版社 2004 年版,第 243—254 页。

融合与合作,以西方为模板的现代教育在中国教育发展史中形成了"移植与本土化"的历史进程。

(三)有关步济时与近现代中外教育交流关系的不同论述

从对华和对外两个视角看,步济时对近现代中国教育交流的历史价值有截然不同的论述。在基督教的普遍主义的对华交流视角中,以基督教传播为目的的基督教的普遍主义对中国现代教育的兴起产生了冲击与反应的历史进程;在中国对外交流传统的视角中,以沟通交流为目的的对外交流活动对中国现代教育的兴起建立了移植与本土化的历史进程。对同一活动,不同视角的论述完全不同,

此外,中外人士的交流与合作是中外交流的融合点。步济时在华教育活动的期间,他与普林斯顿大学、在华基督教组织、青年学生以及燕京大学师生等各类组织和群体进行了有效的沟通与合作。他们的交流与合作为基督教普遍主义与中国对外交流传统的结合提供了动力。

另外,近现代中国教育的转型为中外教育交流的发展提供了契机。自 19 世纪末开始,改革传统中国教育的呼声越来越大,一些地方甚至兴办了包含现代课程和教育方法的学校,取法西方成为当时教育改革的选择。基于此,中外教育交流才活跃起来。因而,近现代中国教育的转型是中外教育交流的历史契机。

综上,在中外教育交流的视野中,步济时在华期间的社会服务工作教育活动的历史价值从基督教普遍主义角度可以概括为对中国现代教育的兴起产生了冲击作用,但其历史价值从中国对外交流的角度应概括为移植作用。两种表述来源于两种不同的视角,反映了中外教育交流视野的两种取向。

吸收外来教育思想过程中出现的偏离与折射

——以胡适对《民主主义与教育》思想的解读和口译为例的考察

◎赵　康*

摘　要：对外来教育思想的吸收是全球化背景下教育交流、互动和发展过程中极为关键的环节。它通常涉及的一个问题是吸收者是否准确无误地理解和诠释了外来思想的原意，而这进一步引发的问题是如果吸收者没有完全按原意解读和诠释，那么发生了怎样的"偏离"？原思想经过这样的过滤，发生了怎样的"折射"，比如在实践中带来何种影响？因此，如何理解和看待吸收外来教育思想过程中出现的偏离和折射现象，在全球化视野中的教育交流、互动和发展过程中是一个重要的问题。本研究以胡适对杜威名著《民主主义与教育》中的思想的吸收活动（主要是解读和口译活动）为考察对象，发现胡适在解读杜威这部著作过程中可能存在的偏离，也发现 1919 年到 1920 年间他为杜威在北京的《教育哲学》讲座做口译过程中，出现的可能的"误译"和他本人的"添加"及"建构"。这些现象在很大程度上折射出胡适本人的意图和见解，而未必是杜威作为原作者和演讲者的原意。为什么会出现这种现象？笔者认为，这不只是语言表述层面的问题。胡适对杜威教育思想的吸收案例，至少印证了两个理论：波普凯韦茨的"本土外国人"概念和施韦尔的"外化"理论。胡适对杜威的解读和翻译中夹杂其本人的意图和关注，使杜威成为"本土外国人"，即"中国式杜威"，这是胡适使外来思想本土化的一个表现。胡适之所以会在这一吸收过程中夹杂其个人及其所属改革派的意图和意见，也可理解为是这些意图和意见的"外化"现象；在外化过程中，他借助杜威的权威性让自己的意图和意见获得支持力与合理性。

关键词：《民主主义与教育》；胡适；外来教育思想；翻译；解读

一、引　言

　　对外来教育思想的吸收，是全球化背景下教育交流、互动和发展过程中极为关键的环节。它通常涉及的一个问题是吸收者是否准确无误地理解和诠释了外来思想的原意，而这进一步引发的问题是如果吸收者没有完全按原意解读和诠释，那么发生了怎样的

---

　　*　作者简介：赵康，浙江大学教育学院副教授。

"偏离"？原思想经过这样的过滤,发生了怎样的"折射",比如在实践中带来何种影响？因此,如何理解和看待吸收外来教育思想过程中出现的偏离和折射现象,在全球化视野中的教育交流、互动和发展过程中是一个重要的问题。在本文中,我首先以胡适对杜威名著《民主主义与教育》的解读为考察对象,呈现胡适解读此书过程中出现的问题。然后再以胡适在北京为杜威口译《教育哲学》而留存的文本为分析对象,列举他口译中的"误译""添加"和"建构"。以此为案例,本文呈现了本土人物在吸收外来教育思想过程中,出现的"偏离"和"折射"。最后笔者试图以"本土外国人"概念和"外化"理论来解释和分析这一现象,从而为我们处理类似问题提供理论视角。

二、胡适对《民主主义与教育》的解读

1919 年 5 月,杜威夫妇刚到中国不久,胡适在新创的杂志《新教育》的第 1 卷第 3 期上发表了一篇论文,名为《杜威的教育哲学》。① 这本杂志由当时在北京大学教育学系任教的蒋梦麟于 1919 年 2 月创办。根据蒋梦麟的回忆,这本杂志②的宗旨之一就是"强调儿童的需要,拥护杜威教授在他的《民主主义与教育》中所提出的主张"③。

胡适的这篇文章是对杜威的《民主主义与教育》这部著作的一个清晰有力的介绍和解读。在文章的开头,胡适引述了杜威的著名观点,即"哲学就是广义的教育学说",然后提供了哲学与教育紧密相关的几个例子。紧接着,在纲要性地介绍全书的主要内容之后,特别是一些具体教育观点之后,胡适明确提出,支撑杜威教育思想的理论,实际上是杜威的实用主义哲学[胡适将其翻译为实验主义(experimentalism)]。然后,胡适以大量篇幅着重解读杜威的著作《民主主义与教育》中的核心思想。他认为这些核心思想是杜威的哲学与教育紧密相关的精髓。他选择引介和解读的重要部分包括:杜威的进步主义教育观点(原书第 6 章),教育中的民主概念(原书第 7 章),知识论(原书第 25 章)和道德论(原书第 26 章)。胡适解读的这种筛选,明显强调了杜威教育哲学中的哲学维度。这不仅显示了他对书中实用主义哲学成分的关注,而且从一个侧面表明他对全书内容理解之深刻,使他能够准确定位杜威这部著作的精要部分,为读者理解这本书提供了一个有效而准确的途径。胡适这篇文章引用了《民主主义与教育》的大量原文,并精确地标注了英文原著的页码。这些都表明他对这部著作有经过细致研读。

然而,胡适在这篇杜威教育哲学的介绍性解读中也存在一些关键缺漏。在解读了杜威关于民主社会所需要的两大条件之后,胡适指出这种民主社会,相应地,也需要教育具有两个条件:"甲、须养成智能的个性,乙、须养成共同活动的观念和习惯。"④这个解读与

杜威原意基本是一致的,但也可看出由于此处胡适表述过于简单化而可能造成误解。虽然他对这两个条件做了些具体解释,但对这两个条件之间是否有联系和有怎样的联系,胡适并没有交代,而这恰恰是杜威想要强调的。这种简化的解读让读者觉得杜威此处的观点显得矛盾而费解。事实上,杜威在《民主主义与教育》中指出:"这样的(民主)社会必须有这样一种教育:这种教育赋予个体对社会关系和社会控制的个人兴趣,同时能够赋予个体某种(参与共同活动的)思维习惯,从而能够确保社会的变化而又不招来无序状态。"①杜威此处强调的是,民主社会的教育,应该让个体理解社会中的各种关系,从而使个人选择的兴趣或行动获得社会意义;同时为了确保每个人的兴趣充分获得发展的自由,教育需要培养个体与他人参与共同活动的习惯,从而持续不断地调整和改进社会。这样既在社会关系中实现个人自由,又能培养个体一种内在的"社会控制",即"根据联合的或共同的情境中使用事物的方式理解那些事物"②。因此,关于杜威提出的个体与社会的联系,以及通过共同的活动改进社会等这些民主社会教育所强调的重要元素,胡适在此处都漏掉了。

在这篇文章结尾处,胡适进一步写道:"(中国)数十年来的教育改良,只注意数量的增加(教育普及),却不曾注意根本上的方法改革。杜威的教育哲学的大贡献,只是要把阶级社会曾遗传下来的教育理论和教育制度一起改革,要使教育出的人才真能应平民主义的社会之用。"③此处,胡适暗示中国教育改革的弱点是没有注意根本上的方法改革,并强调杜威教育哲学恰是一种进步主义教育方法。言外之意是把杜威教育哲学这一"方法"引进中国,会大大有利于中国教育的改革。问题是,杜威教育哲学并不只涉及方法论,胡适极力从方法论上来解读和介绍杜威教育哲学,显然漏掉了杜威教育哲学背后的实用主义认识论和存在论层面。这个缺漏显然与胡适只把实用主义理解为一种方法论有关。

三、胡适对杜威《教育哲学》讲座的口译

胡适那篇介绍杜威教育哲学的文章面世四个月之后,杜威随即在北京开启了关于教育哲学的系列讲座,共 16 个不同的主题。这个系列讲座从 1919 年 9 月持续到 1920 年 3 月,历时近半年之久,而胡适正是这个讲座从头到尾的口译者。通过对比杜威在北京的《教育哲学》讲座与《民主主义与教育》原著,我们会发现几乎所有的北京讲座题目和内容,都可在《民主主义与教育》中找到相应的部分(见表1)。只是在内容上看,北京的讲座内容更加精简,但内容实质没有多大差异。如此看来,杜威在北京的《教育哲学》讲座,基本上是以《民主主义与教育》为蓝本,按其纲要,抽取和提炼而成的,甚至可以看成是《民主主义与教育》的浓缩版或简化版。而胡适就是这个版本的第一个吸收者,也是第一个"过滤者"。这个表中唯一显眼的是,讲座第 12 讲,即"学制问题",杜威并没有在《民主主

---

① J. Dewey, *Democracy and Education*, New York: Free Press, 1997, p. 99.
② J. Dewey, *Democracy and Education*, New York: Free Press, 1997, p. 33.
③ 胡适:《胡适文集》第 2 卷,北京大学出版社 1998 年版,第 247 页。

义与教育》中专门涉及或展开讨论,所占的篇幅也极其有限,那么原因何在呢? 我们将在本文后面部分探究其原因。

表1　杜威在北京的《教育哲学》讲座题目(1919年9月—1920年3月)和《民主主义与教育》中相应部分之对比

讲座次目	讲座题目	《民主主义与教育》中的相应部分
1	教育的功能	第1章
2	教育、儿童和社会	第14章
3	儿童的本能	第10章
4	戏剧扮演与工作	第15章
5	民主国家中的教育目的	第7章
6	学校与社会	第7章
7	教育作为生活和教学材料	第5、8章
8	西方思想史上的学术革命	第16、17、24章
9	科学对道德的影响	第26章
10	科学方法	第25章
11	学习过程中的科学	第17章
12	学制问题	极少
13	中等教育的目的、职业选择以及地理和历史的重要性	第16、21、23章
14	职业教育和自由教育	第19、23章
15	心理学层面的道德教育	第26章
16	社会学层面的道德教育	第26章

杜威的系列讲座受到中国听众的热烈欢迎。每次的讲座都会随即出现在当时一些报纸和期刊上,流传极广,影响极大。[1] 这一方面是因为杜威的世界声誉,另一方面则归功于胡适明白的解读。从译文看,胡适的口译通俗易懂,明白流畅。正如一位当时的讲座记录员所回忆的那样:"杜威的讲座,如同他的英文著作一样,对中国读者而言并不容易理解——但是,胡适是一位出色的演讲家,而他的翻译每个人都明白。"[2]这意味着胡适不仅需要熟悉《民主主义与教育》的文本内容,而且很可能需要在每次讲座前集中地与他的老师探讨相关内容。否则,当场提供流畅和清晰的翻译是不容易的。

但是,这并不意味着胡适提供了绝对完美和忠于原版的翻译。相反,胡适的一些笔

---

[1]　讲座翻译当时被记录下来,即刻在《晨报》和《新潮》等刊物上发表,1920年6月,又与杜威其他几个系列讲座集结成书,定名《杜威五大讲演》,由北京《晨报》出版社出版。至杜威离华前,此书重印10次,每次1万册,可见其影响。由于杜威演讲稿的英文原稿大多遗失,这个讲座的中文由吴俊升和Robert W. Clopton合作翻译为英文,纳入由夏威夷大学出版社1973年出版的 *Lectures in China*,1919-1920。

[2]　B. Keenan, *The Dewey Experiment in China：Educational Reform and Political Power in the Early Republic*, Cambridge：Harvard University Press, 1977, p. 13.

译和口译的关键之处,看起来并不像是杜威本人的观点。在上面提到的那篇《杜威的教育哲学》文章中,胡适写道:"我这一篇所说杜威的新教育理论,千言万语,只是要打破从前的阶级教育,归到平民主义的教育的两大条件。"①同样,在《教育哲学》讲座第 7 讲中,胡适这样口译杜威:"我们不但应该把政治上、经济上的贵族制度打破,尤应该把知识、思想上的贵族制度一起打破。"②胡适此处以较高的频率,使用色彩强烈的"打破"一词,似乎在建议为了实践杜威的教育理论,必须完全摧毁中国的传统教育体系。此处流露出的意义,极可能是那一时期胡适个人对于中国传统文化的观点,而不太可能是杜威演讲的本意。事实上,那一时期一些公共知识分子批评胡适的主张具有"文化的自我否定"和"反传统主义"的倾向。而杜威总体上是一位传统的建构主义者(traditional constructionist),即以建构和改善的方式对待传统,不太可能用如此强烈的言辞表达对传统的看法。正如他在《民主主义与教育》中所写的那样:"要达到(民主教育)的目的,需要对文化中的传统理想、学习中的传统科目、教学和学科的传统方法进行改进(modification),如此,年轻人才能处在教育的影响之下,直到他们掌控了自己的经济和社会生活。"③因此,杜威对于传统的态度并不太可能用"打破"一词表达,而更有可能表达为对传统的"改进"或"灵活的调整"(flexible readjustment)。④ 此处很有可能是当时胡适个人对传统的看法,而这却有可能让人对杜威关于传统的态度有所误解。然而这仅是一例,已有学者指出胡适对杜威的多处误译。⑤

　　胡适的误译不仅造成在一些关键问题上对杜威的某种误读,而且在翻译中偶尔掺杂个人"添加",或者扮演一个"建构者"。例如,杜威在《教育哲学》的第 12 讲,对德国与美国的学制做了一个分析比较。严格说,这不是一个教育哲学领域的题目,而且这个题目在《民主主义与教育》中也并没有专门讨论过。杜威之所以提供有关学制的讲座,很有可能是应胡适的请求,因为当时中国教育界正在讨论学制的改革问题,而胡适是新学制的推动者、参与者和修正者之一。杜威在《教育哲学》讲座全部结束之后,有一段发言,恰恰印证了这个背景:"我所讲的,并不完全根据西方的成效,有许多也根据于西方失败的;因为西方已经失败,已经上当,所以希望中国人将来也许可以免除这个弊病;现在乘此新造教育制度的机会,中国倘能避免西洋失败的弊病,将来成效一定比西洋为大,我可以断言的。"⑥

　　尽管杜威在《民主主义与教育》中简单论述过语言与社会生活之间的关系问题,但杜威在北京的《教育哲学》讲座中至少三次讨论了中国的语言问题,特别是白话文运动。例如在第 5 讲中,杜威就积极肯定中国"能用国语做教科书,总算是教育的一大进步"⑦。在

① 此处胡适把"民主主义"翻译为"平民主义"。参见胡适:《胡适文集》第 2 卷,北京大学出版社 1998 年版,第 247 页。
② 杜威:《杜威五大讲演》,安徽教育出版社 1999 年版,第 89 页。
③ J. Dewey, *Democracy and Education*, New York: Free Press, 1997, p. 98.
④ J. Dewey, *Democracy and Education*, New York: Free Press, 1997, p. 99.
⑤ 江勇振:《舍我其谁:胡适》第二部,浙江人民出版社 2013 年版,第 225—261 页。
⑥ 杜威:《杜威五大讲演》,安徽教育出版社 1999 年版,第 197 页。
⑦ 杜威:《杜威五大讲演》,安徽教育出版社 1999 年版,第 111 页。

第16讲,杜威提到"真正的共和国家,非用语言文字来解决不行的,因为语言文字是社会生活的工具"①,并认为"语言文字普及教育,使人人受其益处"②。显然这又是受到胡适的影响。众所周知,胡适作为"文学革命"的发起者之一,当时正专注于白话文普及的工作,而胡适不可能不对杜威提到自己正在做的事情。

再有,在《教育哲学》讲座的第16讲中,杜威对中国五四运动中的学生问题特别表达了自己的看法。在肯定学生运动表明"学校教育是社会的"的新觉悟之后,杜威劝诫学生"从偶然的归到根本的永久的事业上去;从感情的归到知识的思想事业上去;从消极的归到积极的建设事业上去"③。此处我们又看到胡适的影子,因为这些希望恰恰与胡适和蒋梦麟在《我们对于学生的希望》一文中所表达的如出一辙。④ 可以推断,因为杜威几乎不通中文,他对中国问题的理解显然基本依赖胡适的翻译,而胡适对中国问题的解释和翻译,不可避免地带有他自己的立场、意见和判断。因此,我们不好断定杜威对这些问题的看法,究竟是杜威自己的,还是属于他的翻译者胡适的。也许我们可以说,杜威讲座中的这些中国题目及其观点,是他与胡适思想交织的产物。

四、分析与讨论

尽管杜威讲座中的这些中国题目及其观点,可以看成是他与胡适思想交织的产物,但是就吸收杜威原著中的思想而言,胡适的解读和翻译已表现为"偏离",并"折射"出他自己的思想。为什么会出现这种现象? 根据胡适的背景,这显然不只是语言层面的问题。虽然当时白话文的词汇的确贫乏,但不足以成为胡适误读或误译杜威观点的主要原因。我们需在更深的层面加以分析。在笔者看来,至少有两个理论可以帮助我们分析吸收外国教育思想过程中出现的偏离和折射现象。

德国比较教育学家于根·施韦尔(Jürgen Schriewer)提出的知识社会学中的"外化"(externalization)概念为我们理解知识吸收过程中出现的偏离和折射,提供了一个理论解释。他认为,一个社会分支系统,如教育系统,具有"外化"功能,这个功能可类比为洪水的闸门。教育系统能根据自身需要打开或关闭这个闸门,向自身之外的国际和历史资料、制度、人物和理论进行参照,并进行评价性诠释;这些诠释会在其自身系统与其外部之间产生相关性的争论,以便应对自身需求,或者让特定的内部政策和决策合法化。⑤ 根据这个理论,我们可以看到,胡适之所以在吸收杜威思想过程中夹杂其个人及其所属改革派的意图和意见,可理解为是胡适及其所属改革派意图和意见的"外化"现象;在外化过程中,他借助杜威在世界上的权威性,让自己的意图和意见获得支持力与合理性。

---

① 杜威:《杜威五大讲演》,安徽教育出版社1999年版,第175页。
② 杜威:《杜威五大讲演》,安徽教育出版社1999年版,第179页。
③ 杜威:《杜威五大讲演》,安徽教育出版社1999年版,第178页。
④ 胡适、蒋梦麟:《我们对于学生的希望》,《新教育》1920年第5期。
⑤ Rosa Bruno-Jofré and Jürgen Schriewer(eds.), *The Global Reception of John Dewey' Thought: Multiple Refractions Through Time and Space*, London: Routledge, 2012, p. 3.

另一个有助于我们分析吸收外来思想过程中出现的偏离和折射现象的理论,可以从美国教育学者波普凯韦茨(Thomas Popkewitz)所推崇的一个具有矛盾意味的概念中找到。这个概念就是"本土外国人"(indigenous foreigner)。这个概念帮助我们理解就某一本土环境而言,一种外来思想(如杜威版的实用主义)如何被看成是本土的、去历史的和"自然而然"的观念。这个概念"从历史角度关注多个思想体系的流动,比如实用主义怎么被重组、联接和切断,从而被用来阐释多种目的和多种文化观点"①。本文呈现的案例表明,胡适对杜威的解读和翻译中夹杂其本人的意图和关注,如学制问题、白话文运动和对五四运动中的学生参与的看法等,表面上是他与杜威的思想交织在一起的产物,其实是他让自己的思想和观点借助杜威之口而阐述出来,用以影响中国教育界与知识界。在这个过程中,胡适使杜威成为"本土外国人",或者说"中国式杜威"。在这个意义上,可以说,这是胡适使外来思想本土化,以试图处理本土问题的一种表现。

五、结　语

对外来教育思想的吸收是否忠实于原思想,在思想传输和学术交流层面可能是一个不可避免的技术性问题,因而自有其重要性。但如果我们只遵循"忠实"的逻辑,我们的教育史研究最后可能得到的就是忠实于原思想或没有忠实于原思想的简单结论。胡适吸收杜威的教育思想的案例显示,在实际的思想吸收活动中(及其后续的实践活动过程中),是否完全遵循原思想,在多大程度上遵循,是吸收系统的一个有意识或无意识的选择,因而充满复杂性。由于受到社会文化系统(包括个体吸收者)的"过滤",吸收活动中的"偏离"和"折射"现象几乎不可避免。施韦尔和波普凯韦茨的理论不仅帮助我们分析和理解了胡适在吸收杜威教育思想过程中出现的偏离和折射现象,而且帮助我们看到这一现象背后的复杂机制。

---

① T. Popkewitz(ed.), *Inventing the Modern Self and John Dewey: Modernities and the Traveling of Pragmatism in Education*, New York: Palgrave Macmillan, 2005, p. 9.

另类的教育交流：日伪政权统治下的北京师范大学办学活动及其清除

◎孙邦华*

摘　要：1938年4月，日伪政权在原北平师范大学校址和原北平大学法商学院校址先后建立"国立北京师范学院"和"国立北京女子师范学院"，1941年11月，又将两校合并改组为国立北京师范大学，下设文学院、理学院、教育学院3个学院和研究院以及附属中学、附属小学。伪政权创办该教育机构的直接目标是为沦陷区中等学校培养所需要的师资，实质上是把日本殖民主义思想与中国封建文化结合起来对中国沦陷区人民实施奴化教育，其奴化教育既标注在学校办学的宗旨上，也体现在课堂内的教学和课外活动等各个教育教学环节之中。抗战胜利后，国民政府教育部对收复区敌伪学校教职员、毕业生、肄业生实施教育甄审，但遭到了激烈的反抗、抵制，形成了反甄审运动，并汇入了当时的民主运动，从而使得教育甄审无法顺利实施和如期完成而成效不彰。原日伪所办北京师范大学的毕业生、肄业生在反甄审运动中非常积极。特殊背景下的日伪奴化教育已成历史的尘埃，奴化教育及其教育甄审与反甄审的当事人也都渐渐逝去，但是，历史故事所留下的值得后来人玩味和思考的东西则是不会消逝的。

关键词：日伪奴化教育；伪北京师范大学；教育甄审；反甄审运动

　　日本在对华侵略战争期间进行的奴化教育（包括学校教育、社会教育、留学教育）是一种非正常状态下的中日教育交流活动，姑且称之为另类的教育交流。10余年来学术界对于日本在侵略中国期间实施的奴化教育活动进行了比较深入的研究，产生了宋恩荣、余子侠主编《日本侵华教育全史》（四卷）、齐红深主编《日本侵华教育史》等带有整体性的标志成果，对于区域性的日本奴化教育史的研究论著更是硕果累累、层出不穷，相对而言，对于个案性的日本奴化教育机构的研究则相对滞后。

　　1937年7月7日，日本侵略军发动全面侵华战争，8月8日，日本侵略军进驻北平城，并占领北平师范大学、北京大学、北平大学、清华大学等国立大学。国民政府教育部被迫决定将沦陷区教育机构向大后方迁移，平津地区的高校分别迁往西南、西北。其中，国立北平师范大学与国立北平大学、天津北洋工学院于当年10月在西安合组临时大学，1938年3月，再迁至陕南汉中地区，组成国立西北联合大学，原国立北平师范大学与河北省立

---

　　*　作者简介：孙邦华，北京师范大学教育学部教授。

女子师范学院部分师生组成国立西北联合大学的教育学院（7月改称师范学院）。1939年8月，国立西北联合大学师范学院独立建制，改为国立西北师范学院。1940年4月，国民政府教育部训令国立西北师范学院分批迁往甘肃省兰州市办学。与此同时由汉奸在华北组成的伪政权"中华民国临时政府"的教育部则改订"教育法规"，制定《大学组织法》，利用原有高校的校舍、设备先后设立了"国立北京师范学院"、"国立北京女子师范学院"（两校后来合并为"国立北京师范大学"）、"国立北京大学"、"国立北京艺术专科学校"、"国立北京外国语专科学校"、"中学师资讲肄馆"（后改为"师资讲肄馆"）、"国立新民学院"（后改名为"国立华北行政学院"）、"北京高等警官学校"、"北京铁道学院"等高校，企图利用这些伪高等教育机构实施奴化教育，以培养亲日卖国的高级人才为目的。对于以上沦陷时期北平的以奴化教育为目的的高等教育机构缺乏专题性的深入研究，一两篇论文虽有所触及，但也是语焉不详。

伪政权建立的北京师范大学在沦陷期间的奴化教育情况以及抗战胜利后国民政府教育部试图通过甄审伪校师生以清除日本奴化教育时遇到了什么问题呢？本文拟以收藏于北京师范大学档案馆、台湾"中研院"近代史研究所档案馆里的珍贵档案文献为主，当时的书刊资料为辅，利用这些资料对前述问题进行具体研究。

一、伪北京师范大学的建制

在北平沦陷之前，国立北平师范大学是一所包括大学（下设教育学院、文学院、理学院、研究所）、附属中学（分北校、南校）、附属小学等在内的完全制高等师范教育机构。在沦陷期间，日伪政权主要利用北平师大原教学场所、设施，也逐渐建立起旨在进行奴化教育的同样类型的完全制师范教育机关。

伪政权首先成立的是"国立北京师范学院"及其附属教育机构。1937年10月，日军侵占原国立北平师范大学校园，在和平门外南新华街原师大校本部和数理学院成立北平师范大学保管委员分会、日伪政权北京地方维持会，汪如川被委派为保管委员分会主任，石附马大街原国立北平师范大学文学院校舍则被侵华日军占用，达8年之久。1938年1月，北平师范大学保管委员分会改属伪临时政府教育部。2月1日，北平师范大学保管委员分会改组为北平师范大学保管处，赵祖荫被委派为主任。3月，伪临时政府教育部宣布撤销北平师范大学保管处，筹组所谓"国立北京师范学院"。3月15日，伪政权教育部委派徐祖正为院长，实行院长负责制，负责筹备学校开学事务，并拨筹备费8000元。17日，徐祖正因病请辞院长职务。18日，伪政权教育部委派刘家垺暂时兼任学校筹备处主任。26日，学校筹备处撤销，委派王谟为院长。[①] 经过一个多月的筹备，4月18日，伪国立北京师范学院正式开学。[②] 学校成立之初，学科以科、组二级为建制，设有文科、理科、体育音乐科（简称体音科）和工艺专修科，文科下设教育伦理组、国文组、日本语文组、西洋语

---

① 北京师范大学档案馆：《国立北京师范学院周年纪念会特刊》（第三全宗・第39卷），第14页。
② 北京师范大学档案馆：《国立北京师范学院周年纪念会特刊》（第三全宗・第39卷），第2—4页。

文组、史地组,理科下设数学组、物理组、化学组、博物组,体音科下设体育组、音乐组。①
1939 年 6 月,裁工艺专修科,将"组"改为"系",文科下设教育伦理系、国文系、日文系、西
文系、史学系,理科下设数学系、物理学系、化学系、生物学系、地学系,体育音乐科下设体
育系、音乐系。② 1938 年 7 月 7 日,伪临时政府教育部下令将原国立北平师范大学附属中
学南校和附属第一小学划归伪北京师范学院办理,改称"北京师范学院附属中学"与"北
京师范学院附属小学"。学校随即派遣教务长焦莹、秘书长柯政和等率员前往接收前述
两所附属学校,两校主任暂时由王谟兼任。③ 7 月 25 日,改聘国文系教授张鸿来充任附属
小学主任,1939 年 3 月 1 日,聘西文系教授王文培充任附属中学主任。④

根据《国立北京师范学院组织大纲》,伪北京师范学院实行院长负责制,院长综理院
务,院长直接由伪临时政府教育部派充。王谟、柯政和、黎世蘅 3 人先后被伪政权教育部
任命为学院院长。院长之下设置教务处、秘书处、训导处,分别设教务长、秘书长、训导长
各 1 人,均由院长在学院教授中聘任。教务长掌理全院教务事宜,教务处下设教务股、图
书馆、各系研究室试验室等。训导长掌理全院训导事宜,训导处下设管理股。秘书长掌
理除教务与训导之外的一切事务,秘书处下设文书股、事务股、会计股。学院设立院务会
议、教务会议等会议制。院务会议由名誉教授、教务长、训导长、秘书长、各科系主任及其
从教授中互选的代表 2 人等组成,以院长为院务会议主席。院务会议主要讨论:编造预
算案、审议各项章制规程、拟定各科系的设立与废止、计划全院事务及教务改进督促事
项、决议院长交议的事项等。教务会议由院长、名誉教授、教务长、训导长、各科系主任以
及教授和副教授代表若干人等组成,以院长为主席。教务会议主要讨论:审定课程、计划
教务改良事项、决议学生试验事项、决议学生训育事项、审定毕业生成绩、决议院长交议
的事项等。⑤ 学院行政架构与管理原则基本延续了原国民政府时期国立北平师范大学的
管理模式。

伪临时政府在国立北平师范大学原址设立伪国立北京师范学院的同时,又在李阁老
胡同另设伪国立北京女子师范学院。

1938 年 2 月 18 日,伪临时政府教育部委派次长黎世蘅兼代拟议中成立的伪国立北
京女子师范学院院长。1938 年 3 月 1 日,选定西城李阁老胡同原国立北平大学法商学院
校址作为院址。4 月 4 日,伪北京女子师范学院举行开学典礼,学生入学资格定为师范学
校、高级中学或同等学校毕业生经过入学考试及格者。当年所招收新生包括正取生 316
人、备取生 35 人,实际报到注册新生 272 人,接收原国立北平大学女子文理学院旧生 29
人、原国立河北女子师范学院旧生 27 人,在校学生共计 328 人。⑥ 学院设置文科、理科、
家政科三科,初期由苏民生兼文科主任、张恺兼理科主任、黄晓峰兼家政科主任。文科下

---

① 北京师范大学档案馆:《国立北京师范学院周年纪念会特刊》(第三全宗·第 39 卷),第 24—33 页。
② 北京师范大学档案馆:《国立北京师范学院周年纪念会特刊》(第三全宗·第 44 卷),第 1—2 页。
③ 北京师范大学档案馆:《国立北京师范学院周年纪念会特刊》(第三全宗·第 39 卷),第 4 页。
④ 北京师范大学档案馆:《新民会北京特别市总会学校调查表》(第三全宗·第 46 卷)。
⑤ 北京师范大学档案馆:《国立北京师范学院周年纪念会特刊》(第三全宗·第 44 卷),第 2—4 页。
⑥ 北京师范大学档案馆:《国立北京女子师范学院概况》(第四全宗·第 19 卷),第 1 页。

设国文组、日文组、西洋语文组、史地组，理科下设数理组、化学组，家政科下设经济组、家事组，共计8个组（一年后改"组"为"系"）。① 院长之下设教务长、训导长、秘书长，初期分别由祁森焕、戎春田、赵少侯等人兼任。1938年8月18日，伪临时政府教育部委任原理科主任张恺为院长。② 1938年7月，伪临时政府教育部命令将原国立北平师范大学附属中学北校改隶伪北京女子师范学院，改称"北京女子师范附属中学校"，原国立北平师范大学附属中学南校的女生并入该校，最初由学院秘书长赵少侯兼附属中学主任，10月7日，改聘曹经武为附属中学主任。同月，伪政府教育部命令将原国立北平师范大学附属第二小学改隶伪北京女子师范学院，改称"北京女子师范附属小学校"（包括小学组和幼稚组），聘孙世庆为附属小学主任。以附属中学和附属小学为伪北京女子师范学院学生的实习学校。③

1941年11月，伪政权华北政务委员会的教育总署"为谋集中人才，撙节物力与提高师资地位起见"，下令将设在北京特别市的国立北京师范学院和国立北京女子师范学院两所同类学校合并改组为国立北京师范大学。伪北京师范大学以和平门外原国立北平师范大学旧址作为大学办公处，以黎世蘅为校长，两校系科进行裁并整合，设文学院、理学院、教育学院3个学院和研究院。伪北京师范大学成立之初，在李阁老胡同、绒线胡同与教育部街三处设立分校。④ 学院下设国文系、日文系、西文系、史学系、地学系（初期与史学系合为史地系）、数学系、物理系（初期与数学系合为数理系）、化学系、生物系、教育系、体育系、音乐系、家政经济学系（次年改为家事系）、工艺系和体育专修科与音乐专修科。⑤ 李泰棻、张恺、王谟分别担任文学院、理学院、教育学院院长，张儒林、祁森焕、杨荫庆分别担任教务长、秘书长、训导长。⑥ 傅岳棻、斋藤清卫、罗昌、李泰棻、刘书琴、李意然、张恺、石子兴、林朝荣、杨荫庆、林朝权、张秀山、黄文青、储小石、傅宝瑞、李思科等人分别担任或兼任国文系、日文系、西文系、史学系、数学系、物理系、化学系、生物系、地学系、教育系、体育系、音乐系、家事系、工艺系、体育专修科、音乐专修科主任。⑦ 两校原有附属中学、附属小学分别改为附属中学校、附属女子中学校、附属第一小学校、附属第二小学校。

根据1941年学校制定、伪政权华北政务委员会公布的《国立北京师范大学组织大纲》，伪北京师范大学实行校长负责制，设置校长一人，综理全校校务，校长由伪华北政务委员会教育总署督办提请伪华北政务委员会任命。⑧ 1941年11月，黎世蘅被委任为第一任校长。1943年12月，黎世蘅辞去校长职务，伪华北政务委员会派孙松龄暂代理校长职务，旋聘杨为桢担任校长。1944年12月，杨为桢被解职，改聘张恺为校长。⑨ 三个分校分

---

① 北京师范大学档案馆：《国立北京女子师范学院概况》（第四全宗·第19卷），第3页。
② 北京师范大学档案馆：《国立北京女子师范学院概况》（第四全宗·第19卷），第2页。
③ 北京师范大学档案馆：《国立北京女子师范学院概况》（第四全宗·第19卷），第2页。
④ 北京师范大学档案馆：《国立北京师范大学校务概况报告》（第三全宗·第42卷），第1—2页。
⑤ 北京师范大学档案馆：《国立北京师范大学一览》（第三全宗·第40卷），1942年。
⑥ 北京师范大学档案馆：《国立北京师范大学职员录》（第三全宗·第82卷），1941年。
⑦ 北京师范大学档案馆：《国立北京师范大学职员录》（第三全宗·第82卷），1941年。
⑧ 北京师范大学档案馆：《国立北京师范大学一览》（第三全宗·第40卷），第1页。
⑨ 北京师范大学档案馆：《教育部特设北平临时大学补习班第七分班概览》（第一全宗·第25卷），第6页。

别设主任一人,最初由胡宜斋、聂西生、王金绂分别担任。①

校长下设置教务长、秘书长、训导长各一人,由校长从校内教授中遴选聘任,协助校长分别处理教务、事务、训育等各项事宜。建校之初,张儒林、祁森焕、杨荫庆等分别兼任教务长、秘书长、训导长。建立校务会议、教务会议、院务会议等制度,校务会议由校长、各学院院长、名誉教授、教务长、训导长、秘书长、各学系主任以及教授代表等组成,以校长为主席。校务会议主要讨论下列事项:议决重要规章制度、审议预算、校舍增建、重要设备的扩充、各学系的变更与废止、全校教务的计划与事务的督促改进以及校长交议事项,校务会议议决事项需要呈请华北政务委员会教育总署核定。教务会议是为了谋求各学院及各学系间的联络,推进教务,即为商讨学校教务方面事宜而设立,由校长、三个学院院长、教务长、秘书长、训导长、名誉教授及各学系主任等组成,以校长为主席,必要时得临时召集有关各教授、副教授、讲师、教务课课长等列席。教务会议讨论课程的设置或废止、教务的改良推进、学生各种试验(考试)、学生毕业、招生考试、校长交议及其他有关教务等事项。②

二、以奴化教育为目的的教育教学活动

日伪政府创办伪北京师范学院及伪北京师范大学的直接目的是为沦陷区中等学校培养所需要的师资,但是,实质上是把日本殖民主义思想与中国封建文化结合起来对中国沦陷区人民实施奴化教育,企图从精神上征服中国人民。这一奴化教育既体现在学校办学的宗旨上,也体现在课堂内的教学和课外活动等各个教育教学环节之中。

1938 年公布的《国立北京女子师范学院组织大纲》规定,"依据东亚集团之精神及中国传统之美德,以养成中等学校之女子师资为目的"③;1939 年修正后的《国立北京师范学院组织大纲》规定,"依据东亚集团之精神及中国传统之美德,以养成中等学校之师资为目的"④;1941 年公布的《国立北京师范大学组织大纲》规定,"依据中国传统之道德及东亚协同之精神养成中等学校师资为宗旨"⑤。尽管它们的直接目的都是为沦陷区中等学校培养师资,但是,实质上是以高等师范教育为先导,试图达到对中国沦陷区人民实施奴化教育的最终目的。诚如时任院长王谟所言:该院"肩负造就新国民师资之巨任","师范教育为教育之母,师范生乃未来国民精神生活之指导者,直接肩负文化提高与国策推进之责任"。⑥

1938 年 7 月,日本帝国主义制定《从内部指导中国政权的大纲》,规定了侵略中国的策略是:"尊重汉民族固有的文化,特别尊重日华共通的文化,恢复东方精神文明,彻底禁

---

① 北京师范大学档案馆:《国立北京师范大学职员录》(第三全宗·第 82 卷),1941 年。
② 北京师范大学档案馆:《国立北京师范大学一览》(第三全宗·第 40 卷),第 1—3、19—22 页。
③ 北京师范大学档案馆:《国立北京女子师范学院概况》(第四全宗·第 19 卷),第 2 页。
④ 北京师范大学档案馆:《国立北京师范学院组织大纲》(第三全宗·第 44 卷),第 1 页。
⑤ 北京师范大学档案馆:《国立北京师范大学一览》(第三全宗·第 40 卷),第 1 页。
⑥ 北京师范大学档案馆:《国立北京师范学院之过去、现在与未来》(第三全宗·第 49 卷),第 1—3 页。

止抗日言论,促进日华合作。"①汪伪政府在南京组成后,伪华北政务委员会教育总署对各级学校及社会教育机构发出训令,要求教育者"一扫以前盲从欧美自由主义及资本主义之弊风,以我国固有之精神文化为中心,而发扬新东洋的世界观,以尽瘁于次代国民之薰陶启导"②。日伪所设伪北京师范大学的办学目的就是根据日伪这类侵华策略而制定的。伪北京师范学院院长王谟把办学目的概括为以下三个方面:第一,依据东亚集团之精神及中国传统之美德,养成健全的师资;第二,遵循新政府方针,注意实践的训练;第三,养成品格高尚、思想纯正、崇礼守法、以身作则教育者之人格。③ 这里的"新政府方针",自然是指日本侵略者扶持下的伪政权"中华民国临时政府"所实施的亲日卖国思想。所谓"东亚集团之精神",是指日本帝国主义所宣扬的"中日亲善""共同防共反共""大东亚共存共荣"等殖民侵略思想。所谓"中国传统之美德""养成品格高尚、思想纯正、崇礼守法、以身作则教育者之人格",是打着恢复中国民族文化的旗号,提倡尊孔读经,实质上是要消除中国人民的反日思想,让沦陷区人民心甘情愿地做日伪统治的顺民。

为了达到奴化教育目的,从伪北京师范学院到伪北京师范大学,学校都建立了严密而系统的训导方案与实施计划。以伪北京师范学院时期为例,建立了包括训导方案与实施经过、学生生活指导、学生精神训练、时局认识训练、各项集会、校外活动、卫生保健活动等七个方面的奴化教育的"训导"体系。④

关于训导方案与实施经过,又包括思想的训练、礼仪的训练、品性习惯的训练、体格的锻炼、知识的训导、美育的训练等六个方面,每个方面又分为训练的要项和纠正的要项等两大内容。以思想的训练为例,训练的要项包括:第一,提倡儒家中庸思想,恢复我国固有道德;第二,实行新民主义;第三,养成敦厚和睦亲仁善邻之思想。纠正的要项包括:第一,纠正排外思想;第二,取缔一切荒谬偏激、不适中国国情、违反进化原则的各种主义与思想。实行经过(即实施办法)规定为:思想训练之实施,由学生日常言动、往来函件、课外读物,以及家庭环境、交接人物,考查其思想之动向,随时予以正确之指导与纠正,并限制外出外宿,防止不良思想之传染与外界之诱惑,更于晨会时间实施关于思想方面的系统的训话或讲演,俾学生彻底觉悟过激思想之危险,而努力于新思想的建设。

对学生精神训练,主要方法是利用每天早上举行晨会早操的时候对学生实施精神训练,其实施程序为:(1)集合(在操场);(2)人数报告;(3)升旗唱国歌;(4)唱新民会会歌、院歌、学生歌;(5)队长敬礼;(6)训话;(7)新民操;(8)解散(向礼堂进行);(9)音乐欣赏;(10)学生轮流讲演修养问题;(11)团体唱歌。实施以上项目训练的目的在于:第一,养成爱国爱群之观念;第二,增进个人道德及团体道德之修养;第三,实施礼仪作法;第四,锻炼健强体格;第五,涵养爱美情操;第六,养成坚苦耐劳之精神。这里所说的"爱国",是指日本和汉奸政府,"升旗唱国歌",也是指日本和汉奸政府的国旗与国歌。"新民会会歌"

① 北京师范大学历史系:《中国现代史》下册,北京师范大学出版社1983年版,第94页。
② 北京师范大学档案馆:《华北政务委员会教育总署训令》(育字第1163号)(第三全宗·第36卷),1941年6月。
③ 北京师范大学档案馆:《国立北京师范学院之过去、现在与未来》(第三全宗·第49卷),第1页。
④ 北京师范大学档案馆:《国立北京师范学院周年纪念会特刊》(第三全宗·第39卷),第15—21页。

是指日本为在北平扶植汉奸而成立的反动的汉奸文化组织"新民会"①的会歌《新民之歌》,歌中唱道:"旭日照东亚,全亚协合为一家。学宗孔孟行王道,人做新民在中华。格物致知正心,诚意修身齐家,治国平天下。撒上小康种,必开大同花。铲除各匪党,人人防赤化。……"由锺沛作词、江文也作曲的《国立北京师范学院院歌》中唱道:"立国之本,教育为基,教育之本,在张四维,张四维兮培师资。据东亚集团之精神,新民化育,依中国传统之美德,旧纲昭垂,……"②由傅岳棻作词、柯政和作曲的《国立北京师范大学校歌》中唱道:"作新斯民在我辈。"③所谓"新民",就是借中国儒家旧思想之名以伪善的面目,鼓吹"亲仁善邻"主张,防止"匪党""赤化"的威胁,企图达到消除沦陷区人民的反日思想、把中国变成日本殖民统治的王道乐土的目的。正如新民会中央指导部部长缪斌所宣称的:"新民主义的中国即是王道政治的中国,所以我们的教育,永远是要适应着这一大国策。一切教育,通以造就王道国家的政治人才与一般国民为最高目的。"④

关于对学生进行时局认识的训练,主要是指训练学生认同日本侵略中国及东亚的时局。以伪北京师范学院成立一年多的时间里的教育活动为例,围绕时局认识的训练任务,开展了如下几方面的活动:第一,敦请名人讲演。譬如,特务部顾问大沼、荒川教授、尾川教授等,以及新民会中的教化部长宋介、中央指导部部长缪斌和本院教职员等日本特务和中国汉奸分子为学生举行讲演活动。第二,举行剿共灭党纪念周。全院学生曾参加日伪政权在太和门剿共灭党纪念大会,由宋介、荒川、尾川等人发表剿共灭党讲演,并在院内张贴剿共灭党标语。第三,举行和平救国运动周。学校除了率领全体学生参加在中央公园举行的和平救国运动大会外,还敦请缪斌在校内举行和平救国讲演,张贴和平救国标语与作文。第四,举行东亚新秩序建设运动周。敦请名人讲演,举行纪念仪式,并张贴标语。第五,参加各种庆祝会。如全体学生参加伪政权举行的侵占徐州游行会、侵占汉口庆祝会,并在校内张贴标语,写作论文,举行讲演等。⑤

伪北京师范大学时期除了继承以上措施与办法外,为了加强对学生的奴化教育,特别成立学生生活指导委员会。该委员会由校长、各学院院长、教务长、秘书长、训导长及其他重要教职员等组成,校长为会长。它依据华北政务委员会教育总署所颁布的《国立各校院学生生活指导委员会会章》,以指导学生人格之修养、身体之锻炼,并谋改善其公私生活为目的,编有学生生活指导书,作为学生身体力行的准则,并制定训练要纲,由训导处与各系主任协同执行。每周晨操时,由各教授分别在校本部、各分校轮流向学生进

---

① 1937 年 12 月 24 日,日本参谋部与日本特务机关仿效伪满汉奸组织协和会在北平成立汉奸文化组织新民会,以发扬新民精神、实行和平反共、完成国民组织、团结东亚民族、建设世界新秩序等为其纲领。新民会最初的目的是要使它成为思想教化的团体,用来"翼赞"政府,安抚民心,宣传殖民统治思想,"着重于精神方面的培育",后来它迅速膨胀,其触角逐渐伸到华北沦陷区的各行各业,发展为一个庞杂的政治组织,成为"政教一致、府会一体"的政府专用机构。

② 北京师范大学档案馆:《国立北京师范学院周年纪念会特刊》(第三全宗·第 39 卷)。

③ 北京师范大学档案馆:《国立北京师范大学一览》(第三全宗·第 40 卷),1942 年。

④ 缪斌:《新民主义的教育方针》,《新民周刊》1938 年第 2 期。

⑤ 北京师范大学档案馆:《国立北京师范学院周年纪念会特刊》(第三全宗·第 39 卷),第 19 页。

行一次训话,训话内容以所谓孝悌、忠恕、仁义、和平、节约、读书、保健、勤劳等问题为范围。[①]

　　20世纪40年代,伪北京师范大学及其附属中小学还奉教育总署训令,配合日伪在校园内外进行了"治安强化运动"。以1941年10月8日至12月10日的第五次治安强化运动为例,学校奉令拟订了《治安强化运动实施计划纲要》及其《治安强化运动分周实施办法》,开展的活动包括:征集学生关于五次治安强化运动论文、标语、感言、宣传画及绘画、剧本;放映大东亚战争及日本文化电影;各院长、教授在晨操时分别对学生讲述治安强化运动的意义,并由学生记录登载校刊,供学生阅览;举行治安强化运动讲演会,阐扬和平反共以及护乡爱家、敬老扶幼、忠孝等的重大意义;张贴治安强化运动标语;训练学生注重校内劳作以为将来开发增产的准备;在校内设置废品收集箱,学生搜集各处废弃金属物品,以协力日伪战争;抄录学习每日报纸所载关于治安强化运动的言论等。[②]

　　总之,在日伪政权控制下的伪北京师范学院与伪北京师范大学所开展的一切活动无一不是为了奴化教育的目的。为了加强对学生的思想控制,防止反日思想,日伪政权及其组织还开展了对学院图书的审查活动。原国立北平师范大学馆藏10余万册图书杂志无法随校西迁而尽入日伪之手,1938年5月28日,学校成立图书审查委员会,由院长聘请院内教职员6人组成,教务长被推选为图书审查委员会委员长,特聘日本特务米谷荣一为检查长。经过图书审查委员会检查后,凡验讫而无疑问的图书,由检查长加盖"米谷验讫"方形印章以示区别;凡验讫不能供学生阅览而可作教育研究资料之用的图书,经检查长认可,可作为特藏书,但不加盖检查长印章;凡验讫而有疑问的图书,经检查长检出,送新民会审核。图书审查委员会自1938年6月8日至10月26日对学院所有图书进行逐一检查后,结果认为:可供阅览的中外文书籍为9500余册,特藏书籍为6600余册,需要送新民会审核的有疑问的书籍150089册、杂志7327册、装订报纸298本。10月27日至11月中旬,新民会对所送交的有疑问的书籍进行审核后,认为有2673册"有问题",[③]即涉及抗日内容的书籍,由新民会封存。附属小学学生则奉令把课本上"不符合'中日共荣亲善'的地方删掉涂去":"用黑墨一块块涂掉课本上'中华民族','精忠报国'和'自强','奋斗'等字样,并撕扯掉《吴阿毛的故事》这整整一课课文(上海爱国司机吴阿毛把一卡车日本侵略军开到黄浦江中同归于尽的故事),还撕掉《岳母刺字》《阎典吏》等课文。"[④]日本侵略者大规模地清查和搜检图书,一方面是为了钳制沦陷区师生的思想,实施奴化教育;另一方面,又把搜检出来的中国善本古籍、珍贵文物等集中起来,强行盗运回日本国内,实行文化掠夺。

　　课程是实施奴化教育的主体。伪北京师范学院时期的课程结构分为基本科目、专攻科目、辅助科目(选修科目)等三种。基本科目为各科各系(组)学生共同必修的科目,专

　　① 北京师范大学档案馆:《国立北京师范大学第五次治安强化运动实施情形》(第三全宗·第42卷),1942年。
　　② 北京师范大学档案馆:《国立北京师范大学校务概况报告》(第三全宗·第11卷),1943年。
　　③ 北京师范大学档案馆:《国立北京师范学院周年纪念会特刊》(第三全宗·第39卷),第15～23页。
　　④ 中国人民政治协商会议北京市委员会文史资料研究委员会编:《日伪统治下的北平》,北京出版社1987年版,第15页。

攻科目为各系(组)学生分别必修的科目,辅助(选修)科目为与各系(组)专攻科目有关联的科目。仅以一年级的课程为例,教育伦理系(组)课程包括:国文选读、日语讲读、日语会话、日语作文、日语文法、英语、中国史概论、体育、劳作,以上为基本科目;教育学、教育史、伦理、论理、心理、道德思想史,以上为专攻科目;德语、法语、应用文、书法,以上为选修科目。国文系(组)课程包括:日语讲读、日语会话、日语作文、日语文法、英语、教育学、伦理、心理、道德思想史、中国史概论、体育、劳作,以上为基本科目;国文选读及习作、文字学、中国文学史、中国文化史、文学原论、诸子治要、音韵学、论语孝经、应用文、书法,以上为专攻科目;德语、法语,以上为选修科目。① 除了专设日文系外,其余各系都把日语作为必修课,而且细化为日语讲读、日语会话、日语作文、日语文法等 4 门课程,在基本科目中占据了非常大的比例,这是日伪政府实施奴化教育的一项重要措施。

伪北京师范大学时期课程体系分为公共必修科目、各系专攻必修科目、各系专攻选修科目、自由选修科目等四大类。其中,自由选修科目包括:第二外国语(学生在一、二、三学年内在英文、德文、法文中任选一种选修);本系以外各系之科目,经该系和本系主任认可后,学生可以选修。以国文系课程为例,包括:教育学、心理学概说、伦理学概说、论理学概说、哲学概说、社会学概说、教育心理学、东洋伦理学、教学法、教育行政及学校管理、日语、东亚史论(包括中日文化交流史)、世界现势论、参观及实习、劳作,以上为公共必修课;散体文选读及习作、骈文、文字形义学、音韵学、周秦学术、中国文学史、中国文法、修辞学、诗选及习作、汉至唐学术、宋明学术、国语发音学、文学概论、词曲选及习作、清代学术、群经大义、古籍校勘、金石甲骨、目录学、专籍研究、国文教学法,以上为专攻必修科目;中国文化史、书法及书法源流、应用文、中国文学史、群经大义,以上为专攻选修科目。② 以上课程除了传授一般知识外,日伪政府也要求对学生进行奴化教育。以各系的公共必修课《东亚史论》为例,该课程的教育目的规定为:"使学生知东亚之文化交流相互关系之下历史,小之有益于个人之学问与教养,大之有裨于中日提携,及东亚和平。"③抗战胜利后的国民政府教育部对于曾经在伪校任职的教职员和接受奴化教育的学生将持怎样的态度并采取什么样的政策呢?

三、战后政府对伪校的接收与伪校师生校友的反甄审斗争

1945 年 8 月 15 日,日本宣布无条件投降。随后,国民政府开展了对收复区(即原沦陷区)各类敌伪教育的全面接收工作,接收工作涉及三个主要因素:对敌伪学校如何接收与处理,对任职于伪校的教职员如何处理,对伪校的毕业生与肄业生(在读生)如何处理,这三个因素又集中到如何认识和对待日伪政权以学校为阵地实施的"奴化教育"这一点上。后方学者力主严惩伪校的教职员和毕业生、肄业生这一对实施和接受奴化教育的主体,国民政府教育部决定对伪校的师生进行甄审。但是,收复区广大师生对于政府的甄

---

① 北京师范大学档案馆:《国立北京师范学院周年纪念会特刊》)(第三全宗·第 39 卷),第 24—33 页。
② 北京师范大学档案馆:《国立北京师范大学一览》(第三全宗·第 40 卷),1942 年。
③ 北京师范大学档案馆:《国立北京师范大学一览》(第三全宗·第 40 卷),1942 年。

审表达了强烈不满,并引发了收复区师生的反甄审运动。

首先,对敌伪学校的接收与处理问题。伪北京师范大学、伪北京大学是伪政府依靠日本侵略势力,利用原国立北平师范大学、原国立北京大学、原国立北平大学的教育设施而设立的,是一种在特殊背景下"鸠占鹊巢"的非法机关,战后国民政府自然要对之接收。1945 年 8 月 16 日,即日本宣布投降的第二天,国民政府教育部负责人通过广播要求收复区各教育机关"暂维机关,听候接收",随即又电颁了《战区各省市教育复员紧急办理事项》14 条,再次强调敌伪学校"暂维现状,不得停顿"和"派员接收"。教育部要求敌伪学校"不得停顿",是因为接收大员因交通原因短时期不能从后方到达。① 1945 年 9 月 20 日,教育部组织全国教育专家、学者、大学中学校长代表、教育官员等 191 人在重庆召开全国教育善后复员会议,会议进行到第三日(22 日),北京大学代理校长傅斯年联络 27 位与会者呼吁立即解散伪校,并获得与会者广泛赞同,"一致主张并决议请速解散各伪大学"②。教育部提交大会讨论的《收复区专科以上学校处理办法案》获得大会通过,该法案提出:"收复区之敌伪所设之专科以上学校及未经教育部认可之私立专科以上学校,一律由教育部派员接收。"③根据会议的精神,教育部着手对平津、京沪等各地区敌伪教育的接收的准备与组织。原私立北平辅仁大学教授兼文学院院长沈兼士被委任为教育部平津区特派员,主持北平和天津两市敌伪教育机关的接收工作,1945 年 11 月,沈兼士率领陈雪屏、郑天挺、董洗凡、汤茂如、徐侍峰等著名教授开展对伪北京师范大学、伪北京大学、伪北京艺术专门学校等高校的接收工作,11 月 21 日,完成全部接收手续④,伪北京师范大学历史宣布结束。

其次,关于对沦陷时期在伪校任职的中国教职员的处理。北平师范大学、北京大学被迫西迁办学之后,各校绝大多数教职员也都想方设法转往大后方,个别教师因各自原因无法内迁,又不愿为伪校服务,遂转而应聘到不屈服于日伪奴化教育的私立北平辅仁大学(天主教性质),如从北师大、北大、清华、燕大、北平大学等转来的一批名教授。如治中国古典文学的名家高步瀛,六十四岁高龄无法随北师大迁往陕西,伪师大创立后,函请他执教,他复信严词拒之,"吾已老耄,不能随大汉旌旗跋涉山川卫国,已愧平生志,而可以从贼乎?""我任教之师范大学,非汝辈之师范大学也",赋闲二年后,被敦请到辅大讲授"两汉六朝文",1940 年忧国而死,门生敬谥"贞文"。⑤ 又如著名学者钱玄同在当时身体十分虚弱,已不能随北师大西迁,他托人寄语随校西迁的好友黎锦熙表示绝不"污伪命"⑥,即绝不附逆做汉奸!并恢复原名"钱夏",表明只做华夏的子民、决不做敌伪的顺民的心志。但也有黎世蘅、王谟、文元模、汤尔和、周作人、钱稻孙等人甘心附逆,做伪校的校长、伪政府教育部门的长官。"汉奸不杀,烈士死不瞑目! 汉奸不杀,民族正义不能伸

---

① 北京市档案馆编:《解放战争时期北平学生运动》,光明日报出版社 1991 年版,第 21 页。
② 《大公报》,1945 年 11 月 23 日。
③ 《全国教育善后复员会议报告》,台湾"中研院"近代史研究所档案馆,朱家骅档案,馆藏号 301-01-09-071。
④ 《学生热烈欢迎北大师大昨完全接收各院分设补习班照常继续上课,学生会准备盛大欢迎李宗仁陈雪屏》,《世界日报》1945 年 11 月 22 日。
⑤ 孙邦华:《身等国宝　志存辅仁——辅仁大学校长陈垣》,山东教育出版社 2004 年版,第 119 页。
⑥ 杨天石:《哲人与文士》,中国人民大学出版社 2007 年版,第 583 页。

张！汉奸不杀，人间无是非善恶羞耻之分！"①社会舆论要求严惩附逆的汉奸分子。其中，1938 年被委任为伪北京师范学院院长、后任伪北京师范大学教育学院院长的王谟，原北师大物理系教授兼系主任文元模，1938 年被委任为伪北京大学校长，1944 年又出任伪政权华北政务教育总署督办，二人于 1945 年均以汉奸之名而被捕，次年被解送南京进行审判。

对曾在伪校任职的其他大多数教职员又如何对待？傅斯年主张凡曾在伪专科以上学校服务的教职员今后一律不准在教育界立足，复员后的北大绝不延聘伪教职员。②傅斯年秉持"汉贼不两立"的学术和政治立场③，以及道德品质观，在面临亡国灭种的危险之时，一些教职员服务于伪校已是是非不辨，在"礼义廉耻"上已不能为学生树立榜样，与此类人物有"不共戴天的愤怒"。④此观点一经报刊媒体发表便引起广泛关注。日本对中国发动的侵略战争不仅给包括沦陷区和被迫迁移到大后方的广大民众生命财产造成极大的破坏和身心上的折磨，而且不可避免地使大后方民众与沦陷区民众之间在心理上产生了一定程度的隔阂和不信任感，傅斯年的态度即是这种心理的一种反映。上海《民国日报》发表"社论"时就认为这种辨别是非黑白的态度是当时从大后方归来的民众的一种普遍心理要求，教育甄审关乎"收复人心"，"吾人虽不否认收复区大多数同胞并未因沦陷敌手而丧失其爱国家爱民族的忠心与热心，但如谓沦陷八载之广大收复区的全部人心悉属忠贞不贰，'白璧无瑕'，绝无丧心变志之人，则任何人亦不敢相信"。⑤中央大学教授会也在公开要求解散伪校的同时，明令不准伪教职员教育复员工作。⑥

沦陷期间，留守北平担任伪北大教授的容庚不赞成傅斯年对他们服务伪校行为的指责，于是发表了《与北京大学代理校长傅斯年先生一封公开信》，公开辨别，既申述留下的主客观原因，其间不断遭受侵略者的蹂躏，身心疲惫，又表明不仅自己坚信日本必败而且鼓舞伪校学生的信念。⑦傅、容二人的公开对质与争论已引人注目，伪师大学生对服务该校教授的申辩因沉寂于档案中而不为人所知晓。伪北师大聘请的教职员，以 1941 年为例，包括校长、院长等在内的职员 150 名（日本人 1 名），教员 361 名（其中，中国人 321 人，日本人 32 名，德国、美国、俄国人等 8 人）。⑧伪师大被接收时，该校学生所撰写致朱家骅的情况汇报《八年来沦陷区的师范大学》中对留下来教育他们的中国教授任教的原因和处境是这样介绍的："在七七事变后有许多大学已随同政府迁往内地，教授们一部分也随着学校南去，但这里还有着因为年老或其他不得已情形而不克脱离沦陷区的有名学者。沦陷区伪组织下的师范大学便拥有着这一部分学者。""他们不忍看着这一般英俊青年无

①　佚名：《敌可恕奸不可赦》，《龙凤》1945 年第 3 期。
②　朱家骅：《谈北大不聘伪教职员》，《大公报》1945 年 11 月 28 日。
③　傅乐成：《傅孟真先生的民族思想》（上），《传记文学》1963 年第 2 卷第 5 期；傅乐成：《傅孟真先生的民族思想》（下），《传记文学》1963 年第 2 卷第 6 期；陈雪屏：《北大与台大的两段往事》，《传记文学》1976 年第 28 卷第 1 期。
④　欧阳哲生主编：《傅斯年全集》第四卷，湖南教育出版社 2003 年版，第 312—313 页。
⑤　社论：《论收复人心》，《民国日报》1945 年 11 月 26 日。
⑥　《大公报》，1945 年 9 月 25 日。
⑦　中国社会科学院近代史研究所中华民国史组编：《胡适来往书信选》（下），中华书局 1980 年版，第 82 页。
⑧　北京师范大学档案馆：《国立北京师范大学职员录、教职录》（第三全宗·第 82 卷），1941 年。

人教诲"，"又生活所迫，但不甘去作敌人的工具，于是投身于清寒的教育界，在沦陷区里忍辱含垢，负起教育青年的责任。现在青年精神焕发，气象蓬勃，教授们确有不可磨灭的功绩"。① 学生们用朴实的语言表达了与容庚教授相同的观点，这些教授任职于伪师大既是为了生存，也是为了沦陷区的青年不至于失学。在日伪的恐怖统治特别是特务的严密监控下，一些具有强烈爱国意识和民族精神的教职员对学生进行"明讲"或"暗示"爱国教育，"在敌人淫威之下，他们虽然不敢明目张胆的推行抗敌教育，只能用旁敲侧击的方法，以及人格的感化和教诲的热心，予我们一般青年以莫大的鼓励与兴奋。有时教授中从事地下工作者颇不乏人，因此被敌人逮捕，到现在有的仍然消息渺茫，有的早已名列鬼籍"。② 据学生的调查，伪师大一些教师因进行抗敌教育先后有35名被捕，其中包括：校长张尔康，前任代理校长孙松龄，先后兼任秘书长、教育学院院长的祁焕森教授，前任秘书长焦莹，前任训导长陈兰生，教导课课长萧世钦，会计课课长马寿慈，地学系教授裴文中，体育系主任胡静斋，音乐系副教授老志诚，女附中前训育主任徐慕贤，等等。有的教师还多次被捕，如陈绵先被捕过三次、前管理课课长刘辑五被捕过五次，"还仍旧不屈不挠，勇往直前"③。"若说是凡是执教伪校的教员便一律视为奴化教育实施者，则不但抹杀了彼等茹苦育才的至大苦劳，而且也冤枉了彼等的大好心血。"④因此，针对当时社会上有人认为服务于伪校的教职员就等于附逆的汉奸这一说法，在伪师大学生心目中至少该校的教职员并非如此。

时任教育部部长朱家骅不同意傅斯年一类的过激言论与态度，他为此致信傅斯年说，在长达八年的时间里，想让沦陷区学校教职员拒奉伪命，是弃那里的众多学子于不顾。如果对曾在伪校任职的教职员概不录用，这种以职位论忠奸的做法显然有违蒋介石在复员之初所确定的"只问行为，不问职位"的处理原则。⑤ 这显然基本认可了容庚教授和伪师大学生们的说法。因此，教育部于1945年11月在平津等收复区举办临时大学补习班时，大多数教职员仍然来自于原服务于伪校者（附逆的汉奸教职员除外），因西迁各校迟至1946年夏秋开始陆续复员，收复区教职员十分紧缺。伪师大的一些教职员不仅继续被随后成立的北平临时大学补习班第七班延聘，且担任重要的管理工作。⑥

傅斯年、吴有训等28人一度提议不仅立即解散伪校，而且"其后方各原校不承认其学籍"，此论一出，立即引起伪校毕业生、肄业生的"傍徨""恐惶"。⑦ 这类学生或者通过报

---

① 《八年来沦陷区的师范大学》，台湾"中研院"近代史研究所档案馆，朱家骅档案，馆藏号301-01-09-095，第50页。
② 《八年来沦陷区的师范大学》，台湾"中研院"近代史研究所档案馆，朱家骅档案，馆藏号301-01-09-095，第50页。
③ 《八年来沦陷区的师范大学》，台湾"中研院"近代史研究所档案馆，朱家骅档案，馆藏号301-01-09-095，第64、65、72页。
④ 《八年来沦陷区的师范大学》，台湾"中研院"近代史研究所档案馆，朱家骅档案，馆藏号301-01-09-095，第64页。
⑤ 朱家骅：《与傅斯年书（稿）》，台湾"中研院"近代史研究所档案馆，朱家骅档案，馆藏号301-01-09-045。
⑥ 伪师大秘书长、教育系教授祁森焕还被聘为补习班第七班教务分处处长，伪师大音乐系主任张秀山继续延聘而主持补习班第七班音乐系系务，伪师大生物系教授武兆发继续延聘而主持补习班第七班生物系系务，伪师大体育专修科主任傅宝瑞继续延聘而代理补习班第七班体育系系务，伪师大工艺系教师刘风虎继续延聘而主持补习班第七班工艺系系务。参见北京师范大学档案馆：《教育部特设北平临时大学补习班第七分班概览》（第一全宗·第25卷），第2页。
⑦ 胡乃禹：《论伪校学生的学籍问题》，《时代学生》1945年第1卷第1期。

刊媒体，或者向教育部官员写汇报材料，陈述他们在沦陷区上伪政权所办的大学的理由。他们为求知而读书，上伪校并不是心甘情愿地接受日伪的"奴化教育"，而是因家境贫寒等客观条件的限制。如伪北大学生说："我们都是家境清寒的学生，我们中甚而有一部分是半工半读的学生，我们极想到内地去上好学校，可是这一大笔路费向何处筹措？"[1]伪师大学生在写给朱家骅的《八年来沦陷区的师范大学》中，既陈述了他们只能留在沦陷区和就读于伪师大的原因，也描述了他们在"倭寇的蹂躏"下的非人生活境况："我们都是因为家庭贫寒与环境恶劣，所以不得不投考这管吃管住、不收分文的学校。在我们投考当时只知道'百年树人'，为要把握住求知的机会，都没有顾虑到'伪'与'不伪'的问题。""八年来我们如同无父无母的孤儿残喘在敌人的压迫下，过着人所不堪忍受的生活"[2]，"师大是一些穷学生的收容所，……终以来自乡间者为多"[3]。伪临时政府教育部于伪北京师范学院创立之初即决定"本院学生免缴学费"[4]，伪北京师范大学成立后，制定了更加优惠的政策，"本大学不收学宿费，除膳费由本大学津贴一部分外，其他用费概归自备"[5]。伪师大学生情况，以 1942 年 9 月的统计为例说明之。在校生总数 1292 人，男生 716 人，占 55.42%，女生 576 人，占 44.58%，这在当时来说女生上大学的比例是相当高的，应该说它与该校既免收学宿费且补贴生活费有着非常大的关系。生源地情况，除开来自日本、朝鲜各 1 名留学生外，中国学生 1290 人，来自四川（6 人）、陕西（1 人）、贵州（3 人）等非沦陷区的仅仅 10 人，其余 1280 人则来自 14 个已沦陷的省区，总比例高达 99.23%。从来源省区看，位居前三位的分别是河北省、山东省、"满洲"（东三省）。河北省 894 人，占总数的 69.30%，山东省 121 人，约占 9.38%，"满洲"48 人，约占 3.72%。对于沦陷区青年被迫进入伪校接受教育的原因和悲惨遭遇，当时有的报刊舆论给予理解，"大部分伪立学校学生的入学动机，完全是为了真正的求知。在客观条件的困难下面，不得不走进伪立学校"[6]。朱家骅最初歧视沦陷区伪校学生，甚至公开发表"谁叫你们留在沦陷区"这类言论[7]，经过沦陷区伪校学生的反复说明和抗争，转而同情他们的处境和上学需求。[8] 教育部也明确承认："战时在沦陷区教育人员，其中有不少忠贞之士，只以经济或其他关系不能内迁，忍辱含垢，良非得已。"[9]

　　教育部及其部长尽管承认沦陷区青年留下来接受敌伪教育是迫不得已，但是为了肃清敌伪八年的奴化教育，决定对伪校学生进行甄审。朱家骅认为"大量的青年和一般民众已于不知不觉中受了敌伪的麻醉，在所难免"，因此，"如何肃清敌伪奴化教育"是战后

① 北京市档案馆编：《解放战争时期北平学生运动》，光明日报出版社 1991 年版，第 4 页。
② 《八年来沦陷区的师范大学》，台湾"中研院"近代史研究所档案馆，朱家骅档案，馆藏号 301-01-09-095，第 5 页。
③ 《八年来沦陷区的师范大学》，台湾"中研院"近代史研究所档案馆，朱家骅档案，馆藏号 301-01-09-095，第 55 页。
④ 北京师范大学档案馆：《国立北京师范学院周年纪念会特刊》（第三全宗·第 39 卷），第 5 页。
⑤ 北京师范大学档案馆：《国立北京师范大学一览》（第三全宗·第 40 卷），第 9 页。
⑥ 胡乃禺：《论伪校学生的学籍问题》，《时代学生》1945 年第 1 卷第 1 期。
⑦ 北京市档案馆编：《解放战争时期北平学生运动》，光明日报出版社 1991 年版，第 14 页。
⑧ 朱家骅：《与傅斯年书（稿）》，台湾"中研院"近代史研究所档案馆，朱家骅档案，馆藏号 301-01-09-045。
⑨ 教育部教育年鉴编纂委员会编：《第二次中国教育年鉴》，商务印书馆 1948 年版，第 18 页。

教育复员中的一个重要课题。① 在全国教育善后复员会议正式做出通过对伪校学生进行甄审的有关议案后,很快就引发了全国各收复区学生的反甄审运动。教育部于 1945 年 12 月颁发《收复区专科以上学校毕业生甄审办法》《收复区专科以上学校肄业生学业处理办法》等法令,对敌伪学校的接收与处理、对沦陷区教职员和学生(毕业生和在校肄业生)的甄审等做了原则性的规定。毕业生须经登记、甄审合格后,发给证明书,方准任用,肄业生须经登记、甄审、补习、考试,达到规定的学业程度(考试成绩),发给证明书后,始准转入公私立学校相应年级继续学业。甄审政策与办法的出笼,进一步激发了反甄审运动的高涨,尤其是上海、南京、北平、天津、青岛等伪大学比较集中的大城市的反甄审活动最为激烈,运动的主力是原伪校毕业生、肄业生、教职员等。南京伪校的大中学生组织“学生自治会”,天津伪校学生组织“天津市学生联合会”,伪北大校友会、伪师大校友会结成北大师大校友联合会,动员师生游行示威,向教育部和地方军政当局请愿。天津市学生联合会出版刊物《天津学联》,伪北大学生发表《我们的呼声》的公开信,北大师大校友联合会向社会各界发出《反甄审登记公开信》②,向教育部发出《北大师大校友对教部颁布收复区专科以上学校学生甄审办法意见书》③,公开表达反对教育部的甄审活动。

收复区伪校校友、学生详细说明了拒绝接受政府对他们进行的甄审或任何变相甄审的理由。首先,他们认为甄审是对收复区学生的歧视、污辱、心理伤害。沦陷区师生遭受日伪的虐待蹂躏,忍辱含愤,委曲求全,日夜期待祖国来解救他们于水火之中。抗战胜利了,“我们生活在沦陷区的青年,真可以说是由俘虏的牢狱中走到光天化日之下了,我们的欢快程度如何,也只有我们自己知道”。政府却给他们都戴上“伪”的帽子,“使他们感到终身的耻辱,冷却了他们的火热的心”④,“感到很大的冲动和失望”⑤。“‘甄审’、‘奴化’是给我们的侮辱。”⑥其次,他们认为政府的举措是不公正和不合理的。这包括两个方面的原因,一是与沦陷区原私立学校毕业生、肄业生相比,同样处于日伪统治下的同一地域的学校,“何以北大、师大等校是伪的,而私立学校便是真的呢? 真和伪的区别在什么地方? ……如果认为我们思想是真正奴化,那么私立大学不是受敌人的教育吗?”“我们一样应当免除甄审”⑦,也就是说政府应该对这两类学校的学生“一视同仁”,同等对待;二是与汉奸、日本战犯相比,某些大汉奸、伪军、敌特,甚至某些日本侵略者、战犯,反而得到政府的重用⑧,国民政府铨叙部规定:收复区专科以上毕业生资格尚未甄审合格以前暂准先

---

① 朱家骅:《教育的复员与善后》,《大公报》1945 年 9 月 22 日。

② 北京市档案馆编:《解放战争时期北平学生运动》,光明日报出版社 1991 年版,第 11—15 页。

③ 北大师大校友联合会:《北大师大校友对教部颁布收复区专科以上学校学生甄审办法意见书》,台湾“中研院”近代史研究所档案馆,朱家骅档案,馆藏号 301-01-09-045。

④ 北京市档案馆编:《解放战争时期北平学生运动》,光明日报出版社 1991 年版,第 3、9 页。

⑤ 北大师大校友联合会:《北大师大校友对教部颁布收复区专科以上学校学生甄审办法意见书》,台湾“中研院”近代史研究所档案馆,朱家骅档案,馆藏号 301-01-09-045。

⑥ 北京市档案馆编:《解放战争时期北平学生运动》,光明日报出版社 1991 年版,第 22 页。

⑦ 北大师大校友联合会:《北大师大校友对教部颁布收复区专科以上学校学生甄审办法意见书》,台湾“中研院”近代史研究所档案馆,朱家骅档案,馆藏号 301-01-09-045。

⑧ 北京市档案馆编:《解放战争时期北平学生运动》,光明日报出版社 1991 年版,第 10 页。

行登记试用,但雇员薪金最高不得超过 80 元。① 在政府的眼里,他们的下场和待遇连某些真正的汉奸、敌特都不如。他们认为"这是对收复区学生的更进一步的虐待"②。北平、南京、上海等地收复区学生在举行示威游行时高呼"学生无伪,学籍无伪!"③

四、在反对声中政府对毕业生的甄审和肄业生的补习甄试

面对收复区敌伪学校毕业生和肄业生的反对声,教育部仍然强制实施对毕业生的甄审和对肄业生的补习教育,在此情形下,政府的甄审成效又如何呢?

教育部部长朱家骅面对收复区学生的抗议,终于有所让步。他在 1945 年 11 月 15 日在北平对学生公开承认"伪组织办的学校是伪的,但是学生不伪"④,对此观点,社会舆论也表示赞成。⑤ 教育部仍然坚持实施甄审活动,但在学生的抗议、示威之下,甄审计划多次修改。按照教育部于 1945 年 9 月所颁甄审办法,全体收复区敌伪学校毕业生都要集中在各区进行考试,考试科目为专业课 2 门、英文、三民主义,及格者再受训二至三个月,不及格者分发各校肄业。⑥ 收复区北大师大校友会立即反对这一集中甄审,特别是进行的办法,毕业生分散在各地,"而今交通不便,不能如期到指定地方参加甄审"。至于考试更不可行,毕业多年之后,不少功课已不免荒废,"若令最短期间,温习荒废已久的功课,当为不可能"。若功课考试不及格,"再编入各年级肄业,在年龄和经济方面都不能办到"⑦。报刊舆论也认为对收复区毕业生考试在科目选择上是欠妥当的。⑧ 北大师大校友会一面公开发表上教育部意见书,一面准备游行示威。结果,北平行营官员唯恐平津地区学潮势态扩大,擅自宣布取消集中考试,只交思想论文和学术论文各一篇。⑨ 北平行营此举令当地教育接收官员陈雪屏极为不满。⑩ 当年 12 月,教育部正式颁发的《收复区专科以上学校毕业生甄审办法》,便取消了对收复区敌伪学校毕业生进行集中考试、集中受训等规定。保留了研读孙中山《国父遗教》和蒋介石《中国之命运》并写出读书心得和报告,以及与所习专业有关科目的论文一份,报告与论文均要求二万字以上,并且要求在 1946 年 4 月 1 日至 8 月底向教职员甄审委员会呈送。凡甄审合格者,可被国民政府教育部确认为相当于专科以上学校毕业者,发给证明书,甄审不合格者得投考进入相当学

---

① 《河南省政府公报》,1946 年复刊第 13 期。

② 北京市档案馆编:《解放战争时期北平学生运动》,光明日报出版社 1991 年版,第 14 页。

③ 北京市档案馆编:《解放战争时期北平学生运动》,光明日报出版社 1991 年版,第 13 页。

④ 北京市档案馆编:《解放战争时期北平学生运动》,光明日报出版社 1991 年版,第 20 页。

⑤ 怀杞:《收复区学生甄审之理由与办法》,《教育通讯》1946 年复刊第 1 卷第 1 期。

⑥ 北京市档案馆编:《解放战争时期北平学生运动》,光明日报出版社 1991 年版,第 16 页。

⑦ 北大师大校友联合会:《北大师大校友反对教部颁布收复区专科以上学校学生甄审办法意见书》,台湾"中研院"近代史研究所档案馆,朱家骅档案,馆藏号 301-01-09-045。

⑧ 韩兴泉:《沦陷区教育复员问题》,《立国周刊》1945 年 3 期。

⑨ 北京市档案馆编:《解放战争时期北平学生运动》,光明日报出版社 1991 年版,第 16 页。

⑩ 陈雪屏:《致朱家骅信》(1945 年 12 月 6 日),台湾"中研院"近代史研究所档案馆,朱家骅档案,馆藏号 301-01-09-045。

校继续肄业。① 按照教育部平津区甄审委员会发布的通知,1946 年 8 月底以前,毕业生得向甄审委员会呈交规定的读书报告(或叫思想论文)与学科论文,但未再规定至少二万字的数量要求。1947 年 4 月底,完成对收复区毕业生的甄审,甄审结果由教育部审竣公布。②

修订后的甄审办法已取消对毕业生集中考试的要求,平津区一些毕业生表示可以接受呈交思想论文,但平津区乃至全国各收复区一些毕业生仍然坚持对不公平、不合理的甄审反对到底的态度,有些人则怀着观望或怀疑的心态③,因此,政府甄审活动在毕业生的反对、观望之中缓慢地进行着。截至 1948 年 3 月,收复区毕业生参加甄审的人,南京区 486 人,上海区 883 人,平津区 2874 人,广州区 83 人,武汉区 2 人,④合计 4328 人。仅北平师范大学 1941 年至 1944 年毕业的本科生就不少于 1058 人,如果加上毕业的专科生、研究生,则不少于 1300 人。⑤ 很显然,毕业生中参加甄审的人只是少数。南京区甄审及格者 312 人⑥,及格率约 64.20%,上海区甄审及格者 353 人⑦,及格率约 39.98%,广州区甄审及格者 52 人⑧,及格率 62.65%。三个地区甄审合格者最高不到七成,最低不到四成,说明政府的实际甄审活动并不是走过场。

对于收复区敌伪学校肄业学生的处理,按照教育部初拟办法,在核准登记后,先进行甄审,通过甄审后再进行补习教育。此办法公布后遭到了收复区敌伪学校肄业生的强烈反对,既不接受甄审,也不同意补习。他们反对"用不合理的甄审把戏来斫丧青年,用解散的手段来摧残教育,使得青年们陷于失学的苦境"。明确提出"我们要受教育,我们要读书!"的口号。⑨ 在此情况下,教育部不得不向肄业生让步。1945 年 11 月 20 日,朱家骅在北平接见各校学生代表时公开承诺对敌伪学校肄业学生的处理以"不使失学"为原则,"一面接收,一面继续上课,将补习科目配合主要科目之内,以免耽误学业。至明年学年结束,随班考试,作为甄审考试结果"。⑩ 这等于是采取以补习教育取代甄审的处理办法,并且把这一办法扩大到其他收复区。教育部随后颁发《收复区专科以上学校肄业生学业处理办法》,并决定在南京、平津、上海、武汉、广州等五区(后增设青岛、沈阳)分别设立临时大学补习班,接收、补习该类学生。至 1946 年暑期补习期满且甄试后,成绩及格者,根

① 该办法同时规定:敌伪所设具有政治性学校的毕业生,不得申请登记,敌伪专科以上学校毕业生,并且曾在敌对伪组织担任荐任以上职务者,或者曾经为敌伪担任特种工作者(或曾经参加特种训练者),或者曾有危害国家妨碍抗战者(或凭敌伪势力侵害人民之行为者),凡具有以上一种情形的毕业生,不予审核。参见《教育通讯》1946 年复刊第 1 卷第 1 期。

② 北京市档案馆编:《解放战争时期北平学生运动》,光明日报出版社 1991 年版,第 27 页。

③ 北京市档案馆编:《解放战争时期北平学生运动》,光明日报出版社 1991 年版,第 17 页。

④ 《收复区专科以上学校肄业生甄审情形》,《教育通讯》1948 年复刊第 5 卷第 3 期。

⑤ 《八年来沦陷区的师范大学》,台湾"中研院"近代史研究所档案馆,朱家骅档案,馆藏号 301-01-09-095,第 53 页。

⑥ 教育部:《南京区专科以上学校毕业甄审及格学生名单》,《上海教育周刊》1947 年第 3 卷第 8、9 合期。

⑦ 教育部:《上海区专科以上学校毕业甄审及格学生名单》,《上海教育周刊》1947 年第 3 卷第 6、7 合期。

⑧ 教育部:《广州区专科以上学校毕业甄审及格学生名单》,《上海教育周刊》1947 年第 3 卷第 8、9 合期。

⑨ 北京市档案馆编:《解放战争时期北平学生运动》,光明日报出版社 1991 年版,第 23 页。

⑩ 《北平伪校学生不甄审,接收后即继续上课补习,以学年考试为甄审结果》,《大公报》1945 年 11 月 22 日。

据各自所补习科目及各科成绩的档次分别转入相当公私立学校肄业。①

国民政府所派接收大员完成对北平市敌伪高校的接收手续后,教育部在北平市设立了临时大学补习班,共 8 处,统称为北平临时大学补习班,以国民政府教育部所派接收大员陈雪屏为主任。伪北京师范大学被接收后,改为教育部特设北平临时大学补习班第七班,陈雪屏聘请汤茂如为主任。"茂如昔曾受业于斯,奉派主持本分班班务,窃本爱护母校之诚,勉效涓埃之力,对于行政组织,学系课程,略加调整,人事职司,不无变更。至于同学最感困难之膳食问题,亦请于上峰另拨的款,并竭力搏节经费,俾资挹注而利解决。"②北平临时大学补习班第七班,除了裁撤原伪师大的日语系外,其他系科基本上维持不变,计设有教育系、体育系、音乐系、家事系、工艺系、数学系、物理系、化学系、生物系、地学系、国文系、英语学系、史学系等 13 个系。该补习班教员人数达到 209 人,其中,教授和副教授共 80 人(名誉教授 1 人,专任教授 44 人,兼任教授 7 人,专任副教授 26 人,兼任副教授 2 人),专任教授或兼任教授队伍中有邓萃英、欧阳湘、王仁辅、武兆发、梁启雄、孙人和、陆宗达、李飞生、王桐龄等著名学者;讲师 93 人(特约讲师 1 人,专任讲师 28 人,兼任讲师 64 人),助教 36 人。③ 在这些教员之中,有的人是在 1937 年前的国立北平师范大学执教,后来随校西迁,现在被聘来补习班执教;有的人在 1937 年前执教于师大,沦陷时期留在北平而任教于伪师大,现在被补习班继续聘用;有的人是在沦陷时期进入伪师大任教而被补习班聘用;有的人是从其他学校聘请来的兼职教师。伪校原有日籍教师全部辞退。

北平临时大学补习班第七班补习课程包括主修科目(专业课程)、公共必修科目和补习科目等三类。以教育系为例,主修科目有:论理学、普通生物学、普通心理学、教育概论(以上一年级)、政治学、法学通论、教育心理学、教育统计学(以上二年级)、中等教育、师范教育、教育哲学、训导原理及实验(以上三年级)、中等教育、师范教育、比较教育(选)、教育哲学(以上四年级)。公共必修科目有:国文、哲学概论、社会科学概论、教育讲座、演说学(以上一年级)、世界通史、国文、教育讲座、演说学(以上二年级)、心理及教育测验、小学教材教法、教育统计、教育讲座、演说学(选)(以上三年级)、训导原理及实施、教育讲座(选)(以上四年级)。补习科目有:国父遗教、总裁言论、抗战史料、中国史地(各年级相同)。④

补习班强调对学生的思想与精神的训导。在训导目标上规定:第一,使学生明了 8 年抗战之经过,并加强其国家观念及民族意识;第二,使学生明了抗战胜利后的世界局势与今后建国工作的趋向;第三,使学生服膺国父(孙中山)遗教、蒋介石的言论,以树立其信仰;第四,使学生在德、智、礼三方面获得健全均衡的发展,俾成为建国工作中的中坚。训导方针包括精神训练、生活训练、体格训练、智能训练等 4 个方面:精神训练是为了养成自动、自治、活泼、进取与尚实际、重力行的精神,使学生笃信三民主义为建国的最高原

---

① 教育部:《收复区专科以上学校肄业生学业处理办法》,《教育通讯》1946 年复刊第 1 卷第 1 期。
② 北京师范大学档案馆:《教育部特设北平临时大学补习班第七分班概览》(第一全宗·第 25 卷),第 1 页。
③ 北京师范大学档案馆:《教育部特设北平临时大学补习班第七分班概览》(第一全宗·第 25 卷),第 5 页。
④ 北京师范大学档案馆:《教育部特设北平临时大学补习班第七分班概览》(第一全宗·第 25 卷),第 16—42 页。

则;生活训练是为了养成学生新生活习惯及合作与服务的习惯;体格训练是为了养成学生健全体魄;智能训练是为了启发学生的学术兴趣,并养成其发展能力。

经过 8 个月(分为两个学期)的补习,至 1946 年 7 月底结束。"本分班根据全国教育复员会议组织之,在总班主任及分班主任领导之下,对各系学生于沦陷期内所缺修之课程加以补习,俾得编入正式师范学院肄业为宗旨"①,所有学员学习期满,经考试合格与甄审后,1946 年秋,总计 845 名补习生②,除了地学系部分学生分发到清华大学外,其余 761 名各年级学生都分派到复员后的国立北平师范学院相关系科,继续学业。与北京大学代理校长傅斯年表示学校只接受补习甄试合格的伪校学生、绝不聘用伪教职员不同,复员后的北平师范学院则继续聘用了这类教职员。③

五、简短的结论

尽管日本通过伪政府所办的北京师范大学等教育机构试图对中国人实施的奴化教育存在的时间只有 7 年④,但对当时和此后中国的教育、国人的生活、国内的心理、社会政治等许多方面造成的影响乃至危害是巨大而深远的。这种奴化教育是日本侵略者凭借武力征服强加给中国人民的,当时凡是抵制这种奴化教育的一些年轻人在有条件的情况下便转到后方接受教育,另一些不能转移的年轻人,又需要接受教育的,就只能被迫接受日伪的奴化教育。日本的侵略和奴化教育在相当程度上造成了当时中国人群关系的撕裂。首先,7 年的分离,在这两类人之间——在沦陷区敌伪学校从事教育的教师和接受教育的学生与在后方从事教育的教师和接受教育的学生——导致了双方的隔阂、不信任甚至对立,战后教育复员之际,前述傅斯年的主张与容庚的反驳正是双方教师的对立情感的典型代表。当收复区敌伪学校的毕业生和肄业生反对政府强制实施的甄审活动时,教育部部长朱家骅在上海公开对这类学生训话时曾经说出了"大后方同学要甄审你们",意思就是说,政府不对这类学生进行甄审,后方的同学是不答应的。尽管此论随后被北大、师大校友联合会发言人举例反驳⑤,但是并不能否认大后方的有些同学持有朱家骅所说的态度,后方青年"各种牺牲简直是说不尽","后方青年对于前方青年的看法不同,他们以为你们在这里没有受到痛苦"。⑥ 其次,在社会舆论上也存在着对立的言论,有的报纸公开发文认为不对收复区从事和接受奴化教育的人严惩,就无法收复人心,有的人则公开发文主张人们和政府对被迫留在沦陷区的青年遭受的打击和不幸"予以普遍的原谅",至于政府对他们的甄审,不要造成再次打击,"我们希望偏重建设性,避免一切不很必要

---

① 北京师范大学档案馆:《教育部特设北平临时大学补习班第七分班概览》(第一全宗·第 25 卷),第 1 页。

② 北京师范大学档案馆:《教育部特设北平临时大学补习班第七分班概览》(第一全宗·第 25 卷),第 1 页。

③ 北京师范大学档案馆:《北平临时大学补习班第七分班之原委》(手稿)(第一全宗·第 24 卷)。

④ 日本侵略中国各个地区的时间不同,奴化教育的时间、先后长短不一,情况也有所不同,对台湾最早、最长,其次是东北,再次是华北、华东、华中、华南。因此,抗战胜利后国民政府教育部台湾地区、东北地区的教育复员及甄审政策与其他收复区的政策有所区别,本文所论问题没有涉及台湾和东北。

⑤ 北京市档案馆编:《解放战争时期北平学生运动》,光明日报出版社 1991 年版,第 14 页。

⑥ 北京市档案馆编:《解放战争时期北平学生运动》,光明日报出版社 1991 年版,第 20 页。

的牺牲,同时最好不要予以知识青年精神上的打击"①。

国民政府教育部对收复区教职员、学生的甄审是教育复员的重要组成部分,是恢复对原沦陷区的教育主权和清除日伪奴化教育的重要举措,这是自然和正常的政策。而且教育部认为教育甄审的出发点是为了收复区敌伪学校的毕业生和肄业生的补救而不得不采取的政策,因而真正是为了他们好,"为救济敌伪中等以上学校学生之失学,及追认毕业生之资格起见,决定办理甄审"②。朱家骅需要有一种办法来弥合前后方青年之间的分歧,使之"打成一片才行","所以要办补习班,又要办甄审,这不是与你们为难,是要使你们能与后方青年成了同等程度的学生"。③

为何教育部的教育甄审自始就遭到收复区广大师生的反对、抵制,以至于因无法顺利实施和如期完成而成效不彰呢? 首先,正如反对者(收复区师生)所言政府的政策不公平,某些汉奸、敌特、日本侵略者不仅不被加以惩治,反而直接被政府、军队所任用,对收复区师生的态度与政策则不然,两者相较,形成了天壤之别。其次,教育甄审的政策也有不合理之处,比如,对学生的集中考试,既不具备实施的交通条件和社会环境(特别国共之间内战),已毕业多年的学生本身也害怕英语课和专业科考试通不过,因而极力反对。而且,一再修改的甄审办法都只是一些原则性的规定,始终没有拟定具体而微的实施细则,在实际活动中不易操作。再次,修改的甄审办法取消了集中考试办法,主要保留研读"三民主义"、《中国之命运》的学习心得并撰写与之相关的政治论文和学科论文等内容,但引起了一些思想比较进步的青年人的反感,批评说这是"用党化教育来毒化青年思想"④。最后,通过中共地下党的领导、解放区青年的积极参与以及共产党所办的报纸《解放日报》《新华日报》的引导,不断扩大了反甄审运动,并且使反甄审运动与当时全国人民特别是青年学生的反内战、反迫害、反饥饿运动此起彼伏,共同汇集成为一股民主运动。国民党政权既要忙于内战,又得应付日益高涨的民主运动,越到后来越对教育甄审活动难以顾及了。综合以上因素,使得教育甄审是雷声大、雨点小,最终结果可想而知了。

"曲终人不见,江上数峰青。"特殊背景下的日伪奴化教育已成历史的尘埃,奴化教育及其教育甄审与反甄审的当事人也都渐渐逝去,但是,历史故事所留下的值得后来人玩味和思考的东西则是不会消逝的。

---

① 韩兴泉:《沦陷区教育复员问题》,《立国周刊》1945 年第 3 期。
② 教育部教育年鉴纂委员会编:《第二次中国教育年鉴》,商务印书馆 1948 年版,第 16 页。
③ 北京市档案馆编:《解放战争时期北平学生运动》,光明日报出版社 1991 年版,第 20 页。
④ 北京市档案馆编:《解放战争时期北平学生运动》,光明日报出版社 1991 年版,第 13 页。

外国教育制度、思想及学说研究

结构、义理与修辞

——柏拉图《理想国》教育理解引论

◎王 晨*

摘 要：柏拉图的《理想国》作为个体人性探讨、社会伦理探究和政治秩序建构的经典著作，通过灵魂和城邦对比下正义本质的追寻来指引年轻人在共同体中寻求自己最好的生活方式。在其中教育是一个关键的主题，它与哲学、政治紧密结合在一起，铺就达成个人幸福和城邦正义的道路。《理想国》中柏拉图对这一过程描绘至少存在两个理解结构，一是上升结构，二是对称结构，从而以一种顶点和中心的形式展现这一道路的确定与神圣。在对教育的言辞建构中，柏拉图通过培养护卫者的普通教育到养成哲学王的辩证法教育，完成了以理性追寻美好而高尚的真理和本质的灵魂秩序与真正的哲人充当统治者的城邦秩序的合一。为了实现指引和劝勉的教育意图，柏拉图采用了哲学与诗歌结合的对话录文体，以一种戏剧的方式再现哲学行动和生活，从而引导对话录之外的灵魂，在苏格拉底的帮助下转向，以开启千年之后的自我教育。

关键词：柏拉图；《理想国》；灵魂的转向；哲学王；教育；劝勉

柏拉图的《理想国》不仅是西方政治文明的奠基之作，也是人类人性提升和伦理探究的校准之作。在柏拉图所有的对话录中，《理想国》是一个重要的节点（另一个节点是《法律篇》），一方面他将苏格拉底对个体灵魂教养和各种美好德性的探讨在《理想国》中做了初步的综合，另一方面则在其中开启了个体与共同体政治关系的诸种视野。这两者联系起来实质上就是对年轻人如何在共同体中寻求自己最好生活方式的指引和劝谕，它几乎涉及属人事务的所有重要问题。但这种教导和劝勉本身并不指向某一已定的终点，而是基于个体和生活方式的多样性或差异，重在激发对"什么是善好"的反思，从而通过辩证法这一精神助产术将其引向自然。可以将其称之为哲人的（生活）方式。它面向全体，但在某种程度上只对有意愿和有准备的人开放。

一

《理想国》篇名希腊文为 Politeia，原意为政治，但古希腊政治一词的词义要比现代政

* 作者简介：王晨，北京师范大学教育学部教授。基金项目：全国社会科学基金"十二五"规划 2012 年度教育学青年课题"美国新保守主义大学思想史研究"（COA120170）。

治一词的词义广泛,它不仅是指政体、政府形式和行政制度,也指共同体及其成员在其中的生活方式、道德习俗乃至观念言行。柏拉图用此词应该意指一种将体制与日常、政治与生活共同铸造而成的理想城邦政体的有机整体。在古罗马人用拉丁文翻译希腊文Politeia 时,基于其词根 polis(城邦)及其对政体形式的理解,将其翻译成为 De Res Publica,英文随之译为 The Republic,意为"共和国"。《理想国》的副标题是"论正义、政治篇",是公元 1 世纪忒拉绪洛斯在编辑《柏拉图全集》时加上的。

一般认为,《理想国》是柏拉图在苏格拉底思想基础上综合思考,形成自己成熟思想的中期集大成之作,创作于第二次叙拉古之行之前。有种看法还认为,其中第一卷写于早期,其余九卷则是写于中期;还有学者考证后认为下面这个传说是真实的,即柏拉图在去世之前,还在修改《理想国》的开头,并重写了好些次。① 如果这一考证成立,这首先会削弱《理想国》完成于中期这一时间点的义理涵义。而当我们读到被认为是柏拉图晚期著作的《法律篇》的结尾:"我要做的是说明和解释我自己对整个教育和训练大纲的看法,这样我们的谈话又进入了新的一轮。……仅当我们审慎地选择了我们的人,对他们进行彻底的教育,让他们居住在这个国家的中心城堡里,让他们担任国家的卫士,成为我们从来没有见过的完人,这个时候我们的理想才能真正实现。"②我们不仅会被引向《厄庇诺米斯——论夜间议事会或论哲人》这一最终的章节,也会被重新引向《理想国》对"真正的哲学家"的教育探讨。就此,《理想国》和《法律篇》给我们的感觉似乎是时间序列好像已经失去了意义,各部对话录以《理想国》和《法律篇》为并立的核心建立了一种循环往复的回环。所有对话录成为一个教育的整体,映射着《理想国》和《法律篇》中个人与社会向善的理想进程及其中的劝谕、规范和困境。教育和立法也凸显成为政治和哲学、理性与神圣等属人事务的核心。

试图在一篇引论中讨论所有对话录与《理想国》乃至《法律篇》的关系显然是一件不可能完成的任务,何况这任务本身也充满着困难。但将《理想国》与柏拉图对话录放在一起,至少可以从中看到对三种秩序,即灵魂秩序、城邦秩序和宇宙秩序的和谐努力。在对灵魂的假设中,理性、激情和欲望在理性的引领下处于一种和谐秩序中,从而获得勇敢、节制、正义和智慧的美德;与这一和谐灵魂秩序相对应的则是正义的城邦,正义城邦良善的政治秩序是所有人享有最大幸福的要求和条件;而这两种秩序则是在对宇宙秩序的自然理解和神学虔敬中得到了至善的支持和确信。三者秩序各自的和谐与三者之间的和谐构成了一种合力,从而能够通过对宇宙的、道德的、政治的和逻辑的问题的探讨,至少在言辞或理性和虔敬的灵魂中保障理想至善的追寻。

二

《理想国》不是一个简单的故事或不只是一场关于正义的讨论,而是一个由多条经纬

① 刘小枫:《柏拉图笔下的佩莱坞港——〈王制〉开场绎读》,《社会科学研究》2010 年第 2 期。
② 柏拉图:《柏拉图全集》第 3 卷,王晓朝译,人民出版社 2003 年版,第 736 页。

线交织而成的复杂的织体。"横看成岭侧成峰",多种主题、视角和意义在同一个文本中交汇,显白与隐微相间,时而汩汩流淌,细致绵密,时而波澜壮阔,层层迭出,时而峰回路转,环环相扣。无论它们来自作者的用意还是读者的会心,在文本与现实的历史来去之间形成了一个从形式到内容都丰富多层的充满张力的复杂意义结构,似乎有着难以穷尽的解释可能。而我们要做的也许就是一步一步地,如同"剥洋葱"一样,从基本的结构和事实,所涉主题的涵义到叙述的方式和修辞等,慢慢地理出一条一条的经纬线,为形成自身的《理想国》的阅读经验而奠定基础,提供进路。

呈现给我们的《理想国》文本被分为十卷,从内容本身来看,可有着至少如下两种理解结构:一是上升结构;二是对称结构。

从上升结构的角度,可以将十卷内容分为四个部分。第一部分是第一卷至第四卷末。

这一部分从第一卷苏格拉底和格劳孔下到比莱埃夫斯港观看完节日游行之后,在回城的上升途中受阻开始。在被迫前往珀勒马科斯家中聚会的谈论中,苏格拉底引入了正义问题,并以克法洛斯所持的正义——"说实话,偿还从他人那里拿到的东西";珀勒马科斯所持的正义——"帮助朋友,伤害敌人";忒拉绪马霍斯所持的正义——"强者的利益",这三种不同类型的关于正义的意见为阶梯,设置了慢慢上升的缓坡。缓坡的到达之处是卷一末尾的关于正义的三个问题,即正义究竟是什么东西? 什么是劣质和无知,什么是智慧和优秀品质,正义是不是智慧和某种优秀品质? 非正义是否比正义更有利? 拥有正义的人是不幸福呢,还是幸福? 其中第三个问题,即"有正义的人是否比没有正义的人生活得更好,比他们更幸福",尤其关键,因为这并不是一件偶然发生的事或小事,而是有关人们必须如何(正当)生活的大事。

缓坡在第二卷年轻人格劳孔和阿德曼托斯接替相继提问之后进入了一个高原,尤其是他们要求苏格拉底脱离基于正义的名声与威望等外在益处和报酬的功利主义观点,而转向正义的本性和为了正义本身的论证。从第二卷到第四卷所揭示的总体论证思路表明,要了解单个灵魂内在的正义,首先要了解城邦的正义,在此框架下,城邦的种类与灵魂的种类是对应的,诗歌音乐、体育、肉体的生活方式以及城邦制度都将指向"灵魂的内在正义"。在这一论证中,苏格拉底引入了城邦的正义的概念,探讨了城邦的诞生与发展,并从中确立了城邦与人(灵魂)在智慧—理性、勇气—激情、节制—欲望以及正义这四个层面的类比互映关系,并提出了新的正义:即城邦或灵魂的各个部分拥有自己的东西,从事自己的本职工作,从而处于一种和谐的秩序。非正义的行为就是破坏这一和谐的行为。这一正义的定义实际上暗含着城邦的卫士阶层和灵魂中的理性部分都应该处于领导地位这一观念。在此需要注意的是,苏格拉底在论述如何挑选和教育城邦的卫士的过程中基本确立了好城邦来源于好公民,好公民来源于好城邦这一循环。他的一部分教育思想也在其中得以显现。另一处值得注意的是,这一高原暗藏的顶点是"高贵的谎言"。

在经过第一卷至第四卷的缓坡和高原之后,迎来的是整个对话的最高峰——第五卷至第七卷,这也是上升结构中的第二部分。这一部分至少在明暗两个方面延续了前面的高原部分,一是城邦卫士的组织和继续培养以及理想城邦实现的可能性和措施;二是城邦和灵魂(人体)和谐秩序的理性引领结构。而这两部分都有好多违反风俗律法的内容,因此,苏格拉底的论证必须从是否可行、是否有益、是否符合自然本性等角度小心地应对由此而来的三波浪潮,即关于男女平等的第一波浪潮;财产、妇女和儿童公有以助优生优育和城邦团结一致的第二波浪潮;以及哲人成为城邦的统治者是实现理想城邦之保证的第三波浪潮。在这三波浪潮推动下,由对哲人定义、本质和天性的探讨,哲人与城邦微妙关系的辨析,哲人如何追寻美好事物的分析所构成的阶梯将一步一步引向顶点,也即叠套在洞喻中上升后所指向的:太阳本体,最高的善之理念以及与之相应的真正的哲人生活方式,乃至哲人王的统治。这一顶点难以久居,而对哲人的教育过程就是从这一顶点下降的过程,这一下降与洞喻中重新进入洞穴的下降呼应,并与前面的上升共同构成了这一最高峰,教育正是对最高峰的第一次回望。苏格拉底另一部分的教育思想也就在此体现了出来。在这一部分最值得关注的就是内在地包含着日喻和线喻的洞穴比喻,从某种程度上,洞喻就是《理想国》对话本身,无论是结构还是意义。

哲人个体对教育的回望,即灵魂的转向上升在灵魂类型和城邦类型的对比框架中还需要指向城邦类型的退格,这一论述开启了上升结构中的第三部分,也即从最高峰下降之后的高原——第八卷至第九卷。这一部分显然是接续了第五卷开头的话题,这使得最高峰的部分显得更为突出。这一退格即是对贵族政体、荣誉政体、寡头政体、民主政体和僭主政体五种城邦体制的表现以及与之相应的灵魂类型特征的描述和演变的分析,其中包含了从正义到非正义的不断退化和理性力量的不断退却,即从反面劝谕哲人王的理想政体和真正哲人的生活方式是最正义,也是最幸福和最值得追求的。而在这一部分高原的最后,则是通过三个证明再次对比了最优秀和最低劣的政制和灵魂,确定了热爱智慧和美德的高尚正义之人必然是幸福和快乐的,他的灵魂的每一部分都受到神性和理性的统治和驯化,达到统一与和谐,"对于灵魂,正义本身就是一种最好的东西,而灵魂必须做符合正义的事"。这回答了第二卷时格劳孔和阿德曼托斯的提问。

上升结构的第四部分是第十卷,这一卷也是整篇对话录中的第二高峰,它通过厄尔神话的途径再次回望第一高峰,用非理性的诗歌隐喻来坚定年轻人对灵魂正义报偿的信念和对哲人生活方式意义的确信。作用于灵魂较低部分,只能模仿而不能把握真理的诗歌方式在此得到了批评,它宣扬命运无常、扰乱心灵秩序、腐蚀追求美德信念的负面作用也因此得到了净化,从而为理想城邦和哲学所用。这一基于灵魂不朽的神话和诗歌的劝谕再次指向年轻人:"愿大家相信我如下的忠言:灵魂是不死的,它能忍受一切恶和善。让我们永远坚持走向上的路,在理性的帮助下追求正义。这样我们才可以得到我们自己的和神的爱,无论是今世活在这里还是在我们死后(像竞赛胜利者领取奖品那样)得到报酬的时候。我们也才可以诸事顺遂,无论今世在这里还是将来在我们刚才所描述的那一千年的旅程中。"[1]

在上升结构的基础上,对称结构就相对容易理解了。根据学者列奥·施特劳斯的说

---

[1] 本文中《理想国》译文均引自柏拉图著:《理想国》,王扬译,华夏出版社 2012 年版,第 168 页。引用时有修改。

法,哲人们在撰写著作时,往往会将自己最重要的真实观点放在著作的中间位置。[①] 如果这一说法属实,那么显然,《理想国》的中心就是第五卷至第七卷中对哲人的统治和善的理念的论述。在这一中心顶点,政治的良善统治和哲学的理性追寻在哲人的品性、身份地位、生活方式的描述和城邦的性质、政制、正义的论证中被融合了起来,而从这一中心顶点向两翼的对称展开正是围绕着城邦与人的关系而进行的。在第五卷的早先部分无疑是对这一中心理念在城邦历史现实中具体化的理想假设论证,与之对应的第七卷其余部分则是通过将潜在哲人带入光明的世界的教育过程论证了这一融合的人的层面。这样的哲人:"从高处亮出他们灵魂中的光芒,为自己提供观察一切的光线,当他们看到了美好事物的本身,他们就把它用作样板,轮流为城邦、城邦的居民以及自己安排好未来的生活,平时把大部分时间用于研究哲学,当轮到他们,他们每个人就必须为政治吃苦耐劳,为城邦的利益实行统治,并非把它当作一份美差,而是把它当作应尽的义务来施行,并且用这样的方法不断地教育像他们这样的人,当对方接过班,当上了城邦卫士,他们自己便可离开,移居到幸福岛上。"

显然,在这一融合的对称展开也即实现过程中,最为重要和为大众最关心的问题是正义问题,因为这是城邦与人共同幸福生活的关键,也是上述融合是否可能和持续的关键。这一问题也即是对正义的人是否要比不正义的人生活得更好更幸福的回答和论证。这一论证重要的是将对正义的定义和解释权力掌握在哲人的手里。

这一言辞的论证和劝谕是从两个方向展开的,一是从城邦的起源和正确制度的形成以及公民的教育来叙述,二是从城邦与灵魂从贵族政制、荣誉政制到僭主政制的堕落来反面论证的。并最终给予确定的回答:正义的生活是要比不义的生活更好更幸福。正义的城邦与正义的灵魂同构,因此正义既是灵魂在理性指引下与激情、欲望形成的三者之间的和谐秩序,又是城邦在最具理性的哲人的指引下与城邦其他部分共同形成的和谐秩序。这样的个人与城邦的生活就将是最幸福和最正义的。

这一正义的劝谕在现实中无疑还需要对应处理两个方面的问题,一方面是它要与现实中其他主流的正义意见进行竞争,另一方面则是它要用当时大众习惯的方式来进一步让人确信它是正当的。因此,苏格拉底与格劳孔下到比莱埃夫斯港在宴饮中考察克法洛斯、珀勒马科斯、忒拉绪马霍斯等城邦居民所持正义观念的序言部分,和运用神话让不朽的灵魂在死后的审判中获得正义生活的报偿的尾声部分就成为这一对称结构对于大众而言最切近的入口。

三

柏拉图在《理想国》中涉及了诸多主题,例如自然、幸福、善好、哲学、城邦、正义、政治、灵魂(欲望、血气、理性)、品性、道德(勇敢、节制、智慧)、生活方式、教育、法律、诗歌、音乐、神话、戏剧、风格、模仿等。对整全人性的理解和整全知识的探究使得我们对这些

---

① 列奥·施特劳斯:《迫害与写作艺术》,刘锋译,华夏出版社 2012 年版,第 180 页。

主题以及它们之间千丝万缕的有机联系抱有一种好奇的爱欲和坚定的信念,并引导我们踏上我们自己还无法完全确定,但确实已经扬帆起航的长远的旅程,"理性之风将我们吹向哪里,我们就去到哪里"。

在众多主题中,无论是从本文的旨趣还是从《理想国》对话录本身的意旨而言,教育都是一个牵连甚广,至为关键的主题。在某种程度上可以说,如果没有对教育的探讨,我们不仅难以看清正义和非正义是怎样在城邦中产生的,甚至在言辞中对理想城邦的建构都是不可能的,更不用说想着将这些种种衍生而来的教育思想付诸历史实践。

在《理想国》中,苏格拉底论述的教育主要分为两个部分,一是对整个城邦卫士群体的基本教育,包括对城邦卫士群体中妇女的教育;二是对城邦卫士群体中那些热爱智慧,具有较高理性能力和辩证法天赋的人提供的更高的教育。在第六卷中间,苏格拉底在讨论哲学学习时还用一段话简略扼要地概括了这一教育生活的整体过程,我们可以从中获得一种整体印象和指引:"完全相反,青少年和儿童必须和青少年时期的教育和智慧打交道,在这一发育成熟、长大成人的阶段,他们必须同时努力照料好自己的身体,使自己拥有一个学习哲学的助手;随着年龄的增长,当灵魂开始成熟,他们必须加强对它们的锻炼;然而,当他们的体力开始衰竭,退离了城邦公务和军役,这时,他们应该自由自在地觅食于哲学的牧场,除了附带性的事外,不用做任何其他事情,如果他们真想幸福地生活,死后,在那一个世界,给自己如此度过的一生配上合适的命运。"

在详细阐述苏格拉底的教育论述之前,需要明确的有以下几点:第一,苏格拉底所论述的教育所指向的对象是具有充沛精力、精神饱满、行动迅速、力量强大,兼有温顺和勇猛,并具有哲人气质等本性的人,这是成为一个优秀、高贵的城邦卫士的前提。第二,苏格拉底对教育的论述如同在讲述故事,是在言辞中、理论上用道理来教育这些人,且这一利用充分的空闲所进行的探讨却又是绝不可放弃的。第三,这是一种比早已被人寻找出来的那种教育更强的教育。这就意味着存在着两种教育。

在明确上述几点之后,就让我们沿着苏格拉底的进路来看看他将用什么方式在城邦中培养和教育这么一批人,这是一种什么样的教育。

教育最先是从针对心灵,最为紧要的音乐开始的,因为节奏和音调最善于潜入灵魂的内部,最有能力感染它,使其变得高雅。音乐教育的主要内容包括诗人们创作讲述的(神话)故事、诗歌以及戏剧。对于每一项工程而言,最重要的部分是开头,教育也是如此,尤其是年幼柔弱的儿童,在早期的时候最容易改变,人们想用什么模子给他定型,他就属于什么类型,因此我们应该不惜一切地做到,让儿童听到的第一批故事是他们所能听到的有关美德的最优秀的作品。诗人们必须依照这一原则讲述故事,描述和赞颂正直之士节制、勇敢、明智、虔敬、自由、慷慨等高尚品性和言行,以供年轻人模仿,从而免除在年轻人中诱发倾向干坏事的恶习。

与此同时,还应该选取与谦虚谨慎、勇敢顽强的特性相适合的音调和优雅、端庄、和谐的节奏以跟随和维护这些优美正直的语言内容和灵魂气质,拒斥柔弱而懒散的调式,让节奏与和谐浸入儿童心灵的深处,让优美和理智合而为一,从而确立对神圣和良善事物的信念,避免不良事物对年轻人的败坏,使他们从儿童时代就开始虔敬神明,孝敬父母,重视朋友间的友谊,养成良好的言行、勇敢的精神以及克制和服从的习惯,潜移默化地模仿、热爱、坚信美好的理性、节制而和谐的完美秩序,培养对美的追求,在他们还不能理解其中的道理之前就能自然地赞扬和欢迎优秀的事物而讨厌和憎恨丑恶的事物,从而为将来道理的到达预先建立亲和的内心情感联系,为成为一个温文有礼,既美且善的人奠定基础。

而随着音乐教育,年轻人必须接受体育锻炼,因为强健的体魄是高尚灵魂的表征,它能使人不过分地讲究调养身体,为培育和检验美德、热爱思考奠定基础。在此,节制而健康的生活方式是通过心灵带来健康的体质,并以体育和身体训练展现人本性中的精神力量,而不让艰苦的外部条件、身体的欲求和羸弱影响精神和心灵的畅旺。因此,体育的真正价值在于通过简单而质朴的健康生活方式和身体的训练锻炼灵魂的力量,从而以良好的精神来照料和治愈躯体。

体育必须要与音乐教育相协调,因为体育是为了培养勇猛的体格,但如果只从事体育,仅仅注重饮食和身体锻炼,他就会变得非常粗犷、生硬和横暴,超过合理的程度,而难以品尝学习和探索的滋味,从而丧失热爱智慧的本性,变成厌恶谈话,没有文化修养的人。他不再通过语言以理服人,而是像一头野兽凭暴力和粗野达到一切目的,生活在无知和愚昧之中,没有节奏和风度,变得鲁莽野蛮。反之,如果音乐教育没有体育相协调,则会使人过分柔和,过分驯化激情,使精神虚弱,而导致软弱和胆怯。只有将音乐和体育两者结合起来,并且超越各自的极端,让灵魂中爱智的理性部分与血气的激情部分张弛得宜配合得当,形成既明智柔和又勇猛顽强的本性,那么我们就可以说,这个人具有了最完美的音乐修养和最和谐的精神气质,他将会是一位既温顺又勇猛的城邦公民。

在完成音乐教育和体育之后,需要运用各种考验从这些人中选出既具有护卫城邦的智慧和能力,又以最坚定信念维护城邦利益的优秀者,作为城邦的领导和卫士,而另一些则成为卫士和被统治者。这一城邦不仅需要虚构某种必要而高贵的谎言来说服城邦的统治者或城邦中的其他人,以促进他们更加关心城邦和他们之间的相互关系,而且还需要确立一种定量供给生活必需品,不能拥有私有财产和居所,简朴而美好的集体生活方式,以杜绝财富、贫穷以及欲望对自身和城邦的侵蚀。

当城邦依此基本建立,正义和非正义的概念也已通过城邦与灵魂的类比论证得以确立,那么在个体灵魂理性、激情、欲望三分前提下的城邦领导和卫士阶层的教育就将获得进入下一阶段的方向和途径。但是在此之前,关于理想城邦建立的另一重大论题,即妇女和儿童的地位和使用(共有制)问题导致了对妇女教育问题的探讨,这个问题显然与当时的风俗传统很不一样,所以显得棘手,但是基于男女相同的本性和共同的城邦护卫事业,卫士阶层的妇女们也应该接受与男人一样的音乐和体育方面的教育,并学会有关战争的艺术,共同从事城邦的事务,维护城邦的统一和团结。

城邦卫士阶层中优秀者的进一步教育在哲人王概念的引入下,愈加清晰起来。在向上、下两个方向的观望中,我们不仅看到了正义、美、克制精神的本质以及诸如此类的东西,而且看到了准备反过来引入并塑造于人们身上的井井有条,永远不变的神圣秩序。教育不仅按照城邦的种种生活方式对人的颜料进行搅拌和加工,而且最后要根据引入的那种标准来定型,如荷马所说,那种出现在人类中的类似天神和宛如天神的形象。后一个方向需要运用理性依靠辩证能力超越感官和变化去把握理念、原型和事物的本质,即要从可见世界的实物的影像领域进入实物领域,再进入可知世界的数学领域,最后达致以辩证法为基础的理性领域,与之相对应的是灵魂从形象到信念、思维、理念的四个有着不同真实度和清晰度的境界,这一上升过程也被称之为灵魂的转向。因此,作为城邦创建者的最大任务,这种教育首先就是逼迫这些具有最优秀本性的人走向这种学习,踏上一条向上的、通向本质的道路,登临高处,进行充分的观看,看到正义、美好等优秀的东西的真正面目,体会到真正的哲学生活方式是一种比施行统治更快乐幸福的生活方式。

显然,对于既是军人又是哲人的城邦卫士而言,他要学习的内容应该可用于战争,但更重要的是能通过它迫使灵魂通过纯粹理性从可变世界转向真理和实在。那么能把灵魂从生成变幻的世界拉向本质的世界的学习究竟是哪一种呢?在体育和音乐教育之后它的具体内容和过程又该如何?

对于体育、音乐、战争乃至所有专业技术、思维和知识而言,其共同的东西首先是数字和运算艺术,这一艺术对于卫士从事战争很有用,但它也属于把人自然地引向思维的东西,从而能以各种方式把人拉向本质的世界,促使灵魂运用理性、接近真理。因此,计算和推理的艺术是先天条件最好的人首先要学习的项目。第二个学习的项目则是几何学,它不仅关系到建立营地,摆设阵列等战争技艺,而且能促使灵魂去观察和认识存在的本质,也是一种把灵魂引向真理的力量。[①] 第三个学习项目是天文学,它不是通过感官对天象进行直接而简单的观望,而是靠理性和思想来领会和研究这些天体运动中真正的数字、几何图形和比例关系的本质,从而使灵魂中天生具有理性的部分从无用转变为有用,并以此向上去寻找美丽和高尚。

但是所有这些东西只不过是我们所必须学习的那一主曲的序言,而这一主曲就是辩证法。因为如果某些人既不能发表论点,也不能为自己答辩,他们就根本没法懂得我们所说的他们所必须懂得的东西;如果各种专业艺术在使用自己的假设时,对这些假设不做变动,也无法对此做出系统的解释,那就既不可能使共同认可的东西成为知识,也不可能奔向一个开始,引导灵魂的眼睛向上。因此,"当某人试图借助辩证法靠语言和思想而不靠任何感官知识追求每一事物的本性,坚持不懈,直到他借助理性抓住了美好的东西的本身,到达了可知世界的终点,就如同那人当时到达了可见世界的终点。……你不把这称作辩证的旅程?"辩证法凌驾于一切学习之上,其他任何一种学习都没有理由占据比它更高的地位,相反,所有的学习都在此到达了终点。这一具有如此崇高地位的学习任务必须以合适的方法交给被挑选出来的合适的人。

这些人除了具有城邦卫士所需的高贵、坚强、勇敢的本性之外,还需要有敏锐的眼光,良好的记性,憎恨无知,不知疲倦,各方面都甘心吃苦,既乐于艰苦的身体锻炼,也乐于艰难的学习和研究的品格。对于这些人,要在以自由和玩耍的形式而非强迫进行的初

---

① 几何部分应该包括处理立体和有深度的东西的立体几何,苏格拉底将此列为平面几何之后和研究旋转运动的立体的天文学之前应要学习的第三项内容,但他没有对此进一步详细论述。如果将立体几何独立计算,天文学应该是第四项学习内容。

期教育中观察他们,看看他们是否在劳动、学习或是面临危险时,都是一贯自如地表现。

到了 20 岁之后,他们将得到仔细观察,谁如果能将以往分散学习的内容加以综合,能研究它们之间的联系以及它们与事物本质的关系,并形成统一的认识,谁就应该被认为是具有辩证法天赋的辩证学者。这些具有辩证天赋的人,在 30 岁之后将会得到提拔,他们会获得更大的荣誉,也会对他们做进一步的观察,看看他们能否在社会意见面前通过奢侈、欢乐和荣誉上的考验,是否还坚定不移地坚持美好和正义,能靠辩证能力而不靠眼睛或其他感官认识,在真理的伴随下走向事物的本质。

在谨慎地进行 5 年辩证法练习后,也即在他们 35 岁时,让他们重新进入洞穴,接管一切涉及战争和年轻人事务的领导岗位,培养实际经验,并接受各种诱惑的考验,看他们是否能站住脚跟。到 50 岁时,那些在实际工作和科学研究中经受了考验,在各方面都取得了杰出的成绩的人,就应该被赶往终点,逼他们通过自己灵魂中的光芒无所依凭地看到善好本身,并以此为原型轮流为城邦、城邦的居民以及自己安排好未来的生活。他们平时把大部分时间用于研究哲学,当轮到他们,他们每个人就必须为政治吃苦耐劳,为城邦的利益实行统治,但并非把它当作一件美差,而只是把它当作一件应尽的义务。

他们用这样的方法不断地教育像他们这样的人,当对方接过班,当上了城邦卫士,他们自己便可离开,移居到幸福岛上。他们或如同神灵或是幸福无比、宛如天神的凡人。而这一哲学王轮流统治的城邦将会是一个正义的城邦:"当真正的哲人,或是一个或是更多,在城邦中成了统治者,他们将会鄙视目前流行的种种荣誉观念,认为这些是卑贱的东西,没有任何价值,而正确的东西,他们相信,以及从它那里派生出来的一切荣誉具有最高的价值,而正义则是最重要、最关键的东西,只要他们为它服务,使它壮大,他们将会为自己彻底安排好属于他们自己的城邦。"

通过对教育主题的分析,我们可以再一次清晰地看到,无论是对正义与幸福之个人的达成,还是正义与幸福之城邦的实现,教育都是一个关键所在,虽然洞穴中第一个挣脱束缚、艰难行进在上升之途的"囚徒"是如何而来的我们没有任何线索。如果说,幸福个人的达成需要具有理性天赋的人去学习辩证法,去追寻包括正义和美好等在内的真理和事物的本质,那么幸福城邦的实现则需要有能力追寻这些真理和本质的人能够成为领导者,从而实现个人灵魂秩序和城邦秩序的合一。显然,前者涉及哲学和哲人的生活方式,而后者则涉及政治。正是在这样的一种逻辑结构中,哲学、教育和政治三者被紧密地结合在了一起,教育在其最高的意义上说就是哲学,与此同时它又是实现良善政治的途径;而哲学生活方式既是良善政治的前提和条件,也是教育的共同体目的和最终目的的依凭和指归;良善政治是保护哲人和哲学生活方式的土壤,又是影响教育各种成效的关键,它们互为条件,互为结果。一种好的教育到底该如何形成,其关键也许就在深入理解这三者关系之处。

四

对于《理想国》而言,从不同的理解角度出发,可以发现柏拉图不同的叙述策略。例如从理解正义的角度出发,既可以看到苏格拉底以无知和反讽的态度求教于不同的正义观的持有者,以示正义理念的杂多和对比,从而引导年轻人探究正义的理念,并理解正义理念的"一"与"多"之间的辩证关系;也可以看到他以城邦与个人的比拟这一超越常规的论述方法,来同时确立哲学王在城邦执政的合法性和理性伦理在灵魂结构中的优先性,从而建构了哲学与政治结合的应然性和教育的形式、目的和动力。而当柏拉图试图在理性论证之外,以情感和信念感染当时那些理解还不深入、意志还不坚定的听众或观众,再次来帮助他们相信时,他则使用了比喻、神话、故事这些具有通俗影响的论述方式,如第十卷中的厄尔神话,来进一步说服"我们"以一切的方式带着智慧实践正义,并一直保持向上的道路。因此,理解柏拉图的叙述策略实际上是要了解柏拉图的意图。也就是说,只有在深入理解柏拉图想说什么,想达到什么目的的基础上,我们才能明白柏拉图为什么这么说。

柏拉图要实现自己的多种意图,显然需要一种具有复合调式和节奏的写作艺术。当这一技艺呈现在我们面前,我们知道这就是对话文体,它与我们经常见到的以演绎推理为核心的证明性哲学论文相比有着显著不同的风格。亚里士多德在《诗学》开篇提到:"而另一种艺术则只用语言来摹仿,或用不入乐的散文,或用不入乐的'韵文',若用'韵文',或兼用数种,或单用一种,这种艺术至今没有名称。我们甚至没有一个共同的名称来称呼索福戎或塞那耳科斯的拟剧与苏格拉底对话。"①

亚里士多德将对话看作是用语言摹仿的戏剧,而将柏拉图看作是诗人。这显然也是确切的。因为柏拉图需要与游吟诗人、剧作家以及智术师们对比灵魂引导能力的高下,并表现出他不仅在这些人最擅长、民众最熟悉的事务上超越他们,而且在他们不会的事务上也远远地高于他们,这样才能更好地吸引年轻人。柏拉图在投入苏格拉底门下后焚烧了自己早年的诗作以及他受到索福戎拟剧著作的影响等传闻也印证了他确实拥有写诗的能力。哲学与诗的结合才能更好地胜任以相应的谈话引导不同类型的灵魂这一复杂的任务。当证明性的论证达到其边界之时,也许修辞术会成为更有力的说服方式。

柏拉图在《理想国》《高尔吉亚》《斐德罗》等篇中清楚地表明他完全知晓诗歌和智术师修辞术的弊端和优点。前者是模仿的艺术,它虽然制造的是表面形象,不能真正认识事物的本质,不能抓住真理,但是它会乐于与灵魂中非理性部分交往,使之壮大,从而影响灵魂的气质。后者则是取悦民众和迎合欲望,而不是基于共同的幸福关心如何使民众变得更好,因此它是谄媚和低劣的。但是哲学家出于教导和劝谕的目的,应该驾驭这一模仿技艺带来的情感力量,所以柏拉图要做的就是净化诗歌,不仅要解除诗歌咒语的魅力,防止自己滑落到大众的那种幼稚的爱当中去,而且要创造性地使用这些文体和修辞来实现自己的写作意图,既有益又美丽的诗不仅可以使人愉悦,为个体的灵魂提升和幸福服务,也可以为城邦的共同利益和幸福服务。"《理想国》……可以被视为一个散文体的哲学史诗:它并不依赖诗歌的灵感,但倚重哲学的知识和权威;它不把模仿的乐趣与传统价值相牵扯,但联系起了哲学价值;它并不勾起身体的欲望,但使人爱智;它进入公众

---

① 亚里士多德:《诗学》,罗念生译,人民文学出版社2002年版,第4页。

领域不为求名得利,但为公共福祉。《理想国》……不仅仅是为正义进行一次劝勉的辩护,深刻纠弹根深蒂固的文化价值,而且是对出于习传文化中心的诗歌的笨重身体打开一次象征性的替代。"[①]

柏拉图对话录所揭示的是,我们说话的方式,我们与他人交谈的方式,对我们的灵魂发展有着重要意义。我们不仅以行动来界定我们自身,我们也以我们的话语来界定我们自身。一方面,作为对哲学行动和哲学生活的模仿和再现,对话体的优势在于它能将思想、性格、情节、言词、场景、行动等戏剧元素交织在一起,能让哲学思辨的各种主题与各种人物的性格特征、兴趣以及日常活动交织在一起,将其编织成为一个活生生的综合体,从而更直接地引发对自身的灵魂整体状态的思考。对话的生动和不可预见,以言语和行动参与对话角色所表现的复杂性格,以及这些言行和性格后面表露出来的他们对自己思想观点的强烈关注,乃至灵魂状态,都会在读者中引起反应和想象。而渐次打开的剧情引人入胜,读者往往毫无戒心地被引入那个可能改变他们价值观的论证场景当中,潜移默化地接受了哲学对话(辩证法)的谆谆教导。

另一方面,对话体的多层性质也有利于作者在不同层面布置自己不同的写作意图,从而为多重意义的蕴含提供了可容纳和发挥的载体。尤其是在对话引号之外所描述和揭示的状态、行动和场景与言外之意的拓展、衍生都会促进我们进一步反思对话本身的内容,从而得出更深刻和完整的解释。正是对话录这一文体把体会柏拉图对话录中含有的真义与基于自己现实生活的历程和经验而衍生的多样化解释的可能性,把追寻善的理念涵盖下的整体性的真理和本质与理解纷繁世界和人类灵魂及事务的杂多都整合在了一起,从而真正引导我们自己回答:"什么样的生活是值得过的?"

柏拉图从没有在对话录中直接对读者说话,而是通过间接的对话,由戏剧人物来展现观念,从而将自己隐身在对话参与者的身后。这显然在作者、读者和文本的三者关系之间通过弱化作者的直接作用而强化了读者自身与文本之间的联系,读者不仅要理解人物之间的对话,而且还需要思考自己与文本之间的对话,并寻求意义。此外,这一特征还能为自由的创作提供更广阔的空间。尤其考虑到《理想国》是柏拉图向公众阐释何为哲学以及政治权力何以应当完全由哲学家掌握的最为广泛和最为直接的尝试,这一对话体带来的隐身效果以及某些修辞就更为必要。与此同时,这一隐身又有超越性的位置却可以为作者柏拉图赢得更高的声誉和地位,因为他作为文本的制作者显然高于对话中的任何单一的声音。

从教育的角度来看,《理想国》首先是一篇劝勉性质的著作。苏格拉底与其追随者格劳孔和阿德曼托斯作为立法者,通过引号中的对话所塑造的言辞中的世界探讨培养正义和幸福的人和塑造正义而幸福的城邦的正当过程,面向有机会听取或阅读对话内容的听众或读者,引导他们,使他们信服对话中所指出的道路,思考人人应该如何生活,一步步地完成自我的教育,从而不受世俗的影响和荣誉、财富和权力的诱惑,相信正义本身就是好的,就值得追寻,坚定踏上成为一个正义而幸福的人的路途。

[①] 费拉里主编:《柏拉图〈理想国〉剑桥指南》,陈高华等译,北京大学出版社 2013 年版,第 25 页。

基于这一劝勉的意图，叙述天经地义地就应该是自然正当和不容置疑的，并且要能从自身的形式就发挥出吸引人的功效，因为劝勉的核心就在于一个较高之人将他所认识到的必然和肯定是好的事物告诉较低之人，并希望吸引他，引导他的灵魂，让他心甘情愿地遵循，从而成长为所期望的符合神圣和必然之善好和美的人，这样的人经历灵魂的转向，成为受过教育的人。因此，《理想国》中的劝勉会显现出以下一些叙述的策略或修辞。

第一，苏格拉底对话的内容和主题往往都来自日常现实生活和周围世界，是其背后各种意见的展现，而不是单纯理论的论述，每位听众或读者似乎都可以在其中找到自己的伦理难题以及可能秉有的思想信念。第二，苏格拉底的对话不是针对各种意见的评论，更不是达成与这些意见的谅解或一致，而是以反讽式的无知却卓越和不可战胜的引导者态度和形象揭露各种人物所持意见中的谬误和无知，引导着听众或读者对比这些人物，看清自己的状态，体会正义和善好，产生不断趋向于正义和善好的意愿。第三，对话中向苏格拉底提出的挑战，总是能被击败，挑战的人总是难以辩驳并同意苏格拉底的观点，从而能被不断引导前进。第四，格劳孔、阿德曼托斯形象的文学塑造，以实例的方式表明听众或读者的灵魂引导和转向在实际中活生生地发挥了作用，他们从挑战到服从的过程和言行态度，展现了苏格拉底以自然的理性的权威方式让他们心中服膺。苏格拉底作为榜样展现了模仿的意义和学习的价值。第五，苏格拉底要让他的观点展布得精彩纷呈，并用种种形式发挥影响听众或读者的功效，他采用各种文学手法推动听众/读者不断前进，并从心里一步一步接收影响，甘愿接受一种正当的生活方式。第六，对于高尚而优雅的劝勉和引导，不仅要立足于理性和逻辑的推理，也要诉求信念和情感的影响，并以优美的诗歌、神话、比喻等多种修辞的手法发挥作用。

除了这些试图说服听众或读者的实质性内容之外，如果把苏格拉底与格劳孔和阿德曼托斯的对话看作一个整体的场景，也就是说我们超越对话内容对我们的这一层劝勉，观看这场对话场景的观众将看到格劳孔和阿德曼托斯作为学生被苏格拉底以对话为对象和载体进行教导的整个过程。他们不仅要形成向着正义和善好的高贵德性，更重要的是如何在这一教育过程中，获得对苏格拉底如何运用辩证法的认识，并导向对事物真实存在的本原性和真理性知识，理解它与现实实践的中道关系，并体会一种教诲的形式和技艺。但这一部分，在《理想国》中是有所隐藏的，苏格拉底对格劳孔就这一问题追问的答复是："亲爱的格劳孔，你不能再跟我一道前进了——尽管我的热情一点也没减弱——而是因为你看到的将不再是我们所说的影像，而是真理本身了。"

无论这一真理或善的理念、理念的理念是指向对话录之外的学园，还是在对话录的整体之中，但显然只有明白这一隐藏的学生才能真正追随柏拉图，有能力成为苏格拉底辩证法或哲学教育的对象。《理想国》叙述策略的另一个意图也许就在此处。

五

柏拉图在《理想国》中建构了一种实现他目标的教育，尤其是为了哲学王培养和城邦幸福的教育。这种教育在言辞中已经实现，但是问题在于它是否真的可以成为实践的指

导方针,从而在现实中实现?苏格拉底似乎已经在对话中否定了这种可能性:

> 我说,他们会把所有十岁以上的居民送到乡下去,而把那些孩子接收过来,消除他们得自父母的习惯和品性,按照我们前面描述过的那些由这些统治者自己制定的习俗和法律培养他们。这是一条最方便的捷径,可以把我们描述过的城邦和制度建立起来,并且能使它繁荣昌盛,给城邦的民众带来最大的便利。
>
> 他说,这条途径确实最方便。如果这种城邦应当实现,那么我认为你已经很好地解释了实现它的方式。①

这一段话揭示了这种教育不可能在已有的习俗中进行,而只能隔离原有的习俗到一个被人为制定的"农村"中依据被设定的习俗和法律而进行。但在哪里可以找到这样一个不受影响的"农村"?以此种方式培养出来的孩子如何与已有的社会接轨?这一种整体的教育转换显然并不那么容易就能实现。这正是格劳孔在赞扬苏格拉底之前加入"如果它真能实现"这一条件限定的原因所在。

虽然这种教育实现和哲学王的执政都需要机运,而非人力所能把控,但是无论是洛克理性权威绅士教育的构想、卢梭在远离城市的乡村自然环境中隔离原有习俗对爱弥儿进行自然教育,还是杜威所设定的为了民主社会培养民主人的系统的教育理解和教学方法,实际上都在一定程度上延续、发挥和论证了柏拉图理想的正面方向,不过他们慢慢突破柏拉图在"高贵的谎言"中金银铜铁质的区别与界限,将教育的对象从洛克的贵族逐渐扩大到卢梭的普通人爱弥儿,再到杜威的所有人,坚信通过启蒙和教育能实现理性与人民的统一。"苏格拉底从未暗示,即便在哲学家为王并拥有绝对智慧这种不太可能的情况下,洞穴的性质会发生变化,或文明社会、人民或民众会没有错误观念。返回洞穴的哲学家能够看出被人当作现实的只是幻影,但他们只能让少数幸福的人看到他们的真实存在。他们会理性地引导城邦,但他们一旦离去,城邦就会回复到非理性状态。或者换一个说法,无知者不能识别智者。与此相反,培根和笛卡尔之类的人则认为,让人人具有理性,改变亘古不变、无处不在的成规是可能的。启蒙就是要把光芒照进洞穴,使墙上的影子永远消失。那时就会出现人民和哲学家的统一。整个问题就变为洞穴是像柏拉图想象的那样难以驾驭,还是像 17 和 18 世纪最伟大的哲学家所谆谆教诲的那样,可以通过新式教育加以改变。"②

虽然,由金质的哲学王实行统治,实现基于秩序的和谐的正义和幸福并不那么容易。但有一件事,柏拉图通过《理想国》这篇对话录,却是基本实现了,那就是使我们在千百年之后也依然相信哲人所确定的对正义的定义和解释的权力。也就是说,如果有人不符合苏格拉底对正义和美德的判断,即便他拥有一切食物和饮料,一切财富和权力,可以做任何别的他想做的事,他也已经被宣判为不义和邪恶,被认为已经死了,即便活着也没有价值了。这就意味着正义拥有了对财富和权力的宣判权,而不是财富和权力拥有对正义的

---

① 柏拉图:《柏拉图全集》第 2 卷,王晓朝译,人民出版社 2018 年版,第 545 页。
② 艾伦·布鲁姆:《美国精神的封闭》,战旭英译,译林出版社 2007 年版,第 219 页。

宣判权，而掌握这种解释和宣判权力的正是苏格拉底及其之后的哲人。《理想国》中的教育正是为了此种正义以及此类解释正义的人能够持续存在而设定的。

　　这一结论将迫使我们思考教育与正义之间的关系，也就是说如果教育是实现正义的途径，那就意味着有多少种正义的解释，就将会有多少种教育，每种正义都会寻求相应的教育设定。这应该成为我们反思和理解教育的严肃前提。对于哲人而言，因为他拥有了对正义的解释权力，这一方面往往会使他处于与世俗对立和争夺解释权及引领权的双重危险之中，而另一方面则需要不断地警醒自己，如何审慎而谦卑地使用这种权力，避免自己和大众都受到伤害。

原载《清华大学教育研究》2017 年第 1 期

从"美诺悖论"到"问题解决":教育研究的论争与反思

◎郭法奇　郑　坚*

摘　要:"美诺悖论"是古希腊学者提出的对问题研究的一种质疑,"问题解决"是美国教育家杜威提出的对问题研究的一种方案,也是对"美诺悖论"的一种回应。从古希腊的"美诺悖论"开始,西方学者对"问题研究"进行了长期的探索。从对"一般性"的追求,到对"具体性"的确认,再到现代社会中对二者的融合,使人们对"研究"和"教育研究"的争论更为深入。杜威关于"假设"概念的提出,波普尔关于"纠错"概念的提出,都深化了对问题研究的认识,也有助于对教育研究和教育史研究的思考。

关键词:教育研究;"美诺悖论";问题解决;杜威;波普尔

作为学术研究的一个分支,"教育研究"与"研究"的形成和发展有着密切的联系。从历史上看,研究主要是从人们从对问题的质疑或者探究开始的。在这个过程中,由于人们遇到许多需要解决的问题,也就提出了各种各样的问题解决的方法。由于这些问题解决方法的背后又有许多属于理念性的东西在起作用,研究的历史,包括教育研究的历史,也就充满了各种观念或者思想的论争。了解这些论争及论争的展开过程对于认识研究及教育研究的历史有重要意义。

"美诺悖论"是古希腊学者提出的对问题研究的一种质疑。"问题解决"则是现代美国教育家杜威提出的对问题研究的一种方案,也是对"美诺悖论"的一种回应。从古希腊学者的质疑,到杜威的解决方案,虽然时隔久远,但是他们的思想轨迹及对问题的探求是一脉相承的,即主要回答研究是否可能、如何可能的问题。因此,这就为我们提供了一个可观察的视角和思考的契机,我们可以通过对这一问题的回溯,来认识这一质疑是如何提出的,其争论是如何展开和延续的,在思路上杜威又是如何"接盘"的,杜威之后又出现了哪些新的观点,等等。换句话说,我们需要了解和认识历史上人们是如何认识"研究"的,在不同时期关于研究的内容、方法发生了哪些变化,这些变化对"教育研究"的影响是什么,杜威教育研究的特点以及杜威之后的学者们在研究上关注的问题和特点是什么,等等。

---

*　作者简介:郭法奇,北京师范大学教育学部教授;郑坚,北京师范大学教育学部博士研究生。基金项目:教育部人文社会科学研究规划项目"从传统教育到现代教育:杜威的批评与建构"(15YJA880022)。

本文主要基于西方学者对"研究"的认识进行历史层面的考察,同时结合对杜威等关于研究和教育研究方案的提出,尝试对"研究"和"教育研究"的相关问题做简要探析,以便更好地认识这一问题。

一、"美诺悖论":美德问题引发的对"研究"的质疑与论争

"美诺悖论"是古希腊教育家柏拉图在《美诺篇》中以苏格拉底和美诺二人在讨论"美德是否可以获得"问题时提出的一个关于"研究是否可能"的"两难"问题。在对话中,苏格拉底不满意美诺用"部分的美德"代替"整体的美德"的做法,认为自己也不知道"美德"含义,需要进一步探究。针对苏格拉底的问题,美诺追问道,如果我们对"美德"是什么都不知道,"又如何去寻找呢? 你会把一个你不知道的东西当作探索的对象吗? 换个方式来说,哪怕你马上表示反对,你又如何能够知道你找到的东西就是那个你不知道的东西呢"? 苏格拉底则回应道:"我知道你说的是什么意思。你明白你提出的是一个两难命题吗? 一个人既不能试着去发现他知道的东西,也不能试着去发现他不知道的东西。他不会去寻找他知道的东西,因为他既然知道,就没有必要再去探索;他也不会去找他不知道的东西,因为在这种情况下,他甚至不知道自己该寻找什么。"①

针对美诺提出的质疑,苏格拉底并没有直接答复,而是提出了"灵魂回忆说"加以批驳。在苏格拉底看来,灵魂由于在世界各地见过所有的事物,并且学会了这些事物,因此灵魂处于永远有知的状态,且能够进一步发现和认识其他的知识。他说:"如果灵魂能把关于美德的知识,以及其他曾经拥有过的知识回忆起来,那么我们就没有必要对此感到惊讶。一切事物都是同类的,灵魂已经学会一切事物,所以当人回忆起某种知识的时候,用日常语言说,他学了一种知识的时候,那么没有理由说他不能发现其他所有知识,只要他持之以恒地探索,从不懈怠,因为探索和学习实际上不是别的,而只不过是回忆罢了。"②在苏格拉底看来,知识是灵魂里原本就有的,知识的发现或者研究的过程就是对已有的知识进行"回忆"的过程。柏拉图借助苏格拉底之口在批判美诺观点的同时,阐述了探索和研究的必要性及意义。柏拉图指出:"如果去努力探索我们不知道的事情,而不是认为进行这种探索没有必要,因为我们绝不可能发现我们不知道的东西,那么我们就会变得更好、更勇敢、更积极。"③从这里可以看出,柏拉图对于研究和探索未知是相当自信的。

不过,柏拉图的这个观点也存在一个矛盾。既然灵魂已经认识了整个世界或者说一切知识已经存在于灵魂里,那全部知识都应该属于已知的知识。按照美诺的逻辑,由于寻求已知是没有必要的,对所谓"未知"的寻求也是没有意义的。难道仅仅因为这些知识是被遗忘的吗? 而且把以前已经有的、后来被遗忘的知识再进行研究,能够增加什么呢? 显然,"灵魂回忆说"是存在矛盾的。一个可能是,柏拉图对"美诺悖论"批判的重点不在

---

① 柏拉图:《柏拉图全集》第 1 卷,王晓朝译,人民出版社 2002 年版,第 506 页。
② 柏拉图:《柏拉图全集》第 1 卷,王晓朝译,人民出版社 2002 年版,第 507 页。
③ 柏拉图:《柏拉图全集》第 1 卷,王晓朝译,人民出版社 2002 年版,第 517 页。

于对美诺的具体疑问，而是在于强调知识是天赋的，知识是属于一般的。因此，研究的过程不是面向自然或者社会，而是面向人的灵魂，面向人的灵魂不变的"一般"。虽然"回忆"的过程需要借助自然及社会等方面的内容，但与自然、社会相比，"一般"更重要。因为这个"一般"代表着确定性和永恒性，是可靠的；而面向自然或者社会则容易导致不确定性和变化，是不可靠的。

柏拉图以美诺与苏格拉底关于"美德是否可以获得"的对话，反映了古希腊理性主义学者与智者派的相对主义观点的论争。在智者派看来，任何东西都是变化的，人们对事物的看法也是变化的。这种变化和相对性与人的主观认识和判断相关。智者派的相对主义观点反映了怀疑主义的精神，虽然它有利于对传统观念和习俗的质疑，但也导致了另外一种结果，即对事物的判断缺乏一个"统一"的标准。而在古希腊理性主义学者看来，获得知识或者探索事物需要有一个"统一"的"一般性"的标准，只有按照这个标准，才能获得符合事物本质特征的认识。在古代希腊的理性主义学者中除了亚里士多德等人以外，一般不重视对具体事物的观察，或者说仔细的观察并没有占主导地位。尽管他们也会观察事物，但主要是根据观察结果提出具有想象力的观念，然后用一定的方法对这些观念进行推论。

与重视"一般性"相关，古代理性主义"研究"理念还把事物的存在或运行归结为一般的目的。这方面，亚里士多德提出的"目的因"的"研究"范式便是代表之一。在《尼各马可伦理学》中，亚里士多德指出："每种技艺和研究，同样地，人的每种实践与选择，都以某种善为目的。医学的目的是健康，造船术的目的是船舶，战术的目的是取胜，理财术的目的是财富。"①那么，如何理解这些不同的目的或者善呢？在亚里士多德看来，所有的善中存在具体的善和最高的善。具体的善是一个具体的目的，最高的善是最终的目的。最高的善，或者说最终的目的包含了所有的具体的目的，也决定了具体的目的。亚里士多德把这个理念用在对教育"研究"的认识上，不仅强调人的身体、情感和理性的自然发展，而且更重视作为"一般性"的理性的发展。因为这既是人发展的最高阶段，也是教育的最高目的。

总之，古希腊"灵魂回忆说"的提出反映了古代早期"研究"思想的基本特征，即由原来对事物本源的认知转向对"一般性"原则的认知。它产生了两个方面的影响：一方面，按照重要程度对知识进行划分，强化了理性知识的地位，逐步形成了对西方社会影响极大的"知识天赋说"（也称为"天赋观念说"）。另一方面，它阻碍了"研究"精神的成长。因为对"一般性"原则和"目的因"的强调，注重的是最完满的"目的"，认为事物的变化都是向着这个最完满的目的进行。这在一定程度上使得对"单一性"的追求替代了对"多样性"的研究，对事物本源的研究变成了对"一般性"的解读。既然只有"一般性"的东西才是重要的，才能说明问题，或者说一切问题都需要通过所谓的最高的、最完满的"目的因"去解释和评价，那么人们就没有必要花太多精力研究具体的事物了，更不要说对具体事物有多样性的解释了。于是，在很长一段时期内，这一通过想象构建起来的不变的"一般

---

① 亚里士多德：《尼各马可伦理学》，廖申白译注，商务印书馆 2003 年版，第 3—4 页。

性"成为"研究"的思想基础和基本目的,而具体的材料和事实都成为论证这个不变的"一般性"的从属。

二、"知识天赋说"批判:近代"研究"的路径与论争

古希腊注重"一般性"研究的思想自形成以来就对西方社会的发展产生了较大的影响。在古代罗马时期和在中世纪,柏拉图和亚里士多德的思想成为不同时期社会占主导地位的思想。如,在中世纪,亚里士多德的"目的因"观念被中世纪的经院学者继承和利用,并用于对超自然事物的解释中,用在关于上帝、教义的解释中,他们把《圣经》及其教义看作是天经地义的、不可更改的权威,并且作为解释一切事物的根据和思想基础。中世纪的经院学者也注重研究,不过他们主要是依据某些宗教教条和固定公式推出维护宗教的结论,不管其依据的前提是否可靠,推出的结论只能限于前提所包含的内容。而在研究中也不注重对现实生活的观照和对具体事物的研究。

与古代的研究不同,近代学者的研究理念是重视对"具体事物"的观察和解释。他们不仅注重一定的观察,还通过形成的观念来解释具体事物,提出了用观察到的事实和现象对已形成的观念进行检验的主张。之所以这样做,一个重要原因在于,近代学者认为以往的观点或者知识难以解释社会出现的新问题,他们希望通过新的理念和方法的突破获取更多的知识。由于从不同角度展开对"知识天赋说"及亚里士多德"三段论"式演绎法的批判,近代学者形成了各具特色的研究路径。

英国哲学家培根提出了以经验论来批判"知识天赋说"的研究路径。培根认为,影响人们获取新知识的最大障碍是"研究"的逻辑问题。他指出:"现在所使用的科学不能帮助我们找出新事物,现有的逻辑也不能帮助我们找出新科学。现在所使用逻辑,与其说是帮助追求真理,毋宁说是帮助把建筑在流行概念上的许多错误固定下来并巩固起来。所以是害多益少。"[1]他还对亚里士多德的"三段论"方法提出了批评,认为这种方法"只是就命题迫人同意,而抓不住事实本身"[2],依靠这种方法难以有发明、创造和获取新知识的机会。他主张以"归纳法"替代旧的方法,即通过观察事物找出原理,再逐步上升为最高级、最普遍的原理。[3] 当然,强调对事物的观察并不是否定理性的作用。在培根看来,应该先观察事实,再用理性去组织事实,最后用理性去找出原理。

法国哲学家笛卡尔提出了以理性主义来批判"知识天赋说"的研究路径。与培根一样,笛卡尔也对亚里士多德的"三段论"进行了批判,主张通过新方法来寻求未知的东西。他指出:"三段论式和大部分其他法则只能用来向别人说明已知的东西,⋯⋯并不能求知未知的东西。"[4]笛卡尔提出以新的"演绎法"来替代亚里士多德的三段论式的"演绎法"。笛卡尔"演绎法"的特点是从对简单事物的认识开始,保证对每一事物都得到明确的认

---

① 培根:《新工具》,许宝骙译,商务印书馆1986年版,第10页。
② 培根:《新工具》,许宝骙译,商务印书馆1986年版,第10页。
③ 培根:《新工具》,许宝骙译,商务印书馆1986年版,第12页。
④ 笛卡尔:《谈谈方法》,王太庆译,商务印书馆2000年版,第15页。

识,再依照顺序把每一事物按照不同类型进行思考,形成从简单到复杂的认识。对此,他提出了"研究"的一些基本规则,包括:凡是没有明确认识到的东西,决不把它当成真的接受,避免轻率的判断和先入之见;把需要审查的问题按难易程度分成若干部分;从最简单、最容易的开始,直到认识最复杂的对象;尽量全面、普遍地复查,做到无任何遗漏。① 笛卡尔最后总结道:"我从最简单、最一般的问题开始,所发现的每一个真理都是一条规则,可以用来发现其他真理。这样,我不但解决了许多过去认为十分困难的问题,而且对尚未解决的问题也觉得颇有把握,能够断定可以用什么方法解决,以及可以解决到什么程度。"②

英国哲学家和教育家洛克也对"知识天赋说"进行了批判。他在《人类理解论》中指出,人心中没有天赋的原则,"知识不是天赋的"③,否则上帝就不会给人以视觉,给人以能力了。知识是人利用自己的能力和利用外界事物获得的。洛克反对"知识天赋说"还有一个原因,就是认为这一观点会导致人们把一切传统的原则当作天赋的东西加以接受,不加思考和研究,从而"放弃了自己的理性和判断,并且不经考察就轻易信仰那些原则了",结果被权威支配和利用。④ 关于如何进行知识的研究和获取,洛克也反对传统"三段论"式的演绎法,主张对具体的、个别的事物或者观念进行比较和分析。他认为,知识是人心对各个观念的契合或者矛盾所产生的一种知觉。在获取简单知识时,主要看两种观念是否相契合。⑤ 在获取复杂知识时要进行分析,看其各个部分由什么构成,寻找其中相契合或者相违背的部分以及各种关系和习性。⑥ 洛克特别强调,任何知识的获得都离不开对具体事物或者常识经验的观察。无论什么样的观念,人们都是观察不到的。只有具体、个别的事物是可观察的,具体的事物是知识获得的基础。

培根、笛卡尔、洛克等人关于"研究"从认识具体的事物开始,逐步进行分析,再认识复杂事物的观点,是对传统认识观念和知识获取途径的颠覆,对近代"教育研究"思想的形成及发展产生了较大影响。纵观近代西方教育史可以发现,"实物教学""直观教学""做中学"以及寻求教学中"简单要素"等主张,成为近代许多教育家进行教育研究的主要内容。例如,捷克的夸美纽斯提出了教育"模仿自然""直观教学"的观点,把教育与人的发展与"适应自然"结合起来,试图寻求便捷、有序的教育教学途径。英国的洛克提出了"白板说"的主张,强调后天教育和学习的重要性。法国的卢梭则提出了尊重儿童本性的"自然教育"的主张,批评传统教育中只重视"书本知识",忽视儿童通过活动学习的做法,试图从根本上使教育与儿童的经验结合起来。瑞士的裴斯泰洛齐则提出了关于教学的"简单要素"的思想,试图通过"简化教学"使每个家庭的母亲都能够容易、方便地教育自己的孩子。德国的赫尔巴特提出了关于"直观教学 ABC"的论述,为他的教学"形式阶段

---

① 笛卡尔:《谈谈方法》,王太庆译,商务印书馆 2000 年版,第 16 页。
② 笛卡尔:《谈谈方法》,王太庆译,商务印书馆 2000 年版,第 17 页。
③ 洛克:《人类理解论》,关文运译,商务印书馆 1981 年版,第 6 页。
④ 洛克:《人类理解论》,关文运译,商务印书馆 1981 年版,第 64 页。
⑤ 洛克:《人类理解论》,关文运译,商务印书馆 1981 年版,第 515 页。
⑥ 洛克:《人类理解论》,关文运译,商务印书馆 1981 年版,第 639—640 页。

说"奠定了基础。这些工作使人们对教学阶段和过程有了更深入、更科学的认识。近代教育家在教育教学上对具体事物的关注和提出的新主张,反映了近代"教育研究"思想的基本特征。

进入 19 世纪以后,进化论和实验科学观念的提出向已有的观念发起了挑战,也对"研究"和"教育研究"思想产生了影响,并提供了新的思想基础。首先,达尔文的进化论认为,一切事物都是一个不断变化,由低级向高级进化的过程。在这个过程中,有机体通过适应环境,使得新的机能得以保留,不用的机能被逐步淘汰。有机体的等级越高,其适应环境和解决问题的能力越强。从"研究"的角度看,这种强调"适应"和"应用"的观念也被用来解释知识的意义。也就是说,知识本身也是讲究应用的,是通过解决问题才获得价值的。这种强调知识"应用"的特点就是需要通过行动或者实践来检验和审视知识的价值。这一观念强化了对"研究"的结论进行检验的意义,传统的一成不变的理论和观念受到了挑战。其次,实验科学的出现,加强了研究方法与研究结果之间的联系,研究观念和方法成为促进科学发展的重要的手段。这一观念认为,科学研究不仅需要从具体的、个别的事物开始,也要关注"一般性"的原理。而且强调任何原理都要经过事实的检验;不经过事实检验和证明的理论是不能被接受的。

总之,近代"研究"和"教育研究"的路径是建立在不同哲学和理念基础上的。如果说早期的"研究"和"教育研究"是建立在 17 世纪科学和近代哲学的基础上的,那么 19 世纪的"研究"和"教育研究"则是建立在新的自然科学和实验科学基础上的。其主要贡献在于对"知识天赋说"的批判和超越,为人们提供了审视"研究"和"教育研究"的新视角。

三、"美诺悖论"批判:杜威的"研究"理念及"假设"

现代教育中影响较大的是杜威的教育思想。杜威的"研究",包括"教育研究",是建立在实用主义哲学"经验论"基础上的,体现了一种对待知识及解决问题的新态度和新方法。

在杜威看来,知识是在"经验"的基础上进行研究和对研究结果进行检验的结果。已知的知识既不是永恒的,也不是不可见的,而是变化的、发展的和能够"检验"的。"研究"是个体借助"已知",通过反思、发现来揭示未知结果的过程。由于未知的东西是不清楚的、不确定的,因此一切研究都是一种试验性的活动,研究的结果需要检验后才能确认。

杜威分析了古希腊学者关于"研究"的论争及"美诺悖论"问题。他指出,古希腊人所谓的"美诺悖论"实际上是不存在的。因为在这两种情况下,研究都是不可能的。杜威认为,研究中绝对无知的情况是不存在的。"美诺悖论"存在的主要问题是,它设置了一个人们在任何条件下都无法解决问题的困境,忽略了在已知和未知之间还存在一个可以探究和思维的空间,忽视了研究者的主动性以及获得尝试性结论的事实。如果人们能够利用已知的事实进行一定的设计,进行试验性的探索,并最后证实、修正或者推翻研究的结论,科学发明和发现就有了进步。①

杜威对已知与未知的关系,及利用已知获取知识等问题做了进一步的分析。他指出,研究必须利用已知,已知的知识是研究的基础。但需要注意的是,已知的知识都是已经确定了的东西,它们不能提供研究所缺乏的东西,也就是说已知的东西不能给研究者提供解决问题的答案。已知的价值主要在于它可以帮助研究者明确问题,确定问题的所在,为问题的解决提供必要的条件。但是要解决问题和得到问题的答案,还需要进行一定的设计。② 按照杜威的这个解释,教育研究中收集资料或者做文献综述的过程实际上就是一个获取已知知识的过程,但是这个过程不会告诉研究者研究问题的答案。如果通过收集资料或进行文献综述可以获得答案,就没有研究的必要了。这也恰恰是古希腊理性主义学者一再反对的观点:因为如果已经知道寻找什么,再进行研究就没必要了。显然,要想获得问题的答案还需要在资料收集和文献综述的基础上做进一步的工作。

杜威指出,研究是研究者根据已知的部分知识对问题进行思考和尝试,提出假设和收集材料论证假设,获得对所要研究事物的认识或者答案的过程。③ 具体言之,在占有资料的基础上,要想获得问题的答案还需根据已有的知识提出关于解决这个问题的"假设"。研究,包括教育研究,之所以成为可能的一个重要原因就在于研究"假设"的提出。当然,关于"假设"的问题,古代以及近代学者在讨论和分析一些问题时就曾经加以运用,但主要是在数学或者逻辑推理等方面。

所谓研究中的"假设",是指研究者依据已知的部分对所要研究问题的未知部分提出一个预先的猜想或者给出一个预先的答案。在杜威看来,这个预先的答案或者猜想在问题没有解决前是不能确定的,是尝试性的,是需要进一步分析和论证的。教育研究中获取答案或者问题解决的过程,就是研究者提出一个或者几个"假设",收集资料来论证并验证这些"假设"的过程。如果研究中所提出的"假设"符合所观察的事实,或者被所观察到的事实加以证实,就是一个可以接受的"假设",研究者便可根据这个"假设"进行进一步的推论。如果在研究中,研究者发现所提出的"假设"没有被证实或者观察不到,那么这个"假设"就可能存在问题,研究者或者修改自己的"假设",或者放弃这个"假设",再提出一个新的"假设"。④

杜威关于研究"假设"概念的提出具有重要的意义。它可以使研究者对所要研究的结果或者未知部分有一个预期,可以使自己和他人对问题的"假设"进行验证和检验。如果研究中缺少"假设",则意味着研究者所要进行的研究是缺乏基础的,或者是盲目的,其研究结果也是难以预期的。当然,研究中"假设"的提出需要研究者具有丰富的想象力、思考力和判断力。需要研究者在对各种文献资料的解读中,分析线索,发现问题,对可疑之处进行质疑,提出有一定依据支持的"假设",对问题解决有一个预先的判断,为进一步的研究打下基础。

---

① 杜威:《民主主义与教育》,王承绪译,人民教育出版社 1990 年版,第 158 页。
② 杜威:《民主主义与教育》,王承绪译,人民教育出版社 1990 年版,第 158、168 页。
③ 杜威:《民主主义与教育》,王承绪译,人民教育出版社 1990 年版,第 158 页。
④ 杜威:《民主主义与教育》,王承绪译,人民教育出版社 1990 年版,第 158 页。

四、比较与反思:杜威的"问题解决"与波普尔的"问题纠错"

如前所述,如果说"运用已知寻求未知"是研究,包括教育研究的基本路径的话,那么杜威在这个基础上提出的以"假设"为中介,通过已知获取未知的"问题解决"方法则是其进一步的发展。在这里,再对这一方法的具体使用作进一步的说明。

杜威认为,"问题解决"的过程也是思维的过程,它包括五个步骤:(1)在一个不确定的环境中由于困惑、怀疑的产生,感觉问题所在;(2)提出解决问题的假设,并预计可能产生的结果;(3)审慎考察、分析可能出现的情况,根据假设对问题进行阐释;(4)详细解释假设,使假设更加精确;(5)对假设进行推论和运用,并对运用的结果进行检验。在杜威的"问题解决"中,他非常重视对问题解决结果的检验。他指出,尽管一切思维的结果都归结为知识,但知识的最终价值还是服从于思维的应用。[①]

不仅如此,杜威还把"问题解决"的方法运用到教学中,提出了教学过程五步骤的主张。这一过程包括:"第一,学生要有一个真实的、经验的情境,要有一个对活动本身感兴趣的、连续的活动;第二,在这个情境中产生一个真实问题,作为思维的刺激物;第三,他要占有资料,从事必要的观察,对付这个问题;第四,他必须有条不紊地展开他所想出的解决问题的办法;第五,他要有机会和需要通过应用检验他的观念,使这些观念意义明确并且让他自己发现它们是否有效。"[②]从杜威关于教学过程的五个步骤来看,教学过程是一个学生参与研究、解决问题的过程,也是教育者通过设置情境,帮助学生分析问题、提出假设、收集资料、论证假设,最后发现和获得知识的过程。杜威关于教学过程的观点突出"问题解决"的环境因素、学生参与和结果检验的特征,这与他强调的教育研究是"问题解决"过程的观点是一致的。

杜威关于"问题解决"方法和步骤的论述,反映了进入现代社会以后人们在获取知识和对待知识的态度上出现的新变化,即重视事物变化的属性,反对僵化不变的"一般性"。主张"研究"的目的是通过提出假设,解决所存在的"问题",并对结果进行检验,以丰富和增加个体的知识和经验。杜威把研究的思路运用到教育研究中,突出环境的精心设计,重视学生主体参与和在活动获得经验的重要性。可以看出,杜威的教育研究思想是以鼓励学生参与活动并获得经验为中心的。

进入 20 世纪以后,随着科学的发展,人们对研究和"解决问题"又有了更多的认识。60 年代,科学哲学家波普尔(Karl Popper)在一次关于《历史哲学的多元取向》的演讲(1967 年 11 月)中通过比较自然科学和历史研究,提出了"问题纠错"的方法。[③] 他指出,科学与历史这两类学科都是从神话或者错误重重的传统偏见开始,继而进行批评,再凭借批评消除错误。在这两类学科中,证据的作用基本都是纠正我们的错误、偏见和尝试性理论,即在批评性的讨论中、在消除错误的过程中起作用。通过纠正错误,我们提出新

---

① 杜威:《民主主义与教育》,王承绪译,人民教育出版社 1990 年版,第 160—161 页。
② 杜威:《民主主义与教育》,王承绪译,人民教育出版社 1990 年版,第 174 页。
③ 波普尔:《通过知识获得解放》,范景中等译,中国美术学院出版社 1996 年版,第 464 页。

的问题。为了解决这些问题,我们提出推测,即尝试性理论,我们对它进行批评性讨论,以便消除错误。研究和解决问题的过程就是纠错的过程。他把这个过程用图式表示:P_1→TT→CD→P_2。具体就是:问题1—尝试性理论—批评性讨论—问题2。按照他的解释,我们可以从某个问题1开始—无论是理论问题还是历史问题—作出尝试性解答—推测的或者假设的解答,一种尝试性理论—再对它进行批评性讨论,如果可以得到证据的话,会出现新的问题2。在他看来,研究的过程就是从问题1再到问题2,不断纠错、不断推进问题解决的过程。[①]

20世纪70年代,波普尔在《客观的知识》一书中又对"问题纠错"的图式进行了修订,改为 P_1→TT→EE→P_2 的过程。从这个图式可以看出,问题1到问题2演进的过程基本没变,主要是把中间的批评性讨论"CD"换成了发现和消除错误"EE"。在波普尔看来,我们从某个问题"P_1"出发,提出一个尝试性的解决或者尝试性的理论"TT",它可能(在部分或者整体上)是错误的;无论如何它都必须经过发现和消除错误的阶段"EE",这可以由批判性推论或实验检验组成;在这个纠错和检验基础上又提出新的问题"P_2"。[②] 置言之,如果说批评性讨论是解决问题的手段的话,那么发现和消除错误则是批评性讨论的目的和结果。波普尔的这个新的修订是有意义的,它更能反映出现代学者对问题解决过程的新理解。波普尔认为,知识的发展或学习过程不是重复和积累的过程,而是消除错误的过程。[③] 他还指出,这个过程不是循环的,而是递进的,后一个问题不同于前一个问题。[④]如果后一个问题还是接近前一个问题,实际上前一个问题并没有解决。新的问题应该是在消除对旧问题的错误解决方案之后产生的。[⑤]

比较杜威与波普尔的关于"研究"的观点,可以看出他们之间的一些异同。他们之间的相同之处是:(1)都强调研究应该从问题开始。(2)都强调问题研究是在一定的背景或者环境下进行的。(3)都重视问题解决过程中的假设或者理论解释的作用。他们之间的不同是:(1)杜威的问题研究主要来自应对环境中形成的不确定性的焦虑或者困惑;波普尔的问题研究主要是来自对不加怀疑的观念或者理论的质疑和纠错,即新的问题的发现是由批评和纠错产生的。(2)杜威重视对"问题解决"环境的设计,以及问题解决中的假设、推论的运用,并对运用的结果进行检验;波普尔重视对问题解决中矛盾的分析和研究,并重视通过证据对假设、理论进行批评性讨论。(3)杜威的问题解决主要是单向度的;波普尔的问题纠错则是多开端的、不间断的和递进式的。

从这个比较中可以看出,杜威比较重视对问题环境的设计和通过活动解决问题,与波普尔重视的"问题纠错"明显不同。如何认识这种差异呢?其实,当我们进行教育研究时,通过活动解决问题和通过纠错解决问题的方式都是存在的,但是进一步分析,可以看到通过纠错解决问题可能更实际些。

---

① 波普尔:《通过知识获得解放》,范景中等译,中国美术学院出版社1996年版,第207页。
② 波普尔:《客观的知识——一个进化论的研究》,舒炜光等译,中国美术学院出版社2003年版,第121页。
③ 波普尔:《客观的知识——一个进化论的研究》,舒炜光等译,中国美术学院出版社2003年版,第147页。
④ 波普尔:《客观的知识——一个进化论的研究》,舒炜光等译,中国美术学院出版社2003年版,第245页。
⑤ 波普尔:《客观的知识——一个进化论的研究》,舒炜光等译,中国美术学院出版社2003年版,第149、178页。

首先,问题研究的范式一般是"通过已知研究未知",但是当我们要对"未知"进行分析时,就要发现或者找出"已知"的不足或者问题。这个"不足"或者"问题",在杜威看来,主要由于某些困惑或对某种不确定的疑惑。但更多的是对以往问题的纠正或者纠错,就是发现已有的观念或者理论存在不足或者错误。因此,问题解决的过程实际上主要是一个纠错的过程。也正是通过纠错才能推动研究,包括教育研究的进一步发展。

其次,研究问题的过程也是一个搜集、获得资料的过程。搜集资料的过程多是采用归纳的方法。有学者指出,杜威的五段"问题解决"法实质上是17世纪由培根所提倡的一种归纳法。[①] 这种方法是有局限的,因为对文献或者资料的搜集是不可能穷尽的。这也就意味着,你不可能知道你的研究是否曾经被别人研究过。因此,在"问题解决"上,仅仅靠归纳法是不够的,而且是难以做到的。

再次,问题的解决过程不仅仅是对一定情境中所形成问题的研究,还是对非情境问题的研究。一般来说,任何问题,包括情境的或者非情境的问题的研究都是为了解决问题所提出的一种解释。而且这种解释都可以概括为一定的观念和形成一定的知识。也就是说,问题解决的过程是一个增长知识的过程。因此,从增长知识的角度看,采用纠错法对于观念或者理论问题的解决,与设置一定情境相比可能更具普遍性。

总之,研究及教育研究论争的历史是人们不断探索和获取对研究及教育研究新的认识的历史。从古希腊的"美诺悖论",到杜威的"问题解决",再到波普尔的"问题纠错",人们对研究及教育研究的认识更为合理、客观,对研究和教育研究本质的认识也更为科学。

最后,提出几个研究或教育研究需要进一步思考和解决的问题。例如,从研究和教育研究的角度看,杜威的"问题解决"比较注重通过个体参与获得经验的过程和结果,带有一种"行先知后"的特点。这里的问题是,在研究上和知识的获取上是否都要"行先知后"呢?在问题解决中,杜威提出的关于"假设"的观点是有价值的。但随之带来的问题是,是否所有的研究,包括教育研究都需要假设呢?有不需要假设的教育研究吗?一般来说,"研究"的模式都是"通过已知认识未知"的,但是否也存在"通过未知认识已知"情况呢?如果这种情况存在的话,研究和教育研究又意味着什么?

原载《教育科学研究》2017年第4期

---

① S. 亚历山大·里帕:《自由社会中的教育:美国历程》,於荣译,安徽教育出版社2010年版,第191页。

虚幻的自主:重论中世纪大学的法律身份与地位

◎覃红霞①

摘　要: 在学术界,中世纪大学往往被视为大学的典范,这主要源于中世纪大学拥有的自治权利以及与此相关的特许状与社团法人地位。事实上,中世纪大学只是中世纪社会环境的产物,社团法人只是中世纪特有的法律形式,是大学生存的必然选择,特许状不是近现代意义上大学与政府之间的契约,而是对身份的认同,而中世纪大学的特权实质是特许权。研究中世纪大学,其意义不在于回到中世纪大学,而是为了更加客观而清晰地认识中西方大学的传统,从而建构出具有中国特色的现代大学制度。

关键词: 社团法人;特许状;特权;中世纪大学

在学术界,一般认为中世纪大学是近现代大学的渊源,"没有中世纪大学,便没有现代大学的迅速崛起"①。从某种程度而言,中世纪大学已经成为研究者言必称的"希腊",是当代大学的精神家园。每当人们谈及大学的法人地位及其权利、自主与自治等问题时,研究者往往追溯到中世纪,充满了对中世纪大学的感叹与盛赞。可以说,中世纪大学已经成为近现代学者心目中不可超越的形象,是大学"自主"和"自治"的形象代言。当然,也有部分学者围绕着中世纪大学的法律身份和地位提出了不同的看法,但这些观点还比较零碎和片段化,有必要进行专门的梳理与反思。笔者认为,当前学界主流对中世纪大学的理解与解释充满了"想象"与"标签",中世纪大学是中世纪特定时代的产物,需要研究者更加完整和客观地理解中世纪大学的自治,并对中世纪大学的社团法人地位、特许状以及特权进行理性的分析,进而重新认识研究中世纪大学的意义与价值所在。

一、中世纪大学的自治:社团法人、特许状和特权

学界所理解的中世纪大学自治的形象由三个关键词构成:社团法人、特许状和特权。围绕这一形象,研究者将中世纪大学塑造成为自主与自治权不惜流血牺牲、勇敢而具有斗争精神的群体。具体而言,中世纪大学师生们为了生存的需要,形成了自己的行会,并运用"王牌"迁徙与罢课权,利用教权与王权的冲突,逐渐取得了城市、教皇与国王颁发的

① ＊作者简介:覃红霞,厦门大学高等教育质量建设协同创新中心、教育研究院副教授。基金项目:国家社会科学基金(教育学)一般课题(BIAI130080)。

① 希尔德·德·里德-西蒙斯主编:《欧洲大学史》第 1 卷,张斌贤等译,河北大学出版社 2008 年版,第 8 页。

特许状,获得了一系列令现代大学艳羡的特权和自治权,确立了大学在中世纪的社团法人身份和独立地位。

以中世纪最著名的博洛尼亚大学和巴黎大学为例,这两所大学首先通过斗争取得了行会地位。12 世纪以前的巴黎大学和博洛尼亚大学与其说是大学,不如说是包括多所独立学校(schools)的松散联合体。这些学校与早期的私立学校并没有本质上的差别:由教师私人开设学校,学生慕名而来与教师签订契约,支付学费上课。但随着外来学生与教师人数的增加,为大学发展提供了一个重要的契机。大约在 12 世纪末,聚集在巴黎的外来教师,模仿其他行会,组织教师行会对教师的入职、晋升进行管理[①],并遵循行会的基本章程,出席丧礼,相互帮助,就某些突发事件进行集体讨论与决策,或者对违反规范者处以驱逐或开除的惩罚。[②] 比较而言,博洛尼亚学生行会的形成则曲折得多。在学生行会成立之前,博洛尼亚教师行会业已形成。大约在 1215 年,教师公会(collegium)一词开始出现在相关文献中,其职能主要是通过考试确定进入教师公会的资格条件。[③] 由于博洛尼亚教师大多是城市公民,因此教师行会的功能有限。学生行会是博洛尼亚大学学生群体权利意识萌芽的结果。作为外国人,学生没有对其冒险进入的国家提出任何要求的权利,[④]为了保护自身的基本安全与利益,模仿城市和行会组织组成民族团成为博洛尼亚外国法律学生的一个必然选择。但学生行会因明显违反习惯法,遭到城市以及其他行会的抵制。因为只有从事一定职业的人才有资格组成行会,而学徒则没有相应的权利。有足够的证据表明,博洛尼亚市政当局采取了各种措施与行动反对外国学生的联合。[⑤] 学生们则利用博雅教育(artesliberales)与技艺教育(artesserviles)的差别为建立学生行会提供理论支持。[⑥] 大约在 1191 年,博洛尼亚已知最早的同乡会伦巴底同乡会(nationes)成立,此外还有法兰克等 20 个或更多的同乡会。[⑦] 但这类"行会"只能定义为学生的自助联合体[⑧],无法与其他行会一样享有"同市政当局谈判的权利"[⑨]。

行会身份对于中世纪大学而言,意义深远。它不仅是实现大学内部自我管理的基础,也为大学进一步争取社团法人地位提供了条件。如果说早期学生行会或教师行会是私人讲授背景下自我管理、相互保护的组织,其目的在于通过誓约的方式形成类似家庭

---

① 张磊:《欧洲中世纪大学》,商务印书馆 2010 年版,第 62 页。

② 海斯汀·拉斯达尔:《中世纪的欧洲大学》,崔延强、邓磊译,重庆大学出版社 2011 年版,第 14 页。

③ 查尔斯·霍默·哈斯金斯:《大学的兴起》,王建妮译,上海三联书店 2007 年版,第 7 页。

④ 博伊德·金:《西方教育史》,任宝祥、吴元训译,人民教育出版社 1991 年版,第 137 页。

⑤ P. Kibre, *Scholarly Privileges in the Middle Ages, the Rights, Privileges and Immunities of Scholars and Universities at Bologna, Padua, Paris and Oxford*, Cambridge: Mediaeval Academy of America Publication, 1962, p.32.

⑥ O. Pedersen and R. North, *The First Universities: Studium General and the Origins of University Education in Europe*, Cambridge: Cambridge University Press, 1997, p.143.

⑦ 哈罗德·伯尔曼:《法律与革命——西方法律传统的形成》,贺卫方等译,法律出版社 2008 年版,第 119 页。

⑧ F. Eby and C. F. Arrowood, *The History and Philosophy of Education: Ancient and Medieval*, New York: Prentice-Hall, 1940, p.765.

⑨ O. Pedersen and R. North, *The First Universities: Studium General and the Origins of University Education in Europe*, Cambridge: Cambridge University Press, 1997, p.143.

般或兄弟般相互帮助、相互友爱、自主自治的团体，那么伴随着学生行会与教师行会不断争取社会地位的进程，大学也逐渐从行会成为拥有特权、章程以及誓约体系，具有社团法人地位的公共教育机构。大约在1193年前后，博洛尼亚外来学习法律的学生提出一项动议，授予自己的团体"学生大学"的地位，并选举自己的领导者。为了区别博洛尼亚学生行会的校长与其他校长，博洛尼亚城市使用了两个相近却有一定差别的词语来指称，前者使用"rector scholarium"，意思是学生的领导者，后者使用"rector scholarum"，意思是学校的领导者。① 不久，学生大学开始行使管理教学博士的权力。② 1217年博洛尼亚大学的学生利用迁校迫使博洛尼亚市政和教师行会让步，获得了赋税等权利，教师公会甚至承认了学生行会的合法地位与各种权利③，1230年博洛尼亚城市政权正式承认学生享有与城市市民同等权利④，从而也正式承认了学生公会（universitas）的合法性。与此同时，博洛尼亚大学在与市镇当局的对抗中寻求教皇与国王的保护与干预。1252年和1253年，大学章程分别得到市政当局和教皇的正式承认。截至1245年，外来学生开始享有城市市民权。⑤ 在巴黎，早在1200年左右，大学就开始派遣自己的代理人到罗马法庭进行申诉，并获得了教皇的确认。1208年巴黎大学获得司法审判权。1231年巴黎大学获得最为重要的"知识之父"特许状，确立了罢课、制定大学章程等权利。大约在1219年至1221年教师们决定使用团体印章，并在1246年左右获得了正式使用团体印章的权利⑥，这标志着巴黎大学社团法人的身份的正式确立。

研究者盛赞大学社团法人形成的过程，认为这是一个"追求独立自由，经过了无数的奋斗与努力，向教会争自由，向皇室争自由，向一切世俗的权势争自由"的过程。⑦ 以社团法人身份为核心，中世纪大学从国王、教皇以及城市获得了让现代大学最为艳羡的各种特权，确定了大学与城市、国王、教皇的权利框架。虽然各个大学所获得的特权并不完全一样，但基本包括身份特权、经济特权，免除赋税和兵役；司法特权；罢课与迁徙权以及其他基本权利（如颁发教学许可证）等。研究者强调这些权利保证了大学自治，意味着大学外部的政治权力被设置了屏障，而在大学内部则由具有民主特征的代议机构进行治理。虽然最初主教的代理人是大学的首领，但校长逐渐演变为由大学成员选举产生，而大学真正有代表性的、合法的行政权力，属于全体集会或代理制的议会，法律赋予大学成员平等的法律地位。而在录用成员上，大学则宣称接纳每一位希望成为大学成员的人，无论其出身、等级、居住远近、贫富以及身体是否健康⑧，充分体现出中世纪大学的民主精神与特征。

---

① O. Pedersen and R. North, *The First Universities: Studium General and the Origins of University Education in Europe*, Cambridge: Cambridge University Press, 1997, p.144.
② 艾伦·B.科班：《中世纪大学：发展与组织》，周常明译，山东教育出版社2013年版，第66页。
③ 张磊：《欧洲中世纪大学》，商务印书馆2010年版，第62页。
④ 罗红波：《博洛尼亚大学》，湖南教育出版社1993年版，第44页。
⑤ 艾伦·B.科班：《中世纪大学：发展与组织》，周常明译，山东教育出版社2013年版，第68页。
⑥ G. Post, "Parisian Masters as a Corporation 1200-1246," *Speculum*, No.4, 1934.
⑦ 粟莉：《中世纪大学诞生与自治的思想渊源：中世纪的社团思想》，《高教探索》2011年第1期。
⑧ 希尔德·德·里德-西蒙斯主编：《欧洲大学史》第1卷，张斌贤等译，河北大学出版社2008年版，第188页。

二、社团法人只是中世纪特有的法律形式，对中世纪大学的影响是多面的

中世纪大学社团法人身份的确立意义重大。它意味着中世纪大学能够以一个抽象意义上的团体人格身份与外部的教会、王权以及自治城市进行斗争与协商，并以特许状的方式确定其权利。在此基础上，大学逐渐超越最初的松散联合形态，转变为在教师和学生行会基础上的法人，它的存在和法律地位不因为大学成员的变动而消失或改变，这个时候的大学是一个有教师、有学生（抽象层面的教师和学生，即存在教师和学生群体，而不是特指某一位教师或学生），统合了特权、章程、机构与制度的社团法人。在此以前，希腊和雅典可以说拥有高等教育，但很难说他们拥有大学。与古代高等教育相比，中世纪大学脱胎于行会，通过誓约实现自我管理，并在发展过程中成为社团法人，对外通过特许状形成了特权体系，寻找大学与外界关系的平衡；对内大学形成了一个类似联邦的共同体组织，通过制定章程实现管理，进而建立体系化的一系列制度。

大学一词同社团法人的概念密切相关，但社团法人并不是中世纪大学所独有的现象，而是社会发展的产物。社团（universitas；也作 corpus 或 collegium）一词来源于罗马法，其本义是"普遍、一般、全体"的意思，作为法律用语则指各种行业社团。在罗马共和时期就存在不同的社团，包括宗教性团体（collegia）、商业性团体（societas）、自由结合的社团（callegiu）以及慈善性团体（universitas）等。但这类团体并不享有法律上的真正人格，也不能称之为法人。① 罗马帝制时期，《优利亚社团法》对社团的创设进行了专门规定，以公共利益为目的、拥有成员与财产、以经由国家或皇帝特许为必要条件。② 研究者往往根据这些原则解释中世纪大学的法人地位。但显然，中世纪的"社团"与罗马法中的"社团"是有区别的概念。中世纪社团法人的兴起源于经济和城市文明的发展所带来的渴望政治权威调整并规制社会和经济生活的需求。从法律上讲，中世纪的社团被设想为具备法律人格的团体，社团不会消亡，即使组成成员发生了变化，仍是与先前相同的法律实体。③ 按照伯尔曼的观点，罗马人的社团法与 12 世纪西欧法学家的教会社团法之间存在着实质性差异。根据教会法，任何具有必要的机构和目的的人的集团——例如一所救济院、一所医院、一个学生组织或者一个主教管区乃至整个教会——都构成一个社团，无须更高权威的特别许可。④ 对此，拉斯达尔也认为，所谓教皇或国王宪章是大学成立的合法依据乃后世法理学家的谬论，至于权威宪章的颁发以及特权的授予主要是为了提升或巩固大学社会地位。⑤ 事实上，大学并不完全被置于教会社团法的管辖之下，而是生活在教会以及各种世俗政治体各自和交错的管辖权之中，大学既属于教会法中的法律实体，

---

① 曲可伸：《罗马法原理》，南开大学出版社 1988 年版，第 113—114 页。
② 曲可伸：《罗马法原理》，南开大学出版社 1988 年版，第 114 页。
③ 蒋学跃：《法人制度法理研究》，法律出版社 2007 年版，第 241 页。
④ 哈罗德·伯尔曼：《法律与革命——西方法律传统的形成》，贺卫方等译，法律出版社 2008 年版，第 213—214 页。
⑤ 海斯汀·拉斯达尔：《中世纪的欧洲大学》，崔延强、邓磊译，重庆大学出版社 2011 年版，第 19 页。

也属于世俗法中行会法的调整范围。① 处于不同法律体系管辖之下的大学,一方面需要整合自己的力量面对不同主体与环境的挑战,另一方面也不得不寻求教皇、国王的庇护与支持,巩固和扩大自己的利益与地位。这也是促使大学迅速团结与整合,形成社团法人的重要原因。

社团生活是中世纪生活的典型特征。在大学成为社团法人之前,城市、教会等团体都获得了社团身份。正如每一个具体的市民需要通过联合,共同构成"抽象的个人",才能成为真实的人,有力量的人。同样,在大学生活中,也需要组成教师团体或者学生团体,乃至学院甚至大学社团,形成法律上有力量的人,使大学能够从自治城市、王权以及教会获得特许状与特权。但社团身份的影响是多面的。萨维尼说:"团体给人们带来益处的同时,也造成了巨大的威胁。历史证明,团体主义会极大地压抑个人的自由。"② 在集体和社团面前,"中世纪的个人除了作为整体中的一个或更多的从属社团的成员之外,并无法律上的存在,他的个人自由主要存在于他的流动性之中,即他从一种从属社团到另一个社团,或者利用一个社团反对另一个社团的可能性"③。因此,中世纪大学的自治与个人的自由是分离的,这使得大学的自治因为缺乏个人权利意识与监督面临异化。与此同时,随着社团法人的确立,大学本身也越来越脱离其成员而变得抽象化了,这一法人团体越来越不再是全体成员的代表,而被视为一个单独存在、虚构性的个人。④ 它逐渐拥有财产和固定的场所,制定章程,享有自己的特权体系,曾经需要全体成员集会共同决定的大学事务活动逐渐被交给一部分领导官员所决定。而这些权力和权利也逐渐被控制在有权有势的人手里。如大学校长必须拥有财产,德国的大学校长必须出身高贵,甚至是皇室成员⑤,进而这些人员甚至改变章程以实现自身的利益。很多特殊章程被制定只是为了满足少部分人的利益,博洛尼亚大学的大法官在章程中写道,他的后代永久享有申请大学带薪教席的优先权。⑥ 可以说,大学最初的斗争精神、民主、平等与自治因为个人权利与意识的压抑以及大学的抽象化而遭遇危机,这未尝不是中世纪大学衰落的原因之一。

三、中世纪大学特许状不是近代意义上的契约,而是身份协议

特许状与中世纪大学的发展如影相随,是大学获得社团法人身份的重要载体。最早的特许状是官方文件和法律认定的滞后介入,是对已经存在的状况以及在实践经验中所诞生的大学机构的认可。随后大学得到了来自不同领域、不同主体、不同类型的特许状。中世纪大学正是以社团为基础,以特许状为形式获得了大量让后人津津乐道的权利。研

① 哈罗德·伯尔曼:《法律与革命——西方法律传统的形成》,贺卫方等译,法律出版社 2008 年版,第 274 页。
② 蒋学跃:《法人制度法理研究》,法律出版社 2007 年版,第 235 页。
③ 哈罗德·伯尔曼:《法律与革命——西方法律传统的形成》,贺卫方等译,法律出版社 2008 年版,第 394 页。
④ 泰格·利维:《法律与资本主义的兴起》,纪琨译,学林出版社 1996 年版,第 109 页。
⑤ 希尔德·德·里德-西蒙斯主编:《欧洲大学史》第 1 卷,张斌贤等译,河北大学出版社 2008 年版,第 136 页。
⑥ 希尔德·德·里德-西蒙斯主编:《欧洲大学史》第 1 卷,张斌贤等译,河北大学出版社 2008 年版,第 181 页。

究者认为大学特许状的获得是大学师生斗争的结果①,大学的种种权利都是通过流血斗争获得的②,强调"大学自治"作为一种权利,不是先天的,也不是恩赐的,而是通过斗争获得的,甚至付出鲜血和生命的惨重代价③,特许状由此也被赋予特殊的含义,即意味着大学自治权的确立、扩大以及对教皇或国王权力的限制。但这样的观点似乎过分夸大了中世纪大学特许状的意义和价值。有时候教皇、国王颁布的命令似乎并不能归入"特权"的领域,而更多地包含了管理的含义。如教皇颁布的关于服装、出席葬礼以及大学演讲标准的相关敕令,针对大学内部不同派别、不同民族团之间冲突的相关管理规定,国王颁布的关于解决大学与外部成员之间争议的命令,等等。④ 而且,大学特许状的颁布也不能简单理解为教皇、国王或城市与大学斗争失败后的被迫之举。很多情况下,教皇、国王以及城市也主动颁布特许状。事实上,大学的合法地位由最高权威予以认可和规定,而不取决于大学成员自身的联合行动。大学可以迁移,但不管情况怎样,受益者总归是中央权威,它作为外在的、表面上中立的力量,为恢复秩序和加强控制做出调整与干预。这使得中世纪大学特许状的性质十分复杂。

必须承认,特许状在一定程度上促进了大学的发展,特许状颁发的动机十分复杂,但很难说发展大学本身是教皇或者国王颁发特许状的目的。最早《安全居住法》的颁布,固然有同情学生的因素,但更多的是对博洛尼亚大学长期支持腓特烈一世的回报与交换。而特许状授予的背后也隐含了控制与拉拢大学、排除其他势力的意图。在城市,越来越多的教师由市政当局支付薪水,大学开始处于地方政权的控制下⑤,当大学基本上为每一个学生都提供了获得未来牧师俸禄或谋取公共管理机构中任职的机会时⑥,大学实际上也成为教皇控制的一部分。大学特许状还与忠诚和荣耀相连。虽然很多时候,大学仍被认为是一个受誓言约束的实体,但这种誓言逐渐变成要对国王或教皇、城市的忠诚。⑦ 可以说,大学师生固然与城市、教会以及国王进行了长期的斗争,但共同利益和期望才是大学与当权者之间通过妥协,达成特许状颁发的根本原因。这也折射出大学的功能与价值,反映了思想、理论与知识对于政治、经济与社会发展的意义。而大学也需要与教会、国王以及城市合作,以维持大学的声誉与独特功能。特许状的授予反映出中世纪大学独特的政治生态,以及大学与王权、教权以及城市相互斗争同时又相互妥协、相互合作的生存状态。

关于特许状最有代表性的看法是"早期大学特许状是大学与政府、教会或城市当局协商的产物,具有充足的契约性质,大学特许状的这种契约性质限制了政府任意改变大

① 孙华:《特许状:大学学术自由的张力和社会控制的平衡》,《教育学术月刊》2010年第3期。

② 雅克·韦尔热:《中世纪大学》,王晓辉译,上海人民出版社2007年版,第42页。

③ 钱志刚、祝延:《大学自治的意蕴:历史向度与现实向度》,《高等教育研究》2012年第3期。

④ E. Goddard, *Norman Scholars at the University of Paris in the Later Middle Ages: A Study of Educational Institutions, Demographic Representation, and Political Engagement* (C. 1360-C. 1430), University of Wisconsin-Madison, 2009, p. 12.

⑤ 希尔德·德·里德-西蒙斯主编:《欧洲大学史》第1卷,张斌贤等译,河北大学出版社2008年版,第19页。

⑥ 希尔德·德·里德-西蒙斯主编:《欧洲大学史》第1卷,张斌贤等译,河北大学出版社2008年版,第21页。

⑦ 希尔德·德·里德-西蒙斯主编:《欧洲大学史》第1卷,张斌贤等译,河北大学出版社2008年版,第43页。

学的权利、义务范围和性质的能力"①。但特许状本质上不是大学与教权、王权之间的权利契约,而是身份认同。中世纪多元化政治体系,是特许状产生的原因。② 当自治城市和行会越来越倾向于通过法律的认可获得自身权利的保障时,中世纪大学也复制这一模式,试图去实现对自身地位的认可、提升以及权利的扩大。大学与城市行会签订的租房、赋税等契约与大学从教皇、国王获得的特许状有本质的区别。城市经济契约性质更多是协商,其内容主要是经济与义务豁免。大学利用迁徙与罢课权,获得了与城市行会讨价还价的权利,并通过法律契约的形式将协商结果制度化,但教皇与国王颁布的特许状很难定性为自由契约。最初,大学师生因为安全的需要寻求教皇与国王的庇护;因为与城市的斗争需要,寻求更高权威的支持;因为大学内部的冲突寻求外部权威的认可,其结果则是通过法律的形式在一定程度上承认教皇或国王的控制。因此,颁发特许状越来越成为当权者管理大学的一种手段,教皇与国王颁布了越来越多的特许状,赋予大学越来越多的特权,但特许状所包含的特权基本围绕着中世纪大学最初设立的基本范围展开,尽管后期的特许状更为具体和细致,也并没有超出大学发展的必备条件。教皇或国王授予大学某些特权,但不能说上位者的统治权和控制权被削弱了。以学界津津乐道的教师资格授予权为例,1213 年教皇宣布教堂教务长(chancellor)不再拥有教师资格任命权,1231年教皇更是大大限制了教务长和主教的权力,但我们不能不说,这一系列特许状的颁布本身就意味着大学越来越深地被纳入教皇的庇护,接受教皇的控制。③ 同样,1291 年、1292 年博洛尼亚和巴黎大学获得发放通用执教资格许可证的权利,但这一权利仍需要教皇的特许,其名义只是从主教或副主教手中转移到罗马教廷而已。即使是大学作为行会所拥有的自我管理的权力也需要教皇专门颁发敕令予以确认。1231 年"知识之父"特许状强调师生免于被逐出教会、停职以及剥夺教会权力的惩罚,但仍坚持其前提是"没有罗马教廷的特殊许可之下"④。

　　就此而言,中世纪大学的特许状在形式上是契约,但在实质上却包含了控制以及身份的认可;其本质不是双方当事人讨价还价、各方就此达成协议的近代意义上的契约,而是一种进入某种身份的协议,它所认可的正是当权者对于大学的保护与监督身份。换句话说,大学因特许状而部分附属或依附于教会、国王与城市的管辖之下了,而教皇只是通过颁发特许状,表明自己是大学的合法创办者和保护人,有能力把大学置于自己的控制之下。⑤

① 孙华:《特许状:大学学术自由的张力和社会控制的平衡》,《教育学术月刊》2010 年第 3 期。
② 孙曙生:《欧洲中世纪自由与法治理念生成的社会学分析》,《人文杂志》2008 年第 2 期。
③ P. R. Mckeon, "The Status of the University of Paris: An Episode in the Development of its Autonomy," *Speculum*, No. 4, 1964.
④ P. Kibre, *Scholarly Privileges in the Middle Ages, the Rights, Privileges and Immunities of Scholars and Universities at Bologna, Padua, Paris and Oxford*, Cambridge: Mediaeval Academy of America Publication, 1962, p.95.
⑤ 希尔德·德·里德-西蒙斯主编:《欧洲大学史》第 1 卷,张斌贤等译,河北大学出版社 2008 年版,第 18 页。

四、中世纪大学特权的实质不是独立，而是特许权

特权体系是中世纪大学社团法人形成的标志与基础，如何评价中世纪大学权利的本质是一个富有争议的问题。中世纪大学的权利最初来源于保护个人安全和发展的需要，却逐渐成为大学甚至个人的特权，以至于有研究者在追问，大学的自由究竟是独立还是特权？[①] "特权(privilege)"，在罗马法里通常指对一个人或一个阶层的照顾性条件，或对其义务性规则的豁免。在中世纪，该词频繁出现在特许状和法律书籍中，指可以求助于特殊法庭，或者有权援用某种特殊的法律规定。[②] 按照不同团体或人群制定特定的法律是中世纪特有的现象。研究者往往认为特权保障了大学的自治与自由，并将大学自治的丧失作为中世纪大学衰落的主要原因[③]，进而强调，自治对中世纪大学的生存发展起到了决定性的作用。[④] 但这样的结论值得商榷。泰格·利维认为"中世纪允许一个集体性团体享有内部自治，并不是本身具有什么重要意义，也几乎毫无近代意义"[⑤]。拉斯达尔则认为，大学每一项教会特权的获得，都意味着背弃了置于神龛顶礼膜拜的自由探究的原则。[⑥] 显然，中世纪大学的特权并不是自由权，而是特许权。特许本身意味着限制范围，即在特许的范围内自由，超越了特许范围之外则不受保护甚至将受到惩罚。因此，教皇或国王会不断对大学的特权予以规定或确认。特权是中世纪大学发展的基础，但中世纪大学的特权具有典型的等级性、脆弱性与两面性等特点，与当代研究者所理解的大学的权利、自由有很大的差异。

第一，中世纪大学特权的等级性。等级性是中世纪的基本特征，也是中世纪大学的基本特征。因为注册费的差异，大学出现了"昂贵大学"和"廉价大学"之分，不同阶级的人也需要支付不同的注册费，并使得一些人在大学能享受特殊的权利。[⑦] 注册宣誓随着学生地位的变化而变化，新生在入学时并未改变他的地位，他所进入的大学与所处的社会一样不平等，[⑧]对于学生的等级性，大多数学校有严格的正式条例，贵族、富人、穷人的三等级划分法随处可见。很显然，部分特权并没有授予大学而是授予了教长、大主教或监事，这些人无疑是大学的上层。即使在博洛尼亚大学，许多特权也只有具有教会身份才能享有，而相关职位则只能指定给予教籍人士。随着大学逐渐形成学院、民族团等核心机构，这一分化的等级体系本身也与学者们的地位相适应。大学教师、各学院以及民

① 雅克·勒戈夫：《中世纪的知识分子》，张弘译，商务印书馆1996年版，第132页。
② 泰格·利维：《法律与资本主义的兴起》，纪琨译，学林出版社1996年版，第46页。
③ 贺国庆：《中世纪大学若干特征分析》，《教育学报》2008年第6期。
④ 钱志刚、祝延：《大学自治的意蕴：历史向度与现实向度》，《高等教育研究》2012年第3期。
⑤ 泰格·利维：《法律与资本主义的兴起》，纪琨译，学林出版社1996年版，第108页。
⑥ 海斯汀·拉斯达尔：《中世纪的欧洲大学》，崔延强、邓磊译，重庆大学出版社2011年版，第45页。
⑦ 希尔德·德·里德-西蒙斯主编：《欧洲大学史》第1卷，张斌贤等译，河北大学出版社2008年版，第202页。
⑧ 希尔德·德·里德-西蒙斯主编：《欧洲大学史》第1卷，张斌贤等译，河北大学出版社2008年版，第201页。

族团之间也因领导权和内部选举产生激烈的冲突而强化了不同的等级。[①] 在巴黎大学,纪律法庭只能由四个民族团以及艺学院的领导者构成[②],大学校长长期由艺学部的领导把持,而学生既没有同乡会成员的资格,也没有参与大学集会的权利,更不用说投票权。许多被大学吸引的人,如教师或学生的仆人、执礼杖者、差役、抄写员、书商等都被置于大学的管理之下,受大学的保护,但不能加入评议会,只是大学的附庸。[③]

第二,中世纪大学特权的脆弱性。大学特权的获得并不在于国王或教皇的仁慈,其背后有深刻的政治动机与企图,大学的特权经常受到政治权力的干扰而发生改变。其中大学的学术权利尤其值得关注。为吸引学生,维持学术兴趣,国王和教皇都在一定范围内承认学者的学术权力,并支持学术权力的发展。如学者可自由制定获取执教资格的考试规则,评判学术演讲的时长、内容和方法,同时加强组织纪律,并承认获取执教资格的学者可以在其认可地点获取教学资格。[④] 此外,学者们还有休假权,享有学术研究权等。但在具体实践中,由于缺乏相应的保障与执行力度,学术特权与地方当局发生冲突时,国王和教皇确认的特权很难真正实现。[⑤] 在某些特定时期,国王和教皇直接就是限制学术权力的人。在1306—1309年间,教皇敕令暂停了博洛尼亚一切教学和学术演讲活动,甚至驱散了学生和教学人员。1376—1377年间,博洛尼亚大学与罗马教廷之间的冲突则直接导了大学的停办。[⑥] 不可否认的是,随着多元政治体系的消失,大学办学经费越来越依赖于国王和议会,日益强大的王权直接对教皇授予的特权采取了限制与取消的行动,甚至直接宣布教皇赋予的特权无效。1437年,查理七世撤销了巴黎大学的税务特权;1445年,巴黎大学的司法特权也被撤销,大学被置于议会的管辖之下。[⑦] 路易十二在位时,罢课权被取消。随后,西方各君主国都实施全面限制各种特权,特别是教会特权的政策。同样,大学对于城市的特权也逐渐逆转,大学的内部生活也遭遇了君主的干预,路易十二规定了学习的最高期限,大学生和校友过此期限便丧失大学特许权的优惠,而作为

① E. Goddard, *Norman Scholars at the University of Paris in the Later Middle Ages: A Study of Educational Institutions, Demographic Representation, and Political Engagement* (C. 1360-C. 1430), University of Wisconsin-Madison, 2009, p. 18.

② E. Goddard, *Norman Scholars at the University of Paris in the Later Middle Ages: A Study of Educational Institutions, Demographic Representation, and Political Engagement* (C. 1360-C. 1430), University of Wisconsin-Madison, 2009, p. 19.

③ 希尔德·德·里德-西蒙斯主编:《欧洲大学史》第1卷,张斌贤等译,河北大学出版社2008年版,第39页。

④ P. Kibre, *Scholarly Privileges in the Middle Ages, the Rights, Privileges and Immunities of Scholars and Universities at Bologna, Padua, Paris and Oxford*, Cambridge: Mediaeval Academy of America Publication, 1962, p. 326.

⑤ P. Kibre, *Scholarly Privileges in the Middle Ages, the Rights, Privileges and Immunities of Scholars and Universities at Bologna, Padua, Paris and Oxford*, Cambridge: Mediaeval Academy of America Publication, 1962, pp. 326-327.

⑥ P. Kibre, *Scholarly Privileges in the Middle Ages, the Rights, Privileges and Immunities of Scholars and Universities at Bologna, Padua, Paris and Oxford*, Cambridge: Mediaeval Academy of America Publication, 1962, p. 37.

⑦ 雅克·勒戈夫:《中世纪的知识分子》,张弘译,商务印书馆1996年版,第132页。

行会的大学在实际上丧失了所有的自治。① 显然,中世纪大学的自治和自由受到身份特权和政治权力性质的束缚。

第三,中世纪大学特权影响的两面性。特权使得大学虽处于城市之中,却并不属于城市②,它是城市中特殊的社团,享有与一般行会和社团不同的特权,甚至超越了市民的特权;大学的特权使得大学学者与城市劳动者群体相分离,成为特权阶层,因此引起了群体冲突与阻碍。冲突成为逐渐将大学与其诞生的世俗和城市环境割断的因素之一,将大学从教会和君主那里抛出。③ 早在大学享有免除纳税、兵役、护卫等公民义务时,大学的特权就遭受了质疑与反抗。大学的迁徙权不断遭遇城市的限制与法律的抵制:在博洛尼亚,法院对任何迁徙的行为和企图都予以严重的处罚,包括大量的罚金、没收财产、驱逐和死刑④;在巴黎,大学的罢课权也被严格限制在杀害或重伤学生无人承担责任、大学要求释放被逮捕学生得不到回应以及房租特权遭到干涉等有限的情况下。⑤ 大学与城市关系的恶化,与大学的特权有很大的关系。在中世纪后期,当大学的权利逐渐成为个人腐败的源头时,大学自身发展的动力也逐渐消失。在 14 世纪和 15 世纪艰难的时事里,拥有特权的大学成员越来越贪婪地要求大学生为听课付钱,他们增加关于赠礼的规定,对大学里所有可能增加他们负担的开支作限制,通过规章制度的形式将无偿听课攻读学位的大学生的数量一再予以削减。教师越来越成为富有的土地所有主,并热衷于投机事业,甚至变成放高利贷者。作为学术象征的博士,身份甚至可以继承。同时,大学的礼仪、地位越来越具有贵族化的倾向。大学在经济上的操心超过了社团事务和领地主权方面的经营管理。大学社团组织以前的荣誉标志、印章变成了贵族的武器。⑥ 可以说,中世纪大学的特权对于自己而言是自由,对于其他人而言则是"特权",而为了保护这种特权,大学越来越封闭,曾经开放、富有生机与活力的制度与机制逐渐僵化与保守。

综上所述,中世纪大学是中世纪时代的产物,并随着中世纪多元政治与经济的解体而衰落。作为近现代大学的开端,它的发展与追求是一定历史语境下的初步探索:社团法人的身份建构因缺乏个人自由和权利意识而脱离其成员,逐渐抽象化,直到启蒙思想家与自然法学派发现个人,提出权利与自由等命题后,才将这一制度逐渐完善。中世纪大学的特许状与当代的大学章程也有很大区别,它不具备近代以来的契约精神,而是封建时代的身份协议,承认最高权威的保护人身份。限制管理者的权力,通过契约方式确定管理者与大学的权利边界是现代大学治理的核心思想,与中世纪大学的特许状几乎只

---

① 雅克·韦尔热:《中世纪大学》,王晓辉译,上海人民出版社 2007 年版,第 134 页。

② 雅克·韦尔热:《中世纪大学》,王晓辉译,上海人民出版社 2007 年版,第 43 页。

③ L. Brockliss, "Gown and Town: the University and the City in Europe 1200-2000," 参见网站:http://www. springerlink. com/content/r18661476u2j7186/.

④ P. Kibre, *Scholarly Privileges in the Middle Ages*, *the Rights*, *Privileges and Immunities of Scholars and Universities at Bologna*, *Padua*, *Paris and Oxford*, Cambridge: Mediaeval Academy of America Publication, 1962, pp. 32-33.

⑤ P. Kibre, *Scholarly Privileges in the Middle Ages*, *the Rights*, *Privileges and Immunities of Scholars and Universities at Bologna*, *Padua*, *Paris and Oxford*, Cambridge: Mediaeval Academy of America Publication, 1962, p. 92.

⑥ 雅克·勒戈夫:《中世纪的知识分子》,张弘译,商务印书馆 1996 年版,第 109—115 页。

有形式上的相似性。中世纪大学的特权也不意味着近代以来的自由与权利，而是特许的特权，中世纪大学在追求特权的进程中在一定程度上背离了大学自治。长期以来，西方学者建构了大学自治的核心理论，强调大学的核心精神就是大学自治，并以此作为西方大学的传统，宣称这一传统从中世纪大学开始一直延续到当代，从未偏离或中断。以此为基础，西方学者将这一结论推广到中国，指出古代中国有一定数量的高等教育机构，却没有大学，真正的大学是近代中国移植西方大学的结果，原因是中国早期的高等教育机构里不存在真正的大学自治与自由。但这样的结论是"无视历史"的，毫无疑问，中世纪大学的自治是初级而感性的，并依附于政治权力的变化与特性。中国古代的大学固然是封建帝国的教育机构，但巴黎大学也一度是法兰西国王的"长公主"与"小女儿"。将大学视为当权者的机构与被保护人，不仅仅是中国的传统，也曾经是西方的传统。就此而言，对中世纪大学的研究不能随意得出近现代大学不如中世纪大学的观点；也不能简单总结出现代大学遭遇的种种困难与危机必须从中世纪大学得到启示与借鉴，甚至回到中世纪，将中世纪大学作为现代大学的范本和精神家园的言论；更不能轻率地做出中国现代大学制度建设主要是学习西方，从中世纪大学的传统开始学习，借鉴西方大学制度与理念的结论。客观地认识与评价中世纪大学以及西方大学的传统，分析中西方大学传统的差异，在此基础上探索具有中国特色的现代大学制度建设才是我们学习与研究中世纪大学正确的态度与目标。

儿童教育的真知灼见

——蒙田儿童教育思想探析

◎单中惠*

摘　要：作为文艺复兴后期的一位思想敏锐的人文主义者，蒙田在西方被看作是人类思想的启迪者和经院主义教育的抨击者。他在历史和现实结合的基础上对儿童教育问题进行了深入而广泛的思考，在脍炙人口的《随笔集》中提出了很多真知灼见。具体包括：批判学究式教育和学究式教师，以及儿童教育目的、内容和方法。蒙田的思想精神特别是儿童教育思想在世界上具有极强的生命力，对后世教育理论产生了深远的影响。

关键词：蒙田；《随笔集》；儿童教育

作为文艺复兴后期的一位思想敏锐的人文主义者，蒙田在西方被看作是人类思想的启迪者和经院主义教育的抨击者。关于儿童教育问题，他在《论儿童教育》一文中明确指出："说实在的，在这件事上我知道的只是，人文科学中最难与最伟大的学问似乎就是儿童的抚养与教育。"[①]正是基于这一点，蒙田在历史和现实结合的基础上对儿童教育问题进行了深入而广泛的思考，提出了很多真知灼见。

一、蒙田的时代、人生及《随笔集》

16世纪，以培养绅士为目标的人文主义教育传播到法国，但由于传统保守派势力的强大，它仅仅得到了一定的发展。然而，在这个过程中，不少人文主义学者以一种新的时代精神对中世纪学究式教育进行了有力抨击和对人文主义教育进行了具体论述。其中产生很大影响的是法国散文作家和教育家蒙田（Michel de Montaigne）。英国教育史学家、莱斯特大学教授班托克（G. H. Bantock）曾这样指出："蒙田的特性和他的时代在他的关于儿童养育的观点上是密切相关的。"[②]

（一）蒙田生活的社会时代

蒙田生活的社会时代是欧洲各国处于由封建主义社会趋向资本主义社会的历史进

＊　作者简介：单中惠，华东师范大学基础教育改革与发展研究所教授。

① 米歇尔·德·蒙田：《蒙田随笔全集》第1卷，马振骋译，上海书店出版社2011年版，第133页。

② G. H. Bantock, *Studies in the History of Educational Theory*, Vol. 1, London：George Allen & Unwin, 1980, p. 117.

程,同时它们的教育也开始由封建教会教育向资本主义世俗教育转化。具体来说,凸显出以下几个变化:一是社会生活的变革;二是人文主义思想文化的传播;三是近代自然科学的进展;四是新时代世俗教育的发展。

(二)自由发展的蒙田人生

蒙田出生在法国南部佩里戈尔地区的蒙田城堡。父亲曾担任过波尔多市市长和副市长。蒙田接受的家庭教育所呈现的是儿童自由发展的快乐场景。他自己后来这样写道:"我童年也受到宽松自由的教育,从不强制约束。"[①]但是,他从小就受到教诲要走正道。幼年时,蒙田就把学习拉丁语作为启蒙教育。6 岁时[②],蒙田就被父亲送入由人文主义者开办的居耶纳中学读书,受到人文主义思想的影响,憎恨在当时其他学校里所盛行的体罚和其他严厉的纪律规则。居耶纳中学是 16 世纪法国人文主义学校的楷模。法国教育社会学家涂尔干(E. Durkheim)在《教育思想的演进》一书中这样指出:蒙田亲眼看见了人文主义教育观念"在居耶纳中学付诸实践,他在那所中学结束了自己的孩童时代,而文艺复兴的教育学说也开始在那里转变成实践"[③]。

后来,蒙田进入图尔兹大学学习法律,同时还喜爱历史和诗歌。他自己这样写道:"历史是我的狩猎目标,还有诗歌我对它情有独钟。"[④]他博览群书,每天读书不分学科,研究的不是内容而是作者对待主题的方式。1557 年大学毕业后,蒙田曾在波尔多市各级法院工作。后来他在波尔多市议会任职 16 年,曾连任两届市长。市长这个职位除了其职责的荣誉以外没有薪俸也没有津贴。1568 年,父亲过世后,蒙田成为蒙田城堡的领主。1571 年,他从公共行政事务中隐退后,回到故乡隐居,尽量摆脱杂务,埋头于著述活动,在摸索中渐渐形成他的观点和看法。在 1580—1581 年间,蒙田曾先后到意大利、德国和瑞士等地游览访问。

"我知道什么?"(What do I Know?)这是蒙田在他的一篇散文中提出的著名问题,它对新的时代产生了主导性影响。美国教育史学家伯茨(R. F. Butts)在《西方教育文化史》中强调指出:"蒙田不是牧师,不是教师,也不是科学家,但是,他却是一位非常有学识的绅士,也是一位见过世面而又有学问的人。"[⑤]

(三)脍炙人口的蒙田《随笔集》

蒙田的《随笔集》分三卷,共 107 篇。《随笔集》的准备工作始于 1572 年。他在 40 岁之后开始第一卷和第二卷的写作,到年逾 50 岁时完成了第三卷。最初的两卷于 1580 年问世;在 1588 年的版本中增加了第三卷。在他去世前三年,蒙田不断修改补充他的《随笔集》,出版了 4 次。1589 年是蒙田的《随笔集》在他生前的最后一次出版。

---

① 米歇尔·德·蒙田:《蒙田随笔全集》第 2 卷,马振骋译,上海书店出版社 2011 年版,第 304 页。
② 欧洲文艺复兴时期的人文主义学校学生的在学年龄是 6 岁至 21 岁。
③ 涂尔干:《教育思想的演进》,李康译,上海人民出版社 2003 年版,第 307 页。
④ 米歇尔·德·蒙田:《蒙田随笔全集》第 1 卷,马振骋译,上海书店出版社 2011 年版,第 131 页。
⑤ R. F. Butts, *A Culture History of Western Education*, New York: McGraw-Hill Book Company, 1955, p. 186.

在《随笔集》的那篇十分简短的"致读者"中,蒙田明确指出:"这是一部真诚的书。"他自己在《论儿童教育》一文中这样写道:"这里写的是我的想法与意见;我写出来的是我信仰的东西。"①在蒙田看来,这部书可以比作他自己的孩子。因此,在《论父子情》一文中,他又这样写道:"它们是我们的智慧、勇气和才干孕育的,比肉体孕育的更高尚,更可以说是我们的孩子。"②"这样一部书在体裁上独树一帜,表现上也不免惊世骇俗。这部作品会因新异而引人注目……值得大家一读。"③正是在《随笔集》中,蒙田留下了许多脍炙人口的文章,发表了他的富有睿智的见解,因而普遍被认为是一位古典作家和人文主义者。

二、蒙田的儿童教育思想

蒙田在儿童教育上特别强调精神的自由和判断的独立。他明确反对在教育中对儿童有任何粗暴对待,以及具有奴役意味的强制行为。在他看来,学习的目的应该是什么要知与什么要不知,训练一颗温柔的心灵向往荣誉和自由。因为"聪明人内心必须摆脱束缚,保持自由状态,具备自由判断事物的能力"④。

(一)批判学究式教育和学究式教师

蒙田是中世纪教育形式的批判者。他结合新时代的精神和要求,对学究和学究式教育进行了毫不留情的批判。在某种意义上,"与其说他是现代学校的先驱,不如说他是教育制度批判传统的奠基人"⑤。

1.对学究式教育的批判

蒙田反对学究式教育的方式,因为这样的教育缺少活力。在他看来,进行学究式教育的学校"是一座真正的少年犯拘留所。在他们没有堕落以前就惩罚他们堕落,才使他们真正堕落了。不妨在他们上课时候去看看,您只听见孩子的求饶声和教师的怒吼声。对着这些幼小害怕的心灵,面孔铁青,手执鞭子赶着他们,这算是什么样的启智求知的好方法?这种方式极不公正和有害"⑥。这种危害具体表现在学习内容、心灵发展和教学方法上。

2.对学究式教师的批判

蒙田反对学究式的书呆子,讥讽经院学者是一群驮着书的驴子。他们"不停地在我们的耳边絮聒,仿佛往漏斗里灌水,我们的任务只是重复他跟我们说的话"⑦。在蒙田看来,"这类学究遍布各地,谁对他们仔细观察,就会像我一样发现大多数情况下他们不懂自己说什么,也听不懂别人在说什么;他们记的事很多,判断力很差,莫不是他们这方面

---

① 米歇尔·德·蒙田:《蒙田随笔全集》第1卷,马振骋译,上海书店出版社2011年版,第133页。
② 米歇尔·德·蒙田:《蒙田随笔全集》第2卷,马振骋译,上海书店出版社2011年版,第64页。
③ 米歇尔·德·蒙田:《蒙田随笔全集》第2卷,马振骋译,上海书店出版社2011年版,第51页。
④ 米歇尔·德·蒙田:《蒙田随笔全集》第1卷,马振骋译,上海书店出版社2011年版,第107页。
⑤ 扎古尔·摩西主编:《世界著名教育思想家》(3),梅祖培、龙治芳等译,中国对外翻译出版公司1995年版,第124页。
⑥ 米歇尔·德·蒙田:《蒙田随笔全集》第1卷,马振骋译,上海书店出版社2011年版,第150页。
⑦ 米歇尔·德·蒙田:《蒙田随笔全集》第1卷,马振骋译,上海书店出版社2011年版,第135页。

就是天生与众不同"①。因此,蒙田在教育随笔中无情地嘲笑这样的学究式教师,他们无力使儿童吸收自己的所学,只满足于让他们以之骄矜自夸、狂妄自大。

(二)儿童教育目的

蒙田认为,儿童教育不是要培养一个文法学家,也不是要培养一个逻辑学家,而是要培养热情的、勇敢的、完全的绅士。具体如下。

1.身心两方面和谐发展的人

这种人不仅具有强健的身体和优美的体态,而且具有健全的心智。蒙田明确指出:"我希望在塑造他的心灵同时,也培养他的举止、待人处世与体魄。这不是在锻炼一个心灵、一个身体,而是在造就一个人;不该把这两者分离。"②总之,应该使身体和心智两者和谐一致,而不相背相斥。

2.兼有知识和判断力的人

这种人不仅具有广博的知识,而且更具有判断力。热爱和崇敬知识的蒙田十分强调知识的作用。他这样写道:"我喜爱与敬重学问,不亚于喜爱与敬重有学问的人;使用得法,学问是人类最高尚和强有力的收获。"③但是,在蒙田看来,与知识相比,判断力更为重要。因此,他又强调指出:"实际上对知识的要求不及对判断的要求重要。有判断可以不要知识,有知识不可不要判断。"④

3.一个有才能的、有本事的人

这种人应该是实干的事业家。蒙田强调指出,在学习中,"更重要的是自身要求,丰满心灵,提高修养,更有意培养成一个能干的人,而不是有学问的人"⑤。在他看来,这样的人志在追求真实的学问,修饰和丰富自己的内心,以及知道如何活得有价值和死得有意义,在行动中创造最伟大的和最光辉的业绩。

(三)儿童教育内容

蒙田虽然在儿童教育内容上没有提出一个完整的计划,但他认为在儿童教育上必须提供必要的和实用的教育。

1.身体训练

蒙田认为,如果学生体质柔弱,那么他的心智就得不到体力的支持,心智活动就会成为一个沉重的负担。他明确指出:"我们的生命在于运动。"⑥因此,不仅要磨砺儿童的心灵,还要锤炼他的筋骨。首先,不要娇生惯养;其次,要忍受劳苦。

2.德行养成

蒙田认为,在德行养成上,应该使儿童具有勇敢、坚定、诚实、友爱、谦虚、良知、善良、

---

① 米歇尔·德·蒙田:《蒙田随笔全集》第1卷,马振骋译,上海书店出版社2011年版,第126页。
② 米歇尔·德·蒙田:《蒙田随笔全集》第1卷,马振骋译,上海书店出版社2011年版,第150页。
③ 米歇尔·德·蒙田:《蒙田随笔全集》第3卷,马振骋译,上海书店出版社2011年版,第136页。
④ 米歇尔·德·蒙田:《蒙田随笔全集》第1卷,马振骋译,上海书店出版社2011年版,第127页。
⑤ 米歇尔·德·蒙田:《蒙田随笔全集》第1卷,马振骋译,上海书店出版社2011年版,第134—135页。
⑥ 米歇尔·德·蒙田:《蒙田随笔全集》第3卷,马振骋译,上海书店出版社2011年版,第300页。

节制、恒心以及乐天知命、慈爱和善、宁静无为、崇高理性、服从真理等良好品质；同时，还要使他们具有良好的礼仪、优雅的言谈等。在蒙田看来，如果儿童从小养成了德行，那他"到了晚年也不会成为真正的老朽，他依然受到尊敬，尤其受到他的儿辈的尊敬"[①]。

3.知识传授

蒙田认为，对儿童传授的知识应该能教他们怎样生活，对他们是有用的。首先，不能使知识传授抑制思维活动。决不能使儿童在作为庞然大物的学问底下被压垮，因为"植物吸水太多会烂死，灯灌油太多会灭掉，同样，书读得太多也会抑制思维活动"。其次，不能用记忆力代替智力。"有些人（这类人不计其数），他们把学问作为自负与价值的基础，以记忆力代替了智力……除了照本宣读以外什么都不会，他们身上的这种知识我讨厌，若敢大胆说，还比愚蠢更讨厌。"[②]

（四）儿童教育方法

尽管蒙田没有做过教师，也没有进行过教育实践活动，但博览群书和睿智思考使他能够在儿童教育方法上提出许多独到的见解，而闪烁出新时代的精神和人文主义教育的智慧。

1.注意儿童的资质和天性

蒙田认为，首先，大自然赐给人资质和天性，大自然的规律使儿童学到他必须学习的东西。其次，唯有理智才可以指导儿童的资质和天性，应该看到他们的资质和天性的差异。还有，特别应该关注幼年时期的儿童，对他们的喧闹、游戏和稚拙的活动进行就近的观察，不要对他们带着恶意的轻视，也不要对他们娇生惯养。

2.发展判断力和思考力

蒙田认为，首先，尽管知识也很重要，但发展儿童的判断力和思考力更为重要。儿童应该能够把他所学的东西用很多不同的形式表达出来，并且在很多不同的情况中去应用它，从而使所学的东西成为自己的东西。其次，对所学的知识要进行思考，使知识成为自己的东西。这就像蜜蜂采蜜一样，它自己把花液加工成蜜糖。还有，儿童学了知识，但不知自己说什么、评判什么和做什么，那就是鹦鹉学舌。

3.注重观察和经验

蒙田认为，首先，应该向大自然和社会生活学习，通过观察积累广泛的经验，把经验看作是指引我们通往真理的媒介。其次，应该把世界当作一面镜子，去观察和探究一切。还有，应该对累积的经验进行认真思考，使自己变得聪明。

4.应用知识和实际练习

蒙田认为，首先，儿童学到知识后，最重要的不是在口头上说，而是在行动上去做；如果他能在行动上去做，那么他就会更伟大。对事物的学习应该先于对文字的学习。其次，重要的莫过于激发孩子的渴求与热情，使儿童学会应用知识，以便更好地领会知识。

---

① 米歇尔·德·蒙田：《蒙田随笔全集》第2卷，马振骋译，上海书店出版社2011年版，第54页。
② 米歇尔·德·蒙田：《蒙田随笔全集》第3卷，马振骋译，上海书店出版社2011年版，第136页。

还有,儿童要注重实际练习。例如,一个人想学习舞蹈的话,就必须自己进行练习,而不能仅仅站在一旁看舞蹈家跳。

5. 养成好习惯

蒙田认为,首先,生活习惯会形成我们的生活方式,习惯的最大威力就是抓住我们不放,甚至会蒙住我们判断的眼睛,以致我们靠自身力量很难摆脱,所以,好习惯的养成是很重要的。其次,在儿童的幼年时期特别要防止他产生很多恶习,如说话不诚实、行为放纵等,因为以后要革除这些恶习会难得出奇。

6. 宽严结合

蒙田认为,在教育方法上要宽严结合,既不要以恐怖和冷酷对待学生,也反对一切粗暴行为以及只能生长出奴性的独断和压制。他指出:"教育要宽严结合进行,不是像时下所做的那样,不是让孩子去接近文艺,而是让他们看到的尽是恐怖与残酷。请不要给我谈暴力与强权。依我之见,没有东西比它们更加戕害和迷误善良的天性。"[①]在蒙田看来,专横和体罚实际上是一种可恶而有害的教育方法。他特别希望教室里放满花草并洋溢欢乐喜悦,而不是悬挂鲜血淋漓的柳条。

7. 游历

蒙田认为,首先,游历是一种重要的教育方法,可以更好地发展判断力。他指出:"广泛接触世界,有助于对人性的判断,可以做到洞若观火。我们都自我封闭,目光短浅,只看到鼻子底下的东西。"[②]其次,作为一位未来的实干的事业家,儿童必须了解世界和社会,了解其他民族的多彩多姿的不同生活方式,了解各式各样的人,以便增进见闻和避免目光短浅。

8. 导师选择

蒙田认为,首先,鉴于导师在教育中的作用,应当十分重视导师的选择。其次,导师不仅是知识的导师,而且是勇敢、谨慎和正义的导师。导师应该是一个最有才智和道德高尚的人,有学问和有判断力,有好的性情。他指出:"名师高瞻远瞩,其高明处就是俯就少年的步伐,指导他前进。"[③]

三、蒙田儿童教育思想对后世的影响

蒙田倾注其一生心血的《随笔集》在人类的智慧宝库中留下了一笔宝贵的文化财富,在全球都有读者,说明他的思想精神特别是儿童教育思想在世界上具有极强的生命力。整个教育随笔既在历史中进行探究,又从现实中寻求思索,因而不仅给人们提供了取之不尽的儿童教育哲理,而且对后世教育产生了深远的教育理论影响。

作为一位思想敏锐的法国人文主义学者,蒙田的儿童教育思想通过他文笔优美而犀利的《随笔集》流传下来,对后世的西方教育有着广泛的影响。他的教育思想后来被 17 世

---

① 米歇尔·德·蒙田:《蒙田随笔全集》第 1 卷,马振骋译,上海书店出版社 2011 年版,第 150 页。
② 米歇尔·德·蒙田:《蒙田随笔全集》第 1 卷,马振骋译,上海书店出版社 2011 年版,第 141 页。
③ 米歇尔·德·蒙田:《蒙田随笔全集》第 1 卷,马振骋译,上海书店出版社 2011 年版,第 135 页。

纪英国教育家弥尔顿和洛克以及 18 世纪法国教育家卢梭所吸收,并得到进一步的发展。正如美国教育史学家孟禄(P. Monroe)所指出的,"通常,洛克与蒙田、弗兰西斯·培根、夸美纽斯或与卢梭归在一起",他们"与蒙田一致的观点是非常多的"。[①] 英国教育学者劳顿(D. Lawton)和戈顿(P. Gorton)也指出:"蒙田的散文集被广泛地阅读,尤其在法国和英国。……他的教育思想后来被洛克和卢梭所接受。"[②]

尽管蒙田儿童教育思想在他的时代影响不大,但他的儿童教育思想是具有前瞻性的。正如法国教育史学家孔佩雷(G. Compayre)所指出的:"如果说蒙田的教育思想没有对他自己生活的时代产生影响的话,那至少在三个世纪之后蒙田成了智育问题的权威导师。"[③]美国教育家布鲁巴克(J. S. Brubacher)也指出:"到 18 世纪,由于近代科学的兴起,因此,对于教学自由观念有了新的态度。实际上,早在两个世纪之前,法国教育家、散文家蒙田的著作就有这种先见之明。"[④]

美国教育史学家伯茨认为,蒙田的随笔描绘了欧洲文艺复兴时期知识分子的文化追求,"把人文主义和自然主义的思想融合在一起,抨击形式主义、咬文嚼字以及盲目依赖权威的现象"[⑤]。但是,如果把蒙田在他的随笔中对教育方法的论述与对教育内容的论述相比,他对教育方法的论述更有特色和更有新意。在蒙田教育随笔中,我们确实可以找到关于教育方法的最著名的论述。因此,蒙田自己也这样写道:"我说的不是学院式、矫揉造作的方法,而是自然、思维清晰的方法。"[⑥]"我相信我的方法是正确和合乎天性的。"[⑦]美国教育史学家格莱夫斯(F. P. Graves)就指出:"蒙田的教育原理对于当时的学校并不见得有什么大的影响,但是当时著作既有许多人读他,那关于教育的内容方法上许多应改良的地方都通俗地传播殆遍了。……蒙田的理论似乎直接影响到洛克和卢梭,再由二氏又影响到别家。"[⑧]

在西方教育学者中,英国教育家伊丽莎白·劳伦斯(E. S. Lawrence)对蒙田儿童教育思想的精髓以及所凸显的现代精神论述得十分透彻。正如她所强调指出的:"在蒙田的著作中,较为自由的思想又前进了一大步。他的不少思想和著作都是我们今天认为最现代的教育概念。……他比同代人更具有远见卓识,对这一问题有许多标新独到之处。"[⑨]

① P. Monroe, *A Text-Book in the History of Education*, New York: The Macmillan Company, 1925, p. 520.

② D. Lawton and P. Gorton, *A History of Western Educational Ideas*, London: Woburn Press, 2002, p. 62.

③ G. Compayre, *The History of Pedagogy*, Boston: D. C. Heath & Company, 1910, p. 110.

④ J. S. Brubacher, *A History of the Problems of Education*, New York: McGraw-Hill Book Company, 1966, p. 598.

⑤ R. F. Butts, *A Culture History of Western Education*, New York: McGraw-Hill Book Company, 1955, p. 196.

⑥ 米歇尔·德·蒙田:《蒙田随笔全集》第 3 卷,马振骋译,上海书店出版社 2011 年版,第 135 页。

⑦ 米歇尔·德·蒙田:《蒙田随笔全集》第 2 卷,马振骋译,上海书店出版社 2011 年版,第 54—55 页。

⑧ 格莱夫斯:《中世教育史》,吴康译,华东师范大学出版社 2005 年版,第 265 页。

⑨ 伊丽莎白·劳伦斯:《现代教育的起源和发展》,纪晓林译,北京语言学院出版社 1992 年版,第 48 页。

卢梭自由教育思想探析

◎刘黎明*

摘　要：自由教育思想是卢梭整个自然教育思想大厦的基石，涉及自由教育的必要性、自由教育的内涵与目的、自由教育之维度和自由教育的路径。它对西方自由教育思想的发展做出了重要的理论贡献。第一，卢梭深刻地批判了当时法国的强制性教育，为自由教育思想的建构提供了前提；第二，卢梭首次把自由教育看作自然教育的内在蕴涵，使两者高度融合，从而使自由教育为自然教育思想的内在提供理论支撑；第三，卢梭对自由教育概念作了清晰的界定，反映了自由教育的本质，富有创新性和真理性，为后世自由教育思想的发展指明了方向；第四，卢梭对自由教育的维度和路径理念的论述充满了对儿童的关爱，其背后蕴含了深厚的人本主义情怀；第五，卢梭的自由教育思想对后世自然教育家的自由教育思想的发展产生了深远的影响。

关键词：卢梭；自由教育思想；评析

一、自由教育的必要性

（一）自由教育是自然教育的内在蕴涵

自然教育蕴含着自由教育，自由教育是自然教育的重要构件。这在卢梭对自然教育与人为教育和事物教育的关系阐释中体现得最为清楚。卢梭指出，我们每个人都是在三种教育的熏陶中成长起来的，它们是：自然教育、人为教育和事物教育。在这三者中，自然的教育具有独特性、先在性、必然性之特点，使得后两者必须服从自然的教育，唯有如此，才会使三者和谐一致，不会发生冲突。自然教育的这种先行性、必然性和独特性之特点，彰显着人的自由本性，蕴含着自由教育。因为自由是人的本质，是人的天性，是天赋人权。每个个体都能享受生命和自由，都无权放弃这两者，否则，就是与自然和理性相背离，既贬低了自己的人格，又消灭了自己的存在。既然自由是每个人的天性，自然教育是儿童与生俱来的天性和禀赋的率性发展，因而自由的教育必然是自然的教育，两者具有高度的融合性。没有自由教育的支撑，也就没有自然教育。无论是儿童天性的率性发

***

*　作者简介：刘黎明，湖南师范大学教育科学学院副教授。基金项目：湖南省哲学社会科学基金项目"西方自然主义教育思想的当代价值研究"（2013YBA216）。

展,还是回归儿童的自然,抑或是遵循年龄特征施教,其根本的旨意就是根据儿童的天性,促进儿童生活和活动的自由自在地展开,尽可能地使身心自由发展。换言之,它们都必须有自由教育做支撑。

(二)自由教育是批判强制性教育之必需

卢梭对18世纪法国的强制性教育进行了深入批判,认为它唯一关心的是让儿童接受"那些可笑的偏见",强行向儿童灌输"一条条语法规则","喋喋不休、唠唠叨叨"地训练儿童的口才,"采用古代训练竞技士的办法来训练我们的孩子",[①]想尽办法对儿童进行折磨。当时的学校什么东西都教,就是不教儿童认识自我的优点和长处,也不教他们生活的技能和如何使自己获得幸福的本领,尤其是不教他们做人的天职。儿童丧失辨析真理和谬误的能力,既分不清什么是真理,也不知道什么是谬误,而是把两者搞混,分不清真伪。卢梭指出,在虚伪和邪恶的社会风尚和习俗的影响下,每个人的精神表现出惊人的一致和模式化,礼节和风气不断地在强迫着和命令着人们,使之不断地与这些习俗相适应,而永远不能按照自己的天性,做自己喜欢做的事情,也不敢真正地表现自己的个性。这种强制性的教育培养出来的是人格扭曲的儿童,他们既是奴隶又是暴君,既充满学问但又缺乏理性。卢梭指责传统的教育是一种野蛮的教育,其弊病是:不知道他们的自由极其有限,使柔弱的儿童受到各种各样的束缚,滥用和剥夺了儿童有限的自由。与这种强制性的野蛮教育相对立,卢梭极力倡导自由教育,让儿童自由自在地生活和学习,彰显自己自由的本性。

二、自由教育的内涵与目的

(一)自由教育的内涵

在卢梭的视野中,自由教育是指教育者按照儿童的意志实施的让儿童自由自在地学习和生活的教育,成为自己的主人的活动。具体地说,它包含以下三层意思:

(1)让儿童在学习和活动中按照自己的意志行事。按照自我意志行事是儿童自由活动的标志,是自由教育题中应有之义,是批判传统教育压抑儿童天性,干预和束缚儿童活动的有力论据之一。因为当时的法国教育不能使儿童按照自己的意志行事,无论是身体的发育,还是学习活动,处处受着束缚,按照成人的观念行事。偏见、权威、先例和制度都在束缚儿童的意志,使儿童的生活和学习都不自由。卢梭强调,自由是儿童的天赋权利,"人生而自由,也就是说,人能够跟从自己的倾向,能够做任何有助于自我保存和舒适的事情;人生而平等,这意味着,没有谁能够居于其上能对他发号施令"[②]。在《爱弥儿》中,卢梭对自我意志的重要性给予高度的肯定:"只有自己实现自己意志的人,才不需要借用

---

① 卢梭:《卢梭散文选》,李平沤译,百花文艺出版社1995年版,第139页。
② 阿兰·布鲁姆:《巨人与侏儒(1960—1990)》,张辉译,华夏出版社2011年版,第224页。

他人的意志来实现自己的意志;由此可见,在所有的财富中最为可贵的不是权威而是自由。"①因为按照自我意志行事,儿童才能体验到自由,反之,当儿童与自我意志分离的时候,他就不可能获得自由。"这个自我意志既表现在自我主动去追求美好事物的行为中,又表现在自我主动去克服、抵制丑恶之物的行为中。"②卢梭诠释了按照自我意志行事的自由教育:爱弥儿不知道也不遵从成规和习惯,心里怎样想就怎样做和怎样说;他反对按老一套的公式办事,也反对按权威或先例行事。他今天做的事情绝不受昨天做的事情的影响。他说的话不是别人教的,他的行为举止不是从书上学来的。他说的每一句话都是从他的思想中产生的,他的每一种行为完全忠实于他自己的心意。

(2)让儿童在学习和活动中做自己喜欢做的事情。这是自由教育的精髓。卢梭认为,儿童最喜欢做的事情是从事感性的活动和游戏。就前者而言,因为儿童最先发展起来的官能是感官,因此感觉教育最适合他们。因此,要尽量地实施感官教育,用可以感觉得到的事物去影响儿童,使他们从各方面都能观察到周遭的物质世界,从对事物的感知和得到的教训中获取经验和知识,让感觉去主宰他的所有观念,而不要对他讲精神世界中的内容,否则,他不会听你讲的任何一句话,甚至还会产生一些一生都难以消除的荒谬的概念。就后者而言,爱弥儿觉得游戏和工作是难以区分的,两者之间可以画等号,游戏即工作。他会兴趣盎然地去做一切事情,而且动作大方,令人高兴和喜悦;他的心理倾向和知识的范围也在做这些事情中反映出来。即使其中有痛苦,他们也能够笑嘻嘻地忍受,毫无怨言。可见,儿童最喜欢感觉活动和游戏,因为他们能从中感受到最大的自由。由此,卢梭断言:"真正自由的人,只想他能够得到的东西,只做他喜欢做的事情。这就是我的第一个基本原理。只要把这个原理应用于儿童,可源源得出各种教育的法则。"③

(3)让儿童成为他自己活动的主人。这是自由教育的最高境界。卢梭认为,自由教育的一条重要法则,就是教师要从小就锻炼儿童尽可能地依靠自己的能力,而不求助于他人,学会自己管理自己,成为自我活动的主人,彰显儿童自身的主体性。为此,卢梭要求教师不要同儿童无休止地讨论谁来做主,更不要出现让儿童在两者意志之间举棋不定的局面,而应该每件事情都让儿童做主,这样好于教师做主一百倍。最好的教法是:"应该趁早就让他支配他的自由和体力,让他的身体保持自然的习惯,使他经常能自己管自己,只要他想做什么,就应该让他做什么。"④总之,要让儿童有活动的自由,能主宰自己的活动,成为活动的主人。否则,自由教育就会难以达到预期的目标,甚至会产生相反的效果。

当然,卢梭自由教育视野中的"自由"不是绝对的,而是"有节制的自由"。卢梭指出,当人类的偏见和习俗在没有改变儿童的自然倾向之前,儿童是幸福的,因为他们能够运用其自由。不过,童年时代的儿童所享受的自由是有限的,因为他们体力柔弱。对儿童而言,即使在自然状态下,他们享受的自由也不能是全部的,而只能是部分的。因此,卢

① 卢梭:《爱弥儿——论教育》(上),李平沤译,人民教育出版社2001年版,第78页。
② 曹永国:《自然与自由——卢梭与现代性教育困境》,福建教育出版社2012年版,第6页。
③ 卢梭:《爱弥儿——论教育》(上),李平沤译,人民教育出版社2001年版,第78页。
④ 卢梭:《爱弥儿——论教育》(上),李平沤译,人民教育出版社2001年版,第46页。

梭要求儿童按照大自然安排的位置生活,在力所能及的范围内享受自由和权力,因为儿童天生的体力与享受自由和权力是成比例的。儿童不能超越这个限度,不要做违背自然法则的事情,更不要反抗那严格的必然的法则。否则,即使耗尽了自身体力,获得的也只能是奴役、幻想和虚名。

(二)自由教育的目的

卢梭虽然把整个教育目的定位于培养"自然人",但它的核心仍指向的是自由自在的自然人,这就是自由教育所要达成的目的。自由是儿童的天性和权利,"放弃自己的自由,就是放弃自己做人的资格,就是放弃人类的权利,甚至就是放弃自己的义务。……这样一种弃权是不合人性的;而且取消了自己意志的一切自由,也就是取消了自己行为的一切道德性"①。基于自由的高贵,教育的使命在于捍卫儿童自由的天性,从各种人为的束缚中解放出来,使儿童能自由自在地学习和活动。他描述了经过自然和自由教育之后这种自由自在的自然人的形象:爱弥儿度过了他的童年,他长大为成熟的儿童,不仅获得了快乐,而且发展了理智。他的这种完满成熟的境地的达到与他度过的快乐和自由时光是齐头并进的。也就是说,理智、自由和快乐在自由教育中可以同时获得,不必牺牲一方而成全另一方。此外,"他比任何人都更应该依靠他自身,因为他完全达到了他那样年龄的人所能达到的圆满境地。他没有犯过什么过失,或者说,他所有的恶习都是任何人不能保证自己没有的。他的身体强壮,四肢灵活,思想健全而无偏见,心地自由而无欲念。……因而可以按大自然所能允许的范围生活得尽量地满意、快乐和自由"②。可以说,满意、快乐和自由是自由人的必备素质,也是自由教育所要追求的目标。

三、自由教育之维度

卢梭从多个方面阐释了自由教育之维度。

1. 身体的自由。在当时的法国社会中,儿童一生下来,就受到帽子、带子尤其是襁褓的束缚,使他活动不了。这阻碍了他的血液的流动,损伤了他的体质,妨碍了他的成长。这样残酷的束缚,既影响了儿童的脾气,也影响了儿童的性格。这是不合自然的荒谬的习惯。正确的自然的教育是:尽可能解除带子、帽子、襁褓的各种束缚;给他穿上宽大的衣服,让他的四肢能够自由活动。

2. 活动的自由。活动是儿童最本真的存在状态,是儿童最喜欢的,他从中会感受到自由和快乐。儿童对任何东西都想去摸一摸,碰一碰,他能从中获得必要的学习,教师不要去妨碍他,应当支持他。卢梭说:"我不但不让他待在空气污浊的屋子里,反而每天都把他带到草地上去。在那里,让他跑,让他玩,让他每天跌一百次,这样反而好些:他可以更快地学会自己爬起来。从自由中得到的益处可以弥补许多小伤。"③为了确保儿童的活

---

① 卢梭:《社会契约论》,何兆武译,商务印书馆 2003 年版,第 12 页。
② 卢梭:《爱弥儿——论教育》(上),李平沤译,人民教育出版社 2001 年版,第 286 页。
③ 卢梭:《爱弥儿——论教育》(上),李平沤译,人民教育出版社 2001 年版,第 68 页。

动自由,教育应遵循的原则是:儿童的活动与否应让儿童的意志来决定。"当一个孩子想走的时候,我们就不应该硬要他待着不动,但是如果他想待在那里,我们就不应当逼着他去走。只要不用我们的错误去损害孩子的意志,他是绝不会做没有用处的事情的……他的一切运动,都是他日益增强的身体所必需的。"①

3.思想的自由。独立思考、思想自由是卢梭的自由教育的内在蕴涵,它体现了儿童的独立的意志,因而卢梭特别强调它的重要性。他反对教师向儿童灌输他们不理解的东西,反对教师用成人的思想代替儿童的思想,对当时法国教育界的错误做法提出了深刻的批评:我们从来没有对孩子的心理设身处地地揣摩过,我们始终是按照成人的观念去教育孩子的,把他们当成"小大人",表面上看是向儿童灌输了"真理",而实质上是向儿童的头脑灌输了许多荒唐和谬误的东西。这也就是说,只有让儿童按照自己的思想去自由思考,才能接受真理。因此,教育者应当把儿童看作儿童,设身处地地理解、尊重儿童独特的看法、想法和感情,让他们的看法、想法和感情都出自于自我的心意,忠实于自我的意志,这样才能体现儿童的独立思考、思想自由的意蕴,才不会干出最愚蠢的事情。为了使学生成为明智的人,教师应着重培养他的独立思考的能力和表达自己的看法,而不要用自己的看法去替代学生的看法。

4.语言的自由。它是指儿童有说话、表达的自由,能够按照自己的意志说自己的话,而不是说大人教给他们的话。如果教育者在儿童说话这件事情上操之过急,讲一些啰啰嗦嗦的废话和儿童根本听不懂的语言,过分地关注他们所说的每一句话,要他们咬清音节发音,就会使儿童说话说得更迟、更乱。儿童有自己的语法规则,只要教育者不急躁,不煞费苦心地教他们讲,他们是有时间完善自己的讲话的。教师应观察他们,为他们的需要提供满足,"让他们自己去学习,他们首先就会练习最容易发的音;在逐渐加上用手势向你表达这些语音的意思的过程中,他们就会向你说他们的话,而不说你的话。这就可以使他们只有在把你教他们的话弄明白以后,才会学它们。由于他们不急急忙忙地就把你教给他们的话拿来使用,所以他们开头要细细体会一下你所说的话究竟是什么意思;只有当他们认为已经把其中的意思弄明白的时候,他们才会采用"②。这才是正确的语言教学。

四、自由教育如何可能

关于自由教育如何可能的问题,卢梭提出了如下的解决方略。

1.让儿童率性行事。让儿童率性行事,就是让儿童根据自己的意志和性情处理感觉、活动和学习中的事情。(1)率性感觉。童年时期儿童处在"理性睡眠"期,因此,要尽量地实施感官教育,让儿童通过感官去获得外在事物的经验和知识,使他的所有一切的观念停留于感觉,在感觉事物中自由发展。(2)率性活动。卢梭指出,儿童性情活泼,精

---

① 卢梭:《爱弥儿——论教育》(上),李平沤译,人民教育出版社 2001 年版,第 81 页。
② 卢梭:《爱弥儿——论教育》(上),李平沤译,人民教育出版社 2001 年版,第 64—65 页。

力旺盛,喜欢运动、跑、跳和游戏,这些活动是他日益增强的身体所必需的,也是有益的学习,教师不要妨碍他。"你看见他无所事事地过完了童年的岁月,就感到惊奇! 唉! 难道说让他成天高高兴兴地,成天跑呀、跳呀、玩呀,是一事不做、浪费时间吗?"①答案是否定的,因为当教师"教他玩耍的时候,他把其他的东西也一起教给他们了"②。通过不停的活动,儿童从小就在"自然"这位老师的指导下仔细观察事物,获取了许多知识。他始终是按照自己的思想活动的,因而能使儿童的身体和头脑都得到了锻炼,身体愈强健,头脑就愈聪明和愈有见识。

2. 回归儿童的自然状态。卢梭认为,儿童在原初的自然状态中是自由、幸福和快乐的,是社会的精神和由社会所产生的不平等改变了这种状态,使儿童处处受压制和奴役,过着不自由的生活。"我们的种种智慧都是奴隶的偏见,我们的一切习惯都在奴役、折磨和遏制我们。文明人在奴隶状态中生,在奴隶状态中活,在奴隶状态中死。他一生下来就被人捆在襁褓里;他一死就被人钉在棺材里;只要他还保持着人的样子,他就要受到我们的制度的束缚。"③因此,卢梭极力倡导解除儿童的各种束缚,回归儿童的自然状态,让儿童自由自在地生活。之所以要回归自然状态,是因为在自然状态下,儿童的能力和欲望能保持平衡,其差别不大,儿童达到幸福的路程就不是很遥远。

3. 培养活泼的儿童。卢梭提出了一个重要命题:"如果你不首先培养活泼的儿童,你就绝不能教出聪明的人来。"④所谓活泼的儿童,就是不循规蹈矩,能够亲自实践,亲自体会,能从多方面锻炼和发展自己的感官,自由地观察和思考事物,有独立思考能力、能按照自己的思想进行活动的儿童。这种儿童的培养要求教师不能管得太严,不能用规规矩矩的教育方法,对儿童发号施令,更不能包办代替。如果教师老是指点他、告诉他做什么,就会使儿童的头脑得不到运用,就会使他变成一个傻子。"你的学生事事都听命于一个成天教训他的权威,所以,别人说什么他才做什么,他肚子饿了不敢吃东西,心里高兴不敢笑,心里悲伤不敢哭,伸了这只手就不敢换那只手,你说什么地方可以去,他的脚才敢到什么地方;不久以后,他连呼吸也要照你的规定呼吸了。"⑤而接受自然教育的学生从小就锻炼自己尽可能地依靠自己,没有经常去求助于他人的习惯,因此活泼聪明。由此,卢梭总结出教育的一条重要法则就是:"不按照成规来管教你的学生,要放任无为才能一切有为。"⑥这条法则是教出活泼的聪明儿童的重要保障。

4. 为儿童的健康成长营造自由的氛围。如前所述,在卢梭看来,自然的教育必然是自由的教育,因此,教师不能强迫儿童接受自己的观念,不能用各种各样的束缚去限制和阻碍儿童的自由发展,而应使儿童从各种各样的束缚中解放出来,在快乐而自由的氛围中从事学习和游戏活动,使他们的个性得到张扬,内在的善性得到扩充和发展。这意味

---

① 卢梭:《爱弥儿——论教育》(上),李平沤译,人民教育出版社2001年版,第117页。
② 卢梭:《爱弥儿——论教育》(上),李平沤译,人民教育出版社2001年版,第117页。
③ 卢梭:《爱弥儿——论教育》(上),李平沤译,人民教育出版社2001年版,第11页。
④ 卢梭:《爱弥儿——论教育》(上),李平沤译,人民教育出版社2001年版,第139页。
⑤ 卢梭:《爱弥儿——论教育》(上),李平沤译,人民教育出版社2001年版,第138页。
⑥ 卢梭:《爱弥儿——论教育》(上),李平沤译,人民教育出版社2001年版,第139页。

着,要为儿童的健康成长营造自由的氛围。他在概括幼儿教育准则的精神时强调:"这些准则的精神是,多给孩子们以真正的自由,少让他们养成驾驭他人的思想;让他们自己多动手,少要别人替他们做事。这样,尽早就让他们养成习惯,把他们的欲望限制在他们力所能及的范围内,他们就不会尝他们力不从心的事情的苦头了。"[①]这是对自由教育精神的高度概括,有利于为儿童天性的自由发展营造良好的环境和氛围。

五、卢梭自由教育思想的评析

在西方教育思想史上,开启自由教育思想先河的不是卢梭,而是古希腊的亚里士多德。亚里士多德不仅是自然教育思想之父,也是自由教育思想之父。他提出了一种为闲暇阶层服务的以实施"自由学科"为特征的自由教育思想,为后世自由教育思想发展提供了思想渊源,开启了自由教育思想的绪端。文艺复兴时期的人文主义教育家在继承亚里士多德的自由教育思想传统的基础上,以人文主义理念为指导思想,建构了具有"人文主义"特色的自由教育思想。"在构建新型的人本观时,人文主义者力图阐扬古典文化传统中的'人文'因素与科学精神,为人的个性培育与自主追求提供思想营养。同时,他们更是对神学文化传统进行了深层次的发掘与创造性阐发。他们将神学传统中那个惩罚人类、否定现世人生的'上帝',诠释成造就了人与世界、将世界交给人自己主宰并赋予人自由意志与伟大力量的神圣权威,进而有力地揭示了人的尊严、高贵与人的自由、力量。由此,人文主义将人的思想、感情从正统神学之'原罪'与'来世'的枷锁中和封建人身依附关系的统属网络中解放出来,树立了人的自主意识和尊严理性,使人开始'围绕着自身和自己现实的太阳旋转'。"[②]他们在自由教育的内容上与亚里士多德有一致的地方,这就是他们的"人文学科"包含了亚里士多德的"自由学科",但在自由教育的目的和自由教育的维度上有很大的差异,其创新在于:人文主义教育家提出自由教育的目的是培养自由人,这种自由人不局限于亚里士多德所说的闲暇阶层,适用于所有儿童;在自由教育的维度上,他们首次提出了思想自由、言论自由、活动和游戏自由。尽管这些创新的见解和思想还不够系统,散见于人文主义教育家的政治、哲学、文学、教育等著作中,但它们深刻影响了卢梭的自由教育思想,为后者提供了思想源泉。卢梭在继承人文主义教育家的自由教育思想的基础上,勇于探索和创新,建构了比较系统的具有自然主义教育思想视野的自由教育思想,是西方近代自由教育思想的集大成者,为西方自由教育思想的发展做出了重要的理论贡献,产生了重要的影响。

第一,他深刻地批判了当时法国的强制性教育,为自由教育思想的建构提供了前提。

在18世纪的法国盛行强制性教育,严重地阻碍了新的教育思想的产生。卢梭对此进行了深刻的批判,指责强制性教育是一种野蛮教育,它剥夺了儿童的自主与自由,扼杀了儿童自由的天性,由此培养的人是人格扭曲,既是奴隶又是暴君,既充满学问又缺乏理

---

① 卢梭:《爱弥儿——论教育》(上),李平沤译,人民教育出版社2001年版,第56页。
② 刘明翰主编:《欧洲文艺复兴史·哲学卷》,人民出版社2008年版,第65页。

性的儿童。这种强制性教育无法适应新兴资产阶级培养自由、平等和博爱的新人的需要，是对自由教育的反叛。如果不对强制性教育进行深刻的批判，破除它的弊端，就会导致儿童处于以往同样的情形："人是生而自由的，却无往不在枷锁之中。"自由教育思想的建构，是建立在对强制性教育的"破"的基础上。

第二，卢梭首次把自由教育看作自然教育的内在蕴涵，使两者高度融合，从而使自由教育成为自然教育思想的内在的理论支撑。

在西方教育思想史上，亚里士多德首先提出了"效法自然教育"和"自由教育"的概念，但他对两者的关联缺乏必要的论述，看不到两者的内在联系。卢梭第一次把自然教育与自由教育等同，对两者的内在联系作了深刻的阐释，认为在自然教育、人为教育和事物教育三者中，自然的教育具有先在性、必然性和不能由我们所控制的特点，彰显着人的自由本性，蕴含着自由教育。因为人是生而自由的，自由的天性就是"内在的自然"。既然自由是每个人的天性，自然教育是"我们的才能和器官的内在的发展"，即儿童天性的率性发展，因而自由的教育必然是自然的教育，两者具有高度的融合性。没有自由教育的支撑，也就没有自然教育。卢梭的这种论述使自由教育与自然教育高度融合，彰显着两者的同一性，使我们认识到自由教育是自然教育思想建构的重要的理论支撑。与亚里士多德注重自由民的培养、自由学科实施的自由教育不同，卢梭的自由教育着眼于反对封建教育对人的各种束缚，使所有儿童都能够自然和自由地成长，目的论意味更为浓厚，彰显着对封建教育的批判精神。这种"自然教育"与"自由教育"的契合影响了后世自然教育家对自然教育思想的探讨，成为他们遵循的一种研究范型。在教育思想史上，有影响的自然教育家如裴斯泰洛齐、第斯多惠、福禄培尔、杜威等教育家都倡导自由教育，力图使自然教育与自由教育有机融合。无论在教育的目的上，还是在教育的内容上，抑或在教育思维和教育方法上，他们都是一方面积极倡导自然教育思想，另一方面又尽量地贯彻自由教育的理念，使两者相互融通，共同服务于使儿童的身心自然和自由发展教育目标的实现。

第三，卢梭对自由教育概念作了清晰的界定，反映了自由教育的本质，富有创新性和真理性，为后世自由教育思想的发展指明了方向。

在自由教育的内涵上，卢梭把自由教育理解为：教育者按照儿童的意志实施的让儿童自由自在地学习和生活，成为自己的主人的活动。难能可贵的是，卢梭还从让儿童在学习和活动中按照自己的意志行事、让儿童在学习和活动中做自己喜欢做的事情、让儿童成为他自己活动的主人等方面对何谓"自由教育"作了具体的诠释。卢梭对自由教育的论述是从亚里士多德提出自由教育思想以来最完整、最清晰的界定，它揭示了自由教育的本质，在很大程度上反映了自由教育的规律，富有真理性，影响了自由教育概念的变化和发展。我们可以列出受卢梭自由教育概念影响和熏陶的教育家长长的名单：裴斯泰洛齐、福禄培尔、杜威、爱伦·凯、蒙台梭利、罗素、尼尔……尽管他们从不同的角度论述了自由教育的本质，为"自由教育"概念增添了新内容，这无疑丰富了自由教育的概念；然而，他们对"自由教育"概念核心意蕴的阐释没有越出卢梭"自由教育"概念的视野。换言之，卢梭的"自由教育"概念为后世教育家进一步探索自由教育的本质意蕴奠定了基础，指明了前进的方向。

第四，卢梭对自由教育的维度和路径理念的论述充满了对儿童的关爱，其背后蕴含了深厚的人本主义情怀。

卢梭从多方面深刻地阐释了自由教育之维和路径理念。前者包括身体的自由、活动的自由、思想的自由和语言的自由；后者包括让儿童率性行事、回归儿童的自然状态、培养活泼的儿童和为儿童的健康成长营造自由的氛围。无论是自由教育之维，还是路径理念，其背后蕴含了卢梭对儿童的理解、尊重和热爱，以及浓浓的人本主义情怀。一是相信儿童内在的生命力，尊重儿童的冲动和自由。儿童内在的生命力是推动儿童活动和生命发展的动力，是儿童教育的可贵资源。卢梭认为，教育者不应压制它们，而应尊重、顺应它们。因为儿童的本性具有天然的善性，儿童的冲动永远是正确的。这种"性善论"决定了教育者对儿童的任何活动都应从善的方面去看待和评价它们，尊重儿童冲动的自由，而不是相反。儿童内在的生命力和冲动是对自由的展现和运用，也体现了自然教育的特质。教育者只有尊重儿童内在的生命力和冲动，才能有效地促进儿童身心的自由发展。这一思想得到了近现代幼儿教育家蒙台梭利的积极回应："儿童内部具有生气勃勃的冲动力，由此使他表现出惊人的行动。如果儿童失去这些冲动力，那就意味着他将是盲目的和无活力的。但成人并不能从外部对儿童内部冲动力产生影响。"[1]由此看来，要取得教育实效，教育者必须尊重儿童内在的生命力和冲动，不过多地干涉、限制和约束儿童的行为，把自由还给儿童，让他们自己决定自身发展的目标和路径。二是让儿童获得独立和自由，彰显儿童的主体性。为了实现自身的发展，儿童不仅需要良好的学习和活动氛围，还需要独立和自由这种高层次的需求。因为他们无论是对玩具的选择，还是对活动方式的选择，都是出自自己内心的愿望。独立和自由是儿童获得外在经验，完善个性，实现身心自由发展的必由之路。"面对全新的世界，儿童全身心地学习着自己所需要的各种知识，从周围环境中汲取经验，通过自身的行动寻求独立。我们成人要明白，自由和独立对儿童来说是本能的要求，他们就像是永不停歇的劳动者一样，时刻'工作'着，一旦停止'工作'，不能从外部世界获得经验，他们就不能很好地生存和发展。"[2]换言之，独立和自由获得的过程，也就是儿童主动地汲取各种经验，不断成就自我，彰显自身主体性的过程。三是实施"消极教育"，为儿童的自由发展创设良好的环境。"消极教育"是卢梭提出的独立概念，它要求教育者在以"理性的睡眠"为特征的儿童期既不要进行知识教育，也不要实施道德教育，而是创设良好的环境，满足儿童身心发展各种需要，寓"无为"于"有为"之中，给予儿童以自由，让儿童在玩耍中本能得到最大的发挥，使其与生俱来的善性得到保存和扩充。"消极教育"的最终结果是使儿童变成聪明、活泼和快乐的人。可见，创设"消极教育"的氛围，对于儿童身心的自由发展至关重要。

第五，卢梭的自由教育思想对后世自然教育家的自由教育思想的发展产生了深远的影响。

---

① 蒙台梭利：《蒙台梭利幼儿教育著作精选》，单中惠等译，华东师范大学出版社2009年版，第148页。
② 卢琼：《把自由还给孩子——蒙台梭利教育法》，安徽科学技术出版社2014年版，第69页。

19世纪的心理化自然教育家裴斯泰洛齐、第斯多惠、福禄培尔都受到卢梭自由教育思想的影响。裴斯泰洛齐是卢梭自然教育思想的实践者,也是卢梭自由教育思想的继承者。他在如下方面的论述与卢梭的自由教育思想很相似。一是对强制性教育进行批判。裴斯泰洛齐认识到,当时学校教育的方法不是以自由、等待和缓慢为特性,而是倾向于强制、不自然和不自由,只教空洞的词语规则,其结果不仅使儿童对自然现象的注意力受到压制,也使儿童对自然现象的敏感性被毁掉。"这类学校教育出来的人带有人为的虚假色彩,这一色彩掩饰了内在自然形成力量的不足,欺骗了我们这一世纪的人。"①因此,他反对强制,认定"人的心智如果强制地追求某个目标,他就会依其强制程度而丧失能力的平衡,丧失智慧的力量的平衡。因此,自然的教学方式是非强制性的"②。他倡导通过培养和顺应儿童的自然本性,促进儿童身心的自由发展。二是自由教育是自然教育的重要构件。在裴斯泰洛齐看来,自然教育与自由教育息息相关。自由、信任、爱和欢乐既是生活的基础,也是教育教学的基础。教学必须拥有自由、信任、爱和欢乐,否则,教学就难以起到教育的作用,还会教坏学生,使他们变得精神不振,心肠变硬。他还意识到自由教育是自然教育的重要构件,人类的自由意志是儿童获得知识、真理和权利的唯一源泉。他说:"只要意志自由能够显示力量和才能,教育就是人类意志自由的产物。"③这彰显了教育的本质,因为"教育影响从本质上来说是偶然的、自由的"④。自由存在于人的天性之中,是人的天性内的最高力量,它能使人的各种力量的外部机制和谐统一,为人的脑、心、手的发展提供有效保障,是教育值得信赖的力量。"通过对人的教育,使他成了自己的道德意愿对他的力量的自由和纯洁施加影响的结果。"⑤三是自然教育就是对儿童自由意志的彰显。教育无论是与自然法则的适应,还是对儿童自然本性的遵循,都离不开自由与独立,都是自由意志的彰显。就前者而言,"大自然丰富的魅力和它的多变的作用所引起的必要性带有自由与独立的烙印。这里,教学艺术也必须模仿大自然的进程,通过丰富的魅力和多变的作用,努力使教学艺术的结果带有自由与独立的印记"⑥。就后者而言,自然教育要取得实效,必须遵循儿童的自然本性。而自然本性要服从必然性,"必然性产生的结果保持自己的自由和独立性,有较大的活动余地,受到各种吸引力的吸引"⑦。由此,教学的结果也有必然性,同样带有自由与独立的印记。四是通过信仰和仁爱来培养学生的自由意志。教育所追求的终极目标是使儿童有资格自由自在地和充分地运用人的全部才能和所有力量,并使之向往崇高目标,朝着完善人的方向发展。信仰和仁爱是达成这个终极目标的重要条件。因为通过信仰和仁爱所激发的学生的意志自由,能充分地揭示学生的内在人性,引导学生知和行的所有能力获得发展。他要求教育者"一方面要考虑每个个别能力的发展能遵循它自身的自然法则,同时要充分认识到意志自由是人

① 阿图尔·布律迈尔主编:《裴斯泰洛齐选集》第1卷,尹德新译,教育科学出版社1994年版,第193页。
② 裴斯泰洛齐:《裴斯泰洛齐教育论著选》,夏之莲等译,人民教育出版社2001年版,第249页。
③ 裴斯泰洛齐:《裴斯泰洛齐教育论著选》,夏之莲等译,人民教育出版社2001年版,第333页。
④ 裴斯泰洛齐:《裴斯泰洛齐教育论著选》,夏之莲等译,人民教育出版社2001年版,第334页。
⑤ 裴斯泰洛齐:《裴斯泰洛齐教育论著选》,夏之莲等译,人民教育出版社2001年版,第208页。
⑥ 裴斯泰洛齐:《裴斯泰洛齐教育论著选》,夏之莲等译,人民教育出版社2001年版,第202页。
⑦ 阿图尔·布律迈尔主编:《裴斯泰洛齐选集》第1卷,尹德新译,教育科学出版社1994年版,第341页。

类能力体系的中心。这些观点要求充分认识教育的责任,这就是通过信仰和仁爱来培养意志,使之为真理和正义的事业——为上帝的真理和人们的事业作出自我牺牲的奉献"①。

受卢梭自由教育思想的影响,德国教育家第斯多惠也论述了自由教育思想。他对自由教育思想的论述是基于实现真、善、美的主动性来展开的。他指出:"从整体上来说,人类奋斗目标就是实现真与善的伟大理想,把真、善、美看成人生的最宝贵的财富,用全部纯洁的爱,自由自决地,全力以赴方能胜利达到目的。"②这个目的就是实现真、善、美的主动性。激发学生的主动性构成了教育教学的首要任务。何以如此? 这是因为主动性是人的固有本质,儿童的人性、自由精神及其他特性不是由其他事物决定的,恰恰是通过主动性彰显的。他把儿童的主动性看作教育的核心力量,正是由此核心力量出发,儿童的思维、感受、注意力、自由活动等才有效展开。主动性是促进儿童自由、和谐发展的主要途径,也是影响儿童内部、外部行为的重要因素。"人只要靠自身的力量从外部统治中解放出来,人的发展就会越来越自由,越来越和谐。达到这种程度,人生在世便不会被动,便不会忍气吞声和受苦受难,人将有主动的意志和主动的行动。内部的独立活动从认识论上来讲就是思想,从外部活动就是精神的主动。"③为此,教师应启发学生的主动性,唤醒他们的主体意识和行为,使他们能独立自主地支配自身的活动,自由地探索、研究知识和真理,成为自己生活和活动的主人。其路径是:首先,遵循大自然的发展规律。这是因为大自然的潜在力量和发展规律是永恒不变的,人只有遵循大自然的发展规律,才能使教学取得实效。如果教师违背大自然的发展规律,就会导致错误行为的出现。从这种结果中,我们会知道大自然即权力,大自然的伟大力量应得到赞赏。不过,"人类不应当遵循自然规律的外部必然性,而应当有的放矢地遵循自然内部的自由发展规律"④。其次,教师要用活泼、激发性和兴致勃勃的情感态度对待儿童,使他们能体验到课堂教学的自由和快乐。没有激发性、主动性,也就无法唤醒学生的精神活力,因为教学艺术的旨趣是激发、启迪和活跃,而不是传授。最后,推崇苏格拉底的"发展—提问教学法",因为它能唤醒学生的潜在力量,激发学生思维的积极性,让学生养成独立思考的习惯,久而久之就会使学生成为一个自由的人。

德国另一位教育家福禄培尔也在卢梭自由教育思想的影响下,把自由精神渗透到对教育理论的探讨之中。首先,他认为,教育的目的就是把儿童培养成自由、完整的人。教育儿童应从出生的那刻开始就着眼于培养他的整体性,使他"自由地和主动地发展和教育自己,使他自己能够了解世界和指导自己,能够认识到自己是一切生命之中的一个确定的成员,从而能够自由地和主动地展现自己——自由地主动地生活"⑤。其次,自由和自觉是教育适应自然原则的核心构成。他在论述教育适应自然原则时指出,无论是教

① 裴斯泰洛齐:《裴斯泰洛齐教育论著选》,夏之莲等译,人民教育出版社 2001 年版,第 339 页。
② 第斯多惠:《德国教师培养指南》,袁一安译,人民教育出版社 2001 年版,第 18 页。
③ 第斯多惠:《德国教师培养指南》,袁一安译,人民教育出版社 2001 年版,第 89 页。
④ 第斯多惠:《德国教师培养指南》,袁一安译,人民教育出版社 2001 年版,第 14 页。
⑤ 福禄培尔:《福禄培尔幼儿教育著作精选》,单中惠等译,华东师范大学出版社 2009 年版,第 69 页。

育、训练,还是全部教学,都应该是容忍的、顺应的,而不是绝对的、指示的、强制性的。因为后者只能导致个体的那种完美的发展和自由、自觉精神的丧失。这种自由、自觉精神恰恰是全部教育和全部生活所追求的目的,它决定了人的命运。因此,他强调教育者必须"通过遵循自然法则培养人的创造力,以培养儿童具有人性的真正尊严,使他胜任生活并与自然保持一致,使他与真正生命一致从而与上帝一致——因而使他意识到真正的宁静、真正的欢乐和不断的自由"[1]。再次,通过游戏实现个体的自由和自觉。他响应卢梭关于游戏"才是大自然要求他们的使一切活动能舒展自如的办法,才是使他们的娱乐变得更有趣味的艺术"[2]的思想,明确地把游戏看作自由活动的艺术,系统地论述了游戏的意义和价值。他指出,游戏是儿童最喜欢的活动,"游戏是儿童发展——人的发展的最高阶段。因为它是内在本质的自发表现——内在本质出自其内在必要性和冲动的表现。游戏是人在这一阶段最纯洁的精神活动,同时是人的整个生活——人和一切事物的内部隐藏着的自然生活的象征。所以,游戏给予人以欢乐、自由、满足、内在和外在的宁静以及与周围世界的和平相处。它拥有一切善的来源"[3]。因而他要求给儿童进行各种各样的游戏。

19世纪末20世纪初的生长论自然教育家杜威对自由教育问题的思考同样受到了卢梭的自由教育思想的影响。他对传统学校存在的强制性教育进行了批判,指责它不仅限制了儿童的各种活动和外部行动,而且对儿童的理智和道德的自由施加了各种束缚和限制,使儿童得不到自由的发展。他强调"必须把如同囚犯的囚衣和拘禁囚徒的镣铐之类的措施全部废除,才能使个人在知识上有自由生长的机会,而没有这种自由,就没有真正的和继续的正常的发展"[4]。在自由教育的意义上,杜威认为,儿童自由对于创造一种科学的教育必不可少,"没有它,就不可能搜集种种素材,而没有素材,也就不可能建立起一条条原理;为了学生的身体健康,或为了充分发展品性以养成独立人格,自由也是不可缺少的"[5]。他也把儿童的自由看作"从做中学"教学原则实施不可缺少的。他断言:"除了要保存人生有用的品质,养成独立和勤勉的习惯外,允许儿童这种自由是必要的,假如学生真正地从做中学的话。"[6]在自由教育目的上,他强调,自由教育的目的就是培养自由人。因为"自然只给人以胚芽,必须由教育使他发展和完善。真正的人类生活的特点,是人必须通过他自己的自愿努力,创造他自己;他必须使自己成为一个真正有道德的、合理的和自由的人"[7]。"自由的目的是整个集体的最大利益,允许儿童自由,也就是这个缘故。"[8]在自由教育的维度上,他继承了卢梭的自由教育的四个维度,不过,与卢梭不同的

① 福禄培尔:《福禄培尔幼儿教育著作精选》,单中惠等译,华东师范大学出版社2009年版,第295页。
② 卢梭:《爱弥儿——论教育》(上),李平沤译,人民教育出版社2001年版,第186页。
③ 罗伯特·R.拉斯克、詹姆斯·斯科特兰:《伟大教育家的学说》,朱镜人、单中惠译,山东教育出版社2013年版,第233页。
④ 吕达、刘立德、邹海燕主编:《杜威教育文集》第5卷,人民教育出版社2008年版,第344页。
⑤ 吕达、刘立德、邹海燕主编:《杜威教育文集》第1卷,人民教育出版社2008年版,第280页。
⑥ 吕达、刘立德、邹海燕主编:《杜威教育文集》第1卷,人民教育出版社2008年版,第279页。
⑦ 吕达、刘立德、邹海燕主编:《杜威教育文集》第2卷,人民教育出版社2008年版,第94页。
⑧ 吕达、刘立德、邹海燕主编:《杜威教育文集》第1卷,人民教育出版社2008年版,第280页。

是,杜威更强调思想的、理智的自由。这是因为身体的或外部的活动是受内部活动的制约,同思想、欲望和目的自由分不开。"只有理智的自由才是唯一的永远具有重要性的自由,这就是说,理智的自由就是对于有真正内在价值的目的,能够作出观察和判断的自由。"①更为重要的是,自由是培养理智的公民所必需的。"理智的公民在参与社会改造中要是真正自由的,而没有这种社会改造,民主就将死亡。在今天,要有这样理智的公民就绝对需要有教师和学生在教与学的方面的自由。"②在自由教育的路径上,杜威首先强调了解儿童的个性是自由教育的前提。每个儿童都有自己独特的个性,它构成了教育科学所要判断的材料的一部分。每个儿童都必须有机会呈现出自己的真实面貌,教师才能发现学生在成长过程中的行为。教师只有熟悉和理解每个儿童的个性和行为,才有可能制定合理的教育方案,使之具有科学的标准和艺术的标准,达成儿童的自由发展。其次,杜威要求教育者给儿童自由,为儿童提供活动的机会。其意图是使儿童形成去尝试与他有关的人和事的种种冲动和倾向,并从中发现它们的特点,最终发展于己于人有益的东西,避免有害的东西。给儿童以自由,还可以促使儿童把精力集中于做力所能及的事情上,而不做那些不可能的事情。在这一过程中,儿童的体力和好奇心发挥了积极的引导作用,他们的自发性、活泼性和创造性促进了他们自由的发展,成为有益于教学的东西,而不是相反。再次,杜威倡导儿童的游戏活动。他赋予游戏活动以新的内涵,认为游戏与儿童的外部活动不具有同一性,不能画等号,它渗透了儿童的思想、精神和全部的能力,意味着儿童具有精神态度的完整性和统一性。"它是儿童全部能力、思想、以具体化的和令人满意的形式表现的身体运动、他自己的印象和兴趣等的自由运用和相互作用。……从积极方面说,它意味着最高的目的是儿童的充分生长——他的正在萌芽的能力的充分实现,这种实现继续不断地引导他从一个水平前进到另一个水平。"③最后,教师要扮演与上述自由相协调的帮助者和观察者的角色。教师不能强行干预儿童的任何自发活动,也不能强行干扰儿童的注意,使他关注不能自然关注的地方。"如果儿童自动地考虑到某种用具,教师可以告诉他这种东西的适当用法;或者在偶尔的情况下,如果儿童对于某一事物似乎过于关注了些,教师可以试着将他的注意力引到别的工作上去,但是如果做不到这一点就决不勉强。"④总之,教师要扮演好帮助者和观察者的角色,"每个儿童的发展就是目的,这样的自由才成为工作上必不可少的东西"⑤。

由上可知,后世的心理化自然教育家和生长论自然教育家所论述的自由教育思想,尽管有新的内容和新的维度,但它们都是在自然教育思想的视野中阐释的,基础是由卢梭奠定的。从其思想渊源来看,都可以追溯到卢梭的自由教育思想,处处有卢梭自由教育思想的影子。

原载《中国教育科学》2016 年第 4 辑

---

① 吕达、刘立德、邹海燕主编:《杜威教育文集》第 5 卷,人民教育出版社 2008 年版,第 344 页。
② 杜威:《人的问题》,傅统先、邱椿译,江苏教育出版社 2006 年版,第 59—60 页。
③ 吕达、刘立德、邹海燕主编:《杜威教育文集》第 1 卷,人民教育出版社 2008 年版,第 82 页。
④ 吕达、刘立德、邹海燕主编:《杜威教育文集》第 1 卷,人民教育出版社 2008 年版,第 285—286 页。
⑤ 吕达、刘立德、邹海燕主编:《杜威教育文集》第 1 卷,人民教育出版社 2008 年版,第 279 页。

英国"科学教育协会"的演进及其教师教育活动

摘　要:英国"科学教育协会"的演进始于 1902 年,经历了萌芽期、改革期和稳定发展期 3 个阶段,从一个弱小分散的教师协会演变成全国统一的且规模最大的学科教师协会,在英国教师教育活动中扮演了重要角色;该协会通过召开学术年会、出版专题调查报告以及发行刊物和出版专门著作等活动,在促进英国科学教师专业化发展和提升英国科学教育质量方面发挥了重要作用;该协会教师教育活动有 5 个特点:从精英走向大众,从单性别走向双性别,从封闭走向开放,面向实际教学,积极邀请科学家和大学教授参加协会活动;中小学学科专业协会是教师教育的重要力量,研究该协会的演进历程和教师教育活动对我们具有借鉴价值。

关键词:科学教育;协会;教师教育;活动

英国"科学教育协会"(The Association for Science Education,简称 ASE)自 20 世纪初成立以来,始终致力于开展教师教育活动,在促进英国科学教师专业发展和提升科学教育质量方面发挥了重要作用。

一、英国"科学教育协会"演进历程概述

英国科学教育协会的演进大致可以分为三个阶段:萌芽期、变革期以及稳定发展期。

(一)萌芽期(1902—1919)

英国"科学教育协会"发展的萌芽期始于 1902 年,标志是"公学科学教育男教师协会"(The Association of Public School Science Masters,APSSM)在这一年成立。① 之后,女性"科学教师协会"(The Association of Science Teachers,AST)也于 1912 年建立。

---

*　作者简介:朱镜人,合肥师范学院教师教育研究中心教授。基金项目:安徽省高校人文社会科学重点研究基地项目"英国教师教育演进的历史路径"(SK2015A149)。

① 关于英国科学教育协会的起始日期,英国学界意见也不统一。有的认为,应当从 1901 年 1 月的科学教师教育会议开始,因为这次会议不仅讨论了科学教育的一些问题,如科学教育的学科及其教授的顺序等问题,还提出了按数学协会的形式组建英国公学科学男教师协会的建议。另一种观点认为,应当从英国公学科学男教师协会成立之日算起。本文采纳了后一种观点。

英国"科学教师协会"由此开始了它的萌芽和演进历程。

1."公学科学教育男教师协会"的建立与发展

相比建立于 1871 年的数学协会,英国科学教育的教师协会成立较晚,原因在于科学作为课程在英国学校中起步晚且艰难。[①] 19 世纪末时,科学教育在公学也同样进展缓慢:"除了少数公学,如克里夫顿公学(Clifton College)的科学教育有较高声誉之外……到 19 世纪末,科学教育在公学没有取得实质性的进展。"[②]为何出现如此现象,原因主要有两个:其一,公学是私立收费的学校,开设的课程必须是家长愿意付费的课程,否则,家长不会送孩子到公学学习。而那一时期,能够支付公学学费的家长中,多数人对科学教育态度冷淡,甚至还怀有敌意。因为在他们看来,科学对他们儿子的未来事业没有什么帮助。其二,在那一时期的英国,科学教育与工匠教育(Artisan Education)差不多,在中产阶级家庭眼中社会地位不高。[③] 在科学教育不受重视的这样一个时代,科学教育的教师协会自然不会诞生。

不过,到了 19 世纪和 20 世纪之交时,形势发生了变化,科学教育在公学逐渐受到重视。原因是军事院校入学考试中加大了科学内容的考试范围,科学科目成绩不好会直接影响公学学生考入军事院校的机会。[④] 在这一背景下,伊顿公学的 4 位科学教师于 1900年 5 月 14 日给 57 所公学的科学教师写了封公开信,呼吁召开科学教育会议,组建科学教育的教师协会以推进公学的科学教育发展。他们的呼吁得到了积极响应。[⑤] 1902 年,"公学科学教育男教师协会"正式成立。

该协会自成立到 1918 年,有过一定的发展,表现在:会员数量不断增长,从 67 人增加到 253 人;会员所代表的公学数量不断增长,从 44 所增加到 107 所。[⑥]

但是,由于该协会关注的只是精英学生(公学学生)的科学教育,而且会员资格有严格限制,即会员必须是公学的科学男教师。因此,该协会本质上是一种"小众"社团,其影响力便受到严重的制约。这是它后来被取代的根本原因。

----

① 按道理,英国科学教育应该进展顺利才符合逻辑,因为英国早在 1831 年便建立了"大不列颠促进科学进步协会"(British Association for the Advancement of Science),该协会对学校的科学教育兴趣浓厚,积极倡导;而且 19 世纪时,经过斯宾塞(H. Spencer)和赫胥黎(T. H. Huxley)等人的努力,科学教育思想在英国开始流行。

② D. Layton, *Interpreters of Science:A History of the Association for Science Education*,London:Bath John Murray Ltd.,1984,p.2.

③ D. Layton, *Interpreters of Science:A History of the Association for Science Education*,London:Bath John Murray Ltd.,1984,p.2.

④ 英国公学学生毕业后考军校的人数较多,但是到 19 世纪末时,公学毕业生参加桑德胡斯特皇家军事学院(Royal Military Academy Sandhust)和伍利奇军事学院(Military Academy at Woolwich)考试的通过率却不高。1897年,进入皇家军事学院的 364 名学员中只有 148 名是直接从公学考入的,其他 216 名学员都是通过几个月到几年不等的强化辅导才考入学院的。参见 D. Layton, *Interpreters of Science:A History of the Association for Science Education*, Bath John Murray Ltd.,1984,p.3.人们认为,公学学生通过率不高是公学科学教育不足造成的。

⑤ 1901 年 1 月,24 所公学的 41 名科学教师参加了第一次科学教育会议。1902 年 1 月 18 日举行了第二次会议。在第二次会议上,协会的名称被确定为"公学科学教育男教师协会",会议还规定了会员的资格,拟定了协会的目标,即以促进中学的自然科学教学为协会活动的目标。

⑥ D. Layton, *Interpreters of Science:A History of the Association for Science Education*,London:Bath John Murray Ltd.,1984,p.20.

2．"科学教师协会"的建立与发展

1912 年，"科学教师协会"在英国成立。这是个女教师协会，其成员主要是公立女子学校的科学教师。

"科学教师协会"的成立与英国女子中等教育发展有关。相比男子中等教育，英国女子中等教育起步较晚。"19 世纪中叶时，在整个英国，还没有堪与公学声望相媲美的女子中等学校。"①19 世纪下半叶，经过诸如"捐赠学校委员会"（Endowed Schools Commission）、公立女子日制学校集团（Girls' Public Day School Company）和教会学校集团（Church School Company）等一些教育组织的努力，一批专为女子开设的中学（high school）先后建立。到 20 世纪初，英格兰和威尔士两地的女子中学数和女生人数有了明显的增长。1904—1905 学年度，学校只有 99 所，学生 33519 人，而到了 1921—1922 学年度，学校数增长到 450 所，学生数增长到 176207 人。②

女子中学教育的发展自然会引发对女子中学科学教育发展的需求。③ 在"公立中等学校女助理教师协会"（The Association of Assistant Mistresses in Public Secondary Schools）领导人的努力下，1912 年 11 月，"科学教师协会"正式成立。④ 到 1922 年时，该协会也有较大的发展，会员数量增加了 2 倍，即从 1912 年的 120 人发展到 1921 年的 360 人。⑤

在萌芽期，科学教育这两个教师协会与英国其他一些学科教师协会相比，发展速度是最快的，1912 年到 1921 年 9 年时间里，"科学教师协会"人数增长达 2 倍之多，"公学科学教育男教师协会"的人数增长也达 2.6 倍，远远高出其他一些协会。⑥ 可以说，这两个协会的成立和发展，为英国科学教育的教师协会之后一步一步的演进奠定了基础。

（二）变革期（1919—1963）

变革是指变化和改革，英国科学教育协会变革期的标志是协会的更名。变革期从 1919 年开始至 1963 年为止。这一时期，更名的情况出现过两次。

其一，"公学科学教育男教师协会"更名为"科学教育男教师协会"。

1919 年，英国"科学教育男教师协会"（The Science Masters' Association，SMA）宣

---

① D. Layton, *Interpreters of Science：A History of the Association for Science Education*，London：Bath John Murray Ltd.，1984，p. 33.

② D. Layton, *Interpreters of Science：A History of the Association for Science Education*，London：Bath John Murray Ltd.，1984，p. 34.

③ 1881 年，英国女子获得了参加剑桥大学荣誉学位"自然科学第一阶段"（Part I of the Natural Sciences Tripos）考试机会；1886 年，获得"自然科学第二阶段"（Part II of the Natural Sciences Tripos）的考试机会。这对英国女子中学的科学教育起到了重要的推动作用。

④ 成立大会邀请阿姆斯特朗教授（H. E. Armstrong）作了题为"会使女孩受益的科学"（Science befitting girls）专题报告。

⑤ D. Layton, *Interpreters of Science：A History of the Association for Science Education*，London：Bath John Murray Ltd.，1984，p. 42.

⑥ D. Layton, *Interpreters of Science：A History of the Association for Science Education*，London：Bath John Murray Ltd.，1984，p. 42.（人数增长的速度数字为本文作者计算而来。）

告成立。它不是另起炉灶的新协会,而是在"公学科学教育男教师协会"基础上成立的协会,因此,它属于更名的协会。更名的目的是在更大的范围发挥推进科学教育的作用。因为更名之后,协会会员的成分便发生了重要变化,即不再仅限于公学男教师,而是包括公、私立中学在内的所有从事科学教育的男教师。更名后的事实也证明,协会会员数量有了显著的变化。1919 年时只有 364 名成员,而到 1962 年时,成员数量发展到 7078 人。[①] 协会的影响力的增长不言而喻。

其二,"科学教师协会"更名为"科学教育女教师协会"。

1922 年 7 月,英国"科学教师协会"正式更名为"科学教育女教师协会"(The Association of Women Science Teachers ,AWST)。更名的原因有二:第一个原因是,1919 年英国在"公学科学教育男教师协会"基础上更名扩建的"科学教育男教师协会"是专门的男性教师组织,女性教师被排斥在外。因此女教师需建立自己的组织。虽然 1912 年建立的"科学教师协会"本质是女子教育协会,但毕竟从协会名称上未能清楚表明该协会成员的性别特点,容易让人混淆。[②] 更名后,可以让人们一目了然知道协会的性别特征,这样会有利于吸收女性会员。第二个原因,也是更为重要的一个原因,即"科学教师协会"对象基本是女子中学的教师,会员来源渠道狭窄,而更名后,将会员对象扩大到幼儿园、初等学校乃至大学,凡是从事或关心科学教育的女教师都可以入会。这样会有利于协会会员数量的发展和扩大影响。事实也证明,更名后,会员数量发展明显加速,从1921 年的 360 人增长到 1962 年的 1797 人。[③]

(三)稳定发展期(1963 年至今)

稳定发展期始于 1963 年,标志是英国"科学教育协会"的成立。这一年,"科学教育女教师协会"和"科学教育男教师协会"两个协会宣告合并成立新的协会——"科学教育协会"。合并的原因有二:其一,两个协会一致认为,合并后力量会更加强大,发出的声音更具影响力。其二,会员队伍可以进一步扩大,新协会不再有性别限制,是一个"面向所有从事科学教育的教师联合协会"[④]。新协会的成立结束了英国科学教育的教师协会按性别设立导致力量分散的局面。[⑤] 新协会成立后,数量发展很快,1963 年时为 9183 人,1982 年就已达到 16159 人[⑥];会员来源渠道进一步拓宽,幼儿园、初中等学校、大学、企业以及海外人员都可以入会。不仅教师可以入会,学生亦可参加。

---

① D. Layton, *Interpreters of Science:A History of the Association for Science Education*,London:Bath John Murray Ltd. ,1984, pp.83-84.

② 英语中,"master"专指男性教师,"teacher"则是中性词,不强调性别,这是为什么这次更名突出"women science teacher"的原因之一。

③ D. Layton, *Interpreters of Science:A History of the Association for Science Education*,London:Bath John Murray Ltd. ,1984, p.62.

④ D. Layton, *Interpreters of Science:A History of the Association for Science Education*,London:Bath John Murray Ltd. ,1984, p.107.

⑤ 英国的其他学科协会,如古典语言、现代语言、英语、历史、数学、地理等学科的教师协会没有男女分设的现象。

⑥ D. Layton, *Interpreters of Science:A History of the Association for Science Education*,London:Bath John Murray Ltd. ,1984, p.116.

英国"科学教育协会"的成立表明,在经历过 61 年曲折的道路后,英国科学教育的教师专业组织终于从一个弱小分散的教师协会演变成全国统一的且规模最大的学科教师协会,开始步入稳定发展时期。稳定发展有两个表现:一是从 1963 年起至今,又有 53 年过去了,协会再未更名;二是会员人数稳中有升,至 20 世纪末时,会员已达 1.7 万之众。[①]

二、英国"科学教育协会"办会宗旨及其教师教育活动形式

一般说来,当人们谈到教师教育活动时,总是想到师范院校、中小学校和教育管理部门从事的教师教育活动,教师协会组织的教师教育活动似乎从来未能进入人们的研究视野之中。而实际上,教师的学科协会也是一支重要的教师教育力量,教师的协会(或学会)从事的许多活动是具有教师教育活动性质的。按照笔者的理解,英国科学教育的教师协会自 1902 年成立以来就一直在开展着教师教育活动。

(一)英国科学教育教师协会的办会宗旨

英国科学教育的教师协会从 1902 年起一直坚持开展形式多样的教师教育活动,这与他们的办会宗旨密切相关。在他们的办会宗旨中,改善或推动英国科学教育发展被列为首要目标。如"公学科学教育男教师协会"曾表示,该协会的目的旨在"(a)促进中学的自然科学教学;(b)为中学的自然科学教师以及他们与其他从事科学教学的教师提供交流的平台;(c)为中学自然科学教师与考试机构的人员提供交流的平台"[②]。又如,"科学教师协会"也曾表示,该协会旨在"(a)为科学兴趣爱好者提供交流和合作的机会;(b)为科学教师表达个人见解提供一个权威的媒介平台;(c)探讨科学教学的方法以及中学与大学的联系;(d)为科学教师提供与科学研究工作者联系的机会;(e)加强与其他学科协会的合作"[③]。再如,英国"科学教育协会"在 1963 年成立时表示,它的宗旨[④]在于"(a)改善科学教学;(b)为所有科学教师提供一个可以表达自己意见的权威渠道;(c)为所有关心科学教学的个人和机构,特别是教育界的个人和机构提供交流的平台"[⑤]。可以说,正是这些办会宗旨决定了必须开展教师教育活动。否则,它们拟定的目标就不可能实现。

(二)"科学教育协会"教师教育活动的形式

科学教育教师协会开展的教师教育活动属于在职教师的非正式的教师教育活动,主

---

① G. Walford, *Life in Public School*, London: Methuen Co. Ltd., 1986, pp. 190-191.

② D. Layton, *Interpreters of Science: A History of the Association for Science Education*, London: Bath John Murray Ltd, 1984, p. 19.

③ D. Layton, *Interpreters of Science: A History of the Association for Science Education*, London: Bath John Murray Ltd., 1984, p. 38.

④ 2004 年,英国科学教育协会获得英国政府颁发的"皇家章程"(Royal Charter)。章程提出的该协会的 3 个公益性目标(charitable objectives)基本与该协会 1963 年提的目标相同。参见该协会网页:http://www.ase.org.uk/about-ase/royal-charter/.

⑤ D. Layton, *Interpreters of Science: A History of the Association for Science Education*, London: Bath John Murray Ltd., 1984, p. 108.

要有以下 3 种形式：

1. 召开协会学术年会。召开年会是英国科学教育的教师协会重要的教师教育活动之一。值得注意的是，它们的年会不断地尝试改进，受到与会者的欢迎。早期，科学教育教师协会的年会是一种封闭性的关门年会，即参加年会的人员只是从事科学教育的教师，而且对会员学校、会员性别都有严格限制。如"公学科学教育男教师协会"早期的年会参加者必须是公学从事科学教学的男教师。后来，由于发现科学教育质量的改善和科学教育改革不能仅靠科学教师单兵独进，需要与其他相关学科配合，于是，他们开始与科学教育相关的其他学科教师协会联合召开年会，如"公学科学教育男教师协会"曾与"数学协会"联合召开过年会，讨论数学与科学教育的关系。再往后，协会又发现，一方面，科学教师需要了解新生产的科学教学仪器设备和新出版的科学著作，另一方面，邀请产商和出版商参会可以部分地解决协会的经费问题，开门办会的形式应运而生，即开年会时邀请厂商和书商参会。例如，1910 年，"公学科学教育男教师协会"首次邀请了科学教学仪器设备生产商和书商来开产品展览会。这种办会形式受到教师们的欢迎，也受到厂商的欢迎，因为可以宣传自己的产品，厂商和书商参会积极性也很高。1910 年参加年会的只有 9 家厂商，到 20 世纪 80 年代，参会的厂商有四五十家之多。1910 年至 1983 年间，书商参展达到 40 多次。① 这样的年会对英国科学教师的专业发展的促进作用是显而易见的：一是因为它为教师提供了与同行交流经验和相互学习的平台，二是为科学教师探讨科学教学面临的问题提供了机会，三是为科学教师与仪器设备生产商和书商提供了交流平台，使教师有了了解最新科学教学仪器设备和图书的机会。

2. 与皇家学会下设的教育委员会联合召开专题教育研讨会。英国皇家学会②在英国是权威的科学领导机构，它对科学教育也十分关注，下设有专门的"皇家学会教育委员会"(Royal Society Education Committee)研究科学教育的问题。英国科学教育协会十分重视与该委员会的联系与合作，尤其在联合召开专题教育研讨会(The Education Conference)方面。这两个机构的第一次教育研讨会召开于 1965 年 5 月，议题是当时科学课程改革及其面临的问题。从 1967 年起，教育研讨会每年举行一次，每次会议都有明确的主题，如 1975 年年会的主题是"16 岁至 19 岁青少年的科学教育"。联合教育研讨会在英国科学教师专业发展中的作用不可低估，因为它为科学教师与科学界的交流提供了机会，帮助教师了解科学及科学教育发展的走向。

3. 发行刊物和出版专门著作。发行专业杂志和出版刊物是英国科学教育协会又一重要的教师教育活动。在这一方面，他们的做法有 4 点。

其一，发行协会刊物。发行协会刊物早在"英国公学科学教育男教师协会"时代就开始了，不过最初的做法只是将年会论文编印成册在内部发行。自 1918 年"汤普森委员会"(Thomson Committee)提出办一份在全国发行的刊物以促进科学教学的建议之后，

① D. Layton, *Interpreters of Science：A History of the Association for Science Education*，London：Bath John Murray Ltd.，1984，p.137.

② 英国皇家学会(Royal Society)是英国资助科学发展的组织，成立于 1660 年，全称为"伦敦皇家自然知识促进学会"(the Royal Society of London for Improving Natural Knowledge)。

"英国公学科学教育男教师协会"与出版商约翰·默里(John Murry)达成联合出版刊物的协议。经过努力,1919 年 6 月,《学校科学评论》(*The School Science Review*)杂志正式出版。刊物出版后大受欢迎,发行量不断上升。1919 年发行 1000 份左右,1969 年的发行量达到了 14000 多份。其信息量也不断加大,1919 年,每年只有 50 个页码,1969 年时,页码接近 1000 页。① "英国科学教育协会"还于 1965 年出版了第二份杂志《科学中的教育》(*Education in Science*)②。这两份刊物关注点各有侧重,前者关注的是中低年级(相当于我国初中生和小学生)的科学教育,后者关注的是第六学级(相当于我国高中生)的科学教育。到 2016 年,除了这两种杂志外,"英国科学教育协会"还办有其他 4 种杂志,即《新兴科学杂志》(*Journal of Emergent Science*)、《初等学校科学》(*Primary Science*)、《科学领导者生存指南》(*Science Leaders Survival Guide*)和《科学教师教育》(*Science Teacher Education*)。

其二,出版专门的科学教育手册或普及读物。英国科学教育教师协会的教师教育活动十分重视满足一线教师的需求,编写过一批手册与普及读物。如《实验室中的保护措施》(*Safeguards in the Laboratory*,1933)、《科学男教师手册》(*The Science Master's Book*)③、《现代学校实验》(*Experiments of Modern School*)④、《初等学校科学教育指南》(*ASE Guide to Primary Science Education*,2005)、《科学教育研究指南》(*ASE Guide to Research in Science Education*,2012)和《中学科学教育指南》(*ASE Guide to Secondary Science Education*,2006)、《学校实验室安全手册》(*Safeguards in the School Laboratory*,1996)。⑤ 此外还有《学校科学和普通教育》(*School Science and General Education*,1965)、《科学和普通教育》(*Science and General Education*,1971)、《环境教育中科学的地位》(*The Place of Science in Environmental Education*,1974)、《非主流的科学:教师指南》(*Non-streamed Science:A Teacher Guide*,1976)、《科学教育的领导者和管理的任务》(*The Head of Science and the Task of Management*,1978)、《以资源为基础的学习》(*Resource-based Learning*,1978)、《科学是什么》(*What is Science*,1979)、《科学中的语言》(*Language in Science*,1980)等。

其三,出版专题调查报告。进行专题调查并出版调查结果供教师参考也是英国科学教师协会的教师教育活动之一。例如,"科学教育女教师协会"出版过《初等教育后的科学》(*Science in Post Primary Education*,1944);科学教育男教师和女教师协会还和其他教师协会共同出版了一份调查报告《文法中学实验室的供给与维护》(*Provision and*

---

① D. Layton, *Interpreters of Science: A History of the Association for Science Education*, London: Bath John Murray Ltd., 1984, p.160.

② 到 2016 年 2 月,已经发行 263 卷。参见网站:http://www.ase.org.uk/journals/education-in-science/2016/02/263/.

③ 该书的文章是从《学校科学评论》杂志中精选出的。第一卷 1931 年出版,内容涉及的主要是物理学,其中一半以上内容涉及的是第六学级的物理实验,配套的还有化学和数学实验两卷。该书出版后很受欢迎,到 1936 年时,各卷都销售出 2000 多本。

④ 20 世纪 50 年代出版,属于《科学教育手册》的系列丛书。

⑤ 参见网站:https://secure.ase.org.uk/membersarea/Shop/layout4.asp? Child=Child&PID=258/.

Maintenance of Laboratories in Grammar Schools,1960)。

其四,出版专题系列论文集。英国科学教师协会还有一个教师教育活动,就是收集并出版科学教师和其他作者撰写的科学教育方面的专题论文集,为教师专业成长提供研究或参考资料。1971 年至 1981 年,"科学教育协会"出版的系列论文集就有:《13 岁以下儿童的科学教育》(*Science for the Under 13s*,1971),《科学与初等教育论文集(第 1 卷):对目前的情况的审视》(*Science and Primary Education Papers*, No. 1: *The Present Situation-A Review*,1974),《科学与初等教育论文集(第 2 卷):校长的职责》(*Science and Primary Education Papers*, No. 2: *The Role on the Head Teacher*,1974),《科学与初等教育论文集(第 3 卷):责任所在》(*Science and Primary Education Papers*, No. 3: *A Post of Responsibility*,1976)等。

三、英国科学教育协会教师教育活动的特点及启示

(一)特点

仔细研究英国科学教育协会的教师教育活动,可以发现如下 5 个特点:

1. 从面向精英的协会走向面向大众的协会。1902 年"公学科学教育男教师协会"成立时,成员是属于精英学校(公学)里的科学教师,人数只有 67 人,到 1963 年"科学教育协会"成立后,如前文所述,会员对象已经扩大到所有学校的科学教师和热心于科学教育的人士,当年人数达到近 1 万人,到 20 世纪末时,已经拥有 1.7 万名会员。协会从精英走向大众的特点显而易见。导致这一现象的根本原因是,由于科学的发展、科学教育的普及和科学教师数量的增长,加之科学教育中问题的增加,如果要改善整个英国的科学教育,协会走向大众就成为自然的或必然的选择。

2. 从单性别协会走向双性别协会。如前所述,英国的科学教师协会最初专属男性所有,后来又出现专门的女性协会,到 1963 年,男女两个科学教师协会最终正式合并,单性别的协会从此成为历史。造成早期分别设立的原因主要是女孩接受科学教育的时间晚于男孩,以及英国科学教育女教师队伍的发展晚于男教师。导致合并的原因前文已提及,即合并可以产生更大的影响。而且,由于英国其他学科教师协会都没有分性别设立,科学教师协会也没有例外的理由。

3. 从封闭走向开放。这里主要指协会的办会形式从封闭走向开放。如前文所述,协会初期是科学教师闭门办会,后来不仅与其他学科协会和皇家学会联合办会,甚至还和科学仪器设备生产商及书商联合办会。

4. 英国科学教育协会所组织的教师教育活动面向实际教学,针对性强。从英国科学教育协会举办的年会主题、组织编写的各种手册和指南等,我们可以清楚地看出,他们的教师教育活动十分关注中小学科学教育出现的实际问题。

5. 积极邀请科学家参加协会的教师教育活动。表现在两方面:其一,请科学家担任协会的领导,例如早期的"公学科学教育男教师协会"的历届领导大都是科学家,其中生

物学家 2 人,化学家 4 人,物理学家 4 人,医学家 3 人,工程专家 3 人,其他科学家 5 人,教育界专家 7 人[①];其二,英国科学教育教师协会在举办年会或专题研讨会时,积极邀请科学家或大学教授与会作专题报告,报告某一领域科学的进展。

(二)启示

"英国科学教育协会"已经经历了 110 多年的历史。如今,它已成为"英国最大的学科教育协会"。[②] 该协会之所以能够不断发展壮大,其秘诀在于他们始终将开展教师教育活动、促进英国科学教育发展为己任。他们的教师教育活动满足了科学教育学科发展和科学教师个人专业发展的需要,因此也受到各界的支持和教师们的欢迎。该协会教师教育活动所起到的作用不可低估,尽管这种提升难以用证据来证明。

从对该协会演进历程及其开展的教师教育活动的研究中,我们可以获得 4 点启示,或者说,可以发现 4 点对我们具有借鉴价值的经验。

1. 中小学学科专业协会是教师教育的重要力量,能够为提升学科教学质量和促进学科教师专业发展做出自己的贡献。英国科学教育协会在这方面的经验值得重视。

2. 中小学学科专业协会应以务实的态度开展丰富多彩的教师教育活动,为教师专业发展服务。"英国科学教育协会"办了 6 种专业刊物,每年举办年会、相关图书展和设备展,与其他协会召开专题研讨会讨论科学教育热点问题以及出版专业手册、指南、调查报告和专题系列论文等,活动形式多种多样,为英国科学教师的专业发展提供了具有积极意义的交流平台。交流实质上是在教师专业发展过程中教学研究和教学感悟的"公开的共享的过程",[③]是教师专业发展不可或缺的环节。在现代社会,离开交流,教师便会孤陋寡闻,其专业发展也因此会受到影响。

3. 中小学学科专业协会应当积极谋求多方面合作。这是保证协会活力的又一重要措施。英国科学教育协会与数学协会、英国皇家学会以及图书出版商、仪器设备生产商的合作为我们提供了借鉴。

4. 中小学学科专业协会应当敞开大门欢迎高校专家教授和热心于科学教育的其他人士参加协会。如前文所述,英国"科学教育协会"虽然属于英国中小学学科教育协会,但它的会员不仅包括中小学的科学教师,也包括幼儿园、大学以及其他关心科学教育的海内外人士,这样做不仅可以保证协会"人丁兴旺",更重要的是可以听到来自方方面面有关改进学科教育的意见,有利于学科教育的改革与发展。

原载《教育科学研究》2017 年第 7 期

---

① D. Layton, *Interpreters of Science: A History of the Association for Science Education*, London: Bath John Murray Ltd., 1984, p. 28.

② 参见网站:http://www.ase.org.uk/about-ase/.

③ 单中惠主编:《教师专业发展的国际比较》,教育科学出版社 2010 年版,第 18 页。

近代日本的民族启蒙教育及其逆袭

◎杨　晓*

摘　要:在近代日本"脱亚入欧"的历史转型期,发生了一场民族启蒙教育运动。福泽谕吉为其设定了"启智"和"启德"两大任务,二者合一培养既具有近代文明意识,又具有忠君爱国心的"和魂洋才"之国民。然而,在以大和魂铸就日本人信仰的启蒙教育过程中,突出世界上独一无二、万世一系的天皇体制,以及为维系这种体制在日本纪元神话基础上形成的武士道文化,则导致日本社会产生了一种极端民族主义情绪,这种情绪在日本帝国主义的侵略行径中不断膨胀和蔓延,形成了其自诩优等民族的殖民心理。以此为前提,日本打着根除他族顽疾的旗号,对东亚其余诸国实施武装侵略与文化渗透,不可一世地践踏他国的领土与他族的尊严,造就了一个将军事帝国主义浸透给全体日本国民的民族启蒙教育时代,这改变了近代日本以"文明开化"为初衷的文化启蒙之路,操纵了日本在近代化前行道路上的"心理逆转向"。

关键词:和魂洋才;近代日本;启蒙教育;逆袭

日本国民教育始于近代。我们之所以将日本近代国民教育认定为一场"民族启蒙教育",是因为日本人的民族意识和"国民概念"概由此阶段而生。正是从这一历史节点出发,日本人开始以一个统一的民族体,或曰统一的文化共同体的形式面对世界。

这一统一的民族体,在西学东渐的世界格局中,做出了"脱亚入欧"的历史抉择。如何推广这一文化启蒙思想,为全体日本民众所接受,以成为民族的共识呢?福泽谕吉选定教育作为必要途径。他认为,教育是形成共同的民族文化心理,重塑民族精神的利器,是实现文化融合的一种有效机制。这种选择并非取决于他的个人意志。因为教育作为社会发展的一种伴生现象,只要处于社会结构中的人与人之间有传播和传授、接纳和学习的双向需求,教育就会应运而生。从这个意义上说,在"脱亚入欧"的历史转型期,基于社会发展的内在需求,这样一场民族启蒙教育运动势必会发生。福泽谕吉的主张仅仅是适时地起到了引领和推动的作用。

福泽谕吉为这场民族启蒙教育设定了"启智"和"启德"两大任务,并在特定的历史条件下赋予其特定的内涵:启智,就是要与"脱亚入欧"步调一致,摒弃腐朽的传统文化(主要是汉文化),汲取先进文化(主要是西洋文化),铸就日本人的近代思维方式;启德,就是

---

* 作者简介:杨晓,辽宁师范大学教育学院教授。

要呼唤"和魂",以"忠君爱国"的传统思想为美德,铸就日本人的近代人格。二者合一就是通过教育培养既具有近代文明意识,又具有忠君爱国之心的新一代"和魂洋才"之国民。以此作为学习西方文明的出发点和落脚点,其目的是举国一致,万众一心,将日本建设成一个称雄亚洲乃至世界的近代民族主义国家,绘制出一幅以大和民族之魂为主干,用先进的"洋才"替代迂腐的"汉才"的历史成像。

一、汉洋转化——提高民族素质

"启智"是日本近代民族启蒙教育的一项主要任务,内容是:"提倡洋学,学习洋学,深入研究洋学。"[1]目的是:提高民族素质,使日本摆脱贫困愚昧的状态。对于日本民族一向积极摄入世界先进文化因素的特点,曾有人给予正面解读,认为日本是一个精于吸取他族之长的善学民族;也曾有人给予负面评价,认为日本是一个文化贫瘠的民族,不得不吸取外来文化。但不管是基于日本民族好学之生性,还是基于"文化贫瘠"的需要,长期以来日本民族一直在东方文化(主要是汉文化)中汲取营养,这是一个不争的事实,日本历史上曾有"和魂汉才"[2]一说就是一个明证。然而,随着"脱亚入欧"文化取向的确立,与"脱离亚细亚的顽固守旧,向西洋文明转移"遥相呼应,日本发生了由"和魂汉才"向"和魂洋才"的转变。应当说,这是一个合乎历史发展情境的、顺理成章的转变。日本国民的素质如何改变? 就是要割除亚细亚传统文化留存在日本人身上的顽疾,用西方文明武装国民。

(一)"汉洋"转化的契机与条件

从文化思想层面解析,从"汉才"到"洋才"的"汉洋"转化,与摆脱东方传统文化篱藩和汲取西洋文明是一个问题的两个方面。福泽谕吉倡导西学之初,日本社会尚处在"奉敕攘夷"的社会风潮中。基于"西化"思潮与日本民族文化之间的矛盾和摩擦,福泽谕吉找到了一种调和冲突的方法:即将不同文化之间的共时性问题,转换成同一文化中不同文明阶段的历时性追逐问题。福泽谕吉积极评价学"洋学"的意义,认为明治维新后日本社会的一切进步和发展都是洋学者的功绩,都是学习洋学的结果。他说:"西洋学说远在宝历(1751—1764)年间即流入日本,晚近由于和外国开始往来,盛行起来。教洋学,译洋书,人心趋向大变,从而改组政府,废除藩治,遂有今日之局。"[3]而反观汉学及日本和学,福泽谕吉说道:"此间汉学与和学做了哪些事情? 也只能说是没有妨碍文明的进步罢了……今天如被暂时的社会风潮所吓倒,企图借助和学汉学作为退守之策,应该说这是脱离实际的想法。不懂得进攻的人,岂能明白退守之策。如此下去,距今不过三年便有后悔之日。"[4]可见,福泽谕吉认为,以中国儒学为代表的东方文化停滞在传统农业文明阶

---

① 王桂主译:《福泽谕吉教育论著选》,人民教育出版社 1991 年版,第 47 页。
② 加藤仁平:《和魂汉才说》,培风馆 1926 年版。
③ 王桂主译:《福泽谕吉教育论著选》,人民教育出版社 1991 年版,第 18 页。
④ 王桂主译:《福泽谕吉教育论著选》,人民教育出版社 1991 年版,第 43—44 页。

段,已很难有所进取,而西方文化经过工业文明的科学洗礼,已成为引领世界潮流的先进文化。两相比较,取舍了然!如果不想在近代化进程中落伍,积极汲取西方文明,并将其融入日本文化自身转换过程中,进而完成由农业文明向工业文明的过渡,是日本唯一要做的事。

福泽谕吉的《劝学篇》是日本近代民族启蒙教育中最具影响力的教育著作,从明治五年(1872)二月发表第一篇开始,至明治九年(1876)十一月结束,共计 17 篇。而后,有关《劝学篇》的真假版本总计发行多达 22 万册,按当时日本人口计算,每 66 人之中就有一人购买过《劝学篇》的单行本,可见受众之踊跃,影响之广泛。为了让那些只读过散本的人了解《劝学篇》前后论脉相通,明治四十年(1907)七月,在博文馆《太阳》杂志创刊 20 周年纪念增刊《明治名著集》上刊登了《劝学篇》的合订本。

《劝学篇》成作早于《脱亚论》近 10 年,且著书时间跨度 4 年有余,很难对其在福泽谕吉思想变化脉络中的所属阶段做出准确定位。但可以明确的是,《劝学篇》的核心思想是倡导普及西方文明的国民教育,以实现"文明开化"的明治维新思想。福泽谕吉言及:"假如人民想避免暴政,必须赶快立志向学,提高自己的才德,俾能达到和政府平等的地位,这就是我们劝学的宗旨。"①这句话表达出福泽谕吉欲通过西方文明思想的推介和普及,提高国民素质,以抑强权的思想立意,应当属于福泽谕吉的早期思想。对于为什么要普及西方文明,福泽谕吉分析了日本民族文化现状,并在与西方的比较之中给出了答案:"试看今天日本的形势,实在是徒有文明之名,而无文明之实;徒有文明的外形,缺乏内在的精神。现在我国的海陆军能和西洋军队交战吗?决不能。现在我国的学术能教导西洋人吗?不但不能,反而向其受教唯恐不及。"②这是一个极其清醒的自省。福泽谕吉尖锐批评那些"提倡皇学、汉学,仰慕古风不喜欢新法的人,就等于不了解世界上的风土人情而使自己陷入贫困愚昧状态。这不正是外国人所得意的吗?可以说,这正中他们的下怀,当前西洋人所惧怕的是日本人学习西洋的学问"③。

(二)"汉洋"转化的目的与行为

福泽谕吉深刻洞悉日本民族文化的不足,得出两点结论:一是徒有文明之名,而没有文明之实;二是因不了解世界上的风土人情而使自己陷入贫困愚昧状态。而近代日本"儒教的余流,导致教育日见其萎缩,只能是压迫其精神"④,无法实现日本强盛之目的。因此,"只有提倡洋学,学习洋学,深入研究洋学",才能迅速增强日本国力,使日本走出贫困愚昧状态。在这里,福泽谕吉并没有将"西方文明"视为一种可顶礼膜拜的"新教",而是将其视为一场国家间的智力竞争,认为"这一智战的胜利可以提高我国的地位,反之会降低"⑤。他在倡导西学时提出"不让外国人得意""不中西洋人下怀"等不似"目的"的"目

① 王桂主译:《福泽谕吉教育论著选》,人民教育出版社 1991 年版,第 15 页。
② 王桂主译:《福泽谕吉教育论著选》,人民教育出版社 1991 年版,第 21 页。
③ 王桂主译:《福泽谕吉教育论著选》,人民教育出版社 1991 年版,第 4 页。
④ 王桂主译:《福泽谕吉教育论著选》,人民教育出版社 1991 年版,第 165 页。
⑤ 王桂主译:《福泽谕吉教育论著选》,人民教育出版社 1991 年版,第 22 页。

的"，根本立意只有一个，即"修德开智，扫除自卑的心理"，①通过普及西方文明知识，对日本国民性进行改造，以彻底改变传统日本人贫困愚昧的状态，挺起民族的脊梁，走向世界前列。

还有一个权威的声音，来自明治时期政治家、财政改革家大隈重信。明治四十三年（1910），大隈重信在《越佐教育杂志》发表了《我国文明和国民教育》一文，他言及："我国因与支那交往便利，儒学盛行。但儒学仅具有完备的道德形式，而实质内容却十分衰弱。平安时代摆脱汉学，树我国风，遂以完美之'和俗'证明了我国文化的生命力。但我国国民屡屡被视为极易接受同化力的国民。正如藤原所言，我国的衰弱乃是自镰仓时代至今一直咀嚼支那和印度文明的结果，我国今日之文明也是封建文明交流的赐物。现在接触欧洲文明，乃是我国的机遇。"②在这里，大隈重信将日本衰弱归结于咀嚼亚细亚文明的恶果，认为接触西方文明是日本的机遇，传递出的也是"汉洋转化"的信息。大隈重信是日本国重臣，曾两任内阁总理大臣。因此，他的声音在某种程度上可以说是代表国家的声音。也就是说，实现"汉洋转化"不仅是当时知识分子的呐喊，也是国家意志的体现，或者说，是近代日本朝野一致的态度和价值取向。大隈重信不仅言于此，还以一个教育家的身份亲力亲为，创办了著名的早稻田大学。早稻田大学以"保全学术之独立，有效地利用学术，造就模范国民"为建校宗旨，以"世界的道路通向早稻田"为办学目标，率先引进西方先进的学术文化，不仅将西方文明授予日本民众，还敞开校门，广泛接纳亚洲各国留学生就读，为"西学东渐"架起了一座传播的桥梁。

二、传承和魂——再塑民族精神

"启德"是日本近代民族启蒙教育的又一项主要任务，目的是实现日本民族精神再塑。福泽谕吉在《劝学篇》中言及，"首倡学问之道，把天下人心导向高尚领域"③，何为高尚领域？这就是日本民族独有的精神世界——和魂！国民精神再塑，就是要以"和魂"集合民众，形成近代日本民族的文化共同体。此时日本人的民族概念已形成。用什么统一民族精神，集合民族之心？这是活跃在近代日本思想界的热门话题。经过反复探讨，逐渐达成了基本共识，"如果不以大和魂集合职人，国家的前途岂不令人寒心"④？这句话虽出自一个小人物之口，但不失为一个颇有概括性的结论。

（一）重铸"和魂"的动机

在由"和魂汉才"至"和魂洋才"的转换中，社会上出现了既反对将日本同源于汉文化，又反对日本全盘欧化的声音。惶恐于丧失民族本源的日本朝野人士纷纷开始重新审视民族的本土文化，追溯日本民族的始点，追寻民族根源，以日本民族文化为骨髓。大隈

① 王桂主译：《福泽谕吉教育论著选》，人民教育出版社 1991 年版，第 5 页。
② 大隈重信：《我国文明和国民教育》，《越佐教育杂志》1910 年 2 月第 218 号。
③ 王桂主译：《福泽谕吉教育论著选》，人民教育出版社 1991 年版，第 21 页。
④ 皆川生：《和魂洋才主义》，《越佐教育杂志》1909 年 11 月第 215 号。

重信说："我国古代人民的道德本质既高尚又淳朴,虽然在形式上不如支那。忠孝二字是自汉语翻译而来。使用汉语词汇,是因为支那古代文字非常发达,而日本文字并不发达。但汉字用至我国,其实际含义已有所不同。我国远古唯一崇尚的是'诚'字,诚是一切道德之本源。此外,还有基于神责的'清洁'一词,因为神喜欢清净,身清才能祭神。因此,'心诚'和'身洁'是我国道德标准的充分体现。支那人认为天之命是性,性之率是道,道之行是教,这种教义在日本是行不通的。"[1]在这段颇有寓意的论述中,大隈重信否认了日本道德观与中国同源;以实例佐证,日本虽然在形式上采用汉字,内涵却是日本之意,"忠孝"二字在日本的实际含义应解读为"诚"和"洁"。这表达了大隈重信对日本民族本源文化的认识,即虽然汉学在古代曾影响过日本,但日本文明并非是文化移植的结果,而是文化融合的结果。简言之,日本文明并非源于古代汉文化,而是日本民族文化同化力的产物,日本只在形式上吸收和接纳外族文化,民族文化的根基和精神内涵始终扎根于本土之中。

这种反对将日本文化同源于汉文化的观点,置于近代日本急于摆脱亚细亚传统文化樊笼的背景下,很容易理解。但正值西学东渐,日本社会欧风盛行之时,"攘夷派"已溃不成军,日本何以会再次出现反对欧化的声音呢? 从文化心理层面上解析,这或许是由于日本人在西方的冲击面前出现了一个疑问,或曰困惑:"难道日本真的能超越肉体的条件,成为白种人吗,如果只是精神上的混血儿,具有知性的人会产生心理上的不安定感。"[2]此言出自后世之人,20 世纪 50 年代日本驻法大使平川佑弘,他较早涉足民族心理文化方面的研究。我们在这里引用平川佑弘这句话,并非作为文本,而是取其研究的一个视角,或曰一个结论。笔者赞同平川佑弘的这个分析,在东西方文化的夹击下的日本人,像混血儿一样困厄在自己文化血统的谜团中,缺乏心理上的安全感,所以急于追寻民族的根源,因此,从文化心理层面上抗拒欧化当不属偶然。

(二)何为"和魂"

明治四十三年(1910)三月,《越佐教育杂志》第 219 号刊登了《和魂洋才主义》一文,作者皆川生,名不见经传,从该杂志作者群的构成推断,大概是一名教育工作者。皆川生从国民教育的角度反对欧化,主张坚持日本固有的国民思想,然后再采纳他人之所长。他指出:"权力,钱力,知力是现代教育的成果,是本末倒置主义的成果,是极端崇拜欧美主义的成果。"[3]皆川生指责:极端崇拜西方文明的日本现代教育,在提高国民智力的同时,也将权力和钱力等糟粕思想意识一同灌输给了国民,这是一种本末倒置的行为。那么,正确的行为是什么? 就是"勿言舶来万能主义,勿唱生来平等主义,取人之长补己之短是智者的误区,重要的吾人主义是和魂洋才主义"[4]。

从以上两种言论中,我们不难得出这样的结论:"和魂汉才"也好,"和魂洋才"也好,

---

① 大隈重信:《我国文明和国民教育》,《越佐教育杂志》1910 年 2 月第 218 号。
② 平川佑弘:《和魂洋才谱系》,平凡社 2006 年版,第 10 页。
③ 皆川生:《和魂洋才主义》,《越佐教育杂志》1909 年 11 月第 215 号。
④ 皆川生:《和魂洋才主义》,《越佐教育杂志》1909 年 11 月第 215 号。

万变不离其宗的是"和魂",这是日本民族不变的精神特质。那么,"和魂"是什么? 又是从哪里来的呢? 近代日本学者加藤仁平著有《和魂汉才说》一书,他在书中对"和魂"出典做了繁琐考证,最终概括为:"和魂即所谓大和魂。从天地初发始,高天原出生到现今万物生成,高天皇生下灵神,灵神生下神皇,神皇将灵神赐给千万国的本国,生出大日本穗端国,大日本生出神民,这是自然而然的,假如不能蛊惑异国的横道,也就不能称之为神髓的精神了。"①这段话可通俗解释为,"和魂"是上苍之赋予,神灵之天赐,是大和民族的天然禀赋。高桥文藏在《读论语言及我国国体》中也有类似释义:"日本魂是什么,日本魂就是:血气之勇,正大之气,……它不可能自然发挥出来,如不经常鼓吹伊势神风,一旦遇到缓急又该如何? 敢问吾党奇士,日本魂的养成之法是什么? 回答应该是:遗传忠爱的精灵,以获得天下百科学问知识技能为起始,养成完完全全的日本魂。"②这段文字,既可以看作是对"和魂"的一种诠释,也可以看作是对"和魂洋才"的一种解读。正因为日本民族有天赋的"和魂",因此日本人无需仰西人之鼻息,应以"和魂"为精神集合点,博天下百科学问之所长,自立于世界民族之林。1897 年《太阳》杂志主编高山林次郎发表了《赞日本主义》一文,排斥基督教义,认可帝国主义和人种主义,并特别强调"以国民特性中自主独立精神,发挥建国伊始时的抱负为目的道德性原则"③。甚至以国别冠名,明确提出"日本主义"的主张。这一点突出体现在近代日本社会精英处于重新推崇武士道精神的努力之中。

(三)"和魂"的实质及其塑造

日本近代社会精英极其推崇武士道精神,将其视为"和魂"之具体显现。福泽谕吉曾积极评价武士在明治维新中的作用:"今日之日本,建立新政府,一心一意地希望社会平安,为此而焦思苦想者是谁呢? 不就是那些十几年前经常希望社会多事,企图骚动,血气方刚的武士吗?"④福泽谕吉认为,日本的国民道德水准与武士道精神休戚相关,日本武士是"和魂"精神的集中体现。他说:"日本国的德义平均水平决不低下。虽然自开国 30 年来,因一时的形势动摇了道德规范,但其根本因素并未消失。例如明治维新时日本全国几百个城池遭破坏,但日本国民的武勇精神并未随之消亡。"⑤我们注意到,从武士道精神出发,福泽谕吉在日本的民族精神中加入了一个"争强好胜"的元素。他深感不安和引以为耻的是近代日本尚没有能力与欧美帝国争强。在其《劝学篇》中多处可见为和"外国人做智力竞争",为有实力"和西洋军队交战",为有朝一日能反过来"教导西洋人",乃至为了让"西洋人惧怕"等等大大小小的学习目的,无不流露出争强好胜的心理。将诸如此类学习洋学的目的连贯起来,可以看出日本"与西洋各国的文明争个长短""以图傲视亚洲

---

① 加藤仁平:《和魂汉才说》,培风馆 1926 年 4 月号。
② 高桥文藏:《读论语言及我国国体》,《酬志》1900 年 6 月号。
③ 高山林次郎:《赞日本主义》,《太阳》1897 年第 3 卷第 13 号。
④ 王桂主译:《福泽谕吉教育论著选》,人民教育出版社 1991 年版,第 66 页。
⑤ 王桂主译:《福泽谕吉教育论著选》,人民教育出版社 1991 年版,第 95 页。

诸国"①这样一个国家主义的教育目的。正是这种后来者要居上的争强好胜心理,定位了福泽谕吉启蒙教育思想的终极指向:那就是将日本建设成为一个强盛的,有实力与西方列强相抗衡的,有资本傲视东亚诸国的民族主义国家。

在近代日本民族启蒙教育中,有关日本的民族性始终是一个热门话题,围绕这个话题,产生了大批专刊杂志,如 1888 年创刊的《日本人》;1898 年东京精义馆创办的《日本魂》;1901 年东京军事教育会创办的《大和魂》;1902 年东京王道杂志社创办的《王道》;1903 年新日本发行社创办的《新日本》;1905 年东京大和民族社创办的《大和民族》;等等。朝野人士各抒己见,并通过文化媒介和舆论工具,将这场民族启蒙教育予以社会化、普及化。而民族主义意识形态也通过教育及媒介的广为传播而渐入人心,成功地实现了日本近代集聚于"和魂"之下的国民精神再塑。

三、近代日本民族启蒙教育的逆袭

近代日本的民族启蒙教育对日本社会发展进步的积极意义不容否定,在日本教育史上的影响也相当深远。但从日本摒弃民主主义教育,走上军国主义教育的倒行逆施之路看,其民族启蒙教育的逆袭现象也是一种客观历史事实。

在传播"脱亚入欧"精神,以大和魂铸就日本人的民族信仰过程中,突出世界上独一无二的日本文化,即万世一系的天皇体制,以及为维系这种体制在日本纪元神话基础上形成的武士道文化,使得日本社会产生了一种极端民族主义情绪。这种情绪通过日本帝国主义的侵略行径不断膨胀和蔓延,拉开了日本与世界文化的心理距离,形成了民族文化心理的逆转向和民族启蒙教育的逆生长,其表现在:

明治末期以来,日本统治者就开始对中小学生实施有计划、有目的的军国主义教育。其直接影响所波及的范围,就是各个历史时期日本中小学在校人数,即有多少中小学生,就有多少人把这种教育印入脑海里,融于血液之中。

1905 年,一位名为沼波璚音的日本小学教师,在中国河南任教的学校发表应该重视小学教育的讲演时说:一些为民奋斗、为国捐躯之类的教训,"在小学教室闻之,则直刺入小胸,忽感悟我等身虽小,而双肩所荷之责任甚大,铭于肺腑,积久不忘"②。他以自己的切身体验,说明小学教育对国民性格形成的心理意义与效力。

1922 年,一位名为七理紫水的人,在分析自己为什么会歧视中国人时说:"日本人所以轻视中国人,想起这个原因,都是我们在小学校时代,从那轻忍滑稽的教师,学习日本历史所得的结果。当时教日本历史的,讲到中国,只是一味的嘲笑轻蔑,用滑稽的口吻,博一时兴趣,那知道就此得了现在的结果呢。像那元寇之乱,中日之役,中国军队望风披靡,大炮一响,早已不知跑到何处,想起这样的情形,诚属可笑。"③在这段回忆中,即明显透露出在学校课堂上小学生对教师讲授历史课内容时的态度、口吻、情绪等的即时心理

---

① 王桂主译:《福泽谕吉教育论著选》,人民教育出版社 1991 年版,第 20 页。
② 沼波璚音:《论说〈教育杂谈〉》,《直隶教育杂志·论说》光绪三十年(1904)12 月 15 日第 2 期。
③ 慈心:《日本教育家之中日亲善论》,《教育杂志》民国十年(1921)5 月 20 日第 13 卷第 5 号。

反应,亦清晰折射出小学生接受军国主义教育的继后心理效应。

那么,究竟是什么样的教育内容,使武士道文化心理在日本国民身上得以滋长与蔓延?我们具体通过对不同历史时期的日本中小学历史、国文两种教科书的文本分析,描述出明治维新以后,在日本教育中渗透的殖民主义心理、神秘主义心理、自发主义心理,剖析这种渗透对形成日本国民普遍的军国主义倾向和法西斯群众心理的直接影响。

1891—1892年,东京博文馆率先发行由落合直文、小中村义两人合编的一套二卷本《家庭教育·历史读本》,这套教材内容精选了日本的古典文化,以其平易的文章,流畅的解说,成为当时日本社会的畅销书。具体内容有27个短篇,其中能褒野之露(日本武尊之事迹)、御船之浪(神功皇后之事迹)、泉岳寺(赤穗义士复仇事迹)、行宫樱花(儿岛高德之事迹)等等,都是关于日本建国的历史演绎。整个教材忠实于《教育敕语》的精神,突出对天皇的一个"忠"字。此读本广为流行,深入人心,形成了古代纪元神话进入正规小学历史教材的一个契机。1895年,由文部省审定出版了一套《小学日本历史》,将这种古代纪元神话作为历史体裁编入了教材之中。此套教材分为前编、后编、外编三编,前编又分为一至三卷。笔者重点解析一下《帝国读本》。

《帝国读本》是大正时期日本中学的国文教材,由芳贺矢一①编辑。其实这一读本,是1906年由东京富山房出版的《明治读本》的改编本。大正时期以《帝国读本》命名,一是表明日本国家性质的变化,日本经历明治时期的进步与发展,已加入了西方列强的行列,成为大日本帝国。二是反映"帝国"已经成为日本文化的一种象征符号。日本社会崇尚武士道精神,连教材名称都以帝国命名,显示出日本人对成为"大日本帝国"的一种文化自负心理。这本教材首版于大正六年(1917)发行,笔者以大正十一年(1922)一月二十日文部省第三次检定本——《帝国读本》卷九为典型案例进行文本分析,剖析其国文教育对形成日本中学生的自发主义及其宗法文化心理所产生的直接作用。

《帝国读本》卷九,作为中学国文教材,与一般国文教材的区别首先在于其教材的政治化倾向性。它体现的是日本神秘主义、民族自发主义、军国主义的意识形态。其开篇范文不是文学体裁,而是一篇在日本影响很大的政论文。其标题为"国体的精华"。该文的作者穗积八束是明治时期的一位法学研究者,著有《大日本帝国宪法讲议》[明治二十二年(1889)全11册];《宪法大意》、《行政法大意》[明治二十九年(1896)]等等。明治三十年(1897)他在八尾书店出版了《国民教育·爱国心》一书,持天皇主权论立场。"国体的精华"就是这本书的内容节录。其文章由血统团体、轨辙、家长权、统治权、余庆、道、绝对的理法、"显界"与"幽界"等分节构成。文章的核心思想是:日本的国体精华是血缘团体。

日本的国体由血缘团体构成,血统是自然天成,任何人为的因素都无法改变和磨灭它。由血统相近相依而成为家族,家族形成了民族,民族形成了国家。而血缘团体最重要的就是天性至情的作用。天祖是国民的始祖,皇室是国民的宗家,皇位是神祖的灵位,忠于皇室是祖先一以贯之的国教,这是日本"祖先崇拜"的独特性所在。其国民教育就是

---

① 芳贺矢一(1867年6月12日—1927年2月6日),日本国文学者。

灌输忠孝、友和、信爱，以维持万世一系的国家体制。换言之，日本固有的国体精华是国民道德的基础和祖先教育的渊源。这种教育以崇拜祖先为大义，强调日本民族为血统团体，日本要依靠对民族祖先的敬爱和服从祖先的威力，来维护天皇制国家的秩序。

当然，教材的文本是固定的、没有生命的，仅呈现出上述内容本身还不足证明《国体的精华》对中学生产生了影响。能够证明学习者接受了这种影响的是：笔者收集到的这本教材是青森县立弘前中学校第五学生甲组相马发彦使用过的一本教材。在课文的抬头处留有该学生的学习心得笔记，是用铅笔写的，字迹十分潦草，全部辨认清楚有一定的困难。笔者现将清晰可见的文字摘录于下：

> 血统国体是自然的，家长统治就是祖先的威灵；天子说，我们把先祖的至情全部保存下来，可以概括为：忠孝一本；皇室和家人血缘同系；神社、佛寺是祖先崇拜的宗教。

虽然文字不多，但是足以证明学习者已将国体精华所提倡的宗法思想印入了脑海。其简约的文字可以反映出他所要爱的国家就是血统国体，他相信皇室和家室血缘同系。笔者认为，穗积八束论述的"国体的精华"具有两大民族文化心理特质：

其一，血统国家。在穗积八束关于国体精华的论述中，"血缘团体"是一个最基本的概念，他将这一概念的重要性放置在民族文化特征的前面，因为血缘是自然天成的，是任何人为因素都不可能将其改变的。而文化特征是可变的，它会随着社会生活与时代变化而发生蜕变。只有将血缘团体概念灌输给学生才能形成日本是世界上独一无二的人种，是保持着纯正血统的单一民族国家的意识，使他们确信"日本人是世代永远维系祖先系谱的、扩大了的家族·亲族的成员"[1]。尽管日本国体精华是明治时期日本文化精英们创造出来的，但是，它却作为一种意识形态通过教育的潜移默化，融入了日本人的集体无意识之中，滋生着日本人强烈的民族优越感，并繁衍出日本国民的法西斯群众心理。

1938 年末，仓田百三撰写的《日本主义文化宣言》一文，清晰地反映出日本独特的法西斯群众心理，滋生于日本国体精华的教育之中。文中说："日本文化的独自性与日本国体的独自性不可分割。日本之国体无与伦比，其品位、纯洁、血液的协同性和坚守誓言等方面，断然居于万邦之上。国民信仰诸神直系相传，国民处于民族血统中心的天皇统治下，一系纯血无乱，国土亦未受他族之凌辱……为了国家之独立、名誉和使命，舍弃生命战斗的国民士兵，呼唤着天皇的名字赴死。"[2]这种文化宣言是有事实作为依据的，将一己之生命奉献给天皇制国家，维持着日本民族的纯正血统，在当年侵略战争的战场上，三呼天皇万岁，视死如归的士兵又何止千千万万，这是日本法西斯群众心理的典型表现。

其二，忠孝一体。这也是日本民族文化主义的一种独特性所在。在中国，虽然自古以来就视忠孝为道德教育之根本，但是在大多数情况下，都强调忠孝不能两全，即为国家尽忠就有可能舍弃为父母尽孝。但是，在日本教育中，却一直强调国民要做到坚守"忠孝

① 吉野耕作：《文化民族主义的社会学——现代日本自我认同意识的走向》，刘克申译，商务印书馆 2004 年版，第 124 页。

② 见铃木贞美：《日本的民族文化主义》，魏大海译，武汉大学出版社 2008 年版，第 151 页。

一体",突出对天皇尽"忠"就是最大的"孝"。这源自日本的"孝"是宗教意义上的"孝",因为在日本人的宗教信仰中,人死后不仅有灵魂,而且这种灵魂还随时可能被活人召唤出来。1869年,明治政府设置了东京招魂社,就是为祭祀戊辰战争的战殁者,1879年才改称靖国神社。明治时期,天皇去靖国神社祭祀十一次;大正时期,天皇去过五次;昭和时期,天皇去过五十四次。无论历任天皇祭祀的次数多少,其主题始终如一,这就是歌颂国民为国家奉献生命,感谢战殁者亡灵们对后世的庇护。因此,日本人去祭拜祖先是去招魂,让阴间里飘荡着的死者灵魂重新返回其思慕的阳间来荫庇子孙。这种意义上的"孝",体现在课文"我们是祖先生命的继续,子孙是我们生命的延长"[1]这句话中,它突出了"对生命连续的一种自觉",正是在这个意义上,宗教上的"孝"超越了服从父母、报答父母养育之恩的那种道德上的"孝"。

应该指出的是,日本这种对父母"孝"与对天皇"忠"的同构,也并非源于古代和中世纪,它与天皇制国体一样,是明治时期日本社会精英的一种思想产物。铃木贞美在《日本的文化民族主义》一书中阐述:"在日本,对于父母的'孝'却自然转化为对天皇的'忠'。就是说,日本维系了'忠孝一体、万邦无比的国体'。"[2]这种转化恰恰以明治二十三年颁布的《教育敕语》为契机,《教育敕语》首次在重大的教育文献中,将对父母的"孝"置换成对天皇的"忠",以重新阐释日本教育的根本指导思想:即以忠孝"扶翼天壤无穷之皇运",确立了军国主义教育的文化纲领,把成千上万的日本国民引领到奉公灭私,不怕牺牲,为天皇尽忠的轨道上。1912年,明治天皇葬礼当天,陆军大将乃木希典与妻子一起自杀殉死,可谓日本人对天皇尽忠的极品之作。虽然遭到极少数人的质疑,而绝大多数日本人对此都十分感慨、深表敬佩。

通过对上述两个方面的分析,我们可以看到当时日本的中学国文课,是怎样自觉地运用将"国体精华"自然化与"忠孝一体"同构化相结合的方式,把日本独特的宗法文化心理遗传给了后代。

在军国主义教育的实施方面,编辑出版新的中小学历史、国文等教材成为落实教育任务、实现教育目标的重大举措。教师主要依靠教材内容的讲授,将天皇制国家意志与主流文化意识形态灌输给学生,并通过反复的强化训练,塑造他们的皇国民性格,制造出一批批信奉天皇主权论的战争机器。

明治时代,日本教育普及已进入了世界前列。这取决于天皇制国家把教育看成是实现国家统治的重要工具,依据当时天皇统治权力的需要,急需唤起皇国民意识和爱国心,或者更为直接地说是急需全体日本人能接受和服从天皇制国家的支配。近代日本的战争历史已经证明日本教育有效地成为实现天皇制国家各项大政方针的手段,极大地发挥出教育的政治、经济和文化功能,其重要原因之一是明治天皇及其忠实追随者对教育作用的高度重视,并达成两点基本共识:其一,建立天皇的统治权威,不能依靠外力强制,必须依靠被统治者的内心认同。其二,将根源性、原理性的天皇制国体精华转换为一种现

---

① 芳贺矢一编:《帝国读本》卷九,东京富山房1922年版。

② 铃木贞美:《日本的文化民族主义》,魏大海译,武汉大学出版社2008年版,第45页。

实性的国民力量,必须经过教育的灌输、熏陶和训练。因此,明治政府竭力推行国民公共教育的组织化,将国民教育的三大任务作为基本国策付诸实践。"第一,教育必须培养国民对天皇制国家的忠诚和统一意识,以实现统治者与被统治者的同质化。第二,教育必须培养大量具有一定知识、技术能力和德性,符合资本主义生产效率要求的低廉劳动力。第三,天皇制军队占绝大多数的士兵必须经过基础教育的培养。"①正是这种军国主义教育体制的建立,导致了日本近代启蒙教育的逆袭,改变了近代日本以"文明开化"为初衷的文化启蒙之路,操纵了日本在近代化前行道路上的"心理逆转向",导致日本没有走上文化强国、科技强国的道路,而是基于西方列强的殖民思想,沿着日本武士道传统文化的历史轨迹,将殖民意识和战争意识,正面灌输给日本民众;遂使日本从追求民族强盛的合理初衷出发,却走上了以武力强国,以开拓殖民地寻求民族发展的错误轨道。

---

① 久保义三:《天皇制国家的教育政策》,东京劲草书房 1997 年版,第 10 页。

达特茅斯学院案与美国高等教育的公私之辨

◎王慧敏*

摘　要：达特茅斯学院案是美国高等教育史上的重要事件，国内学者对此进行了一定的研究，在该案的意义和影响方面，学者们几乎一致认为它划分了美国高等教育的公私界限。然而，这个结论却缺乏一定的历史根据。本文力求较为充分地运用史料和国外研究成果，基于对文献的分析和史实的考察，重新认识关于该案划分公私界限的历史评价。本文认为，该案的核心问题并不在于高等教育的公私性质，案件的判决也没有划分高等教育的公私界限，美国高等教育甚至从一开始就没有清晰的公私立性质之分，而马歇尔关于公私问题的论述已经被很多研究者和大法官所抛弃。公立和私立这种看待美国高等教育的二元维度应该被纠正，美国的学院和大学在很大程度上是多种社会力量共同作用的产物，从未被单一力量所主导。

关键词：达特茅斯学院案；公立；私立；高等教育；韦伯斯特；马歇尔

一、引　言

达特茅斯学院案（以下简称学院案）对于国内教育学术界来说并不是一个陌生的话题，自 20 世纪 80 年代末以来，国内一些通史研究和专题研究都注意到了该案的重要性。而在几乎所有的研究结论中，都一致地认为学院案的标志性意义在于划分了美国高等教育公私的界限，有研究者认为该案"导致公私立高等教育的分野"[①]，进而导致"美国的高等教育明确地划分为公立和私立两个子系统"[②]，还有研究者认为美国高等教育在学院案之后明确分为公立和私立两个系统，并由此形成了美国高等教育特有的竞争机制[③]；也有研究者回避了这种并不可靠的绝对表述，但仍然是在公私分立的框架下论述该案的，并将该案作为私立高等教育发展中的重要事件。[④] 进入 21 世纪之后，研究者仍然不断地重复此类表述，如认为该案"以法律的形式为公、私立高等教育划定了明确的界限"[⑤]；认为

---

* 作者简介：王慧敏，浙江大学教育学院副教授。
① 陈学飞：《美国高等教育发展史》，四川大学出版社 1989 年版，第 44 页。
② 王廷芳：《美国高等教育史》，福建教育出版社 1995 年版，第 129 页。
③ 王英杰等：《美国教育》，吉林教育出版社 2000 年版，第 76 页。
④ 滕大春：《美国教育史》，人民教育出版社 1994 年版，第 217 页。
⑤ 王保星：《美国现代高等教育制度的确立》，河北教育出版社 2005 年版，第 67 页。

该案分别以不同的方式促进了公私立高等教育的发展①；更有研究者直接宣称该案是"美国公私立高等教育发展在制度上的分水岭"②。在过去 20 多年中，研究者们对学院案的评价一直在重复几乎雷同的观点，问题是，这些研究在给出相同的结论的同时并没有进一步解释学院案是如何划分了美国高等教育的公私界限，也没有给出任何史实依据。

在美国的学术界中，也有很多学者支持这种观点，如唐纳德·乔治·图克斯伯里（Donald George Tewksbury）在 20 世纪 30 年代认为该判决促进了私立高等教育发展的同时推迟了公立高等教育的建设达半个世纪之久，③20 世纪五六十年代约翰·S. 布鲁巴克（John S. Brubacher）④和弗里德里克·鲁道夫（Frederick Rudolph）⑤分别又重申了这一观点。国内的学者在重复这种传统观点的同时又完全忽视了六七十年代以来美国学者们的反思，如理查德·W. 莫林（Richard W. Morin）批评了约翰·马歇尔（John Marshall）大法官对机构公私性质绝对而草率的划分，并指出这种简单绝对的划分的负面意义；⑥约翰·S. 怀特海德（John S. Whitehead）在 1973 年出版专著专门讨论了美国高等教育史上学院和政府分离的历史，私立高等教育是内战后才有的概念；⑦约翰·塞林（John Thelin）更是指出："大肆庆祝达特茅斯诉讼案的裁决即创建并加强美国'私立学院'这一行为夸大了案件本身。这个声明是把当代的名称强加在早期成立的机构身上，也就违背了历史史实。"⑧然而，美国学术界近半个世纪的研究成果并没有引起国内学者相应的重视。因此，国内的美国教育史研究者有必要发掘更多的史料、从更多的角度对学院案是否划分了美国公私高等教育界限这一问题进行重新考虑，做出自己的反思。

二、达特茅斯学院案中的公私问题再考察

由于长期以来的史料缺乏，国内研究者们可以通过一些二手文献了解到丹尼尔·韦伯斯特（Daniel Webster）的辩护演说和联邦最高法院首席大法官约翰·马歇尔的判决意见在学院案中有着举足轻重的作用，通过理查德·霍夫斯塔特（Richard Hofstadter）和威尔森·史密斯（Wilson Smith）编纂的《高等教育文献史》⑨之类的文献汇编也可以接触到韦伯斯特和马歇尔的部分观点，但这些观点的片段也往往使研究者犯下以偏概全的错

---

① 贺国庆等：《外国高等教育史》，人民教育出版社 2003 年版，第 271 页。

② 周详：《达特茅斯学院案与美国私立大学章程》，《湖南师范大学教育科学学报》2014 年第 2 期。

③ D. G. Tewksbury, *The Founding of American Colleges and Universities before the Civil War*, Hamden：Archon Books, 1965, p. 151.

④ J. Brubacher and W. Rudy, *Higher Education in Transition：An American History, 1636-1956*, New York and Evanston：Harper & Row Publishers, 1958, p. 36.

⑤ F. Rudolph, *The American College and University：A History*, New York：Alfred A. Knopf, 1962, p. 211.

⑥ R. W. Morin, "Will to Resist：The Dartmouth College Case", *Dartmouth Alumni Magazine*, No. 4, 1969.

⑦ J. S. Whitehead. *The Separation of College and State：Columbia, Dartmouth, Harvard, and Yale, 1776-1876*, New Heaven and London：Yale University Press, 1973, pp. 230-241.

⑧ 约翰·塞林：《美国教育史》，孙益等译，北京大学出版社 2014 年版，第 68 页。

⑨ R. Hofstadter and W. Smith（ed.）. *American Higher Education：A Documentary History*, Chicago and London：The University of Chicago Press, 1961.

误。1819 年,学院董事会成员之一蒂莫西·法勒(Timothy Farrar)在案件结束之后立刻就将新罕布什尔州高等法院和联邦最高法院中的发言和意见等所有资料汇集出版,从中可以看到法庭中律师和法官们的完整意见,也为重新考察学院案是否划定公私界限提供了最重要的史料依据。

第一,本案最核心的关键并不是学院的公私性质,而是对财产权的保护。韦伯斯特在联邦高等法院辩护的一开始就指出本案的根本问题是,新罕布什尔州议会对达特茅斯学院的改革法案在未得到学院董事会认可的情况下是否具有法律效力,[①]这是对州政府之于学院的管理权和监督权的考量。那么这种权力源于何处? 质疑州政府改革合法性的基础又是什么? 韦伯斯特给出了他整篇辩护的逻辑起点,即财产权要受到绝对的保护,监察权源于财产权,唯有机构的创建者才拥有机构的财产权。[②] 由此出发,以利亚撒·惠洛克(Eleazar Wheelock)是达特茅斯学院唯一的创建者(founder),学院的管理权和监察权属于他个人以及他所指定的董事会,而州议会只是学院的赞助者(patron)。州政府单方面的改革改变了学院财产的属性,是对创建者和董事会的财产权的侵犯。因此,对财产权的保护是韦伯斯特所有辩护的基础,这是他的根本论点。要知道,从美国独立革命到建国初期,对财产权的保护是一个至关重要的论题,用查尔斯·A. 比尔德(Charles A. Beard)的话说,韦伯斯特是美国建国初期经济势力的代言人[③],他在一生中对财产权的保护不遗余力。正如韦伯斯特在学院案一年多后的一篇演说中所指出的:"政府的性质在本质上是由持有和分配财产的方式决定的……一个共和政府更加依赖于管理财产世袭和转让的法律而不是政治制度。"[④]

可以说,学院案最后的判决保护的并不是所谓的"私立"学院,而是所有合法机构和组织的财产权,无所谓"私立"或者"公立"。在程序不当的情况下,即便是"公立"机构,政府也不能侵犯其独立的财产权。1799—1800 年,北卡罗来纳州议会就试图通过法案收回此前划拨给北卡罗来纳大学(University of North Carolina)的部分土地,这一企图在1805 年被州高等法院驳回,其法理根据也是对财产权的保护。[⑤] 该案件是韦伯斯特在辩护时所援引的判例之一,北卡罗来纳大学是早期州立大学的代表之一,可见,财产权的保护与公私立性质并无直接关系,只要不经正当程序,对财产权的侵犯就是不合法的。马歇尔以及其他两位联邦最高法院大法官布什罗德·华盛顿(Bushrod Washington)和约瑟夫·斯托里(Joseph Story)都是围绕着财产权从两个方面阐述了自己的意见:一是学院章程的契约属性;二是州议会的改革法案是否成立。前一个问题决定了学院的财产是

① T. Farrar. *Report of the Case of the Trustees of Dartmouth College against William H. Woodward*, Portsmouth: John W. Foster, 1819, p. 238.

② T. Farrar. *Report of the Case of the Trustees of Dartmouth College against William H. Woodward*, Portsmouth: John W. Foster, 1819, p. 249.

③ 查尔斯·A. 比尔德、玛丽·R. 比尔德:《美国文明的兴起》上卷,许亚芬译,商务印书馆 2010 年版,第 704—705 页。

④ D. Webster, *The Works of Daniel Webster*, Vol. I, Boston: Little, Brown and Company, 1853, p. 35.

⑤ J. Herbst. *From Crisis to Crisis: American College Government, 1636-1819*, Cambridge, Massachusetts and London, England: Harvard University Press, 1982, pp. 220-221.

否能够像自然人一样受法律保护,后一个则是考察程序正当问题。

第二,虽然公私界定并不是案件的关键所在,但韦伯斯特和大法官们都涉及了学院的"公私性"问题,那么他们对公私的表述是否如以往研究者所想象的那样划分了美国高等教育的公私界限呢?韦伯斯特根据英国普通法体系的标准,认为法人机构有两种类型,一是民事的(civil),仅指政府组织,如市、郡、镇等各级政府机构,它们是公共的(public);二是慈善的(eleemosynary),这类机构是根据捐赠者和创建者的意愿为了更好地管理私有财产而设立的,包括所有的医院和学院,它们是私立的(private)。① 马歇尔对此表示完全赞同,他认为虽然政府应该关注高等教育,但除非学院由政府创立、完全受政府的控制、所有的教职员都是政府官员,否则任何学院都不能被归为公立机构。② 在他们看来,"私立"机构的对立面是政府部门,唯有政府机构才能被称为是公共的。在整个美国高等教育史上,从来没有一所高等教育机构被认为是政府部门,因此,按照韦伯斯特和马歇尔的标准,美国所有的高等教育机构都应该是"私立"的,根本不存在真正意义上的"公立"高等教育。他们根本没有在高等教育领域中划分所谓的公私界限,而是笼统地把所有学院机构都划归为"私立"。

第三,学院案中首次提出学院公私性质问题的是约翰·惠洛克(John Wheelock),他在新罕布什尔州议会呼吁政府干预学院事务时以达特茅斯学院是一所公立机构为理由说明政府干预的合理性,州长威廉·普卢默(William Plumer)和州高等法院的法官们都对此表示认可,认为学院的公私性质应该由其目的的性质来决定。③ 这是惠洛克和州政府为学院改革合法性辩护的重要原因,因此从州高等法院到联邦最高法院都要对这一问题表态,尽管它不是最关键所在。如果从这一逻辑出发,美国自殖民地时期以来所建立的所有高等教育机构就都应该是公立机构了,因为它们的章程几乎都宣称学院的建立是为了宗教或知识的目的,并要为公众的利益考虑,这完全是一种"公共"目的。因此从正反双方的辩护逻辑来看,学院作为一种法人机构,要么全是"公立"的,要么全是"私立"的,学院只能有一种属性而不是分为公私两种,任何一方都没能在这两种性质上对高等教育机构做出明确的划分。韦伯斯特和马歇尔的翻案并不是基于重新划分学院性质的界限,而是赋予学院性质一种新的属性定义,他们的胜利不是论辩的胜利,而是观念的胜利,是联邦最高法院在概念解释权上的胜利。

三、殖民地时期以来的美国高等教育有公私之分吗?

在学院案中,双方对达特茅斯学院乃至所有学院机构的公私性质各执一词,那么,自

① T. Farrar. *Report of the Case of the Trustees of Dartmouth College against William H. Woodward*, Portsmouth: John W. Foster, 1819, p. 248.
② T. Farrar. *Report of the Case of the Trustees of Dartmouth College against William H. Woodward*, Portsmouth: John W. Foster, 1819, p. 314.
③ T. Farrar. *Report of the Case of the Trustees of Dartmouth College against William H. Woodward*, Portsmouth: John W. Foster, 1819, pp. 71-72.

殖民地时期建立第一所高等教育机构到学院案发生之时，美国高等教育机构的公私性质是案件双方所界定的那样清晰吗？1636 年 10 月 28 日，马萨诸塞湾殖民地议会通过决议建立一所学院并拨款 400 英镑作为学院建设之用①，第二年 11 月 20 日，议会指定的第一届学院监事会（Board of Overseers）全部由政府官员组成。尽管约翰·哈佛（John Harvard）在 1638 年的捐赠对学院的发展有着非常重要的作用，但 1636 年至 1652 年间，殖民地政府对哈佛学院各种形式的资助总共价值 1170 磅，约占哈佛学院总财政收入的 37%，1669 年至 1682 年间的政府资助更是占学院全部收入的 52.7% 之多。② 就连韦伯斯特在学院案两年后的一次演说中也承认，马萨诸塞湾殖民地政府是哈佛大学的创建者（founder）③，那么按照韦伯斯特和马歇尔在学院案中的"创建者"标准——创建者拥有财产权，哈佛就完全符合一所公立机构的标准。认为学院案划分了美国高等教育公私界限的研究者也许很难认同历史上的以及今天的哈佛大学是一所公立机构这个结论，韦伯斯特自己在同一篇演说中也没有坚持他为达特茅斯学院辩护时的逻辑，一方面认为政府是学院的创建者，另一方面又称哈佛是一所慈善机构（charity）。韦伯斯特在学院案中对公私性质的定义更多是出于辩护的需要而不是理性的辨析，同时也说明，至少在 19 世纪初，美国学院的公私性质依然是模糊的，依然没有一套统一的标准对之进行明确的划分，就连韦伯斯特本人也陷入双重标准的困境之中。

在整个殖民地时期，除了哈佛学院之外，威廉和玛丽学院（College of William and Mary）、耶鲁学院（Yale College）、费城学院（College of Philadelphia）、国王学院（King's College）等都与当地的殖民地政府保持了密切的关系。威廉和玛丽学院章程规定以殖民地总督和其他政府官员为主构成的董事会是学院真正唯一的管理者，拥有学院的财产权和人事权；1745 年修订的耶鲁章程仍然规定殖民地政府有权修订董事会制定的规章制度和做出的决议；富兰克林（Benjamin Franklin）创办的费城学院则完全排斥古典和宗教课程，以教授各种有用的专业知识和培养学生的"公共精神"（public spirit）为目标；国王学院建立的过程中充满了对"公立"（public）学院的呼吁。从一开始，政府就积极承担起高等教育的责任，高等教育也成为美国人生活中重要的组成部分，在学院章程这一法律基础上以及实际的管理权机构中，很多情况下政府都有权对学院实行直接的控制。④ 对几乎每一所殖民地学院来说，当地政府在创建过程中都起了非常重要的作用，并以拨款、公共税收、公共彩票、公共服务收入等方式资助学院发展，政府官员出任学院董事会、监事会成员也是常事。正如巴纳德·贝林（Bernard Bailyn）所指出的："没有一所教育机构完

① N. B. Shurtleff (ed.), *Records of the Governor and Company of the Massachusetts Bay in New England*, *Vol.* 1, 1628-1641, Boston: The Press of William White, 1853, p.183.

② M. S. Foster. *"Out of Smalle Beginings …" An Economic History of Harvard College in the Puritan Period (1636-1712)*, Cambridge: Harvard University Press, 1962, pp.126-127.

③ J. W. McIntyre (ed.), *The Writings and Speeches of Daniel Webster*, *Vol.* 15, Boston: Little, Brown, 1903, pp.88-89.

④ W. W. Smith, *The Relations of College and State in Colonial America*, PhD Dissertation, Columbia University, 1949, p.135.

全是'私立'的,没有一所机构是完全独立于政府的。"①加之殖民地时期和建国初期政教不分的状况,政府力量和宗教力量在学院中本来就是纠缠在一起而难以分清楚学院到底是受哪方面的力量控制,也为学院的"公私"性质蒙上了一层模糊的面纱,有研究者就认为早期的这些学院都是"半公立的"(quasi-public)②。自殖民地时期以来,"政府和学院都不知道,议会在合法修订学院章程或者学院事务的立法方面能走多远"③,换句话说,双方都不知道政府该在何种程度上、以何种方式干预高等教育事务,从来没有一个合理的标准作为参考。在学院案中,新罕布什尔州州长威廉・普卢默非常清楚地道出了这种困惑以及学院公私性质模糊的现实:"当我们学院的管理者们向公众或者议会申请资助的时候,他们就把学院说成是一所公共机构;但是当州议会为了学院更好的管理和发展而为他们颁布法律的时候,学院又被说成是一所私立机构而免于所有议会立法的干涉。"④从根本上说,学院案所判决的并不是如何区分高等教育机构的公私立性质,而是政府干预高等教育机构的程度和方式是否合理,这一点也是韦伯斯特和联邦最高法院的法官们所不断强调的。

建国初期,联邦政府到各州政府确实在公立高等教育的建设上做出了一定的努力,期望高等教育可以真正地为国家和公众服务以更好地体现革命的精神。随着国立大学计划的失败,美国高等教育中的公立大学和州立大学就成了同义词。研究者一般认为1825年正式开学的弗吉尼亚大学(University of Virginia)是美国第一所真正的州立大学,约翰・S. 布鲁巴克和威利斯・鲁迪(Willis Rudy)认为公立大学的标准有三:首先,它从一开始就以高等知识教学为目标并有着比其他任何学院都广博的课程,它的学生可以进行专门化的研究;其次,它完全是一项公共事业,没有任何"私立"因素;第三,它的办学目标是世俗的,非宗教的。⑤ 但同时,他们也承认弗吉尼亚大学在接下来的半个世纪中研究能力仍然很低,而且也不得不向宗教势力屈服。虽然佐治亚大学(University of Georgia)、北卡罗来纳大学等都自认为是更早的州立大学的先驱,但从资金来源和管理方式来看,更多的还是沿用殖民地时代的模式,很难说它们是名副其实的"公立"机构。⑥ 与此相应的是,18世纪80年代初马里兰州建立的第一所高等教育机构华盛顿学院(Washington College)和肯塔基州的第一所大学特兰西瓦尼亚大学(Transylvania University)虽然在今天看来都是私立机构,但在当时以及之后很长一段时间内都被当作

① B. Bailyn, *Education in the Forming of American Society*, Chapel Hill: The University of North Carolina Press, 1960, p. 107.

② G. M. Marsden. *The Soul of American University: From Protestant Establishment to Established Nonbelief*, New York: Oxford University Press, 1994, p. 68.

③ W. W. Smith, *The Relations of College and State in Colonial America*, PhD Dissertation, Columbia University, 1949, p. 136.

④ W. Plumer, "Cincinnatus, No. 34", *New Hampshire Patriot & State Gazette*, April 16, 1821.

⑤ J. S. Brubacher and W. Rudy, *Higher Education in Transition: A History of American Colleges and Universities*, New Brunswick and London: Transaction Publisher, 1997, pp. 147-148.

⑥ J. S. Brubacher and W. Rudy, *Higher Education in Transition: A History of American Colleges and Universities*, New Brunswick and London: Transaction Publisher, 1997, p. 145.

公立机构看待,它们甚至被称之为"公共"的私立大学("public" private university)。① 与此同时,也有研究者认为,甚至到 20 世纪初之前,很多州立学院和大学在很大程度上都被认为是"私立"机构而不是"公立"机构。② 总之,在建国初期新建立的高等教育机构上依然笼罩着模糊的公私性,韦伯斯特和马歇尔则完全忽视了这种复杂性,殖民地时期以来在满足教育需求方面的公私责任的区别最多只是存在于形式上的,而非实质上的。

四、达特茅斯学院案所界定公私界限之批评

学院案对私有财产的保护和对契约原则的重申都对后世产生过重要的影响,它的判决认为机构的性质不由机构的目的决定并把政府部门之外的所有机构都归于"私立慈善机构"的做法在某种程度上鼓励了各种社会机构和组织的发展,"私立"的性质与目的的公共性可以并存于同一机构也是资本主义精神的重要内容之一。然而,案件的判决对公私立的定义以及把所有学院机构都看作是私立机构的做法是否被现实所接受? 围绕高等教育的公私问题,又有哪些批评和争论? 这些问题一直以来都为国内的研究者所忽视。

达特茅斯学院自身在胜诉之后其实也没有认可联邦最高法院对学院公私性质的界定。在判决之后,学院很快就认识到了自己不能失去州政府的支持,不能把自己归于私立机构而与政府完全对立。1821 年 6 月,学院财务主管米尔斯·奥尔科特(Mills Olcott)致信韦伯斯特表示:"达特茅斯学院的一些支持者们认为学院的真正利益应该是来自于议会的资助……他们也考虑设立一个由州长、参众两院的议长以及其他由州长指定的人员组成的 20 人监事会。"③这几乎是重新认可了 1816 年州议会改革达特茅斯学院的核心内容。董事会成员约翰·M. 丘奇(John M. Church)也表示:"如果我们能够不断努力巩固与政府的关系并从政府那里获得资助的话,我觉得这很重要而且也可以达到。"④从 1823 年开始,学院董事会的名单中就出现了州长和其他州政府官员的名字。在董事会的努力下,州议会在 1825 年收到一份《关于修改达特茅斯学院章程并为之提供资助的提案》(An Act to Amend the Charter of Dartmouth College and to Make an Appropriation of the Encouragement of that Institution),重申了 1816 年的改革内容。这一系列行为都表明,对于州议会当初的改革,达特茅斯学院并非是不可接受的,达特茅斯学院自始至终就没有想把州政府的力量完全排除在学院事务之外,更没有把自己当作一所联邦最高法院所定义的"私立"机构。

1842 年,著名的布朗大学(Brown University)校长弗朗西斯·韦兰德(Francis

---

① H. G. Baker, *Transylvania: A History of the Pioneer University of the West, 1780-1865*, PhD Dissertation, University of Cincinnati, 1949.

② E. C. Elliott and M. M. Chanmbers, *The Colleges and the Courts: Judicial Decisions regarding Institutions of Higher Education in the United State*, Boston: The Merrymount Press, 1936, pp. 116-119.

③ J. K. Lord, *A History of Dartmouth College, 1815-1909*, Concord: The Rumford Press, 1913, p. 188.

④ J. S. Whitehead, *The Separation of College and State: Columbia, Dartmouth, Harvard, and Yale, 1776-1876*, New Heaven and London: Yale University Press, 1973, p. 79.

Wayland)在其出版的被认为是指引了美国高等教育改革方向的《论目前美国的学院制度》中，仍然强调美国高等教育中的公共性，他认为"私立"机构是由个人建立、个人获益并由个人负责的，而"公共"机构则无需考虑直接的经济效益，他的公私性划分又重新回到了目的性标准。一所学院机构或多或少都是公共性的，它也必须为公众、社会和国家服务，其管理和监督机构的设置也必须遵循此目的。① 韦兰德对美国高等教育的看法与学院案的判决完全不同，他指出，公共性是美国高等教育中所不可回避的成分，甚至应该作为高等教育改革的方向。在这份学院改革的指导性文献中，20 多年前由学院案所设定的公私性原则被抛弃了。而早在 1837 年联邦最高法院对"查尔斯河桥梁公司诉沃伦桥梁公司案"(Charles River Bridge vs. Warren Bridge)的判决中，斯托里大法官和韦伯斯特未能成功维护学院案所宣布的公私截然分立的原则，首席大法官罗杰·坦尼(Roger Taney)宣布在私人财产权神圣不可侵犯的同时，强调社区社会亦有其相应的权利，公民的福祉也应受到保护，对机构章程的解释不可逾越其字面的含义。② 在坦尼的逻辑下，马歇尔对公私性质的阐述明显超越了学院章程的字面表述，而他截然对立的划分也没有考虑到对"私有"权利的保护可能会导致对"公共"利益的伤害。

可以说，坦尼是有先见之明的，至 19 世纪下半期，公司力量的成长与壮大已经开始威胁到了公众的利益，正如当时密歇根州高等法院大法官托马斯·M. 库利(Thomas M. Cooley)所说："正是在达特茅斯学院案判决的庇护下，国内最庞大最有威胁的力量已然产生，一些巨大而富有的公司在国内拥有普遍的影响力。"马歇尔对公私的绝对划分把政府的干预完全排除在各种商业组织之外，"私立"的公司力量在法律的保护下肆意追求自己的利益并践踏"公共"的利益。密歇根大学法学教授威廉·P. 威尔斯(William P. Wells)于 1886 年发表《达特茅斯学院案与私法人》一文专门论述公私的绝对划分以及对"私立"机构的绝对保护所带来的负面影响。检察官希尔(C. H. Hill)在 1874 年撰文认为甚至应该颁布一条宪法修正案以弥补学院案判决的不足。1901 年是马歇尔被任命为联邦最高法院首席大法官的 100 周年纪念，在新罕布什尔州的纪念大会上，作为发言人的州最高法院首席大法官杰里迈亚·史密斯(Jeremiah Smith)毫不客气地批评马歇尔在学院案中的判决是违宪的。③ 1968 年，联邦第二巡回上诉法院大法官亨利·J. 弗兰德利(Henry J. Friendly)更是直截了当地指出马歇尔对于公私的划分过于简单、绝对，"达特茅斯学院案可能是一场错误的判决，或者其判决意见至少不应该再被认为是权威的……将来我们也不必要遵循 150 年前所宣布的原则。"④

很显然，马歇尔和韦伯斯特在公私问题上确实走得太远了，他们既没有考虑到当时高等教育的历史和现实，也没有考虑到他们的判决本身的局限性。怀特海德在《学院与

---

① F. Wayland, *Thoughts on the Present Collegiate System in the United States*, Boston: Gould, Kendall & Lincoln, 1842, pp. 43-53.

② 参见网站: http://en. wikipedia. org/wiki/Charles_River_Bridge_v. _Warren_Bridge.

③ R. W. Morin, "Will to Resist: the Dartmouth College Case", *Dartmouth Alumni Magazine*, No. 4, 1969.

④ H. J. Friendly, *The Dartmouth College Case and the Public-Private Penumbra*, Austin: University of Texas, 1968, pp. 9-10.

州的分离》专门探究了美国高等教育中公与私分离的历史过程,否定了学院案划分高等教育公私界限的分水岭意义,认为高等教育中的公私分离是内战后才出现的现象:学院开始从大型私人基金会获得捐赠,使得政府的捐助比例大大减少;学院董事会中政府官员的位置逐渐被校友会所取代,彻底割断了学院与政府的连接。[①] 尽管如此,怀特海德仍然只是承认此时的公私分离仅仅是一种刚刚萌发的理念而已,他也未能给出"公立"和"私立"的具体含义,它们最多只表明一种倾向或者影响学院发展的力量的消长。

五、结　语

因此可以说,不论是历史的现实还是后人的反思与批评,都表明了学院案划分美国高等教育公私界限的结论是缺乏事实基础的,它更多的是研究者们所构建或想象出来的高等教育神话,是为了更好地突出学院案在美国高等教育史乃至美国历史上的重要意义。但从根本上说,学院案所考察的是州政府应该如何干预高等教育的问题而不是公私立高等教育的区分,这是一个法律程序的问题,而无关乎公私立性质。怀特海德甚至指出,联邦最高法院的大法官们并无真正兴趣讨论学院的公私立问题,那至多只是一种胜诉的策略。[②] 也有研究者认为,传统的观点是犯了把当今的观念错置在过去历史上的错误[③],但问题在于,今天的美国高等教育中就有明确的公私界限吗?詹姆斯·杜德斯达(James J. Duderstadt)和弗瑞斯·沃马克(Farris W. Womack)就认为:"如果想从资金来源、规模和任务,或者社会责任方面来区分公立大学和私立大学,往往会造成误解",他们虽然认为公私立大学的最大区别在于法律地位、管理方式以及与政府的关系,但事实上,"所有的美国学院和大学,无论是公立的还是私立的都是公共资产,都要受到公共政策的影响和州、联邦法律的制约"。[④] 尽管怀特海德认为19世纪末是高等教育中公私分立的开始,但经过近一个世纪的发展,这种区分并没有越来越明显,反而有了趋同的倾向。[⑤]

在美国高等教育历史上,所谓"公立"和"私立"的界限很少有过非常明晰的时候,或许这也说明了用这组相互对立的术语来看待整个美国高等教育并不合适。美国所有的学院和大学机构都是各不相同的,但这并不意味着它们有着根本的差异,截然二分的维度应该被超越。劳伦斯·A. 克雷明(Lawrence A. Cremin)就认为,美国的教育机构"不

---

① J. S. Whitehead, *The Separation of College and State*: *Columbia*, *Dartmouth*, *Harvard*, *and Yale*, *1776-1876*, New Heaven and London: Yale University Press, 1973, pp. 191-214.

② J. S. Whitehead and J. Herbst, "How to Think about the Dartmouth College Case", *History of Education Quarterly*, 1986, 26(3).

③ E. L. Johnson, "The Dartmouth College Case: The Neglected Educational Meaning", *Journal of the Early Republic*, 1983, 3(1).

④ 詹姆斯·杜德斯达、弗瑞斯·沃马克:《美国公立大学的未来》,刘济良译,北京大学出版社 2006 年版,第 9—11 页。

⑤ J. H. Schuster, "Higher Education in the United States: Historical Excursions", *Revista Electrónica de Investigación Educativa*, No. 2, 2001.

论在经费资助或管理控制方面是公立抑或私立,都刻意以社区机构的面目出现,反过来又被认为是社区机构。在它们的领导人看来,它们是教育机构这一事实使它们得以成为社区机构"①。美国的高等教育机构从一开始就是社会各种力量综合作用的共同产物,学院和大学说到底乃是一种社区机构(community institution),个人、教会、政府以及其他社会组织都在不同程度上参与其中,学院和大学又在不同程度上反过来为之服务,只是在不同的时期、不同的机构中,各种力量的消长会有不同,这远不是一场案件的判决就可以厘清的。在任何时候,"公"和"私"的力量都没能完全主导一所高等教育机构,美国高等教育本身就是多元利益的反映,其发展与进步也是多种力量相互博弈的结果,学院案也不过是这种多方面力量博弈的具体体现。

原载《北京大学教育评论》2016 年第 1 期

---

① 劳伦斯·A. 克雷明:《美国教育 2:建国历程,1783—1876》,洪成文等译,北京师范大学出版社 2002 年版,第 522 页。

多元、创新、卓越：美、加一流大学教育学博士人才培养之研究

——基于对六所一流大学的实证分析

◎刘　盾[*]

摘　要：博士人才培养是我国实施创新驱动发展战略和建设创新型国家的核心要素。本文将视野投向世界高等教育强国美国、加拿大，并以六所一流大学为例（美国的哈佛大学、宾夕法尼亚大学、弗吉尼亚大学，加拿大的麦吉尔大学、多伦多大学、英属哥伦比亚大学），探索、分析、比较、反思其教育学博士培养模式。研究发现这几所学校使命互不相同，专业类型标新立异，课程结构颇具创新，考核测试严格周密等，两者亦在不同环节体现着差异与特质。对于我国而言，建议构建跨学科体系，整合多院系资源，增设专业类型，树立国际理念，加大学生阅读任务，增多研讨机会，转变考核策略，设立重修机制，重视研究方法，创新教学形式等。

关键词：一流大学；教育学博士；人才培养；美国；加拿大

博士研究生是高层次、高水平人才的象征，是研究型、创新型精英的标志。博士人才培养是"我国实施创新驱动发展战略和建设创新型国家的核心要素，是科技第一生产力、人才第一资源、创新第一动力的重要结合点"[①]。2017年1月，国务院发布《国家教育事业发展"十三五"规划》，其中明确指出："加强重大基础研究、重大科研攻关方向、重大工程领域、重大社会问题研究的博士研究生培养。"教育部与国务院学位委员会联合发布《学位与研究生教育发展"十三五"规划》，其中言明，"加大博士研究生培养力度，着力培养各类创新型、应用型、复合型优秀人才"，"健全完善博士研究生培养与科学研究相结合的培养机制"。系列文件的出台及立意鲜明的话语足可见得"博士人才培养"这一议题的重大价值与深刻意义。

我国博士人才培养历经改革与发展，已然取得较大进步。不过，诸多专家学者在深入研究后，仍发现其中存在不少问题。譬如，"培养模式的内在理念与运行动力存有问

---

　　* 作者简介：刘盾，厦门大学教育研究院博士研究生。基金项目：教育部人文社会科学重点研究基地重大课题"世界一流大学多样化招生政策研究"（13JJD880011）。

　　① 中华人民共和国教育部：《学位与研究生教育发展"十三五"规划》，参见网站：http://www.moe.edu.cn/srcsite/A22/s7065/201701/t20170120_295344.html。

题"①,"虽借鉴欧美,但貌合神离、缺乏深度解读与研究"②,"对课程教学的认识存在误区,急需探究新的课程建设方略等"③。诸如此类的问题、不足还有很多,不能不引起我们的关注及思考。事实上,博士人才培养的理论研究与实践完善有必要从一流大学做起,从而带动其他大学的优化与提升。2017 年 1 月,教育部、财政部、国家发展改革委联合印发《统筹推进世界一流大学和一流学科建设实施办法(暂行)》,为我国一流大学、一流学科的建设发展理清了思路、指明了方向。④ 本文中,我们从国际视野出发,聚焦一流大学,以教育学的博士人才培养为研究对象,结合专业优势及理论、实践经验,对这一问题进行深入研究。

美国、加拿大同属北美地区的发达国家。依据世界著名教育组织 QS(Quacquarelli Symonds)于 2016 年发布的全球高等教育实力排名(Higher Education System Strength Rankings),美国名列第 1,加拿大名列第 5,两国名次十分靠前,都拥有极为不俗的高等教育实力。⑤ 我们以美国、加拿大为例,选取两国的各三所(共计六所)一流大学,研究世界一流大学的教育学博士人才培养模式。这六所案例大学分别是美国的哈佛大学(Harvard University)、宾夕法尼亚大学(University of Pennsylvania)、弗吉尼亚大学(University of Virginia),以及加拿大的麦吉尔大学(McGill University)、多伦多大学(University of Toronto)、英属哥伦比亚大学(University of British Columbia)。⑥ 本文以此六所一流大学为重点研究对象,首先分析学院的核心理念,在此基础上,厘清教育学博士的专业类型,并重点考察课程设计、探究其考核测试,从而实现依次而递进的深入分析。

一、跨学科、高标准：美、加一流大学教育学院的核心理念

美、加不同一流大学教育学院肩负的使命不同,秉承的理念各异,价值取向多元,追求目标不一。在美国方面,哈佛大学教育学院的核心理念为"给予学生更多的知识、更好的平台,不断培育教育界的领导者"⑦。学院注重跨学科的教育与改革、政策与项目、理论与实践。哈佛大学教育学院与哈佛大学的文理学院、研究生院等共同合作,开设大量的

---

① 刘献君：《发达国家博士生教育中的创新人才培养》,华中科技大学出版社 2012 年版,第 134 页。

② 徐瑞华：《我国博士教育培养模式：借鉴欧美形似而神不似》,《研究生教育研究》2013 年第 4 期。

③ 包水梅：《学术型博士研究生教育中的课程建设方略研究》,《研究生教育研究》2014 年第 6 期。

④ 中华人民共和国教育部：《统筹推进世界一流大学和一流学科建设实施办法(暂行)》,参见网站：http://www.moe.edu.cn/srcsite/A22/moe_843/201701/t20170125_295701.html.

⑤ Quacquarelli Symonds, *Higher Education System Strength Rankings*, 参见网站：https://www.topuniversities.com/system-strength-rankings/methodology.

⑥ 依据 2017 年 U. S. News 的全球大学排名,哈佛大学、宾夕法尼亚大学、弗吉尼亚大学在本国分别名列第 1、第 8、第 24,在世界分别名列第 1、第 17、第 99；多伦多大学、英属哥伦比亚大学、麦吉尔大学在本国分别名列第 1、第 2、第 3,在世界分别名列第 21、第 31、第 50。虽然弗吉尼亚大学排名相对较低,但为美国公立大学的代表,其在公立大学中位居前三,并且也是美国历史上第一所独立于教会的大学,具有特殊意义。

⑦ Harvard Graduate School of Education, *About the Harvard Graduate School of Education*, 参见网站：http://www.gse.harvard.edu/about.

跨学科性质的学位项目。宾夕法尼亚大学的教育学院是汇集高质量学术成果、高水平学术影响的小规模学院。学院强调教育理论、研究、实践的互动逻辑，认为"若想指导实践、影响实践，须先关注现实议题、关心大众需求"[①]。弗吉尼亚大学的教育学院秉承"探索与增进知识、创新与改变现实"的职责使命，推崇教育公平与社会正义理念，重视不同国家与地域文化的多元性、复杂性、独特性，努力构建师生彼此关心、相互尊重的文化氛围。[②]

加拿大各所一流大学亦有其独特之处。多伦多大学的教育学院以"审视教育的重大议题，关注人类的未来发展，组织有价值的实践，解答全球教学人员、研究人员、专家教授、政策制定者、领导者等面对的重大问题"为使命，积极构建理性的、支持的、多元的环境，大力弘扬平等与社会正义精神。[③] 麦吉尔大学的教育学院以"发挥本院教育学科在加拿大教育学界的领先地位，提升国家以至整个世界的教育知识水平与专业实践水准"为使命。而且，其"博士生必须进行知识的原创性研究，并对学术领域做出确切的贡献"。[④]英属哥伦比亚大学的教育学院以"不断提升教育在现代社会中的角色与地位"为使命，并明确其奋斗目标为："在教育界培养世界一流的领导、专家、教师、学生，促进教育理解、创造教育科技、发展终身教育、开展国际合作、改善教育与社会的不平等现象等。"[⑤]

通过对各院核心理念及主要特征的分析，可以发现其在人才培养方面都设有极高的标准与严格的要求。而且，强调原创性生产、创造性贡献，注重理论联系实际、课堂结合实践，看中教育、学习、研究对社会改革、发展变迁带来的效益与影响，致力于弘扬公平理念、彰显正义精神。除着眼于对学生的学识素养、综合能力培养外，还突出对其领导能力、团队协作能力的提高。比较而言，美国更强调跨学科的协同合作以及多元文化的理解与包容。因为，美国本就是一个多元文化并存、多国人群共处的"熔炉式"国家。加拿大则不断追求在学界、业界的领先地位，展现出其自信进取、当仁不让的态度及作风，而且，十分看重对个体全球化视野与国际化能力的栽培。

二、涵盖面广、极具创意：美、加一流大学教育学博士的专业类型

美、加一流大学教育学博士的专业类型十分多元，涉及领域多种多样。除设有一般性的高等教育、教育政策、教育管理等专业外，还开设诸多标新立异、特色鲜明的专业。譬如，哈佛大学的"教育与文化、社会、机构"专业、"人类的发展、学习与教学"专业，宾夕法尼亚大学的"人类发展的跨学科学习"专业，弗吉尼亚大学的"研究、统计与评估"专业，麦吉尔大学的"种族与女性研究"专业，多伦多大学的"教育与社会平等"专业，英属哥伦比亚大学的"特殊教育"专业等。与我国相比，的确呈现显著差异，显现鲜明不同。考虑

---

① Penn Graduate School of Education，*About Penn GSE*，参见网站：http://www.gse.upenn.edu/about.

② Curry School of Education，*About the Curry School*，参见网站：http://curry.virginia.edu/about.

③ The Ontario Institute for Studies in Education of the University of Toronto，*About OISE*，参见网站：http://www.oise.utoronto.ca/lhae/Home/index.html.

④ McGill's Faculty of Education，*About Faculty of Education*，参见网站：http://www.mcgill.ca/education/.

⑤ UBC's Faculty of Education，*About Faculty of Education*，参见网站：http://educ.ubc.ca/.

到各校博士专业的类型广、数目多,无法逐一列举说明,因而在各校的博士专业群中各择其一,对其主要特色进行具体阐释(见表1)。

表1 六所大学不同专业的主要特色

学校与专业	专业的主要特色
哈佛大学的教育政策与评估博士专业	引导学生关注初等、中等、高等教育等的各类问题,研究并设计政策、探讨并评估项目,并学会运用经济学、社会学、历史学、哲学、公共政策学、统计学等不同学科的理论、方法来处理、解决问题
宾夕法尼亚大学的跨学科学习研究博士专业	突破传统视角下的一般化问题,将目光投向跨学科的理论研究与实践应用;融合心理学、社会学、认知科学、文化语境等学科或元素,研究人类跨学科学习的价值、机理、方式、问题
弗吉尼亚大学的高等教育博士专业	致力于培养基础扎实、能力突出、能够有效解决专业领域中各类难题的卓越人才;注重研究方法的广泛学习以及跨学科理论的综合运用,重视引导学生学会从事原创性的、高水平的科学研究
麦吉尔大学的教育研究博士专业	具备精英化、高品质、强竞争等特点,为博士生提供多元的、开放的、共享的学习平台;指导学生综合运用传统与现代的理论、工具,积极探索并努力揭示教育现象的本质,洞察问题背后存在的规律
多伦多大学的教育与社会平等博士专业	培养卓越人才、发挥教育功效、提升社会平等;综合运用传统与现代的理论和方法,突破以往教育学界既定的角色与目标;揭示与分析教育本质、研究并改进社会问题
英属哥伦比亚大学的测评与研究方法博士专业	以培养学生学会多元的研究方法、掌握专业的测评技术为首要目标,采用高端化的统计模型,构造精准的实验设计,培养学生在方法论、方法实践、结果测评等方面的卓越能力

资料来源:笔者依六所大学官方网站最新资料整理而成。

两国一流大学教育学博士的不少专业涵盖各类教育体系、不同教育层级、种种教育问题;无论宏观思辨还是微观考察,无论学科基础还是现实应用,都投以关注、展开探索,并普遍具备精英型、高品质、强竞争等特点;部分专业从设计规划到资源整合、从教学工作到科学研究、从课程设置到师资队伍都是跨学科、跨领域的;有些专业尤与社会学密切相连、有些专业尤其强调研究方法的学习与运用、有些专业尤为重视实践考察与调研等。此外,各个专业也没有忽视对学生个性化发展的培养、对学生个人专攻领域的打造等。

"不同于本专科招生承载大众化教育的使命,博士教育是精英教育,意在为具有科研兴趣和能力、有志于为学科发展做出贡献的人提供机会。如何科学设计制度以招到适切的优质生源、保证招生效率是最重要的考量。"①美、加一流大学教育学博士的招考方式整体类似,但细节不同。一般情况下,都要求报考者提交学历学位的官方证明、专家推荐信、个人履历表、个人自述(包括研究目标与研究兴趣)、写作能力证明(论文或其他写作样品)、研究成果与业绩、语言类成绩等。两国一流大学的教育学博士招生在材料提交与审核上具有一定共性,保证了对报考者基本学历、知识水平、研究能力、综合素质、业绩成果、未来规划等的了解与考查。此外,不同大学的不同专业在笔试面试、工作时长、侧重

---

① 郑若玲、万圆:《我国博士生招生制度的改革与完善》,《中国高等教育》2014年第18期。

要点等方面有着不同要求,亦体现了其差异性所在。

三、互不相仿、特点突出:美、加一流大学教育学博士的课程设置

美、加一流大学教育学博士专业的课程结构各具特色、互不相仿,核心课、选修课、研究方法课等的学分比例、数目要求等迥然不同。哈佛大学教育学博士生需要修读至少1门核心课程、2门量化研究方法课程、2门质性研究方法课程以及大约9门选修课程。学院对学生的阅读有额外要求,在读期间额外需完成相当于1门课程的阅读量。同时,开设研讨会(doctoral colloquium),设立研究学徒制(research apprenticeship)。[①] 宾夕法尼亚大学教育学博士专业的课程设置依专业不同而呈很大差异。譬如,"教育、文化与社会"专业要求学生必须修读1门核心课程、2门社会学理论课程、3门研究方法课程以及至少10门的选修课程;教育政策专业则要求学生必须修读12门核心课程(涵盖了研究方法课程)以及4门选修课程。[②] 弗吉尼亚大学教育学博士专业的课程设计也依专业不同而呈鲜明差异。例如,高等教育专业要求学生必须修读7门核心课程、6门研究方法课程以及3门选修课程;教育管理专业要求学生必须修读4门核心课程、5门研究方法课程以及4门选修课程。[③]

由此可见,各校教育学博士专业的核心课往往依专业不同而有所不同。一般而言,高等教育专业设高等教育理论与问题、大学生学习与教学等;教育政策专业设公共政策与经济学、教育学政策的社会学基础等;教育管理专业设高等教育的战略规划、领导力的改革与实践等。各个专业的选修课常常聚焦教育领域的不同视角层面、各国各地的教育动态、学生的多元化学习、教师的教育与发展等。研究方法课涵盖广泛,既设质性研究方法,也设量化研究方法;既包括各式各样的文本研究、访谈调查、统计分析,也包括人种志、民族志等社会学的研究方法。

加拿大一流大学的教育学博士的课程结构具有自身的独特性。麦吉尔大学不少教育学博士专业的核心课程为教育研讨会(Proseminar in education)以及学术报告会(Ph. D. colloquium)。在研讨会中,教师引导学生学习教育研究的知识、探讨当前的重大问题;在学术报告会中,师生以学生的学术研究与毕业论文为主题,共同讨论、表达观点、提出意见、促进提升。[④] 英属哥伦比亚大学部分教育学博士专业的核心课程亦为博士生研讨会(doctoral seminar),分3期开设,各期重点分别是教育与学习的理论基础、教育研究

① Harvard Graduate School of Education,*Doctor of Philosophy in Education*,参见网站:http://www.gse.harvard.edu/doctorate/doctor-philosophy-education.
② Penn Graduate School of Education,*Doctor Programs in Education*,参见网站:http://www.gse.upenn.edu/degrees_programs/by_degree.
③ Curry School of Education,*Doctor of Philosophy in Education*,参见网站:http://curry.virginia.edu/academics/degrees/doctor-of-philosophy.
④ McGill's Faculty of Education,*Doctor of Philosophy in Education*,参见网站:https://www.mcgill.ca/dise/grad/phd-program/prospective.

的方法与应用、论文设计与开展实施。[①] 此外,麦吉尔大学的选修课大多为研究方法课,多伦多大学的研究方法课程设于选修课之内,英属哥伦比亚大学则在核心课与选修课之外单设研究方法课。

两国一流大学教育学博士课程设置的共性在于:都依专业的不同而设差异鲜明、特色凸显的核心课程,拓宽学生思维与视野、打通不同学科与知识的选修课程,科学正规、详细深入、融汇百家的研究方法课程。两国一流大学教育学博士的课程结构与数目要求差异较大。同一学院不同专业的课程结构与数目要求也呈显著区别。譬如,有的专业核心课程要求 1~2 门即可,有的却要求 6~7 门;有的专业选修课程要求 3 门左右,有的却要求 10 门之多。不过,各个专业普遍重视研究方法课程,不仅在结构上给予其与必修课同等重要的地位,而且兼顾质性研究、量化研究等不同方式,大多还要求学生至少选择 2 门质性研究方法课程以及 2 门量化研究方法课程。

比较而言,加拿大不少大学的核心课即是研讨会、报告会。学生在此提出自己的研究主题、汇报自己的研究成果,师生共同交流、讨论、批判、促进,这样的方式高度符合博士生教育的特征,十分有助于提升博士生的主动性与创造性,不失为一种颇具创新与启发的课程方式。而美国各个大学普遍设有研究学徒制。在研究学徒制中,学生在导师团队的带领下,逐步学习研究设计与实施、问题探究与分析、调研考察与反思、论文撰写与表达等。在此过程中,学生还会参加各式各样、丰富多彩的学术活动。此外,不同大学的教育学博士专业有其独特的学习任务,例如哈佛大学对阅读量的要求、宾夕法尼亚大学的方向特色课、麦吉尔大学的专业补充课等。

四、形式多元、要求严格:美、加一流大学教育学博士的考核测试

如果说以上各个环节已经让人目睹其独特风采、领略其多元特色,那么两国的考核测试也同样别具一格,与我国当前做法迥然相异。在美国,哈佛大学教育学博士生的中期考核为综合性测试(comprehensive examination),采取笔试与口试相结合的形式:笔试既会考查综合知识,也会考查学生各自的专攻领域;口试则主要检查学生对未来研究的理解、设计、规划及实施。[②] 宾夕法尼亚大学的教育学博士生须要参加两次测试:一为合格性测试(qualifying examination),常在第二年年末举行,乃是基于学生课程学习的笔试测验;二为综合性测试(comprehensive examination),决定学生可否开展毕业论文的开题工作,形式为撰写某一重大教育议题(可以是毕业论文选题)的文献综述。[③] 弗吉尼亚大学教育学博士生则须参加初级测试(preliminary examination)与综合性测试

---

① The Ontario Institute for Studies in Education of the University of Toronto, *Doctor of Philosophy in Education*,参见网站:http://edst. educ. ubc. ca/programs/phd-in-educational-studies.

② Harvard Graduate School of Education, *Comprehensive Examination*,参见网站:http://www. gse. harvard. edu/doctorate/doctor-philosophy-education.

③ Penn Graduate School of Education, *Qualifying Exam and Comprehensive Exam*,参见网站:http://www. gse. upenn. edu/hed/phd.

（comprehensive examination）。初级测试包括两道程序，一为提交研究报告，二为参与口试测试。综合性测试则是检查学生的开题报告，并为其安排面试考核。部分专业的综合性测试乃是检查学生专业知识与研究方法的笔试测试。[①]

在加拿大，麦吉尔大学的教育学博士生在完成所学课程后须参加综合性测试（comprehensive examination）。只有通过这项测试，才可申请毕业论文的开题工作。测试主要考查学生学术知识的深度与广度、独立进行原创性研究的能力、未来在专攻领域发展的潜力等。测试方式既可以是当场测试（a written "sit down" examination），也可以是非现场测试（a written "take home" examination），还可以提交研究论文，并参与面试考核等。[②] 多伦多大学与英属哥伦比亚大学的考核测试与其基本类似，但细节不同。多伦多大学的考核测试也是学生自主选择，可以是 3 小时的当场测试，也可以是为期 10 天的非现场测试，但此后须参加 1 小时的口试测验。[③] 对于英属哥伦比亚大学的博士生而言，若想参加综合性测试，核心课程须达到 85 分以上，否则须先重修课程方可进行。综合性测试的形式为：提交高水平的学术成果并答辩，或选择参加当场测试，或选择参加时长四周的非现场测试，并提交论文、参加面试、回答提问等。[④]

综合以上，两国一流大学教育学博士考核测试的共性在于：都设综合性测试，且如果考生不通过，有且仅有一次再试机会；若仍不通过，则会被无情淘汰，也即彻底丧失攻读博士学位的机会。就差异而论，美国一流大学教育学博士生的考核测试一般有 1~2 次，形式或为当场考核的笔试、专家组织的口试，或关于某一主题的研究报告、围绕某一问题的文献综述、有关未来研究的开题报告等。加拿大一流大学教育学博士生的考核测试一般为 1 次，形式为"当场测试"或"非现场测试＋口试"，少数专业为提交论文等。在测试内容方面，各校都会考查学生习得的基础知识、重大理论、研究方法、综合能力等。其中既有综合的、通识的整体测试，也有针对学生专攻方向、专长领域的测试；既会考核学生以往的课程学习、研究收获，也会观察学生毕业论文的基本构思、初步计划、材料梳理、初步观点等。

五、反思与启发：对我国教育学博士培养改革之建议

上文中，我们既分析了美、加一流大学教育学博士专业的基本概况、专业类型，也探讨了其课程结构、考核测试，并对两国共通的特性做了解释，对两国存有的不同做了比较。基于此，我们对我国教育学博士人才培养改革提出以下几点建议，以促其未来发展、

[①] Curry School of Education，*Preliminary Examination and Comprehensive Examination*，参见网站：http://curry. virginia. edu/academics/degrees/doctor-of-philosophy/ph. d. -in-education-curriculum-and-instruction.

[②] McGill's Faculty of Education，*Comprehensive Examination*，参见网站：https://www. mcgill. ca/dise/grad/phd-program/prospective.

[③] The Ontario Institute for Studies in Education of the University of Toronto，*Comprehensive Exam*，参见网站：https://www. oise. utoronto. ca/lhae/Programs/Higher_Education/Comprehensive_Exams. html.

[④] UBC's Faculty of Education，*Comprehensive Examination*，参见网站：http://edst. educ. ubc. ca/programs/phd-in-educational-studies/#tab_Requirements.

助其今后完善。

(一)构建跨学科体系,整合多院系资源

当前,科技发展综合化、社会发展复杂化,很多意义重大、极具挑战的问题都涉及不同的学科、关联不同的领域。传统模式中的机构运行、组织设定往往界限清晰,资源配备、人员分工也泾渭分明,这些不仅会导向破碎、零散、低效的不利后果,也会促成封闭、固守、僵化的不良局面。"为处理并解决当今世界面临的各类重大挑战,跨学科方法无疑是必要的。对于博士生而言,更须增加跨学科能力的培养与训练。"[①]哈佛大学的教育学院与文理学院、研究生院等共同合作,开设了一系列的跨学科学位项目,譬如,教育学博士的专业类型就突破了传统常规,其包括"教育与文化、社会、机构""教育政策与评估""人类的发展、学习与教学"三大方向,并分别与文化、政治、经济等不同领域相融汇、相交叉。[②] 其充分运用各个学院的教学科研、师资课程等资源,以及不同学科的视角思路、理论方法等来解决难题、攻克难关。可以说,此种形式一改往常之弊端、革新传统之面貌,为培养复合式、创新型、跨学科人才提供了平台,确立了保障。

在未来,我们也应高度整合各类资源,譬如师资力量、学生群体、图书储备、科研设备、沙龙讲座、会议报告等,大力实现跨院系的交流、合作与共享、互用。建议不同学院可联合申报博士学位点,联合培养博士研究生,亦可围绕某类跨学科的研究方向或主题,共同成立研究中心或研究项目、研究小组等,携手合作、一同解决复杂难题。与此同时,可引入具备跨学科背景、思维、视野、能力的新型师资,为开拓协同创新的新局面添砖加瓦。此外,还需进一步提升博士生的创新意识与创新能力。注意务必突破功利短视的培养目标,追求与时俱进的人才标准,构建民主、支持、互信的学术氛围,激发学生的挑战意识,锻炼学生的综合技能,激励学生表达自我、乐于创新。

(二)增加专业类型,树立国际理念

美、加一流大学的教育学博士专业方向多,类型广,范畴宽,延伸广。不少高校设有高等教育以及不同学科教育的博士专业,将教育理论研究与师范教育研究在一定程度上进行了融合;设有社会公平与教育、人类发展与教育、种族与性别教育、社区与成人教育、教育领导与政策等博士专业,不再单单"就教育而学教育",而是将教育与社会、文化、经济、政治等不同领域进行交叉与结合,由此拓宽学习的领域、深化学习的内涵;还设有"教育测量与研究方法""测量、评估与统计"等博士专业,专攻研究方法与实践,特色鲜明,直指现实。

与之相比,我国教育学博士的专业方向相对较少,既缺乏不同学科的交叉融合,也缺少针对精细方向、特殊群体的专门研究。在未来,应挣脱藩篱、打破桎梏,开设更多类型、

---

① D. Boden, M. Borrego and L. K. Newswander, "Student Socialization in Interdisciplinary Doctoral Education," *Higher Education*, No. 62, 2011.

② Richard Vedder, *Introduction: The American Higher Education Problem*, New York: Springer New York, 2010.

更广范围,既有交叉学科又有专精深入的新专业。而且,要不断更新原有理念与方法,注重社会对教育的现实需求以及大众对教育的实际需要;应引领学生了解社会、参与社会、服务社会、贡献社会,并打开其视野、拓宽其眼界,引导其关注国际上的热点问题、世界上的新兴问题,使其逐步具备敏锐的洞察力与独特的思考力。藉由此径,一方面可提升学生的国际化水平,另一方面也可提升学院的国际地位与增强国际影响力。此外,美、加一流大学教育学博士专业的培养年限皆依专业不同而呈现差异,我国也应深入思考、认真借鉴这一特征,转变不同专业教育学博士学制相同的观念,科学论证、合理设计具备差异化、多样化的新学制。

(三)加大阅读任务,增多研讨机会

课程设置反映着专业的核心理念,体现着专业的主体思路。事实证明,博士生确有必要进行系统的、专门的课程学习,由此巩固基础、丰富经验、学习方法、把握前沿、逐步具备较好的综合素养以及较高的创新潜质。[①] 建议未来我国也须依专业特征的不同而设置不同课程,配备不同学分。具体而言,核心课理应体现专业特色,选修课与研究方法课则应涵盖广泛,以供不同博士生进行自主地、自由地、充分地选择。如此不仅可以突破以往高度相似、千篇一律的课程结构,更可营造标新立异、内涵丰富的课程"新气象"。

值得注意的是,加拿大不少大学的核心课是研讨会、报告会等。这与我们以往的认知截然相反,给予我们思想上的冲击与"颠覆"。这样的方式遵循高层次人才培养的机理、创新型人才教育的规律,高度符合博士生学习的特征,我们也可借鉴汲取其经验、推广落实类似做法。由此增强师生的互动,促进彼此的沟通,锻炼博士生的自主研究能力,解决其面临的各类现实难题。当中的各种讨论、观点、想法、建议,都可为学生的未来发展提供有效的支持与积极帮助,部分想法还可为博士生的毕业论文指导方向、解答疑惑。此外,哈佛大学为每位学生设有专门的阅读量,并应达到一门完整课程的所需要求。在此过程中,学生须阅读大量的专业文献以及学术资料,有的属于独立探索,有的要求合作完成,最终须形成突破性的观点,并汇报其学术成果。除专门的阅读要求外,其他课程的阅读量亦非常大。不过,这既有利于增长学识、加深理解、提高认识,也有利于培养批判思维与创新能力,这对博士生的未来发展无疑大有裨益。

(四)转变考核策略,设立重修机制

考核测试既可检查博士生已经掌握的知识与技能,也可反馈其当前存有的不足与缺陷;既可表征博士生在上一阶段的整体进展,也可预测其下一阶段的能力表现。建议在我国大学教育学博士培养过程中,也运用多样化的考核测试方式,可依据专业特性与学位特点采用笔试、口试、撰写研究报告、梳理文献综述等,甚至可借鉴加拿大的测试模式,为学生设定某一主题,对其开展时长几周的非现场考核,过后辅以面试答辩的组织形

---

① 包水梅:《中美高等教育学博士研究生培养制度的比较研究——基于厦门大学与斯坦福大学的案例分析》,《高校教育管理》2012 年第 4 期。

式。而且，在考核测试中，应全面考核学生的知识水平、研究方法以及各类能力。既要有基础的、通识的测试，也要有结合学生个人专攻的、研究方向的测试。此外，还可对学生的未来选题与毕业论文准备工作进行适当检查。

目前，国外普遍设有严格的淘汰机制。学生如果未能通过综合测试，仅可获得一次再测机会。如果仍未通过，则会被淘汰、无法继续攻读博士学位。与之相比，我国的考核测试基本不存在淘汰机制。这固然与我国的国情及诸多现实因素有关。考虑到这点，未来我们可以加强课程考核的力度，以课程的重修代替学位的淘汰。具体而言，在部分核心课程中，可对学生的课堂表现、研究论文、成果汇报等进行严格的审核，同时设置一定的通过比例。不合格的学生须重新修读该课程。当然，也可在考核测试中加入重考机制，或对表现较差的学生提出更高的论文发表要求等。这些做法可以给学生更大的压力，提升其努力程度与竞争意识，促使他们更为认真、刻苦地学习知识、增强本领。

（五）重视研究方法，丰富教学形式

研究方法是学生开启知识宝库的金钥匙、探索高深学问的点金术，是帮助学生从"有师点通"转向"无师自通"的关键要素。美、加一流大学的教育学博士专业从研究方法论、质性与量化研究方法，到访谈与调研设计、人种志与民族志的运用等，可谓种类丰富、包罗广泛。很多学院还将研究方法课与一般选修课作了明确区分：其把研究方法课单列出来，使其成为独立模块，并要求学生必须修读其中若干课程（一般要求至少2门量化研究方法课和2门质性研究课），足可见其重视程度之高。与之相比，我国教育学博士专业对研究方法课程的重视还不够，既没有明确的学分要求，也缺乏必要的师资力量。未来须深刻反思这一差异，改变以往的守旧办法。建议各大学的相关专业提升研究方法课的地位，将其从选修课中抽走，或列入必修课范畴或成为独立且必选的一大模块。

另外，我国不少高校的博士生教学依然侧重于讲解与传授，未能达到博士生课程的应有标准。巴西著名教育家保罗·弗莱雷认为，"讲解把学生变成了'容器'，变成了可任由教师'灌输'的'存储器'……于是，教育就变成了一种存储行为。学生是保管人，教师是储户"[①]。今后，须高度重视博士生的教学工作，提升任课教师的教学水平，丰富教学的组织形式。虽然我们不可能、也不应当彻底抛开传统的讲授方法，但的确需要融入"翻转课堂""案例教学"等新的教学形式。作为未来人才的培养者，教师既要积极组织博士生提问、质疑、讨论、批判，也不能忽视课外的答疑解惑、学术活动、实践调研等。还有一点值得补充，当前很多博士生唯导师之观点马首是瞻，深陷于己师之说、己师之见。美、加两国的研究启示我们，博士生理应广纳各方意见，博采众家之长，敢于怀疑权威，敢于尝新试错。此外，博士生也要结合自身特质，逐步开拓并探索属于自己的新方向，发展自己专长、擅长的新领域等。

如果说人才的培养与教育是促进社会发展、推动国家进步的不竭能源，那么旨在培养最高层次人才的博士生教育，无疑是意义显著、作用非凡的核心要素。我国《学位与研

---

① 保罗·弗莱雷：《被压迫者教育学》，顾建新等译，华东师范大学出版社2001年版，第24页。

究生教育发展"十三五"规划》明确指出,"以学科为基础,以研究生培养机制改革为重点,建设世界一流大学和一流学科,着力提升研究生培养水平和质量"。基于对美、加六所一流大学教育学博士培养模式的分析,不难发现,从学院使命、专业类型,到培养理念、育人目标,都带给人观念上的更新;从招生考试、课程结构,到攻读要求、考核测试,都给予人认知上的改变。在未来,我们必须正视其新意与亮点,思考其差异与不同,汲取其优势与长处,应用于我国之实践。这既需要学术研究者的协力探索、不断发掘,也需要政策制定者的高度重视、深入反思,同时也离不开实践工作者的实际运用、推进落实。

中国古代教育制度、思想及文化研究

57 种中国教育史教材所选入古代教育人物分析

——兼论古代教育家群体的形成

◎杜成宪　李得菲　张月佳*

摘　要:1979—2015 年我国出版中国教育史教材 57 种,共选入古代教育人物 91 人,按其被选入频次可分为低频人物(60 人)、中频人物(14 人)、中高频人物(5 人)和高频人物(12 人)。所选入人物的重要性与被收入频次基本对应,频次最高的前 5 位是孔子、孟子、荀子、董仲舒、朱熹,孔子是唯一被所有教材都收入的;所选入人物及其频次表现出教材编撰者持以儒家思想为主线的教育史观,以教育贡献的标准考察和取舍人物,对人物的评价重思想贡献甚于实践贡献;人物评价被高估和被低估的情况都存在。在 20 世纪五六十年代沈灌群和孟宪承等的著述中,已初步形成中国古代教育史的核心人物群体(约 10 人);1979 年毛礼锐等人的著述完善了核心群体,进而提出一个基本群体(约 30人);之后的教材编撰者则继续认定核心群体,并完善了基本群体。57 种教材所选入人物中有 1/3 的人物只出现一次,可见选入人物存在随意性;核心人物群体中儒家人物占绝大多数,可见所选入人物代表的教育价值尚不够全面和多元。中国教育史教材选入教育人物应当遵循代表性、专业性和平衡性等原则。

关键词:中国教育史教材;古代教育人物;入选频次;教育家群体;分析

将什么样的教育历史人物写入中国教育史教材一定会经过编写者的慎重考虑。选什么人不选什么人,又将入选者放到什么位置,反映了不同编写者对中国教育历史的理解和对中国教育史课程、教材的理解。本研究尝试分析 1979—2015 年我国出版的 57 种中国教育史教材所选入的古代教育人物的有关情况,即:选入了多少人物,选入了哪些人物,所选人物被选频次如何。由此透视,在教材编写者看来,中国历史上哪些古代教育人物的思想和实践最具备理论和历史价值,最能够代表中国传统教育,因而最应当得到认定,也由此透视中国教育史上的古代教育人物群体是如何被构建出来的。

一、基本情况

改革开放以来出版的第一种中国教育史教材是毛礼锐、瞿菊农、邵鹤亭出版于 1979

---

* 作者简介:杜成宪,华东师范大学教育学部教授;李得菲、张月佳,华东师范大学教育学部硕士研究生。

年的《中国古代教育史》(人民教育出版社),我们搜集到从此时起到 2015 年间公开出版的中国教育史教材共有 57 种。教材的收入原则是:(1)以"中国教育史""中国古代教育史"为名的教材,或可以用作教材的单册同题材著作,极少数教材为上下册。(2)再版或修订版教材重复收入计数。57 种教材中,有 5 种再版,2 种三版,1 种四版。(3)所收入教材包括贯通古今的和通述古代的,断代教育史(如先秦教育史、隋唐教育史等)著作不收。57 种教材中,有 11 种是中国古代教育史,46 种是中国教育史。所有教材的记叙年代都始于远古,中国古代教育史教材大多止于 1840 年,中国教育史教材大多止于 1949 年。(4)多卷本中国教育史著作不收,因其撰写目的主要在于学术研究,而非用于教学。研究者研究中国教育史,对人物的选择可以根据自己的兴趣、理解和条件而定,而编写教材则必须考虑教学需要,如课时数、专业的必要性等,因此选入教育人物容易形成相对一致的标准,便于比较。(5)专门教育史(如教育管理史、幼儿教育史、社会教育史等)教材不收,因各个专门领域的教育历史人物存在差异,甚至出入较大,不易比较。(6)中外教育史合编的教材不收,因为中外教育史合编教材内容需要包容中外,篇幅自然就受到较大限制,也必然会影响到教育人物收入状况。

在 1979—2015 年的 37 年中,有 5 个年份没有中国教育史教材出版,13 个年份每年出版 1 种,14 个年份每年 2 种,4 个年份每年 3 种,1 个年份 4 种,平均每年出版 1.54 种(见表 1)。

表 1　1979—2015 年每年出版中国(古代)教育史教材数量

1979 年	1980 年	1981 年	1982 年	1983 年	1984 年	1985 年	1986 年	1987 年	1988 年
1	0	0	1	1	1	2	2	2	1
1989 年	1990 年	1991 年	1992 年	1993 年	1994 年	1995 年	1996 年	1997 年	1998 年
2	3	2	1	2	2	2	2	0	1
1999 年	2000 年	2001 年	2002 年	2003 年	2004 年	2005 年	2006 年	2007 年	2008 年
1	3	1	0	3	0	2	3	1	2
2009 年	2010 年	2011 年	2012 年	2013 年	2014 年	2015 年			
1	1	4	2	1	2	2			

如果我们以 5 年为一个统计单位,则 37 年中中国教育史教材出版数量呈现如图 1 所示的曲线。

可以看出,37 年中中国教育史教材出版数量变化出现两个高点,即 1986—1990 年段(10 种)和 2011—2015 年段(11 种)。在 1986—1990 年段达到第一个高点后,接着在 1991—1995 年段(9 种)、1996—2000 年段(7 种)出版数量缓慢下滑,至 2001—2005 年段下降到最低点(6 种),出现一个相对消沉期。随后又在 2006—2010 年段(8 种)开始回升,而到 2011—2015 年段达到新的高点(11 种)。第一个高点的出现,是由于历经多年破坏,教育史学界经过多年努力,使中国教育史学科的重建得以实现;第二个高点的出现,是由于 21 世纪以来随着国家综合实力提高,民族文化自信增强,人们开始重视传统文化

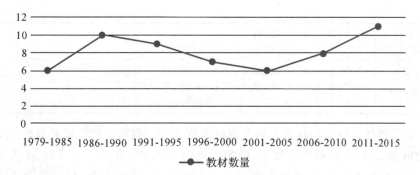

图 1　1979—2015 年中国(古代)教育史教材出版数量变化

和相应的学术研究,同时,中国的教师教育改革进入新阶段,在教师教育中人们也更为注重传统教育资源的价值。从 2016 年起的又一个 5 年周期里中国教育史教材出版数量是继续上升还是下降?我们的预测是继续上升。

二、所选入古代教育人物数和出现频次分析

我们判断中国教育史教材中收入了一位或若干位教育人物的标准是:(1)凡章、节、目等标题出现教育人物姓名以作专门论述的;(2)章、节、目标题中虽未出现教育人物姓名,但在正文中作专门、正面论述的;(3)以联称、统称的形式出现的人物(如"老庄""二程""道家""法家"等),在正文中明确论及几人就计算几人;(4)只是提及而未作专门、正面论述的人物不计入。据此统计,57 种教材中总共收入的古代教育人物为 91 人。显然,这是一个庞大的数字。这个数字也意味着 57 种教材所收入的教育人物存在着很大差异。

根据教育人物被教材收入频次的自然聚落情况,我们将 91 位教育人物按被收入次数由少到多分为低频人物、中频人物、中高频人物、高频人物四个档次(见表 2)。

表 2　中国教育史教材中教育人物出现频次统计

低频人物 1≤次数≤10	1 次:伊尹、傅说、箕子、柳下惠、邓析、孟母、班昭、曹操、曹丕、竺道生、皮日休、李觏、沈括、喻浩、李诫、陈溥、楼俦、杨时、游酢、胡宏、谢良佐、吕祖谦、耶律楚材、王畿、孙奇逢、利玛窦、李颙、李塨、王筠(29 人)	60
	2 次:文翁、桑弘羊、桓谭、马融、道安、慧远、贾思勰、郑玉、陈献章、王艮、张居正、惠栋(12 人)	
	3 次:管仲、扬雄、王弼、孔颖达、阮元、徐光启(6 人)	
	4 次:范缜、李翱、刘禹锡、程端礼、吴澄(5 人)	
	5 次:贾谊;6 次:周公、许衡;7 次:郑玄;8 次:范仲淹;10 次:周敦颐、叶适、王廷相。	
中频人物 11≤次数≤25	11 次:王通、陈亮、李贽;12 次:戴震;13 次:陆九渊;14 次:傅玄、程颢、程颐;15 次:顾炎武;16 次:商鞅;20 次:张载;21 次:嵇康、胡瑗;25 次:庄子。	14

续表

中高频人物 26≤次数≤40	27次：黄宗羲；29次：柳宗元； 31次：老子；35次：韩非、王安石。	5
高频人物 41≤次数≤57	42次：王夫之；46次：颜元；48次：王充； 49次：颜之推；50次：墨子；52次：韩愈、王守仁； 55次：朱熹；56次：孟子、荀子、董仲舒；57次：孔子。	12

其一，57种教材收入的教育人物总数虽多达91人，但每一种教材又都有一个相对集中的人物群体。在91位教育人物中，低频人物（1～10次）有60人，其余31人分别是中频人物（11～25次）14人、中高频人物（26～40次）5人、高频人物（41～57次）12人。低频人物虽多，但60个人物被收入教材的总频次才153次，而中频人物14人为218次，中高频人物5人为157次，高频人物12人更达619次。教材对教育人物的收入由此表现出一个显著特点：收入人物总数多达91人显得相当分散，但一些人物的被选频次却又相当集中，尤其是对中国教育史核心人物群体的认定十分明确。这说明教材作者对"中国历史上什么样的人物可称为教育家""什么样的教育人物最应当写入教育史"，标准大致相同。

其二，教材所收入人物在中国教育史上的重要性与其被收入频次基本对应。教材收入人物按其频次高低，比较自然地形成4个聚落，除少数人物的情况可以讨论外，这4个聚落大致反映了不同的教育人物在中国教育史上的位置，即越是频次高的就越处于核心位置，越是频次低的就越处于边缘位置。12位高频人物基本上可视为中国传统教育和教育思想的代表，他们的教育思想与实践不仅影响了当时，也对后世教育产生深远影响。5位中高频人物，按其实际教育贡献和影响力，其中一些可以进入高频人物（如老子、韩非、王安石）。中频人物是中国教育发展的重要支撑和推动力量，其中一些可以进入中高频人物（如商鞅、嵇康、胡瑗、张载、"二程"），个别甚至可以进入高频人物（如庄子）。低频人物则主要是在某一方面对中国教育做出贡献，其中也有可以进入中频人物的（如贾谊、扬雄、叶适等）。

其三，教材里高频人物的前5位与他们在中国教育史上的重要性相匹配。孔子是唯一一位被所有教材都收入的人物（57次），表明这位儒家教育的开创者和中国传统教育的奠基者在中国教育史上的崇高地位毫无争议。其下依次为孟子（56次）、荀子（56次）、董仲舒（56次）、朱熹（55次）。其中，董仲舒与朱熹是继孔子之后对儒家教育的发展产生塑造性影响的划时代人物：董仲舒将儒家思想推上独尊地位，从而促成经学教育和读经入仕体制的建立；朱熹重建了儒学思想体系，为儒家教育普施于社会提供了新的理论形态、知识体系和方法说明。而孟子与荀子分别开创了孔子之后儒家学说传承系统的两个重要方向，即孟子所开创的义理精神传统和荀子所开创的文献经传传统，孟子所开创的教育"内发说"和荀子所开创的教育"外铄说"。高频人物前5位可称是中国教育传统形成的关键性人物。

其四，教材所收人物及其入选频次表明，大部分教材编撰者持以儒家思想为主线的教育史观。12位高频人物中，除墨子外，其他11位都可以归入儒家教育家范畴，有压倒性优势。20世纪90年代以来，先秦道家及其相关学派教育思想的价值愈益受到学术界认可和重视,这也在教材收入人物频次上得到了体现:老子进入中高频人物(31 次),而庄子则为中频人物(25 次),魏晋时期的玄学家嵇康也处于中频人物(21 次),但他们都未能走得更远。法家教育思想在"文革"中曾一度被抬到独步中国教育史的地位,而在近 37年教育史教材编撰中,编撰者对其历史价值虽仍予认可,但似有一定保留,表现为韩非为中高频人物(35 次),商鞅则为中频人物(16 次);宋代与理学教育思想对立的事功学派教育人物陈亮(11 次)、叶适(10 次),明代后期正统思想的反叛者李贽(11 次),也都未能获得更高重视,厕身低频人物,被选频次偏低。

其五,教材所收入人物及其入选频次表现出教材编撰者是以教育贡献的标准考察和衡量人物的。编撰者坚持了以教育贡献为依据的选人标准,充分意识到了教育史教材的教育学科专业属性。如颜之推的思想影响显然不如同时代强烈批判儒家"名教"的嵇康,却能成为高频人物(49 次),入选频次远高于嵇康,这显然是得益于被称为"家训之祖"的《颜氏家训》的影响;颜元(46 次)与同时代思想家顾炎武(15 次)、王夫之(42 次)、黄宗羲(27 次)相比,在思想内涵、学术造诣、社会影响等方面多有不及,却能在教育史上获得更高肯定,也是由于他对传统教育的深刻批判和对学校改革思想的创造性贡献。

其六,教材所收入人物及其入选频次表现出教材编撰者关注人物的教育思想贡献甚于教育实践贡献。高频人物中的王安石(35 次)与王夫之(42 次),两人被选频次相差有 7次之多。王安石是改革家,而王夫之是思想家、理论家,要论对中国古代学校和科举改革的实际影响,王安石的影响是要超过中国封建社会中期以后大部分教育家(包括王夫之)的,但教材编写者却选择王夫之更多。类似的情况还有宋初教育家胡瑗,他在教育思想和教育实践两方面都有建树,尤其是在当时地方大学和中央太学教育教学改革中颇多创建,虽名列中频人物,但 21 次被选还是嫌少了。

还可以讨论的问题是:57 种教材中的 91 位教育人物是否存在被高估或被低估的情况?被高估或被低估的情况都存在。最为典型的是老子、庄子,这是两位被低估的人物,而庄子更是被严重低估。如果以学校教育的标准衡量,老、庄确实不像孔、墨、孟、荀那样提出具体的教育主张,但他们的非学校教育思想,却提出了另一种思考学校和教育问题的维度。以老、庄为代表的道家思想,还与儒、墨、法诸家共同塑造了中国人的精神世界,重要性不言而喻。57 种教材中选入老、庄的分别只有 31 和 25 次,频次实在过低。嵇康也是一位被低估的人物。与颜之推的被选 49 次相比,嵇康被选 21 次显得太被冷落了。论及具体教育(尤其是家庭教育)的实施,嵇康确实不如颜之推,但其教育思想的价值类似老、庄。如果要选择对魏晋时期产生重要而深刻思想影响的教育人物,恐怕首推嵇康。其他不同程度被低估的人物还有韩非、王安石、商鞅、胡瑗、张载(20 次)、"二程"(14 次)、陆九渊(13 次)、叶适、陈亮、李贽。他们的被低估又可分为两种情形:一是按其实际贡献和影响可以提升一个聚落(如韩非、王安石、商鞅、嵇康);二是不改变聚落,但可以提高被选频次(如所列其他人物)。

被高估的教育人物有王充(48 次)。20 世纪 50 年代王充作为一个教育家被写入教育史,此后也一直作为汉代教育家的代表,而取代了另一些汉代教育家,如扬雄(3 次)、郑玄(7 次)等。肯定王充的原因是认为他批判神学谶纬,批判孔孟,具有唯物主义思想倾向,这也确实是其特点和贡献,但进入高频人物似嫌评之过高。柳宗元(29次)是另一位被高估的人物。唐代教育思想变革的主题是重建儒家传统,韩愈是代表,柳宗元也有重要贡献。但唐初王通(11次)提出"王道"教育并编纂《续六经》而下启韩愈,韩愈弟子李翱(4次)阐述"复性"之说又下启宋代理学教育。从儒家教育由唐而宋的转型性变革方面考察,柳宗元的作用未必高于王通、李翱那么多。他们的被高估也可分为两种情形:一是按其实际贡献和影响可以下降一个聚落(如王充、王夫之);二是不改变聚落,但频次未必如此之高(如颜之推)。

三、古代教育史人物群体的形成分析

考察57种教材所选的91位教育人物,其中的中频、中高频和高频人物共31人恰好占据前1/3,我们可以将其视为中国教育史教材中古代教育人物的基本群体。而在基本群体中,高频人物12人又差不多占据前1/3,我们可以将其视为中国教育史教材中古代教育人物的核心群体。基本群体是我们撰写中国古代教育史时可以反映的人物群体,而核心群体则是我们撰写中国古代教育史时需要反映的人物群体。这样两个教育人物群体又是如何形成的?37年来的中国教育史教材编写能够提供部分答案。

在讨论此问题之前首先需要明确一个问题——起点问题,即1979年毛礼锐等所著《中国古代教育史》出版前和出版时,中国教育史教材中收入的古代教育人物是个什么状况?

从1949年至1979年毛礼锐等所著《中国古代教育史》出版的30年间,正式出版的中国教育史教材仅为沈灌群著《中国古代教育和教育思想》(1956年,湖北人民出版社)。其中所收教育人物为孔子等15人。这是第一个可资比照的样本。另一个可以比照的样本是于1961年出版的孟宪承、陈学恂、张瑞璠、周子美编写的《中国古代教育史资料》(人民教育出版社),此书是教学和研究资料参考书,其中的教育思想资料涉及教育人物共20人,也反映出当时对教育人物的评价与取舍。这两种著作代表的是1949—1966年中国教育史教材中古代教育人物的选择标准及其入选状况。

我们再将1979年毛礼锐等著《中国古代教育史》与上述二书进行比较,可以发现1949年以后中国教育史叙述中,古代教育人物群体形成的大致轨迹(见表3)。

表3　沈著《中国古代教育和教育思想》、孟等编《中国古代教育史资料》、
毛等著《中国古代教育史》所收教育人物对照

沈、孟、毛共选人物(13人)	孔子、墨子、孟子、荀子、董仲舒、王充、韩愈、张载、朱熹、王守仁、王夫之、颜元、戴震
沈、孟共选人物(1人)	郑玄
沈、毛共选人物(1人)	王安石
孟、毛共选人物(4人)	范缜、柳宗元、胡瑗、叶适

续表

沈单选人物（0 人）	
孟单选人物（2 人）	屈原、司马迁
毛单选人物（20 人）	老子、庄子、韩非子、桑弘羊、桓谭、傅玄、嵇康、颜之推、王通、李翱、刘禹锡、周敦颐、程颢、程颐、陆九渊、陈亮、程端礼、王廷相、李贽、黄宗羲

三种书总共选入古代教育人物 41 人。共同选入的教育人物有 13 人,13 人中除张载与戴震外,其他 11 人都进入 57 种教材的高频人物（12 人）之列。其中,沈著所收 15 人、孟编所收 20 人中都有 11 人进入高频人物（都只缺颜之推）;毛著所收 38 人中有 12 人进入高频人物,与后来的 56 种教材完全一致。这表明,在毛著问世前,在前辈教育史家笔下,中国古代教育史已经基本形成一个比较成熟的核心人物群体,这奠定了之后近 40 年中国古代教育思想的基本叙述框架。沈灌群著《中国古代教育和教育思想》、孟宪承等编《中国古代教育史资料》的贡献应当予以肯定。同时,也存在着沈、孟、毛三书中互不交集的一批人物（共 22 人）,其中只为孟编所选的 2 人（屈原、司马迁）再未出现于 57 种教材中,而只为毛著所选 20 人则全部为后来的教材频次不等地选入,其中有一些人物逐渐被淘汰,而老子、庄子、韩非、嵇康、颜之推等人物则得到越来越多学者的青睐,收入频次逐渐走高。这表明毛礼锐等著《中国古代教育史》在古代教育人物的选入方面提出了一份新名单,为以后的中国教育史教材编撰树立了样例。尤其是收入老子、庄子、嵇康等几位因"颓废""没落"曾长期存在争议甚至被批判、否定的人物,显示出很高的学术眼光和理论勇气,体现了"新时期"的时代特征,开了新风气。

这就是 1979 年之后中国教育史教材收入古代教育人物的认识起点。那么,在之后的年代里,中国古代教育人物群体又是如何被继续构建的?

我们将 1979—2015 年的 37 年大致划分成 4 个时段,考察每个时段教育人物被收入教育史教材的频次变化情况。2011—2015 年虽只过了 5 年,但已可看出一些趋势（见表 4）。

表 4　1979—2015 年中国（古代）教育史教材所收入教育人物变化情况

人物 ＼ 年段	1979—1990 年（16 种）	1991—2000 年（16 种）	2001—2010 年（14 种）	2011—2015 年（11 种）	总计
伊　尹	0	0	0	1	1
傅　说	0	0	0	1	1
箕　子	0	1	0	0	1
周　公	0	3	1	2	6
管　仲	1	0	0	2	3
柳下惠	0	0	0	1	1
老　子	6	8	10	7	31
孔　子	16	16	14	11	57
邓　析	0	0	0	1	1

续表

人物 \ 年段	1979—1990 年（16 种）	1991—2000 年（16 种）	2001—2010 年（14 种）	2011—2015 年（11 种）	总计
孟 母	0	0	0	1	1
墨 子	15	13	12	10	50
商 鞅	0	10	3	3	16
孟 子	15	16	14	11	56
庄 子	4	7	7	7	25
荀 子	16	15	14	11	56
韩 非	8	11	9	7	35
贾 谊	0	2	1	2	5
文 翁	0	1	0	1	2
董仲舒	16	15	14	11	56
桑弘羊	2	0	0	0	2
扬 雄	0	3	0	0	3
桓 谭	2	0	0	0	2
王 充	14	14	12	8	48
班 昭	0	0	0	1	1
马 融	1	1	0	0	2
郑 玄	1	5	0	1	7
曹 操	0	0	0	1	1
曹 丕	0	0	0	1	1
傅 玄	4	5	2	3	14
嵇 康	7	7	2	5	21
王 弼	0	2	0	1	3
道 安	0	1	0	1	2
慧 远	0	1	0	1	2
竺道生	0	1	0	0	1
范 缜	3	1	0	0	4
颜之推	13	13	13	10	49
贾思勰	0	1	1	0	2
孔颖达	1	1	0	1	3
王 通	5	4	1	1	11

人物＼年段	1979—1990 年（16 种）	1991—2000 年（16 种）	2001—2010 年（14 种）	2011—2015 年（11 种）	总计
韩 愈	15	15	13	9	52
刘禹锡	4	0	0	0	4
李 翱	2	2	0	0	4
柳宗元	11	9	4	5	29
皮日休	0	0	0	1	1
范仲淹	3	2	1	2	8
胡 瑷	7	7	4	3	21
李 觏	0	1	0	0	1
周敦颐	4	3	1	2	10
张 载	8	6	2	4	20
王安石	12	10	8	5	35
沈 括	0	0	1	0	1
喻 浩	0	0	1	0	1
李 诫	0	0	1	0	1
陈 尃	0	0	1	0	1
楼 俦	0	0	1	0	1
谢良佐	0	1	0	0	1
游 酢	0	1	0	0	1
杨 时	0	1	0	0	1
胡 宏	0	1	0	0	1
阮 元	0	1	1	1	3
朱 熹	16	16	14	9	55
程 颢	4	5	2	3	14
程 颐	4	5	2	3	14
吕祖谦	0	0	0	1	1
陆九渊	4	4	2	3	13
陈 亮	4	5	1	1	11
叶 适	4	5	1	0	10
耶律楚材	0	0	0	1	1
许 衡	1	3	1	1	6

续表

人物　　　　年段	1979—1990 年 （16 种）	1991—2000 年 （16 种）	2001—2010 年 （14 种）	2011—2015 年 （11 种）	总计
吴　澄	0	3	1	0	4
郑　玉	0	2	0	0	2
程端礼	3	1	0	0	4
陈献章	0	1	1	0	2
王守仁	15	14	14	9	52
王廷相	3	4	2	1	10
王　艮	0	1	0	1	2
王　畿	0	0	0	1	1
张居正	0	1	1	0	2
李　贽	5	4	1	1	11
利玛窦	0	1	0	0	1
徐光启	0	2	1	0	3
孙奇逢	0	0	0	1	1
黄宗羲	8	8	6	5	27
顾炎武	6	5	2	2	15
王夫之	13	12	10	7	42
李　颙	0	0	0	1	1
颜　元	16	12	10	8	46
李　塨	0	1	0	0	1
惠　栋	0	1	1	0	2
戴　震	4	3	3	2	12
王　筠	1	0	0	0	1

表 4 列出 57 种教材中收入的 91 位教育人物在 1979—1990 年、1991—2000 年、2001—2010 年、2011—2015 年四个时间段的被收入频次变化情况，再现了他们各自在中国教育史上的浮沉。

其一，收入频次始终稳定的。孔子、墨子、孟子、荀子、董仲舒、王充、颜之推、韩愈、朱熹、王守仁、王夫之、颜元等 12 位高频人物，收入频次始终处于稳定状态。由此可见，到 1979 年在中国教育史叙述体系中基本形成的古代教育家核心群体，在之后的近 40 年里继续得到认定。显然，这个群体基本上代表着中国传统教育，但也存在一些缺陷，即其所代表的教育价值尚不够全面。

其二，收入频次由低走高的。老子、庄子的收入频次呈现由低到高的增长势态。表明教育史学界对道家学派教育价值的不断评估过程,这一过程表现为两方面的变化:一是越来越多的学者对道家教育思想持肯定态度,二是学者们对道家教育思想价值的评价越来越高。可以预测老、庄未来将会为更多教材选入,进入高频人物即古代教育家核心群体之中也并非不可能。商鞅是另一个收入频次呈现增长的人物。上述沈、孟、毛三种教材都未收入商鞅,商鞅只是在 1991—2000 年开始出现,可以相信其收入频次今后仍会有提高。事实上学术界对法家教育人物的认识已趋于客观、全面。老、庄、商、韩收入教材频次的提升,对于中国教育史教材编写而言是个应当乐见其成的趋势,这有助于撰写出包含多元教育价值和多样思想形式的教育史教材。同样,像嵇康、陈亮、叶适、李贽等人物,也应受到更多青睐。

其三,收入频次由高而低的。柳宗元收入频次呈由高到低下降趋势,目前虽仍居中高频次,但很可能将会掉出这一聚落;刘禹锡更是只在 1979—1990 年被收入过,之后就再也未能露面;范缜与刘禹锡有相似处,只是在 1979—1990 年、1991—2000 年两个时间段被收入,之后就销声匿迹。上述人物收入频次的降低,说明教育史研究者和教材撰写者越来越以教育贡献的标准来衡量人物,而不再偏重哲学思想、政治立场等教育专业之外的标准。陈亮与叶适也属收入频次下降之列,这与他们注重实利、倡导经世致用的教育价值尚未为人充分认识有关。

其四,收入频次徘徊不定的。韩非和王安石的收入频次处于徘徊状态,但未来有望走高。原因是法家教育思想和实践对汉民族共同文化和心理形成的作用将会为更多人所认识。如果能把王安石的教育改革举措置于传统教育发展大势中加以考察,那么他在培养目标、学校制度、教育内容、教学管理等方面的主张,也将会得到更多现代人的肯定。嵇康的收入频次也是处在波动中的,这与魏晋玄学教育思想的研究现状有关,随着对魏晋玄学教育思想研究的深入,嵇康的收入频次也将会有所提高。

其五,收入频次不高但较稳定的。有相当数量的中频人物虽然收入频次不能算高,却相当稳定。这表明他们作为教育家在历史上拥有较高地位,但或为教材篇幅所限,或由于与同时代教育人物性质相近而终被割爱。这些人物包括胡瑗、张载、"二程"、陆九渊、戴震等,他们在教育史上都曾做出过自己独特的贡献,或许也可以受到更多青睐。

其六,收入频次很低只是"匆匆过客"的。每个时期都会有为数不少的"新人"入"榜"(新出现人物除 2001—2010 年只有 5 人外,另三个时期都在 15 人左右),但除了商鞅(1991—2000 年入选)是不断走高并有望继续走高的外,其他或是昙花一现,或是难见起色。其中,只出现过一次的人物竟有 29 人之多,出现过 2~5 次的也有 24 人。可见在教育史教材编写中,在选入人物问题上还是存在较大的随意性,尝试性选择较多,慎重而专业的考虑似嫌欠缺。作为中国教育史专业教材,收入人物应以可确实称为教育家的人物为首选,这样的人物及其思想与实践贡献才是应当告诉给年轻一代教育专业从业者的。

在中国教育史的叙述框架中,沈灌群、孟宪承等前辈学者构建了一个古代教育人物的核心群体,毛礼锐等前辈学者提出了一个古代教育人物的基本群体,之后的几代中国教育史学者不断改造和完善着古代教育人物的基本群体乃至核心群体,使这两个群体的构成愈趋合理。这样的过程仍在进行之中。

余　论

中国教育史教材中教育人物的选入似难以也不应有统一的样式,否则将会写出诸多千人一面、陈陈相因的教材,这将不利于专业人才培养和教育科学研究事业。但作为教材,在教育历史人物的收入方面,还是需要有一些规则和一个大体的范围,以避免因收入人物不当,而给教师、学生和读者带来困惑甚至误导。事实上,教育的历史大浪淘沙,已经筛选出一批对中华民族的社会和文化进步做出贡献的教育家,他们经受了历史的检验,成为我们无法回避的教育历史人物群体。关键是我们今天应该如何选择? 是不是需要提出一些基本规则、确定一个基本范围?

关于中国教育史教材中教育人物收入的基本规则,可以考虑以下几条。其一,代表性。所选人物是不是能够代表中国传统文化与教育? 是不是堪为历史上某家某派教育的代表? 其二,专业性。所选人物是不是从教育专业的标准作出判定和选择的? 是不是符合本教材的专业要求? 其三,平衡性。所选人物是不是达成历史人物之间的平衡? 是不是达成不同时代之间的平衡?

关于教材中收入人物的基本范围。在中国教育史教材编写中,必然会遇到一个困惑:可以收入的人物总是觉得很多,而教材能够容纳的却总是觉得有限。如何取舍? 可以考虑先确定一个基本人物群体,然后从中选择确定一个核心人物群体;核心人物群体当是由讲清中国古代教育必不可少的人物组成,而基本人物群体则可以根据编撰者对教育历史的理解、所编教材的客观需要等因素参酌选择。我们以两种再版次数较多的中国教育史教材作为参考,即王炳照、郭齐家、刘德华、何晓夏、高奇编《简明中国教育史》(北京师范大学出版社 1985 年、1987 年、1994 年、2008 年版),孙培青主编《中国教育史》(华东师范大学出版社 1992 年、2000 年、2009 年版)。两种教材不约而同地各选入古代教育人物 19 人,其中共同选入的有 16 人,总共选入 22 人。22 人中,12 人属高频人物,5 人属中高频人物,5 人属中频人物(见表 5)。

表 5　王炳照等编《简明中国教育史》(2008 年版)、
孙培青主编《中国教育史》(2009 年版)所收古代教育人物对照

王、孙共选人物(16 人)	老子、孔子、墨子、孟子、庄子、荀子、韩非、董仲舒、王充、颜之推、韩愈、王安石、朱熹、王守仁、王夫之、颜元
王单选人物(3 人)	嵇康、柳宗元、胡瑗
孙单选人物(3 人)	商鞅、傅玄、黄宗羲

附录:57 种中国教育史教材书目

1.毛礼锐、瞿菊农、邵鹤亭编:《中国古代教育史》,人民教育出版社 1979 年版。

2.雷克啸主编:《中国教育史话》,江苏人民出版社 1982 年版。

3.毛礼锐等编:《中国古代教育史》,人民教育出版社 1983 年版。

4. 毛礼锐等编：《中国教育史简编》，教育科学出版社 1984 年版。

5. 李定开、熊明安、徐仲林编：《简明中国教育史》，四川人民出版社 1985 年版。

6. 王炳照、郭齐家、刘德华、何晓夏、高奇编：《简明中国教育史》，北京师范大学出版社 1985 年版。

7. 曾泽、张监佐、李榷主编：《中国教育史简编》，江苏教育出版社 1986 年版。

8. 吴玉琦主编：《中国古代教育简史》，吉林教育出版社 1986 年版。

9. 吴希曾主编：《中国古代教育史简编》，黑龙江教育出版社 1987 年版。

10. 王炳照、郭齐家、刘德华、何晓夏、高奇编：《简明中国教育史》，北京师范大学出版社 1987 年版。

11. 杨荣春、周德昌、王越主编：《中国古代教育史》，吉林教育出版社 1988 年版。

12. 李桂林主编：《中国教育史》，上海教育出版社 1989 年版。

13. 杨少松、周毅成编：《中国教育史稿》（古代，近代部分），教育科学出版社 1989 年版。

14. 胡云汉主编：《中国教育史》，兰州大学出版社 1990 年版。

15. 李定开、谈佛佑主编：《中国教育史》，四川民族出版社 1990 年版。

16. 刘占华主编：《中国教育史纲》，长春出版社 1990 年版。

17. 高时良编：《中国教育史纲》（古代之部），人民教育出版社 1991 年版。

18. 喻本伐、熊贤君：《中国教育发展史》，华中师范大学出版社 1991 年版。

19. 孙培青主编：《中国教育史》，华东师范大学出版社 1992 年版。

20. 刘兆伟主编：《中国教育史简明教程》，辽宁大学出版社 1993 年版。

21. 人民教育出版社教育室编：《中国教育史话》，人民教育出版社 1993 年版。

22. 葛伟星编：《简明中国教育史纲》，吉林教育出版社 1994 年版。

23. 王炳照、郭齐家、刘德华、何晓夏、高奇编：《简明中国教育史》（修订本），北京师范大学出版社 1994 年版。

24. 史仲文主编：《新编中国教育史》，人民出版社 1995 年版。

25. 张惠芬、金忠明编：《中国教育简史》，华东师范大学出版社 1995 年版。

26. 王冬凌主编：《中国教育史简编》，大连海事大学出版社 1996 年版。

27. 吴定初主编：《中国教育史要略》，巴蜀书社 1996 年版。

28. 周德昌、陈汉才、王建军编：《中国教育史纲》，广东高等教育出版社 1998 年版。

29. 俞启定主编：《中国教育简史》，中央广播电视大学出版社 1999 年版。

30. 栗洪武主编：《中国教育发展史》，陕西师范大学出版社 2000 年版。

31. 喻本伐、熊贤君编：《中国教育发展史》，华中师范大学出版社 2000 年版。

32. 孙培青主编：《中国教育史》（修订版），华东师范大学出版社 2000 年版。

33. 张惠芬、金忠明编：《中国教育简史》（修订版），华东师范大学出版社 2001 年版。

34. 黄仁贤主编：《中国教育史》，福建人民出版社 2003 年版。

35. 高时良主编：《中国古代教育史纲》（第三版），人民教育出版社 2003 年版。

36. 王建军主编：《中国教育史新编》，广东高等教育出版社 2003 年版。

37. 曲铁华主编:《中国教育史》,东北师范大学出版社 2005 年版。

38. 王凌皓主编:《中国教育史纲要》,人民教育出版社 2005 年版。

39. 王洪亮主编:《中国古代教育史简论》,星球地图出版社 2006 年版。

40. 林琳主编:《中国古代教育史》,黑龙江人民出版社 2006 年版。

41. 曲铁华主编:《中国教育发展史纲》,东北师范大学出版社 2006 年版。

42. 张彬、周谷平编:《中国教育史导论》,浙江大学出版社 2007 年版。

43. 娄立志、广少奎编:《中国教育史》,山东人民出版社 2008 年版。

44. 王炳照等编:《简明中国教育史》(第四版),北京师范大学出版社 2008 年版。

45. 孙培青主编:《中国教育史》(第三版),华东师范大学出版社 2009 年版。

46. 张传燧主编:《中国教育史》,高等教育出版社 2010 年版。

47. 喻本伐、熊贤君编:《中国教育发展史》,华中师范大学出版社 2011 年版。

48. 曲铁华主编:《中国教育史》,武汉大学出版社 2011 年版。

49. 常国良编:《中国古代教育史研究》,黑龙江教育出版社 2011 年版。

50. 王献玲主编:《中国教育史》,郑州大学出版社 2011 年版。

51. 赵厚勰、陈竞蓉编:《中国教育史教程》,华中科技大学出版社 2012 年版。

52. 谢长法、彭泽平编:《中国教育史》,西南师范大学出版社 2012 年版。

53. 王凌皓主编:《中国教育史纲要》(第二版),人民教育出版社 2013 年版。

54. 王建军主编:《中国教育史新编》,广东高等教育出版社 2014 年版。

55. 秦国强主编:《中国教育史话》,复旦大学出版社 2014 年版。

56. 赵国权主编:《中国教育史》,河南大学出版社 2015 年版。

57. 郭齐家编:《中国教育史》,人民教育出版社 2015 年版。

原载《华东师范大学学报(教育科学版)》2017 年第 4 期

中国古代"即身而道在"教育的基本特征

——一种具身性教育的永恒魅力

◎李申申　李志刚[*]

摘　要:中国古代哲学的基本精神是"即身而道在":精神修养与身体成长融合为一,身体是精神修养的承载者和发源地,它孕育着精神、包含着精神、践行着精神。人对"道"的追寻就存在于日常生活之中,每一个体都是自身成道的主体,即"人皆可以为尧舜"。由此,形成了中国古代"身道合一"之教育思想与实践的基本特征,主要体现在以下几个方面:中国古代德性化的教育是"人的教育";教育方法凸显受教育者的主体自觉性和内在超越性;知行合一是"身道合一"教育的必然推演;注重从血脉上感化人、从情感上教育人;忧国忧民之情怀和"以身殉道"之精神成为中国士人之品格与风骨等。随着人类社会的发展,中国古代"即身而道在"的具身性教育传统显现出超越时空的价值与魅力:这种教育是对灵肉二分、架空理性的二元思维的超越;是与当代大众文化、消费文化过度强调肉体感官享受的对抗;为充满复杂性和风险性的当代社会提供了高水平思维,诸如培养受教育者具有一种长远、系统、全面思考能力的整体性思维。在这样的教育中充盈着辩证思维的智慧,所秉持的"中庸之道"正是儒家道德的最高境界和中国人处理事务的大智慧的体现。

关键词:中国古代教育;"即身而道在";具身性教育

身体是人的本源性基础,具有本体价值。自20世纪以来,西方学者关注身体,研究身体及其与理性的关系,逐渐成为哲学界、教育学界等西方学术界研究的热点。这一研究热潮的兴起主要源于西方传统文化对精神与物质、主体与客体、心与身的决然二分,也源于这种二分同近现代资本主义发展过程中存在的种种弊端交织在一起所产生的对人、对社会的负面作用,这迫使学术界对此问题进行深刻反思。现当代西方哲学的诸多流派,如法兰克福学派、现象学派、存在主义学派、具身主义学派等和约翰·杜威的哲学,对此都极为关注并进行了深刻阐述。中国传统文化与西方传统文化有所不同,中国传统文化从一开始就将精神与物质、心与身、灵与肉密切联系在一起,将天、地、人视为不可分割的统一整体。中国哲学界的学者们已经在放眼世界的基础上,通过撰写专著和论文对中

* 作者简介:李申申,河南大学教育科学学院教授,河南大学教育科学研究所研究员;李志刚,河南大学教育科学学院博士研究生。基金项目:国家社会科学基金教育学重大招标课题"高校培育和践行社会主义核心价值观长效机制研究"(VEA150005)。

国古代身心合一的身体哲学及其特点进行了阐释。[①] 在教育理论界,也有学者对身体教育或教育中的身体等问题进行了探究。但是,这些探究要么借助西方的话语泛泛而论[②],要么在欧风美雨的影响下,对近代身体教育或教育中的身体等某些微观问题进行阐释[③],同时也对与教育有关联的身体的型塑等问题作了解析。[④] 由此可以看出,有关教育方面的论文鲜有对中国古代"即身而道在""身道合一"的教育理论和实践进行较系统、深入的探析。而这种"即身而道在"的教育理论和实践,恰恰体现了中国古代教育的鲜明特色和优势,在当今时代仍闪烁着熠熠的光彩,对此若不能加以发掘和弘扬,那么将是一大遗憾;如果对它加以发扬光大,那么它在当今时代的青少年教育中,尤其在青少年的价值观教育中,必将发挥不可估量的正向能量。

一、"即身而道在":中国古代哲学的基本精神

中国古代哲学的基本精神为"即身而道在"。精神修养与身体成长融合为一,身体是精神修养的承载者和发源地,它孕育着精神,包含着精神,践行着精神。

(一)道不远人

作为宇宙人生的最高原理和终极真理,中国古代哲学中的"道"与人本身密不可分,对"道"的追寻就存在于人的日常生活中。无论是儒家积极入世的"仁",还是道家自然主义的"无为",尽管它们的路径泾渭分明,甚至是南辕北辙,但两者对"道"的追求都不是脱离肉体的空想或者纯粹理性的冥思,它们都是深植于人的肉身之中,正所谓"体用不二"。《中庸》明确地说:"子曰:'道不远人,人之为道而远人,不可以为道。'"[⑤]"天命之谓性,率性之谓道,修道之谓教。道也者,不可须臾离也,可离非道也。"[⑥]老子说:"道大,天大,地大,人亦大,域中有四大,而人居其一焉。人法地,地法天,天法道,道法自然。"[⑦]"我无为,而民自化;我好静,而民自正;我无事,而民自富;我无欲,而民自朴。"[⑧]后世的哲学家秉承这一基本思想,使"道不远人""即身而道在"成为中国文化的基本思维方式和一以贯之的传统。孟子说:"人之有是四端也,犹其有四体也。"[⑨]许衡认为,"道"应是"众人之所能知

---

① 张再林:《作为身体哲学的中国古代哲学》,中国社会科学出版社 2008 年版;张再林:《中国古代宗教观的身体性》,《人文杂志》2006 年第 6 期;张再林:《中国古代身道研究》,生活·读书·新知三联书店 2015 年版;燕连福:《中国哲学身体观研究的三个向度》,《哲学动态》2007 年第 11 期;韩星:《论儒家的身体观及其修身之道》,《哲学研究》2013 年第 3 期。

② 叶浩生:《身体与学习:具身认知及其对传统教育观的挑战》,《教育研究》2015 年第 4 期。

③ 胡振京:《论现代性教育时间构建》,《教育研究》2014 年第 8 期。

④ 姚霏:《中国女性的身体型塑研究(1870—1950)——以"身体的近代化"为中心》,《甘肃社会科学》2012 年第 3 期。

⑤ 朱熹撰,金良年今译:《四书章句集注》(上),上海古籍出版社 2006 年版,第 30 页。

⑥ 朱熹撰,金良年今译:《四书章句集注》(上),上海古籍出版社 2006 年版,第 23 页。

⑦ 陈鼓应:《老子注译及评介》,中华书局 2009 年版,第 159 页。

⑧ 陈鼓应:《老子注译及评介》,中华书局 2009 年版,第 275 页。

⑨ 杨伯峻译注:《孟子译注》,中华书局 2010 年版,第 73 页。

能行者,故道不远于人",否则"高远难行之事,则便不是道了"①;王夫之认为,"性者道之体,才者道之用,形者性之凝,色者才之撰也。故曰汤、武身之也,谓即身而道在也"②;王艮认为,"身与道原是一件,至尊者此道,至尊者此身,尊身不遵道,不谓之尊身;遵道不尊身,不谓之遵道"③。以上无不是对这一传统哲学思维的继承和弘扬。当代学者对中国古代哲学做出了新的诠释,认为较之西方的意识哲学,中国古代哲学特有的属性就是"中国哲学之根深蒂固的'身体性'(the body of subject)。这种'身体性'表现为中国古人一切哲学意味的思考无不与身体有关,无不围绕着身体来进行,还表现为也正是从身体出发而非从意识出发,中国古人才为自己构建了一种自成一体,并有别于西方意识哲学的不无自觉的哲学理论系统。我们看到,这种'身体哲学'不仅是对中国哲学本来面目的真实还原,同时,还使其以一种'准后现代'的气质与特性,与西方后现代主义的后意识范式的哲学殊途同归,并从中体现出一种不无前瞻和具有现实批判眼光的人类新的时代精神"④。中国古代"身体哲学所关注的身体并不是完全常识意义上的身体,而是古代哲学家心目中的一种身体","是经过现象学还原的、现象学意义上的身体,所以说它是一种具有本体论意义的一种身体"。⑤ "与西人形而上之'理念'不同,古人所谓的'大道'实乃下学上达、显微一体的'身道'。"⑥可以说,在中国哲学的视域中,天、地、万物及人的存在从来都不是与身体毫无关联的他者存在,而是一种与个体密切相关的意义性存在、经验性存在、主体间性的存在。借用当代西方哲学的表述,这种存在之关系不是"我—他"关系,而是"我—你"关系,甚至是你中有我、我中有你的"我—我"关系。

不可否认,中国古代以儒家为代表的哲学是将"义以为上"⑦的精神追求视为其至上的追求,亦即对"道"的追求有一种超凡脱俗的至上性和永恒性,诚如孔子所言:"朝闻道,夕死可矣。"⑧但是,正是由于中国古代哲学是一种"即身而道在"的身体哲学,对"道"的追求是以"身体发肤,受之父母,不敢毁伤,孝之始也"⑨为根基的,所以身体不仅是追求和体现崇高精神价值的本体,而且也是抵御邪恶并克服自身不良习性的本体。由此,中国古代哲学不仅推崇精神,而且也对肉体持一种乐观主义态度,这与古希腊柏拉图将理念与肉体二分、视肉体为灵魂的监狱的观点截然不同。

(二)每一个体都是自身成道的主体

《圣经》中"道成肉身"的耶稣与中国古代哲学的"即身而道在"有所不同。耶稣作为"道"的象征而化为肉身成为传道、赐福于民间的救世主,而一般民众只是被动的接受者。

① 淮建利、陈朝云点校:《许衡集》,中州古籍出版社 2009 年版,第 113 页。
② 王夫之:《船山遗书》第一卷,北京出版社 1999 年版,第 540 页。
③ 王艮撰,陈祝生等校点:《王心斋全集》,江苏教育出版社 2001 年版,第 37 页。
④ 张再林:《作为身体哲学的中国古代哲学》,中国社会科学出版社 2008 年版,"序"第 3—4 页。
⑤ 张再林:《作为身体哲学的中国古代哲学》,中国社会科学出版社 2008 年版,第 256 页。
⑥ 蒙培元:《古为今用:走向世界的中国哲学研究——评〈中国古代身道研究〉》,《陕西日报》2015 年 5 月 8 日。
⑦ 杨伯峻译注:《论语译注》,中华书局 2009 年版,第 188 页。
⑧ 杨伯峻译注:《论语译注》,中华书局 2009 年版,第 36 页。
⑨ 汪受宽撰:《孝经译注》,上海古籍出版社 2004 年版,第 2 页。

在中国古代哲学视域下,社会中的每一个个体都是自身成道的主体,都是在追求崇高价值的过程中从自在到自为的主体。因此,中国传统文化强调的是个体的自律和道德主体的有为精神,相信"人皆可以为尧舜",这至少体现出以下两点自身独有的特征:其一,这种强调"我善养吾浩然之气"①的自觉自律精神,与康德的"善良意志"和"绝对命令"虽然有着相当多的共同点,即都体现出道德主体的价值与意义,都是不让外在的力量牵着自己的鼻子走,但与康德重视抽象的、普遍的道德概念不同,中国传统文化中个体的自觉与自律是一种生命的体验和体悟,对道德理论是一种身心合一的"体认",而不仅仅是一种学理上的"认知"。其二,这种自觉与自律精神凸显出"反求诸己"的特征。诚如孟子所言:"爱人不亲,反其仁;治人不治,反其智;礼人不答,反其敬——行有不得者皆反求诸己,其身正而天下归之。"②曾子亦曰:"吾日三省吾身。"③这种"反求诸己"不仅仅是对一般事理进行的反思,而且也是对自身进行的拷问和责难。这是一种向内下的功夫,是一种内在的超越,这种内在的超越,不仅指对内在精神的超越,同时也指具有哲学本体论意义的身体的超越。

二、身道合一:中国古代教育的基本特征

毋庸讳言,哲学思维必将深深地影响教育。"即身而道在"的哲学精神使中国古代教育凸显出"身道合一"的总体特征,其具体表现在以下几个方面。

(一)中国古代德性化的教育是"人的教育"

中国古代哲学可称为一种"人生哲学",而且是一种"身道合一""即身而道在"的人生哲学。因此,中国古代教育是一种以育德为根本的"人的教育",是人生智慧启迪的教育。"学而时习之"中的"学"不仅是认知性的学习,更是关于修身、养性、做人的学习。这种教育以"天人合一"的大视野作根基,使学生领悟到天地自然、社会与人是浑然一体的,都应是一种生生不息的诗意的存在、诗意的栖息,他们相互依存、相互助长,个人与天地自然、与社会、与他人是一种"和而不同"的平等、相融、依赖关系。因此,教育中尤其注重学生学会做人,即学会厚德载物、自强不息,学会"己欲立而立人,己欲达而达人"④,"己所不欲,勿施于人"⑤,学会仁义礼智信、温良恭俭让,学会"先天下之忧而忧,后天下之乐而乐"⑥,学会"伏清白以死直兮,固前圣之所厚"⑦,"苟利国家生死以,岂因祸福趋避之"⑧,等等。在这一教育和学习过程中,天地人、灵与肉、精神与身体是相互关联的有机整体,

①　杨伯峻译注:《孟子译注》,中华书局2010年版,第56页。
②　杨伯峻译注:《孟子译注》,中华书局2010年版,第152页。
③　杨伯峻译注:《论语译注》,中华书局2009年版,第3页。
④　杨伯峻译注:《论语译注》,中华书局2009年版,第64页。
⑤　杨伯峻译注:《论语译注》,中华书局2009年版,第121页。
⑥　人民文学出版社编辑部编:《古文观止详注》,人民文学出版社2014年版,第548页。
⑦　林家骊译注:《楚辞》,中华书局2009年版,第10页。
⑧　林则徐全集编辑委员会编:《林则徐全集》第6册,海峡文艺出版社2002年版,第209页。

其中的人就是实现这种"和谐"的本体。这是一种以人格修养为中心而打通天人之际的"人的教育",由于它将精神升华与身体修炼相融合在了一起,故可称之为一种"完人教育",因为它将灵魂与肉体、内与外融合为一。尽管这种"完人教育"与现代的德智体美劳全面发展的完人教育并不在一个层面,其自身也还具有一定的局限性,但如果真正实现了这样的教育,那么就会培养出脱离了低级趣味的、具有忧国忧民情怀的高尚之人。中华民族历史上出现的众多的先圣先贤、民族英雄、仁人志士,就是对这种教育最好的诠释。

(二)教育方法凸显推动受教育者的主体自觉性和内在超越性

中国古代教育在主张教师"传道、授业、解惑"的同时,更强调学子在教师指点下的"悟"道;强调个体致力于"格物、致知、诚意、正心",致力于自我修身,从而达至"齐家、治国、平天下"之目标。因此,"居敬存诚、持志养气、慎独内省"是中国古代教育培育人的重要方法。"居敬存诚",即要求人时时处于恭敬、敬畏、专注、警觉、警醒的状态,以诚恳之心修炼自己的道德功夫,"如居烧屋之下,如坐漏船之中"[1]。"敬"又通"静",心静自然诚。"持志养气",即要求人坚定志向,涵养浩然正气。"慎独内省",即是说在任何时间和空间,即使自己独处的时候,也要谨慎,也要通过个人的自我反省恪守做人的本分。这些方法体现出个体无论何时何地都是"道"虔诚的、恭敬的追寻者、遵从者和自我修炼者,而这种向内下功夫的修行并不是由外力赐予和推动的。所以人是通过修身养性,向内下功夫,以达到理想的道德境界,实现精神境界的升华,进而悟出"道"之所在的。这是一种内在的超越,这与西方哲学和宗教体现的外在的超越性有着质的不同。

在中国古代教育史上,众多思想家和教育家都在自己的教育思想中对此有明确的表述,并在自己的教育实践中加以体现。孔子的"见贤思齐焉,见不贤而内自省也"[2],"居敬而行简"[3],曾子的"士不可以不弘毅,任重而道远"[4]等都深深影响了后世的教育家。孟子特别强调"持志养气","夫志,气之帅也;气,体之充也。夫志至焉,气次焉。故曰:持其志,无暴其气","志一则动气,气一则动志"。[5] 这里的"气"就是孟子所说的"浩然之气",即正气、勇气、壮气等。把持志与养气结合起来,即是强调道德修养中理智与情感的统一。扬雄强调"慎微",他说:"君子慎微厥德,悔吝(小疵)不至,何元憝之有?"[6]程颢、程颐尤其强调立志和"主敬存诚",他们指出,"志,气之帅"[7],"志立则有本"[8],"根本既立,然后可立趋向;趋向立矣,而所造有深浅不同者,勉与不勉故也"[9]。而立志就要立高大之志,

① 黎靖德编,王星贤点校:《朱子语类》第1册,中华书局1986年版,第137页。
② 杨伯峻译注:《论语译注》,中华书局2009年版,第38页。
③ 杨伯峻译注:《论语译注》,中华书局2009年版,第53页。
④ 杨伯峻译注:《论语译注》,中华书局2009年版,第79页。
⑤ 杨伯峻译注:《孟子译注》,中华书局2010年版,第56页。
⑥ 汪荣宝撰,陈仲夫点校:《法言义疏》(上),中华书局1987年版,第107页。
⑦ 程颢、程颐著,王孝鱼点校:《二程集》,中华书局1981年版,第162页。
⑧ 程颢、程颐著,王孝鱼点校:《二程集》,中华书局1981年版,第1186页。
⑨ 程颢、程颐著,王孝鱼点校:《二程集》,中华书局1981年版,第1189页。

"言学便以道为志,言人便以圣为志"①,"夫学者必志于大道,以圣人自期"②。关于"主敬存诚","二程"非常重视"敬"的功夫和"诚"的境界。"敬""诚"是学圣入道的突破口,是为学的基本态度。"敬"和"诚"都是向内下功夫,做到正心诚意,涵养心性,闭眉合眼,默识心通。若人人都能这样要求自己,则"天地自位,万物自育,气无不和,四灵何所不至"③?宋代理学集大成者朱熹,进一步发展了"二程"的"主敬存诚"说,他指出:"持敬之说,不必多言,但熟味'整齐严肃','严威俨恪','动容貌,整思虑','正衣冠,尊瞻视'此等数语,而实加功焉,则所谓直内,所谓主一,自然不费安排,表里如一矣。"④他论证了"居敬"和"穷理"二者之间的关系,"学者工夫,唯在居敬、穷理二事。此二事互相发。能穷理,则居敬工夫日益进;能居敬,则穷理功夫日益密"⑤;"穷理涵养,要当并进。盖非稍有所知,无以致涵养之功;非深有所存,无以尽义理之奥。正当交相为用而各致其功耳"⑥。因此,"涵养穷索,二者不可废一,如车两轮,如鸟两翼"⑦,"主敬、穷理虽二端,其实一体"⑧。在此基础上,朱熹还论证了"内外夹持""动静交养""持之以恒""从容自然""读书穷理"等多种"居敬"的方法。元代思想家和教育家许衡也推崇"持敬"的修养方法,他说:"凡事一一省察,不要逐物去了。虽在千万人中,常知有己。此持敬大略也。"⑨当临事应物时,要做到"持敬",就要"身心收敛,气不粗暴""常念天地、神鬼临之,不敢少忽"⑩,"心里常存敬畏""恐惧而不敢慢"⑪。元代的思想家和教育家吴澄与许衡齐名,二者在当时被称为"南吴北许",吴澄也论证了"主敬主静""研精慎独""日省自新"等教育方法。关于"主敬主静",他曾论述说:"欲下功夫,惟'敬'之一字为要法","主于敬,则心常虚,虚则物不入也。主于敬,则心常实,实则我不出也"⑫。"主敬"与"主静"同义,主静是达到主敬的关键所在。关于"研精慎独",他指出:"物之格在研精,意之诚在慎独,苟能是,始可为真儒,可以范俗,可以垂世,百代之师也。"⑬关于"日省自新",他明确指出:"如欲日新乎?每日省之。事之可以告天、可以语人者为是,其不可告天、不可语人者为非。非则速改,昨日之非,今日不复为也。日日而省之,日日而改之,是之谓'日日新,又日新'。"⑭在《大学》和《中庸》儒学典籍中,对君子慎独的修身方法已经论述得相当深刻。《大学》指出:"所谓诚其意者,毋自欺也。如恶恶臭,如好好色,此之谓自谦,故君子必慎其独也!小人闲居为不善,无所

① 程颢、程颐著,王孝鱼点校:《二程集》,中华书局1981年版,第189页。
② 程颢、程颐著,王孝鱼点校:《二程集》,中华书局1981年版,第1190页。
③ 程颢、程颐著,王孝鱼点校:《二程集》,中华书局1981年版,第1271页。
④ 黎靖德编,王星贤点校:《朱子语类》第1册,中华书局1986年版,第211页。
⑤ 黎靖德编,王星贤点校:《朱子语类》第1册,中华书局1986年版,第150页。
⑥ 张伯行撰:《续近思录·第四卷存养》(影印版),上海古籍出版社1994年版,第162页。
⑦ 张伯行撰:《续近思录·第二卷论学》(影印版),上海古籍出版社1994年版,第71页。
⑧ 黎靖德编,王星贤点校:《朱子语类》第1册,中华书局1986年版,第150页。
⑨ 沈善洪主编:《黄宗羲全集》第6册,浙江古籍出版社1992年版,第527页。
⑩ 淮建利、陈朝云点校:《许衡集》,中州古籍出版社2009年版,第66页。
⑪ 淮建利、陈朝云点校:《许衡集》,中州古籍出版社2009年版,第104页。
⑫ 沈善洪主编:《黄宗羲全集》第6册,浙江古籍出版社1992年版,第576、578页。
⑬ 沈善洪主编:《黄宗羲全集》第6册,浙江古籍出版社1992年版,第583页。
⑭ 沈善洪主编:《黄宗羲全集》第6册,浙江古籍出版社1992年版,第581页。

不至,见君子而后厌然,掩其不善,而著其善。人之视己,如见其肺肝然,则何益矣。此谓诚于中,形于外,故君子必慎其独也。"①再如《中庸》中说:"道也者,不可须臾离也,可离非道也。是故君子戒慎乎其所不睹,恐惧乎其所不闻。莫见乎隐,莫显乎微,故君子慎其独也。"②

由上述可以看出,中国古代教育教导学习者向内下功夫的"居敬存诚、持志养气、慎独内省"的修养方法,并非个别现象,而是一以贯之的教育传统,已经融入思想家和教育家的内心深处和日常生活之中。正如董仲舒所言:"义之法在正我,不在正人。我不自正,虽能正人,弗予为义。"③这体现出了中国传统教育的独有特征。

(三)知行合一是"身道合一"教育的必然推演

"知行合一"作为中国古代教育须臾不可缺失的重要教育原则,正是源自于中国古代"道不远人""即身而道在"的身体哲学,也源自建基于身体哲学之上的"身道合一"的具身性教育的内在诉求。可以说,这一教育原则,是将精神与身体合二而一、强调"体用不二"的中国传统教育的逻辑的、必然的推演结果,它将"道"的实现与主体自身的日常生活和活动融为一体。

笔者从中国古代思想家和教育家有关"知行合一"的浩繁的表述中摘选几段作为明示。中国古老典籍《尚书》中就说"天之历数在汝躬"④,此话是讲舜告诉禹上天赐命的君主大位即将落于其身;同时他又告诫禹要谨慎地对待自己所拥有的君位,精研专一,诚信地遵守中道,恭敬地施行民众所希望的美善之事。孔子说,"始吾于人也,听其言而信其行;今吾于人也,听其言而观其行"⑤,"君子耻其言而过其行","不怨天,不尤人,下学而上达"。⑥ 墨子说:"士虽有学,而行为本焉。"⑦荀子说:"不闻不若闻之,闻之不若见之,见之不若知之,知之不若行之,学至于行之而止矣。行之,明也","故闻之而不见,虽博必谬;见之而不知,虽识必妄;知之而不行,虽敦必困",⑧"道虽迩,不行不至;事虽小,不为不成"⑨。荀子曾以知、行结合的程度为标准来判断、评价人才的质量:"口能言之,身能行之,国宝也;口不能言,身能行之,国器也;口能言之,身不能行,国用也;口言善,身行恶,国妖也。治国者敬其宝,爱其器,任其用,除其妖。"⑩程颢、程颐强调道德教育必须以知为本、以行为终,做到知行统一,"学者言入乎耳,必须著乎心,见乎行事"⑪,"力学而得之,必

---

① 朱熹撰,金良年今译:《四书章句集注》(上),上海古籍出版社 2006 年版,第 10 页。
② 朱熹撰,金良年今译:《四书章句集注》(上),上海古籍出版社 2006 年版,第 23 页。
③ 阎丽译注:《董子春秋繁露译注》,黑龙江人民出版社 2003 年版,第 147 页。
④ 李民、王健撰:《尚书译注》,上海古籍出版社 2004 年版,第 32 页。
⑤ 杨伯峻译注:《论语译注》,中华书局 2009 年版,第 44 页。
⑥ 杨伯峻译注:《论语译注》,中华书局 2009 年版,第 153—154 页。
⑦ 吴毓江撰,孙启治点校:《墨子校注》(上),中华书局 2006 年版,第 10 页。
⑧ 王先谦撰,沈啸寰、王星贤点校:《荀子集解》,中华书局 1988 年版,第 142 页。
⑨ 王先谦撰,沈啸寰、王星贤点校:《荀子集解》,中华书局 1988 年版,第 32 页。
⑩ 王先谦撰,沈啸寰、王星贤点校:《荀子集解》,中华书局 1988 年版,第 498 页。
⑪ 程颢、程颐著,王孝鱼点校:《二程集》,中华书局 1981 年版,第 189 页。

充广而行之"①,"学者有所得,不必在读经论道间,当于行事动容周旋中礼得之"②,"知而不能行,只是知得浅","笃行便是终之"。③ 王阳明的知行合一论早已广为人们所熟知:"知是行的主意,行是知的工夫;知是行之始,行是知之成。若会得时,只说一个知,已自有行在;只说一个行,已自有知在"④,"知者行之始,行者知之成。圣学只一个功夫,知行不可分作两事"⑤,此话已成为知行合一的代表性论点。

不管是中国传统教育还是当今教育,历来奉行知行合一、体用不二的原则,强调对"道"的追求和对高深理论的学习和修养,并要体现于生命生活之中,与生活世界不可分离。因此,在我们面对当代西方因过度崇拜科技理性和道德教育领域强大的认知主义传统而使教育与生活世界相脱离的状况提出教育理论和主张时,不应不假思索地完全照搬西方的教育理论和方法来解决当前中国社会道德缺失和衰落的问题。我们自身的问题有其产生的历史根源和具体背景,对此我们不可忽视(当然,在当代世界的大背景下,也需承认与西方有着一些共性的问题)。笔者在另文中对此曾有所论及:

> "教育回归生活世界",尤其是"道德教育回归生活世界"的观点和呼声,可以说已成为当今教育理论界的一边倒的观点和呼声。这一观点本身并没有错,它是非常积极的,教育尤其是道德教育本来就是直面人生、直面生活的。这一观点也引自于西方,首先是胡塞尔等现象学大师们。问题在于,我们应该深究胡塞尔等大师们提出这种话语并加以论证的现实语境及特殊的价值诉求,深究中国传统与现实的道德教育背景,并深究提升中国道德教育的最佳手段与路径究竟何在……在中国,其道德教育的传统与西方有所不同。在先秦诸子的丰富而系统的道德教育理论体系中,就为形成"下学而上达"(《论语·宪问》)的知行合一和"原天地之美而达万物之理"(《庄子·外篇·知北游》)的以感性体悟为主的道德教育传统打下了基础。历代强大的社会教化系统,则把道德的普及根植于一般民众之中,成为一种潜移默化的、甚至融入其血脉之中的无意识的文化认同。因此,中国的道德教育理论体系直至近现代也没有形成像西方那样纯认知的道德教育理论,国家在各个时期都在不断颁布有关实施道德教育的政策、法规和法令。因此,对当前社会中尤其对青少年中出现的道德滑坡、人性扭曲、信仰迷失甚至犯罪等现象,仅仅简单化地引入西方"道德教育回归生活"的词句,并不一定能解决中国出现的问题。依笔者之见,目前中国的问题并不在于道德教育没有回归生活、纯思辨的理论脱离生活实践,而在于理论和道德教育在现实生活面前软弱无力,倒是生活本身需要净化,需要升华,需要综合治理。⑥

---

① 程颢、程颐著,王孝鱼点校:《二程集》,中华书局 1981 年版,第 1189 页。
② 程颢、程颐著,王孝鱼点校:《二程集》,中华书局 1981 年版,第 404 页。
③ 程颢、程颐著,王孝鱼点校:《二程集》,中华书局 1981 年版,第 164 页。
④ 王阳明撰,于自力、孔薇、杨骅骁注译:《传习录》,中州古籍出版社 2008 年版,第 30 页。
⑤ 王阳明撰,于自力、孔薇、杨骅骁注译:《传习录》,中州古籍出版社 2008 年版,第 62 页。
⑥ 李申申、吕旭峰:《当前教育学学科理论研究中方法论层面的反思》,《河南大学学报(社会科学版)》2010 年第 4 期。

(四)注重从血脉上感化人,从情感上教育人

注重从血脉上感化人、从情感上教育人也是中国古代哲学关于灵与肉、精神与身体合而为一的直接体现。注重情感因素是中国所特有的道德教育的优良传统,并体现在道德教育思想和实践的各个方面。东方人重情感、东方人特有的人情味,已成为东方人尤其是中华民族著称于世的道德教育特征。这种注重情感的道德教育过程,体现在以下三方面:

其一,培养学生的仁爱之心。诚如孔子所言:"惟仁者能好人,能恶人。"[1]孟子说:"君子所以异于人者,以其存心也。君子以仁存心,以礼存心。仁者爱人,有礼者敬人。爱人者,人恒爱之;敬人者,人恒敬之"[2],"老吾老,以及人之老;幼吾幼,以及人之幼"[3],"恻隐之心,人皆有之;羞恶之心,人皆有之;恭敬之心,人皆有之;是非之心,人皆有之。恻隐之心,仁也;羞恶之心,义也;恭敬之心,礼也;是非之心,智也。仁义礼智,非由外铄我也,我固有之也,弗思耳矣。故曰'求则得之,舍则失之'"[4]。《孝经》中说:"子曰:'爱亲者,不敢恶于人;敬亲者,不敢慢于人。'"[5]张载说,"以爱己之心爱人则尽仁"[6],"民,吾同胞;物,吾与也"[7]。

其二,注重"以情感人",从血脉上感化人。正因为我们重视身体,视身体为"道"的承载者和体现者,所以我们的教育强调"以情感人",从血脉上感化人。《郭店楚墓竹简》中就有"道始于情"[8]的说法。陆九渊明确表述了从"血脉上感移"的思想。他认为,后生随身规矩不可失,"规矩严整,为助不少"[9],但应以理明心通为前提。所以他说:"吾与人言,多就血脉上感移他,故人之听之者易,非若法令者之为也。"[10]提倡"致良知"说的王阳明则论证教育应顺从儿童本性,"动荡其血脉",从而"消其粗顽",使其向善而成长。他说:"大抵童子之情,乐嬉游而惮拘检,如草木之始萌芽,舒畅之则条达,摧挠之则衰痿。今教童子,必使其趋向鼓舞,中心喜悦,则其进自不能已。譬之时雨春风,沾被卉木,莫不萌动发越,自然日长月化;若冰霜剥落,则生意萧索,日就枯槁矣。故凡诱之歌诗者,非但发其志意而已,亦以泄其跳号呼啸于咏歌,宣其幽抑结滞于音节也;导之习礼者,非但肃其威仪而已,亦所以周旋揖让而动荡其血脉,拜起屈伸而固束其筋骸也;讽之读书者,非但开其知觉而已,亦所以沉潜反复而存其心,抑扬讽诵以宣其志也。凡此皆所以顺导其志意,调理其性情,潜消其鄙吝,默化其粗顽,日使之渐于礼仪而不苦其难,入于中和而不知其故。

---

① 杨伯峻译注:《论语译注》,中华书局 2009 年版,第 34 页。
② 杨伯峻译注:《孟子译注》,中华书局 2010 年版,第 182 页。
③ 杨伯峻译注:《孟子译注》,中华书局 2010 年版,第 15 页。
④ 杨伯峻译注:《孟子译注》,中华书局 2010 年版,第 239 页。
⑤ 汪受宽撰:《孝经译注》,上海古籍出版社 2004 年版,第 9 页。
⑥ 章锡琛点校:《张载集》,中华书局 1978 年版,第 32 页。
⑦ 章锡琛点校:《张载集》,中华书局 1978 年版,第 62 页。
⑧ 李零:《郭店楚简校读记》,北京大学出版社 2002 年版,第 105 页。
⑨ 钟哲点校:《陆九渊集》,中华书局 1980 年版,第 478 页。
⑩ 钟哲点校:《陆九渊集》,中华书局 1980 年版,第 401 页。

是盖先王立教之微意也。"①

其三,注重音乐和诗歌在陶冶学生情感中的作用。孔子说,"诗,可以兴,可以观,可以群,可以怨"②,"兴于诗,立于礼,成于乐"③。荀子十分重视音乐教育的作用,认为"声乐之入人也深","其化人也速",好的音乐能使人情志清明,内心和悦,即"乐行而志清",同时还能"感动人之善心,使夫邪污之气无有得接焉"。④ 王充认为,青少年"在化不在性",他说:"情性者,人治之本,礼乐所由生也。故原情性之极,礼为之防,乐为之节。性有卑谦辞让,故制礼以适其宜;情有好恶喜怒哀乐,故作乐以通其敬。礼所以制,乐所以为作者,情与性也。"⑤吕祖谦说:"五帝、三王之政,无不由乐始。盖陶冶之功,入人最深,动荡鼓舞,优游浃洽,使自得之。"⑥王夫之指出,"圣人以《诗》教以荡涤其浊心,震其暮气,纳之于豪杰而后期之以圣贤。此救人道于乱世之大权也"⑦,"乐之用大矣,以之格神人,易风俗,宣天地之气而养人心之和"⑧。

与这一以血脉感化、情感育人的方法密切相连的,是以人为本、注重学生个体差异和因材施教的中国古代教育家的执教信条,这一信条的形成缘于对受教者个体的成长背景、个性特征、对"道"的领悟程度等方面的重视,体现出对个体的尊重;建基于这一方法之上的教师的"诲人不倦"、师生之间的"教学相长"及其融洽氛围凸显在古代书院等私学教育之中。这正是发端于师生之间的"以道相交",教师以"人师"自律,学生以"醇儒"而自策。在中国古代教育史中,"情"是双向的,既有教师对学生的爱与诲,又有学生对教师的尊重、信任和爱戴。孔子、胡瑗、朱熹等教育家都是率先垂范、至诚感人的教育家,他们与学生关系融洽,感情笃深。

(五)忧国忧民之情怀和以身殉道之精神成为中国士人之品格与风骨

中国士人(知识分子)多有忧国忧民和以身殉道的社会担当之品格和风骨。孟子曰:"天下有道,以道殉身;天下无道,以身殉道。未闻以道殉乎人者也。"⑨这是接受过"身道合一"教育的中国士人所具有的高尚品格。无论孔子的"杀身以成仁"⑩、孟子的"舍生而取义"⑪、范仲淹的"先天下之忧而忧,后天下之乐而乐"、张载的"为天地立心,为生民立命,为往圣继绝学,为万世开太平"⑫,还是文天祥的"人生自古谁无死,留取丹心照汗

① 王阳明撰,于自力、孔薇、杨骅骁注译:《传习录》,中州古籍出版社 2008 年版,第 280 页。
② 杨伯峻译注:《论语译注》,中华书局 2009 年版,第 183 页。
③ 杨伯峻译注:《论语译注》,中华书局 2009 年版,第 80 页。
④ 王先谦撰,沈啸寰、王星贤点校:《荀子集解》,中华书局 1988 版,第 379—382 页。
⑤ 王充著,袁华忠、方家常译注:《论衡全译》(上),贵州人民出版社 1993 年版,第 190 页。
⑥ 沈善洪主编:《黄宗羲全集》第 5 册,浙江古籍出版社 1992 年版,第 11 页。
⑦ 王夫之:《船山遗书》卷六,北京出版社 1999 年版,第 3805 页。
⑧ 王夫之:《船山遗书》卷三,北京出版社 1999 年版,第 1713 页。
⑨ 杨伯峻译注:《孟子译注》,中华书局 2010 年版,第 297 页。
⑩ 杨伯峻译注:《论语译注》,中华书局 2009 年版,第 161 页。
⑪ 杨伯峻译注:《孟子译注》,中华书局 2010 年版,第 245 页。
⑫ 章锡琛点校:《张载集》,中华书局 1978 年版,第 320 页。

青"①、元景皓的"大丈夫宁可玉碎,不能瓦全"②、曹植的"捐躯赴国难,视死忽如归"③,等等,都是中国士人忧国忧民之情怀和以身殉道之精神的典型代表。这种忧国忧民情怀和以身殉道精神,是中国古代士人的品格达到最高境界而具有的自觉和自决精神,并非外力所强求的。因此,以身殉道绝非殉道者对身体的漠视,而是他们对崇高真理的献身精神,是个体生命价值的最高体现。实际上,在日常生活中,中国人的养生之道,正是敬重生命、敬重身体的体现;在需要的时候,中国人是以牺牲肉体的方式来实现"道"的,也就是使血肉之躯在守"道"的过程中得到了永生,实现了生命价值。由此可知,以身殉道与养生有道就是两个看似矛盾但又并行不悖的概念。

三、超越时空:中国古代"即身而道在"教育的永恒魅力

随着人类社会的发展,中国古代"即身而道在"教育越来越显现出其超越时空的价值与魅力。

(一)对灵肉二分、架空理性的二元思维的超越

近年来,西方哲学界、伦理学界和教育理论界,都在反思西方传统思维方式将灵与肉、心与身、普遍概念与物质实体截然二分而带来的消极、负面的影响及困境。在后现代主义哲学思潮的视域下,哲学家们更强调并日益注重对具身性哲学的研究,强调身体的在场,强调意识与身体、与生活体验不可分离。诚如梅洛-庞蒂所说:"现象学最重要的成就也许是在其世界概念或合理性概念中把极端的主观主义和极端的客观主义结合在一起。"④有学者认为,西方推崇并论证"具身性"哲学的重要代表人物梅洛-庞蒂"对现象学的独特理解,他在整个西方哲学史中第一次给予'身体'以重要的思想意义",他的哲学"可能在将来会产生越来越大的影响"。⑤现在看来确实如此。梅洛-庞蒂所说的"身体"正是经过现象学还原的、具有本体论意义的、身心合一的"身体"。他认为:"原本意义上的'身体'就是身与心的含混的合一,是即身即心、亦身亦心的,是物与灵的统一。一切'清晰'化的企图都只能造成世界丧失其神秘的魅力,造成原本的灵性的身体分裂为死的躯体与孤立的'精神'、'灵魂',最终造成的是人与世界的断裂。而含混、模棱两可则意味着超出二元对立。"⑥

西方传统哲学是一种主体与客体绝对二分的思维框架,造成灵、肉二分,理性成为与身体相脱离的"纯粹形式"。古希腊苏格拉底的"美德即知识"、柏拉图的理念与肉体的二分(肉体是灵魂的监狱),以及亚里士多德的"理性的沉思是最大的幸福"奠定了这一思维

①　邓碧清译注:《文天祥诗文选译》,巴蜀书社 1990 年版,第 99 页。
②　许嘉璐主编:《北齐书》全 1 册,汉语大辞典出版社 2004 年版,第 419 页。
③　曹植著,赵幼文校注:《曹植集校注》,人民文学出版社 1984 年版,第 412 页。
④　莫里斯·梅洛-庞蒂:《知觉现象学》,姜志辉译,商务印书馆 2001 年版,第 16 页。
⑤　张之沧、林丹编著:《当代西方哲学》,人民出版社 2007 年版,第 229 页。
⑥　张之沧、林丹编著:《当代西方哲学》,人民出版社 2007 年版,第 231 页。

方式的基础；在浓郁的基督教氛围中，中世纪哲学将神与人、灵魂与肉体加以二分；近代伊始，笛卡尔的心物平行论又使这种二元对立的传统进一步强化和发展。由此看来，虽然近代启蒙运动中推崇的理性在历史上起到了巨大的启迪和唤醒作用，但并未消除传统的灵魂与肉体二分的弊端。可以说，以冷峻的、理性的眼光看待和分析问题成为西方一以贯之的传统。现代哲学从产生之初就分裂为科学主义（理性主义）和人本主义（反理性主义）两大思潮，这并不是偶然的现象。在这种灵肉二分、主客二分的思维框架下，再加上西方资本主义在其发展中本身所固有的矛盾，造成了工具理性和价值理性的割裂、纯粹理性与生活世界的断裂，由此产生了一系列的社会问题，引起有识之士的不断反思。与哲学思维相适应，在教育领域，包括道德教育领域，纯认知的形式主义教育占据了主导地位。20世纪以来，西方在道德教育领域形成了诸多流派，如科尔伯格的道德发展阶段论、以拉斯思和西蒙等人为代表的价值澄清理论、以谢佛和斯特朗等人为代表的以理性为本的道德教育理论、以威尔逊为代表的道德符号理论、以库姆斯和穆克斯等人为代表的逻辑推理价值观教育理论等，都是侧重于道德认知进行研究的学派。西方高校中的道德认知课程的开设也很普遍。当然不可否认，这种偏重于认知进行研究的道德教育传统具有不可忽视的积极意义，它培养了学生的道德判断、推理、分析能力。但是，由于这种教育往往忽视了与情感、意志、行为等的密切关系，所以具有一定的局限性。因此，近年来西方又出现了以马斯洛和罗杰斯为代表的人本主义道德教育理论、以麦克菲尔和诺丁斯为代表的体谅关心道德教育理论等，弥补了认知学派的不足。

由此可见，中国古代教育强调"即身而道在"、身道合一，是对灵肉二分、架空理性的二元思维的超越。它超越时空的价值与魅力在当代仍发出熠熠的光芒，它的基本内涵和主张同西方当代在后现代主义视野下寻求的"具身性"教育极其相似。这种看似不谋而合的教育原则，是中国几千年的既有传统，而在西方则是近年来才形成的反思潮流。中国的具身性教育传统并不排斥理论，恰恰相反，它将理论与身体、灵与肉、心与物密切地联系在一起。也正因此，中国古代"即身而道在"、身道合一的教育传统理应在当今时代发挥出其积极的、不可轻视的价值和作用。当然应该指出，西方以理性主义和认知为主的教育传统也应当被我们重视和借鉴，只不过，这种重视和借鉴不应走向另一个极端，即走向精神与身体、灵与肉、心与物相脱离的另一个极端。当前我们在学习和借鉴国外有价值的思想和理论时往往走向极端，往往忽视了自身的传统优势。

（二）与当代大众文化和消费文化过度强调肉体感官享受的对抗

大众文化主要是指某一个地区、某一个社团或某一个国家新近涌现、被大众所信奉和接受的一种流行文化。这种大众文化，在西方后现代主义思潮注重"感性知觉""边缘化""平俗化"的时代强音中迅速发展起来，并成为一种与消费文化、肉体享乐文化密切相连的文化。这种状况的出现，实际上是在一定程度上对后现代主义思潮中积极因素的消解，是后现代主义在批判传统思维方式弊端中暴露出来的自身的负面内涵，这样，文化就走向了另一个极端，即庸俗、低俗、媚俗，对此有学者早有论述。一方面，后现代主义有其必然产生的历史背景："后现代主义宣称'主体的死亡'、'理性的死亡'和'人的死亡'，并不意味着现实中真正的人已经死了,而是要求取消一切文本、一切客观性对现实中人的束缚,让他们真正享受当下的自由和权利,以达到个人的幸福和自我的发展。这种思想,实际上反映了在新技术革命大大加强劳动过程中的物化劳动部分的条件之下,当今发达资本主义社会的人民群众对于摆脱无往而不在的异化的迫切要求,对于在劳动、闲暇、消费、文娱等各种过程中获得决定自己命运的权力的迫切要求,以及对于把民主扩大到日常生活的每一方面、每一角落的迫切要求。"①另一方面,"后现代主义思潮所表现出来的文化虚无、主体死亡、理想破灭、传统丧失、游戏人生等的理论和心态"②,"他们高呼要使人成为无中心,无本质,无长远目标和理想,不承担社会、政治和道德责任时,他们要求的则是现实的人应享受当下的、真正绝对的自由"③。因此可以说,后现代主义者推向极端的消极观点和言论,成为大众文化过度强调个体感官享乐的温床。

改革开放后,我国的大众文化植根于市场经济,同时受到西方消费文化的影响而迅速发展起来,在短短 30 多年的时间里壮大成为与官方主流文化、学界精英文化鼎立并存的社会主干文化。随着城镇化、都市化的快速发展,以及受现代化、全球化、网络化等发展广泛而深入的影响,当代大众文化以消费文化为主导,全面占领社会文化生活空间。在处于消费时代的当代流行大众文化和消费文化中,"身体凸显与呈现了出来,身体成为当代消费文化的主要旋转轴心","身体已经与消费、时尚、社交、休闲等融为一体,成为一个意义无穷的能指符号,有意无意地负载了这个时代各种各样的色彩斑斓的文化形态"。④ 这一过程中,大众一味追求享乐主义、娱乐至死、满足欲望、简单快乐,过度强调肉体感官刺激,对身体造成极大的伤害,使身心极不和谐。如今我们面对的历史,"是身体处在消费主义中的历史,是身体被纳入到消费计划和消费目的中的历史,是权力让身体成为消费对象的历史,是身体受到赞美、欣赏和把玩的历史。身体从它的生产主义牢笼中解放出来,但是,今天,它不可自制地陷入了消费主义的陷阱"⑤。

中国古代"身道合一"的具身性教育传统之魅力和价值是,它与当代大众文化对消费文化过度强调肉体感官享受的强力对抗。中国古代的这种具身性教育,并不排斥肉体感官的享乐和对正当欲望的诉求,只不过它强调的是以高尚的精神追求,以对自己的自我约束来克服过度的肉体感官享乐和不正当的利益追求,强调无论富裕或贫穷,都应以平和的心态,正确看待和处理精神与物质的关系,即所谓"先义后利""重义轻利""以义统利"。正如孔子所说的那样,"富与贵,是人之所欲也,不以其道得之,不处也;贫与贱,是人之所恶也,不以其道得之,不去也。君子去仁,恶乎成名? 君子无终食之间违仁,造次必于是,颠沛必于是"⑥,"见利思义"⑦,"见得思义"⑧。《论语》中孔子和冉有进行对话:

---

① 赵光武主编:《后现代主义哲学述评》,西苑出版社 2000 年版,第 266 页。
② 赵光武主编:《后现代主义哲学述评》,西苑出版社 2000 年版,第 230 页。
③ 赵光武主编:《后现代主义哲学述评》,西苑出版社 2000 年版,第 263 页。
④ 左伟清:《当代流行文化中身体体现的阐释与批判》,《华中科技大学学报(社会科学版)》2011 年第 2 期。
⑤ 左伟清:《当代流行文化中身体体现的阐释与批判》,《华中科技大学学报(社会科学版)》2011 年第 2 期。
⑥ 杨伯峻译注:《论语译注》,中华书局 2009 年版,第 35 页。
⑦ 杨伯峻译注:《论语译注》,中华书局 2009 年版,第 147 页。
⑧ 杨伯峻译注:《论语译注》,中华书局 2009 年版,第 175 页。

"子适卫,冉有仆。子曰:'庶矣哉!'冉有曰:'既庶矣,又何加焉?'曰:'富之。'曰:'既富矣,又何加焉?'曰:'教之。'"①可见,孔子主张使老百姓"先富后教",并不排斥对利的追求。孟子也有使百姓"先富后教"的论述:"仰不足以事父母,俯不足以畜妻子;乐岁终身苦,凶年不免于死亡。此惟救死而恐不赡,奚暇治礼仪哉?"②《国语·晋语》中说:"义以生利,利以丰民。"③荀子说,"好荣恶辱,好利恶害,是君子小人之所同也,若其所以求之之道则异矣"④,"先义而后利者荣,先利而后义者辱"⑤,"义与利者,人之所两有也。虽尧、舜不能去民之欲利,然而能使其欲利不克其好义也。虽桀、纣亦不能去民之好义,然而能使其好义不胜其欲利也。故义胜利者为治世,利克义者为乱世"⑥。董仲舒说:"义者心之养也,利者体之养也。体莫贵于心,故养莫重于义,义之养生人大于利。"⑦凡此种种都说明了中国古代"身道合一"的具身性教育并不排斥"利",它强调的是以精神、以"道"统领和规范对利益的追求,"重义轻利";强调精神修养与身体成长合二为一,身心和谐发展,尤其对君子的要求更是如此。发掘和弘扬中国具身性教育的优秀传统,以此对抗当代世俗化进程中人们对物欲和肉体感官享乐的过度追求,无疑是对病态的肌体注入一剂有效的良药,这是作为中华民族的子孙不可推卸的责任。当代学者的撰文恰是对中国具身性教育优秀传统的诠释:"实现身体的真正解放,一方面身体仍然应该牵着灵魂的衣襟,故应修身与正身,对自己身体美的要求和身体的各种消费不应该失度,不应该毫无边界,唯有对身体表面化和置空化的拒绝,对物质化和他者化的拒绝,才能智慧地生活、自由地生存;另一方面灵魂仍然应该寄寓身体的怀抱,故应贵身与赤身,我们的身体既是自然和父母的赐予,同时也成就了独一无二的自己,应该珍惜自己的身体、尊重生命。"⑧

(三)为充满复杂性和风险性的当代社会提供高水平思维

当今社会,科学技术迅猛发展,社会生活急剧变化,不可预测的因素和变数愈益增多,其影响也愈益扩大和加深,前进的道路上充满复杂性和风险性,致使新的问题不断涌现,迫切需要高水平的思维和解决问题的新方法。因此,人的综合素质和思维能力显得更加重要。教育如何培养能够应对充满复杂性和风险性的社会需要的人才,中国古代具身性教育传统的魅力和价值或许能给我们带来有益的启迪。

其一,中国古代具身性教育追求"身道合一"的身心修养,培养受教育者具有长远、系统、全面思考能力的整体性思维。"天人合一"的思维方式,奠定了中国古代哲学和教育学思考问题的根基。这是一种典型的整体性思维,它追求的是一种至纯至善、至大至刚,以人的道德修养为中心而打通天人之际,把天地宇宙间的所有事物都纳入相互关联、相

---

① 杨伯峻译注:《论语译注》,中华书局 2009 年版,第 135 页。
② 杨伯峻译注:《孟子译注》,中华书局 2010 年版,第 16 页。
③ 尚学锋、夏德靠译注:《国语》,中华书局 2007 年版,第 100 页。
④ 王先谦撰,沈啸寰、王星贤点校:《荀子集解》,中华书局 1988 年版,第 61 页。
⑤ 王先谦撰,沈啸寰、王星贤点校:《荀子集解》,中华书局 1988 年版,第 58 页。
⑥ 王先谦撰,沈啸寰、王星贤点校:《荀子集解》,中华书局 1988 年版,第 502 页。
⑦ 阎丽译注:《董子春秋繁露译注》,黑龙江人民出版社 2003 年版,第 157 页。
⑧ 左伟清:《当代流行文化中身体体现的阐释与批判》,《华中科技大学学报(社会科学版)》2011 年第 2 期。

互作用、相互依存的大系统中并进行通盘考察,而且是以"将心比心""置身体悟"的方式进行考察,天人、主客、物我浑然一体,形成一个和谐、大一统的整体。此处之"天",不仅指纯自然之天,也指天地宇宙中所包含的"理""道",尤其以后者为重。在中国历史上,无论提出"万物皆备于我,反身而诚,乐莫大焉"①,"唯天下至诚,为能尽其性;能尽其性,则能尽人之性;能尽人之性,则能尽物之性。能尽物之性,则可以赞天地之化育;可以赞天地之化育,则可以与天地参矣"②,"天地与我并生,而万物与我为一"③,还是论证"天人之际,合而为一"④,"儒者则因明致诚,因诚致明,故天人合一"⑤,"道未始有天人之别,但在天则为天道,在地则为地道,在人则为人道"⑥,"心,一心也;理,一理也。至当归一,精义无二。此心此理,实不容有二"⑦,"人者,天地万物之心也;心者,天地万物之主也。心即天,言心则天地万物皆举之矣"⑧,"天人之蕴,一气而已"⑨,等等,都是对"天人合一"的具体论述,都是以整体性的眼光看问题。这种整体性的思维方法,通过教育促使学生对问题进行全方位的、准确的把握;使学生发挥出"与天地和其德"⑩,"为天地立心,为生民立命,为往圣继绝学,为万世开太平"⑪的"舍我其谁"的有为精神、社会责任感和使命感;使学生具有"厚德载物""与天地参"的仁爱之心。因此,这种整体性思维在当代是难能可贵的。

其二,中国古代具身性教育充盈着辩证思维的智慧。辩证思维在中国古代哲学中占有主导地位,这一思维方式是用辩证的智慧,构建起中国博大精深的哲学体系。其中心是天道阴阳的对立统一辩证法,以对立面的统一、和谐、互相依存和转化为主导和最后的归宿,并由此产生的生生不息的发展观。中国古老典籍《易经》就是以乾、坤为对立统一、发展变化的根基,在此基础上衍生出的一系列的对偶概念相互联结、相互依存。先秦哲学家受《易经》的影响,孔子论"人"、老子论"道"、孙子论"兵"、韩非子论"政",战国秦汉之际的《黄帝内经》论"医"等,无不秉持"一阴一阳之谓道"⑫的辩证发展观。此后的汉儒、宋儒及后世的诸多思想家,循此继进,进一步在他们的著作中和教育教学实践中阐释或践行了这一思维方式。这种以事物内部诸因素和诸事物之间的对立统一、相互关联、相互作用、生生不息为基础而彰显出的辩证发展观,内含着永恒的魅力。在政治多极化、经济全球化、文化多元化、科技信息化和网络化,以及社会生活日益复杂化的当代,尤其需要以这种辩证思维克服那种非此即彼的形而上学的思维方式,更准确地预测、辨析、考察,

---

① 杨伯峻译注:《孟子译注》,中华书局 2010 年版,第 279 页。
② 朱熹撰,金良年今译:《四书章句集注》(上),上海古籍出版社 2006 年版,第 41 页。
③ 陈鼓应注译:《庄子今注今译》(上),中华书局 2009 年版,第 80 页。
④ 阎丽译注:《董子春秋繁露译注》,黑龙江人民出版社 2003 年版,第 172 页。
⑤ 章锡琛点校:《张载集》,中华书局 1978 年版,第 65 页。
⑥ 程颢、程颐著,王孝鱼点校:《二程集》,中华书局 1981 年版,第 282 页。
⑦ 陆九渊:《陆象山全集》,中国书店出版社 1992 年版,第 3 页。
⑧ 王守仁撰,吴光等编校:《王阳明全集》(上),上海古籍出版社 1992 年版,第 214 页。
⑨ 王夫之:《船山遗书》卷五,北京出版社 1999 年版,第 2644 页。
⑩ 黄寿祺、张善文撰:《周易译注》,上海古籍出版社 2004 年版,第 19 页。
⑪ 章锡琛点校:《张载集》,中华书局 1978 年版,第 320 页。
⑫ 黄寿祺、张善文撰:《周易译注》,上海古籍出版社 2004 年版,第 503 页。

以便恰当地解决那些具有复杂性、风险性的各种问题。反身从古人那里寻求解决当今复杂问题的智慧,是我们毋庸置疑应当做的事情。只不过,在从先人那里寻求智慧的同时,也应当从西方人那里吸取和借鉴注重理性、注重逻辑分析和推理的方法。

其三,中国古代具身性教育所秉持的"中庸之道",是中国古代哲学及教育中重要的思维概念和具体做人、处事的重要原则,也是儒家道德的最高境界。正如《中庸》所说的那样,"致广大而尽精微,极高明而道中庸"[①]。也诚如当代学者指出的,"中庸之道是中国文化的精髓,作为一种方法论,它已经深深渗透到了与中国文化有关的每一个元素和成分之中,成为构成普遍的文化心理和社会心理的核心要素之一","正确地认识中庸之道,并加以合理的应用,既是一种智慧,也是一种无可回避的文化责任"[②]。具体来讲,"中庸之道"是指行为的适度、不偏不倚、执中平和、无过无不及,也就是做事情、处理问题及各种关系时的高超的协调能力和智慧。《尚书·大禹谟》中就已指出:"人心惟危,道心惟微,惟精惟一,允执厥中。"[③]孔子说:"中庸之为德也,其至矣乎!民鲜久矣。"[④]孟子说:"君子引而不发,跃如也。中道而立,能者从之。"[⑤]荀子说:"道之所善,中则可从。"[⑥]《中庸》说:"中也者,天下之大本也;和也者,天下之达道也。致中和,天地位焉,万物育焉。"朱熹对此进行了解释,"子程子曰:不偏之谓中,不易之谓庸。中者,天下之正道;庸者,天下之定理"[⑦],"中庸者,不偏不倚、无过不及而平常之理,乃天命所当然,精微之极致也"[⑧]。对于如何达至"中庸之道",孔子明确指出,"吾有知乎哉?无知也。有鄙夫问于我,空空如也。我叩其两端而竭焉"[⑨],"执其两端,而用其中于民"[⑩]。这里的"叩其两端",是指准确地把握两个极端,寻找中间最适宜的方法,这种方法能达到上下兼顾、左右融通、前后平衡。实际上,这种方法摒弃了非此即彼的形而上学的方法,因此,如若把中庸之道理解成不讲原则的折中主义、平均主义,则是对中庸的曲解。中庸包含的折中调和思想,是一种积极的调和。中庸所秉持的"中",并不仅仅是量的概念,也不是两端等距离的点。在中国哲学家和思想家的思维和视域里,"中"更多地体现为实践过程中处理、协调各种关系的一种原则、智慧和能力,它重在如何使事物内部各个部分,以及各种事物之间达到彼此协调和平衡,使之各得其所。同时,这个"中"的标准随具体境遇的变化而改变,这正如《中庸》所说的"君子之中庸也,君子而时中"和朱熹所说的"中无定体,随时而在,是乃平常之理也"[⑪]。中国人的这种思维及做事的智慧和能力,已经在我国面对风云变幻的世界大格局时所提出的"一带一路""和而不同""合作共赢""共建人类命运共同体"等决策与

---

① 朱熹撰,金良年今译:《四书章句集注》(上),上海古籍出版社 2006 年版,第 44 页。

② 王泽民:《论儒家中庸之道》,《甘肃日报》2010 年 1 月 20 日。

③ 李民、王健撰:《尚书译注》,上海古籍出版社 2004 年版,第 32 页。

④ 杨伯峻译注:《论语译注》,中华书局 2009 年版,第 63 页。

⑤ 杨伯峻译注:《孟子译注》,中华书局 2010 年版,第 297 页。

⑥ 王先谦撰,沈啸寰、王星贤点校:《荀子集解》,中华书局 1988 年版,第 318 页。

⑦ 朱熹撰,金良年今译:《四书章句集注》(上),上海古籍出版社 2006 年版,第 23 页。

⑧ 朱熹撰,金良年今译:《四书章句集注》(上),上海古籍出版社 2006 年版,第 25 页。

⑨ 杨伯峻译注:《论语译注》,中华书局 2009 年版,第 88 页。

⑩ 朱熹撰,金良年今译:《四书章句集注》(上),上海古籍出版社 2006 年版,第 26 页。

⑪ 朱熹撰,金良年今译:《四书章句集注》(上),上海古籍出版社 2006 年版,第 25 页。

举措中充分体现出来,并且已经显示出良好的前景,正所谓"万物并育而不相害,道并行而不相悖"①。

几千年中华文化的精华,几千年中华教育的精髓,要想在当代熠熠生辉,还需要我们后来者的传承与弘扬。而在这一传承与弘扬的过程中,需要一种对自身文化的深刻理解和定力,对自身教育的不懈探求和自信,唯如此,方能在与西方文化和教育的交流中有所创新,方能对推动中华民族伟大复兴有实质性的作为和贡献。

原载《河南大学学报(社会科学版)》2016 年第 4 期

---

① 朱熹撰,金良年今译:《四书章句集注》(上),上海古籍出版社 2006 年版,第 46 页。

先秦创始道家的原创性教育思想探赜

◎王凌皓　王　睿*

摘　要：先秦创始道家教育思想蕴含着原创性的熠熠光辉。老子、庄子以关注人类天性为出发点，倡导教育应该是道法自然、以人为本的过程，强调教育应该顺应人性规律；提出独具魅力的教育目的论，构建具有创始意义的"赤子""至人"的理想人格；反对"人为"的政治教育、道德教育，提出具有鲜明中国特色的自然主义教育；先秦道家所提倡的大智若愚、明道若昧、绝圣弃智、学不学、以行不言之教的教育主张具有启迪当今教育的重要价值；先秦道家的原创性的哲学之美、形式之美与道德之美亦有重要的现实观照。先秦创始道家的教育思想是中国古代自然主义教育、人本主义教育思想的智慧之源。

关键词：先秦创始道家；原创；教育思想

先秦创始道家的教育思想是先秦原创性教育思想的重要组成部分。先秦道家学派创始人老子被西方研究者看作是中国哲学的鼻祖，中国文化的流觞，[①]海德格尔甚至认为老子哲学具有重建人类哲学的价值；作为先秦创始道家学派的另一位杰出代表，庄子继承并发展了老子的"道"与"无为"的思想，更加关注人，关注生命，进一步拓展了老子"道法自然""以人为本"的教育思想的深度与广度。但是在我国教育史研究视域中，对先秦创始道家教育思想的研究在很长一段时间内处于低谷状态，究其原因有二：一是由于先秦创始道家学术思想中阐述教育的篇幅相对较少，其中"无为""绝学""弃智"等内容，被认为是反对教育、反对文化创新的主张；二是由于先秦创始道家教育思想与在中国传统文化中长期居于主导地位的儒家思想差异巨大，汉代以后"罢黜百家""表彰六经""独尊儒术"文教政策的颁布实施严重压抑了包括道家思想在内的各家思想学说的研究、发展和传播。直到 20 世纪以后，道家教育思想才开始重新进入我国学者的研究视野，当人们再次把研究目光聚焦在先秦创始道家教育思想之上的时候，从中受到的启迪与震撼同样是巨大而久远的。

作为当今的教育史研究者，如果我们能从学术原创的角度去研究先秦创始道家的教育思想，揭示其教育思想中原创性的特质，探究其原创性教育思想的精华，必将对新的历史条件下的教育理论研究和教育实践探索产生重要的启发作用。

＊　作者简介：王凌皓，东北师范大学教育学部教授；王睿，东北师范大学教育学部硕士研究生。

①　李约瑟：《中国古代科学思想史》，江西人民出版社 1990 年版，第 186 页。原文为："中国人的特性中，很多最吸引人的地方，都来自道家的传统。中国如果没有道家，就像大树没有根一样。"

一、先秦创始道家的原创性人性论与理想人格论

道家学派对人性与教育目的的研究与解读,既不延承春秋以前的"天命论",亦不与儒墨"显学"相似相近,而是跳脱于世俗藩篱之外论述对于人性、对于教育目的——理想人格的独特理解。

(一)先秦创始道家的原创性人性论

1."道法自然"引发后世对人性本质的思考

先秦创始道家对于人性的理解、主张,在其所处的历史时期有着划时代的原创启发意义。春秋战国时期,诸子百家在论述教育问题的时候,往往从论述人性的本质、探讨人性善恶开始,展开教育对于人的发展的影响的相关论述。如孔子认为性相近,孟子坚信性善,荀子指出性恶,告子认为"生之谓性",人性不善不恶。先秦创始道家对人性问题的思考不是简单地给出一个或是或非的答案,而是从"道法自然"之论引申出对人与自然的关系的论述,引发人们对人性本质,对人性、环境与教育(特殊环境)三者之间关系进行广泛而深入的思考。老子就曾经对人性问题进行诗化的概括:"人法地,地法天,天法道,道法自然。"[1]这一概括旨在引起人们对人性本质及其相关问题的关注思考。

先秦创始道家对此类问题的贡献不在于其回答了人性是什么,而在于创造性地提出了极有价值的研究问题,而这恰是科学研究的首要问题。先秦创始道家在中国古代哲学史、教育史上的最原初的贡献之一就在于对人性问题的特殊关注并由此引发深入研究和广泛辩鸣。老子之后中国哲学史、中国教育史上有关人性问题的所有辩争都与老子的"道法自然"人性概括有着或直接或间接的关系,老子对人性的思考是中国古代人性论探讨之源。

2.顺应人之天性,倡导以人为本

老子对教育目的的探讨根植于其对人性的探讨。老子认为人性的彰显需要符合"道"的支配、自然的要求,天、道、自然与人应该是和谐统一的关系。老子对人性的探讨不是要给出一个或善或恶的乏味答案。"故道大,天大,地大,人亦大。域中有四大,而人居其一焉。人法地,地法天,天法道,道法自然。"[2]在确认人性不应简单地以善恶作为评价标准,而是应该以"自然"和"道"为法则之后,老子强调人类的本性是可贵的,反对用过度的教育摧残人的自然本性,呼吁"绝圣弃智"[3],恢复人的赤子婴孩本真。

庄子继承了老子在探讨人性问题时以人与自然、人与环境为场域的特征,认为"物固有所然,物固有所可"[4],意谓任何事物都有其与生俱来的个性,这种天然如是的个性与其所处的环境密不可分。离开自然,离开所生的环境,事物的"所然""所可"无法保存,这种

---

① 《老子·第二十五章》。
② 《老子·第二十五章》。
③ 《老子·第十九章》。
④ 《庄子·齐物论》。

规律在教育方面则表现为教育的理想状态应该是以人为本,顺任人身心发展的自然规律的。

(二)先秦创始道家的理想人格与特质

《老子》一书对理想人格的描述主要是通过对"圣人""大丈夫""君子""善为道者""善为士者""婴儿""赤子"等应有品质的描述来定格的。其中"圣人"一词出现的频率最高,"婴儿"次之,其余又次之;庄子也饱含热情地描述了理想人格,在《庄子》中多次论述了"圣人""至人""真人""神人""大圣""全人""德人"等理想人格。虽然"圣人"一词出现频率最高,但其间或包含贬义,如"圣人生而大盗起";因此"至人"与"真人"成为庄子理想人格的代名词。由此,我们可以通过研究"圣人""赤子""婴儿""至人""真人"的品质来总括先秦创始道家对理想人格的期冀。

无论是老子倡导恢复自然本性的"赤子""婴儿",还是庄子倡导顺其自然,率性而为,打破礼仪规范约束的"真人""至人",其实在精神内核上是高度契合的,代表着先秦创始道家对理想人格的诉求。这种理想人格是顺应天地万物而存在的,是有着自身独特发展规律的,是倡导遵循教育规律下的自然率性自我、精神自由的。这些理想人格有着如下特质:

自矜,而不自恃。"圣人后其身而身先,外其身而身存。非以其无私邪?故能成其私。"①"不自见,故明;不自是,故彰;不自伐,故有功;不自矜,故长。夫唯不争,故天下莫能与之争。"②先秦创始道家学派强调的自矜,是不自恃,不自以为是,意指教育者在从事教育教学活动、从事生产劳动或社交活动时,不以自己的意志与私欲干扰教育教学规律和人的发展规律的运行;不以人的主观意志和个人私利违背社会发展规律。同时也要看到教育教学过程中的种种矛盾都是可以对立转化的,社会整体利益与个人利益之间是相互关联的,只有守拙、自矜,才能真正实现"不争而争","不自伐而有功"。

守缺,而不求全责备。"大成若缺,其用不弊。大盈若冲,其用不穷。大直若屈,大巧若拙,大辩若讷。"③"曲则全,枉则直,洼则盈,敝则新,少则得,多则惑。"④先秦创始道家的理想人格,非强力强为、勇于抗争的猛士,而是在客观审视自己存在的若干缺点与不足之后,仍能充分利用事物的矛盾及自然发展规律来实现个人修为与社会发展的人,实现矛盾双方的对立统一、相互转化。

知止,而不过分。"是以圣人去甚,去奢,去泰。"⑤"至人无己,神人无功,圣人无名。"⑥先秦创始道家的理想人格是看透抛弃纷繁物欲之后人性的豁达本真,是对终极精神而非感官享受或物质贪欲的满足。老子强调限制自身欲望,反对欲望的无限扩大,庄子继承

---

① 《老子·第七章》。
② 《老子·第二十二章》。
③ 《老子·第四十五章》。
④ 《老子·第二十二章》。
⑤ 《老子·第二十九章》。
⑥ 《庄子·逍遥游》。

老子思想之余,更是认为"德荡乎名,知出乎争"①。

无为,而谦退柔弱。先秦创始道家主张顺应自然,"是以圣人处无为之事,行不言之教"②,"是故至人无为,大圣不作,观于天地之谓也"③。无为指人不可在自然面前妄为,引申到教育教学活动中就是要求施教者关注受教育者在教育教学活动中的身心发展规律,关注并培养和启发受教育者的主动性与自发性。教育者不应作为教育活动的统治者存在,而应该是教育活动的促进者、教育环境的创造者、教育氛围的引导者;而教育者的教育方式也应该如春风化雨,润物无声一般;先秦创始道家强调在教育活动与社会生活中应该含蓄内敛,避免显露锋芒,更强调要保存人性的韧性与可持续发展动能。在老子看来,"人之生也柔弱,其死也坚强。草木之生也柔脆,其死也枯槁。故坚强者死之徒,柔弱者生之徒。是以兵强则灭,木强则折。强大处下,柔弱处上"④。庄子则强调在教育活动中关注受教育者天然本性、率真自我的培养,"行全精复,与天为一"⑤,这些思想引申到教育教学活动中,就是强调受教育者潜能的培养和受教育者学习能力的可持续发展。

守朴常德,不以人助天。老子将"赤子""婴孩"看作是最符合"自然"与"道"的个体,强调婴孩般的纯朴才是符合自然与天道之德的。他说"常德不离,复归于婴儿"⑥。"载营魄抱一,能无离乎?专气致柔,能如婴儿乎?"⑦老子劝勉为学者应像赤子、婴孩一般回归人性本真状态,放弃虚伪造作,不再封闭固执,能顺应大道自然,并最终实现内心自由、精神成长。庄子在继承老子为学者应该回归本真的思想之外,又延伸出对受教育者天性解放的重视。庄子说古之真人,"不知说生,不知恶死。其出不欣,其入不距"⑧,"不忘其所始,不求其所终。受而喜之,忘而复之。是之谓不以心捐道,不以人助天"⑨,意指教育者应尊重受教育者的自我完善能力,使受教育者回归天性的本然。

作为先秦创始道家的代表,老子与庄子在对其理想人格的论述和构建中彰显着道家哲理突出特点的原创性,与儒家、墨家迥然相异。首先是其对理想人格论述。先秦创始道家对理想人格的论述,与儒家、墨家等"显学"在描述理想人格时运用正面阐释不同,老子通过反面举例,通过排除圣人不应该具备的品质,"正言若反"地构建自己理想人格的标准范型。庄子在论述理想人格时则大量采用具有哲学意味的寓言、诗化的语句,论述其心目中的理想人格。其次是构建理想人格的维度具有原创性的启发意义。与同一时期的诸子百家相比,道家以自然主义及人的主体性"自化",用人本主义理念把人生以及教育目的的论述附着于真正的"天人合一"上,同时具备一种"游世"精神,反对强力强为,反对外在要求、外在目标对人的精神发展的束缚。

---

① 《庄子·人间世》。
② 《老子·第二章》。
③ 《庄子·知北游》。
④ 《老子·第七十六章》。
⑤ 《庄子·达生》。
⑥ 《老子·第二十八章》。
⑦ 《老子·第十章》。
⑧ 《庄子·大宗师》。
⑨ 《庄子·大宗师》。

1989 年召开的"面向 21 世纪教育国际研讨会"提出了 21 世纪发展的人和成熟的人的标准①,这一标准与先秦创始道家倡导的"见素抱朴""复归于婴儿""不以人助天"的教育理念十分相似,都是强调一个理想的人,应该是具备人类本真美德的人,应该是一个降低了对外物不当欲求的人,应该是一个有着极强的自我发展能力的人。

先秦创始道家学派关注人性发展,关注人性与自然的契合,顺从"道"的教育目的观为教育思想史中自然主义教育的发展提供了重要的思想源头与智慧火种。虽然以老子、庄子为代表的中国古代自然主义教育与古希腊智者亚里士多德所倡导的自然主义教育有着不同的文化源头,但在强调个性自由、尊重人的身心发展规律等方面却有着异曲同工之妙。

二、先秦创始道家的原创性德育论

中国传统哲学的主要概念和范畴,如"有、无""道、器""变、常"等,都始创于道家学派,道家学派对于事物的辩证规律的探究及其衍生概念(如"义、利"等)和问题的探讨成为中国哲学家、教育家们一直求索的命题。道家形成了中国历史上较为系统的自然哲学,成为人类哲学第一层次——认知层次哲学的代表。先秦创始道家的哲学思想为我国哲学教育奠定了重要基础。

(一)先秦创始道家的世界观与自然观对中国传统教育具有重要辐射作用

在春秋战国以前,哲学家、教育家往往将"天"看作是至高无上的人格神,自然和世界都要以"天"的好恶作为运转的依据。道家学派没有因袭这种观念,而是通过对"道"的概念探究,阐释世界存在及其运转变化的规律,使得先秦时期的世界观与自然观出现了巨变。道家崇尚自然存在,崇尚事物相生相克、相互转化的规律,这为后来中国古代唯物主义思想的形成与发展奠定了基础。先秦创始道家的世界观、自然观对其教育观念产生重要影响:教育不是让人更符合"天"这一至上神的要求,而是让人在内调理精神,在外壮硕身体,使得内外都顺应"道"的要求,从而无限接近"道"及"自然"的理想状态。

(二)先秦创始道家的政治教育独立于诸子之说独成一派

在道家的政治思想之中,将治国之术分为道治、德治、仁治、义治、礼治、愚治六种,从这六种治国之术的先后顺序不难看出,道家学派最为推崇的是"道治"。老子在概括古今成败存亡祸福之道时,认为"大道废,有仁义;智慧出,有大伪;六亲不和,有孝慈;国家昏乱,有忠臣"②,强调为政者应该崇尚自然原则,采用"道治"的治国之道、治国方略,同时在

---

① 斯通等:《儿童和少年——人在成长时的心理》,转引自《未来教育面临的困惑与挑战——面向 21 世纪教育国际研讨会论文集》,人民教育出版社 1991 年版,第 72 页。原文为:"他已从童年长大,但并未失落童年时的最美好的天性。他保留了婴儿时期原始的感情,幼儿时固执的意志自由,学前时的好奇心、玩性和欢乐,学生时代的交往能力和求知欲,以及少年时代的理想主义和激情。他把这些特征熔为一炉,铸成一个新的纯朴的模型⋯⋯"
② 《老子·第十八章》。

个人修为方面应"秉要执本,虚怀若谷,清净无为,虚清自守,柔弱自矜"①,在政治立场上坚定地站在文化批判的角度,反对所谓的文明社会的教育教化对自然状态的破坏和对素朴人性的摧残。在批判儒家德治、法家法治学说的基础上,老子提倡"绝圣弃智""绝学无忧""不言之教",庄子更是认为"德荡乎名,知出乎争"。② 需要指出的是,道家的自然教育原则与儒家的启发诱导教育原则并非绝对地相互排斥,而是在"道"这一共同的最高理论范畴下有条件地互补。孔孟之道和老庄之道并行,二者共同构成了中国古代教育思想发展的主线,开中国古代提倡自然主义教育与人文主义教育相契合之先河。③

(三)先秦创始道家站在文化批判的立场上反对"人为"的道德教育

老子曾经将道德进行层次与水平的划分。认为上德是"常德不离,复归于婴儿"④,"含德之厚,比于赤子"⑤的返璞归真的状态;而"下德不失德,是以无德。上德无为而无以为,下德为之而有以为"⑥,老子反对将世俗道德奉为圭臬的循规蹈矩之德。庄子更进一步,认为"至人不留行"⑦,更是认同教育的形式应该是春风化雨、潜移默化的,应该是凸显受教育者自我发展的,而不应该是教育者过度"人为"的活动。

先秦创始道家将自然作为教育宗旨,将复归自然本性作为学习者与教育者的共同目的。由此引出先秦道家学派与先秦诸子,尤其是与有"显学"之称的儒墨二家教育思想之不同:道家重视"自知""独见",反对礼教的强制、虚伪与"人为"教育的偏执,强调教育者应注意在教育过程中发挥学习主体的主观能动性,提高受教育者把握自然规律,理"道"、适"道"的能力。

三、先秦创始道家的原创性智育论

老子倡导"绝圣弃智,民利百倍;绝伪弃诈,民复孝慈;绝巧弃利,盗贼无有。此三者以为文,不足。故令有所属:见素抱朴,少私寡欲"⑧,庄子也提出"圣人生而大盗起"⑨,这些论述被众多研究者认为是先秦道家学派反对、否定知识文化教育的重要例证。实际上,"道家'无为,又曰无不为','其术以虚无为本,以因循为用'。虽有学者认为这实则论六家得失,但却清楚地道明了各家的学术主张和学术倾向"⑩,其学术主张在于强调大智若愚,明道若昧,绝圣弃智,学不学,以行不言之教。

---

① 杨冰、王凌皓:《论春秋战国之际的学术原创精神——以教育学说原创为视角》,《东北师大学报》2010 年第 2 期。
② 《庄子·人间世》。
③ 杨冰、王凌皓:《论春秋战国之际的学术原创精神——以教育学说原创为视角》,《东北师大学报》2010 年第 2 期。
④ 《老子·第二十八章》。
⑤ 《老子·第五十五章》。
⑥ 《老子·第三十八章》。
⑦ 《庄子·外物》。
⑧ 《老子·第十九章》。
⑨ 《庄子·胠箧》。
⑩ 杨冰、王凌皓:《论春秋战国之际的学术原创精神——以教育学说原创为视角》,《东北师大学报》2010 年第 2 期。

　　"绝圣弃智"的这段论述应该从"圣"与"智"两个概念的辨析开始。在先秦道家看来，所谓的"圣"应该与儒家、法家强调的"圣人"在语义上的概念相同，都是强调通过强力强为与世俗所谓的"道德"或"法律"来实现自身修为与国之安定的统治者。这些统治者的共同特点是怀着强盛本邦、统一诸国的愿望，通过道德或者法律手段来实现德治或是法治的社会。虽然这种思想被当时乃至后世的统治者普遍接受，但是老子、庄子却对这一社会现象进行猛烈的抨击，认为这样的人才是使社会动荡、使人民生活困苦的主要原因。"智"之所指，并非老庄推崇的复归人性本真、守拙抱朴的自然智慧，而是通过智谋、权术、法律来达到一定目的之人及其行为。因此，先秦道家认为"大道废，有仁义；智慧出，有大伪；六亲不和，有孝慈；国家昏乱，有忠臣"[①]，其意主要在于反对强力强为的智慧（知识）或法律，反对违反"道"的规律进行教育教学及其他社会活动。

　　在反对儒、墨、法等学派强调通过世俗道德与法律约束个人和社会发展的同时，先秦创始道家并没有陷于一种幻想社会倒退、人类停滞不前的状态，而是以一种更为接近"道"的本源、更少思维约束的方式推动教育教学活动的进行——老子认为僵化的智育不能探索人生的智慧，而在较少物欲干扰，不进行过度教育，恢复受教育者的婴孩赤子的本真状态下，才更有利于营造一个促进人思考与探索的教育教学环境；庄子认为对于自然和知识的探索应该"不离于精"[②]，而自由的教育教学教养环境与氛围才会促进受教育者在探索过程中的自觉发展。

　　在论述创新人才培养的时候，研究者往往将创造性思维的培养置于重要位置，而创新思维的培养之中，又往往强调将单向度的思考转为多向度的思考，并用演绎思维与推理思维，更好地促进思维的深度与广度[③]，实际上这种思想亦可以从老子强调培养受教育者在探索过程中运用直觉思维的思想中找到思路线索。

四、先秦创始道家的原创性美育论

　　先秦创始道家对于美育理论的贡献泽被深远，其美学思想与美育思想，与道家哲学密不可分。先秦创始道家美育思想中具有原创性的哲学之美。

（一）先秦创始道家美育思想中具有原创性的哲学之美

　　先秦创始道家在中国历史上最早提出了"玄""妙"等美学范畴。在《老子》一书中，"玄""妙"常常一并出现，如"古之善为士者，微妙玄通，深不可识"[④]，"玄之又玄，众妙之门"[⑤]。其中，"玄"与"妙"涵义既有相似之处，即陈鼓应先生译作的"微妙"，同时又有所区

---

①　《老子·第十八章》。
②　《庄子·天下》。
③　柳海民、史宁中：《探寻培养创新人才的可行路径》，《中国高等教育》2011年第2期。
④　《老子·第十五章》。
⑤　《老子·第一章》。

别。《老子》中的"玄",原用来象征天道;①而"妙"则是"玄"的表现,是"玄"之结果。② 由此可见,中国传统美育中"玄"与"妙"等重要概念是由老子最早提出并给予清晰界定的。

庄子在继承老子思想的基础上提出"天地有大美而不言","原天地之美而达万物之理",③"真在内者,神动于外,是所以贵真也","真者,所以受于天也,自然不可易也",④确立了"大美"与"真"这两个中国古典美学范畴,将自然之美、思想之美与人类的审美能力结合起来,将具体之美与抽象之美相贯通。此外,庄子提出"技""神""道"等范畴,论述了劳动技艺技巧、创造精神等在艺术创造中的重要作用。老庄确立的美学范畴至今仍对美育理论有着深刻的影响。

(二)先秦创始道家美育思想中具有原创性的形式之美

老子反对人类过分放纵欲念,明确指出沉溺于"以之为美"的物质享受、感官愉悦会对人的精神成长造成破坏性的影响:"五色令人目盲;五音令人耳聋;五味令人口爽;驰骋畋猎,令人心发狂;难得之货,令人行妨。是以圣人为腹不为目,故去彼取此。"⑤

在老子看来,美的形式应该是符合"道"的内涵和规律的,美在于有千变万化的形式和有包容力的内容。老子不强调"食不厌精,脍不厌细"⑥式的味觉享受,不推崇"子在齐闻《韶》,三月不知肉味,曰:'不图为乐之至于斯也'"⑦式的音乐欣赏,而是强调"大方无隅,大器晚成,大音希声,大象无形"⑧般包含众形、众声、众味、众言的表现形式的"大道"之美。后世中国美学遗其形而上之"道","取其'无形'而众形生焉、'无声'而众声形焉、'无味'而众味出焉、'无言'而众言藏焉这些可操作之义用于美的创作和欣赏实践中,使中国美学充满了有无相生的辩证精神⑨,更使中国的传统美育思想理论及其实践具有一种气势磅礴、变化万千之意蕴内涵。

庄子认识到人的本性与欲望密不可分,但认为社会混乱起于人欲,主张将人欲控制在一定限度之内,达到"不以利自累"⑩之程度,即"知足"的境界。因此庄子认同并延续了老子对于当时文化的看法,"夫仁义之行,唯且无诚且假夫禽贪者器"⑪,因此庄子倡导的美是质朴的,"朴素而天下莫能与之争美"⑫。此外,庄子向往思想自由与精神解放,幻想

---

① 《老子·第六章》。原文为:"谷神不死,是谓玄牝。玄牝之门,是谓天地根。绵绵若存,用之不勤。"
② 《老子·第一章》。原文为:"道可道,非常道,名可名,非常名。无,名天地之始;有,名万物之母。故常无,欲以观其妙;常有,欲以观其徼。此两者,同出而异名,同谓之玄。玄之又玄,众妙之门。"《老子·第十五章》。原文为:"古之善为道者,微妙玄通,深不可识。"
③ 《庄子·知北游》。原文为:"天地有大美而不言,四时有明法而不议,万物有成理而不说。圣人者,原天地之美而达万物之理,是故至人无为,大圣不作,观于天地之谓也。"
④ 《庄子·渔父》。
⑤ 《老子·第十二章》。
⑥ 《论语·乡党》。
⑦ 《论语·述而》。
⑧ 《老子·第四十一章》。
⑨ 祁志祥:《老子美学》,《文艺理论研究》2004 年第 5 期。
⑩ 《庄子·让王》。
⑪ 《庄子·徐无鬼》。
⑫ 《庄子·天道》。

在宇宙中"独与天地精神往来"和"与造物者游"①的积极扩展的"逍遥"②境界,这种境界在庄子看来才是"至美"。

(三)先秦创始道家美育思想中具有原创性的道德之美

先秦创始道家推崇道德,但所推崇的道德无论内涵与外延都与其他学派大相径庭,他们对世俗崇尚的道德标准进行尖锐的批判与否定。道家学派的逻辑是:"故失道而后德,失德而后仁,失仁而后义,失义而后礼。"③他们以逆向思维的方式追溯了道德的起源,同时得出自然之美应该是人类最本真之美的大美育观。

五、先秦创始道家的原创性体育论

先秦创始道家站在促进人的精神成长无限趋近于"道"的立场上,十分关注人身体的成长和发展。与儒家强调"射""御"提高军事作战能力的军事体育不同,其倡导的体育是以自然养生为突出特点的。

先秦创始道家体育思想的核心是自然养生。他们认识到生命的脆弱,"人之生也柔弱,其死也坚强。草木之生也柔脆,其死也枯槁"④,认识到生命的可贵,关注人的生命活力对于人自身成长发展的重要性,强调自内而外促进人有形身体的强健和无形生命力的增长。

先秦创始道家体育内涵的是内外兼修的完整性体育。先秦创始道家推崇自然的而非人为的体育,是重视内养的而非仅限于外炼的体育。正因为如此,形成了中国传统体育特有的自然生命运动的风格:动静结合、神形兼顾、刚柔相济、含蓄坚强。在老子"道法自然"的体育观的影响之下,道家体育开始逐渐呈现仿效自然、天人合一的特点,如中国传统养生体育中的五禽戏、大雁功、鹤翔功、形意拳就属于人与自然相和谐的运动形式;太极拳、八卦掌则是在更抽象层次里的自然生命之道的运动形式。这些体育的形式不仅推动了中国传统体育的发展,亦对中国传统文化心理的形成产生了十分深远的影响,形成了中国文化积淀中兼具美感与意境的特点。

先秦创始道家的体育思想是与其人格教育思想高度契合的。他们认为,教育之中无论涉及人的智慧、美感还是体育方面的内容,都有一个高度统一的内核——对自然的尊崇和对"道"的顺应。因此先秦创始道家认为体育应该与哲学、美学等相一致,追求"道"中理性、善、美、本真的要素。他们认为,将体育单独于智育美育之外的教育是不和谐、不利于人成长发展的,因此体育不是孤立的存在;在进行体育的同时应该身心合一,让自然生命与精神世界二者和谐一致,高度统一;在进行体育时,人与自然亦应高度契合在对自然和"道"的体悟之上。

---

① 《庄子·天下》。
② 《庄子·逍遥游》。
③ 《老子·第三十八章》。
④ 《老子·第七十六章》。

六、先秦创始道家的原创性教育教学论

（一）孔德之容，惟道是从[①]

先秦创始道家从教育终极目的——对"道"的追求与顺应出发，认为教育教学原则也应该秉持"惟道是从"的思想导向。

所谓"惟道是从"，是指教育教学活动的灵魂就是顺应教育和受教育者身心发展的自然规律，作为一名教育者，不应也不能将自己的意志或私欲强加给受教育者。如果我们从"有所为有所不为"的思维路向，可以认为老子这种"惟道是从"的思想在"从道"的意义上是"有所为"的，它与现代教育强调发挥受教育者在学习中的主动性，发挥其在教育过程中的主体性作用，促成受教育者人格与精神的完满成长的思想有着本源上的一致性；而在今天看来，顺应已知的教育规律的"惟道是从"与强调通过世俗品德或者超乎本性的礼仪来规划人的发展的社会主流有着巨大的观念差异，这种差异并非是对立性的矛盾，而是同一性的教育主张上的"相互救济"，殊途同归。

（二）行不言之教，无为自化

1. 行不言之教

先秦创始道家学派在教育教学方法上强调采用"不言之教"，注重受教育者的"无为自化"。[②] 在道家学派看来，"行不言之教"是教育的应然状态，同时也是教育的理想状态与最高境界。

所谓"不言之教"，有两层涵义：其一是不通过发号施令的方式强迫受教育者。"行不言之教"是对受教育者在学习过程中主体性作用的承认，是对受教育者在教育过程中的人格和内心自觉的肯定，是对受教育者身心发展规律的尊重，是教育者教育平等理念的体现。其二是通过春风化雨式的教育在潜移默化中启发受教育者的自觉，在这一过程中，教育者相信并尊重受教育者的能力，强调为受教育者预留足够的自我教育、自我管理、自我监督和自我发展的空间，也强调教育者对受教育者的教育耐心与爱心。这种教育教学原则方法亦往往通过教育者的榜样示范、受教育者的自我反思等具体方法来实现。或者简单说来，如果我们不偏重训导式、教条式的灌输说教，无论我们对"行不言之教"有哪种理解，它都对当今的教育有着巨大的启发意义。

2. 无为自化与顺性而化

先秦创始道家重视"无为自化"在教育教学过程中的重要性。"无为"多次出现在先

---

① 《老子·第二十一章》。

② 对于"不言之教"，老子的解释是："是以圣人处无为之事，行不言之教；万物作焉而不为始，生而不有，为而不恃，功成而弗居。夫唯弗居，是以不去。"（《老子·第二章》）庄子的解释是："夫知者不言，言者不知，故圣人行不言之教。"（《庄子·知北游》）

秦创始道家学派的著作《老子》《庄子》之中。老子极具哲理地提出"为无为,则无不治"①。老子倡导的无为,不能等同于无所作为,在教育教学中可以理解为不为违背教育规律之事,这种不为体现为教育者在教育教学活动中精心设计、不断修正的教育实践,这种不为体现在"豫兮,若冬涉川;犹兮,若畏四邻"②般的谨慎;"俨兮,其若客;涣兮,若冰之将释"③的庄严小心;"敦兮,其若朴;旷兮,其若谷;混兮,其若浊"④的守拙与淳朴。只有在教育教学中做到这种精心设计、以受教育者生命和精神成长为中心的"无为",才算达成了教育"微妙玄通,深不可识"⑤的至高境界。

庄子也吟咏赞美"无为"⑥,认为任何事物都有其与生俱来、与众不同的自然禀赋,"或行或随;或嘘或吹;或强或羸;或载或隳"⑦。因此"顺性而化"成为庄子的教育主张,其内涵体现在以下三个层面:

其一为"适"。"忘足,履之适也;忘要,带之适也"⑧,庄子强调教育效果应该是水到渠成、自然而然的,教育的"适"体现在充分认识到受教育者接受能力基础之上的智化行为,体现在准确地考量受教育者的认知水平。其二为"缘督以为经"⑨。庄子认为包括教育在内的万事万物要充分尊重自然天性,在受教育者生命个体可接受水平内对受教育者加以引导,真正的教育不是戕害天性以就"发展"的行为。其三为"高者抑之,下者举之,有余者损之,不足者补之"⑩,这是庄子强调因材施教在教育过程中的重要作用。庄子要求教育者能够以充分认识受教育者禀赋为前提,以发展受教育者天性为目标,综合运用多种教育方法与手段,从而实现受教育者的人尽其能。

七、先秦创始道家的原创性师道观

(一)微妙玄通

先秦创始道家对教师的职业素养有着明确的认识:"古之善为士者,微妙玄通,深不可识。夫唯不可识,故强为之容:豫兮,若冬涉川;犹兮,若畏四邻;俨兮,其若客;涣兮,若冰之将释;敦兮,其若朴;旷兮,其若谷;混兮,其若浊;澹兮,其若海;飂兮,若无止。孰能浊以静之徐清?孰能安以动之徐生?保此道者,不欲盈。夫唯不盈,故能蔽而新成。"⑪先

---

① 《老子·第三章》。
② 《老子·第十五章》。
③ 《老子·第十五章》。
④ 《老子·第十五章》。
⑤ 《老子·第十五章》。
⑥ 《庄子·至乐》。原文为:"天无为以之清,地无为以之宁。故两无为相合,万物皆化。芒乎芴乎,而无从出乎!芴乎芒乎,而无有象乎!万物职职,皆从无为殖。故曰:天地无为也而无不为也。人也孰能得无为哉!"
⑦ 《老子·第二十九章》。
⑧ 《庄子·达生》。
⑨ 《庄子·养生主》。
⑩ 《老子·第七十七章》。
⑪ 《老子·第十五章》。

秦创始道家强调作为一名教育者,应该有着坚定不移的学术信念和广博精深的专业知识——作为教育者是能够感悟"道"并尊崇"道"之人,即所谓的"善为士者";在此基础上必须"微妙玄通",即有着广博的条件性知识和精深的专业化知识,只有这样才能够胜任教师的职责。

回眸中国古典教育历史,审视当下国内外的现代教育,老子的原创性"微妙玄通"教师观,在几千年后的今天仍然符合现代社会对教师素质结构的基本要求。现代教师的知识结构中,条件性知识和专业性知识仍然是十分重要并相互倚重的组成部分。

(二)常善救人

老子强调"善行无辙迹;善言无瑕谪;善数不用筹策;善闭无关楗而不可开;善结无绳约而不可解。是以圣人常善救人,故无弃人;常善救物,故无弃物。是谓袭明。故善人者,不善人之师;不善人者,善人之资。不贵其师,不爱其资,虽智大迷,是谓要妙"[①]。

以上论述体现了先秦创始道家对教师教育教学方式方法的基本要求,通过多重比喻,指出教师教育教学的最好方法往往是不着痕迹、春风化雨、潜移默化的;在这样的教育过程中,学生才能生发出学习的主动性,体会学习的乐趣;也只有在教育教学过程中将主动权让渡给学生,才能关注每一个学生生命的成长和发展,这样的教师才是一名优秀的教育者。

(三)善下、身后

在师生关系的处理中,老子以生动的类比的方式暗喻师生关系应该遵循这样的原则:"江海之所以能为百谷王者,以其善下之,故能为百谷王。是以圣人欲上民,必以言下之;欲先民,必以身后之。是以圣人处上而民不重,处前而民不害。"[②]老子从教师道德修养的角度强调教师应该尊重学生,包容学生,关注学生成长与发展,强调学生的主体性,用爱的情怀去完成自己的教育事业。其实,教育教学的原则方法离不开深深根植于其中的教育理念。能够潜移默化,助推学生成为教育活动主体的教师,必然是尊重学生,能够平等对待学生,能够用发展眼光看待学生,怀有深深教育之爱的教师。老子直言对教育者教育教学原则方法的要求,实则是对教师教育教学理念的探究与设想,这对现代的"尊重的教育"、重视学生主体性作用发挥以及关注学生精神成长,强调学生实践能力养成,强调民主平等师生关系建构等教育思想具有重要的启发意义。

庄子从当时战争频仍、社会动乱的现实出发,呼吁"慈以爱人,与人为善","万物一齐"的平等意识,与人为善、"报怨以德"的人伦意识,这一思想投射到教育教学之中,也体现为教师应该具有师生平等的意识,热爱学生的情怀。

先秦创始道家教育思想在诸多方面皆有极强的原创性,先秦创始道家原创性教育思想,在先秦百家争鸣、各派学术思想奔腾飞扬的年代,特别鲜明,独树一帜。有研究者认

---

① 《老子·第二十七章》。
② 《老子·第六十六章》。

为,先秦创始道家教育思想是反对文化进步,是站在反对教育的立场之上去谈教育的。但通过对其"正言若反"表达方式的剖析,我们认识到先秦道家教育思想中形似倒退的表象之下蕴含着超越性的本质。他们站在保护人自然本真的立场之上,关注人主体价值的展现与张扬,重视道法自然的和谐教育理念;关注完整的自然人格的培养,强调在"无为自化""行不言之教"的过程中完善受教育者的自身发展;关注受教育者的个体差异,强调"损有余而补不足";关注受教育者理性思维的培养,强调辩证施教。先秦创始道家教育思想,不仅是中国古代自然主义教育、人本主义教育的开端,更与西方的自然主义教育、存在理论有着相似相通之处;先秦创始道家教育思想不仅对教育活动产生深远的影响,更引起人们产生对人与自然关系的思索。① 先秦创始道家作为中国哲学的鼻祖,把顺应自然确立为教育的最高原则,他们置身于现实,将超然的智慧、人类理想、忧怀天下的情怀付诸对教育的创造性思索之中,为中国乃至整个世界的教育提供了思想之源。

---

① 汤川秀树:《创造力与直觉:一个物理学家对于东西方的考察》,周林东译,河北科学技术出版社 2000 年版,第 57—60 页。原文为:"早在两千多年以前,老子就已经预见到了今天人类文明的情况……生活在科学文明发展以前某一时代,老子怎会向近代开始的科学文化提出这样严厉的指控。"

祠学璧合：两宋书院祠祀活动及其价值期许

◎赵国权　周洪宇*

摘　要：受政统、道统、学统及庙统等诸因素的影响，具有特殊教化功能的祠宇与两宋时期新兴的教育组织形式书院融为一体，祠祀便成为书院教育活动的重要组成部分，期许书院生徒能够养成对师道和学业的敬畏感，树立对文化的认同与自信，确立"传道济民"的求学目标，达成"希圣希贤"的理想人格以及增进忧国忧民的担当意识，从而与官学中的"庙学合一"相得益彰。

关键词：两宋书院；文庙；先贤祠；祠学；祠祀活动

古之庙与祠寓意无别，均是供祀先祖之地，只因所奉祀对象的影响度有别，使得庙的级别往往高于祠。然单就"祠"而言，按创建主体有国祠、宗祠、家祠之分，按所奉祀人物又有先贤祠、乡贤祠、乡宦祠、忠烈祠以及节孝祠之别。宋之前的祠祀活动在民间已比较普遍，日益成为基层教化的一种重要手段，开始渗透并影响着民众的心理结构和日常生活。至两宋时期，随着书院这一特殊教育组织形式的兴盛，祠祀活动开始与书院融合，而能与书院珠联璧合的多是先贤祠或乡贤祠，因而书院也往往被称为"祠学"。元朝宋禧最早提出"祠学"一说，他在《庸庵集》卷十四中称："国朝于天下祠学，所谓书院者，例设官置师弟子员，与州学等。"[①]此处没有借用"庙学合一"之说，而称"祠学璧合"。如果说庙与官学之合有官方政策性因素的话，那么祠与书院之合则多为书院自主所为，与书院自身传统及教学活动是密切相关的，甚至可以说是"院本课程"的再生性创造，因此，祠与书院之合应该是一种优化组合，用"璧合"一说更能体现其组合的特质与实效。

一、书院祠祀活动的多元因素助推

祠祀活动非因书院而生，却因书院而彰显，二者之合亦非孤立的一种社会现象，其兴其盛，无不有其复杂的社会及文化背景。概而言之，两宋书院的祠祀活动至少缘于如下四个方面因素的推动。

* 作者简介：赵国权，河南大学教育科学学院教授，华中师范大学教育学院博士研究生；周洪宇，华中师范大学教育学院教授。基金项目：国家社会科学基金项目教育学一般项目"教育活动史研究与教育史学科建设"（BOA130117）。

① 宋禧：《高节书院增地记》，载《庸庵集》卷十四，《四库全书》第1222册，第495页。

（一）维系政统

所谓政统,简而言之,即政治传统。自西汉确立以儒治国后,魏晋及隋唐皆秉承儒治传统,且建周、孔之庙供世人奉祀。其间,儒学确实遭受过来自玄学、佛教及道教的冲击,但因儒学自身的包容与吸纳性,不但其根基没有动摇,反在博弈中始终占据着政治生活的中心位置。不过,相对于玄学及佛道而言,战争带来的社会动荡显得更为可怕,动荡的直接结果就是对业已形成的道德秩序的破坏,无论是魏晋之秋,抑或是五代之乱,无不如此。因而就教化层面而言,带给有宋一代的负面影响颇为触目惊心,在一般民众中"不孝不悌之事,濒见词诉"①。即便是求学士子,如朱熹在《白鹿洞书院揭示》中所言,多为"务记览为词章,以钓声名取利禄而已"等。在这种情况下,宋初统治者承袭汉唐崇儒政统,推出"重文"政策,强调尊儒重教,如宋真宗亲撰《玄圣文宣王赞》,称颂孔子为"人伦之表",又撰《崇儒术论》,称儒术为"帝道之纲"等。尤其是入主文庙接受奉祀的,除孔子及孔门弟子外,还有诸多颇具"宣德化"意义的历代乡贤和乡宦。而书院作为一种新兴及新型的教育组织形式,不可能置身度外,只有将自己融入儒化的背景中去,与时俱进地祠祀先圣先贤,以"指鉴贤愚,发明治乱",维系政统,才能放大自己生存发展的空间。尽管书院的祠祀活动没有纳入国家祀典,但祠祀活动不违背国家祀典:"书院设官,春秋命祀,并遵旧典。"②南宋时的白鹿洞书院、岳麓书院、明道书院等诸多书院,都置有庙宇专门奉祀孔子,或将孔子与弟子及先贤、先儒、乡贤等一起奉祀。

（二）彰显道统

"道统"一词虽然由朱熹提出,但是,系统阐释道统的却是韩愈,只是韩愈未能完成续传之重任,其使命自然就落在"为往圣继绝学"的宋朝理学家身上。于是,以"二程"及朱熹等为代表的理学家们,为证明自己的学说为接续儒学之正宗,纷纷以书院为阵地,积极改造并构建博大精深的理学体系,使儒学道统得以传承和弘扬,同时又要像佛教设寺庙尊崇始祖释迦牟尼、道教设宫观尊崇始祖老子一样,来尊崇自己的道统领袖孔子。最好的一种尊崇方式,就是在自己所办的书院里设庙或祠加以奉祀。朱熹认为,这样做旨在"以明夫道之有统,使天下之学者皆知有所向往而及之,非徒修其墙屋、设其貌像、盛其器服升降俯仰之容以为观美而已也"③。

尤其是佛、道自东汉末年开始崛起,魏晋南北朝时期已具有广泛的政治及社会基础,唐宋之际更是盛行有加,寺庙林立,宫观星布,更以其"法统"对儒家道统发起猛烈的冲击和挑战。相比之下,崇儒之风则有所弱化。对此,两宋的理学家们忧心忡忡,如朱熹在《白鹿书院奏》中称:"境内观寺钟鼓相闻,殄弃彝伦,谈空说幻,未有厌其多者。而先王礼义之宫,所以化民成俗之本者,乃反寂寥希阔。"④又说:"念庐山一带,老佛之居以百十计,

---

① 徐元杰:《延平郡学及书院诸学榜》,载《梅野集》卷十一,文渊阁四库全书本。
② 蒋易:《庐峰山长黄禹臣序送别》,载《鹤田蒋先生文集》卷上,元至正刻本。
③ 朱熹:《信州州学大成殿记》,载《晦庵集》卷八十,文渊阁四库全书本。
④ 尹继善等:《白鹿书院奏》,载《江西通志·艺文》卷一百一十五,清乾隆元年(1736)刻本。

其废坏不无兴葺。至于儒生旧馆只此一处……累年不复振起，吾道之衰既可悼惧。"①另据柳诒徵的《江苏书院志初稿》引清乾隆时所修《江南通志》，称茅山书院为"宋天圣中，侯仲遗创建……后为崇禧观所并……咸淳七年更建于顾龙山，今改为圆通庵"。由茅山书院的兴衰，可以看到两宋时期儒、佛、道三教之间的博弈，无论是精神层面，抑或是物质层面，还是比较激烈的，虽然不可能相互取代，但总要极力抢夺和固守自己的"势力范围"。在这种情况下，书院为捍卫儒家道统，必须树立起自己的精神旗帜，既表明与佛、道有别，又能与佛、道之"法统"或"教统"保持鼎立抗衡之势。也只有这样，才可以既接续儒家道统，又能解决"王道之政明，圣人之教行，虽有佛老无自而入"②的现实问题。

（三）标榜学统

如果说道统为源，那么学统为流，有其源则必有其流。自孟子之后儒学便开始分野。两汉时本于经学的师法、家法纷沓而至，且借私学这块阵地通过授徒讲学来延续学统。有此传统，两宋时理学流派亦精彩纷呈，每一流派总有一位开山式人物，如濂学之周敦颐、关学之张载、洛学之"二程"、湖湘学之张栻、闽学之朱熹、象山学之陆九渊等，而最为门生所尊崇的方式则是在书院设祠奉祀，旨在标榜自己的学术渊源和追求，此所谓"正道脉而定所宗也"。诚如邓洪波所言："祠堂之上排列的开山祖师及各个时期的代表人物，象征书院的精神血脉，表明书院的学术渊源、风尚与特色，是学术传统的具体化。"③

（四）延续庙统

中国建庙的历史非常久远，且如同祠宇一样有国庙、宗庙及家庙之别，然此处的庙统专指孔庙与官学的"庙学合一"的传统。其实，学校内部祭祀先圣先师的做法，《礼记·文王世子》及《学记》均有论及。无论是学校初成，抑或是开学之际，地方官员及学校师生都要举办隆重的祭祀活动，以示"敬道"。不过，早期文献所载的祭祀活动多与官学的入学教育相结合，祭祀也只是一种仪式，没有用作专门祭祀的场所。而作为专门祭祀之地的孔庙与学校教育的结合，其雏形当自《史记》所载孔子死后第二年就其故居因庙设学开始。如果说这仍属于私学范畴及个案的话，那么就地方上庙学的实质性结合，要追溯到汉初文翁兴学之时，所谓蜀郡"亦学亦庙，有堂有殿……自文翁石室始"④。对此，两宋学者均有认同。如吕陶在《府学经史阁落成记》中，谈及蜀学盛事时称："蜀学之盛，冠天下而垂无穷者，其具有三：一曰文翁之石室；二曰高公之礼殿；三曰石壁之九经。"⑤但作为国家层面的政策性导向，则实自汉明帝永平二年（59）诏令学校"皆祀圣师周公、孔子"始。⑥

① 朱熹：《白鹿洞牒》，载毛德琦《白鹿书院志》卷二，顺德堂藏版。

② 谢枋得：《鹭洲书院记跋》，载周必大《文忠集》卷五十九，文渊阁四库全书本。

③ 邓洪波：《祭祀：书院产生的最重要原因》，《中国社会科学报》2012年4月19日。

④ 舒大刚、任利荣：《"庙学合一"：成都汉文翁石室"周公礼殿"考》，《四川大学学报（哲学社会科学版）》2014年第5期。

⑤ 吕陶：《府学经史阁落成记》，载《净德集》卷十四，文渊阁四库全书本。此处所讲"高公礼殿"，是指汉献帝兴平元年（194）太守高眹在蜀郡所建"周公礼殿"，与郡学连为一体，为庙学合一的最早范本。

⑥ 范晔：《后汉书》，中华书局1965年版，第3108页。

从此天下学校开始祀周、孔，至唐朝不仅开专祀孔子之先例，而且"自唐以来，州县莫不有学，则凡学莫不有先圣之庙矣"①。尤其是业已形成的"庙学合一"这一独特的文化现象，以及"庙学"这一特殊的文化符号，不仅在中国文化及教育史上掀开了蔚为壮观的一页，还深深地影响着后世各级学校的办理。有宋一代更是如此，如当时的四川境内就设有庙学 95 处，其中成都府路 42 处，渔川府路 34 处，利州路 11 处，夔州府路 8 处。②

既然自私学到官学，从学校到社会，普遍立庙奉祀先圣先师，所谓"宋兴，崇尚文治，吾夫子之祀遍天下"③，那么，作为书院来说秉承这一教化传统亦在情理之中。因此，有学者称宋代"书院内必崇祀孔子，故每个书院必塑有孔子及十哲的肖像，甚至图画七十二贤一同配飨"④。

二、书院祠祀活动的定制及实施

在多元因素助推下兴起的书院祠祀活动，从宋初的仿效，到南宋时的基本定制，尤其是多有乡贤、乡宦等入主其内接受祠祀，既与地方孔庙及官学大体上保持一致，又凸显其祠祀的地域性和学派特色。

（一）书院祠祀活动之肇端及演变

书院的祠祀活动到底始于何时，目前尚无确切定论。可以查阅到的最早的书院祠祀文献记载，当是王禹偁于咸平三年（1000）所作的《潭州岳麓书院记》。文中谈及开宝九年（976），潭州太守朱洞创建岳麓书院时就开始祠祀活动。然而，因继任者不作为，导致"诸生逃解，六籍散亡，弦歌绝音，俎豆无睹"。至咸平二年（999），新任潭州太守李允则重修书院，"塑先师、十哲之像，画七十二贤……请辟水田，供春秋之释奠"⑤。可见，至赵宋开国 39 年之际，岳麓书院的祠祀活动初具规模，不仅祠祀先师、贤哲，还辟水田为祠祀活动提供足够的经费支持。无独有偶，咸平五年（1002）宋真宗诏令重修白鹿洞书院时，亦塑孔子及十大弟子像。应天府民曹诚捐资，就名儒戚同文讲学旧址重建南都学舍后，"前庙后堂，旁列斋舍，凡百余区"⑥，并得到宋真宗所赐"应天府书院"额。可以说，在宋初颇有知名度的书院中，均有祠祀活动的存在。虽与官学祠祀有所差别，但在宋初官学沉寂之时书院有此举止，也是对地方官学教化职能的一个重要补充，更使得书院兴办之初，便与官学一样拥有祠祀的话语权。

虽然宋初书院的祠祀活动初具规模，但还没有形成自己的特色，对传统的"庙学合一"制度多有依赖，且所建书院为数不多，祠祀制度也不尽完善。至南宋时，书院进入快

---

① 马端临：《祠祭褒赠先圣先师》，《文献通考·学校考四》卷四十三，文渊阁四库全书本。
② 周原孙：《宋代四川孔庙的设置及兴盛原因》，《四川文物》1990 年第 5 期。
③ 陈宜中：《学道书院记》，清光绪九年（1883）刊本。
④ 陈青之：《中国教育史》，商务印书馆 1936 年版，第 233—234 页。
⑤ 王禹偁：《潭州岳麓书院记》，载《小畜集》卷十七，文渊阁四库全书本。
⑥ 徐度：《曹诚捐建应天府书院》，载《却扫篇》卷上，文渊阁四库全书本。

速发展期,书院的祠祀活动也得以进一步定制和完善,甚至是"走上了独立发展的道路"①。其主要表现为:一是祭祀活动有所扩大,大多要祭祀本学派的先辈或书院的创办者;二是普遍奉祀除先圣先师以外的周敦颐、"二程"、张载及邵雍等理学大师,旨在推崇学统,提高本学派的地位。元明清时期书院的祠祀活动基本上承袭了两宋时期形成的祠祀传统,且因书院设置普遍而使得受众面更广。

(二)书院与祠宇的时空布局

祠与书院的"璧合"布局是在充分借鉴庙学及地方先贤祠之制基础上而精心设计的,只是因书院财力、各地建筑传统及风格有异,所以祠之方位与大小也略有不同。

就祠的规模与名称而言,规模较大的书院尤其是得到过皇帝赐额的书院,都有专门奉祀孔子及其弟子的建筑物,称之为文庙或孔庙、礼殿、燕居堂、文宣王庙、先师殿等,这与官学做法相一致。而真正具有书院特色的祠祀先贤、乡贤及乡宦的祠宇则是另置的,名称不一,或直接称之为先贤祠或乡贤祠,或以所祀人物字号命名,或以其学术地位命名,或以所祀人物多寡命名等。如江苏的明道书院设有"程纯公之祠"专祀程颢;江苏的茅山书院设有"先贤祠",祠祀周敦颐等先贤;广东韩山书院设置"泰山北斗祠",祠祀韩愈;广东的丰湖书院设有"十二先生祠",祠祀陈尧佐、陈偁、苏轼等。而规模小一点的书院,一般是将孔子及孔门弟子、先贤和乡贤等供奉一处的。如浙江的永嘉书院,中奉孔子,东室祀伊洛诸子,西室祀乡贤,等等。

就祠与书院的办理先后顺序而言,有三种情况:一是在创建书院的同时设祠奉祀,可谓一步到位。如宋开宝九年(976),潭州太守朱洞创建岳麓书院时,置有先贤祠;淳祐元年(1241),知州江万里创办白鹭洲书院时,设置文宣王庙祀孔子,又设置"六君子祠"等。二是先有书院,后为追祀某位先贤而添建。如福建的考亭书院,本为朱熹所建,宋理宗宝庆年间,知县刘克庄为祠祀朱熹而在院中创建"集成殿",以其弟子及门人蔡元定、黄榦、刘爚、真德秀配享。三是先有祠,后为"宣德化"欲发挥其育人的功能,于是设学授徒。如据明洪武抄本《苏州府志》所载,苏州境内的和靖书院,起初为学者尹焞辞去礼部侍郎后,于绍兴年间徙居虎丘西菴读书,嘉定七年(1214),士人黄士毅请于知府陈苊建祠奉祀尹焞。端平二年(1235),提举仓司曹幽即其地建为和靖书院。

就祠与书院的空间方位而言,凡与书院相关的祠宇,无论是祭祀孔子及孔门弟子的文庙,抑或是祠祀先贤、乡贤及乡宦的建筑,基本上都共处一个院落,但因文庙特有的政治地位及教化价值,在书院中始终处于中心或最佳的位置,其他祠宇在各地书院的布局上多有所不同。一般来说,最合乎礼制的布局是左庙祠右书院,或者是前庙祠后书院,如此则存在祠祀区和教学区两个比较明确的活动区域。但因书院地理环境及规模大小不一,具体分布也呈现多元化趋势:第一,前后为祠祀区,中间为教学区。例如,江苏的明道书院,位于书院中轴线上的主体建筑先是"河南伯程纯公之祠",祠后为会讲之地的春风堂(堂之上为御书阁),堂之后为平日授课修习之处的主敬堂,主敬堂再往后为燕居堂,供

---

① 邓洪波:《中国书院史》,东方出版中心 2004 年版,第 158 页。

奉先圣及十四先贤①,呈现"前祠→教学区→后庙"的布局。而江西的象山书院,中为圣殿,后为彝训堂(两边分为居仁、由义、志道、明德四斋),堂后有仰止亭,亭右为陆九韶、陆九龄、陆九渊三先生祠,呈现出"前庙→教学区→后祠"的布局。第二,前为祠祀区后为教学区。如湖北的竹林书院,"有燕居以行舍菜,有公堂以正讲席……前列四祠以彰有德,后峙八斋以肄生员"②;江西的安湖书院,"前为燕居,直以杏坛。旁为堂,左先贤祠。祠后为直舍,缭斋以庑,不侈不隘"③。第三,前为教学区后为祠祀区。如浙江的札溪书院,书院中为讲堂曰"达善",堂之两翼为东西斋,堂之后为阁,左为"明经阁",用以藏书,右为"见贤阁",以祠祀先哲;④广东的京山书舍,初建时前为书舍斋房,"最后耸以三祠,安定左而昌黎右,瞻仪肃肃,侑我圣师,其规模甚广也,其位置甚严也"⑤。第四,庙祠与书院分开设置,各自拥有独立的活动区域,例如,福建的延平书院,先是朱熹的弟子陈宓来守是邦,创书院于南山之下,"以为奉祀、讲学之地"。最初的建筑格局是"祠堂于礼殿之侧",为"前祠后学"格局,但后来因山洪致使礼殿祠堂被毁,于是,将礼殿重建于百步之外,便有了"礼殿建于右,书院设于左"⑥的格局。

(三)书院祠祀人物的考量标准

按《礼记·祭法》所言,凡"法施于民则祀之,以死勤事则祀之,以劳定国则祀之,能御大祸则祀之,能捍大患则祀之"。此虽乃"圣王之制",系国家或政治层面的受祀标准,却对学校祠祀活动影响甚大,例如,所立官学必祀孔子及其弟子等。宋朝书院绝大部分属于民办,在选择祠祀对象时,有较大的自由度,除了主祀孔子及其弟子,其他所祀多是与书院、学派及地方治理与教化等相关的人物。至于选择的标准,朱熹的弟子黄幹有言,书院立祠设祭,遵行"必本其学之所自出而各自祭之"的原则,因而"非其师弗学,非其学弗祭也"。⑦ 按各个书院实际祠祀的对象来说,黄幹所言只是涉及问题的一个方面,即书院的学统标准。元朝学者唐肃在总结以往书院确定祠祀对象时,认为主要依据四个方面的标准:或乡于斯而"有德",或仕于斯而"有功",或隐学于斯而"道成于己",或阐教于斯而"化及于人"。⑧ 显然,唐肃的说法更符合当时书院选祀人物的实际情况。近人朱鸿林提出从祀儒者的最高准则是"崇德报功"说,即推崇德行及报答功劳,关键是"报功",他认为:"从祀儒者之功,就是实践孔子之道之功,发明孔子之道之功。"⑨

概而言之,两宋书院祠祀人物的考量标准,主要基于个人生前的业绩和名望。依此原则,就具体受祀者来说,大致有如下几种情况:一是祠祀与书院直接相关的人物,包括

---

① 周应合:《明道书院》,载《景定建康志》卷二十九,文渊阁四库全书本。
② 李曾伯:《公安竹林书院记》,载《可斋续稿》前卷五,文渊阁四库全书本。
③ 文天祥:《赣州兴国县安湖书院记》,载《文天祥全集》卷三,中国书店1985年影印本。
④ 程珌:《札溪书院记》,载《洺水集》卷七,文渊阁四库全书本。
⑤ 林希逸:《潮州海阳县京山书舍记》,载《竹溪鬳斋十一稿续集》卷十,文渊阁四库全书本。
⑥ 李天同:《延平先生书院纪原》,载《南平县志》卷十七,清嘉庆十五年(1810)刻本。
⑦ 黄幹:《送东川书院陈山长序》,载《黄文献公文集》卷六,文渊阁四库全书本。
⑧ 唐肃:《皇冈书院无垢先生祠堂记》,载《丹崖集》卷五,文渊阁四库全书本。
⑨ 朱鸿林:《孔庙从祀与乡约》,生活·读书·新知三联书店2015年版,第2页。

书院的创办者、主要修复者、曾经讲学的知名学者等,诸如岳麓书院祠祀张栻、朱熹,白鹿洞书院祠祀朱熹,象山书院祠祀陆九渊等,这在两宋书院中最为普遍。二是祠祀与书院学统及学派相关的人物,多是祭祀同一学派的大师,无论是否在此讲学或游学,诸如周敦颐、张载、程颢、程颐等为大多数书院所祠祀,以此来表明本书院的学术传统。三是本地出生的德高望重的乡贤及乡宦,真德秀就"乡先生何功而祭于此"有过恰如其分的阐释,认为"乡先生之重于乡,亦以其蹈道秉德而牖民于善也",其"言行风迹凛凛且存,乡人子弟犹有所观法则,虽历千百祀不可忘也"。因此,南宋多数书院的先贤祠内,均有土生土长的先贤及乡宦受祀,包括汉唐以来的知名学者及致仕官员等。四是在本地为官,政绩突出,为民所拥戴的,虽没有专设名宦祠(明朝开始有先贤祠与名宦祠之分),却与先贤一起被奉祀在书院祠宇内。例如,江西的白鹭洲书院祠祀江万里,是因江万里仕于本郡,"声名德业,高迈前闻","士论胜民俗厚,亦先生之流风系人心,能使其没世不忘如此也",且足以使后学者"立身、名节一以先生台谏为风采"。[①] 五是曾在本地隐居读书、治学、授徒的,诸如江西白鹿洞书院祭祀河南的李渤、苏州的和靖书院祠祀河南的尹焞等。另外,能为学子带来学业或仕途好运的也被少数书院纳入祭祀之列,就所查阅到的材料来看,唯有魁星、文昌帝君受祀而已。

(四)书院祠祀活动的场景表达

1.祠堂内受祀对象的呈现方式。虽然"古之祭祀,有立尸,有设主,有遗物,有塑像,有绘画"[②],但对书院而言,主要有两种:一是画像,这是最为普遍的一种做法,如岳麓书院"画七十二贤",广平书院"肖像祠于塾"等;二是塑像,如同其他孔庙一样,在书院多是专为孔子及"十哲"塑像,但也有为先贤塑像的,如据《三阳志》载,淳祐五年(1245)陈圭重修韩山书院时,"增塑周濂溪、廖槎溪二先生像,并祠其中"等。无论是画像,抑或是塑像,都是书院祠祀活动所必备的,"像在圣贤就在",如此才有神圣和庄严之感。

2.祠祀礼仪及日期。两宋书院基本上有三项祠祀活动仪式:一是释典礼,依据《礼记》中关于"凡始立学者,必释奠于先圣先师"的古训及当时官学的一些做法,多数书院都要在春秋两季举办祭祀先圣孔子活动,春季为二月初三日,秋季则为八月初九日,所用祭品为猪羊全牲。二是释菜礼或称之为舍菜礼,较释奠礼为轻,所用祭品为"菜",主祭者头戴皮弁,用芹、藻、菹等一类的蔬菜上祭,表示尊师重道之意。此祭礼一般是在书院开学或开讲时进行的。如淳熙七年(1180)三月十八日,白鹿洞书院修复后,朱熹便于"鼓箧之始,敢率宾佐合师生恭修释菜之礼,以见于先圣"[③],朱熹还亲作《白鹿洞成告先圣文》及《白鹿洞成告先师文》在祠祀仪式上宣读。据明洪武抄本《苏州府志》载,咸淳六年(1270)三月,学道书院落成后,创办者黄镛"行释菜礼,山长陈宗亮升堂敷绎学道爱人之义,堂讲颜尧焕、胡应青分讲论孟,衣冠森列,听者充然"。一旦书院教学活动进入常态化后,基本

---

① 刘振翁:《白鹭书院江文忠公祠堂记》,载《白鹭洲书院志》卷五,清同治十年(1871)刊本。

② 舒大刚、任利荣:《"庙学合一":成都汉文翁石室"周公礼殿"考》,《四川大学学报(哲学社会科学版)》2014年第5期。

③ 朱熹:《白鹿洞成告先圣文》,载《晦庵集》卷八十六,文渊阁四库全书本。

上都是在春秋时节进行释菜的。三是谒祠礼,每月朔望(即农历初一和十五)两日,书院师生一起谒祠拜祭先圣先师及先贤等,这也是书院有祠祀活动记载的一贯做法。如南京的明道书院"朔望谒祠,礼仪皆仿白鹿书院",要求院生必须参加,规定"凡谒祠……若无故而不至者,书于簿。及三,罢职住供"等。① 也有的书院每月只祭拜一次,如浙江的永嘉书院,只朔日行祀。

3. 选任祠祀活动的主持者。一般由地方官、书院山长或监院主持,但规模较大的书院,则专门设置有掌管祠祀活动的"掌祠"一职,且聘请具有一定特殊身份的人担当。如明道书院聘请的是程氏后裔程偃孙、程子材等,濂溪书院由"族之长主祠",永嘉书院则由"乡先生主祠"等。但无论是由地方官员、院方管理者,抑或有特殊身份的人士来主持祠祀,都体现出书院对祭祀活动的高度重视。

(五)书院祠祀活动的费用支持

两宋书院祠宇的建筑,一般是在书院初建或重修、重建时与院内其他建筑一起建造的,很难将二者的建筑成本区分开来,但在书院文献中,也有部分书院费用来源比较明确地规定祠祀活动所需的经费支持,包括修造祠宇,以及常年活动费用等。主要有两个渠道:一是官方拨充,或钱或田,以维持正常开支。如淳熙八年(1181),朱熹迁浙东提举,遣钱三十万,让军守钱闻诗在白鹿洞书院内建殿庑并塑像以祀②;浙江的慈湖书院,据清咸丰刊本《延祐四明志》卷十四载,咸淳八年(1272),郡守刘黻"拨余姚、定海没入官田以为奠飨之需"等。二是个人捐赠,或钱或粮,多为乡绅或守邦官员所为。例如,南京的明道书院,嘉定年间,真德秀重建程子祠时,自捐金三十万、粟二千斛以助之成③;广东的韩山书院,咸淳时郡守林式之"率诸生谒祠下,讲毕,周旋四顾,曰:潮之士知学自文公始,亦犹文公之于蜀,常相之于闽也。邦人奉公香火于今数百年,不忘公之教也……家有弦诵之声,里列衣冠之族,皆公赐也",于是,捐金四十两重修韩愈祠,包括外边的九贤堂等。④

三、书院祠祀活动的价值期许

书院祠祀同经学讲授一样,都是一种重要的主流文化传播活动,可谓双重路径齐发,相为表里,不可或缺。宋代学者郭若虚所谓画先圣先贤像以祀"与六籍同功"便是此理,而非"文未尽经纬,而书不能形容,然后继之于画也"⑤。因此,为"风励士子",两宋时期的书院人都非常执着地建构祠祀规制,希望通过平日谒祠及定期的祠祀活动,使得在院生徒"于墙于羹,如见先哲,昏定晨省,入孝出恭,无非教;受业讲贯,习复计过,无非学"⑥。

---

① 周应合:《明道书院》,载《景定建康志》卷二十九,文渊阁四库全书本。
② 赵之谦等:《白鹿洞书院》,载《江西通志》卷八十二,清光绪七年(1881)刊本。
③ 周应合:《明道书院》,载《景定建康志》卷二十九,文渊阁四库全书本。
④ 林希逸:《潮州重修韩山书院记》,载《竹溪鬳斋十一稿续集》卷十一,文渊阁四库全书本。
⑤ 郭若虚:《叙自古规鉴》,载《图画见闻志》卷一,文渊阁四库全书本。
⑥ 王应麟:《广平书院记》,载《深宁先生文钞》卷一,四明丛书约园刊本。

这也使得书院的祠祀活动有着明显的价值期许，主要体现在如下五个方面。

（一）养成对师道和学业的敬畏感

对求学士子来说，只有敬畏师道和学业，才能产生自觉和自律，也才能成为真正的"君子"。而养成君子敬畏感的最佳路径就是在学校内设祠奉祀，以"营造出一种庄严肃穆的场景，使人们对先圣先师先贤等供祀对象的崇敬之情升华为一种神圣的体验"①。对此，两宋书院人乐此不疲，所谓"书院设官，春秋命祀，并遵旧典，非徒尊其人，尊其道也"②。在祠祀与习经交加的氛围中，院生的灵魂得以洗礼，并在陶冶中对圣贤、师道及学业产生敬畏之情。如曹彦约《白鹿书院重建书阁记》称，置身书院"莫不求之以诚，守之以敬，揣揣栗栗，如薄冰深渊之在前，而唯恐失步。皇皇汲汲，如驹隙桑荫之易徙，而唯恐失时"③。只有对圣贤之道心存敬畏，才会有如临深渊、如履薄冰之感。另据袁甫《象山书院记》载，面对当时"世降俗敝，学失师传，梏章句者自谓质实，溺空虚者自诡高明，二者交病而道愈晦"的不良态势，设书院及祠祀先圣先贤皆"为明道也"。尤其是"退谒三先生祠，竦然若亲见象山先生燕坐，而与二先生相周旋也……顾瞻之间，已足以生恭敬，消鄙俗，知入德之门"④。

（二）树立对文化的认同与自信

这里所说的文化，包含政治文化、地域文化和书院文化三个层面，三者之间有着以儒学为根基、为主导的渊源关系。但无论哪一层面的文化，要想使学子能产生对文化的认同和自信，除了课堂授受，祠祀活动也有着更为直接、生动且立竿见影的效果。

事实上，书院祠祀活动本身就是一种重要的文化载体和文化符号，所谓"祭祀的对象，自从被推上受人顶礼膜拜的圣坛之后，无论是圣人还是贤者，都已经不再是简单的血肉之躯，而是道德的载体，道统的象征和文化的符号"⑤。它所承载的，一是政治文化，其核心是儒家文化。自两汉开尊儒之先，动荡的魏晋南北朝也始终崇儒，隋唐及两宋无不如此，从官学到私学无不授受儒经，从中央到地方再到民间，无不祭拜先圣先师或先贤，即便是所祀为忠烈之士，也是儒家忠孝仁勇及家国同构意志的体现。而书院祠祀作为举国祠祀活动的一个重要组成部分，同样担当着儒学传递及传播的历史使命。那么，要使学子对这一政治文化有一种高度的认同和自信，就有必要充分发挥祠祀活动这一文化载体的教化作用。故有学者称："信仰的产生，往往需要一定的场合、氛围、情景，而书院祭祀活动正是通过种种方式，制造一定的情境、氛围，引发士人对儒学的信仰。"⑥二是对地域文化的认同与自信。中国古代的地域文化是非常丰富的，除了物质层面的文化外，还

---

① 肖永明等：《书院祭祀的教育及社会教化功能》，《湖南大学学报（社会科学版）》2005年第3期。
② 蒋易：《庐峰山长黄禹臣序送别》，载《鹤田蒋先生文集》卷上，元至正刻本。
③ 曹彦约：《白鹿书院重建书阁记》，载《昌谷集》卷十五，文渊阁四库全书本。
④ 袁甫：《象山书院记》，载《蒙斋集》卷十三，文渊阁四库全书本。
⑤ 徐梓：《书院祭祀的意义》，《寻根》2006年第2期。
⑥ 肖永明等：《书院祭祀的教育及社会教化功能》，《湖南大学学报（社会科学版）》2005年第3期。

有学术及名人文化。继春秋战国之后，最为后人津津乐道，或引以为自豪的，就是两宋时期地域性学派和学派领袖，诸如濂学之周敦颐、洛学之"二程"、关学之张载、闽学之朱熹、象山学之陆九渊、婺学之吕祖谦等，无不在本地书院得以祠祀。诚如袁甫在象山书院建成之际，祠祀陆九渊时所言："先生之精神，其在何所耶？在金溪之故庐……是可以宅先生之精神，振先生之木铎。"①可见，陆九渊生于斯，长于斯，其学术思想诞生于斯，只有在此地设书院祠祀，对其学术思想的光大才更有价值。当然，书院祠祀所彰显的不只是这些学派及学派领袖，还祠祀本地的乡贤及忠烈之士。

书院祠祀活动还涉及对书院文化的认同与自信。各地书院文化既是地域文化的一种呈现方式，又具有自身特色，不完全是地域性文化的载体，而是属于书院群体文化的重要组成部分。诸如所祠祀的对象不全是本地出生的先儒先贤和名宦，所推崇的学术文化亦有程朱创立的理学、陆九渊的心学、陈亮和叶适的事功学之别，基本上打破了地域的界限，而以各自书院的学术传统或所属的学术流派加以祠祀，诚如黄幹所言："必本其学之所自出而各自祭之，非其师弗学，非其学弗祭也。"②例如，江西乐平的慈湖书院，为祠祀陆九渊的弟子杨简而建，王应麟《慈湖书院记》称，书院"礼殿崇崇，祠宇奕奕……居先生之居，学先生之学，则何以哉？由事亲从兄，而尽性至命；由洒扫应对，而精义入神；由内省不疚，而极无声无臭之妙，下学上达，不求人知而求天知，庶几识其大者……得心学之传，必将有人焉"③。杨简秉承陆九渊的学术衣钵，自然得心学之传，而要将心学继续接续下去，祠祀杨简无疑是明智之举，这些做法皆在强化对学派的认同。尤其是书院通过祭祀活动，更让生徒明白本门学派的学术源流和精神血脉，"自觉地把自己和其他门派区别开来，从内心深处产生对本门派的归附"④。

（三）达成"传道济民"的求学目标

在科举的冲击波日益弥散于校园之际，有相当一部分学子会因功名利禄而迷失方向，求学之目的多在"为决科利禄计"，这种现象为朱熹、吴澄等诸多学者所诟病。如朱熹在《学校贡举私议》中指责太学"但为声利之场，而掌其教事者不过取其善为科举之文而尝得隽于场屋者耳，士之有志于义理者，既无所求于学，其奔趋辐辏而来者，不过为解额之滥、舍选之私而已。师生相视，漠然如行路之人。间相与言，亦未尝开之以德行道艺之实，而月书季考者又祗以促其嗜利苟得冒昧无耻之心，殊非国家之所以立学教人之本意也"等。⑤ 官学如此，书院也深受影响。为引导生徒树立正确的求学目标，两宋书院人一方面是理论说教，指示人生或求学之方向，如张栻《潭州重修岳麓书院记》明确指出："盖欲成就人才，以传斯道而济斯民也。"⑥包恢《盱山书院记》称："夫以书院名是，所主在读书

---

① 袁甫：《初建书院告陆象山先生文》，载《蒙斋集》卷十七，文渊阁四库全书本。
② 黄幹：《送东川书院陈山长序》，载《黄文献公文集》卷六，文渊阁四库全书本。
③ 王应麟：《慈湖书院记》，载《深宁先生文钞》卷十四，四明丛书约园刊本。
④ 徐梓：《书院祭祀的意义》，《寻根》2006年第2期。
⑤ 朱熹：《学校贡举私议》，载《晦庵集》卷六十九，文渊阁四库全书本。
⑥ 张栻：《潭州重修岳麓书院记》，载《南轩集》卷十，文渊阁四库全书本。

也……况读书非为应举也，若其所读者徒以为取科第之媒，钓利禄之饵，则岂为贞志者哉？"①另一方面则是通过所祠祀人物的事迹加以引领。朱熹在谈及祭祀的作用时就说道："惟国家稽古命祀，而祀先圣先师于学宫，盖将以明夫道之有统，使天下之学者皆知有所向往而及之。"②

（四）追逐"希圣希贤"的道德理想

书院祠祀活动同样是对生徒实施道德教化的重要手段，旨在教会生徒学会做像圣贤那样的"全德"③之人，所谓"学也者，因圣贤之书，求圣贤之心，而为圣贤归者也……读圣贤之书，求圣贤之所以为圣贤也"④。其实，做圣贤亦非遥不可及，鉴于每个人在社会生活中所扮演的角色不一样，因而要求也不一样。总之要做到"在家庭则孝友，处乡党则信睦，莅官则坚公廉之操，立朝则崇正直之风"⑤。

为使生徒能够立志学为圣贤，为他们树立一个圣贤的"标杆"显得尤为必要，这是因为"推民之生，厥有常性，而不能以自达，故有赖于圣贤者出而开之"⑥。在这种情况下，已经逝去且被社会认可的历史人物自然就被具象化。于是，在书院所祠祀的人物中，既有至高无上的先圣孔子，先哲孔门弟子，先贤周、程、张、朱等硕儒，德高望重、教化一方的乡贤，为政清廉、造福一方的名宦，又有保家卫国的忠烈之士等。可知，"标杆"是具有层次性和针对性的，书院依据学生的志趣，各加劝诫规勉，令其见贤思齐，使其在圣贤事迹的感召下成就不同层次的事业，并最终使自己也成为被文庙或书院供奉祠祀的圣贤。诸如位于广东的韩山书院主祀韩愈，又进祀乡贤赵德（曾协助韩愈推广教化）。后来，文天祥曾以赵德为例，召集兴国县安湖书院学生劝导说："昔有文公，设教于潮。潮人赵德，以士见招。维文与行，倡于齐民。其则不远，德哉若人。"诸生拱而前曰："某等幸生明世，惟师帅不鄙夷之，俾获有闻，虽不敏，敢不受教！"⑦可见，只有在如此神圣且诗意般的环境中受教，才能成就"抱坚白如玉雪，抗青紫于浮云"⑧之美德。

（五）增进忧国忧民的担当意识

在家国同构的背景下，与礼制一体的祠庙建筑自然成为国家营构的主要建筑，其间各层次的祠祀活动都具有凝聚人心、增强国家认同及培育民族精神的强大作用。尤其是在两宋之际，内忧外患交加，深受儒学熏陶的士大夫阶层普遍具有强烈的忧国忧民意识，强调求学必在"益于人之家国"，如"道不通行于万世，不足为道。学者无益于人之家国，

---

① 包恢：《盱山书院记》，载《敝帚稿略》卷三，文渊阁四库全书本。
② 朱熹：《信州州学大成殿记》，载《晦庵集》卷八十，文渊阁四库全书本。
③ 袁甫：《白鹿书院君子堂记》，载《蒙斋集》卷十三，文渊阁四库全书本。
④ 欧阳守道：《青峰书院记》，载《巽斋集》卷十六，文渊阁四库全书本。
⑤ 袁甫：《番江书堂记》，载《蒙斋集》卷十六，文渊阁四库全书本。
⑥ 张栻：《潭州重修岳麓书院记》，载《南轩集》卷十，文渊阁四库全书本。
⑦ 文天祥：《赣州兴国县安湖书院记》，载《文天祥全集》卷三，中国书店1985年影印本。
⑧ 马廷鸾：《庐山白鹿洞书院兴复记》，载《碧梧玩芳集》卷十七，文渊阁四库全书本。

不足以为学"。① 马祖光《辑〈程子〉序》则称:"登程子之堂,则必读程子之书,读其书然后能明其道而存于心、履于身,推之国家天下,则天地万物皆于我乎赖。"②为激励生徒建功立业,有的书院还祠祀诸葛亮等先贤忠烈。如福建的卧龙书院,"刻诸葛忠武侯遗像于其间,图八阵奇正之势,书'王业不偏安,汉贼不两立'语于左右壁,而朝夕瞻敬,以寓愿学思齐之意,盖不徒存后迹徉观也"。之所以祠祀诸葛亮,是因为他"躬耕草野,无意闻达,身都将相,所欲不存,视天下无一足以动其心者,其操持甚固也……忠武侯之风烈炳然与日月争光,固其志略所就……抗志明义,不挠不折"。③

当然,正因为受多元文化因素的影响,书院祠祀活动在释放诸多正能量的同时,也存在一些局限。诸如为强化学派认同而"非其学弗祭",不仅与儒家的包容性不相称,且与书院教育活动的开放性亦不相称,这在一定程度上会限制书院之间的交流与资源共享。书院祠祀魁星、文昌帝君等无可厚非,也可以说是学子的一种心理需求,但为功利性所驱使,使得本为生徒祈福的活动充满神秘甚至是迷信色彩等则有失妥当。

总之,祠祀是中国古代一种特有的文化现象,两宋书院的祠祀活动又是祠祀文化中的一朵奇葩,突破了自古"祭不越望"的限制,通过跨地域、跨学派、跨阶层的祠祀活动,彰显了书院的学术宗旨和追求,同时也成为当时守望一方历史文脉的重要象征,更对求学士子及周围民众价值观的形成发挥着不可或缺的作用。值得一提的是,在祠宇的建造及祠祀活动中,地方士绅或乡绅积极建言献策、捐钱赠田,其助推作用不可小觑。且业已形成的祭祀活动传统无论是对后世书院抑或是对韩、日等周边国家的书院,都产生了较大影响。而对于当下,如何将弘扬两宋书院的祠祀活动传统与社会主义核心价值观教育进行对接,也是一个很值得思考的话题。有些书院已将开笔礼、成人礼与祠祀活动连为一体,不失为一种再生性创造。

原载《北方论丛》2016 年第 2 期

---

① 袁甫:《重修白鹿书院记》,载《蒙斋集》卷十三,文渊阁四库全书本。
② 马祖光:《辑〈程子〉序》,载《景定建康志》卷二十九,文渊阁四库全书本。
③ 陈元晋:《汀州卧龙书院记》,载《渔墅类稿》卷五,文渊阁四库全书本。

王学在杭州书院的传播

◎兰 军 邓洪波*

摘 要:浙江是王阳明心学思想的发源地,杭州作为浙江省会所在,始终被阳明及其门人视为传承王学的重镇,书院则成为王学在杭城传播的中心。王阳明曾为万松书院撰写记文,更有意将天真山视为其晚年讲学之地。阳明殁后门人弟子集聚天真,创建精舍,使其成为海内王门讲学传道之中心。万历初年,天真精舍虽遭朝廷禁毁,继起的勋贤祠在艰难境遇中仍为讲学保留了部分空间。万历后期,浙江巡抚甘士价为集众会讲改建虎林书院,再次将王学传遍浙江,其影响延至清初。

关键词:阳明心学;万松书院;天真书院;勋贤祠;虎林书院

浙江是王阳明心学思想的策源地,不论在其生前还是身后,浙江与江右、南直隶一直是王学传播的核心区域。王学在浙江各地的传播呈现出一定的区域性差异,学界以往关注点多集中在以宁、绍为主的浙东地区,认为王学在杭嘉湖平原未居主流地位。2012年随着日藏孤本《勋贤祠志》的发现,我国学者开始留意王学在杭州的传播。乔治忠以《勋贤祠志》为核心,对祠志编纂者喻均生平事迹,祠志本身体例、内容加以介绍,对从天真书院到勋贤祠的演变历程做了梳理。① 陈时龙围绕天真书院的禁毁与重建,着重分析了中央与地方官员、士绅、僧侣等不同力量间的博弈、角逐过程,揭示了明中后期国家与地方社会间的双向互动。② 钱明通过对天真书院史料的梳理,阐明了从"仰止祠"到"勋贤祠"名称转变背后阳明形象从学者型到事功型的实质之变。③ 三篇论文各有侧重,分别从不同视角解读了从嘉靖到万历年间天真书院的历史流变。2013年钱明在《王学的跨江传播与两浙的地位互换》中进一步揭示出从嘉靖到万历初五十年间因天真书院的兴盛使王门讲学中心出现从浙东向浙西转移的现象,点出杭州在王学传播地域中的重要性。④ 本文则试图梳理自嘉靖初到明末,王学在杭州书院的传承演变历程;阐明天真书院在嘉靖年间的兴盛并非偶然,是从王阳明到钱德洪、王畿、孙应奎等儒者倾心经营的结果。天真书

---

* 作者简介:兰军,湖南大学岳麓书院博士研究生;邓洪波,湖南大学岳麓书院教授。基金项目:国家社科基金重大项目"中国书院文献整理与研究"(15ZDB036),贵州教育厅项目"阳明学在浙西书院的传播"(2015JD004)。

① 乔治忠:《日藏孤本勋贤祠志及相关史事》,《浙江学刊》2012年第6期。
② 陈时龙:《论天真书院的禁毁与重建》,《明史研究论丛》2013年第4期。
③ 钱明:《杭州天真书院的历史沿革及功能转化》,《教育文化论坛》2014年第1期。
④ 钱明:《王学的跨江传播与两浙的地位互换》,《浙江学刊》2013年第6期。

院之后朝廷对王学态度虽历经转变,但从艰难境遇中对讲学坚守的勋贤祠到为王门会讲而生的虎林书院,从萧廪、范鸣谦到甘士价、聂心汤,对阳明心学阐扬的侧重点虽有差异,但在书院讲学传道,将杭州经营成王学传播重镇的努力始终未变。

一、万松书院:王学在杭州传播的首要阵地

万松书院是明代浙江省会官府书院,弘治十一年(1498)由浙江右参政周木在报国寺旧址改建而成。万松书院"庙貌规制略如学宫"①,由衢州南孔后裔主持祭祀,自嘉靖初年始在王阳明及其门人倡导下开始讲论阳明学说。

嘉靖四年(1525),巡按御史潘仿与时任提学佥事的阳明门生万潮拓展万松书院讲学事业。"乃增修书院,益广楼居斋舍为三十六楹;具其器用,置赡田若干顷;揭白鹿之规,抡彦选俊,肄习其间,以倡列郡之士。"②应潘仿、万潮之请,在绍兴家居讲学的王阳明作有《万松书院记》。记文阐明了书院在国家文教系统中处于"匡翼夫学校之不逮",即弥补官学教育之不足的地位。王阳明批评当时儒学教育沉迷于科举之弊,集士人于书院目的在于"期以古圣贤之学",认为"古圣贤之学,明伦而已"。如何达到"明人伦",阳明主张以"致良知"为途径。"是固所谓不虑而知,其良知也;不学而能,其良能也。孩提之童,无不知爱其亲者也。孔子之圣,则曰所求乎子以事父,未能也。是明伦之学,孩提之童亦无不能,而其至也,虽圣人有所不能尽也。"③王阳明并不反对士人科举仕进,所批评者在于将为学视野局限于八股之文之人,提倡在讲求身心性命实学基础上应举,反对元明以来程朱理学的烦琐支离。王阳明此篇记文是了解其书院教育思想的重要文献,文中反映了他对万松书院以致良知接引士子,追寻古圣贤之学的期望。

万潮主掌万松期间,书院开始向士子传播阳明学说。嘉靖四年(1525),衢州西安生员王玑,乡试中式,限于额数未录名,在潘仿、万潮建议下聚业于万松书院。王玑在万松受万潮启发,与闻良知之学,即渡江拜王阳明为师,后与王畿等相交。王畿在为其所作墓表中记述道:"巡按洛阳潘公例行给赏,谋于督学五溪万公,聚业万松书院,以考其成。万为阳明先师门人,与闻师说,即渡江禀学。先师一见,喜其恂质庞厚无他肠,外朴内炯,心授记焉。"④在万潮等阳明弟子鼓舞下,万松书院生徒开始信奉阳明学说。

嘉靖至万历年间,在地方官多次修葺下,万松书院规模不断扩展,阳明高足王畿、邹守益等在此举会讲学,阐扬师说。嘉靖三十六年(1557),邹守益在胡宗宪陪同下赴万松书院主持讲会。沈懋孝在《讲学述》中记载其21岁时,"胡督府梅林公迎其师东廓邹先生馆于西湖之万松书院,因折柬招四方讲学者三百人并侍邹先生之教几半月,大都宗象山,述阳明二先生之指而昌明之,始欣然有会心处矣"⑤。此次讲会能邀请邹守益赴浙,且集

---

① 吴光等编校整理:《王阳明全集》卷七,上海古籍出版社 2014 年版,第 281 页。
② 吴光等编校整理:《王阳明全集》卷七,上海古籍出版社 2014 年版,第 281 页。
③ 吴光等编校整理:《王阳明全集》卷七,上海古籍出版社 2014 年版,第 282—283 页。
④ 吴震编校:《王畿集》卷二十,凤凰出版社 2007 年版,第 636 页。
⑤ 转引自吴震:《明代知识界讲学活动系年(1522—1602)》,学林出版社 2003 年版,第 218 页。

三百多士人论学达半月之久,可见当时万松书院在浙西王学传播中的影响力之大。万历初年,王畿赴万松书院为诸生讲解《周易》,其门人在《万松会纪》中记录道:

> 少松滕子率学博诸生,会于万松仰圣祠中,首举《乾》"潜"之说,请阐其义。……复问《蒙》"养"之义。先生曰:"蒙者稚也。'山下出泉,蒙',解之者曰'静而清也'。大人者不失赤子之心,赤子无智巧、无技能、无算计,纯一无伪,清净本然,所谓'蒙童'也。……吾人学不足以入圣,只是不能蒙,知识反为良知之害,才能反为良能之害,计算反为经纶之害。若能去其所以害之者,复还本来清静之体,所谓'溥博渊泉,以时而出',圣功自成,大人之学在是矣。"①

王畿在讲学中指出儒者须以蒙为基础,复其本来初心,追寻良知良能,以成圣人之学,有意以良知之学影响万松书院诸生为学旨趣。《万松会纪》由王畿门人弟子整理,文中提到的先生应为王畿本人。钱明在《王阳明与明代杭州书院》②中将上述引文之先生曾误解为王阳明。《万松会纪》中的少松滕子是万历初任浙江提学副使的阳明门生滕伯轮,此时王阳明已过世多年。万历五年(1577),万松书院再次扩建,滕副使曾作《新建继道堂穷理、居敬二斋记》,期望在院诸生能传承阳明学说以"穷理居敬,而不惑于二三之说,则此心光明莹彻,洞然八荒,万世道脉,学者亦将印证于吾心,而上继道统其在斯矣"③。

万松书院是明代浙江省会书院,在全省范围内遴选优秀生员、举人肄业其中,自嘉靖初年便在阳明及其门人弟子影响下开始讲论良知学说,与绍兴稽山书院并称为当时越中王门两大学术重镇。它是杭州各书院中最早的王学传播阵地,对后来天真精舍的创建和王学在杭州地区的传播有着深远影响。

二、天真精舍:王门后学聚讲中心

天真精舍是继万松书院之后杭州另一所王门讲会书院,其修建本身即是为了完成阳明讲学天真的遗愿。嘉靖六年(1527),王阳明奉朝廷之命赴广西讨伐贼寇,路经钱塘时与钱德洪、王畿、杨思臣等游览天真山。《年谱》记载:

> 天真距杭州城南十里,山多奇岩古洞,下瞰八卦田,左抱西湖,前临胥海,师昔在越讲学时,尝欲择地当湖海之交,目前常见浩荡,图卜筑以居,将终老焉。起征思、田,洪、畿随师渡江,偶登兹山,若有会意者。临发以告,师喜曰:"吾二十年前游此,久念不及,悔未一登而去。"至西安,遗以二诗,有"天真泉石秀,新有鹿门期"及"文明原有象,卜筑岂无缘"之句。④

在天真山建院讲学是王阳明生前心愿,他曾多次与钱德洪、王畿等弟子通过书信往

---

① 吴震编校:《王畿集》卷五,凤凰出版社 2007 年版,第 128—129 页。
② 钱明:《王阳明与明代杭州书院》,《杭州》2009 年第 12 期。
③ 赵所生、薛正兴编:《中国历代书院志》第 8 册,江苏教育出版社 1995 年版,第 272 页。
④ 吴光等编校整理:《王阳明全集》卷三十六,上海古籍出版社 2014 年版,第 1467 页。

来筹划,只因阳明过早离世,筹建方案遂被搁置。阳明殁后,他的学生们为团结门人弟子,感念师恩,由薛侃、王臣牵头,董沄、刘侯、孙应奎、程尚宁、范引年、柴凤等董其事,邹守益、方献夫、欧阳德等前后相役,众多门生"醵金鬻寺僧地",于嘉靖九年(1530)秋建成天真精舍。精舍规模宏大,"中为祠堂,后为文明阁、藏书室、望海亭,左为嘉会堂、游艺所、传经楼,右为明德堂、日新馆,傍为斋舍"①。精舍建成后,身为王门"教授师"的钱德洪、王畿相继从绍兴移居杭州,担任书院主讲,主持日常事宜。祭祀与讲会是精舍最主要事业,每年四方弟子于春、秋两次集聚天真祭拜先师,随后举行长达一个多月的讲会活动,动则百余人。据《阳明年谱》载此时精舍"斋庑庖湢具备,可居诸生百余人。每年祭期,以春秋二仲月仲丁日,四方同志如期陈礼仪,悬钟磬,歌诗,侑食。祭毕,讲会终月"②。

  天真精舍的修建凝聚了浙中、江右、岭南等地王门儒者心血,也成为嘉靖到万历初年最活跃的王学讲会之一,影响力辐射浙、苏、皖、赣等省。嘉靖十六年(1537),王畿与薛侃讲学于杭州天真书院。③ 三十六年(1557),休宁黄九成移居天真书院,从学于钱德洪、王畿,期间书院集会者达数百人,讲诵咏歌之声,昕夕不辍。④ 三十九年(1560),邹守益应胡宗宪之邀,入浙拜谒阳明祠,会讲于天真书院。四十三年(1564)秋,王畿主讲天真书院会,四方士大夫盛集,与会者达四百五十二人,唐一庵、沈懋孝、周都峰、徐龙湾等从之。⑤ 隆庆六年(1572)初夏,阳明弟子管南屏主教于天真精舍,孙应奎等与其相互论学达四个多月。⑥ 万历四年(1576)秋,许孚远与王畿弟子祝介卿会于天真书院,相与论学达月余。⑦ 此时的天真书院俨然已成为浙中、江右等王门后学集聚论学之中心,精舍虽位于浙江,但作为后阳明时代学派的重要象征,其影响是全国性的。

  天真精舍最初由王门弟子集资所建,经费来源相对单一,曾一度陷于困境,待地方官府力量加入后方走向振兴。精舍初期虽"置膳田以待四方学者"⑧,继而又有"门人金事王臣、主事薛侨,有事于浙,又增治之,始买田七十亩,欲备蒸尝葺理"⑨,仍出现了诸生廪饩不给现象。天真精舍事务主要由浙中王门领袖王畿、钱德洪、柴凤、孙应奎等人打理,在解决财务危机上诸人曾出现分歧,加上绍兴王府的趁机侵夺,使天真精舍在归属上曾岌岌可危。主管精舍初期财务的孙应奎在《与友人》书中谈道:"此间精舍所入,亦云印刻几三十年,米无升合之储,故众论嚣然,无背无面。"⑩嘉靖十五年(1536),巡按浙江监察御史张景动用官府之力对精舍田产加以扩充,精舍才最终摆脱经费困境。此后,在浙江地方官府支持下,天真精舍陆续展开几次大规模的修缮与扩建,学田日益充盈,书院影响力也

---

① 董平编校:《邹守益集》卷七,凤凰出版社 2007 年版,第 382 页。
② 吴光等编校整理:《王阳明全集》卷三十六,上海古籍出版社 2014 年版,第 1467 页。
③ 吴震编校:《王畿集》卷二十,凤凰出版社 2007 年版,第 626—627 页。
④ 焦竑:《焦氏澹园续集》卷十,台湾伟文图书出版公司 1977 年版,第 13 页。
⑤ 吴震:《明代知识界讲学活动系年(1522—1602)》,学林出版社 2003 年版,第 253 页。
⑥ 四库全书存目丛书编纂委员会:《四库全书存目丛书》第 90 册,齐鲁书社 1997 年版,第 597 页。
⑦ 许孚远:《敬和堂集》,日本内阁文库藏明万历二十二年叶向高序刊本,第 16 页。
⑧ 田汝成:《西湖游览志》卷六,东方出版社 2012 年版,第 66 页。
⑨ 张宏敏编校:《黄绾集》卷十四,上海古籍出版社 2014 年版,第 277 页。
⑩ 四库全书存目丛书编纂委员会:《四库全书存目丛书》第 90 册,齐鲁书社 1997 年版,第 574 页。

随之不断扩大,真正承担起全国范围内讲论与传播阳明学说的重任。这一时期因较多官员参与书院建设活动,书院也从单纯门人追祭先师、讲论王学的功能扩展为对王阳明立德、立功、立言三方面的整体凸显。嘉靖到万历初年,在王门弟子和浙江地方官员的经营下,天真书院可谓风生水起,成为整个王门后学讲学传道的大本营。

万历七年(1579),张居正以创办书院科敛民财为借口废毁天下书院。朝廷虽有废书院为公廨衙门的明令,实际上仍有许多书院在当地讲学官员庇佑下得以保存。如白鹿洞书院在万历七年"都御史邵锐以白鹿书院有敕额,不便拆毁,量留田三百亩备祭祀。巡道王桥随请留星子、都昌二县田,以建昌县田千余亩变价"①。张元忭在《答傅太守》中提及:"稽山书院者,文公之祠在焉,二时皆有祭,盖越中盛典也。近奉明旨,所在书院虽毁,而先祠及公馆率仍其旧。盖立法诚严,而委曲调停,是在行法者加之意而已。"②但天真精舍因时为海内王学传播中心,为张居正重点关注,朝廷重压下,浙江官员未采取变通保护策略,精舍院产遂为地方豪强与周边僧侣侵吞,"精舍田号膏腴,天龙诸富僧及里中豪眈眈久矣。遂遘会倡言与诏书合,宜毁。而当涂诸司懔懔奉诏令惟谨,莫敢抗议。髡其山,夷其宫……五六十年之所经营,业已鞠为茂草"③,天真精舍归于毁灭。

三、勋贤祠:艰难境遇中的坚守

万历十年(1582)张居正去世,其禁毁书院之举遭到朝野指责,部分朝臣上书要求复建被拆毁书院,恢复讲学活动。万历十一年(1583)十月,吏科给事中邹元标在《直抒肤见疏》中请求"凡所拆书院、先贤遗迹,宜敕礼部令郡邑,或概议修复,或量为调停"④。兵科给事中王亮直接向朝廷奏请"先臣王守仁书院,并书院学田不当归入里甲"⑤。此时朝廷对书院讲学仍有顾虑,做出了"近时私创书院已经拆毁者不必概复外,如果有先贤所遗或系本朝敕建者曾经拆毁,量为查复"⑥的谨慎回应。

具体到天真精舍,朝廷则要求浙江巡抚、按察使等官员查明"先年奉何明文盖造,动支何项钱粮,应否议复。所称书院学田,是否学徒置买或系废寺地土,应否归入里甲"⑦等情况后上奏朝廷斟酌。时右副都御史萧廪巡抚浙江,萧为江西吉安人,早年与江右王门儒者欧阳德、邹守益交游,深受王学熏陶。萧廪接到朝廷复奏要求后与巡按范鸣谦协商,派人查覆天真书院实情,并协谋恢复。二人在回复朝廷奏疏中为争取皇帝赐额对天真书院史实做了部分删改。诸如,以阳明先生祠指称天真书院;强化书院祭祀功能,弱化讲学事业;简略地方官员动用官资扩建书院之举;将废毁之因归结于地方僧民觊觎书院产业,

---

① 续修四库全书编委会编:《续修四库全书》第 658 册,上海古籍出版社 2002 年版,第 149 页。
② 四库全书存目丛书编纂委员会:《四库全书存目丛书》第 154 册,齐鲁书社 1997 年版,第 374 页。
③ 喻均:《勋贤祠志·沿革总叙》,日本内阁文库万历刻本,第 2b—3a 页。
④ 续修四库全书编委会编:《续修四库全书》第 481 册,上海古籍出版社 2002 年版,第 22 页。
⑤ 喻均:《勋贤祠志·恢复纪六》,日本内阁文库万历刻本,第 13a 页。
⑥ 喻均:《勋贤祠志·恢复纪六》,日本内阁文库万历刻本,第 13a—13b 页。
⑦ 喻均:《勋贤祠志·恢复纪六》,日本内阁文库万历刻本,第 13b 页。

地方官员未能灵活执行朝廷禁毁书院的法令等。① 为使朝廷批准其申请，萧廪在奏疏中还述及只用书院原有产业年租及拆毁后的石木工料便足以完成祠宇复建，不动用官府之资。但实际复建过程中两浙巡抚衙门、藩司、臬司、盐道共出银 400 余两。② 勋贤祠最终因属王阳明尽忠建勋留宿之地而被赐额敕建，管理权被纳入官府，经费开支由县儒学训导掌管，旨在凸显阳明建功报国、明道淑人形象。此时勋贤祠因受制于官府，在功能定位上已大不同于天真书院。

图 1 《勋贤祠志》所载形胜图

从勋贤祠内建筑用途及经费开支上，仍可推断祠宇为讲学传道保留了部分空间，使王学在杭州的传播得以延续。首先，勋贤祠主体建筑由大门、祠堂、隆道堂、燕居堂、僧房与厨房几部分构成。"祠堂后凿石而上，仍建一室，为当路荐绅及四方衣冠萃止之处，规制与祠堂埒，中丞萧公扁曰隆道堂。"③ "祠凡若干楹，前为门，勋贤祠额在焉。后为隆道堂，以待游学与质明行事者。"④ 祠志记载虽较隐晦，从中还是能够判定隆道堂应为阳明门人集聚讲学之处。其次，勋贤祠每年田、地、山、荡的租银收入共 25.68 两、米 176.44 石，除应纳秋粮税赋外，实有余银 10.8126 两、米 161.8245 石可供常年支取。祠宇常年开支

① 喻均：《勋贤祠志·恢复纪六》，日本内阁文库万历刻本，第 14b—15a 页。
② 喻均：《勋贤祠志·沿革总叙》，日本内阁文库万历刻本，第 5b—6a 页。
③ 喻均：《勋贤祠志·祠宇纪》，日本内阁文库万历刻本，第 8a 页。
④ 喻均：《勋贤祠志·修复勋贤祠碑记》，日本内阁文库万历刻本，第 26a—26b 页。

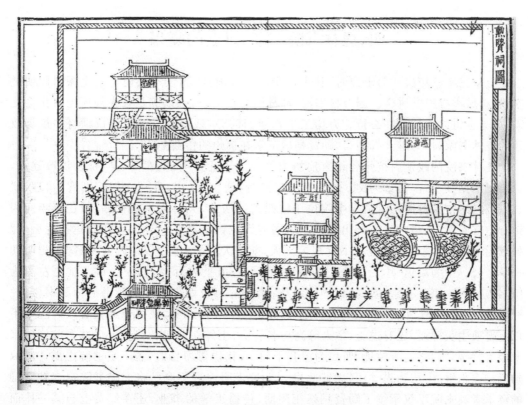

图 2 《勋贤祠志》所载平面图

主要有春秋二祭、守祠僧侣禄米支出等。剩余银米则用于祠宇建筑的维修、四方同志来此讲学传道的贴补和当地水旱灾年的赈济。祠志中载"或四方同志至止本祠,诱诲后学,有功斯道者,亦量行资助"[①]。从勋贤祠经费开支上可以看出其为举行会讲提供了部分客观条件。再次,万历三十四年(1606),浙江巡抚甘士价与钱塘县令聂心汤曾一起造访勋贤祠,看到了当时"群诸生会讲,观者如堵"[②]的景象。万历三十六年(1608),周汝登曾两次受邀赴勋贤祠参与甘士价主持的讲会活动,并记述道:"戊申春仲次丁之期,予抵祀阳明夫子于天真祠下,因得追随紫亭甘公,相与论学,多士翕从,桥门云拥。已而公辟讲所,申盟约,颁行郡邑,两浙道运弥昌。……明年仲春,予复赴兹期,公时有内召之命。思盛事不可无述,而更有所远期公者,作天真讲学图,并为序言,将以贻公。"[③]从周汝登记文中可以看到,时人已将勋贤祠视为天真书院的延续,继勋贤而起的虎林书院也志在承继天真讲学事业。

① 喻均:《勋贤祠志·经费纪五》,日本内阁文库万历刻本,第12b页。
② 《钱塘县志》,台湾成文出版社1975年版,第254页。
③ 四库全书存目丛书编纂委员会:《四库全书存目丛书》第165册,齐鲁书社1997年版,第540页。

四、虎林书院：王门讲会的复兴

万历三十三年（1605）十二月，甘士价受命巡抚浙江，到任不久便与诸生探讨阳明之学，在杭城举办王学讲会。因万松书院、勋贤祠远在山谷，难以满足较大规模士人集会之需，另寻会讲之地便势在必行。万历三十六年（1608），钱塘县令聂心汤议请将原散署改建为虎林书院，作为继天真精舍、勋贤祠后王学在杭州的传播中心。

虎林书院的改建由杭州各级官府协力而成。巡抚甘士价"檄藩、臬、郡邑谋改建焉，命心汤拮据其事"。协助筹划、捐俸的还有按台、蓐台、藩司、臬司、督学、别驾、司理、蓐司，仁和、海宁等各衙门官员。书院位于杭州清河坊北，元时为平淮行库，明正统年间为镇守宦官府衙，嘉靖时改为吴山书院。后遇有大臣镇抚浙江，仍居其处，新建抚院后，此处遂为散署。① 建成后的虎林书院规模庞大，前为大门楼，中因仪门改建明贤堂，祀明朝理学诸公。中为凝道堂，后为友仁堂。重门洞开，可坐数百人，以便会讲。堂之左右为门，各建三馆，馆各有堂、室，缭以周垣，以待诸士肄习及四方来学者。最后为藏书楼，贮经史、语录诸书。② 书院因会讲而生，首要职能在于集会讲学，规模可达数百人。院中不仅有普通生员肄业，还有进士、举人等高功名官员、士绅在此进德修业。虎林书院经费来源较为特殊，"门之前有隙地，听民为屋若干间，入租供讲习费"。若不足书院之需，"则取勋贤祠赢租继之，均为讲学用，无彼此也"③。这表明地方官府已将虎林书院视为勋贤祠的继承者。书院不仅承续了勋贤祠祭祀阳明、传播王学的事业，还在经费上与其一体而用，无彼此之分。

虎林书院在祭祀上较天真书院、勋贤祠具有更强的地域性特征，院内明贤堂专祀浙江诸儒。其原因在于筹建书院的地方官员对勋贤祠所列配祀诸贤中浙人稀少状况不满。"虎林故有天真祠，文成裳衣在焉。及门列配，半籍四方，而浙产诸贤未有同堂合俎秩而祀之者。"④虎林书院明贤堂所祭十贤分别为陈选、章懋、徐爱、王畿、钱德洪、季本、陈善、唐枢、许孚远、张元忭。巡抚甘士价与王门儒者周汝登、陶望龄等均有密切交往。书院初建时甘氏曾有意聘陶望龄主讲，因陶氏太夫人病重，遂未受聘。"中丞紫亭甘公来抚浙，迫生天真讲席。既治虎林书院，复来聘先生，为谢不往。戊申，太夫人病亟，先生焦心医祷，颜色为枯。"⑤虎林书院建成不久，甘士价因积劳成疾而卒，浙江诸官绅遂在书院之阳建甘公祠以祀。继任浙江巡抚高举继甘氏遗愿，致力于主持书院会盟，昌大王学。

虎林书院原为立讲会、倡导王学而建，故十分重视会约的制定。书院初建时所订《虎林会约》与《虎林书院志》均已遗失，只在顾宪成《虎林书院记》中存有相关记载："公缄示《虎林书院会约》，独主白鹿洞规，而自为之阐发厥旨，复推而广之，共为八条。会讲之日，

---

① 《钱塘县志》，台湾成文出版社 1975 年版，第 245 页。
② 《钱塘县志》，台湾成文出版社 1975 年版，第 255 页。
③ 《钱塘县志》，台湾成文出版社 1975 年版，第 255 页。
④ 《钱塘县志》，台湾成文出版社 1975 年版，第 249 页。
⑤ 续修四库全书编委会编：《续修四库全书》第 1369 册，上海古籍出版社 2002 年版，第 142 页。

首以谈玄说妙为戒,要在切近精实,上下皆通,一似有概于予言然者。"①甘巡抚曾将虎林书院会约与顾宪成做过商讨,确定讲会主旨在于务实,反对王学末流虚无空谈之风,修正王学禅学化倾向。从时任浙江督学陈大绶所作《会约序》中也可窥见书院会约的制定过程。陈督学在记文中陈述其初到浙江拜谒甘士价时,两人为正杭城士习民风做过商讨。陈督学建言以官府功令约束,甘巡抚认为这仅是外在性法制,还需内在的讲学规制。为此甘氏一方面"遍檄东西诸郡,条议讲学规制",向浙江各地官绅征询建议,另一方面仿白鹿洞书院之制,"以人情而手自参订为规条,以使可久"。② 陈督学在考校各郡县诸生时,将甘士价制定的《虎林会约》推广到浙江各府县儒学与书院,"绶校士各郡,奉公意以倡诸郡邑,诸郡邑靡不设为科条,官师弟子,亦渐有蒸蒸向往者"。《虎林会约》也因此对万历后期浙江各府县儒学、书院会讲活动有着广泛影响。

五、小　结

明代中后期阳明心学思想崛起,带动了书院的蓬勃发展,嘉靖、隆庆、万历三朝,王门弟子联讲会,立书院,相望于远近,又使阳明心学得以迅速传播。两者的一体化进程,促成了明代书院与学术的辉煌。在这场声势浩大的书院讲学运动中,浙中与江西吉安、安徽宁国成为讲论王学的核心区域。就浙中而言,王学在杭州的传播虽没有绍兴那般渊源早、根基厚,但因其两浙会城所在之政治、地理优势成为阳明学派苦心经营的重镇。

嘉靖初年赋闲在家的王阳明即留心于杭州宣扬致良知学说,在其影响下万松书院成为杭州最早讲论王学之地。继万松不久,阳明又与门下高足钱德洪、王畿等筹划在杭州郊外天真山建书院以为晚年归隐讲论之所。天真书院虽未在阳明生前建成,但在薛侃、王臣、钱德洪、王畿、孙应奎等门人弟子苦心经营下已然成为后阳明时代王学的象征与最重要的王门讲会之一。万历七年(1579),天真书院虽遭到毁坏,五年后有副都御史萧廪便上奏朝廷促成勋贤祠复建。祠宇管理虽秉承朝廷旨意,但以萧廪为代表的地方官仍为其保留了部分讲学传道功能,以上承天真遗续。万历十二年(1584),朝廷批准王阳明从祀孔庙,其学说也被纳入儒学正统,书院讲学的客观情势得以改善。浙江巡抚甘士价遂改建虎林书院以重兴王学讲会,此时讲学重点已转向合会朱、王,修正王学末流的禅学化弊端,经刘宗周、黄宗羲等大儒改造,最终为清初学术转向奠定了基础。

原载《中国文化研究》2016 年第 2 期

---

① 《钱塘县志》,台湾成文出版社 1975 年版,第 248 页。
② 《钱塘县志》,台湾成文出版社 1975 年版,第 252 页。

明清江南家族教育形式研究

◎蒋明宏　胡佳新*

摘　要:明清时期江南地区经济富庶,家族机制日渐完善,为家族教育形式发展提供了适宜的土壤。家族教育形式作为家族教育运作的载体,因地制宜地开设新的教育形式,为家族乃至江南地区教育的发展增添了活力。本文立足于明清江南家族教育形式的多样化,结合历史发展趋势,分类探讨家族教育形式的产生、发展以及影响,总结多样化家族教育形式的综合运作机制,把握功能、关系、方法这三方面,以期为当下家族(庭)教育形式发展寻找可鉴之处。

关键词:明清;江南家族;教育形式;运作机制;特色

一、明清江南家族教育形式的变迁

(一)影响明清江南家族教育形式变迁的家族要素

1.多类型家族需求带动教育形式多元发展

江南望族大都由科举制度造就而成,清中期起又分化为实业型、文化型与仕宦型三类家族,各自形成了不同特征的家族教育形式。[①] 不同的家族类型有着不同需求,有的偏于实学,有的重经史,这决定了教育内容的差异性,致使明清江南家族教育形式走向多样化。

不同的家族类型对教育形式的采用会有所侧重:仕宦型家族多是将家族教育放在科举、为官之道上;文化型家族以学术、诗文著称于世;实业型家族多为商贾之家,尤其是清中后期,商业知识与技能自然是其家族教育重点。

多样化的家族类型决定了多样化的教育内容,进而带动了家族教育形式多向发展趋势。各类家族会因时制宜,变更教育形式,利用有限资源创设最适合家族人才培养的教育形式,包括相对说来非正式的教育形式。

2.家族文化催生教育形式变革理念

明清江南家族为更好地收族,在族规中明确规定对族中贫弱者以族田收入赈济、资

---

* 作者简介:蒋明宏,江南大学田家炳教育科学学院教授;胡佳新,江南大学田家炳教育科学学院硕士研究生。

① 蒋明宏:《变迁与互动:清代苏南家族教育研究——以苏、松、常、太为中心》,南京大学博士学位论文,2004年,第111—152页。

助其教育与生活。设立义庄义田之风始于范仲淹,江南家族纷纷效仿,捐田捐学。

此外,四业皆本、经世致用、务实敦行的文化特征及其相应教育理念在江南家族中传播,不再惟科举为业。这一时期家族教育形式变革理念多元,承古与变古交织行替,体现出"灵活处世"的观念。江南"开放兼容"的理念,就区域文化传播而言,既吸纳了其他区域的文化、包容了外来的西学,也影响了其他地区。

家族文化催生了多元化家族教育变革理念,文化既是教育内容,也反映了家族需求,家族教育形式也就在二者中不断变更、延伸,践行了多样化人才培养。没有一成不变的家族文化,也就没有一成不变的家族教育形式,正是这种不确定性,才促成了江南家族教育形式因时制宜的适应性。

3. 家族资源积蓄教育形式发展力量

明清江南家族生活殷实,确保了江南家族教育形式发展所需的物质基础。

家族教育活动发展离不开书籍,江南家族有财力购置书籍,大量图书的发行为家族教育形式积累了文化资本。明清江南家族园林,便于供人欣赏、举办文教活动,这也是江南家族独有的资源优势。

另外,江南家族在重文兴教背景下,形成了以家族长辈为基础的师资队伍,师资力量雄厚,是家族教育不可或缺的人力资本。望族多惠及乡里,参与地方基础建设,受到百姓尊重。江南家族间联姻,扩大了家族关系网,姻亲网共享教育资源,拓展外部渠道,积累了社会资本。

江南家族要素是江南家族教育形式发展的微观层面的条件,与宏观层面的江南社会整体发展背景相互辉映,家族需求、家族文化、家族资源为明清江南家族教育形式的演变、发展提供了动力、基础。

(二)明清江南家族教育形式变迁的具体时段

明清江南家族教育形式的发展不是一蹴而就的,它是在前代发展的基础上沿承而来,有其发展的轨迹可循。在后来的社会发展中,在承接原有的教育形式时,不断变革,采用新的教育形式,以适应时代背景下的家族发展需要。

1. 承古:明初至东林讲学时期

这一阶段的江南家族教育形式是个由毁坏到新建的过程,与政治需求相衔接。

申明亭和旌善亭是明初特有的教育形式,凡有申明亭之处,必有旌善亭,两者相辅相成,但也只是在明前期才如此,后期渐退出历史舞台。承接传统家族教育形式自然有家族学校、家族训教,诸如族学、义学等。祠堂也演变为一种家族教育形式而存在,"建祠不仅是为了祭祖、聚会以及办理族务,更为重要的是以宗族之法维持礼法,翊辅教化,维护乡村社会秩序"[①]。在追忆先人德行的同时,还要在祠堂诵族约、劝子孙、扬善惩恶。

总体来说,以教化辅助为目标的家族学校及训教形式为主,符合当时巩固社会稳定、维持秩序的需要。

---

① 常建华:《明代宗族研究》,上海人民出版社 2005 年版,第 418 页。

2.变古:东林讲学时期至 1840 年

除经历明清鼎革之变,渐渐恢复族学、书院外,江南家族也注重利用家训、家规的形式进行规范教育,主要是祖辈对子弟人生行谊方面的教诲,内容涉及宗族的日常生活。此外,明朝中后期商品经济进一步发展,一些新观念最先进入靠近海外的江南地区。为了满足扩大家族产业规模的需要,多种家族教育形式得以产生,办图书、建书楼,工商家族、医学家族、艺术家族从传统"艺徒"逐步发展出习业形式,这是这一时期最为让人津津乐道之处。

3.适今:1840 年后的近代化转变

1840 年后,伴随着西方科学文化知识的传入,洋务运动兴起,使得家族教育从内容到形式不同程度上有了近代教育痕迹。

江南地区实学实用理念盛行,家族学校依然作为一种重要的教育形式而存在,但有所不同的是很多家族书院、族塾等被改为新式学堂,教授西学知识。无锡荡口华氏家族就创办了华氏果育小学、华氏鹅湖女学、华氏鹅湖中学三所新式学校,当时很多江南家族都有转变措施。很多望族鼓励家族子弟出国深造,留学教育蔚然成风。职业教育形式以及图书教育形式在一些江南家族也有体现,不仅教授西方知识,讲求实用,而且各层次的教育形式相呼应。另外,很多家族既有传统中国文化的涵养,又深受西方文化的熏陶,可谓是中西合璧。再如苏州莫厘王氏家族、无锡薛氏家族将传统儒学精神与近代西方自然科学紧密结合,以此实现家族向近代化转变。此外,普及教育的推广、习业教育的开展等使得教育形式多样化特征逐渐明朗。

江南家族在以往"四业皆本"基础上,又形成了更多新的职业。"族中子弟成丁之后,或读书上进,或习业谋生,各父兄当因材而教。"[①]习业的规模和内容较之前有了扩展,习业也并非仅仅练习一种手艺,更多是着眼于实践的方法和能力,精通行业规范和技能。转型后的江南家族教育形式为家族发展提供了新的生长点,为江南家族成功转型奠定了基础,积累了资源。

二、家族教育形式(上):家族学校教育形式

以教化为轴心的传统家族教育形式,在明清社会各个层面都有着广泛的作用。明清时期,在江南家族间通行的教育形式一般包括家塾蒙馆、家族书院、家族"公学"等家族学校教育形式,其在承接传统教育的基础上,呈现出鲜明的教化特征,并带有明清社会时代特征。

(一)家族小学

家族小学是家族为适龄家族子弟开办的小学教育形式,主要有家塾、族塾、书塾、祠塾等。需要指出的是,许多较大的族塾设在家族祠堂里。家族小学是家族学校的构成之

---

① (清)吴大赝纂修:《皋庑吴氏家乘》卷十,光绪七年(1881)刻本。

一,作为常见的一种家族教育形式,家塾、族塾等家族小学在家族子弟蒙养教育方面有着启蒙作用。

一般说来,一个聚族而居的大家族,都有一所族塾,也有数户聚居的小村亦举办一所的,"虽乡村数家聚处,亦各有师"。至于那些人口较少又不甚富的家族,就常常联合数村设办一所。开设家塾是江南家族传家的根本,"予家置私塾,群族之子弟,延师诲之"①。如常州庄鼎臣之父应表弟吕俶生之聘,教外甥翰卿、清卿昆季,"(嗣子)俞及二弟启随往附读"②。设置家塾教育族人主要是为了提高家族成员的文化水平,保证家族的长远发展。"蒙以养正"是江南家族教育的宗旨,如青浦王氏家塾要求家族子弟能够"知文章之美,知名节之美,知良善之益,知淡泊之安"③。除家塾之外,江南家族在本族或是乡里集资开设蒙馆,或是聘师坐馆(此为明清特有家庭学校形式),进行启蒙教育,家族贫困子侄都曾受益于蒙馆之教,学习内容大体和家塾相同。

关于家族小学的师资来源,清青浦王氏家族规定,"塾师必择刚强严密、沈静精勤、文学优长、善于讲解之人,要以每日督令诸生全完功课为主"④。一般说来,大都是家族内有学识、有德行的长者为师,或有家族集资聘请名师硕儒。对于教师的选择有着严格的标准,不仅要学识渊博,而且还须品格高洁。至于家族小学教育形式所承载的内容,主要是识字断文、伦理道德、诗歌知识,其教材主要有《三字经》《百家姓》《千字文》《千家诗》《幼学琼林》等,渗透着传统伦理纲常的说教,宗法制度与以儒家思想为本的旧政治制度相衔接。家族小学一般有一定的章程,如震泽任氏家族为家族祠塾拟订的《任氏家塾规则十条》,反映了江南家族创办家族小学教育形式的具体章程。从师资、内容、章程等方面看,家族小学教育形式相对来说比较成熟、完备。

(二)家族大学

家族大学是家族教育发展需要的产物,旨在满足一家一族的文化教育需要,是培养家族精英人才的教育形式。作为维系家族长盛不衰的一种文化教育事业,家族大学历来受到古代家族的特别重视。江南家族承接"启蒙教育",主要满足十五六岁的家族子弟就学。很长一段时间家族书院的教学目标、教学内容与课程开设都是以科举考试为中心,书院几乎成为科举考试的学习阵地。所教授的内容要比家塾蒙馆深一点,渐渐向经史子集拓展,教育目的、方法也大为不同,尤其是明清时期科举兴盛,很多家族书院还是以应试举第为主。明代后期,书院竟同州郡学校合作,同为科举的预备场所。明清时期的家族书院,分为一个家庭创造供其一家使用、一个家庭创建供其整个家族使用、合族创建合族使用三种基本类型⑤,主要是开办主体规模、受益群体范围大小有别。

家族书院作为家族大学的主要教育形式,有固定的场所、具体的教学目标、一定的受

---

① 于慎行:《谷城山馆文集》卷二十三,《四库全书存目丛书》集部147册,齐鲁书社1996年版,第682页。
② 庄俞:《第十八世苏甫公年谱》,民国《毗陵庄氏增修族谱》卷十二上"年谱",民国二十五年(1936)铅印本。
③ (清)王昶:《王氏祠塾塾规略》,光绪《青浦县志》卷九"学校·义塾",光绪五年(1879)尊经阁刻本。
④ (清)王昶:《王氏祠塾塾规略》,光绪《青浦县志》卷九"学校·义塾",光绪五年(1879)尊经阁刻本。
⑤ 邓洪波:《中国古代家族书院简论》,《湖南大学学报(社会科学版)》2003年第4期。

教者。家族书院规模一般不太大，"遴选族中学生资质可造者六七人在院肄业"①。实施起来较为便利，知识系统较为完整。家族书院相对于学者个人读书、治学的书斋、书院而言，它有服务于整个家庭、家族的"公众性"与"开放性"。明清江南较为著名的家族书院有苏州范氏的文正书院、无锡华氏学海书院、无锡石塘湾孙氏荮溪书院等。家族书院大体可分为三类：一为传统书院类型，讲授科举应试知识；二为经史类型，相对来说知识较为广泛，旨在熏陶为学者的涵养；三为改良型的新式书院，主要出现于晚清时期，在原有书院的基础上加以改良，突出实学实用的知识。

在进行文化教育过程中，家族书院还有祭祀活动，如范氏文正书院就有纪念范仲淹的活动，颂扬范仲淹的德性，供后世子孙效仿，作为家族文化进行传承。既然是书院，藏书是书院的基本功能之一，为家族子弟积累了文化资本，也陶冶了子孙的读书习性。此外，还有一些家族资助子弟赴本地著名书院就学，此类情况各府州都有，以苏州最盛。随着明清江南社会发展，家族书院有所变革，尤其到晚清以后，西学渐入，江南人开始转变观念，接纳新知识，而很多家族书院未能迎合时代的潮流而被淘汰。如无锡华氏家族的学海书院在同治年间重建，此后渐渐改良为新式综合类型。

当然，家族书院是家族大学主要的教育形式，还有其他家族教育形式，如有的家族开设读书处、藏书楼，此类教育形式兼有大学性质。

（三）家族"公学"

近代以后原有的社会体制慢慢被打破，传统的教育形式面临挑战，越来越多的江南家族意识到这个问题，开始着手调整家族教育，在原有的家族教育中寻求新的教育形式，最为突出的是引进、改良家族学校形式。1905年，清政府下诏"自丙午科始，停止各省乡、会试及岁、科试"②。很多江南家族在此期间，对家塾、祠塾等进行改造，"公学"是这一时期新生的产物，主要是指不依靠政府财政支持的私立学校，并采用西式教育形式，受历史条件的影响，与传统教育仍有千丝万缕之联系。

江南家族"公学"著名的有无锡荣氏、胡氏的公学等，都是在原有家族教育形式的基础上整合而来。荣氏家族是近代著名的实业家族，投资办学，振兴家族教育。"荣氏公塾"于光绪三十二年（1906）改名为"荣氏公益小学校"。这一教育形式在面向本族子孙的同时，逐渐向他族扩展。无锡堰桥胡氏公学于光绪二十八年（1902）由胡雨人与其父兄共同创办，由胡氏义庄提供所需经费。设立女子部，兴无锡女学之首。胡雨人曾在日本进行考察，回国后借鉴日本近代新式教育的办学经验，将其实践于所创办的胡氏公学，"晴雨操场"就是一例。除了上述的家族"公学"，上海王氏的育材中西义塾、吴县私立彭氏两等小学堂等也是当时突出代表。

家族"公学"作为江南家族教育形式转型的产物，有其时代发展的必然性。江南家族具有雄厚的经济资本，加之有着重教传统，由传统家族教育形式向近代新式教育形式转

---

① （清）盛康：《人范书院捐启》，民国武进《龙溪盛氏宗谱》卷二十三"义庄录"。
② （清）赵尔巽等撰：《清史稿》卷一百零七《选举志二》，中华书局1977年版，第3135页。

变的速度比其他区域家族要快,所创立的新式学校也多于其他地区。

(四)其他家族学校形式

1.家族闺塾和女子新学。即江南家族女子私塾教育。闺塾以立德为先,其次识文断字,"外授读女教列女传,使知妇道,然勿令工笔札学词章"①。家族女子教育主要进行儒家妇道观教育。明朝中后期,社会观念较为开放,江南女子教育拓宽了学习内容,女性也学得经史,舞文弄墨,才女辈出。《红楼梦》里林黛玉的父亲为其聘请贾雨村为闺师,教授诗书,这些反映了当时江南家族女子教育形式的存在。家族女性教育形式丰富了家族教育形式。清末江南地区很多家族创办新式女学,开历史之先河。如无锡严氏经正学堂于光绪二十八年(1902)开办,招收女学生,设立在严氏义庄内,是一所新式教育学堂;光绪三十一年(1905)华倩朔、华子唯在无锡荡口创办了鹅湖女学,等等。女性教育为家族教育形式在性别上实现对等,在当时有着思想解放的意义。

2.家族读书处。类似改良式书院。明清江南家族有创办读书处、学习处来为家族子弟提供就学场所,这里主要以无锡荣氏家族豁然洞读书处为例。设立在无锡荣氏私家花园——梅园的"经畬堂"内,采用"东林讲学"的传统,"以家塾组织,而参书院精神"的教育形式,解决荣氏家族子侄小学之后的学习问题。

3.家族职业类习艺所。晚清江南家族对职业教育形式有过探索,大多以实训为主,开办职业学校。如无锡严氏经正学校附设补习夜校,无锡荣氏办工商中学,无锡唐氏等实业家进行的企业职工培训等,都属于这一形式。还有一些家族开办习艺所,如川沙县张陆同本堂义庄在庄附设"习艺所",对族中部分子弟进行职业技术教育。

家族学校教育形式有固定的场所,按照一定目的、计划进行,并有一定的管理规范,塾规、院规等为教学提供了保障,而经费来源的规范化也保障了家族学校教育形式的顺利进行。

三、家族教育形式(中):家族训化教育形式

江南家族注重家族训化教育形式的作用,通过家训族规的内化、修谱及祭祀活动、祠堂仪典等具体形式来"教而化之",这既是宗法家族发展的需要,也是当时社会的主流思想的体现。它不仅强化了德育在家族教育中的优先地位,还与其他家族教育形式互补。

(一)家训族规宗旨的内化

明清江南家训族规众多,清代族规、家规较前代更为普及。

家规很大一部分包含着基本的家族礼仪教育,教育子弟待人接物的原则,与实践人际交往活动相结合。岷阳孙氏规定:"随行隅坐恭听慎应,见必衣冠不敢露顶跣足,遇必

---

① (明)许相卿:《许云邨贻谋》,中华书局1985年版,第6页。

拱立不可径行过越,若卑幼骑坐须下行礼,俟尊长过方得自便,违者罚。"①

除伦常以外,职业观念也是家族规约中的重要一点。明清江南家族观突破了传统职业观的窠臼,认识到职业发展要与时俱进。尤其明朝后期江南家族逐渐突破传统"重农抑商"的观念,肯定了商人的社会地位,很多江南家族认识到四业皆本,并付诸实践。无锡东林学派的顾宪成、高攀龙等主张"惠商恤民",提出"士农工商,生人之本业",顺应了时代发展的潮流。晚清江南家族大有崇尚有用之学的趋势,吴县吴氏家族规定:"族中子弟成丁之后,或读书上进,或习业谋生,各父兄当因材而教。"②允许子弟自求谋生立足之力,不再局限于科举之业。

除教育子弟外,明清江南家族通过后世子孙对家训族规的内化,在家族子孙的行为中强化家风传承。苏州叶氏家族规定"吾宗自文庄以来,世以风雅相传"③。另外,家规族法实质是对传统伦理道德进行的生活化诠释,通过对个体的教化而实现理想社会。通过家族训规的内化,彰显本家族理念,使优良家风在望族内得到认同,并通过实际行动不断丰富家族精神内涵,后来的实践也证明了这一点。

(二)修谱及祭祀活动的感化

"族之有谱,犹国之有史。"族谱是家族教育的重要素材,记载了家族发展的历史、家族历代优秀人物事迹,供子孙学习效仿;而修谱及祭祀活动是重要的家族教育形式,可以序天伦、敦风俗、厚文教,体现着家族的精神内核、文化符号。武进赵氏家族规定:"修录谱系,诚后人最急之务。……将尊祖睦族之思,其油然而起钦。"④修谱是立族之基,利用修谱活动可对族人进行一次道德教育洗礼。此外,很多家族又将修谱作为收族的重要手段,以此缩小家族差距,缓和家族矛盾。

明清江南家谱主要有谱序、谱例、姓氏源流、世系图、世系录、先世考辨、家训族规、风俗礼仪,以及家族人物传记、祠堂记文等。族谱有着一族的象征意义,尤其是在修谱、散谱的过程中更能明显地表现出来,需要一些人为的规定作为媒介。比如,主持家族修谱者多为家族中德高望重之辈,所请纂修者必须学养深厚。

修谱者还必须懂得族规家法之下的相应笔削之法。例如江阴《梧塍徐氏宗谱》中记载了徐霞客妾周氏被逐和续弦罗氏"无出"之谜(实际上徐霞客次子为罗氏所生),这是以族谱修撰维护家法族规的典型例子。实际上罗氏系因犯"七出"之法,被族谱所"出",其所育一子在世系表中也未有记述,也就是说罗氏被剥夺了名分。而周氏虽然只是侧室,在被罗氏逐出后已改嫁李氏,但仍以徐霞客侧室名分明载入谱、标入世系表,其与徐霞客所育之子李寄多篇传记也被列入谱中。虽说只是一族之谱,但名分差别、道德教化分明是一丝不苟,堪称经典。⑤

---

① (清)孙光楣等纂修:太平《岘阳孙氏族谱》卷一"家训",光绪二十三年(1897)木活字本。
② (清)吴大贉纂修:《皋庑吴氏家乘》卷十,光绪七年(1881)刻本。
③ (清)叶德辉、叶庆元纂修:《吴中叶氏族谱》卷五十九"艺文"所载《秋吟草序》,宣统三年(1911)活字印本。
④ (清)赵洪良等修:《西盖赵氏族谱》卷一"家训",光绪十二年(1886)永思堂重刻本。
⑤ 周宁霞:《徐霞客论稿》,上海古籍出版社2004年版,第182—215页。

明清家庙祭祖制度是族谱有规,并有记载的礼仪活动,通过隆重而庄严的祭祀祖先活动教育子孙。无锡钱氏祭祀前必提前三日通告,叮嘱全族"与祭子孙大小齐戒,不饮酒、不茹荤,不与外务及一切事"[①]。家族祭祀既是家族成员共同缅怀先人的集体活动,也是一次宣扬家风家法的契机。家族祭祀与家族教育紧密相连,澄江蒋氏规定:"凡祭毕,择贤能者将家规宗训宣讲族众,依次静立听讲,毕向上一揖而坐。"[②]随着社会发展,祭祀程序逐渐得到简化。

祭祀修谱活动具有类似于家训族风的化育功能。修谱祭祀活动的感化凝聚了人心,稳固了家族血脉传承。

(三)宗族祠堂仪典的导向

宗祠在宗族成员心中有着重要的精神地位。祠堂是家族中心,具有宗教的、社会的、政治的和经济的意义,是整族整乡的"集合表象"。祠堂的来源主要有两种,一种是由纪念有名的祖先专祠演变而来,另一种是于祖先故居建宗祠。常州地方志中记载,武进地区原有大小祠堂一千多座,大都建于明清时期。

祠堂规模依家族人丁而定,多为宫殿式建筑,前后会有几间坐北朝南的正屋,两边还有几十间配房。祠堂正厅依次供奉着写有某某祖先的名讳、生卒年月等的牌位,以示后世子孙。在祠堂的正屋上方一般都有门匾,写着追贤思远或是荣恩祖先的字词。正屋两边门柱上也写有长联,大多表述家族渊源,以为家族文化的精神符号,是一种典型的正面宣传。松江潘氏祠堂楹联为:"春露秋霜,当思德业由先泽;云蒸霞蔚,留得读书与后人。"祠堂也会树碑刻,记录家族对族内子弟的资助,以供族人效仿。

明清江南家族大部分祠堂还附设有祠塾进行家族教育,以促子孙之上进。青浦王氏家族就有"公(王昶)之建祠堂也,实兼欲为义庄"[③]。有时家族也会把地方规约刻在宗祠石碑上,告知族人,以示训化。比如,无锡荡口华氏三公祠祠堂墙上的碑刻上,就有关于保护河道、环境整洁的规约。

四、家族教育形式(下):家族特殊教育形式

江南地区在明清及近代以来的历史转型期,由某些教育资源派生的一些新型特殊教育形式,如藏书楼与图书馆阅读、习业教育、园林(公园)美育以及由游学而转变而来的送出留学教育等,因并非传统家族教育形式,具有拓展、变革、转型意味,故名之曰"特殊教育形式"。

(一)家族藏书导引自学

明清时期,江浙两省藏书家就有2029人,占全国的43%,其强势显现无疑。[④] 其中最

---

① 秦毓均纂修:无锡《锡山秦氏宗谱》,民国十七年(1928)木活字本。
② 蒋汉云等修撰:江阴《澄江南闸蒋氏宗谱》卷1"祠规",民国十一年(1922)木活字本。
③ (清)《青浦县志》卷三"建置·附家祠",光绪五年(1879)刻本。
④ 范凤书:《中国私家藏书史》,大象出版社2001年版,第14页。

有代表性的要属明代范氏家族的天一阁，称盛一时，范氏家族有"代不分书，书不出阁"的祖训。书籍是家族教育重要的学习资源。虞山张氏金吾，家学深厚，代有藏书，"不但多藏书至八万余卷，且撰书至二百余卷。不但多撰书，抑且多刻书至千数百卷。其所撰著校刻者，古人实赖此与后人接见也，后人亦赖此见古人也"①。

藏书楼并非皆以"楼"命名，还有很多以某"斋、阁、堂、室、居、轩、馆、亭、房、洞"等名之，明清之后多把藏书处称为"藏书楼"。为了保存藏书，很多家族都有"藏书印"，这是古代藏书家族在自家藏书上所做的印记，一般都有主人名号、藏书楼（阁）之名以及表达藏书主人旨趣的格言警句。明朝常熟人杨仪喜刻书，其所抄之书都刻有"嘉靖乙未七桧山房"或"万卷楼杂录"字样，所持藏书印有"杨仪梦羽收藏图书""华阴世家"等，揭示了藏书传家、以世代藏书为荣的信息。又如江阴徐氏家族藏书"综三教而汇百家"②，各种书籍"充栋盈厢，几比《四库》"③。

藏书不是明清江南家族的最终目的，藏书以用才是其目的。许多家族把藏书同学术研究、刊印活动结合起来，不仅使本家族的藏书得到扩充，扩大了书籍的流传范围，亦通过阅读藏书来提高家族子弟的学识修养，逐渐成为一种家族教育形式。昆山叶氏家族"综理有张，内外卓卓。建家塾，积书延师，以教诸子及里之子弟。尝阅先世所藏书，授诸子曰：'若辈行己，不悖于书，可无愧也。'"④叶氏家族的叶盛喜读书、藏书，"读必懂，锁必穿，收必审，阁必高，子孙子，惟学教"⑤为其藏书铭，寄托了其希望家族藏书得到后世子孙传扬的期许。

藏书重在研习，"供学者之研求，循序渐进，自能得其窾要"⑥。明清江南家族私人聚书、藏书是为了满足自己或是家族子弟读书的需要，积累文化资本。众多私家藏书楼因其对外开放、供外族借阅，使得当时许多寒门子弟受益良多。家族藏书对引导子弟自学大有裨益，而所藏何书更是家学的直接体现。不同的家族有着不同的藏书取向，这与家族类型有着密切联系。文化型家族多为儒家著作，四书五经那是必读的，还有历代大家对其解读的著述，如朱熹的《四书集注》。实业型家族藏书有所不同的是实学类书籍很多，无锡荡口华氏家族所藏数学类实学之书，是华蘅芳数学成就的源头。徐霞客利用家族藏书之便，"博览古今史籍及舆地志、山海图经以及一切冲举高蹈之举"，因其祖上本就"以诗书为业"，故而徐氏家族藏书也有大量的经史子集，在涉猎实学书籍的同时，徐霞客"其业也诗书"。大多江南家族子弟都能利用家族藏书自学研习，笔耕不辍。家族藏书导引自学，注重个人的学习自主性、自觉性，让他们获益良多，终成一番事业。近代以后很多江南家族在家族藏书的基础上为地方图书事业的发展做出了贡献，推进了近代图书馆的兴建和转型。

---

① （清）阮元：《研经室续集》卷三《虞山张氏诒经堂记》，中华书局 1993 年版，第 1072 页。
② 民国《梧塍徐氏宗谱》卷五十三"旧传辑略"，《高士衲斋公传》。
③ 民国《梧塍徐氏宗谱》卷五十四"墓志铭"，陈涵辉《徐霞客先生墓志铭》。
④ （清）叶长馥修：《吴中叶氏族谱》，康熙素心堂刻本。
⑤ （清）叶长馥修：《吴中叶氏族谱》，康熙素心堂刻本。
⑥ 倪思九修，倪文涛纂：《丹徒倪氏族谱》卷六，民国十二年（1923）刻本。

（二）家族习业着眼实践

人生在世总要安身立命，习业成一技是生存的基础，习业可以说是经营家业，谋生计。习业可具体分为"习商""习吏""习幕""习医"等，这是由职业门类决定的。习商是跟随家族长者学习商业事务；习吏是跟政府官员学习处理政务、审理案情等，简单地说是中榜之士的入职培训；习幕主要是家族子弟跟随一些有经验的幕僚学习；习医历史就更为悠久，是跟随有经验的医者学习治病问药等。

古人重视家业传承，读书入仕的治生之道不是所有人都行得通的，更多是帮助家族子弟谋一正当职业。相比传统科举教学之下，习业在满足"治生"的同时，更以"教育知识、培养能力"为求。习业并非仅仅练习一种手艺，更多是着眼于培养能力和方法，掌握、精通行业规范和技能，通过习业教育提高家族成员的未来发展力。习业作为一种教育形式在江南家族中时代传承，如明清的"衙署之学"与"幕学"。家族习业教育形式源于古代的"艺徒制"。艺徒制作为中国古代职业教育中最久远且典型的教育形式，极大提高了我国古代职业技术教育水平。

明清江南家族的习业主要是当学徒，跟随师傅学习手艺，或跟随家族长辈学习经商之道，一般是从活计开始，干得多了自然慢慢就轻车熟路，经过一番磨炼之后能够自己独立办事才算"肄业"。荣宗敬、荣德生兄弟曾在上海的钱庄习业，这段习业经历令其收获很多，荣德生认为其"一生事业，得力在此时"①。家族习业着眼实践，要求传授者耐心指导，以身示范，务必使习业者真正掌握要领，完全学懂、练会。有的技艺之家将家族技术在家族内部一代一代地传授、总结，传授者和被传授者既是师徒，又是亲戚。技术继承的对象很稳定，如此便能把家族世代积累下来的丰富经验传承到一人或几人身上，促使家族子弟掌握熟练的技术，凸显家族习业的实践能力。正是由于这种世代相传，才积累了熟练的技术和丰富的经验。

从家族角度来说，习业可以定心，以防家族子弟无所事事、游手好闲，这对家族来说本就是一大收获；从个体角度来说，经过家族习业教育形式的洗礼，个人获得了安身立命的技能，增长了见识。更重要的是不同于传统科举之路，习业培养了综合素质，实现了多元发展。明清江南家族充分利用自身的优势，结合家族子侄个人的心性，引导他们选择合适的习业之路。相比"无事袖手谈心性"的传统说教，强调实践的习业教育形式符合社会发展需求，能提升家族成员素质，为家族发展提供后续动力，因而在近代教育转型中占得先机。

（三）家族园林浸润性情

明清时期很多江南家族有私家园林，作为传承文化、实施美育、培养人才的物质载体，祥和的环境建设成为家族生活的重要组成部分。

说到明清江南私家园林，最具代表性的要属苏州园林。苏州是个得天独厚的地方。

---

① 荣德生：《乐农自订行年纪事》，上海古籍出版社 2001 年版，第 10—13 页。

得天独厚不完全是土地肥沃,气候温和,还在于它的文化积淀的深厚;地理的优势是得于天,文化的优势是得于人,天人合一形成了苏州这一座千年历史文化古城。苏州在明清两代达到鼎盛时期,苏州府在当时可谓是"海内繁华、江南佳丽之地"。苏州许多著名的私家园林是在明清时期兴建的,有一些园林为商贾家族所有,大部分还是为仕宦家族所有。明清江南家族将园林视为他们寻求精神及肉体彻底自由、解放与超脱的性灵空间,成为其性情的寄托与归宿。意境美是中国古典园林的美学追求,苏州私家园林亦是如此,既有山水的千姿百态,又凝聚了传统的思想精华。江南园林大多以"文人园"名之,书卷气很浓,"诗文兴情以造园,园成则必有书斋、吟馆,名为园林,实作读书吟赏挥毫之所"[①]。园林常常作为文人雅士聚会之所,彼此唱和,雅趣十足。园林所包括的山、水、植物、建筑以及它们所组成的空间的要素,是一种外显的物态环境,也形成了一种精神空间,给人以感悟的氛围,即本文所说的人格滋养。感情的陶养,不源于智育,而源于美育。园林综合了绘画、文学、建筑、雕塑、花卉、民俗等,是艺术"有规律"的大杂烩,堪当美育的绝好示范。

家族园林一般来说,只对本家族成员开放,不过也有家族将本家族的园林对外开放,如无锡荣氏家族就将家族园林——梅园对公众开放,时人称道"私园其名,公园其实"。此外还在梅园内设"豁然洞读书处",供本族或外族子弟在此研习读书。家族园林作为修身养性的场所,其环境、布局所反映的是家族精神面貌。通过打造这样的环境,旨在提供一种隐性教育,借此陶冶家族成员的人格,营造与家族精神相一致的家风。这种耳濡目染的教育形式,不仅能规范着家族子孙的行为举止,还潜移默化地影响着他们心灵,随着时间的推移,慢慢地将这种人格化的家族精神沁入了灵魂深处。

(四)晚清家族派出留学

晚清社会剧变,"西方新文化潮流源源冲荡而来,在嘉道以下,十九世纪之初叶,显已有莫可阻遏之势"[②]。要想拥有西方的科技,就必须要向西方学习,由此,江南有的家族就已经着手让家族子弟出国深造,而以"庚款兴学"为契机的留学教育亦随之兴起。晚清江南家族审时度势,与时俱进,突破传统科举之教的禁锢,开始探索留学之教,鼓励家族子弟走出国门,学习自强之术。

苏州王氏家族清末出现了留学群体,集中于数、物、化、工等实用领域。除王季玉留美外,还有王季茝留学美国,常州庄氏家族与王氏家族很是相似。此外,诸如无锡天授胡氏家族的胡雨人,1889 年中秀才后入南洋公学,继入日本弘文文学院师范科,归国后创建了胡氏公学,并提出"吾国非多派女生出洋留学,不足于强国",推动了胡氏家族的留学教育。"胡氏三杰"(胡敦复、胡明复、胡刚复)是胡氏家族留学教育形式的典范。文化型的无锡钱氏家族在晚晴至民国期间培养了大批人才,学贯中西,像钱钟书、钱伟长等都留学海外。实业型的荣氏家族对留学教育也是如此,荣德生曾说:"余家有七儿、九女及二房

---

① 陈从周:《园林清议》,江苏文艺出版社 2005 年版,第 77 页。
② 钱穆:《文化与教育》,生活·读书·新知三联书店 2009 年版,第 22 页。

两孙在美留学。"①武进盛氏家族、毗陵唐氏家族等都存在家族留学现象。这不是单个现象,而反映了整个家族的意识;也不是个别家族的现象,而是一群江南家族共有的现象。

江南家族子弟留学是得到家族义庄资助的,"留学日本专门以上学校者,资助三百元;如在欧美各国留学者,倍给之,至多得增至一千元"②。江南家族对教育形式是积极变革,不是消极被裹挟做出行动的。家族子弟留学深造,拓宽了家族教育渠道,除了男子留学外,也出现了女子留学。王谢长达创立了振华女校,并将自己的女儿送往美国留学,后将振华女校给予女儿管理。其女王季玉对振华女校做了进一步改革,行美国教育理念,走实用教育之路,认为"授以相当技术及智识,不重空乏的议论。适合时代潮流,凡合适社会之所需要者,则随时变通课程,予以切要的智识"③,加速了清末女子教育近代化变革的进程。

五、江南家族教育形式的运作机制

三大类家族教育形式自有其功能,互相配合、综合发挥作用。江南家族将教育形式与儒家传统相结合,综合运用多种家族教育形式,不断地调整,从理论与实践两个方面来涵养家族子孙的品性行为。江南家族利用所掌握的资本,为江南家族教育形式的运作提供了动力和保障机制,确保各类家族教育形式的有效执行和功能的良性发挥。

(一)家族教育管理系统

明清江南家族教育管理系统是家族教育形式运作的基础,族长及其他家族长者是家族的管理者。从家族教育形式创办的经济基础来说,族田制度是其最关键的条件。族田包括义庄(又有谊庄、仁庄等名称)、义田、学田等几类,单独管理经营,其收入是家族活动各项费用开支的来源。族田是明清江南家族教育形式创办、发展的物质基础。族田多由家族集体购置,或由富裕族人捐赠。有关族田位置、数量、简图、地契都会一一被记载下来,族田不得私自出卖,否则将会受到最为严厉的惩罚。望族及晚清诸多家族都有义庄,小家族一般为"义田、学田"。义庄层次与功能要多于义田、学田,有义庄的下面也有义田。族田自有经营方式,主要是招佃取租,其收入归家族义庄管理,"义庄之设,合族之贫者日给以米,赡其身焉,俾无饥而止耳"④。义庄管理的族田收入主要用于家族祭祀修谱、家族子第就学赴考、家族救济等。此外,义庄规条、宗规祠规是家族教育活动的制度层面,对开办学校、组织习业、建藏书楼以及后期组织留学等都有相应的条目,规定对家族子弟的教育和科举进行资助和考核的方式、金额和条件。

家族教育形式的顺利施行需要依托一定规模的师资团队及完善的管理制度。家族教育的师资主要来源于秀才、儒生、退休官员等知识分子,"延请有学、有品之儒以主讲

① 荣德生:《乐农自订行年纪事》,上海古籍出版社 2001 年版,第 199 页。
② 《川沙县志》卷十二"祠祀志·家庙",民国二年(1913)木活字本。
③ 《振华女校三十年纪念刊·三十年来校史报告》,民国二十五年(1936),第1—4页。
④ (清)王鸣盛:《王氏宗祠碑记》,《青浦县志》卷三"建置·附家祠"。

席，一切学规悉禀师训"①。在学业上实行竞争机制，奖励学业优秀者，惩罚学业怠慢者。在教学管理上，家族教育以约束和激励为主，在课程与教材上以满足蒙学需求、精英培养为主。教学活动多由族中有学问有德行的长辈主持管理。教学中家族教育形式重视引导家族子弟的自学，师者在于引导、监督。高层次的家族教育形式借鉴了书院管理模式，传统教学下重视科举应试训练。家族教育管理形成了家族国家化、伦理政治化、国家家族化、政治伦理化的伦理政治精神。

家族教育管理系统是家族教育形式运作机制形成的基础，家族教育经济基础采用独立经营模式，利于家族教育的长期稳定发展。运用多种教育形式进行，培养、提高家族子弟的综合素质。充分利用本家族人力资源，主要选有学识、有品行、威望高的家族长者担任师长之职。在教学管理中重视知识技能的学习、考核，以激励和约束为主，大阜潘氏松麟义庄规定"从师者报庄领取教材；按内容分别给脩金；每仲月朔日到庄考核，奖优罚惰"②。明清江南家族以家族教育管理系统为生长点，创办各类教育形式，发挥着各自的功能，为家族发展积蓄能量。

（二）各类家族教育形式的功能述略

明清江南家族教育形式呈现多样化特点，总体来看，三大类家族教育形式的作用主要有砥砺学行、规训教化以及培育人才，这既是江南家族教育形式所达到的结果，也是家族教育初始的目标。

1. 开蒙授知，教事理传家学

江南家族主张有所为与有所不为，并渗透在各类家族教育形式中。家族教育重在开蒙授知，教事理传家学。江南家族希望子侄勤恳勉励，或考取功名，光耀门楣，或治生学术，立一家之学，或勤于诗画，独领风骚。多种家族教育形式的开办提升了家族子弟社会生存能力，促成了良好的生命状态，增强了家族成员的综合素质，这是突破传统科举考试的经验总结。家族学校教育形式提供教育优惠机会，从小学教事理，到大学传家学，秉持知行合一的理念，使得家族学校教育形式逐渐完备。有组织地举办考核、文会等督促、激励子弟学业。心理激励与启蒙养正蕴藏在各类家族教育形式中，家族教育形式的教育内容、考核方式、教学目的相互影响。

家族训化教育形式将学识与蒙养两者相衔接，家族特殊教育形式也有育才与育人两方面的功能。家族藏书导引自学，有意识地培养了家族子弟的自学能力，传承家学。家族园林浸润性情，提升了素养，以儒家道德规范为准绳。家族习业教育形式锻炼了家族成员实际能力，教会了人情世故，明事理，能办事，办好事。家族留学则引进了西方知识技能，丰富了家学内容。这些都是家族从小学到大学开蒙授知、教事理传家学所依赖的多种家族教育形式。

2. 化心养正，育人格训习行

家族训化教育形式明显有规训与教化两大功能，育人格训习行，两者相辅相成，各有

---

① （清）任兆麟：《有竹居集》卷十三，嘉庆二十五年（1820）刊本。
② 吴县《大阜潘氏支谱》卷二"义庄规条"，光绪三十二年（1906）刻本。

侧重。明清江南家族教育形式自觉地将教化渗透其中。"化"多指陶冶性情心灵,通过立家规、作家训、建祠堂,也通过家族学校教育形式来完成家族教化。另外家族祭祀典礼、修谱活动等具有化育功能,家族园林熏陶了家族子弟向善、积极的人格品质。

规训体现的是家族教育形式对家族子弟所实施的有所不为。"训"多涉及行为养成训练,训习行,与家法家规相匹配,规定了不能做的事项,并附有违反后相应的惩罚。规训聚焦集体特性,也会统筹个体特征,规训是进行分类、解析、区分,目标是必要而充足的独立单位。在宗法社会下,家族与社会都要具有普适性原则,必须去适应既已存在的理性秩序,在理性的教育训练中训习行,成为理性服从者。

家族教育形式在家族教育管理系统的运作机制下,家规家训等使得规训功能水到渠成。理性固然是每个灵魂的本质,但是理性必须从灵魂中引出来,此过程就是教化的过程。[①]

3.培育人才,造就家国栋梁

人才观念是教育目的与价值理论的基本出发点。家族教育的目的是把家族子弟培养成为一定社会所需要的人,它还规定着人才的素质标准。家族教育形式的价值是评价家族教育能否为社会培养所需人才的标准,规定着家族人才的社会价值。明清时期,科举制更为成熟、完备,成为国家取士的唯一正途,"一举成名天下知"成为读书人的梦想。大族想要成为望族的必备条件之一便是家族中有出仕为官者,光宗耀祖,因而科举人才是江南家族重点培养的方面。苏州莫厘王氏家族、苏州城中潘氏家族、常州庄氏家族等科举人才辈出,家族或有几代成员在朝为官。

到了明清之际,实学思想盛行,人才观"以经世为宗",培养"实才实德之士"。江南家族有着"三声三事"天下担当,基于此造就了很多家国栋梁,不乏科技人才、学术巨擘、艺术大师,敢于直视世俗的观念,崇尚实学,尤其是明朝东林学派骨干独当一面,影响了国家走向。此外,毗陵唐氏、庄氏、薛氏等著姓望族倡导"以经术用事、以文章应世"。

明清江南商贾家族,在创办家族教育形式时,会注重教育形式实践作用的发挥,尤其是经营家族产业的经验传授,以及基本的算术、商业知识。通过学徒磨砺,业务经验增加,告诫子孙从点滴做起,正视学徒时期的实际知识。家族子侄的职业选择倾向对家族教育形式有着导向作用,选择举业是偏于传统的家族学校,选择工、商则是偏于习业性的实践教育形式。近代家族留学教育形式兴起,家族开始外派子弟出国学习西方先进科技、文化知识等,如苏州潘氏、无锡荣氏、毗陵唐氏等,很多学成归来都成为当时社会的栋梁之材,改变了当时的社会风貌。这为江南家族多样化的家族教育形式开办提供了理念支撑,同时在近代教育转型中占得先机,积蓄了家族发展的力量。

(三)不同类型家族教育形式的相互关系

多样化的家族教育形式使家族教育呈现出多姿多彩的局面,不同类型家族的教育形式之间存在着共同性,彼此又有差异性,相互之间也形成了一定的关系。在对江南家族

---

① 金生鈜:《规训与教化》,教育科学出版社 2004 年版,第 38 页。

教育形式管理系统、运行机制的分析基础上，我们可以发现家族教育形式分类不同则功能类别不同。彼此之间可能还有不同的层次功能，启蒙、授知与育人、育才还具有层次性区别。

家族学校教育形式、家族训化教育形式、家族特殊教育形式三类教育形式之间不是独立运作的，这与其运行基础、资本积累关联。各类家族教育形式的独特功能说明了不同类型家族教育形式彼此之间有着联系，也保持各自空间。家族教育形式的选择因人而异，符合学生的年龄、心理等特征。"子弟聪明有志者，可以责扑骂詈愧耻之，使之激励精进；愚顽无志者，督责之则彼益自弃，惟故加奖誉并立赏格鼓舞之。"①家族藏书、家族习业、家族园林、家族留学等教育形式，其教育者、受教者、教育场所、教育方法都有与之相对应的系统。重视因材施教，如盛宣怀认为家族子孙每日温书数量"因资增减，不宜执定其数"②。保持自身相对独特性能够保证教育形式的特殊功能，从而彰显出家族教育形式整体的多样性。家族教育形式与教育资金的独立运行不可分割，家族学田为创设教育形式提供了物质保障。三大类家族教育形式彼此独立运行，各自所要传递的社会经验、人才培养方案、历史文化基因决定了各类家族教育形式质的规定性。

1. 各类家族教育形式相互协调

三大类家族教育形式各有独特的功能，但在传统教育伦理下，它们之间又形成了可以互相补充的一体性关联，这种互补性关系是基于三大类家族教育形式与江南社会传统文化秩序的高度一致性。家族教育形式尽管纷繁复杂，各有特点，事实上彼此之间有交叉性，学校教育内容也涉及家训族规，有教也有化，与现在学校管教不管化不同。从满足家族社会实际需要的角度看，它们之间有着家族文化观念的相通性，能够满足明清江南家族日常生活的基本需求，牵涉到江南家族秩序稳定状况。内在之间有着协调性，这种协调性就是家族教育形式之间的耦合关系，使得各类家族教育形式之间能够互相补充完善。

家族学校教育形式在家族教育中相对来说是较为规范的教育形式，与家族训化教育形式有着内在一致性。清末社会变革带动了江南家族教育形式的转型，因为传统家族教育形式不能再适应社会的发展，矛盾重重，转型是教育形式相互协调的证明。很多家族义庄变为学堂，兴办新学堂之后，会课被学堂考试、奖惩规范所取代。留学教育形式是应对时代变迁最为有利的证明，无锡荣氏、华氏、胡氏，武进盛氏、庄氏等都是家族留学教育形式开创的典范。

除此之外，教育形式的相互协调还体现在各类家族教育形式所蕴含的文化理念中。家族训化教育形式没有时间、场合的限制，修谱祭祀、宗族祠堂多有赖族长制、族老制、族会制以及同宗会制等家族管理系统，有着很强的伦理色彩，带有强制性、普适性。为了家族的发展和满足家族整体的需求，家族教育形式在人际关系中不断完善，遵循长幼有序、亲疏有别的原则，这是传统家族教育形式共有的精神特质。三大类家族教育形式在实践操作

---

① （清）唐彪：《家塾教学法》，华东师范大学出版社 1992 年版，第 36 页。
② （清）唐彪：《家塾教学法》，华东师范大学出版社 1992 年版，第 21 页。

中,经过冲突、调适、平衡三个动态阶段,兼顾理性与教化,追求知行合一。通过家族教育主体不间断的认识体验、循环往复,不同教育形式所传递的情感品质必然会自然表露出来。

2.家族教育形式共享传递媒介

各种江南家族教育形式的共享教育媒介,体现在教育方法、教育内容、教育环境方面。很多教育形式之间共享教育内容。如青浦王氏祠塾本是家族小学,随着加入《公羊传》《谷梁传》等内容,不再是启蒙书塾,应当看作是家族书院,兼有大学之教。对于社会的普遍层面而言,伦理的强制性或以命令的形式展开是必需的,它担保了伦理的实现或可能。通过家族祭祀活动,江南家族将传统伦理精神与道德观念融入家族教育日常活动中,与家训族规、家族园林有承接之处,如武进青山书院在同光年间重修之初还举办文会、字会等,但因人事变故逐渐成为举办焚字等文教礼仪的场所。

许多家族将几代藏书作为家族学校教育的重要内容。此外,一种教育形式的顺利进行与另一种教育形式的开展有着关联,家训教育形式需要有修谱、祭祀的顺利实行方可有章可循。对于子弟读书,家族学校与家训族规有着相同取向,"子弟少年不当以世事分读书,但令以读书通世务"①。家族训化教育形式的管理方式属于伦理化管理,在制度化与非制度化的家族教育形式中,塑造家族成员的伦理观念,江阴葛氏家族认为"人能于伦常无缺,起居动作,治家节用,待人接物,事事合乎矩度,无有乖张,便是圣贤"②。这是家族学校教育形式的目的,也是家族训化教育形式的宗旨。

处于同一历史文化语境中的家族教育形式,在合乎传统理念下,不同家族教育形式本身有着符合自身特点的内容、方法、功能,组合在一起便实现了整体的优化,使得整体功能大于部分之和。从祭祀教育形式到学校形式,无一不是为了让家族子孙恪守忠孝节义的伦理观念。江南家族教育形式共享传递媒介,受环境动态影响,家族教育形式不断变更,应对社会变革,满足家族发展需要。传统教化在近代以后处于不断重组与重构的过程中,呈现新旧教化体系杂糅并存的状态,晚清家族派出留学就是与时代结合而生成的新的教育形式。

明清江南家族不同家族教育形式共享教育媒介,这为不同教育形式的优化组合准备了条件,揭示了教育形式之间内在的联系。笔者在总结了家族教育形式的功能、关系后,再来分析家族教育形式的综合运用问题。

(四)多种家族教育形式的综合运用机制

在家族教育管理系统的基础上,多种家族教育形式在同一家族或是多个家族实现综合运用。

1.同一家族存在多种教育形式

家族教育管理者有目的有计划地在同一家族内综合运用多种教育形式,这是基于家族对培养不同人才、实现不同教育目的做出的选择、实践。无锡杨氏道南书塾规定"每日

---

① (清)盛隆辑:《人范须知》,同治二年(1863)石竹山房刻本。
② 葛康寿等主修:江阴《葛氏宗谱》卷二"家训",民国三年(1914)木活字本。

余闲讲孝弟忠信礼义廉耻以激天良"[①]，与家族训育教育形式异曲同工。无锡华氏家族开设华氏书塾、华孝子祠、华氏学海书院以及后来华氏家族的实学藏书等，横向上体现了华氏家族学校教育形式、家族训化教育形式以及家族特色教育形式，纵向上折射了华氏家族同一家族教育形式在不同时期的演变。但就华氏家族书院来说，从最初的家族小学发展为家族大学，教育内容从传统经学转变为新式西学。

再如荣氏家族创办了从荣氏公塾、梅园豁然洞读书处，再到后来的工商中学、女子学校、大公图书馆，这些新式教育形式不属于传统童蒙之教。其中豁然洞读书处就设在梅园内。梅园豁然洞读书处就是荣氏家族将家族园林与家族学校综合运用的产物。在浸润家族子弟性情的同时，学习系统的知识，两者综合运用。反映了同一家族内运用多种家族教育形式，培养多样化人才，这也是迎合时代发展需要的必要措施。江南家族教育形式利用家族教育管理系统，从多种教育形式创设、发展、成熟到综合运用，家族教育形式相互配合，实现了共生发展。

2. 不同家族共享同一教育形式

明清江南家族之间联姻制度的存在，扩大了家族的姻亲关系，家族教育形式惠及其他家族。姻亲关系使得不同家族可以共享家族间不同的教育形式，不同家族间通过家族教育管理的开放性，带来学术创新、人才多元。在族塾的基础上，外亲可以参与其中，甚至有的由外亲女性施教。如洪亮吉曾有四年时间"就外家塾受经"[②]；又如许巘因受业于翁同龢祖父而获封，吴县洞庭嘉庆间王世镒由其长兄王世均课四子书等，至"年十三始就外傅"[③]；再如常州庄氏和毗陵唐氏的联姻，两族共享彼此已有的教育形式。

不同家族共享同一教育形式基于家族亲疏之别，先内后外，大家族带动小家庭。以孝悌敬和为主旨进行"家族互动"，包括家族教育形式的整合与分化。庄氏家族认为"读书者，不止取科第，而务希圣贤。业笛畚者，不但求温饱，而贵兴礼让"[④]。有的家族教育形式突破了家族限制，延伸至外族，如荣氏豁然洞读书处虽为家族书院，其生员却不仅限于荣氏一族，包括钱氏家族成员。家族间的关系网不断扩大，共享同一教育形式实现了家族教育形式的资源整合、优势互补，例如武进张氏与赵氏合办青山书院，两家族共享这一家族大学；荣氏家族的梅园对外族开放，供不同家族的人员前来观赏、学习。

江南家族教育形式的运作机制包括功能、关系、运用三方面，不断调整，是现实性与理想性的结合、传统性与时代性的有机结合。以儒家伦理道德为内容，不同阶层的教育各具特色，对家族教育理论和教育实践有着深远影响。然而，对明清时期的江南家族教育形式的研究，既要找寻它存在的合理价值，同时不能忽视它的历史局限性。在理性思考的前提下赋予其准确的历史定位，将江南家族教育形式作为一种经验，为现代教育形式开发提供参考价值。

---

① （清）杨熊飞：《江陂杨氏宗谱》卷一"书塾记、道南书塾规条"，光绪十七年（1891）木活字本。

② （清）吕培等：《洪北江先生年谱》，《珍本年谱丛刊》第116册。

③ （清）王世均：《蓝水弟行略》，《洞庭王氏家谱》卷二十"传状类下编"，宣统三年（1911）木活字本。

④ （明）庄起元：《鹤坡公遗训》，载《毗陵庄氏增修族谱》卷十一"训诫"，民国二十五年（1936）铅印本，苏州图书馆藏。

教师荣誉制度的历史渊源

◎施克灿*

摘　要：中国自古就有尊师的传统，对历代名师的封赠、赐号、祭祀从未间断。孔庙堪称古代教师的荣誉殿堂，古代教师荣誉意味着传统师道的传承。本文着重探讨古代教师荣誉的种类、获得的标准与主要特征，古代教师荣誉所具有的历史意义及经验教训等问题，为当今国家教师荣誉制度的构建提供具有传统特色的丰富资源与历史借鉴。

关键词：古代教师；荣誉制度；历史渊源

一、前　言

国人素来注重名誉，了却君王天下事，赢得生前身后名。生前光宗耀祖，死后流芳百世，是古人价值观的最高体现。国人素来重礼，尊敬师长，不仅是伦理意义上的规范，更是国家法律以及宗族条规。

教师是传统知识分子中的一个庞大群体，他们行使着教化民众、培养人才以及研究治世之道等职责，赢得了全社会的尊重与极大的荣誉。所谓"天地君亲师""一日为师，终身为父""师者，人之模范也"等等说法，也无不体现对教师群体的高度赞誉。从教师个体考察，中国古代涌现出了很多声名显赫乃至名垂青史的一代名师，如"万世师表"孔子、"汉儒宗师"董仲舒、"三任博士"的韩愈、"明体达用"的胡瑗、"理学大师"朱熹等，以其德行、学养的出类拔萃而名声远扬，获得帝王将相、黎民百姓的景仰与称誉。

虽然从政府层面来说，中国古代并未形成完善的教师荣誉制度，但对历代名师的封赠、赐号、祭祀从未间断，道统与学统相合，世代相传，致使尊师重教蔚然成风，并逐渐成为后代教师荣誉制度之源。

二、"万世师表"——古代教师的最高荣誉

研究古代教师荣誉，首先想到的必然是"万世师表"，这是任何一个时代、任何一个国家的任何一位名师都无法超越的至高无上的荣誉，她只属于中国，只属于孔子。孔子不仅是中华民族的精神导师，也是世界教师的荣耀。他的生日曾被许多国家或地区定为教

---

* 作者简介：施克灿，北京师范大学教育学部教授。

师节或教师庆祝日。

孔子获得"万世师表"的荣誉经历了一个漫长的过程,甚至只有他的六七十代孙辈才能享用。他在生前从未拥有与教师身份相关的任何荣誉,虽门下贤才众多,更被孟子称赞"出于其类,拔乎其萃,自生民以来,未有盛于孔子也"①,但与众多先秦诸子相比,其地位并没有太过显赫,甚至还不如后代的孟子。直到孔子去世后,才获得第一个荣誉称号,被鲁哀公尊称为"尼父"。

汉代以后,孔子的身价和地位不断提高:汉高祖开始形成祭孔传统;汉平帝开始,孔子受到历代帝王的封赠和祭祀,获得的谥号及荣誉不胜枚举。如果加以分类,大致有三类:

一是属于世俗的荣誉,从帝、王到公、侯一应俱全。西汉平帝元始元年(1),追谥孔子为"褒成宣尼公",这是孔子封"公"的开始;东汉和帝永元四年(92),封孔子为"褒成侯";北齐太祖诏封孔子为"素王",意即有王之道而无王之爵者,这是孔子被封"王"之始;北周大象二年(580),静帝下诏追封孔子为邹国公,别于京师置庙以时祭享;唐神龙元年(705),中宗加谥孔子为"文宣",后又封孔子为"隆道公";唐开元二十七年(739),玄宗追封孔子为"文宣王",孔庙中的塑像也改穿王服,坐次也由西面改为坐北朝南;西夏人庆三年(1146),下诏尊孔子为"文宣帝",尊孔子为帝,这是中国历史上唯一的一次,是最高等级的封赐。

二是属于文化、教育的荣誉,也即本文所涉及的教师荣誉。如曹魏黄初二年(221),魏文帝称孔子为"命世之大圣,亿载之师表"②;唐乾封元年(666),唐高宗赠孔子以"太师"的称号;宋真宗称颂孔子为"人伦之表",孔学为"帝道之纲"③;清顺治二年(1645),顺治皇帝尊孔子为"大成至圣文宣先师";清康熙二十三年(1684),康熙皇帝亲笔写下"万世师表"的牌匾,这是对教师孔子的莫大尊崇。

三是综合类荣誉。隋开皇元年(581),隋文帝尊孔子为"先圣""先师尼父";宋大中祥符元年(1008),真宗率文武百官及僧道三万余人,到泰山封禅,又亲到曲阜孔庙行礼祭奠,"以表严师崇道之意",并诏封孔子为"玄圣文宣王",又在大中祥符五年(1012)改谥孔子为"至圣文宣王";元至大元年(1308),武宗皇帝加封孔子为"大成至圣文宣王",诏书称"先孔子而圣者,非孔子无以明,后孔子而圣者,非孔子无以法。所谓祖述尧舜,宪章文武,仪范百王,师表万世者也,可加封大成至圣文宣王"④。

孔子能够享受不同层次、不同类型的荣誉,是基于当时的政治需要及统治者对其贡献的不同认识,或偏重其治国思想,封赠以爵位,抬高孔子的政治身价,或偏重其文教贡献,以封号表彰其伟大的教化功绩。有时甚至会有一些争议,如元人姚燧就认为:"宰我以夫子远贤尧舜,何王之不可居,然后世天子之子、有功之臣皆曰王,以孔子之圣卒下比

---

① 《孟子·公孙丑上》。
② 《三国志·魏书·文帝纪》。
③ 《阙里文献考》卷三十八。
④ 《续文献通考·学校二》卷四十八。

爵于其子臣,诚不知其可也。"①说明世俗的爵位不足以表彰孔子的功绩。明嘉靖年间的大学士张璁主张革去孔子王位,他说:"三尺童子皆知所尊者,尊孔子以师也,非以王也。"②徐阶、黎贯等均表示异议,都御史汪鋐认为黎贯之流"但知称王为尊孔子,不知诸侯王不足以为尊,适足以为渎耳。今称曰先圣先师则视王之号固加尊数等,夫曰先圣先师,皇上幸太学拜之可也,若曰王,则岂有天子而可以拜王者哉"③。明世宗批准了张璁的建议,诏令:"孔子神位题至圣先师孔子,去其王号及大成、文宣之称。改大成殿为先师庙,大成门为庙门。其四配称复圣颜子、宗圣曾子、述圣子思子、亚圣孟子。十哲以下凡及门弟子,皆称先贤某子。左丘明以下,皆称先儒某子,不复称公侯伯。"④自明世宗议定"至圣先师"后,基本上恢复了孔子作为教师的身份及其合适的荣誉称号。

从对孔子的个人崇敬,到后来发展成为风俗性质的"尊孔祭孔",使孔子由教师角色演变成了一个被神圣化了的角色。"万世师表"不仅是对孔子个人的封赠与尊崇,也是以孔子为代表的历代教师共同的荣耀,长期以来所形成的尊师传统,当与孔子有莫大关系。

三、"从祀孔庙"——历代名师的荣誉殿堂

中国古代教师史上,除孔子外,还涌现了许多名师,他们所获得的成就也足以彪炳史册,对于他们来说,能获得从祀甚至配享孔庙的待遇就是至高无上的荣誉。有幸获得这一荣誉的名师很多,且历代均有更新,至明清达到高峰,从祀者超过百人,到清末更是多达170人,包括四配、十二哲、七十八位先贤、七十六位先儒。孔庙俨然成了历代名师的荣誉殿堂。

孔庙从祀等级森严,其中四配即"孔门四圣",依次是复圣颜回、宗圣曾参、述圣子思、亚圣孟子。十二哲中除朱熹外,皆为孔子门徒。四配、十二哲人选虽略有变迁,但总体争议不大。朱熹之所以能破格入选,除了统治者的个人意图,更主要的是因为他对儒学所做的贡献,正如康熙评价朱熹是"孔孟之后有裨斯文者,朱子之功最为弘巨"⑤。在程朱理学占统治地位的明清,朱熹获此殊荣无可厚非。

先贤、先儒主要指孔子及门弟子以及后世在品行、传经、著述方面有卓著影响的诸儒,作为特定的荣誉称号始自嘉靖改制,并无人数限额。先贤、先儒虽位列末等,但其人选及标准对于研究列代教师荣誉更具意义。

关于贤儒的标准,一是品德高尚,这是传统教师最重视的资格与条件,获得至高荣誉更不待言。二是著述丰富,有很高的学术成就。三是传经授业卓有贡献,在儒学道统中占有一席之地。如宋理宗诏祀宋五子(周敦颐、张载、程颢、程颐、朱熹),便是因"此五人者,学问接道统之传,著述发儒先之秘,其功甚大。……从祀先圣庙庭,可以敦厚儒风,激

---

① 姚燧:《牧庵集·汴梁庙学记》。
② 张璁:《议孔子祀典第三》,《张璁集·奏疏》卷七。
③ 《明世宗实录》卷一百一十九,嘉靖九年(1530)十一月乙未。
④ 《至圣先师孔子庙祀》,《明史·卷五十·礼四》。
⑤ 《圣祖仁皇帝御制文第四集·谕满汉大学士九卿等》卷一。

劝后学"①。三者兼备,又符合统治者意愿者,当无异见,自然入选。下面再列几位名师:

董仲舒,学识渊博,春秋公羊学大师,汉景帝时任博士,《汉书·董仲舒传》称"仲舒所著,皆明经术之意"。赞其"令后学者有所统一,为群儒首"。元至顺元年(1330),董仲舒从祀孔庙,位列七十子。

郑玄,汉代经学大师、教育家,年轻时即"常诣学官,不乐为吏",立志从事经学研究和传授活动,凡三十余年,弟子最多时达数千人:"求学者不远千里,赢粮而至,如细流之赴巨海。"②著书64种,保存至今的有《毛诗笺》和《周礼》《仪礼》《礼记》注等。唐贞观二十一年(647年),郑玄作为名儒,获得"从祀孔庙"的荣誉。

王通,隋朝经学家、教育家,门下人才济济,及门弟子达千余人。他的学生认为他堪比孔子,奉其为"至人",称"文中子"。唐末皮日休曾作《文中子碑》,也将王通比作孔孟。北宋孙复将其列入儒家道统,位于韩愈之前。明嘉靖九年(1530)入祀。

韩愈,唐代著名思想家、教育家,先后做过四门博士、国子博士、国子祭酒,直接从事教育工作。皮日休在《请韩文公配享太学书》中高度评价了韩愈的功绩,称赞韩愈是"身行其道,口传其文,吾唐以来,一人而已",要求以国家行政命令,将韩愈配享于孔庙。宋神宗元丰七年(1084),韩愈正式入祀孔庙。

胡瑗,北宋著名教育家,曾在苏州、湖州州学执教,"以经术教授吴中,年四十余"③。创立著名的"苏湖教法"。皇祐四年(1052)胡瑗调任太学,全国各地人士因仰慕其名声,前来求学者甚多,其弟子"随材高小,喜自修饬,衣服容止,往往相类,人遇之虽不识,皆知其瑗弟子也"④。其弟子程颐评价胡瑗说:"凡从安定先生学者,其醇厚和易之气,一望可知。"⑤足见其教育效果。胡瑗死后,欧阳修撰写《胡安定先生墓表》,高度评价胡瑗的教育业绩:"先生为人师,言行而身化之,使诚明者达,昏愚者励,而顽傲者革。故其为法严而信,为道久而尊。师道废久矣,自景祐明道以来,学者有师,惟先生暨泰山孙明复、石守道三人,而先生之徒最盛。"⑥南宋理宗端平二年(1235),曾拟议增十贤入孔庙"从祀",其中"以瑗为首"。明世宗嘉靖九年(1530),正式将胡瑗从祀孔庙,称为"先儒胡子"。

许衡,号鲁斋,元代理学家、教育家。元宪宗四年(1254),曾任京兆提学官、集贤大学士兼国子祭酒。作为教育家,许衡的成就得到了门下弟子、社会各界及封建王朝的敬仰和表彰。皇庆二年(1313),朝廷诏以许衡"从祀孔子庙廷"⑦。

比较有争议的是一些品行有亏的人,或者因时过境迁失势者,会被降格甚至"罢祀",即剥夺荣誉。如北宋政和三年(1113),宋徽宗以王安石配享孔庙,位于颜回、孟轲之下其他孔门弟子之上,其子王雱也获得从祀的荣誉。除王安石外,后世再无人享受到如此崇高的荣誉。靖康元年(1126),王氏失势,理学家杨时指责王氏之学为"邪说淫辞",建议罢

---

① 《祭祀志·宋五贤从祀》,《元史》卷七十七。
② 王嘉:《拾遗记》卷一。
③ 《宋史·胡瑗传》。
④ 《宋史·胡瑗传》。
⑤ 《宋元学案·安定学案》。
⑥ 《欧阳文忠公集》卷二十五。
⑦ 《元史·许衡传》。

祀王氏父子,结果王安石被革去配享资格,降为从祀,王雱则遭罢祀。

明代变化更大。明初宋濂在《孔子庙堂议》中写道:"今也杂置而妄列,甚至苟况之言性恶,扬雄之事王莽,王弼之宗《庄》《老》,贾逵之忽细行,杜预之建短丧,马融之党附势家,亦厕其中,吾不知其为何说也?"从品德要求出发,提出"罢祀"苟子与扬雄、王弼、贾逵、杜预、马融等经学家,虽未被完全采纳,但却开启了明代清理"从祀"荣誉的先河。洪武五年(1372),以《孟子》言辞过激而一度罢孟子配享;洪武二十九年(1396),罢扬雄从祀,益以董仲舒;明弘治四年(1491),吴澄因有仕元经历而被"罢祀"。嘉靖改制后,因学行不端而被逐出孔庙的更多,苟况、戴圣、刘向、贾逵、马融、何休、王肃、王弼、杜预罢祀,卢植、郑众、郑玄、服虔、范宁各祀于其乡。

明代开展的整肃运动偏激,且大多针对汉儒经学大师,与当时崇尚义理之学,推崇程朱理学有关,如何基、王柏之流入祀,其对儒学的贡献,是无论如何也无法与戴圣、刘向、马融、郑玄等相提并论的。

清初经学复兴,考据训诂之学盛行于世,经师们的价值重新被予以肯定。如李光地所云:"汉晋诸儒者虽无绝世之德,而有传经之功。……故愚以为七十子当祀,则诸经师亦当祀,有其举之不可废也。"康熙对汉儒的经学功绩也做了极为公允的追述:"秦燔弗绝殆如绳,未丧斯文圣语曾。疑信虽滋后人议,述传终赖汉儒承。"于是明代被罢祀诸儒又陆续"复祀"。

从贤儒的评选程序看,明清时期比较规范,大致分三个步骤:首先由官员提名,其次是各部集议,最后由皇帝裁定。一般来说,主事者们都期望从祀人选能达到"万世遵守,永无异议"的程度,都能秉持公允客观,但在专制时代,受政治以及门户之见的制约,这种评选程序有时也因个人意志而流于形式。如明代理学大师薛瑄入祀就颇费周折:嘉靖十九年(1540)廷议结果是多数同意,仅一人反对,却遭遇了皇帝的否决,其理由是著作数量未达标。隆庆元年(1567)再议,礼臣称:"侍郎薛瑄潜心理道,励志修为。言虽不专于著述,而片言只简动示楷模。心虽不系于事功,而伟节恢猷皆可师法。"①

需要指出的是,从祀制度并非专门为儒者而设,更非教师专有荣誉,如诸葛亮、文天祥、陆秀夫、李纲之类均因其忠义,践行儒学道德而得以入祀。

四、入祀乡贤祠——普通教师的理想追求

对于一般教师而言,从祀孔庙是遥不可及的梦想,其荣誉往往来自地方官府、宗族组织或是弟子。其形式主要有入祀乡贤祠。

乡贤祠亦称先贤祠,明代起突出本地籍贯而改称,主要祭祀土著先贤,或以其行履道德,或以功名宦业,以激励后人,弘扬地域教化,以化民成俗。南宋理学大师真德秀曾述先贤祠之功能云:"先贤有祠,亦古之遗意,盖不独躬受教如师弟子,然后可祠其人远矣。而言行风迹凛凛且存,乡人子弟犹有所观法则,虽历千百祀不可忘也。"值得注意的是,真

---

① 《礼部志稿》卷八十五·下。

德秀认为乡先生并不仅指师长、"先生",而是指其仪范可以让乡人子弟师法,只要如此,便可称为乡先生,入祀其间也是知识分子毕生追求的理想,"死不俎豆其间,非夫也"①。

乡贤祠大多设于地方官学,"古有乡先生者,其存则人咸师尊之,其殁则祀于学,礼也"②。由学官具体主持祭祀活动,供奉出身本籍、德业学行有成的名贤,推举乡贤,必由地方士绅、学校生员共同商议,务使事有考据,众无私议,上报学官认可,方许入祀。可见入祀乡贤祠须在当地拥有崇高的声誉,"公论"成了入祀的主要标准与程序。需要说明的是,明代因教职入祀的并不少见,如明洪武年间开封府淮阳县学训导卢勋,精通经书,以身率教;正统年间新郑县训导陈缘,淳雅博学,训海诸生,科甲多出其门;明天顺年间考城县教谕蔡绅,处世端洁,学品高雅,教学卓有成效,后皆入祀。

乡贤祠亦常设于院、道观。两宋时期,在寺院、道观祭祀地方先贤风气盛行。"古者乡先生殁而祭于社,以其功德之可称也。先贤祠于僧寺者多,惟县家所立、有关世教者特书之,余悉不著。"③地方乡贤祠立于寺观的情况很普遍。王安石、苏轼这些知名先贤在寺院亦设有祠堂,王安石被立祀鄞县广利寺、崇法寺,苏轼也在广利寺有专属祠堂。还有一些地方先贤被祀于道观,唐代宰相李德裕即被祀于甘露寺。祀先贤于寺院、道观的现象一直延续至明代。

乡贤祠也常设于书院。"抑书院之制,所以有教有祠者,非祠自祠、教自教也。盖教所以成德,以为后学之表,则祠亦为教设明也。"④书院教师本身因讲学而入祀者众多。南宋吕祖谦,长期讲学于丽泽书院,入祀乡贤祠;"金华四先生"何基、王柏、金履祥、许谦因传朱学有功,入祀"四贤书院";河南张信民长期主讲正学书院,远近士人咸来听讲,至室不能容,死后入乡贤祠。胡适认为书院之祭祀可以代表一个时代的精神,"古时书院常设神祠祀,带有宗教的色彩,其为一千年来民意之所寄托,所以能代表各时代的精神。如宋朝书院,多崇拜张载、周濂溪、邵康节、程颐、程颢诸人,至南宋时就崇拜朱子,明时学者又改崇阳明,清时偏重汉学。而书院之祠祀,不外供许慎、郑玄的神像。由此以观,一时代精神,即于一时代书院所崇祀者足以代表了"⑤。

与从祀孔庙相同,其祀主也并非单指教师,还有因未能从祀孔庙而降格入乡贤祠的。如万历元年(1573),有官员提议将吴与弼、陈献章、胡居仁三儒从祀于孔庙,廷议结果是各于其乡设祠祭之。礼部给出的解释是:"臣等考之《周礼》,士之有道有德而教于学者,没则为乐祖祭于宗,乡先生没则祭社,虽褒崇之典不同,其于表章先哲诩扬风教,均之为世劝也。"

乡贤祠不必强调道统,与孔子的关系相对松散,如东汉名师杨厚,"修黄、老,教授门生,上名录者三千余人。……门人为立庙,郡文学掾史春秋飨射常祠之"⑥。还有因有功

① 章懋:《乡贤祠志后序》,《枫山集》卷四。
② 刘埙:《彭正心提举曾月厓教授祠祀学宫请陪位书》,《水云村稿》卷十一。
③ 黄岩孙:《仙溪志》。
④ 唐肃:《皇冈书院无垢先生祠堂记》,《丹崖集》卷五。
⑤ 胡适:《书院制史略》。
⑥ 《后汉书》卷三十·上。

于文教而入祀者。早在西汉景帝时,文翁在蜀郡兴学,使当地文教大兴,"文翁终于蜀,吏民为立祠堂,岁时祭祀不绝。至今巴蜀好文学,文翁之化也"①。后代也屡有此例。明代孙震在蒙城县设社学20余所,当地教化大行;清康熙时期,河南南阳府邓州人安信帮本乡修建学宫,设立义学请师傅教育士子;乾隆年间的吕崇溢孜孜以讲学为己任,置地建立书舍,学生后来多有成就,死后皆入祀乡贤祠。还有众所皆知的乞丐武训,也因兴建义学被清政府封谥建祠。

五、分析与结论

从上列三种史实可知,古代教师荣誉是存在的,但与现代教师荣誉制度相比,有其特殊性。

其一,由于传统政教合一的体制,古代并没有独立的教师荣誉体系,强调教育贡献的特色不明显,即使是孔子,其荣誉也掺杂着道德上的至圣、政治上的素王、教育上的万世师表等多种内涵。其他名师亦较少专事教职,这就不免以其政绩或权势而获得荣誉了。秦蕙田认为先儒中的司马光、欧阳修,他们的身份首先应为名臣,其次方为儒者,主张二人"固当酌祀于帝王之庙,而不必以泮宫之俎豆为定论也"②。真正以教育闻名,如胡瑗、金履祥等以教书育人入祀者并不多。

其二,从对孔子及历代名师的荣誉形式来看,大致包括封赠、追谥、陪祀孔庙、入乡贤祠等几种类型,基本上属于身后追谥,入选标准亦不固定,更侧重于儒学道统的传承。此外,孝悌、忠信、仁义等亦可获得荣誉,这既是整个封建时代国家荣誉的体现,也是传统师道的传承。

其三,从其动机及结果来看,意义与弊病共存。传统国家荣誉的设置,可以配合传统儒家政治的德治理念,达到教化万民的效果,同时,对于形成尊师重教的社会风尚和中华文化世代相承也起到了积极的作用。当然,选拔机制上的不完善、选拔标准上的多变性以及专制时代皇帝、权臣对国家荣誉的绝对控制权均难以保证其公平与公正。

古代没有教师荣誉制度,但历代名师所获得的荣誉却超越了教育本身,是整个知识界乃至全社会效仿的榜样,其意义不仅仅是对教师的激励,而且成了教化万民的途径之一。从这个意义上说,其导向效应是值得借鉴的。总结我国尊师重教的传统经验,可为当今国家教师荣誉制度的设立提供历史资源,真正让教师成为社会上最受尊敬的职业,让尊师重教蔚然成风。周洪宇教授曾多次在"两会"上提议设立国家教师荣誉制度,其意恐亦在此。

---

① 《汉书·文翁传》。
② 秦蕙田:《五礼通考》卷一百二十。

清代金门科举式微与地方社会应对措施

◎毛晓阳*

摘　要:宋明时期,金门科举取得过不俗的成绩,尤其是明代年间曾考中过 94 名举人,其中 27 人考中进士。而进入清代以来,则出现断崖式下跌,科举成绩一落千丈。为了重振金门科举的辉煌,在相关最高文、武职官员及绅衿代表的倡议下,金门全岛官、绅、民、商在 1821 年发起了一场公益捐助,试图通过为金门浯江书院捐设束脩、膏火基金,为乡试考生提供丰厚的旅费资助,从而改变金门科举数十年无举人、近百年无进士的窘况。这一愿望尽管最终并未如愿,但却反映了清代中后期金门社会的普遍追求,其公益捐助也成为清代全国科举公益文化的一个缩影。

关键词:清代;金门;浯江书院;科举公益

　　金门是台湾地区离大陆最近的一个县。从后晋天福四年(939)同安首次建县,直至民国四年(1915)金门建县,金门便一直是同安县所辖之一部分。在这近千年中,金门在科举考试方面取得过令人瞩目的成就,考中文进士总人数竟比台湾全岛还要多。此前学界针对台湾科举的研究多关注于康熙二十三年(1684)置福建省台湾府后其所辖地域的科举活动,对金门科举则较少论及。本文拟以清代金门科举为题,探讨其科举发展状况与当地之应对措施,为多角度认识金门科举文化提供一隅之见。

一、宋明时期金门科举的盛况与清代金门科举的式微

(一)清代金门科举的尴尬处境

　　据光绪《金门志》卷八《选举表》记载,金门历代共有 38 人考中文进士[①],其中宋代 6 人,明代 27 人,清代则仅为 5 人。宋代金门所考中的文进士人数虽然不多,但却已经出现了进士家族。一为阳翟陈氏家族,宋太宗淳化三年(992)壬辰科陈纲、宋真宗大中祥符五年(1012)壬子科陈统先后登第,成为兄弟进士。宋仁宗皇祐元年(1049)己丑科陈统之子陈昌侯登第,是为父子进士。宋宁宗庆元二年(1196)丙辰科阳翟陈氏再传捷报,陈纲

---

　　* 作者简介:毛晓阳,福建闽江学院历史系教授。
　　① 谢重光、杨彦杰、汪毅夫《金门史稿》认为金门历代进士人数为 40 名(鹭江出版社 1999 年版,第 218 页),黄振良《金门历代进士祖籍之探讨解析》认为是 50 名(《国文天地》2016 年第 4 期)。

五世侄孙陈槚登科成进士。二为陈械、陈良才兄弟进士。宋仁宗庆历二年(1042)壬午科陈械、宋徽宗重和元年(1118)戊戌科陈良才先后登科,陈械为陈良才之从兄,二人为兄弟进士。陈械另外一位从弟陈楷则是宋哲宗元丰二年(1079)己未科的特奏名进士。

明代是金门科举的鼎盛时期,共计考取了 27 名进士。其中明万历十七年(1589)己丑科蔡献臣、蔡懋贤、蒋孟育、陈基虞、黄华秀 5 人同科考中文进士,至今被金门人引以为傲,誉为"五桂联芳"。除此之外,明代还曾有 3 人考中武进士。在进士之下,举人的数量就更多了。从洪武五年(1372)壬子科陈显,到崇祯十五年(1642)壬午科黄策、张汝瑚,共计有 94 位金门人考中文举人。明代福建乡试共开 88 科,金门举人分布于其中的 43 科之中,且不少科次有多位金门人同时中举,如嘉靖十年(1531)辛卯科有许大来等 7 人中举,万历十六年(1588)戊子科更有蔡献臣等 8 人中举,在金门科举史上留下了"八鲤渡江"的佳话。① 道光年间,兴泉永道倪琇在其所撰《浯江书院碑记》中说,"金门,人文薮也。其地为紫阳过化,历代显宦、名儒先后接踵,科目尤甲全邑",显然并非溢美之词。

清代金门仅有 5 人考中文进士,除了道光三年(1823)癸未科以台湾府淡水厅籍考中进士的郑用锡②,其他 4 人均为清代前期中式,分别为康熙六年(1667)丁未科陈睿思、康熙六十年(1721)辛丑科张对墀、雍正元年(1723)癸卯恩科许履坦、雍正五年(1727)乙未科许炎③。清代金门考中的文举人为 34 名,仅为明代的 1/3 强。由于朝代鼎革和"耿变"的影响,福建在顺治二年(1645)乙酉科、顺治三年(1646)丙戌科、康熙十四年(1675)乙卯科均未能开科,实际只举行了 109 科乡试,金门士子只在其中 28 科有所斩获,仅约为全部福建乡试的 1/4 强,比起明朝已算很大退步。尤其在清代雍正、乾隆时期以后,金门科举几乎停滞不前。进士方面,自雍正五年(1727)丁未科许琰考中进士,直到道光三年(1823)癸未科郑用锡,将近 100 年间,金门无人考中进士。举人方面,从乾隆十二年(1747)许我生考中丁卯科举人、许崇楷由侯官县学考中乾隆二十四年(1759)己卯科举人后,至郑用锡以淡水籍中式嘉庆二十三年(1818)戊寅科举人,中间经过了 60 年。贡生方面,乾隆三十一年(1766)丙戌陈射策由泉州府学考选为岁贡后,道光元年(1821)辛巳后浦人把总文应祥之子文成章被选为岁贡,中间经过了 55 年。被称为"人文薮"的金门,竟然近百年中无人登科,这是所有金门人都不愿意面对的现实。

① 林焜熿:《金门志》卷八《选举表·举人》,台湾大通书局 1984 年版,第 175—176 页。
② 朱保炯、谢沛霖《明清进士题名碑录索引》载:"(郑)用锡　台湾府淡水　清道光 3/3/109。"(上海古籍出版社 1980 年版,第 2385 页)说明郑用锡在官方统计里应该算作台湾府淡水厅籍进士。
③ 据《金门志》卷八《选举表·进士》载:"雍正五年乙未科,许炎,有传。"(第 171 页)所载当有误。一者雍正年间无"乙未"年,雍正五年为"丁未";二者"许炎"当作"许琰"。据江庆柏《清朝进士题名录》雍正五年丁未科第三甲第 54 名亦作:"许琰　福建泉州府同安县人。"(中华书局 2007 年版,第 374 页)。又《明清历科进士题名碑录》雍正五年进士题名碑录丁未科第三甲第 54 名载为:"许琰,福建全州府同安县人。"(台湾华文书局 1969 年版,第 1826 页。按,"全州"应作"泉州")又据乾隆《泉州府志》卷三十七《选举志》(上海书店出版社 2000 年版,第二册第 222 页)、民国《同安县志》卷十五《选举志》(台湾成文出版社 1967 年版,第 493 页)均载为"许琰"。朱保炯、谢沛霖《明清进士题名碑录索引》载:"(许)琰　福建同安　清雍正　5/3/54。"(上海古籍出版社 1980 年版,第 165 页)书中未载"许炎"。另据《金门志》卷十《人物列传·文学》载许炎"雍正甲辰,魁于乡。丁未,成进士"。(第 232 页)所载中进士时间正确,而姓名依然错误。

(二)清代金门科举式微的原因

清代中期以后金门科举逐步沉寂的原因是多方面的。随着 15 世纪以来海上新航路的开辟,中国沿海各省的海上贸易、海外移民日渐频繁;倭寇、海盗、欧洲殖民者对福建沿海民众生活的干扰与破坏日益剧烈。清朝初年,明郑政权与清朝在金、厦地区展开军事争夺,金门多次成为战争的最前线。1661—1683 年的"迁界令"期间,清廷严令"片板不许下水,粒货不许越疆",沿海 30 里百姓一律内迁,金门人口为之锐减,乾隆六年(1741)同安县统计的金门人口仅为 357 丁口。①

在此背景下,金门人的生活也受到了更多的外部影响,传统的读书应举的生活模式发生了根本改变。金门人在科举入仕与社会垂直流动方面出现了显著变化。

一方面,动荡的社会环境迫使金门人口外迁,其中的一些佼佼者在异地站稳脚跟后,以当地籍贯考中了举人乃至进士。据笔者查询《明清历科进士题名碑录》,发现光绪《金门志》卷八《选举表》所记载的 38 名文进士中,至少有 10 名进士分别被记载为泉州、漳州乃至台湾府某县(厅)(见表 1),表明他们虽然原籍金门,但在参加会试、殿试时,他们已经外迁他地,故而所填报的籍贯已经不再是泉州府同安县。其中前面的 9 名进士的籍贯均为泉州府、漳州府某一县份,表明在万历十七年到雍正元年间金门人口大多向同府或邻府所辖州县迁徙;最后 1 名进士郑用锡的籍贯被载为台湾府淡水厅,反映了进入清代中后期,金门人口的迁移选择项增加了隔海相望的台湾岛。而不管向哪个方向迁徙,这些人口迁徙所带来的直接后果便是人才外流,或者说是具有一定科举竞争能力的文化家族的外流,这是导致金门科举成绩直线下降的重要原因。

表 1　原籍金门的文进士

姓名	原籍(光绪《金门志》)	籍贯(《碑录》)	科年
蒋孟育	浦边	漳州府龙溪县	万历十七年(1589)
黄华秀	西黄	泉州府南安县	万历十七年(1589)
张继桂	青屿	漳州府龙溪县	万历二十三年(1595)
刘行义	刘澳	漳州府漳浦县	万历三十八年(1610)
林 釪	瓯陇	漳州府龙溪县	万历四十四年(1616)
龚天池	何厝	泉州府晋江县	崇祯十年(1637)
张朝綖	青屿	泉州府晋江县	崇祯十三年(1640)
张对墀	青屿	泉州府晋江县	康熙六十年(1721)
许履坦	后浦	泉州府晋江县	雍正元年(1723)
郑用锡	内洋	台湾府淡水厅	道光三年(1823)

除了进士,光绪《金门志》所记载的举人也同样包含了不少"双籍"举人,即原籍金门,

---

① 林焜熿:《金门志》,台湾大通书局 1984 年版,第 33 页。

但中举时所填报的籍贯为其他县份。其中明代有 10 名,清代有 9 名,他们与表 1 所列金门异籍进士并无交集。表 2 所列"中举时籍贯信息"栏所注文字均系录自光绪《金门志》原文。

表 2　原籍金门的文举人

姓名	中举时籍贯信息	科年
陈荣选	顺天举人	万历四年(1576)
陈廷梁	由漳州学	万历十三年(1585)
黄华瑞	由南安学	万历十六年(1588)
赵维藩	由漳州学	万历十六年(1588)
张懋华	由龙溪学	万历二十二年(1594)
蔡有麟	由龙溪学	万历二十二年(1594)
陈如松	举顺天试	万历四十年(1612)
许焕	由安溪学	天启元年(1621)
陈守臣	中浙江试	崇祯六年(1633)
颜应奎	由安溪学	崇祯十二年(1639)
倪周旦	由龙溪学	康熙八年(1669)
陈有庆	由南靖学	康熙八年(1669)
吕二酉	由南靖学	康熙二十年(1681)
刘夔龙	入籍漳浦	康熙二十年(1681)
史大范	由晋江学	康熙四十一年(1702)
王孔彰	由晋江学	康熙四十四年(1705)
张宪三	由晋江学	雍正四年(1726)
张时霖	由南安学	乾隆九年(1744)
许崇楷	由侯官学	乾隆二十四年(1759)

表 2 中所列 19 名举人,除万历四年(1576)陈荣选与万历四十年(1612)陈如松均系由顺天中式,并不能据此断定其系迁往京城外,其余 17 名举人均属以外地籍贯考中举人,而其原籍则为金门。其中迁离家乡最远的是崇祯六年在浙江考中举人的陈守臣,其次为以福州府侯官县籍贯考中乾隆二十四年(1759)举人的许崇楷。与表 1 所列双籍进士一样,这 19 名双籍举人中举的时间大致分布在明代后期至清代前、中期,表明在此阶段或稍早时间,金门人口外迁的方向多为向内地迁徙,其中又主要以临近的闽南府县为主要迁居地。直至嘉靖二十三年(1544)郑用锡以台湾府淡水厅籍考中举人,则说明金门人外迁的方向发生了一定的转变,即有部分金门人选择迁往台湾。其中实力较强的家族更在当地站稳脚跟,在获得了稳定的经济地位之后,则进而追求政治地位,也就是通过科举入仕光耀门楣。

另一方面,动荡的社会环境也迫使金门人从军入伍。经过惊涛骇浪与炮火刀枪的洗礼,其中的一些幸运者得以加官晋爵,成为镇守一方的军事将领。尤其是康熙十九年(1680)清朝在金门设置金门镇水师总兵官之后,地区军事地位的变化为金门人借由从军立功、任职升迁从而提升社会地位提供了一条全新、便捷的通道。据光绪《金门志》记载,清代金门人担任的武职官员远远超过文职官员,其中因军功封爵者 4 人,官至提督者 3 人,总兵 5 人,副将 9 人,参将 10 人,游击 17 人,都司 10 人,守备 23 人。[①] 而通过文科举入仕的正途官员中,京官最高不过主事、员外郎,地方官多为同知、通判、知县或教官。列入光绪《金门志》卷十《人物列传二·宦绩》的正途文职官员仅 9 人,而列入卷十一《人物列传三·武绩》的武职官员则有 26 人。科举入仕虽然是世人所重的正途,但却不再是海上孤岛有志之士的唯一选择。

当然,随着明郑政权的败亡和台湾历次民变的失败,清朝来自海上的威胁暂时减轻,武职官员不被社会看重的观念也势必逐步抬头。沉寂了数十、上百年的正途科举梦想,在金门士子的心中悄然萌发。

二、浯江书院与金门科举公益

自科举制度诞生以来,登科人数便被世人视为一地人文盛衰的标志,而登科人数的多少,则取决于赴考阻力之大小。通过个人捐助或族产助学,为科举考生提供考费资助,能够帮助考生解决赴考困难。自南宋贡士庄、兴贤庄等类似当代社会公益基金的专门以为考生提供考费资助为职能的社会组织出现之后,中国的科举公益活动便呈现出社会化、组织化的倾向。清代是中国古代科举公益活动最为繁盛的时期,其中尤其以宾兴会为代表的助考公益基金组织在全国各地最为普遍。同时,由于清代继承了明代的一条鞭法赋役制度,且在雍正年间进一步推行摊丁入亩改革,地方政府向百姓征收赋税的随意性受到更多的限制,地方乡绅在社会公共事务建设与管理方面的参与度则因之不断提升。表现在科举公益活动方面,则是除宾兴会这种独立性较强的公益基金组织以及如科举会馆、县试考棚等考试建筑之外,不少地方的儒学、书院资产也进一步增加了助考的新职能,而它们从设立、管理到提供公益资助等各方面也都和乡绅们有着非常重要的联系。在科举式微的背景下,清代金门地方社会借助于浯江书院展开了积极的助考活动。

(一)金门浯江书院的建造

清代金门尚未出现类似宾兴会这样的专门科举公益基金组织。金门人试图重振金门科举昔日盛况的科举公益活动,主要与浯江书院有关。据光绪《金门志》记载,金门历代共建有四座书院,分别为建于宋代的燕南书院、建于元代的浯洲书院、建于明代的金山

---

① 林焜熿:《金门志》,台湾大通书局 1984 年版,第 188—193 页。

书院①和建于清代的浯江书院。其中,浯江书院是《金门志》记载最为详细的一所,其所涉及的科举公益也最为明确。浯江书院最初本为义学,乾隆四年(1739)同安县丞卢国泰建。乾隆四十年(1775),由于从晋江县安海港(今泉州晋江市安海镇)改驻同安县金门岛仅十年时间的泉州府通判再次发生迁移,被改驻同安县马家巷(今厦门翔安区马巷镇),建于金门的通判署即将废弃。此时,"职员"黄汝试②挺身而出,建议将其改建为书院,并捐银 1500 两,将计划拆毁的通判署买下。改造之后的通判署便成为浯江书院的前身,其中"塑朱文公及先贤像"。然而六年之后,书院的修建工作再起波澜。乾隆四十六年(1781),因乾隆三十一年(1766)移驻通判于金门而改迁灌口(今集美区灌口镇)的同安县县丞被重新迁回金门,新任县丞欧阳懋德因"无栖所",乃与士绅商议将尚未改造完成的原通判署用作县丞署,而"即义学地建为书院"。为此,黄汝试再次捐银 476 两,监生徐行健捐银 1000 圆,与"乡之好义者"共襄厥举,将原本"犹卑狭"的义学改造为正式的书院:"后为朱子祠,翼以围墙;中为讲堂,祀文昌。前为仪门、为大门,东廊学舍八间,西廊学舍八间,外为大庭、照墙。"③六年间制作好的摆放在原通判署的朱子等先贤塑像也被移入书院。不久,黄汝试带着倡议捐设书院田产和建造魁星楼的未竟遗愿不幸去世。其子黄如杜继承父志,捐银 2044 圆于海澄县港尾乡(今龙海市港尾镇)购置田产,每年可收佃租 109.8 石。然而没过多久,这些田产也"以讼被官侵没"。④ 此后虽经县丞李振青于嘉庆十二年(1807)捐银 160 圆为祭祀基金,而浯江书院束脩、膏火基金则一直未能建立。

直到道光元年(1821),经兴泉永道的倪琇与代理金门镇总兵杨继勋出面劝捐,浯江书院才正式有了自己的办学基金:5000 圆的存典生息银。在众人共同议定的书院章程《浯江书院规条》里面,除规定了公举管理人员、年度教学计划、山长聘任制度和书院监督机制等之外,还特别拟定条款,对书院的经费使用问题做出了安排。尽管浯江书院作为

① 据杨秉均《重建金山书院碑记》:"金山书院者,昔之浯江书院也。明之世,人文蔚起,结构焕然。厥后倾颓,而季代渐远,湮其旧址,遂为农人稼圃之地。……逮道光癸未岁,诸同人忽有复古之志,就其古址而重建之,额之曰'金山书院'。"此次修复金山书院,时在道光癸未(1823),与浯江书院捐设办学基金几乎同时举行。"进士郑用锡"再次捐银 150 圆,几占全部捐款的 10%。参见万友正《光绪马巷厅志》新增《附录中》,台湾成文出版社 1967 年版,第 279 页。又据光绪《金门志》卷七《名宦列传・武功》载康熙十九年(1680)任职金门镇总兵官的漳州府龙溪县人陈龙曾"念此邦凤敦诗礼,立书院,延里中士黄颢为诸生师。公暇,与士人分期校文,第其高下"(第 162 页),未知是否即是金山书院?

② 有关黄汝试的身份,《金门志》未能详细说明。其中卷四《规制志・书院》仅说他是"职员",即政府某部门的公务员;兴泉永道倪琇所作《浯江书院碑记》则除了说他是"职员",还说他后来"殁于晋江令";稍后的兴泉永道周凯所作《浯江书院碑记》称其为"岛中士"。而卷八《选举表・国朝选举・封赠》则载其为"如菜父,封中宪大夫"(第 200 页)。据同卷《选举表・国朝选举・例仕》:"黄如菜,水头人。河东丰济厅通判。"(第 199 页)事实上黄汝试作为同安县人,不论是通过科举入仕还是援例入仕,按照清代地方官原籍回避原则,都不可能去做本省本府某县县令,倪琇所谓"殁于晋江令"的说法显然是错误的。《选举表》所载黄汝试因为其子黄如菜捐官为通判,得到中宪大夫的封赠,应该比较可信。不过,黄汝试家族为浯江书院的建立捐资甚多,却未能在《义行》中留下记载,可能也和其父子均为捐纳得官而不被士流信服有关。

③ 林焜熿:《金门志》卷四《规制志・书院》,台湾大通书局 1984 年版,第 63 页。

④ 据继任兴泉永道周凯于道光十六年(1836)所作《浯江书院碑记》,书院建成后,黄汝试自愿捐银 2000 圆作为书院膏火费,然以"寻卒",未获完成,其子黄如杜乃改银为田,"以海澄田充之"。接下来,周凯的叙述却语焉不详,"讼于府,断如数输银存晋江库;久之被没,田亦失"。是谁讼于府?诉讼的原因是什么?为什么泉州知府的判决是捐银存入晋江县库?捐款、捐田最后是如何被侵没的?最后都变成了一桩悬案。

一种典型的考课式书院,其教育活动均属围绕科举考试而展开,但章程中涉及科举公益的最为明显的条款却只有两条:

> 1.科、岁考入泮贺仪各六十圆(平三十九两六钱)、五贡贺仪六十圆(平三十九两六钱),中举人贺仪一百圆(平六十六两)、进士贺仪一百二十圆。2.乡试卷资四十圆(平二十六两四钱)。①

(二)浯江书院科举公益资助力度分析

清代科举公益基金以宾兴最为典型。由于宾兴与考课式书院均属服务于科举考试的教育事物,故有些时候两者往往发生密切联系。在宾兴基金的独立性还较弱的地方,书院首事往往要承担带管宾兴之责;而在宾兴基金尚未建立的地方,有些书院往往直接承担了宾兴基金所负担的免费资助考试费用的职责。② 金门浯江书院所议规条中的这两条内容,其实就是书院主动肩负了资助金门士子乡试费用的职责。

查清代中后期福建省内各府州县书院,在资助考生考费方面,就文献记载来看,情况各不相同。大多数书院都不给发乡会试或岁科试考试费用,如同安县文公书院、双溪书院等便是如此。据民国《同安县志》,未载有书院资助考生考费的内容。③ 嘉庆年间厦门的紫阳书院、玉屏书院,虽然道光《厦门志》很详细地记载了其经费来源及使用门类,但是也没有包括助考费用。④ 清代台湾的部分书院也不向学生发给助考费用。如淡水厅学海书院,虽然咸丰年间支付给院长的束脩费高达 400 圆,对参加考课的生员、童生给发0.5~2圆不等的膏火,但据同治《淡水厅志》记载,咸丰年间该书院并未议定给发助考费用的条款。该厅另外一所颇具影响的明志书院发给学生的膏火同样优厚,但在助考经费方面同样付诸阙如。⑤

不过,随着清代书院科举化倾向日益加重,有些书院也开始将助考费用列入其经费使用范围,福建书院也莫能外。如号称清代福州四大书院之首的鳌峰书院,嘉庆十二年(1807)前后其《年额应支经费》章程便规定,"乡试之年,在院书生有中式举人者,每名各给上京卷资银四两"⑥。闽东北的福宁府福安县紫阳书院在清同治十二年(1873)议定的章程中规定,书院每年所收佃租折钱 380 余千文,除完粮、祭祀、生童膏火、册书收租等费用外,并留出助考费用"会试盘费二十千文,乡试盘费六十千文"⑦,乡试每三年一届,合计每届盘费为 180 千文,由所有乡试考生均分。闽北的建宁府浦城县南浦书院因历年士绅所捐田产、店房等资产丰厚,经费充裕,故虽县中尚有"宾兴田""公车田"等专门的宾兴公益基金,但在光绪二十四年(1898)所改订的章程中依然规定,"每遇乡试及恩科年分,即

---

① 林焜熿:《金门志》卷四《规制志·书院》,台湾大通书局 1984 年版,第 66 页。
② 毛晓阳:《清代宾兴公益基金组织管理制度研究》,人民出版社 2014 年版,第 189—194 页。
③ 林学增、吴锡璜:《民国同安县志》卷十四《学校志·书院》,台湾成文出版社 1967 年版,第 436—442 页。
④ 周凯、凌翰:《道光厦门志》卷二《分域志·书院》,台湾成文出版社 1967 年版,第 51—53 页。
⑤ 陈培桂:《同治淡水厅志》卷四《学校志·书院》,台湾大通书局 1984 年版,第 137—141 页。
⑥ 游光绎:《鳌峰书院志》卷十五《院资四》,江苏教育出版社 1995 年版,第 445 页。
⑦ 张景祁:《光绪福安县志》卷九《学校下·书院》,上海书店出版社 2000 年版,第 515 页。

将本年七、八、九、十月八课膏火颁给宾兴"①。该书院每年考课 16 次,每次考课合计发放膏火银 50 元,8 次考课膏火合计为 400 元,亦由所有乡试考生均分。该县富沙书院在同治、光绪年间也有佃租 100 余石,其用途是"为束脩、膏火及宾兴之资"②。台湾府海东书院在建省以前都会向乡试士子赠送盘费,建省后则以官船载其赴榕,而赴京会试的举人则区别其是否书院学生、是否乡会联捷,赠送 100 圆、60 圆和 40 圆的盘费。③ 台湾府噶玛兰厅仰山书院学生在道光年间赴福州乡试,每人可获得 10 元洋银的资助,而往台南参加道试(台湾道兼任台湾学政,故台湾之岁科试亦称为道试),则生员每人可获得 10 元资助,童生亦可按名均分若干经费。④ 台湾府凤山县凤仪书院在同治年间将新圳赢余水租600 元"拨充宾兴经费,为卑县各生员晋省乡试之需",每位考生可以获得 20 元洋银的资助。⑤ 光绪年间刚刚分县不久的台湾府苗栗县英才书院章程规定,助考经费方面,"新举人赴京会试,应由书院致送盘费洋二十元","新、旧生赴省乡试,每名送给卷金四元";新贵贺礼方面,"新进文生每名给花红洋元十元,新中举人每名给花红洋二十元,新科进士每名给花红洋五十元,翰林倍之,鼎甲一百五十元,殿元二百元"。⑥

福建有些地方的官绅甚至商议将书院资产直接改拨为宾兴资产。如闽西北汀州府连城县培元书院始建于乾隆四十四年(1779),乾隆五十五年(1790)因经费不足,几于废弃,知县杨环乃与士绅商议,将其一部分田产拨为乾隆初年建立的五贤书院的膏火,另一部分拨为宾兴公益基金,并命名为"培元乡会卷资",专门资助乡试、会试考生赴考经费。⑦嘉庆初年,福建中部延平府尤溪县的正学书院因发生火灾,福建学政恩普乃建议将其佃租拨入该县"连科中"宾兴公益基金,并前后三次与士绅商议管理条规,其中议定由文乡试考生均分佃租,每人约可得 2~3 千文;乡试武生无论人数多寡,合计给发 10 千文。"连科中"对乡试考生的资助虽然不多,但对赴京参加各类考试的考生的资助、奖励力度却很大:赴京会试举人助给盘费 30 千文;五贡赴京廷试每人助钱 10 千文,"殿试登鼎甲者奉贺仪钱一百千文,二甲人翰林、部属者奉贺仪钱四十千文"。⑧

而台湾府澎湖厅则设立了独立的宾兴公益基金,分别为道光二十二年(1842)山东安邱县庚子科进士王廷幹劝捐 1000 元设立的"大宾兴"和道光二十六年(1846)江西新城县辛丑科进士邓元资劝捐 2500 余千文设立的"小宾兴",均交专人管理,设法增值获取利息,前者专门资助赴福州参加乡试的考生,每人给洋银 20 元,后者专门资助赴台南参加台湾道岁试、科试的考生,每人给钱 3 千文。⑨ 不过,澎湖厅的大、小宾兴虽然相对较为独

① 翁天祜:《光绪浦城县志》卷十七《学校志·书院》,台湾成文出版社 1967 年版,第 260 页。
② 翁天祜:《光绪浦城县志》卷十七《学校志·书院》,台湾成文出版社 1967 年版,第 246 页。
③ 连横:《台湾通史》卷十一《教育志》,台湾大通书局 1984 年版,第 275—276 页。
④ 陈淑均:《同治噶玛兰厅志》卷四《学校志·书院》,台湾大通书局 1984 年版,第 142 页。
⑤ 卢尔德嘉:《凤山县采访册》丁部《规制志·书院》,台湾大通书局 1984 年版,第 158—159 页;卢尔德嘉:《凤山县采访册》壬部《艺文志·碑碣·宾兴木碑》,台湾大通书局 1984 年版,第 350 页。
⑥ 沈茂荫:《光绪苗栗县志》卷九《学校志·章程》,上海书店出版社 1999 年版,第 72 页。
⑦ 陈一堃、邓光瀛:《民国连城县志》卷十八《惠政志》,台湾成文出版社 1975 年版,第 669—671 页。
⑧ 卢兴邦:《民国尤溪县志》卷四《学校志下》,台湾成文出版社 1975 年版,第 437—446 页。
⑨ 林豪:《同治澎湖厅志》卷四《文事·学校》,台湾大通书局 1984 年版,第 109 页。

立,但和岛上文石书院关系亦至为密切。一方面,澎湖厅本身没有建立厅学,文石书院是岛上生童进行科举培训的最佳学校;另一方面,大宾兴的倡捐者通判王廷幹极为关心文石书院的建设,他"以书院少经费,自为山长,分脩金给诸生膏火。素工文,月课必自草一艺"①。而小宾兴的倡捐者通判邓元资则不仅"重文教,月课文必局门面试,严加甄别,而割廉治供具皆优厚",而且在资助岁科试考生之余,所有"余剩利钱,为书院膏火"。可以说,大、小宾兴其实就是文石书院生童的专属科举公益基金。

表 3　清代福建部分书院科举公益一览

书院	时间	资助力度
延平府尤溪县"连科中"宾兴基金(佃租拨自正学书院)	嘉庆七年(1802)	乡试每名发给 2～3 千文,会试 30 千文
福州府鳌峰书院	嘉庆十二年(1807)	赴京举人每名给卷资银 4 两
泉州府同安县浯江书院	道光元年(1821)	乡试卷资 40 圆(平 26.4 钱);科、岁考入泮贺仪各 60 圆(平 39.6 钱)、五贡贺仪 60 圆(平 39.6 钱),中举人贺仪 100 圆(平 66 两)、进士贺仪 120 圆
台湾府噶玛兰厅仰山书院	道光中期	乡试盘费每名 10 圆;院试每次全厅合计 850 圆,其中给礼房册费 50 圆,生员考费每名 10 圆,童生按考试名次均分剩余经费
台湾府澎湖厅文石书院	道光二十二年、二十六年(1842、1846)	大宾兴每名给 20 圆;小宾兴每名给 3 千文
福宁府福安县紫阳书院	同治十二年(1873)	每年收租折钱 380 千文,其中完粮 150 千文,祭祀朱文公 20 千文,生童膏火 80 千文,会试盘费 20 千文,乡试盘费 60 千文,余 50 千文零用
台湾府凤山县凤仪书院	同治十二年(1873)	乡试每人给发洋银 20 圆
台湾府苗栗县英才书院	光绪十七年(1891)	盘费新举人 20 圆,乡试每名 4 圆;花红新进文生每名 10 圆,新中举人每名 20 圆,新科进士每名 50 圆,翰林 100 圆,鼎甲 150 圆,殿元 200 圆
台湾府海东书院	建省前后	台士乡试例由海东书院给发盘费,以助肄业诸生。建省以后,官船往来,改发船票;会试者从前新科举人在院肄业者给以 100 圆,虽不在院而连捷者亦同,否则仅给 40 圆
建宁府浦城县南浦书院	光绪二十四年(1898)	每乡试年份将七八九十月共 8 次考课之膏火(每课 40 圆)颁给乡试考生

　　从表 3 可以看出,在向考生提供考费资助的书院中,金门浯江书院在乡试考费方面的资助是最为丰厚的。尤溪县"连科中"虽然是独立的宾兴公益基金,但每名乡试考生仅发给 2～3 元的考费资助,苗栗县英才书院也仅 4 元,噶玛兰厅仰山书院为 10 元,凤山县

---

　　①　薛绍元:《台湾通志》(上),台湾大通书局 1984 年版,第 441 页。

凤仪书院和澎湖厅大宾兴均为 20 元，均不及金门浯江书院的 40 圆。其他如福州府鳌峰书院因地处省会，学生均可就近参加乡试，无需旅途跋涉，故不提供考费资助；其提供的会试旅费资助则仅有区区 4 两。台湾府海东书院光绪十一年（1885）建省前的乡试资助额度不详，建省后则乡试士子可以免费搭乘官船前往福州，并不资助现金。福安县紫阳书院每届乡试提供给全体考生的考费资助仅有 180 千文，平均下来数量堪忧。浦城县南浦书院每届乡试合计提供给乡试考生的经费为 400 元，但浦城县属大学，咸丰九年（1859）后因"合邑绅民捐输军饷，奏请加广永远文武学额各四名"①，每次岁试、科试均可取进 19 名新生，且南浦书院本身除了各录取 20 名超等、特等学生（发给膏火）外，还录取一等学生（不发给膏火）若干名，即以该书院仅有 40 名学生赴乡试计算，则每人可获得的助考费用也仅有 10 元，只为浯江书院的 25%。

三、科举公益参与者的社会阶层构成

（一）本次公益捐助的倡议者

道光元年金门浯江书院捐设束脩、膏火基金的这次公益活动，其参加人员的社会组成非常广泛，不仅包括当地主管文教的最高官员，还包括已经行走在科举路途上的举贡生监、具有一定影响力的知名家族，以及普通的社会大众。

据《金门志》卷四《规制志·书院》记载，本次公益捐助系"道光间兴泉永道倪琇及游击杨继勋劝捐"。倪琇，云南昆明人。嘉庆五年（1800）庚申科举人、嘉庆六年（1801）辛酉科进士。嘉庆二十四年（1819）任兴泉永道，道光八年（1828）回任②，"仕终福建兴泉永道"③。兴泉永道本称"分守兴泉道"，初设于康熙九年（1670），驻晋江。雍正五年（1727）移驻厦门，兼"巡海"衔。四年后改为分巡道。雍正十二年（1734）兼辖永春州，改称"分巡巡海兴泉永道"。乾隆三十二年（1767）加"兵备道"衔。其职权为管辖海口，稽查商贩、洋船、驿务，盘放兵饷，监造战船。④ 从乾隆十八年（1753）起，各省道员的品级均改为正四品，略高于从四品的知府。作为本次公益活动的倡导者，倪琇是此时金、厦两岛官衔最高的文职官员；也正是因为他"以文劝"⑤，才极大地助力了本次公益捐助的成功举行。金门镇游击杨继勋，闽县籍厦门人，嘉庆二十三年（1818）任金门镇中军左营游击，道光元年（1821）十一月护理金门镇总兵官，道光十年（1830）杨继勋曾第二次护理金门镇总兵官；后任浙江温州镇总兵官，护理浙江提督。⑥ 道光元年的这次公益捐助，杨继勋以从三品的

① 翁天祐：《光绪浦城县志》卷十七《学校志·书院》，台湾成文出版社 1967 年版，第 227—228 页。
② 周凯、凌翰：《道光厦门志》卷十《职官志》，台湾成文出版社 1967 年版，第 209 页。
③ 戴纲孙：《光绪昆明县志》卷五《选举志·列举进士》，台湾成文出版社 1967 年版，第 77 页。
④ 据赵尔巽《清史稿》卷一一六《职官志三》，福建兴泉永道属分守道，兼海政、驿传（中华书局 1976 年版，第 3353 页）。
⑤ 林焜熿：《金门志》卷四《规制志·书院》，台湾大通书局 1984 年版，第 69 页。
⑥ 林焜熿：《金门志》卷六《职官表·国朝职官》，台湾大通书局 1984 年版，第 148、150 页；周凯、凌翰：《道光厦门志》卷十一《选举表·行伍·总兵》，台湾成文出版社 1967 年版，第 234 页。

中军左营游击代理正二品的金门镇总兵，是金门岛上品级最高、权位最重的官员。[①] 倪琇和杨继勋的出面劝捐，使得本次社会公益活动具有了较强的半官方色彩，也是传统中国式公益募捐得以顺利完成的最重要的保障力量。不过稍显遗憾的是，这两位本次公益捐助的倡议人都未能像道光二十六年（1846）澎湖厅通判邓元资那样率先捐资、垂范于民众。[②]

另外，据兴泉永道倪琇撰写的《浯江书院碑记》，发起本次公益捐助的倡议者并不仅有倪琇和杨继勋，还有多位金门绅衿："会立斋杨公权总兵事，与绅衿林文湘、许鸣镳、林寅、文成章、林如镛、许飞雄、许作义、黄廷珪、林焜熿、陈省三、王星华、许朝英议劝捐。"据《人物列传二·文学》，林文湘为后浦人，人称"秋泉先生"。他虽然是金门人，但却"游长泰庠"，即考入长泰县学，入籍为长泰县人，且"博极群书，为文沉挚"，屡次乡试下第后，更肆力于诗古文词，"为历任有司所敬礼"，[③]是金门绅衿中颇具影响力的代表人物。另据《选举表·贡生》，文成章、林焜熿分别为道光元年（1821）、道光十七年（1837）贡生。其他各人事迹不详，当亦为同安县等儒学的生员。

（二）公益款项的捐助者

据光绪《金门志》所载《石刻捐资姓名》，本次公益款项的捐助者极为广泛，共涉及57笔捐款和1笔捐地，其捐款数额虽然多少不一，但从社会身份来看，大致可以分为官、绅、民、商四类。

首先，官。本次公益捐资，得到了4位官员的支持。第一位是"金门总镇府郭继青"，捐银100圆。据《金门志》卷六《职官表·国朝职官》，郭继青，浙江定海人，是嘉庆年间最后一任金门镇总兵。[④] 在他之后的金门镇总兵是道光元年（1821）五月署理总兵的"熊定扬，黄岩人"，然后便是道光元年（1821）十一月护理总兵的杨继勋。郭继青在金门生活了两年时间，应该是对金门颇有好感，故虽然并非金门人，也愿意慷慨解囊。第二位是"阳江总镇府文应举"，捐银100圆。据《职官志》记载，文应举曾于嘉庆十五年（1810）、十七年（1812）先后署理金门镇中军左营、右营游击。另据记载，文应举字君贤，祖籍广东，因曾祖文际高任金门镇游击迁居金门后浦，遂为金门人。文应举因屡立战功，先后历官厦门右营游击、天津大沽参将、广东海口副将，"道光间擢阳江镇总兵，调琼州镇，予告归，年六十卒"。[⑤] 文应举既是金门人，又曾在金门镇左、右营任职，故虽然已经升任广东阳江镇

---

① 据赵尔巽《清史稿》卷一一七《职官志四》，清道光时期水师官员的品级为提督军务总兵官从一品，镇守总兵官正二品，副将从二品，参将正三品，游击从三品，都司正四品，守备正五品，千总正六品，把总正七品（中华书局1976年版，第3389页）。

② 事实上，除了倪琇与杨继勋，未能参加本次公益捐助的官员还有驻扎金门的同安县县丞李大锷和浯洲盐场大使马书仓。据《职官志》记载，李大锷为湖北巴陵县监生，嘉庆十九年至二十年、嘉庆二十一年十一月至二十四年、嘉庆二十五年正月、嘉庆二十五年十二月至道光二年曾4次担任同安县丞；马书仓为山西介休县生员，嘉庆二十二年至二十五年、道光元年六月至九月曾2次担任浯洲盐场大使。

③ 林焜熿：《金门志》卷十《人物列传二·文学》，台湾大通书局1984年版，第233页。

④ 《金门志》载"郭继青，定海人。三年四月任"（第147页），系嘉庆年间金门镇最后一任总兵官，且系于"陈元标，长汀人。二十三年护理"之后，则"三年"当有误。疑当作"二十三年"。

⑤ 林焜熿：《金门志》卷十一《人物列传三·武绩》，台湾大通书局1984年版，第283页。

总兵,但也愿意积极响应家乡的公益捐助。第三位是"署闽安协总府林廷福",捐银 60 圆。林廷福也是金门后浦人,字锡卿,号受堂,嘉庆年间因镇压蔡牵起义屡立战功,升为海坛镇游击。后调任澎湖游击,以计擒盗魁林溜,"遂以卓异,迁烽火参将,署闽安副将"[①]。林廷福捐款的原因当与文应举相同。第四位是"礼部员外郎郑用锡",捐银 50 圆。郑用锡字在中,号祉亭,原籍金门,出生于台湾府淡水厅后垄(今苗栗县后龙镇),后随父郑崇和迁居竹堑(今属新竹)。中式嘉庆戊寅科举人、道光癸未科进士,被认为是"开台二百余年"的首位台湾本籍进士。道光丁亥(1827)因"督建堑城,功加同知衔。复捐京秩,签分兵部武选司,补授礼部铸印局员外郎",此后又因募勇赴援、协办团练、劝捐津米等,赏给二品封典。[②]郑用锡道光三年(1823)才考中进士,任职礼部员外郎更是在道光十四年(1834),道光元年(1821)金门捐设浯江书院膏火时,郑用锡还是举人身份。他初登贤书,年方而立,正是意气风发之时,捐资助成家乡义举,正是义所当为、义不容辞,而成书于光绪时期的《金门志》也用郑用锡后来的最高官职来记载其义举,以示荣耀,以志感恩。

其次,绅。[③]绅衿是本次公益捐助的最直接得益者,尤其是和浯江书院规条中的乡试考费资助最为相关的群体。不过,在传统士农工商的四民划分体系中,"士"虽然是四民之首,但却比其他社会职业更容易陷入贫困。江西萍乡县进士彭涵霖在其为本县道光年间捐设的宾兴公益基金组织"育才庄"所撰写的《育才庄记》一文中便指出:"今农工商皆以力自赡,而士有出无入,劳其心志,逸其手足,加以负笈从师修缮之资、岁时奔走应试之费,中户以下业未成而产已罄者,比比也。"[④]金门贡生洪受也曾指出,金门岛"充员于黉宫者百有余人,而地瘠业薄,贫寒者多鲜有能造学而肄业者;加以风波之险,出入之际,往往难之。故有一年一至学者,亦有二、三年而一至者"[⑤]。洪受谈论的虽然是明代嘉靖后期的情况,但清代道光年间金门考入同安县学的人数应该不会更少,其贫困状况也不可能有根本改变,甚至可能更甚于往昔。因而即便此次公益捐助是为下层绅士而开展,但生监们自身能够积极捐款的却属寥寥。表 4 中所列 9 位"绅",只有 1 位是生员,而有 6 位是监生。按照当时的惯例,虽然恩、岁、副、优、拔等五贡均属国子监学生,但他们却不愿意被称为监生,因为监生往往是例监、荫监等没有其他正式功名者的"专属"称谓,在社会民众的眼中颇具贬义。[⑥]林焜熿、林豪父子将其严格区分,载为"监生",说明他们并非正途绅士出身。

① 林焜熿:《金门志》卷十一《人物列传三·武绩》,台湾大通书局 1984 年版,第 280—281 页。按,据陈寿祺《道光福建通志》卷一二〇《国朝武职》载,福宁镇左营游击名单中有"林廷福,同安人,道光元年任",其烽火营参将名单中未载林廷福(台湾大通书局 1968 年版,第 2212 页)。
② 陈培桂:《同治淡水厅志》卷九《列传二·先正》,台湾大通书局 1984 年版,第 270 页。
③ 张仲礼《中国绅士研究》认为,清代绅士阶层可以划分为上、下层两个集团。通过初级考试的生员、捐监生以及其他一些有较低功名的人都属于下层集团,上层绅士集团则由学衔较高的以及拥有官职但不一定有较高学衔的绅士组成(上海人民出版社 2008 年版,第 6 页)。本文归入"绅"的捐助者基本属于下层绅士。
④ 刘洪辟:《民国昭萍志略》卷二《营建志·公所》,台湾成文出版社 1975 年版,第 218 页。
⑤ 林焜熿:《金门志》卷四《规制志·书院》,台湾大通书局 1984 年版,第 67 页。
⑥ 张仲礼《中国绅士研究》认为,"成为绅士成员的另一途径是捐功名。这种功名就是'监生'","不仅平民有捐纳者,即使已身为绅士的生员也有捐纳者,因为生员还不能步入仕途。故想捐官的生员必须先捐监生或贡生。不过作为生员,他们捐同样的功名,纳银比平民为少"(上海人民出版社 2008 年版,第 5 页、第 11 页)。

其他两位捐助者吴献卿、吴学元是父子关系。据《金门志》卷九《人物传一·义行》，"吴献卿，后浦人，太学生。家仅中资，承父琳遗嘱，充白金四千于浯江书院为膏火"，"太学生"实际上也是监生。其子吴学元则是"循例捐直隶州同，以善棋名。尝捐金四百，修建书院旁舍及器物"。① 在卷八《选举表·国朝选举·例仕》中，林焜熿并未将吴学元列入其中，说明他循例所捐的"直隶州同"很可能只是虚衔，并非实授。不过，由于吴献卿父子慨然捐资4400圆的义举，其孙吴漪澜虽然"初学为文"，但当年即得以"入泮"，终于跨过了"科举必由学校"这一重要关卡，成为正途绅士。

表4　金门下层绅士公益捐助一览

姓名	身份	捐资数额
吴献卿	儒林郎	4000 圆
吴学元	捐职州同	400 圆
许德彝	监生	100 圆
欧阳世长	监生	30 圆
蔡行猷	监生	20 圆
黄道衡	生员	10 圆
邱希功	监生	10 圆
许成凤	监生	8 圆
黄箴爵	监生	4 圆

再次，民。本次公益捐资是为设立书院膏火而发起，而书院则是金门全岛百姓的公共利益，因而普通民众也便成为捐资面最为广泛的群体。从《金门志》的表述方式来看，这些"民"又可分为五类。一是名门望族，主要是指"丛青轩许氏"和"徐家"。"丛青轩"是金门进士许獬的书斋名。许獬是明朝万历二十九年(1601)辛丑科传胪，②虽然仅官至编修，且年仅37岁便不幸去世，但却著述甚丰，海内传诵其文，尤其是"取天下第一等名位，不若干天下第一等事业，更不若做天下第一等人品"③的名句，更令世人折服。丛青轩许氏即许獬家族后人。"徐家"指徐行健家族，乾隆四十六年(1781)改义学为浯江书院时，监生徐行健曾捐银1000圆鼎力协助黄汝试。二是地方耆寿，即"乡宾刘希胜"。乡宾亦称乡饮宾，是府州县地方官举行乡饮酒礼时从地方邀请的年高德劭的长者。年高的标准很好掌握，而德劭则往往取决于科第出身、仕宦经历和家族背景，故而被邀请为乡宾是一种很高的社会荣耀。三是地方文社，主要是"平林聚奎社"。平林即十九都琼山保平林乡。从名字来看，"聚奎社"当是该乡文士为了提高文章写作水平而结成的文化社团。四是知名人士。包括林仁风、童双兴等45位没有官衔或学衔却被成功记录姓名的捐助者。

---

① 林焜熿：《金门志》卷九《人物列传一·义行》，台湾大通书局1984年版，第219页。
② 华文书局编辑部《明清历科进士题名碑录》明万历二十九年(1601)进士题名碑录，第二甲第一名："许獬，福建泉州府同安县军籍。"(台湾华文书局1969年版，第1089页)
③ 林焜熿：《金门志》卷十《人物列传二·文学》，台湾大通书局1984年版，第230—231页。

五是合力捐资的不知名群众，他们在《石刻捐资姓名》中被记载为董林乡、后水头乡、古宁头乡、盘山乡上保、下保等。这五类知名或不知名的捐助者，是当时金门社会最基础、最广泛的组成部分。

最后，商。在本次金门浯江书院的公益捐助者中，能够清楚辨识为商的只有 3 笔捐款的捐助者，即协茂号、集兴号和振泰号，他们都是清代商号的典型名称。事实上，清代社会中商、民之间的区分度已经不太清晰。本次公益捐助活动的 45 位知名人士，很有可能有不少都具有商人身份。因为正如前文指出的，金门岛地瘠民贫，只靠传统的田产收租的形式很难成为岛上的富裕地主，而商贾兴贩则更能于短时期内聚财兴业并提升社会地位。

由于笔者文献查找的深度与广度的欠缺，本文目前尚无法清楚地阐述本次公益活动捐助者的地域分布情况，也无法准确计算出金门各个社会阶层实际参与捐助的人数比例；不过，仅从《金门志》所载此份《石刻捐资姓名》，已经能够看出本次公益捐助活动的社会参与与地域参与的广泛程度是相当高的，它在很大程度上反映了当时金门人的共同愿望。

(三)公益捐助的实际效果

据光绪《金门志》卷三《赋税考·户口》记载，道光十二年(1832)政府档册中金门户口数字为"通共一万二千一百四十六户；男三万六千九百四十二丁，女二万一千五百五十口"①。说明金门人口总数仅有不到 6 万。而据光绪《金门志》卷十五《风俗记》记载，金门岛"隔海贩运，船工脚费，物价恒倍，民多食红薯、杂粮"，而由于厦门海关的控制，尽管金门岛"浯江瘠土，所产地瓜不足供食"，各种杂粮、红薯等也都不能靠小船运至岛上，以至于"谷价愈长，民食重困"②。人口稀少、地瘠物薄，却能够发动规模遍及全岛的公益捐助，为乡试士子提供极为丰厚的旅费资助，实属难能可贵，堪称是福建教育史上的一次壮举！③

道光元年捐设的金门浯江书院束脩、膏火基金，如同一棵为重振金门科举而种下的幼苗，得到了官绅的细心呵护。道光五年至九年(1825—1829)，直隶静海人萧重在任职金门县丞期间，颇致力于金门文教的发展，"书院课士，手自评阅，文士翕然称之"，卸任后依然"寓浯江书院，署曰'客燕'，日吟咏其中"；道光十年至十六年(1830—1836)，兴泉永道周凯也亲自为浯江书院主持官课，"继倪公任督课亦六年矣"；光绪八年(1882)，晋江举人洪曛离受聘为浯江书院山长，"思与浯江诸友切劘，期于通经、学古、论艺之暇，乐数晨夕"④。不过，仅从科举成绩来看，这棵幼苗最终并未如人们所期待的那样结出累累硕果。

文科举方面，首先，《金门志》卷八《选举表》所载道光元年之后仅有一人考中进士，即

① 林焜熿：《金门志》，台湾大通书局 1984 年版，第 35 页。
② 林焜熿：《金门志》卷十五《风俗记·商贾》，台湾大通书局 1984 年版，第 394—395 页。
③ 浯江书院资助乡试考生考费的额度，在清代全国各地宾兴公益基金中也算是最高的。可参见毛晓阳《清代宾兴公益基金组织管理制度研究》第 8 章《清代宾兴公益基金组织助考经费的发领》表 7"清代宾兴发领乡试助考经费例表"(人民出版社 2014 年版，第 310—320 页)。
④ 林焜熿：《金门志》卷七《名宦列传·循吏》，台湾大通书局 1984 年版，第 67 页；林焜熿：《金门志》卷四《规制志·书院》，台湾大通书局 1984 年版，第 7、69 页。

道光三年(1823)癸未科的郑用锡。不过,如前所述,郑用锡虽然被载为金门进士,但他却是以台湾府淡水厅籍考中进士的;而以同安籍考中进士者则并无一人。其次,道光元年(1821)之后金门共考取了4名举人,分别为道光二年(1822)壬午科吕世宜、咸丰九年(1859)己未恩科林豪、光绪元年(1875)乙亥恩科林资熙、光绪八年(1882)壬午科洪作舟[①],约每20年考中1名举人。虽然比起乾隆二十四年至乾隆六十年(1759—1795)无人中举、嘉庆时期只有1人中举的状况有所改观,但却并未实现科举成绩的巨大突破,甚至未能恢复清代前、中期的科举成绩。再次,道光元年(1821)以后金门共有4人被考选为贡生,分别为道光十七年(1837)林焜熿、咸丰三年(1853)杨秉均、许瑞瑛和同治十二年(1873)林资熙。[②] 虽然比起乾隆三十一年(1766)以后近60年无人考选为贡生的状况稍有改观,但也依然没有恢复明朝乃至清初的科举成绩。

而在武科方面,道光元年(1821)之后金门并无一人考中武进士,也无一人考中武举人。金门在整个清朝约260年的武科举历程里,只在乾隆十七年(1752)壬申科考中一名武举人,即后浦人彭三达,他后来也只是官至福州闽安镇守备,[③]是《金门志》记载的所有武职官员中品级最低的23名守备中的一员。

因此,总体来说,金门浯江书院束脩、膏火基金的捐设虽然在一定程度上促进了岛上科举教育文化的发展,将岛上原本以文社为主要形态的科举教育形式提升为书院的聘请名师、定期考课、评定甲乙、膏火奖学的规范教学模式,但是,书院教学以及优厚的考费资助并未能大力提升金门的科举考试成绩,也让人们难免对这次公益捐助的效果感到些许的遗憾。

四、结　语

从乾隆四十六年(1781)黄汝试、徐行健先后捐资建造书院开始,金门人通过两代人的努力,终于完成了黄汝试的两个遗愿:捐设书院膏火和建造魁星阁。[④] 这种通过社会捐资建造地方书院或魁星阁,以及发动社会捐助以设立助考公益基金的科举公益活动,是清代中后期全国各地都极为普遍的社会行为,反映了当时中国地方基层社会的集体意志。金门的这次公益捐助恰恰是清代全国此类公益捐助活动的一个缩影。但正如研究者所指出的,通过捐设书院束脩、膏火基金为考生提供考费资助,或者直接捐设独立管理

---

① 林焜熿:《金门志》卷八《选举表·举人》,台湾大通书局1984年版,第179页。
② 林焜熿:《金门志》卷八《选举表·举人》,台湾大通书局1984年版,第186页。
③ 林焜熿:《金门志》卷八《选举表·举人》,台湾大通书局1984年版,第187页。
④ 据林焜熿《金门志》卷九《人物列传一·义行》:"林斐章,字曼生,后浦人。例贡生。富而好义,年施棺木无算。尝独立捐建奎阁,费千金。治家严肃有法。"(第219页)魁星亦称奎星,魁星阁、奎阁是清代各地最为典型的一种文化建筑,它以崇祀文魁星为主要职能。时人认为,建造魁星阁、祭祀魁星能够令当地文风振起,人才辈出。

的宾兴公益基金专门为考生提供考费资助,并不一定能提高当地的科举成绩。[①] 尤其是当它们被置于内忧外患此起彼伏、西学东渐民智渐开、科举变革呼声渐起的近代化背景下进行考虑时,可能还会被贴上不识时务的标签,被人们像对待科举制度一样给予其负面的评价。

而从长时段的视角观照金门历史的人们也许还能看到,由于时代背景和国家政策的变化,至少从唐宋到明清,金门曾经经历了从海澨荒岛到海疆盐场再到海防重镇的角色变迁。尽管宋明以来金门由于相对富裕的盐场经济和较为稳定的应试环境而取得了不俗的科举成绩,但当其因中西文化碰撞而逐渐转变为海防重镇时,便已注定不可能再回到从前相对宁静的闭户穷经以取功名的时代。尤其当西方近代文明将科举制慢慢挤出历史舞台时,金门的教育也不可避免地开始了近代化的转型。光绪三十一年(1905),金门绅董杨都试、林乃斌、许维舟遵从兴泉永道恽祖祁的谕令,会同办理筹设学堂事务,决定将浯江书院改设为小学堂,将书院原有租息充作经费。[②] 道光元年(1821)捐设的浯江书院公益基金,也便转而服务于金门的近代学校教育。

---

① 台湾淡江大学林岳俊 2003 年硕士学位论文《清代科举旅费之研究——以宾兴组织为探讨之主轴》、成功大学郑龙琪 2009 年硕士学位论文《清代科举考生的赴考旅费补助研究——以方志所见的宾兴活动为中心》和毛晓阳《清代科举宾兴史》(华中师范大学出版社 2014 年版)均曾对宾兴公益基金能否提升科举成绩的问题进行过分析,但均未能得到肯定的结论。

② 左树夔、刘敬:《民国金门县志》卷九《学校志·学堂》,上海书店出版社 2000 年版,第 539 页。

中国近代教育思想、人物及其交往研究

危机意识与乐观精神:晚清教育危机下的士人心态

◎陈　胜*

摘　要:中国教育自身的衰败以及域外教育的强烈冲击,使近代中国教育陷入了深深的危机之中。然而在 19 世纪中后期一些文人的教育著作和言论中,除了普遍流露出某种危机意识,还常常洋溢着一种乐观主义情绪。这种情绪不仅表现为对中国教育走出危机、重回正轨充满信心,对中国教育的未来及其在国计民生发展中的作用,也持有一种乐观态度。这种情绪中不乏虚矫、浮夸、盲目甚至是权力运作的成分,但通过对晚清文人的言论、日记、信札的阅读,对晚清社会各阶层教育活动的考察,我们发现这种心态广泛存在于晚清社会各个阶层人士的身上,基本上可以说是那个时代人们在教育问题上心态的真实状况。教育上、人性上的乐观主义是中国传统文化的一个特征,是中国人心理结构之一部分。这种心态正是中国传统文化心理结构在近代教育上的反映。无论是中国传统教育的危机,还是外来教育的冲击都没有真正触及这种结构,使之发生根本性的改变。教育上的乐观主义心态仍然对晚清文人们的教育活动发挥着重要的影响。

关键词:晚清;教育危机;乐观主义心态

王尔敏在《近代中国知识分子应变之自觉》一文中指出:"道光二十二年(1842)中英江宁条约签订以后,已有敏感之士憬悟变局之来临。然其普遍醒觉,产生警惕呼号,当在第二次鸦片战争,即所谓英法联军之役以后。直迄 19 世纪末叶,一直反映出中国知识分子对于所遭逢时代之了解。"据其统计,19 世纪后半期,当时提出变局之言论者不下 81人。这些人中,既有位于清朝中枢的清朝亲贵,亦有位居封疆大吏的地方督抚,还有一般京官、中下级地方官员以及一般的知识分子。王氏认为,就思想观念之传播而言,能有如此人数之言论见诸文字,实可谓影响频仍。① "西人之入中国,实开千古未创之局";"中古之交,从古未有之局也";"今日之世变,岂特春秋所未有,抑秦汉以至元明所未有也"。诸如此类的言论频频出诸 19 世纪后半叶士人之口,反映出一种强烈的忧患和危机意识普遍地存在于人们的头脑之中,中国社会面临着巨大危机几乎成为那个时代有识之士的共识。

但是,细细阅读那个时代人们的著作,我们发现,大部分知识分子并没有因此而陷入

---

* 作者简介:陈胜,浙江大学教育学院副教授。
① 王尔敏:《中国近代思想史论》,社会科学文献出版社 2003 年版,第 324—338 页。

悲观失望之中,与之相反,在这些著作中,时时洋溢着一种乐观主义精神。他们中的大多数人对克服近代社会危机,解决近代社会问题持有自信和乐观的态度。也就是说,在近代知识分子深深的危机意识之下,潜藏着一种自信乃至乐观主义情绪。危机意识和乐观主义精神常常交织缭绕在晚清知识分子的头脑之中。基于这种认识,本文将对晚清教育危机下的士人心态进行初步的考察,并对乐观主义的成因进行重点分析。

一、晚清士人的教育危机意识

两次鸦片战争的失利使一部分士大夫意识到中国已经在某些方面落后于世界了。他们认为,其根本原因在于教育不振,人才匮乏。作为培养造就人才、选拔人才的科举与学校教育也就成为人们广泛关注的焦点。郑观应即认为晚清国势衰微与教育的衰败之间存在着内在的关联。"学校者人才所由出,人才者国势所由强,故泰西之强强于学,非强于人也。"[1]冯桂芬也认为,和西方列强相比,中国"人无弃材不如夷,地无遗利不如夷,君民不隔不如夷,名实必符不如夷"[2]。这造成中国在一些方面落后于西方。王韬进一步指出,以科举制度为核心的传统教育,不仅无助于人才的培养与成长,反而起到败坏人才的作用。"今国家取士,三年而登之贤书,……不知所试者时文耳,非内圣外王之学也,非治国经野之道也,非强兵富民之略也。率天下之人才而出于无用者,正坐此耳。乃累数百年而不悟,若以为天下之人才非此莫由进身,其谬亦甚矣。败坏人才,斫丧人才,使天下无真才,以至人才不能古若,无不由此。每一念之,未尝不痛哭流涕而长太息者也。"[3]

作为教育制度核心的科举制度受到了士子们的广泛关注。冯桂芬批评当时的统治者仅仅把科举作为笼络人才,维护一己之私利的工具,而忽视了人才的培养。他认为以八股取士为中心的科举考试不仅无助于造就人才,反而是意在"败坏天下之人才"。"夫国家重科目,中于人心久矣,聪明智巧之士,穷老尽气,销磨于时文试帖楷书无用之事,又优劣得失无定数而莫肯徙业者,以上之重之也。"[4]王韬也指出"士习之坏,于今为烈"。而造成士习士风日益败坏的正是八股取士制度。"以时文取士,盖欲其废书不观,使之囿于一隅之中而莫能出其范围,往往有髫龄就学,皓首无成,而士之受其愚者不少矣。呜呼,此徒以功名富贵鼓舞其心志,虽有奇材异能,非是莫由进身,其愚黔首之心,实无异于祖龙之一炬也。"[5]郑观应认为科举下的教育制度,士子们所学非所用,所用非所学,以至于国家出现问题,面临危机之时却找不到可用之才。"千古无不敝之政,亦无不变之法。中国文试而不废时文,武试而不废弓矢,所学非所用,所用非所学,平日之所用已与当日之所学迥殊矣。及至外患循生,内忧叠起,又举平日之所用者而一无所用焉。"要培养有用之才,就需要对科举制度进行大的改革。

① 郑观应著,陈志良选注:《盛世危言》,辽宁人民出版社 1994 年版,第 28 页。
② 冯桂芬、马建忠著,郑大华点校:《采西学议——冯桂芬 马建忠集》,辽宁人民出版社 1994 年版,第 74 页。
③ 王韬著,楚流等选注:《弢园文录外编》,辽宁人民出版社 1994 年版,第 13 页。
④ 冯桂芬、马建忠著,郑大华点校:《采西学议——冯桂芬 马建忠集》,辽宁人民出版社 1994 年版,第 74 页。
⑤ 王韬著,楚流等选注:《弢园文录外编》,辽宁人民出版社 1994 年版,第 16 页。

在以康有为为首的维新派看来，教育是变法维新的起点，其重要性自是不言而喻。康有为说："明以八股取士，我朝因之，诵法朱子，讲明义理，亦可谓法良意美矣。然功令禁用后世书，则空疏可以成俗；选举皆限之名额，则高才多老于名场。况得之则词馆而躐公卿，偕于旦夕；失之则耆硕不闻征聘，终老茅营。题难，故少困于搭截，知作法而忘义理；额隘，故老逐于科第，求富贵而废学业。标之甚高，束之甚窄。甚至鉴于明末，因噎废食，上以讲堂为禁，下以道学为笑。故任道之儒既少，才智之士无多，乃至嗜利无耻，荡成风俗。"①严复也指出："八股取士，使天下消磨岁月于无用之地，堕坏志节于冥昧之中，长人虚骄，昏人神智，上不足以辅国家，下不足以资事畜，破坏人才，国随贫弱，此之不除，徒补苴罅漏，张皇幽渺，无益也。虽练军实，讲通商，亦无益也。何则？无人才，则之数事者，虽举亦废故也。……痛除八股而大讲西学，则庶乎其有瘳耳。东海可以回流，吾言必不可易也。"严复进一步指出："不独破坏人才之八股宜除，与凡宋学汉学，词章小道，皆宜且束高阁也。即富强而言，且在所后，法当先求何道可以救亡。"②因此，从某种意义上说，教育的危机是造成国家与社会危机的根源。

作为培养人才的书院和学校的衰败也引起了晚清知识分子的忧虑。冯桂芬认为："先儒言师道立则善人多，师儒之盛衰，人才升降之原本也。今郡县莫不有学，学莫不有师。诸生以百数，仅识面者廪生耳，增附皆陌路。岁时敛学租，候伺学使者按部，争新生之赘。诸生获谴，为州县典守如狱掾。此外无事，绝无所谓教育人才之意。"师道的衰落，使人们普遍轻视学校教育，教育的质量也就难于保证。在这种情形之下，书院和官学教育要么流于形式，要么沦为科举的附庸，成为士子们准备应试之所，全无所谓人才培养可言。即便是那些相对较著名的书院也是如此，如"湖南之岳麓城南两书院，山长体尊望重，大吏以宾礼礼之，诸生百许人，列屋而居，书声彻户外，皋比之坐，问难无虚日，可谓盛矣。独惜其所习不过举业，不及经史，所治不过文艺，不及道德。而楚南多士，往往发迹其中，矧能由是而进于经史道德也哉。"③郑观应亦言："学校者，造就人才之地，治天下之大本也。……比及后世，学校之制废，人各延师，以课其子弟。穷民之无力者荒嬉坐废，莫辨之无，竟罔知天地古今为何物，而蔑伦悖理之事时见于通都大邑，此皆学校不讲之故也。"④

总而言之，晚清的士人普遍意识到当时的教育存在着很多问题，处于危机之中。它对晚清内外危机局面的形成，具有不可推卸之责任。特别是在那些开明的士子身上，这样一种教育危机感更为突出。

二、晚清士人的乐观心态

晚清士人虽然意识到社会和教育面临着很多极为棘手的问题，但这些问题并非不可

---

① 郑大华、任菁编选：《强学——戊戌时论选》，辽宁人民出版社 1994 年版，第 23 页。
② 胡伟希选注：《论世变之亟——严复集》，辽宁人民出版社 1994 年版，第 61 页。
③ 冯桂芬、马建忠著，郑大华点校：《采西学议——冯桂芬 马建忠集》，辽宁人民出版社 1994 年版，第 62 页。
④ 郑观应著，陈志良选注：《盛世危言》，辽宁人民出版社 1994 年版，第 19 页。

解决。通过对教育进行调整与改革，在一定的时间内，完全可以解决这些问题。晚清大多数士人在对中国教育和社会忧心忡忡的同时，对摆脱教育和社会危机又表现出很强的乐观主义精神。在他们看来，改变近代中国社会落后的局面，达到国家与民族的富强与自主，其关键正在于教育。如果统治者能够对传统教育进行改革，改变传统教育中那些不切合时代要求的内容，同时采用现代西方教育制度中合理的部分，则不难实现中国的富强与独立自主。由此看来，教育的发展实为振衰起弊的机要所在。冯桂芬对中国人的智慧深信不疑，他认为："华之聪明智巧，必在诸夷之上，往时特不之用耳。上好下甚，风行响应，当有殊尤异敏，出新意于西洋之外者，始则师而法之，继则比而齐之，终则驾而上之。自强之道，实在乎是。……今者诸夷互市，聚于中土，适有此和好无事之间隙，殆天与我以自强之时也，不于此急起乘之，只迓天休命，后悔晚矣。"①相似的论述在郑观应等人的著作也随处可见："中国亟宜参酌中、外成法，教育人材，文、武并重，仿日本设文部大臣，并分司责任。……聘中外专门名家，选译各国有用之书，编定蒙学普通专门课本，颁行各省。并通饬疆吏督同地方绅商就地筹款，及慨捐巨资。……务使各州、县遍设小学、中学，各省设高等大学，一体认真，由浅入深，不容躐等。各州、县、省会学堂生徒之课艺，凡自备资斧游学外邦，专习一艺，回国者准给凭照，优奖录用，则人材日出，何患不能与东、西各国争胜乎？"②

维新派更是对教育寄予特别大的希望。康有为认为，教育改革应当是中国各项改革的起点，它不仅有助于中国迅速摆脱困境，而且在短时间内还可以让中国超越西方及日本，成为世界上的一个强国。在奏折中他以政论家特有的激情为清帝指出了一条迅速走上富强的道路。"若果能涤除积习，别立堂基，窃为皇上计之，三年则规模已成，十年则治化大定，然后恢复旧壤，大雪仇耻，南收海岛以迫波斯、印度，北收西伯利以临回部强俄，于以鞭笞四夷，为政地球而有余矣。"③"三年铁路之大段有成，矿产之察苗有绪，书藏遍设，报馆遍开，游学多归，新制纷出，诸学明备，人才并起，道路大辟，知识俱开，荒地渐垦，工院渐众，游民渐少，乞丐渐稀，童塾皆识字知算之人，农工有新制巧思之法，织布制造，渐可收内地之利。……迟以十年，诸学如林，成才如麻，铁路罗织，矿产洋溢，百度举而风俗成，制造极精，创作极众，农业精新，商货四达，地无余利，人有余饶，枪炮船械之俱巧，训练驾驶之俱精，富教既举，武备亦修。"④"大抵欧美以三百年而造成治体，日本效欧、美，以三十年而摹成治体。若以中国之广土众民，近采日本，三年而宏规成，五年而条理备，八年而成效举，十年而霸图定矣。"⑤

域外国家，特别是德国和日本发展的事实，进一步强化了这些士子的乐观主义态度。日本和德国在近代的成功被描绘成教育上的成功。康有为等人认为，西方之所以在中西竞争中取胜，在很大程度上是教育之功。"普胜法后，俾士麦（即俾斯麦——笔者注）指学生

① 冯桂芬、马建忠著，郑大华点校：《采西学议——冯桂芬 马建忠集》，辽宁人民出版社1994年版，第77页。
② 郑观应著，陈志良选注：《盛世危言》，辽宁人民出版社1994年版，第19页。
③ 郑大华、任菁编选：《强学——戊戌时论选》，辽宁人民出版社1994年版，第36—37页。
④ 郑大华、任菁编选：《强学——戊戌时论选》，辽宁人民出版社1994年版，第45—46页。
⑤ 郑大华、任菁编选：《强学——戊戌时论选》，辽宁人民出版社1994年版，第71—72页。

语之曰:'我之胜法,在学生而不在兵。'""近者日本胜我,亦非其将相兵士能胜我也,其国遍设各学,才艺足用,实能胜我也。"①严复说:"约而论之,西洋今日,业无论兵、农、工、商,治无论家、国、天下,蔑一事焉不资于学。"②麦孟华也认为:"西国大小学校,诸学学堂,遍于国内,立部司之,识字之民,十得八九,著书之数,岁乃二万。中国人寡读书,犷若苗瑶,识字之数百不得十,非民之智于西而愚于中也,上不设学校以开其智也。多立学堂,别创学部,专官任事,重其责成,如是而民智不开,殆未有也。……变法之本,舍是末由,日本之强实基于此。"③

因而,从以上各点来看,晚清知识分子在教育问题上普遍存在着一种乐观情绪。这种情绪突出地表现在以下三个方面:第一,大多数的晚清士人认为,由于内外等多种原因,中国社会和教育存在着种种问题,这些问题很大一部分是中国教育的衰败所导致的。如果能够对科举和教育进行适当的改革,清除那些不合理的部分,完全可以解决这些问题,使中国教育重新回到健康发展的轨道之上。第二,教育改革不仅能够解决教育自身存在的问题,通过培养大量新式的有用人才,还能够解决中国近代社会所面临的种种问题,从而使中国社会迅速摆脱内外困境。第三,对于中国社会和教育的未来发展,晚清士子们也持有较为乐观的态度。他们相信如果清政府能够下定决心对教育进行改革,完全有可能在较短的时间内实现跨越式发展,赶上甚至超越欧美日等诸强国,从而达到人才蔚然、政治清明、民族独立、国家富强的目标。

三、晚清士人教育上乐观心态的成因

对于晚清士大夫的心态,郭嵩焘曾有如下论述:"盖自南宋以来,士大夫以议论争胜,中外之势相持,辄穷于所以自处,无论曲直、强弱、胜负、存亡,但一不主战,则天下共罪之。七八百年,尽士大夫之心相率趋于愚妄,而莫知其所以然……西洋之局,非复金、元之旧矣,而相与祖述南宋诸儒之议论以劫持朝廷,流极败坏,至于今日而犹不悟。"④在这样一种盲目排外的气氛之下,在晚清士大夫当中滋生出一种盲目乐观主义倾向。这种乐观主义认为中国的文物制度等方面均优于西方,而只是在某些技术方面有所落后。在晚清更有一种西学中源说流传于士大夫当中,这种学说认为西方的科学技术源于中国,都能在中国传统文化中找到相应的源头。由于长期处于封闭状态,晚清大多数士子对世界情势和中国的处境少有了解,再加上长期以来的华夏中心思想,一股盲目的虚矫之气在他们身上很明显地表现出来。而他们身上的乐观主义情绪即是这种虚矫之气的表现。

以康梁为首的维新派的乐观主义心态则要复杂一些。康有为等人常常以较为夸张的言辞来说服清帝和官僚士绅,取得他们的认同与支持,以推动其主持的各项改革事业。在他们关于教育改革的言论中,自不免有出于宣传需要而故意夸大其词的情况。同时亦

① 郑大华、任菁编选:《强学——戊戌时论选》,辽宁人民出版社1994年版,第91页。
② 胡伟希选注:《论世变之亟——严复集》,辽宁人民出版社1994年版,第62页。
③ 郑大华、任菁编选:《强学——戊戌时论选》,辽宁人民出版社1994年版,第188页。
④ 郭嵩焘:《郭嵩焘日记》第3册,湖南人民出版社1982年版,第375—376页。

应注意到,在维新派极力推崇的德日两国现代化过程中,教育发挥了极为重要的作用。从这个角度上说,康有为等人关于教育作用的夸张性言辞,又有些许真实的成分包含其中。

中国的教育传统是晚清士子教育乐观主义态度的一个重要来源。从中国文化的主流来看,性善论一直居于主流地位。即便是那些对人性持否定态度的人也承认人具有改造和向善的潜力,通过后天积极的人为的努力,人可以抑制甚至是涤除身上的恶而达到善的境地。这种人性论上的乐观主义直接影响到中国先哲们的教育观。如孔子即认为,无论是对国家、社会,还是个人的发展来说,教育都有着十分重要的作用。"子路问君子。子曰:'修己以敬。'曰:'如斯而已乎?'曰:'修己以安人。'曰:'如斯而已乎?'曰:'修己以安百姓。修己以安百姓,尧舜其犹病诸!'"①孔子一生实践着自己的教育思想,对教育的功能和作用始终深信不疑。孟子认为人生而具有善端,但如果不善于保养,这种善端就有失去的可能性。故而教育的功能在于保持和恢复人类善良的本性。人要注意存养这种善性。"人之于身也,兼所爱。兼所爱,则兼所养也。无尺寸之肤不爱焉,则无尺寸之肤不养也。所以考其善不善者,岂有他哉?于己取之而已矣。体有贵贱,有小大。无以小害大,无以贱害贵。养其小者为小人,养其大者为大人。"②荀子认为人性恶,如果人由着本性行动而不加节制,则会"偏险而不正","悖乱而不治"。要改变人的恶性,最重要的是加强教育,"化性起伪",也就是要"以为之起礼义、制法度,以矫饰人之情性而正之,以扰化人之情性而导之也,使皆出于治、合于道者也"。③ 至于法、道、墨诸家,无一不对教育的功能和作用给予极大的肯定。

对教育作用和功能的认同和肯定,经过几千年来的不断强化和层层积累,逐渐融入中国人的血脉之中,内化为中国人知识结构的一部分,无形中影响着人们的心理和态度。我们看到,每当遇到社会危机,人们总是习惯于通过改革和加强儒学教育等活动来解决社会面临的各种问题。社会问题的出现在于缺乏人才,人才的缺乏在于教育不振。要改变这种情况,就必须通过加强和改革教育。这几乎成为2000多年来人们面对社会问题时固定的思维模式。19世纪中叶以后,清政府正是试图通过整顿官学和科举,加强儒家思想教育,端正士风等活动,以改变日渐陷入危机的局面。田正平教授在《中国教育史研究·近代分卷》中对晚清政府的活动进行了分析和总结,他认为,"事实上,整顿官学书院,祛除科举积弊,推崇儒学地位,可以说是千百年历代封建王朝在教育领域历久不衰的三大课题,积累了丰富的经验。换一种角度看,这些经验也可以说是封建教育在长期发展过程中形成的自我调节应变的传统"。从历史发展的事实进程来看,这三种举措对于挽救晚清教育和社会危机并没有起到多大的积极作用。但是,我们应当看到,千百年来人们之所以一而再,再而三地将其作为解决社会危机的手段,背后潜藏着的是对教育功能和作用所持有的乐观主义心态。在晚清社会没有发生根本改变的情况下,晚清士人普遍表现出来的乐观心态就非常容易解释了。

---

① 《论语·宪问》。
② 《孟子·告子章句上》。
③ 《荀子·性恶》。

中国近代教育家通识教育理念及其影响

◎张亚群*

摘　要：中国近代教育家的通识教育理念，来源于西方现代大学理念、传统儒家教育理念及教育改革实践。它以育人为核心理念，基本内涵包括四方面：注重人格修养和生活教育；崇尚通才教育，通专并重；倡导国际教育交流，融会中西文化；尊师重道，重视环境育人。这些教育家在更新教育观念、探索通识教育模式方面发挥引领作用，促进了大学办学宗旨、课程结构、培养模式及师资队伍的变革与发展。中国近代大学通识教育理念的实践，培养出大批杰出人才。

关键词：中国近代；教育家；通识教育；理念；影响

民国时期是中国大学通识教育理念变革与发展的重要阶段。在西方大学理念和儒学文化传统的影响下，一些著名学者和校长，在教育理论探索和办学实践中，针对人才培养问题，阐明自己的教育理念和办学主张，赋予通识教育新的意涵。这是一个具有广泛影响的教育家群体，包括马相伯、蔡元培、梅贻琦、郭秉文、张伯苓、林文庆、陈垣、竺可桢、陶行知、胡适、潘光旦、吴宓、胡先骕、罗家伦、任鸿隽等名家。他们所秉持的大学教育理念，既具有共性特征，又存在个性差异。本文以中国近代部分教育家为案例，探析其通识教育理念的来源、内涵及其对办学实践的影响。

一、中国近代教育家教育理念的渊源

一般来说，教育理念来源于教育实践，包括历史的、国外的以及现实的教育实践，受文化传统、时代背景和个体教育等因素影响。教育家是指"在教育思想、理论或实践上有创见、有贡献、有影响的杰出人才"；"近现代教育的独立社会职能增强，教育家大都成为专门教育家"。[①] 中国近代一些著名的学者和校长，以其先进的办学理念和杰出的育人成就，赢得教育家的称誉。其教育理念的形成，具有特定的教育与文化原因。这些学人通过不同途径，接受传统儒学和新式学校的教育，博学多识，融会中西文化，投身于国内高等教育变革，形成各具特色的教育理念，其中包括通识教育理念。作为一个特定的知识

---

* 作者简介：张亚群，厦门大学高等教育发展研究中心教授。
① 顾明远主编：《教育大辞典》（增订合编本），上海教育出版社 1998 年版，第 755 页。

群体,中国近代教育家的教育理念主要来源于以下三方面。

(一)西方大学教育成为教育家通识教育理念的直接来源

近代学人接受西方大学教育的路径包括国内高等教育、教会大学教育和留学教育,其中以留学教育为主。在近代著名大学校长中,郭秉文、梅贻琦、竺可桢留学美国,林文庆留学英国,只有陈垣在国内接受西学教育,但与天主教会交往密切。其他如蔡元培留学德国,马相伯在国内接受天主教普通教育和大学教育,取得神学博士学位。尽管这些学人求学路径有异,但均接受西方高等教育理念。

此类事例甚多。郭秉文留学美国六年,深受西方教育影响。他在伍斯特学院接受优良的科学教育与人文教育,奠定了通识教育理念的基础;后入哥伦比亚大学师范学院继续深造,成为首位在美获得教育学专业哲学博士学位的华人学者。竺可桢留学美国伊利诺大学,后赴哈佛大学读硕士、博士学位,美国先进的科学文化、教育理念和大学管理制度对他产生深刻影响。哈佛大学的"真理"校训,视学术自由为学校发展的基本原则,本科教育的导师制,主修和分类选修制度等,为竺可桢后来在浙大的教学改革提供了典范。①

(二)儒学教育为通识教育理念奠定文化基础

中国近代教育家是在社会文化转型和教育大变革中成长起来的,在中外教育交流中,受到西学和中学的双重影响,为会通中西文化打下了良好基础。就中学而言,这一代学人,通过学校教育、家学传承或自学,深受儒学文化的熏陶。这是其通识教育理念的又一重要来源。

如郭秉文出身于基督教徒家庭,在北美长老会创办的清心书院接受西式普通教育。早期教会书院为适应中国社会文化,兼授中国传统经典,郭秉文由此受中国传统文化熏陶。这些成为其教育思想的文化渊源。林文庆生长于南洋华侨社会,中西文化的冲突和华人社会的危机,激发了其强烈的寻根意识与文化忧患意识。他自学中文,从儒学基本理念出发,阐释现代大学的宗旨、功能及其文化意蕴,极力使儒学传统与西方教育思想相沟通和融合。②梅贻琦受家学渊源和新式教育的双重影响。他以传统大学之道,融入美国大学教育理念,成为其办学的重要指导思想。陈垣广泛阅读传统文化典籍,十五年间,读遍《四库全书》,打下深厚的传统文献功底。竺可桢自幼学习儒家经典,崇尚王阳明等古代教育家和书院教育精神,为其融会西学奠定了重要基础。

(三)学者交往促进了通识教育理念的传播与发展

近代中国文化变迁加快,社会流动频繁,学者交往密切。在长期办学过程中,一些著名大学校长,往往受到前辈学者或同时代教育家的思想影响。

---

① 张亚群:《中国近代大学通识教育与创新人才培养》,福建教育出版社 2015 年版,第 155—157 页。

② 张亚群:《自强不息 止于至善——厦门大学校长林文庆》,山东教育出版社 2012 年版,第 113 页。

如林文庆的办学理念,受到陈嘉庚的影响,具有共同的教育追求。他说:"当陈校董在南洋聘予回国任校长时,予询以办学宗旨,陈校董答以当注重中国固有之文化。予是以欣然归国,予亦尊重中国固有之文化也。今之学生,能以中国古代之文化为基础,则庶乎近矣。"[①]梅贻琦通识教育理念的形成与发展,也与清华办学传统及师生、学者的相互影响密切相关。这是一所按照美国教育模式兴办的教育机构,从清华学校高等科、大学部、国学研究院到国立清华大学,通识教育传统一脉相承。在师生、同事的相互影响中,梅贻琦与潘光旦结下了深厚情谊。二人默契合作,合撰《大学一解》,系统阐释其通识教育的理念。竺可桢的大学教育理念,除了来自留美教育和传统文化影响,还受到蔡元培等教育家的影响。竺可桢极为信任和尊重蔡元培,借鉴其"思想自由,兼容并包""养成完全人格"的理念。此外,梅贻琦、潘光旦以及浙大一些教授都倡导通才教育,对竺可桢的大学教育理念也产生影响。

由上可知,中国近代教育家的通识教育理念,既源于西方现代大学理念和传统儒家教育理念,也受到教育改革实践影响,融古今中外教育思想为一体。他们以兴学育人为己任,汲取传统教育思想之精华,融入西方现代教育管理制度和教育思想,针对大学教育现状,制定不同的治校方略,在办学实践中不断完善。

二、中国近代教育家通识教育理念的内涵

通识教育是"近代关于教育目的和内容的一种教育思想以及据此实施的教育。在高等教育阶段,指大学生均应接受的有关共同内容的教育。通常分属若干学科领域,提供内容宽泛的教育,与专门教育有别"。[②] 中国近代教育家拥有丰富的办学经验和思想内涵,在大学教育性质、培养目标、教育内容、师资建设、教育管理、校园文化等方面,有着诸多共同认识。虽然只有少数教育家如郭秉文、梅贻琦、潘光旦等人对通识教育理念作过明确界定和直接阐释,但其他著名校长在阐述自己的教育理念和办学实践中,也论及相关内容,有的称之为"通才教育",其基本观点大多相近,只是具体表述各有侧重。概括而言,这些教育家的通识教育理念具有以下基本内涵。

(一)注重人格修养,倡导生活教育

通识教育的核心理念乃是育人。中国近代教育家普遍认为,通识教育是"做人"的教育,包含人格养成、生活教育和行为规范等方面,贯穿大、中、小学各阶段。从功能上看,通识教育是提升个体素养,形成凝聚社会力的主要途径,具有基础性、综合性和长期性的教育特征,对于个人成长、文化传承、社会进步发挥着不可替代的作用。

受留学欧美教育的不同影响,中国近代教育家的通识教育理念存在某些差异。具体来说,留学美国的学者,一般注重通识教育的"生活教育"性质。郭秉文认为,通识教育

---

① 《校庆三周年纪念会林校长之演说辞》,《民国日报》1924 年 4 月 14 日。
② 顾明远主编:《教育大辞典》(增订合编本),上海教育出版社 1998 年版,第 1555 页。

"是个体参与日常生活之准备"。梅贻琦、潘光旦主张，"通识"是一般生活之准备。陶行知以"生活教育"为目标，提出"教育必须是生活的。一切教育必须通过生活才有效"①。留学英、德、法等欧洲国家的学者，大多强调公民道德、世界观与人生观的教育和美育。如林文庆认为，"欧美、日本之强，实由其人之存道德。故其格致学之进步外，则其人人之各有为人资格也"②。蔡元培制定民国教育方针，倡导以公民道德教育为中坚，融入自由、平等、博爱的知识，辅以实利教育、军国民教育和美感教育。无论是留学美国、欧洲的学者，还是本土成长的学者，多注重弘扬儒学教育优良传统。就教育目的而论，受民族危机和儒学教育的影响，这些教育家都主张教育救国，培养治国人才，其通识教育理念具有鲜明的社会本位教育价值观特征。

(二)崇尚通才教育，主张通专并重

中国近代教育家在成长路径、学科背景、学术专长方面虽有差异，但都崇尚通才教育理念，重视古今中外文化的融会贯通。竺可桢提出："办一地教育，必须知其过去之历史，并明其当前之环境。"③办中国的大学，当然须知道中国的历史，洞明中国的现状。"专家专其所学，果能再来诵习体会古人立身处世之微言大义，最是有益于为学与做人之道。"④在《大学一解》中，梅贻琦强调，大学通识教育应囊括自然科学、社会科学与人文科学三大知识门类，识其会通之所在。

大学教育是培养"通才"还是培养"专才"，既是办学目标定位问题，也是培养模式选择问题，它决定着大学的学科结构、课程设置和教学内容。近代学人所要培养的"通才"，是指具有"通识"学养，在某类学科具有多种专长的人才。"通识"的范围包括三方面，即通古今，通中外，通人文、自然和社会知识。当然，"通"的程度因人而异。在办学过程中，培养这样的"通识"人才实非易事，需有通才教育理念指导和相应的课程教学等保障条件。

然而，近代教育家对于"通识"的范围与程度、专才培养路径等方面的认识，却存在某些差异。如陈垣主张由"博"返"约"，在"通"的基础上注重培养专门人才。梅贻琦、潘光旦认为，"通识"是人生的基础，"专识"是特种事业之准备，大学教育应更注重"通识"教育和通才培养，专才培养可另辟蹊径。竺可桢也提出，大学教育不只是培养专家，而应培养具有远见卓识、公忠坚毅、能担当大任的领袖人才；"至于训练大量之技术员或低级工程人员以应目前之需要，则可由高等工业、高等农业等学校或大学内另设专修班为之，不必因噎而废食"⑤。这些观点表明，在"通识"与"专识"的关系、"通才"与"专才"的培养路径上，学者们有所侧重。

---

① 华中师范学院编：《陶行知全集》卷三，湖南教育出版社 1985 年版，第 338 页。
② 林文庆：《孔教大纲》，中华书局 1914 年版，"序"。
③ 竺可桢：《初临浙江大学时对学生的训话要点》，《国立浙江大学校刊》1936 年第 247 期。
④ 竺可桢著，樊洪业等编：《竺可桢文录》，浙江文艺出版社 1999 年版，第 102 页。
⑤ 竺可桢：《我国大学教育之前途》，《大公报》1945 年 9 月 23 日。

(三)倡导国际教育交流,融会中西文化

在西方强势文化冲击下,中国近代大学教育整体上呈现"西化"的取向,但也有不少有识之士,在学习西方科学和文化过程中,坚持中学与西学并重,极力弘扬民族文化优良传统。中国近代教育家的一个共同特征就是,具有强烈的历史使命感和文化自觉精神,在融合中西文化方面发挥引领和示范作用。

第一,近代教育家重视学习国文和西文,具有深厚的国学和西学根底。马相伯幼年学天主教经典和国文、"四书"及"五经",在上海入读法国天主教所办依纳爵公学(后名徐汇公学)。他是该校第一届毕业生,继而在耶稣会初学院、大学院读书,前后 19 年,学习拉丁文、法文、希腊文、数学、天文学、哲学、神学和中国文学等课程,获得博士学位。曾任耶稣会司铎及依纳爵公学校长,兼理教学事务,业余继续研究数学和天文,讲解中国经史子集。参与晚清洋务、外交活动,深于国学,沟通中外,融汇古今。作为教育家,马相伯对蔡元培等人产生重要影响。蔡元培推荐南洋公学胡敦复、贝季眉等 24 名学生,随马相伯学习拉丁文、法文、数学和哲学。[①] 再如林文庆,精通英语、马来语、淡米尔语、法语、德语、日语和希腊语等多种语言,自学中文,学贯中西。他从民族文化认同的角度,呼吁中国民众应崇尚儒学,重视学习汉语言文字。他说:"如失汉文之学,而盛谈外国语言文字新名词,此无异自灭。不久则汉文将与拉丁字胥归于尽,而国不待瓜分而自瓦解,永无再合之望矣。……今日而民国之亿兆众,果能保守儒教,以大普及汉文,则外患特小小焉耳,吾不虑乎其分也。"[②]这些论述不仅反映了海外华侨对中华文化的认同,也体现了对民族优秀文化的自信。

第二,尊崇优秀传统文化,维护民族文化根本。马相伯强调,在学习外国时,要保持本民族的文化:"今之欧人,皆欲以文化化吾,甚欲以彼文彼语以化吾文吾语,殊不知文字语文之为物,最专制,不畏枪炮。"1928 年马相伯应邀在正风文科大学演讲,提倡文科学生以国学为本,"精于国学,然后研究西学,才能事半功倍。反之,精于西学,于国学盲无所知,那么中国仅多一中国籍的外国人罢了"[③]。林文庆认为,尊重和传承中国固有之文化,是大学义不容辞的责任。鉴于当时"中国各大学之教授,多注重外国新学说新知识,于中国古来文化则不甚研究",他主张:"无论大中小学,皆当读孔孟之书,保存国粹。"他以科学新知阐释儒学,契合时代发展和人才培养的需要,重新阐释儒学理念,力图将儒学传统融入现代学校教育之中,创造新的大学教育传统。

第三,重视国际文化教育交流,促进中西文化互补。竺可桢深知一个国家的教育事业与其文化传统不可分割,需坚持弘扬优秀文化传统;同时也应借鉴国外大学发展经验。他提出大学教育的主要方针:"我们应凭借本国的文化基础,吸收世界文化的精华,才能养成有用的专门人才,同时也必根据本国的现势,审察世界的潮流,所养成人才才能合乎

---

① 宗有恒、夏林根编:《马相伯与复旦大学》,山西教育出版社 1996 年版,第 199—201 页。
② 林文庆:《孔教大纲》,中华书局 1914 年版,"序"。
③ 宗有恒、夏林根编:《马相伯与复旦大学》,山西教育出版社 1996 年版,第 254 页。

今日的需要。"①这一办学理念至今仍有重要的指导意义。

(四)尊师重道,重视环境育人

中国近代教育家极为重视教师的育人作用。从梅贻琦的"大师论",到竺可桢的"教授灵魂说",无不视"师资为大学第一要素"。在就任清华大学校长演说中,梅贻琦提出,一个大学之所以为大学,全在于有没有好教授。在清华二十五周年校庆之际,梅贻琦发表《致全体校友书》,总结其办学举措,"以充实师资为第一义"②。又五年,发表《大学一解》,提出著名的师生"从游"论。这些演说与文章表明教师在梅贻琦心中的重要而独特的地位。

竺可桢认为,"假使大学里有许多教授,以研究学问为毕生事业,以教育后进为无上职责,自然会养成良好的学风,不断地培养出来博学敦行的学者"。他列举古今中外大学事例,阐明名师的重要作用。中国古代,"书院教育,最有'尊师重道'的精神,往往因一两位大师而造成那书院的光彩"③。如讲到白鹿洞书院,就令人联想到朱晦庵,而鹅湖书院就因陆象山讲学而出名。西方近代大学亦然。如英国剑桥大学卡文迪什实验室之所以出名,就因为 J.J.汤姆逊、卢瑟福几位教授。20世纪初,美国哈佛大学之所以吸引了许多国内外的学生去研究哲学,就因为有了 J. 罗伊斯、桑塔亚那、W. 詹姆斯诸教授的主讲。俄国出了一位巴甫洛夫教授,使俄国的生理学闻名于世。竺可桢还指出,荟萃一群好教授,须有相当的岁月,尤其是学校须有安定的环境。这是因为,这样方能使教授逐渐实现其研究计划,发挥其教育效能;而且对学术感情日增,甚至到终身不愿离开的程度,这才能对学术教育有较大的贡献。

近代教育家倡导学术自由,重视校园文化的育人功能。蔡元培主张大学教育应自由探索知识,实行民主管理,促进学生身心全面发展。林文庆指出学校尤其是大学应为社会表率:"社会者,人群之代名词也。社会虽以个人为其份子,然社会更建筑于基本社会之上。基本社会者,如家庭,学校,教会等是也。学校既为社会之基本社会,影响社会,自不待言。"④光华大学校长张寿镛崇尚民主自由,聘任知名学者任教,引导学生养成君子人格。

三、近代通识教育理念对办学实践的影响

中国近代一批学贯中西的教育家,在更新教育观念、探索通识教育模式方面发挥引领作用,促进了大学办学宗旨、课程结构、培养模式及师资队伍的变革与发展。在办学实践中,无论是国立大学,还是私立大学,多注重通识教育,取得了显著的教育成效。⑤

---

① 竺可桢著,樊洪业等编:《竺可桢文录》,浙江文艺出版社 1999 年版,第 68 页。

② 刘述礼、黄延复编:《梅贻琦教育论著选》,人民教育出版社 1993 年版,第 69—70 页。

③ 竺可桢著,樊洪业等编:《竺可桢文录》,浙江文艺出版社 1999 年版,第 72 页。

④ 林文庆演讲,时志记录:《林校长之大学责任观》,《厦大周刊》1928 年第 192 期。

⑤ 张亚群:《中国近代大学通识教育与创新人才培养》,福建教育出版社 2015 年版,第 209—225 页。

(一)以通识教育理念为导向,培养学人的独立人格和济世情怀

20世纪二三十年代,中国大学出现一批著名的教育家和大学校长,把人格培养作为首要目标,率先垂范,造就大批通识人才。

蔡元培兴办大学教育,特别注重独立人格之养成。1917年1月,就任北京大学校长伊始,他提出三条建议,均与人格教育密切相关。首先,要求学生须树立"正大"宗旨,"为求学而来"。"若徒志在做官发财,宗旨既乖,趋向自异。"平时则放荡冶游,考试则熟读讲义,不问有无学问,惟争分数多寡;考试既终,书籍束之高阁。敷衍三四年,并无真才实学,误己误人误国。其次,要求学生"砥砺德行","束身自爱"。在社会流俗中,"必有卓绝之士以身作则,力矫颓俗"①。大学生"肩此重任,责无旁贷"。再次,要求学生"敬爱师友","道义相勖"。同年3月,在清华学校演讲中,蔡元培提出"发展个性""信仰自由"和"服役社会"三点希望,同样体现了培养独立人格的教育理念。

再如,梅贻琦校长在清华大学和西南联大办学,以育人为本,培养学生独立、完整的人格。他以身作则,为师生树立了典范。1940年,潘光旦评价梅贻琦先生对自己的教育影响:"我一向认为教育的效能,教人做人总是第一,教人有一种专业还是余事。假如这种教育观念是对的,那我相信我所得于夫子的亲炙的益处,要比许多上过他的课的同学多得多。"②

(二)实施通才教育模式,极大拓展了学生的学术视野和学科基础

在通才教育思想指导下,中国近代著名大学校长重视文理综合,推行选科制和学分制,积极发挥人文、自然和社会科学课程的育人作用。开设广泛的通识课程、共同基础课程,如国文、外语、逻辑学、中国史、西洋史、哲学、文学等,以及政治学、经济学、法学、教育学、社会学、伦理学、高等数学、大学物理、化学、生物学等跨学科选修课程,以扩展学生的学术视野,改善学生的知识与能力结构,实现培养通才的目标。

20世纪30年代,在梅贻琦办学理念影响下,清华大学推行多项改革举措:一是延缓分系,按"先通后专"原则,设置本科课程。二是增设通识课程,提倡文理兼修。三是延长选修课年限,各系具有通识性质的选修课贯穿四年。这种通才教育模式,促进了英才的培养。钱伟长在大学时代,"弃文从理",后来在科技、教育领域开拓,做出了杰出贡献。2002年在接受媒体采访时,钱伟长意味深长地回顾说:"我早年有幸接受了开放式的、适应性较强的教育,在这种教育中获得的能力使我受用终身。科学研究需要这样的教育,因为科技发展是没有底限的,永远不可能有底限,只有'局部真理',没有'全面真理',每一项科学研究都是应时代的进步和需要提出来的,都是要靠其他学科的发展来帮助和推动的。"③

---

① 高平叔编:《蔡元培全集》卷三,中华书局1984年版,第57页。
② 潘光旦:《夔庵随笔》,百花文艺出版社2002年版,第68页。
③ 夏欣:《通识教育与创新精神——全国政协副主席钱伟长谈教育》,《光明日报》2002年3月12日。

（三）广延名师，注重文理基础学科建设，开拓教学资源，为通识课程教学、人才培养提供保障

1936 年竺可桢就任浙大校长后，首先建设文理学院，聘请多位教授和学科带头人。在他看来，建设一所一流的综合性大学，必须要有好的文学院和理学院，文理是一切其他专业的基础。他始终坚持以才学为重，凭借自己多年来留美及在教育界、学术界的人脉，物色人才。不仅聘请了一批名家，如胡刚复、王淦昌、王琎、梅光迪、张其昀、钱穆、张荫麟、陈乐素、叶良辅、涂长望、谭其骧、任美锷、卢守耕、蔡邦华、吴耕民、梁庆椿、陈鸿逵、顾青虹、杨守珍、彭谦、罗登义等，也延揽了一批学有专长的年轻学者，如郭斌和、祝文白、缪钺、王焕镳、郦承铨、薛声震、张清常、许绍光、张志岳等，壮大了文理基础学科、共同必修课程教学和研究力量。

竺可桢受母校哈佛大学"集中与分配"课程制度的影响与启发，提出了分类选修制度，将课程分为必修和选修两类，采用学分制，规定学生在学好必修课的同时，以人文科学及自然科学中至少选若干学分为原则自由选择课程。在他倡导下，苏步青、钱宝琮执教大学一年级数学，周厚福、储润科执教普通化学，王淦昌、朱福炘教新生物理，蔡堡教生物学，祝文白教中文，谭其骧教中国通史。[①] 这些名师广博的知识和严谨的治学态度，不仅为学生打下坚实的学科基础，也对其学术与人生成长产生深刻影响。

（四）实行民主治校，倡导学术自由，为通识教育实践创造重要条件

梅贻琦历任清华教职，亲历大小风潮，深谙清华师生的心态和作风，在接掌清华大学之初，完全接受并巩固"教授治校"的办学传统。他提倡学术自由，制定一套有效的校务管理制度。对于不同学术思想兼容并蓄，鼓励平等探讨学术问题。多方吸收教授参加校内专门委员会，参与教学与行政管理。他充分发挥教授会和评议会的作用，在主持教授会议时，"总是倾听成员的意见，而成员也十分尊重他的意见。当然各会议上分歧意见总是难免的，激烈的辩论也经常发生，但先生持重的态度却有稳定的作用"[②]。即使在抗战险恶环境下，他所主持的西南联大，也保存了原来三校的教学班子，维护了"学术第一，讲学自由，兼容并包"的学风。[③]

（五）重视校园文化的育人功能，广泛开展课外学术讲座、文化社团、体育等活动，为人才培养创造良好的文化氛围

光华大学校长张寿镛，将中西文化优良传统融入校园核心价值观，并通过多种途径和方式传播和推广，促成光华大学富有特色的"光华"精神的形成。其主要特点表现为，具有浓厚的民族意识和爱国情怀，注重中西文化的融会贯通，崇尚民主和自由的校园风气，重视学生的人格教育和心理建设，大力提倡和推行师生合作的理念。这种"光华"精神维系和推动着光华大学自身的发展，而光华特有的校园文化也无不渗透着这种精神的

---

① 张彬：《倡言求是 培育英才——浙江大学校长竺可桢》，山东教育出版社 2003 年版，第 159—160 页。
② 赵赓飏：《梅贻琦传稿》，台湾邦信文化资讯公司 1989 年版，第 45 页。
③ 黄延复、马相武：《梅贻琦与清华大学》，山西教育出版社 1995 年版，第 199 页。

浸润和影响。①

在清华大学,为推进智、德、体、美、群、劳诸育发展,梅贻琦鼓励学生开展丰富多彩的课外文化活动。清华园内设有音乐室、谷音社等多种文学艺术团体,经常举行演唱会。设置多种美育课程,举办画展,挂有世界名画和名人画像,给学生美的熏陶。学校重视体育,增加体育工作人员和设施等。课外活动是校园文化重要组成部分,发挥着不可替代的教育作用。吴宓曾言:"清华昔日提倡学校生活及课外作业,皆为使学生练习办事。故清华之毕业生,几无一人不能办事,率皆敏捷而有条理,居各种位置,善于应付,而能尽职。"②这从一个侧面说明,丰富的校园文化生活促进了通才的培养。

综上所述,中国近代教育家的通识教育理念与办学实践关系密切,通识教育理念的发展和通才培养模式的实施,对于人才培养产生了重要促进作用。这也是中国近代大学人才辈出的重要原因所在。

原载《华中师范大学学报(哲学社会科学版)》2017 年第 4 期

---

① 李力:《"培育一种文化生活":中国近代大学校园文化之形态与功能研究》,台湾花木兰文化出版社 2016 年版,第 297—301 页。

② 齐家莹编:《清华人文学科年谱》,清华大学出版社 1999 年版,第 33 页。

蔡元培语文教育改革思想管窥

◎刘立德　程　锦*

摘　要:蔡元培不仅在高等教育领域引领一代潮流,在基础教育领域也有丰富的实践和精深的论述。他参与领导国语运动和白话文运动,为语文课程教学改革发表了大量真知灼见。他提出要确立"能写能读""表情达意""培养健全之人格"的语文课程目标,要落实语文课程的美育功能;他倡导白话文教学,主张语文教学言文一致、语文并重、崇尚自然、展现个性;他还强调语文教材要兼容并包、融汇古今、贯通中西、图文并用等等。这些思想对当今语文教学改革仍有借鉴意义。

关键词:蔡元培;语文课程改革;语文教学改革;语文教材改革

蔡元培(1868—1940)是我国近代著名的思想家、民主革命家和伟大的教育家,被毛泽东誉为"学界泰斗,人世楷模"。他历任中华民国首任教育总长、北京大学校长、大学院院长、中央研究院院长等重要职务,对中国近代教育改革和发展产生了深远影响。在除旧布新的教育近代化进程中,蔡元培以其博大的胸怀、宽阔的视野和融贯中西的学识,不仅在教育的诸多宏观领域有卓越的建树,在教育的诸多微观领域也有高深的造诣。他不仅在高等教育领域叱咤风云,引领一代潮流,在基础教育领域也有丰富的实践和精深的论述。其中,他参与领导国语运动和白话文运动,对语文课程教学改革发表了一系列真知灼见,在中国近代教育史上书写了光辉的篇章。他提出要确立"能写能读""表情达意""培养健全之人格"的课程目标,落实语文教学的美育功能,倡导言文一致、语文并重和白话文教学;他主张语文教学要尚自然、展个性、有兴味,强调语文教材要兼容并包、融汇古今、贯通中西、图文并用,等等。这些语文教改思想至今仍闪烁着智慧的光芒,具有重要的现实意义。

一、工具性与人文性相统一的语文课程改革观

(一)语文课程改革要体现"能写能读""表情达意""培养健全之人格"的宗旨

蔡元培认为,语文教育的目的在于应用,是为了"要全国的人都能写能读"[①],是为了

---

　*　作者简介:刘立德,人民教育出版社教育编辑室主任;程锦,首都师范大学初等教育学院硕士研究生。
　①　高平叔编:《蔡元培教育论著选》,人民教育出版社2011年版,第250页。

人人都能掌握表情达意的工具,即培养运用语言文字的能力,以适应实际生活的需要。在给课程分类时,他将语文课程归类为练习工具的课程。他指出:"我试把课程分作三类,第一类是练习工具的课程,例如语言文字与数学……"①同时,蔡元培不仅看到语文教育在现实层面的短期效用,还重视语文教育对陶冶道德情操、培养健全人格的长远教化作用,提出"人生在世,所要的不但是知识,还要求情的满足"②。这种对语文课程实用性目标和精神感化性目标的辩证观点,体现了蔡元培对于工具性和人文性必须统一这一语文课程性质的深刻认识。同时,这种辩证观点也是建立在蔡元培对科举时代"读书为做官""读书为应试""学文为中举"的流弊的批判基础之上的。这种语文课程观是蔡元培在救亡图存的大背景下为挽救民族危难、开启民智而做出的正确选择。正是基于这种语文课程观,蔡元培大力倡导国语运动和白话文运动,大力推行语文普及化、通俗化,从而提高国民文化素质,促进国家进步和民族振兴。

关于语文课程改革中如何处理语言与思想的关系,蔡元培指出:"思想如传热,无语言以护之,则热度不高;思想如流水,无语言以障之,则水平如故。"③他强调:"识字的人的思想,总比不识字的人复杂一点,深远一点。"④语言是思想和文化的载体,与思维紧密相连。语言的运用既便于人际交流,也可以训练人的思维、丰富人的思想,以达到提高国民思想文化素质的目的。

(二)语文课程改革要落实语文学科在教育方针中的地位

1912 年,蔡元培任中华民国第一任教育总长,确立了军国民教育、实利主义教育、公民道德教育、世界观教育、美感教育五育并举的新教育方针。蔡元培认为,方针既已确定,就应该贯彻到各科教学的具体实践中去,要在国语国文教学中加以体现。他指出:"国语国文之形式,其依准文法者属于实利,而依准美词学者,属于美感。其内容则军国民主义当占百分之十,实利主义当占其四十,德育当占其二十,美育当占其二十五,而世界观则占其五。"⑤蔡元培在中国语文教育发展史上第一次把语文学科的教学内容同整个国家和民族的教育方针和教育宗旨紧密联系起来,使语文学科成为贯彻教育方针、实现教育宗旨的一门重要的、独立的基础学科课程。⑥

(三)语文课程改革要体现美育功能

蔡元培认为,语文课程蕴含着丰富的美育资源。他指出:"国语国文之形式,其依准文法者属于实利,而依准美词学者,属于美感。"那些旧式五七言律诗与骈文,音调铿锵,合乎调适的原则;对仗工整,合乎均齐的原则,在美学上也有欣赏的价值,因为"这种句

---

① 高平叔编:《蔡元培教育论著选》,人民教育出版社 2011 年版,第 679 页。
② 高平叔编:《蔡元培教育论著选》,人民教育出版社 2011 年版,第 486 页。
③ 中国蔡元培研究会编:《蔡元培全集》,浙江教育出版社 1997 年版,第 341 页。
④ 高平叔编:《蔡元培教育论著选》,人民教育出版社 2011 年版,第 680 页。
⑤ 高平叔编:《蔡元培教育论著选》,人民教育出版社 2011 年版,第 6 页。
⑥ 顾黄初:《顾黄初语文教育文集》,人民教育出版社 2002 年版,第 517 页。

读、音调,是与人类审美的性情相投的"[1]。语文课程中关于修辞技巧的分析领受,对于文章意蕴的体验感悟,都具有美感的因素。鉴于此,蔡元培将国文与音乐、美术并列为美育最基本的课程,希冀国文在实现美育与德育的教育宗旨上发挥更大的作用。另一方面,他认为:"美育者,应用美学之理论于教育,以陶养感情为目的者也"[2];"艺术者,超于利害生死之上,而自成兴趣,故欲养成高尚、勇敢与舍己为群之思想者,非艺术不为功"[3]。美育通过"情感"这一渠道发挥其"破人我之见,去利害得失之计较""陶养性灵,使之日进于高尚者"的功能时,与语文课程的人文性即陶冶性情、培养健全人格的目标是共通的、一致的。

(四)语文课程改革要体现整合"联络"理念

1918 年,蔡元培在北京孔德学校主持召开教科书修改问题讨论会时,亲自做会议记录并总结出会议四大主题:"(一)教育之根本问题;(二)教授资料;(三)教科书之形式;(四)各科联络问题。"[4]对于问题四,他与与会学者观点一致,认为各科课程教材之间必须加强联络,避免不必要的交叉重复和相互抵牾,还提出课程教材与生活习惯相联络、小学课程与中学课程相联络等观点。

蔡元培在课程整合和课程联络问题上旗帜鲜明。一方面,他倡导文理兼修,沟通文理。他认为:"融通文、理两科之界限:习文科各门者,不可不兼习理科中之某种;习理科者,不可不兼习文科之某种"[5];"文、理是不能分科的。例如文科的哲学,必植根于自然科学;而理科学者最后的假定,亦往往牵涉哲学"[6];"况科学的作用,不但可以扩充国文的内容,并且可以锻炼国文家的头脑"[7]。人文素养和科学素养并行不悖,皆为养成健全人格之基础。另一方面,他倡导国文与外国文相互交流,相互融合。他指出:"研究外国语,是很有益于国文的。"[8]国文与外国文同为语言,而文法、应用有一定相通之处。他举例说,马眉叔先生因学了法文和拉丁文,又将文法应用在国文上,才著有《文通》。

二、言文一致、科学自主的语文教学改革观

(一)主张开展白话文教学,但文言文也不可偏废

蔡元培是白话文运动的倡导者之一,主张言文一致,正确处理白话文与文言文的关系,不可偏废文言文。原因有二:一是白话文表达通俗易懂,而文言文是用古人的话传达

---

① 顾黄初:《顾黄初语文教育文集》,人民教育出版社 2002 年版,第 517 页。
② 高平叔编:《蔡元培教育论著选》,人民教育出版社 2011 年版,第 604 页。
③ 高平叔编:《蔡元培教育论著选》,人民教育出版社 2011 年版,第 554 页。
④ 高平叔编:《蔡元培教育论著选》,人民教育出版社 2011 年版,第 155 页。
⑤ 高平叔编:《蔡元培教育论著选》,人民教育出版社 2011 年版,第 174 页。
⑥ 高平叔编:《蔡元培教育论著选》,人民教育出版社 2011 年版,第 661 页。
⑦ 高平叔编:《蔡元培教育论著选》,人民教育出版社 2011 年版,第 308 页。
⑧ 高平叔编:《蔡元培教育论著选》,人民教育出版社 2011 年版,第 308 页。

今人的意思,间接而晦涩。二是文言文不利于教育的普及化。学用文言,费时费力,而"言文一致,便于全民能写能读",促进先进的思想文化普及大众。蔡元培言文一致的语文教育思想是顺应时代潮流的产物,体现了其平民教育观。而直至今天,白话文和文言文并重的教育主张对于语文教学听、说、读、写训练四个基本方面仍有着直接的指导意义——口语表达、书面表达同等重要,不可走极端。

(二)主张教学科学化,尚自然,展个性

"与其守成法,毋宁尚自然,与其求划一,毋宁展个性。"①蔡元培的这种教学主张是符合教育科学的。其一,"尚自然"意味着教学需要遵循儿童身心发展的规律,即"深知儿童身心发达之程序,而择种种适当之方法以助之"②,以教育心理学、实验心理学为依据,一改旧式国文教学一味让学生死读硬背的弊端。其二,"展个性"意味着尊重每个学生的个性特征,因材施教,因性施教。蔡元培认为:"我们究竟读什么学科好呢……'随着各个人的个性相近,不可以勉强'。"③

(三)主张自动学习,学有兴味

蔡元培认为,教师教书,不能像注水瓶一样,注满了就算完事。他指出:"最要是引起学生读书的兴味,做教员的,不可一句一句,或一字一字的,都讲给学生听。最好使学生自己去研究……等到学生是实在不能用自己的力量了解功课时,才去帮助他。"④蔡元培根据当时欧美各国流行的"自动主义"理论,提出"处处要使学生自动"的观点。他说:"学校教育注重学生健全的人格,故处处要使学生自动……最好使学生自学,教者不宜硬以自己的意思,压到学生身上。不过看各人的个性,去帮助他们作业罢了。"⑤可以看出,蔡元培很注重培养学生的自主性,要求学生主动自学、自主研究。他曾劝导学生:"在学校,不能单靠教科书和教习。课堂功课固然要紧,自动自习,随时注意,自己发现求学的门径和学问的兴趣,更为要紧。"⑥这一点在蔡元培任南洋公学教习时采用的"自由读书"的教学方法上有充分体现。与此同时,蔡元培并未全盘抛弃传统教学方法,在强调自主学习的基础上,批判继承了"启发式"教学法,力争做到"不愤不启,不悱不发"。

三、兼容并包的语文教材改革观

(一)融汇古今,贯通中西,兼收并蓄

众所周知,"囊括大典,网罗众家,兼容并包,思想自由"是蔡元培整顿北京大学的办

---

① 高平叔编:《蔡元培教育论著选》,人民教育出版社2011年版,第159页。
② 高平叔编:《蔡元培教育论著选》,人民教育出版社2011年版,第160页。
③ 高平叔编:《蔡元培教育论著选》,人民教育出版社2011年版,第666页。
④ 高平叔编:《蔡元培教育论著选》,人民教育出版社2011年版,第326页。
⑤ 高平叔编:《蔡元培教育论著选》,人民教育出版社2011年版,第326页。
⑥ 高平叔编:《蔡元培教育论著选》,人民教育出版社2011年版,第295页。

学方针,这种观点当然也渗透到了他的语文教材建设思想当中。他主张既不要复古尊孔,也不能全盘西化,而是既要批判继承传统文化,又要恰当地吸收现当代与外国优秀文化,融汇古今中西,倡导民主科学。

值得一提的是,蔡元培在批判继承传统语文教育内容,即读经等问题上有着独到的见解。蔡元培将文章分成两类,一是应用文,一是美术文。应用文,是指记载或说明的文章。美术文,包括诗歌、小说、剧本三种文学体裁。蔡元培认为,在语文教学中,读的应该主要是应用文和少量的美术文,至于练习作文则应该全是记载和说明的文字。[①] 他说:"至于文言的美术文,应作为随意科,就不必人人都学了。"[②]基于此,可以看出蔡元培对于读经的问题持一种开放的态度,这就是:"为大学国文系的学生讲一点《诗经》,为历史系的学生讲一点《书经》与《春秋》,为哲学系的学生讲一点《论语》《孟子》《易传》与《礼记》,是可以赞成的。为中学生选几篇经传的文章,编入文言文读本,也是可以赞成的。若要小学生读一点经,我觉得不妥当,认为无益而有损"[③]。而蔡元培认为经书中很好的格言若要传授给儿童,要克服其抽象性。在当时白话文运动的潮流中,蔡元培秉持着实事求是的科学态度,适当保留了文言文教学内容的位置。

(二)科学编纂,图文并茂

蔡元培对旧式国文教学的种种弊端进行了批判。他描述旧语文教学时说:"其他若自然现象、社会状况,虽为儿童所亟欲了解者,均不得阑入教科,以其于应试无关";"若吾人之治国文,则教者之所授,学者之所诵,模范文若干首已耳";"而此等模范文,又大率偏于文学之性质,不必悉合乎论理者。于是学者不知其所以然,而泛泛然模仿之,教者亦不言其所以然,而泛泛然评改之"[④]。由此可以看出,蔡元培对语文教学的流弊抱有清醒的态度,对语文教材选文和编排的重要性也有深刻的体认。语文教材是承载教学内容的载体,它把语文教学内容以规范的形式反映出来以求适合于教学。语文教材选文要恰当,不能只有"模范文",而应文质兼美;语文教材编排要遵循一定学科逻辑顺序和学生心理顺序,不仅要有系统性,而且要有科学性,不能自我封闭。

蔡元培主张语文教科书要体现直观性,要图文并茂。在《题上海儿童书局的国语教科书》一文中,蔡元培说道:"儿童的抽象作用,较直观为弱,所以吾人在智育方面,即不能不授以概念,而要在多用直观的材料为引导。直观的对象,最好是实物,次标本,次图画。"他强调将图画运用于教材,有助于将抽象概念直观形象化,增强可读性,同时促进美术与文学的合作,图文并用、以图辅文,以达到美育的功能。

(三)超越教材,打破局限

蔡元培重视教材的科学编纂,是要为学生提供系统性、科学性、有序性的学习内容。

---

① 顾黄初:《顾黄初语文教育文集》,人民教育出版社 2002 年版,第 517 页。
② 高平叔编:《蔡元培教育论著选》,人民教育出版社 2011 年版,第 250 页。
③ 高平叔编:《蔡元培教育论著选》,人民教育出版社 2011 年版,第 702 页。
④ 高平叔编:《蔡元培教育论著选》,人民教育出版社 2011 年版,第 162 页。

他劝诫学生:"要透彻教科书所载。教师所讲,都不过开一门径,为将来实际应用起见,不可不多看参考书,多用思索,务使彻底明了"①,强调要"吃透"教科书。但同时蔡元培主张不要把语文教科书的作用绝对化。他指出:"做学生的,也不是天天到校把教科书熟读了,就算完事。要知道书本是不过给我一个例子,我要从具体的东西内抽出公例来,好应用到别处去。"②与教育家叶圣陶的观点一致,蔡元培也认为教材无非是个公例,关键是要打破教材的局限,使学生能够举一反三。他强调:"要实证。书本子的学问,总属有限,为求彻底明了起见,必要随时实验。"③举一反三、科学求证,这种超越教材、跳出课本看课本的观点同样体现了蔡元培开放的语文教材改革观。

综上所述,蔡元培语文课程教学改革思想是其教育改革思想的重要组成部分。他怀抱教育救国理念,从时代发展与民族振兴出发,融汇我国优秀语文教育传统和西方先进教育思想,试图改革旧语文教育之种种弊端,建立符合语文学科发展规律及社会与人的发展需要的新语文教育。蔡元培虽然没有对语文学科课程教学改革做过专业系统的研究,也没有专门的著作,但他以教育总长、北大校长的特殊地位和身份,或通过议案法令贯彻其主张,或通过演讲著文宣传其观点,在当时以及后世语文课程教学改革中产生了深远的影响。

原载《小学语文》2015年第1—2期

---

① 高平叔编:《蔡元培教育论著选》,人民教育出版社2011年版,第684页。
② 高平叔编:《蔡元培教育论著选》,人民教育出版社2011年版,第328页。
③ 高平叔编:《蔡元培教育论著选》,人民教育出版社2011年版,第684页。

为职业教育与时俱进的一生

——论黄炎培的职业教育心路历程

◎谢长法*

摘　要：黄炎培的一生，特别是在新中国成立前，一直对教育特别是职业教育有着极深的感情和付出。他对职业教育的引入，对职业教育理论的探讨以及对职业教育的实践，随时代而变化；特别是"九一八"事变后，国难当头，他将职业教育与抗战救亡紧密联系起来。全面抗战爆发后，他积极从事抗战救亡运动；抗战胜利后，他追求民主，主张和平，反对内战；新中国成立后，他担任国家重要领导职务。然而作为爱国主义者和政治活动家，黄炎培在从事政治活动时，基于他所钟情的教育与政治的关系的认识，时时萦怀着教育，特别是从没有离开过职业教育。

关键词：黄炎培；职业教育；职业教育理论

黄炎培，字韧之、任之，号楚南，笔名抱一，江苏省川沙县（今属上海市浦东新区）人，我国近代著名的爱国主义者，著名的教育家和政治活动家。作为职业教育的重要开拓者和奠基人，为了改革中国传统教育之弊，使自己的同胞能够"无业者有业"，"有业者乐业"，使贫穷落后、灾难深重的祖国不再政治不良，经济不达，怀着对国家和民族的责任感，他创榛辟莽，引入职业教育，在现实的宣传、理论的创建和实践的推行等方面，做出了突出贡献。他的一生，是为职业教育与时俱进的一生。

一、职业教育的引入：从实用教育到职业教育

职业教育一词，早在清末即出现了。但它实质性地引入，则是在民初由黄炎培实现的。

1903年8月，由于"新场党狱"，黄炎培被迫亡命日本，直至1904年初春回国，之后，无论是1907年间主持浦东中学使学校声名远扬，还是1910至1911年间任江苏教育总会常任调查员调查苏南学界冲突，黄炎培的注目和成绩都在普通教育领域。所以，在民国成立后，虽然因种种原因，他没有接受教育总长蔡元培的邀请，到北京受任教育部普通教

＊作者简介：谢长法，西南大学教育学部教授。基金项目：重庆市社会科学规划后期资助项目"黄炎培教育编年事辑"（2011HQZZ17）。

育司司长一职,但在 1912 年 7 月受邀出席全国临时教育会议时,他不仅参与讨论了《教育系统案》《小学校令案》《中学校令案》,还被指定为《小学校令案》的审查员。正是因为对普通教育的深谙,在同年 12 月被任命为江苏省教育司司长后,黄炎培对江苏中小学教育的改革提出了诸多建议,特别是针对学校中尤其是普通中学中,学生所学多脱离实际生活,以致毕业后多不能适社会之需、应社会之用的现状。1913 年 8 月,他作《学校教育采用实用主义之商榷》一文,主张学校的各种教科都应以实用为目的,以现实生活所需为内容,加强与个人生活和社会现实的联系,并于 1914 年 3 月和杨保恒辑译出版了《实用主义小学教育法》,1915 年 1 月撰写刊行了《小学实用主义表解》等书,促使了实用主义教育成为一种教育思潮,激荡于教育界。

黄炎培对实用主义教育的倡导,虽然使得"实用"逐渐深入人心,但是,人们认为,要真正使得实用主义教育付诸实行,产生有效的作用,还必须考察学校中种种不适于实用的病源,通过调查,揭示其种种不实用的表现,进而对症下药。因此,鉴于教育经费棘手,加之不满袁世凯的独裁统治,而于 1914 年 1 月毅然辞去江苏省教育司司长后,在倡导实用主义教育的同时,黄炎培于是年 2 月 22 日至 5 月 27 日和 9 月 14 日至 10 月 21 日,在对安徽、江西、浙江和山东、直隶进行考察时,不时地对实用主义教育加以宣传和鼓吹,促使一年间,教育界实用主义"鼓吹之声愈唱愈高,响应之区渐推而渐广",取得了"突飞之进步",且已"罕闻异议矣",[1]并"脱离商榷采用时代,进而入于研究实施时代"[2]。

两次国内教育考察,使黄炎培对中国教育的症结问题有了更为明确、清醒的认识,而这个症结就是中国教育和实际相脱离,不能适应社会的需求。虽然在考察间,他没有明言要通过在中国发展职业教育来改变中国教育的窘状,但他在考察中所提出的社会生计问题,学校毕业生特别是中学毕业生的出路问题等,实际上又反映出他已经开始在致力于寻求一种更好的教育形式。而对于寻找的途径,黄炎培将目光转向了国外。因为在他看来,"外国考察,读方书也;内国考察,寻病源也"[3]。所以,当 1915 年 4 月,受聘担任记者、随游美实业团赴美时,黄炎培将调查美国教育作为自己此行的重要任务,希望能够寻找到解决中国教育问题的"方书"。无疑,行前,在黄炎培心中,并没有预想这个方书就是"职业教育",但经过两个月参观考察美国 52 所学校,特别是 19 所中学以及和当地教育行政部门有关人员、有关学校负责人士接洽,向他们了解当地教育的发展情形,征询他们对中国教育改革的意见后,黄炎培对改革中国教育在思想上与来美之前有了一个质的改变和飞跃。这就是,当看到"美国教育,凡所设施,无一非实用"[4],美国政府对职业教育的重视和美国职业教育的发达,使他由最初至美不久所认为中国教育"惟冀普通教育与职业教育同时并进",方可逐渐"救生计之穷",[5]转而基于对中美两国教育的巨大差异的深刻认识,决定舶来"职业教育"这一东方辞典所没有的词。这一结果看似偶然,实则是水

① 黄炎培:《实用主义产出之第一年》,《教育杂志》1915 年第 1 期。
② 黄炎培:《叙》,《教育杂志》1914 年临时增刊。
③ 黄炎培:《黄炎培考察教育日记》第一集,商务印书馆 1914 年版,第 1 页。
④ 黄炎培:《实用主义产出之第二年》,《教育杂志》1916 年第 1 期。
⑤ 黄炎培:《新大陆之教育》上编,商务印书馆 1917 年版,第 141 页。

到渠成,是黄炎培长期思考中国教育改革之途的必然!

8月25日,带着发展职业教育的希望,黄炎培愉悦地回到国内。然而,虽然引入了"职业教育"这一新生事物,但最初,由于国内知之者甚鲜,所以从美国回国之初,在宣传和提倡职业教育的同时,黄炎培提出,"宜先从调查入手",并在1916年9月和沈恩孚、郭秉文、庄俞等人,在江苏省教育会发起组织了我国最早的职业教育研究机构——"职业教育研究会","专事研究各种职业教育之设施以及提倡推广方法",[1]并根据调查沪海道属各县教育状况和研究所得,在1917年初写就《职业教育实施之希望》和《实用主义产出之第三年》两文,于1月20日,同时刊登在《教育杂志》上。其中,不仅提出实施职业教育,一在确立职业教育制度,一在审择职业的种类及其性质这样的指导方针和宏观理论问题;而且,认为"实用主义教育产出之第三年,谓是职业教育萌生之第一年",如今"职业教育之声喧腾众口矣","语以抽象的实用教育,不若语以具体的职业教育之警心动目"。[2]可见,两文在一种杂志的同一期刊出,绝非偶然,实为有意为之:既是要给大家表明职业教育已经在中国萌生,也是要向众人说明,职业教育和实用教育虽有一定相同之处,但更有根本的区别,对它的提倡、实施,既必要,更必然。

正是基于以上认识,此时,黄炎培决定联合全国教育界、实业界著名人士,发起成立"职业教育社",希望通过团体的力量扩张职业教育的影响,加强对职业教育的宣传、研究乃至实践。并在自美回国后,向代理部务的教育部次长袁希涛提出考察日本、菲律宾教育的建议,得到认可同意后,于1917年1月至3月,和蒋维乔、郭秉文、陈宝泉等赴日本、菲律宾考察教育。由于心中钟情职业教育,黄炎培这次考察的就是职业教育,同时在菲律宾华侨中倡议捐金,为即将成立的职业教育社募集经费。期间,他不仅参观了两国多所职业学校,就有关职业教育问题与两国教育家交换意见;而且,不时在多地就职业教育发表演讲,鼓吹职业教育。

日本、菲律宾之行使黄炎培更加坚定了发展职业教育的信念,并为职业教育社的成立募集到一定的经费。5月6日,包括黄炎培在内的共44名教育界、实业界等著名人士联署发起的中国历史上第一个专门倡导、研究和实施职业教育的团体——中华职业教育社在上海宣告成立。至此,职业教育在黄炎培倡导和努力下,在一大批有识之士的支持帮助下,进入一个新的发展阶段。

二、职业教育理论的探讨:适应时势和因地制宜

作为从欧美国家舶来的职业教育,在当时无疑是一个新生事物,所以,要使政府特别是广大社会民众真正从内心认同、接受它,还有赖于对其本身及其理论的宣传和推行。中华职业教育社成立后,黄炎培对在中国发展职业教育给予了极大的热情、期望和信心。然而,在职教社成立之初,不仅广大的民众对职业教育及其理论相当模糊,而且,即便是

---

[1] 《记事:江苏省教育会研究职业教育》,《教育杂志》1916年第10期。
[2] 黄炎培:《实用主义产出之第三年》,《教育杂志》1917年第1期。

职教社的大部分发起人,对职业教育的内涵、意义以及其在整个教育体系中的地位,也没有太多深刻的认识。特别是在社会上不少人对职业教育还存在很深的偏见。有的人认为在普通教育中,不应涉及职业教育;也有的以为职业教育与实业教育"名异而实同"。特别是由于职业教育关注生计,有人即认为,接受职业教育,仅仅只是为将来谋得一个饭碗,故将职业教育视为"饭碗教育""吃饭教育""饭桶教育";更有的将职业教育鄙视为舶来的"奴隶教育",或利用谐音,称之为"作孽教育"。种种不实、不符、不当之词,不一而足。有鉴于此,职教社成立后,黄炎培基于对中国传统教育弊端的深刻认识和对西方职业教育的熟谙及崇尚,通过讲演等形式,大力宣传职业教育;积极开展调查活动,以明晰中国社会实际发展情况和教育的具体现状,阐明职业教育在中国实施的重要性、必要性和可能性。

对职业教育的宣传,主要是通过演讲的形式进行的。特别是在职教社成立之初,黄炎培在各地特别是上海附近的学校多次就职业教育进行多次演讲,并在寰球中国学生会年会、江苏省教育行政会议、有关各地暑期讲习会及南京高等师范学校暑期学校等,多次对职业教育进行了全方位的解读,对职业教育做了实际的宣传,使更多的人明了了职业教育的一些基本原理,所包含的方面以及提倡职业教育的意义所在。此后,在 1918 年 6 月,黄炎培和职教社总书记蒋梦麟以职教社名义,赴东三省调查教育状况,并携带图表、幻灯片等,讲演职业教育,同时征集社员;1919 年 1 月和 1921 年 1 月又先后两次赴南洋,在宣传职业教育的同时,为职教社征求社员,募集经费。

与此同时,1917 年 10 月,黄炎培又创办《教育与职业》杂志,作为职教社的机关刊物和开展职业教育理论探讨的主要阵地。在积极投身于职业教育宣传和调查活动的同时,黄炎培结合职业教育在中国的实际推行情况和发展情形,就职业教育的含义、目的、内容,乃至实施方法等,进行了筚路蓝缕的理论探索和研究。其中 1917 年 11 月和 1918 年 1 至 5 月,他先后在《教育杂志》和《教育与职业》上发表《职业教育析疑》和《职业教育谈》两文,前者从澄清职业教育与实业教育的区别入手,阐明职业教育的含义所在,后者则从职业教育的宗旨出发,消除人们对职业教育的偏见。

此后,在参与职教社年会开展职业教育理论研讨,并发起创办了中华职业学校后,黄炎培积极投入当时的学制改革运动之中,先后于 1921 年 10 月至 11 月、1922 年 7 月、1922 年 9 月和 1922 年 10 月出席了全国教育会联合会第七届年会、中华教育改进社第一届年会、学制会议和全国教育会联合会第八届年会,对 1922 年 11 月"壬戌学制"确立职业教育制度做出了重要贡献。

"新学制"从法律上确立了职业教育的地位,这让黄炎培兴奋不已,但是,黄炎培又深知,以"一纸公文",并不"可以奏绩"。要教育界"十分了解新学制之精神",真正使得职业教育深入人心,为广大民众所"内化"接受,则还需要进一步对之进行宣传和倡导。不过,值得指出的是,"新学制"颁布施行后,黄炎培对职业教育制度的关注与讨论与此前有所不同。如果说在"新学制"颁布前,黄炎培主要是以宣传职业教育的意义和重要性等为手段,以确立职业教育制度为目标的话,那么在新学制实施后,他所关注思考的则是"施行新学制以后的职业教育问题",包括职业教育如何实施,如何通过实践的推行加以检验、推广职业教育制度,等等。

"新学制"的颁布虽然从法律上规定了职业教育的具体兴办要求,但由于中国幅员辽阔,各地区经济发展不平衡,各省市在遵"新学制"关于职业教育的有关统一规定的同时,也必须采取各种措施,制定本地区职业教育发展的相关计划。作为对职业教育有着深入思考、研究和理解的黄炎培,自然深谙于此。为了充分发挥"新学制"在职业教育方面的"弹性",使之在实施过程中真正产生实效,黄炎培和广大的教育界、实业界人士一样,在对职业教育制度不时宣传的同时,还就各地特别是对河南、江苏、安徽等省职业教育的发展,进行规划和设计,给予具体的指导。并于 1925 年 8 至 9 月基于对山西和绥远的考察,提出"划区"实施职业教育的理论,在此基础上,于是年 12 月提出了"大职业教育主义"的理论,为当时职教社推进职业教育开辟了新的道路,同时也标志着职教社对职业教育理论的探讨进入了一个新的阶段。

三、职业教育的反思:理论的深化和趋于与抗战救国的结合

自 1925 年 12 月黄炎培提出"大职业教育主义"的理论后,职教界反应强烈。而在"大职业教育主义"理论的指导下,1926 年 5 月,黄炎培和陶行知、邹秉文、王志莘等组织的联合改进农村董事会成立,黄炎培并任会长,领导建立了徐公桥乡村改进试验区,开展农村职业教育试验,并加强对农村教育理论的探讨;1926 年 9 月,他又联合杨卫玉、潘文安、魏师达等,成立淞沪工业补习教育委员会,积极推进职业补习教育。

然而,正当黄炎培更加努力专注地为职业教育奔走时,1927 年 7 月,国民党中央政治会议上海临时分会将之宣布为"学阀","请中央政治会议明令褫夺公权,并令各教育及其他机关永远不许延用"[①]。这使得他不得不到当时被日本占领的大连避难,并于是年 10 月至 11 月和 1931 年 4 月两赴朝鲜,1931 年 4 月赴日本考察。期间,虽然在 1928 年 6 月黄炎培辞去职教社办事部主任一职,但正如他自己所言,既然"以终身服务职业教育自勉,但绝对不以长期主任本社办事部为然";即使"充一普通职员",仍会"随同服务"[②]。事实也确实如此。从辞去办事部主任到 1931 年"九一八"事变爆发前,在三年有余的时间里,黄炎培仍然在孜孜于职业教育。这不仅表现在他时时关心、关注、服务于他所寄托和钟爱的职教社,而且在实践"大职业教育主义"理论的同时,不时地对职业教育进行深层思考。这些思考,不仅深入,而且涉及面极广。如 1928 年 9 月 29 日,黄炎培完成《吾人为何从事职业教育》一文,认为虽然社会上无业者和不乐业者甚多的原因,有政治、经济多方面的因素,不能全部归咎于教育本身,但教育界自应负起其相应相当的责任;况且通过何种途径培养知能,使大批的无业者具有职业,确又是职业教育所要探讨和解决的重要问题。1929 年 1 月 1 日,《教育与职业》辟第 100 期为"百期纪念专号",黄炎培在本期发表《我来整理整理职业教育的理论和方法》,该文既是对此前职业教育理论的一个总结,

---

① 《政治分会第三十八次会议纪》,《申报》1927 年 7 月 2 日。

② 《黄炎培辞职原文》,《教育与职业》1928 年第 96 期。

同时也是对未来职业教育的实施从理论上所做的一个方向指引。文中,黄炎培说,职业教育就是一方面要用科学来解决职业教育问题,一方面要用职业教育来解决平民问题。其中对后者而言,黄炎培认为农民、工人、商人、妇女、残废者、军队等的教育问题,乃至全部的农村问题和劳动问题,无一不是将平民作为对象,也无一不在职业教育的范围之内。1930 年 3 月 24 日,他又作《职业教育机关唯一的生命是怎么?》一文,特别指出,办职业学校,首先考虑的是设什么科,而由于职业学校的基础是"筑于社会的需要上",所以,职业学校的设科,"完全须根据那时候当地的状况"。[1]

值得指出的是,朝鲜之行,虽使黄炎培对职业教育促进国家发展抱更巨大的信心,但是,也让黄炎培敏锐地意识到日本正在加紧它的侵华步伐。而从日本考察回国后,他又不时地在不同场合、利用不同机会介绍此次日本之行的经过,特别是日本对职业教育的重视和发展情况,号召国人对之进行借鉴。不仅如此,在演讲和报告之余,黄炎培很快将考察朝鲜、日本的经过及感悟、体认,整理成《黄海环游记》一书,于 1932 年 1 月出版。在书中,黄炎培用极其生动犀利的文笔,和通俗而极其得体的体裁,不仅记述了他在日本的考察所得,而且揭示了日本处心积虑以谋取中国的险恶用心。

"九一八"事变后,在积极投入抗战救国活动的同时,黄炎培仍时时参与有关职业教育的舆论宣传、理论探讨和实践活动,只是和此前不同的是,此时在黄炎培心中,"职教救国"已经有了新的、更为丰富的内涵,这就是职业教育必须与抗日救亡结合。因为,"抗战救国为目前唯一的任务"!

1933 年 7 月 9 日,在出席中华职业教育社第十三届社员大会暨第十一届全国职业教育讨论会时,黄炎培言道:"社会是整个的。欲解决任何社会问题,决不能专求于一方面";"要知道职业教育,不是职业教育的教育,而是和人家极有关系的教育,与其他各机关都有连带的关系"。[2] 1934 年 2 月,旨于确定职教社一年中之工作方针的该社第八次专家会议,讨论通过了黄炎培提出的《复兴民族精神训练教材方案》,此次会议后,黄炎培执笔于 3 月 26 日写就《中华职业教育社宣言》,在 4 月以"中华职业教育社"的名义发表。"宣言"指出:十多年来,民生日益困窘,实业日益衰落,失业者日益增多,学校教育日益彷徨无措;而近来强敌入侵,国土沦亡,"举国人民,蒙空前之奇耻大辱而未由振拔";而"立国之道,首在民心,次在民力",所以必须以"自治治人、自养养群、自卫卫国"的教育原则,组织"民族复兴教育设计委员会",联合各方力量,群策群力,全体动员,方能完成救国大业。

此后,1936 年 1 月至 4 月,黄炎培应民生公司总经理卢作孚之邀,离开上海至四川考察。期间,虽见四川物质之富、精神之美,但让他感触最深的还是人民生活之"惨"。在此国难日重的时期,如何让占全国人口达 1/10 的五千余万四川民众生活富足,黄炎培十分忧心。因此,他在各地演讲时,所涉内容不仅广泛,且对象既有学生,也有军人,更有广大的民众。其中对学生所作的演讲,其中心和重心,已经不再是宣传、倡导"职教救国",鼓

---

① 黄炎培:《职业教育机关惟一的生命是怎么?》,《教育与职业》1930 年第 113 期。

② 黄炎培:《大会开幕式纪事:主席黄任之君致答词》,《教育与职业》1933 年第 147 期。

励学生有业、乐业，而是多号召拯救国难。可以说，此时在黄炎培的思想意识中，面对民族危亡，国家的前途、民族的命运乃他心之所系，梦之所萦！因为在国破家亡之时，职业教育的力量是那么微弱！所以即便 3 月 17 日在重庆市商会通惠中学所作名为《国难中之职业教育》的讲演，其内容也主要是希望同学们"发挥爱国的精神"，并认为如果这样，那么"中国不但不会灭亡，中国将永远存在，永远光荣！"①

四、战时和战后的职业教育追求：职业教育的不了情

应该说，在抗战全面爆发前，无论是黄炎培还是职教社同仁，他们对职教社使命的认识，主要是强调扩大职业教育的范围，使职业教育和抗战救国趋于结合，进而通过发展职业教育服务于抗战救亡。但 1937 年 7 月全面抗战爆发后，黄炎培彻底抛弃了"职业救国"的理想。

当时，和职教社同仁一样，在黄炎培看来，"生产分子的训练和对从业员的深加教育，俾对抗战建国的力量有所增加，都是在职业教育范围内中"②。所以，随着抗战全面爆发，战争给国家也包括职教社带来了巨大破坏，给国人也包括职教界同仁带来了深重灾难，为了策励未来职教社的工作方针，1939 年 4 月 16 日至 5 月 7 日，职教社在昆明召开了为时 3 周的工作讨论会，即"昆明会议"。出席会议的 18 名人员均由黄炎培亲自选定，虽然当时黄炎培正在率领川康建设考察团在川南考察，但因本次会议特别重要，他还是抽时间由川飞滇，于 4 月 22 日至 4 月 27 日专程与会。最终会议不仅决定将总社迁至重庆，而且确定了职教社新的努力目标："以最高的积极性参与抗战建国的努力"，进而"实现一个民生幸福的社会"；在这个社会里，真正达到"无业者有业，有业者乐业"的目的。至此，黄炎培和他的同仁已经彻底抛弃"职教救国"的理想。此后，黄炎培紧紧将职业教育的宣传和实践与抗战大业联系起来，充分发挥职业教育在抗战中的重要作用；同时，也将更多的时间和精力投入抗战建国的事业之中。

1940 年 7 月 1 日，《教育与职业》复刊出版第 192 期，黄炎培在所作《复刊词》中，将职业教育喻为"一个婴儿"，将《教育与职业》喻为"一位忠诚而慈爱的保姆"，认为正是通过《教育与职业》这个保姆的"提携保抱"，职业教育才得以不断发展。1941 年 12 月，他在《我的工作和教育》一文中，再次强调"战时教育，不论是那一种教育工作，范围不能不求其广，内容不能不求其适符当前的形势"，"教育必须随着救国的统一目标，完全以工作来适应当前态势"，"生活就是教育，教育就是救国"！③ 1942 年 8 月 5 日，第十六届全国职业教育讨论会在重庆中央工业专科职业学校召开，作为大会主席的黄炎培在开幕式上发表讲话说，抗战要求发展职业教育，然而，在这方面，职业教育对于抗战新要求的满足，做得还不够，所以，如何满足抗战的新要求，这不仅是我们今后的责任，也是我们这次会议讨论的中心。而要达此目标，促进职业教育的发展，又必须深刻地研究职业教育的理论与

① 黄炎培：《国难中之职业教育》，《教育与职业》1936 年第 176 期。
② 《战时职业教育特辑"编者按"》，《国讯》1938 年第 187 期。
③ 黄炎培：《我的工作和教育》，《教育研究》1942 年第 100 期。

方法。他还希望职教社同人,要将眼光放远,不仅要看到战时,也要考虑到战后,因为"战后职业教育的使命比现在更大,更应以新精神来达到新使命"①。

抗战胜利后,1946 年 2 月黄炎培由重庆返沪,在继续为团结、和平、民主、统一而奋斗的同时,他对教育给予了相当的重视,特别是对于职业教育在战后的作用进行了新的探讨。对教育,特别是对于职业教育,他有着永远的不了情!因为,无论何时,职业教育都是萦绕在他内心深处永不泯灭的梦!

1947 年 5 月底,在国民参政会第四届第三次大会上,黄炎培特提出关于职业教育的提案并获通过。之后,他一方面出席了职教社理监事会、工作检讨会、专家会议、常务理事会等有关会议,对职业教育提出指导意见;另一方面,则十分关心中华职业学校的发展。1948 年 10 月 16 日,基于对职业教育的理解和对战后社会形势的分析,他又写了《战后职业教育重估价》,认为战争结束后,需要生产的恢复和增益,所以对职业教育的需求更大,因此,职业教育在两次大规模的世界战争后,它的价值只会看高,不会看跌。

五、在政治与教育之间:不弃教育和职业教育

黄炎培既是一个教育家,也是一个政治活动家。早在清末,他即受蔡元培等革命党人和民族革命思想、民族革命浪潮的影响,积极投入革命洪流中。如 1905 年 9 月初加入同盟会,1909 年 9 月成为江苏省咨议局常驻议员,1911 年 11 月到苏州劝说江苏巡抚程德全反正。"九一八"事变后,面对民族危亡的客观现实,全国各地、各阶层的抗日情绪异常高涨,抗日救国声浪沸腾,社会各界组织的各种"救国会""救亡会""国难会""救国联合会""国难救济会"纷纷成立,各地纷纷召开救国大会,要求对日宣战,收复东北失地。和全国人民一样,职教社同仁也深深认识到:"国族不存,何所托命?欲求幸福,先应救亡。"②而此时的黄炎培,在总结多年来职业教育的发展状况和国难日亟的现实后,也开始认定:"仅服务社会,办理教育,所发挥的力量还不够",开始"把创办了多年的中华职业教育社、中华职业学校等若干教育机关交给几位朋友,自己抽身出来从事救国工作"③,不仅积极参与组织了一系列抗日团体,如 1931 年 9 月,和江恒源、杨卫玉等组织了"抗日救国联合会",12 月 3 日,和马相伯、唐文治等人组织了"江苏省国难救济会",1932 年 1 月,为了支援十九路军进行"淞沪抗战",和史量才、虞洽卿等发起组织了"上海地方维持会";而且在 1932 年 7 月至 1933 年 2 月,三次北行,赞助办理救济救护各项事宜支持华北抗战。与此同时,还于 1931 年 12 月创刊《救国通讯》(1934 年 1 月 10 日,从第 61 号起,改名《国讯》),以唤起民众、倡导团结御侮为指导方针,致力于报道国难的消息,刊登有关救国运动的文字;此外,积极开展抗日救国的宣传,多次在各地机关特别是学校演讲有关抗日问题,号召青年坚定爱国、奋起救国。

全面抗战爆发后,彻底抛弃"职教救国"理想的黄炎培,面对国土沦陷、国破家亡的现

---

① 中华职业教育社:《职业教育设施纲领》,中华职业教育社 1943 年刊,"致词"。
② 黄炎培等:《代贺年柬》,《国讯》1936 年第 117 期。
③ 黄炎培:《学生和劝募公债》,《国讯》1941 年第 268 期。

实,抱着坚定的爱国主义信念,以极大的心力投入抗日救亡运动之中,不仅到处发表抗日演讲,鼓舞、增强国人抗战救亡的决心,而且以《国讯》为武器,撰写抗战文论,大力宣传抗战,反对投降,并在奔赴各地劝募战时公债的同时,号召民众抗战到底、抗战必胜、抗战建国。期间,他怀着忧国忧民的思想,并通过参加国民参政会,发起"民盟",创办《宪政》月刊,并奔赴延安考察等形式,不遗余力地积极为和平、团结、统一奔波。1945 年 8 月抗战胜利后,更是主张和平,反对内战。在毛泽东来到重庆参加国共谈判期间,出于调和国共两党使之团结建国的决心,黄炎培和毛泽东、周恩来、王若飞等中共领导人多次接触,不失时机地表达自己对谈判的看法。之后,为了争取和平,他又组织"民建",出席政治协商会议,希求民主的到来。可以说,此时,为了民主,为了民众,为了国家,为了民族,黄炎培甘愿做一个这样的"痴情者",即使是付出生命也义无反顾,在所不惜!

但是,在黄炎培的一生中,虽然从清末到新中国成立前,不少时间从事着政治工作,但发展职业教育始终是他心中不灭的梦!并且,在他的内心,并不是想要自己有一天走上政治道路。自然,生活于内忧外患和国难深重社会的黄炎培,不可能不关心政治,但是,从清末"教育救国"到 20 世纪一二十年代的"职教救国",再到 20 世纪 30 年代的职业教育和抗战救国趋于结合,与时俱进的黄炎培,又无时不在探讨职业教育理论,推进职业教育理论的发展,并将相当一部分精力和心力投入职业教育的实践之中;通过言行向世人证实了自己对教育,特别是对职业教育的一往情深!

如早在 1909 年 6 月 10 日,当上海地方自治研究会举行欢迎会,欢迎松江府属新议员黄炎培、秦砚畦、雷奋、穆湘瑶等人时,黄炎培在演说中如此言道:"炎培自投身教育界以来七年矣,窃自抱定一宗旨,且常自勖以勤恕二字,今忽以乡父老之委托,将厕身政治界,实与炎培性情习惯均非所长。"①也正是因此,在清末最后几年,他仍一直在为"教育救国"奔波。不仅在 1911 年 4 月至 5 月和 7 月至 8 月作为江苏教育总会的代表,分别出席了各省教育总会联合会成立大会和中央教育会议;而且在是年 11 月 16 日被委任为江苏省民政司总务科长兼学务科长。民国成立后,虽然辞去江苏教育司司长职务,但他却长期担任着江苏省教育会副会长,并任中华职业教育社办事部主任之职,一直到 1928 年 6 月。期间,在 1917 年 9 月拒任直隶省教育厅厅长;1921 年 12 月和 1922 年 7 月两次坚拒北洋政府委任他担任教育总长的任命。其因是"不忍中途抛弃""方努力进行"的职业教育,是"矢愿以在野之身,为职业教育略效奔走","稍谋社会国家根本补救"!②

在整个抗战时期,黄炎培极力地宣传抗战,为抗战救国在努力着,且认识到:"在我们中国这样一个政治上、经济上受着种种枷锁的国家,所谓社会问题的解决,必须统一于国家民族的解放。"③因此,他积极投入抗战救国的活动之中,相应地,对职业教育的地位和作用,也开始进行重新的审视和界定。但作为一个曾经的"教育救国"和"职教救国"论者,黄炎培不可能释怀教育,更不可能离开职业教育。1941 年 12 月,他曾这样言曰:"炎培是教育界的一个'老兵',四十年来没有脱离过教育生活,近年虽因救国事大,奔走各

① 《欢迎松属新议员纪事》,《申报》1909 年 6 月 11 日。
② 《黄炎培坚辞教长电:复京同乡电》,《申报》1922 年 7 月 17 日。
③ 《从困勉中得来——为纪念中华职业教育社二十四周年作》,《国讯》1941 年第 268 期。

方,却依然和教育事业结不解缘,'老兵'并未就此'退伍',也不想'退伍'。……在他人看来,以为黄某已跳出教育工作的圈子,事实上却大不为然。"①所以,抗战全面爆发后,针对当时新的形势要求,职教社逐渐改变了原来的目标,开始将职业教育与抗战大业结合起来,黄炎培也在从事抗战救亡工作的同时,不时开展着战时职业教育理论的探讨,并在为抗战教育奔波的同时,积极从事着职业教育的办学实践。在办学的过程中,他也越来越认识到"教育与政治,本无划分之可能,办教育,办职业教育,更不能自外于政治"。② 所以在战时,在努力调解国共关系的同时,黄炎培不仅在 1939 年 3 月出席了在重庆召开的第三次全国教育会议,1942 年 3 月至 4 月,参与第一届"推进师范教育运动周",而且于 1942 年 8 月主持第十六届全国职业教育讨论会,帮助会议顺利通过了职业教育发展的纲领性文件——《职业教育设施纲领》。此后,并联合张群、宋汉章、陈光甫等人创办中华工商专科学校,联合陆叔昂、贾观仁等人并在沈钧儒、刘航琛等人的鼎力相助下,创办灌县都江实用职业学校,两所学校先后于 1943 年 9 月和 1944 年 2 月开办。

抗战胜利后,虽然黄炎培将大量时间投入了政治中间,但也抽出相当时间从事有关教育活动,对教育的基本理论问题和职业教育的地位作了新的探讨,并于 1946 年和江恒源、杨卫玉等人筹备创办了比乐中学。黄炎培没有也不可能离开教育,更不可能离开职业教育,他之所以"抛开教育,参与政治,是被动的",是"为了救火",因为"政治不上轨道,那里办得成好教育呢?"③可见,为了"救火"参与政治,根本还是希望政治上了"轨道",更好地办好教育!

1949 年 9 月 16 日,新中国成立前夕,虽然在新政治协商会议第六次常务会议上讨论《共同纲领》"教育"章时,黄炎培极力主张"加入职业教育一点",会议经过甚烈的争辩,"最后调停结果,加一句'注重技术教育'",④这样的结果让他稍感遗憾,但并没有减弱他对职业教育发展的信心和对职教社未来使命的希望,因为他看到了职业教育和职教社生命的原动力,这一原动力,就是即将诞生的人民共和国。所以,新中国成立后,高兴地做了"人民政府"的"人民的官"的黄炎培,虽已年届古稀,但他老当益壮,兢兢业业,夙兴夜寐,献计献策,在为巩固、发展党的统一战线,为新中国的经济建设工作做出重要贡献的同时,有步骤地将职教社所办事业"化私为公",使职教社的各项事业全部纳入国家事业之中,并时时关注着"技术教育"和职教社,号召广大社员和中华职业学校的校友站稳劳动人民立场,全心全意为开展业余教育和技术教育,为建设新民主主义社会而奋斗。

1955 年 5 月,黄炎培在《我们应有的认识和努力》一文中宣告:"'职业教育'已经是一个历史上的名词了",但是他对于职业教育和职教社却深情无限,永远不能释怀。1957 年 5 月 5 日,中华职业教育社在上海举行成立 40 周年纪念会,黄炎培在纪念会上致开幕词说,这次纪念会除了总结过去 40 年经验以外,还将确定今后的任务:继续举办函授师范教育、基本生产技术教育等,并将开办学校,吸收中小学生入学。会议经过讨论,进一步

---

① 黄炎培:《我的工作和教育》,《教育研究》1942 年第 100 期。
② 《我们为什么这样努力办》,《国讯》1944 年第 367 期。
③ 黄炎培:《不想与不忍》,《教育与职业》1947 年第 203 期。
④ 黄炎培:《黄炎培日记》第 10 卷,华文出版社 2008 年版,第 279 页。

明确职教社是一个教育团体,它的任务是协助政府研究和举办一些教育事业,今后的主要工作是:进一步开展函授师范教育;继续研究和试验基本生产技术教育;响应政府号召,鼓励和推动民办学校,并将根据实际情况开办示范性民办中学和业余补习学校。

　　综上,早年的黄炎培立志"教育救国",引入职业教育后,又曾很长一段时期坚信并坚持"职教救国"。然而,"皮之不存,毛将焉附"! 在一个国将不国甚至面临着民族危亡的时代,无论是"教育救国"抑或是"职教救国",都只能是一个美丽的梦呓! 然而,可贵的是,作为一个与时俱进的教育家,在爱国主义的信念下,终黄炎培之一生,对职业教育的热情在他心中一刻也没有中止过。作为一个爱国的民主主义者,他的一生,也是为职业教育与时俱进的一生!

原载《河北师范大学学报(教育科学版)》2016 年第 6 期

妥协中的坚守

——无锡国专与中国传统书院文明赓续

◎陈兴德*

摘　要：书院是中国古代一项重要的发明，更是中国传统文化的重要载体。1902 年书院被废后，包括新儒家在内的不少学者强烈呼吁恢复书院建制、赓续书院精神，康有为、章太炎、梁漱溟、马一浮、钱穆等人还积极投身于民国书院建设运动中。但唯有 1920 年建立，1950 年终结的无锡国专成效最彰。通过对唐文治与无锡国专办学思想与实践，尤其是无锡国专、复性书院、苏州章氏国学讲习会的对比分析，不仅可揭示无锡国专办学成功的原因，同时也可以展现唐文治"仁""智""勇"的君子人格。

关键词：书院；唐文治；无锡国专

书院不仅是中国古代制度文明的重大创新，更是中国古代知识生产与传播的重要载体。但是，伴随着西方列强的入侵与欧风美雨的侵蚀，在近代中国文明转型主题下书院和科举成为一对"难兄难弟"，并相继于 1902、1905 年失去了合法性地位。伴随着中国近现代教育体制的确立，书院制度及其精神成为众多人心中挥之不去的"乡愁"。

民国时期，对于如何对待书院遗产、接续书院精神，各界态度分歧：是应当将书院与科举一道送进"博物馆"，与传统文化一起成为"国故"？还是说以所谓"创造性转化"融入现代教育体系之中？又或者继续保持体制外身份"遗世独存"，与现代教育体系分庭抗礼？受"整理国故"运动影响，一些人士身体力行地加入到复办书院的行动中，从而形成了一场民国"书院复兴运动"。不过，相对于其他机构的昙花一现，"别有幽怀"的无锡国专无论是存续时间，还是办学影响都令人感佩。[①] 又由于唐文治为无锡国专的中心与灵魂，因此，本文拟以唐文治教育思想与实践为着眼点，结合无锡国专办学经历，在展现传统书院现代转型的同时亦刻画出一代书院教育家的精神风貌。

---

*　作者简介：陈兴德，厦门大学高等教育发展研究中心副教授。

①　无锡国专多次更名，1921 年创立时定名"无锡国学专修馆"，1927 年 7 月改为"无锡国学专门学院"，1929 年 11 月更名为"无锡国学专修学校"，抗战期间，更因四处迁徙而分为桂林、无锡与上海等分校，更径以"无锡国专"为题代表之。

一、"教育救国""理学救国"——唐文治的理想主义情怀

1840 年以降,中国社会进入一个持续百年的"过渡时代"。在西方文化输入与中国传统文明转型过程中,中国人的思想与价值系统经历颠覆性变迁。不断积累、恶化的危机终如蓄积的洪水冲决了信仰的大坝,引发了所谓中国人的"文化撕裂"。[①] 人们对于传统文化的态度经历了从"自大"到"自弃"的急转,[②]它既包含了中国人对于现实的不满,更孕育了快速摆脱困境的躁动,并导致了所谓对于自身传统的"贬损憎恨"情结。[③] 唐文治就生活在这样一个"忧患"时代,作为一个身负旧学又亲历西方文明的开明思想家,他见证了帝国远去的背影,也亲历了辛亥革命以来的思想文化巨变,更目睹了日寇对民族文化的破坏。观其一生,无论早年"洋务"官员经历(1898—1906),还是中年以后担任上海高等实业学堂(交通大学前身)监督(校长)(1907—1920),再到以双目失明之身筹办无锡国专(1920—1950),可以说,其毕生职志尽在"救国""救民"! 如果说唐文治在总理衙门章京、外务部主事、商部右丞、左丞、左侍郎、农工商部尚书等职位上的流转重在"实业救国",那么他在上海高等实业学堂和无锡国专校长任内则意在"教育救国"。并且,这两个时期的侧重点也有差别,如果说担任上海高等实业学堂监督带有"实学救国"旨趣,那么他在无锡国专校长任内则突出了"理学救国"的特征。

(一)近代中国的"信仰"危机与"理学救国"

近代中国有所谓"兵战""商战""学战"之说,然种种器物、制度文明交锋的背后总不脱离"心战",即"文化认同""思想信仰"之战。近代中国信仰危机的发生与废除书院、科举关系密切,因为这不仅切断了"学统"与"道统""政统"的关系,中断了传统知识精英复制机制,同时也使得儒学的传承失去了制度支撑。传统士人的文化价值核心,几乎在一夕之间摧毁殆尽。[④] 康有为说当时之革命,不仅仅是革除开清朝一朝之命,而是"教化""礼俗""纲纪""道揆""法守"等系列革命,是"尽中国五千年之旧教、旧俗、旧学、旧制而尽革之,如风雨迅烈,而室屋尽焚,如海浪大作,而船舰忽沉,故人人傍徨无所依,呼吁无所诉,魂魄迷惘,行走错乱,耳口不知所视听,手足不知所持行,若醉若狂"。[⑤] 这充分地说明传统有一种神圣的感召力、权威性和神圣性。同时这也说明对传统的认同往往有信仰因素的掺入。即使缺少信仰的成分,也必须融进崇拜的精神。[⑥]

---

① "文化认同"的对立面是"文化撕裂"(或"文化精神分裂"),它指一个具有特定文化的国家变得对自己的文化感到不满和自卑,开始崇尚另一种文化,并竭力抛弃自己的文化,希望向另一种文化转变。然而,这种努力尚未成功,于是变成一个文化上"撕裂的国家"。参见河清:《文化个性与"文化认同"》,《读书》1999 年第 9 期。

② 蔡元培又讲:"我中国人向有一弊,即是自大;及其反动,则为自弃。"参见文明国编:《蔡元培自述 1868—1940》,人民日报出版社 2011 年版,第 287 页。

③ 马传军:《贬损憎恨情结与中国现代性焦虑》,《江苏社会科学》2003 年第 2 期。

④ 唐屹轩:《无锡国专与传统书院的转型》,台湾政治大学历史学系,2008 年,第 176 页。

⑤ 汤志均编:《康有为政论集》下册,中华书局 1981 年版,第 818 页。

⑥ 刘梦溪:《百年中国:文化传统的流失与重建》,《南京师范大学文学院学报》2004 年第 1 期。

唐文治成长于同、光之际,业师王紫翔和南菁书院黄以周、王先谦等晚清理学大师对其产生深刻影响,倭仁、吴廷栋和李鸿藻等人的思想更成为其重要思想资源。他尤其推崇程朱,认可顾炎武所谓"经学即理学,理学即经学,不可歧而为二"的看法。① 作为理学家,他视理学为国家治乱兴衰的关键,常言"理学明,则人心善而国运以盛;理学晦,则人心昧而国运亦衰"②。无锡国学专修馆建校之初,唐文治为之制定"学规",指出:"综览历史,理学盛则世道昌,理学衰则世道晦,毫发不爽。吾辈今日惟有以提倡理学、尊崇人范为救世之标准。"③近代以来,程朱之学破败之象已露,被视为"守旧迂谬之莠论"④,但唐文治认为"欲淑人心,必明性理"⑤,积极捍卫程朱之学在儒家道统思想中的正统地位,希望以"提倡理学,尊崇人范,为救世之标准"⑥。1930年,他在《紫阳学术发微》中明确指出:"国家之兴替,系乎理学之盛衰。理学盛则国运昌,理学衰则国祚灭。人心世道恒与之为转移。"⑦1936年,他在《朱子学术精神论》中说:"余尝谓,居今之世,欲复吾国重心,欲阐吾国文化,欲振吾国固有道德,必自尊孔读经始。而尊孔读经,必自崇尚朱学始。"⑧所以以上所言,皆可以归纳为唐文治所提倡的"理学救国论"。

(二)动荡时代的"国性""人心"问题

近代以来,"国民性""民族性""人心"等所谓"国性"问题成为反思国家衰落的重要出口。唐文治认为,"积亿万人之知觉"就是"国性",⑨国家兴亡系于"国性"的善恶。在其眼中,清末废除书院、科举,辛亥赶走皇帝,五四运动喊出"打倒孔家店"的系列文化社会运动不仅意味着中国延续两千年的"普世王权"(universal kingship)的瓦解,也意味着儒学道统等"宇宙秩序"的倾覆,⑩即所谓"新道德既无茫,旧道德则扫地殆尽"⑪,这无疑令唐文治内心愤懑,如鲠在喉!他批评当时"国性"与"人心"的种种问题——"鸣呼,世乱道微,邪说横行,淫言杂作,人人失其天真,而流于放纵"⑫,"人心之迷谬,风俗之庸恶,士品之卑污,上下历史无有甚于今日者"⑬,"良知良能泯,而国性日益消除,杀机洋溢不可胜数"⑭,"近今以来气节扫地无余,腼然人面无廉耻之色者比比皆是"⑮,"人心机诈直道靡存,卑污

① 唐文治:《茹经堂文集》,台湾文海出版社1974年版,第2250页。
② 王桐荪、胡邦彦、冯俊森等选注:《唐文治文选》,上海交通大学出版社2005年版,第486页。
③ 王桐荪、胡邦彦、冯俊森等选注:《唐文治文选》,上海交通大学出版社2005年版,第182页。
④ 唐文治:《茹经堂文集》二编卷五,台湾文海出版社1974年版,第749页
⑤ 王桐荪、胡邦彦、冯俊森等选注:《唐文治文选》,上海交通大学出版社2005年版,第486页。
⑥ 王桐荪、胡邦彦、冯俊森等选注:《唐文治文选》,上海交通大学出版社2005年版,第182页。
⑦ 林庆彰主编:《民国时期哲学思想丛书》第1编第88册,台湾文听阁图书有限公司2010年版,第244页。
⑧ 唐文治:《茹经堂文集》四编,台湾文海出版社1974年版,第1573页。
⑨ 王桐荪、胡邦彦、冯俊森等选注:《唐文治文选》,上海交通大学出版社2005年版,第351页。
⑩ 张灏指出,"传统中国的政治秩序是建立在一种特殊的政治制度上。这种政治制度不仅代表一种政治秩序,也代表一种宇宙秩序"。参见张灏:《时代的探索》,台湾联经出版事业股份有限公司2004年版,第44—45页。
⑪ 唐文治:《茹经堂文集》二编卷五,台湾文海出版社1974年版,第799页。
⑫ 汤一介编选:《汤用彤选集》,天津人民出版社1995年版,第13页。
⑬ 唐文治:《茹经堂文集》二编卷五,台湾文海出版社1974年版,第798页。
⑭ 王桐荪、胡邦彦、冯俊森等选注:《唐文治文选》,上海交通大学出版社2005年版,第400页。
⑮ 唐文治:《茹经堂文集》二编卷八,台湾文海出版社1974年版,第1054页。

苟且之风深而不可拔,礼义廉耻扫地无余矣"①。

在近代中国,西学即为新学,西潮即为新潮,西学西潮步步进逼,旧学中学节节败退。民国甫立,废除尊孔读经,孔子被赶下神坛;新文化运动继起,儒学由"经学"而为"史学"。唐文治对西学、科学并无恶感,在上海高等实业学堂任内他积极创设铁路、机电、航海等专科,课程设置仿照欧美工科大学,有的教科书直接购自麻省理工、哈佛等世界名校。对于该校办学目标,他既强调"造就专门人才,尤以学成致用,振兴全国实业为主",又申明"极意注重中文,以保国粹"。② 在学校更名为"交通部上海工业专门学校"后,学校办学宗旨中除了强调"教授高等工业专门学科,养成工业人才"的内容,也突出"极意注重道德,保存国粹,启发民智,振作民气,以全校蔚成高尚人格为宗旨",③可以说,中学、中文为其极其注重的国粹。当他眼见新辈提出废除尊孔读经,又或者主张"或者竟不看中国书,多看外国书",甚至废除中国文字等矫枉过正的言论,自然无法置身事外。他批评说,"近世末学诬罔无知,辄敢谰言废弃先师"。④ "近时毕业学子是今而菲古,骛外而遗内,尊西而忘中,偶有所得庞然自大贸然自谓已足,于本国之历史掌故风尚教化茫然一无所知。"⑤他慨叹"近世昏顽之士乃欲废文以废字,举中国数千年之文化刈而除之,卒至文化必不能除而莘莘学子大半已受其害"⑥。凡此种种,反映了唐文治将近代中国的"国性""人心"问题看成是诸多社会问题的重要根源。

(三)以理学"救国性","正人心"

身处危机中的知识分子总是在不断地思考着如何重建文化、社会的意义与秩序。唐文治视理学兴衰与"国性""人心"问题互为因果,将理学作为医治"国性""人心"问题的良方。认为"理学兴则人心纯固,而国家隆盛;理学废,则人心机械恣睢,而国家因以微弱"⑦。坚信理学可以"存天理于几希,拯人心于将死"⑧,"挽回世道之责,诚莫先于振兴理学"⑨,"欲善国性,当以致良知为先路之导"⑩。无锡国学专修馆开馆前唐文治确立讲学宗旨,强调"此时为学,必当以'正人心、救民命'为唯一主旨,以'救吾国、救吾民'为最终目标。⑪ 在《无锡国学专修馆学规》这个充满着传统书院气息的学规中,唐文化治提出十项规章与诸生共勉,并将该学规与张载《东西铭》、朱熹《白鹿洞学规》、高攀龙《东林会约》和汤斌《志学会约》相比拟,强调皆以"检束身心,砥砺品行"为目标,并直言"吾馆为振起国

① 唐文治:《茹经堂文集》二编卷八,台湾文海出版社 1974 年版,第 1121 页。
② 刘露茜、王桐荪编:《唐文治教育文选》,西安交通大学出版社 1995 年版,第 18—19 页。
③ 交通大学校史撰写组:《交通大学校史资料选编》(第一卷),西安交通大学出版社 1986 年版,第 224 页。
④ 唐文治:《茹经堂文集》编二卷八,台湾文海出版社 1974 年版,第 1047 页。
⑤ 唐文治:《茹经堂文集》编二卷四,台湾文海出版社 1974 年版,第 728—729 页。
⑥ 唐文治:《茹经堂文集》编二卷八,台湾文海出版社 1974 年版,第 1050 页。
⑦ 王桐荪、胡邦彦、冯俊森等选注:《唐文治文选》,上海交通大学出版社 2005 年版,第 34 页。
⑧ 王桐荪、胡邦彦、冯俊森等选注:《唐文治文选》,上海交通大学出版社 2005 年版,第 194 页。
⑨ 唐文治:《茹经堂文集》编二卷七,台湾文海出版社 1974 年版,第 975 页。
⑩ 王桐荪、胡邦彦、冯俊森等选注:《唐文治文选》,上海交通大学出版社 2005 年版,第 413 页。
⑪ 唐文治著,唐庆诒补:《茹经先生自订年谱正续篇》,台湾文海出版社 1986 年版,第 79—80 页。

学、修道立教而设",①借此激励馆生。

为实现"正人心""救民命"的目标,唐文治认为必须首先恢复读经,"读经为救世之第一事"。②强调"经者万世是否之标准,即人心是非之标准也。……经者常道也,知常则明,明常道则明是非",读经与救国休戚相关。③1921年,无锡国专刊刻十三经供学生诵读,唐文治于《施刻十三经序》中再次强调经学的重要性,"人心自害孰为之,废经为之也。废经而仁义塞,废经而立法乖,废经而孝悌廉耻亡,人且无异于禽兽",呼吁"欲救世先救人,欲救人先救心,欲救心先读经"④。他拟订了一套完整的读经教育计划——初级小学3、4年级起应读《孝经》,高级小学两学年应读《大学》及上半部《论语》,初级中学三学年应读下半部《论语》及《诗经》选本,高级中学三年应读《孟子》及《左传》选本,专科以上各大学及研究院应治专经之学。认为循此步骤,方能挽救"日尚欺诈,杀机循环不穷"的社会,达致"正人心以拯民命,救中国以救世界"之目标。⑤

无锡国专创校之初,唐文治讲授《论语》《孝经》《孟子》《礼记》《性理学大义》等,并针对授课内容编纂教学讲义。⑥从1925年起,唐文治编辑授课讲义《国文经纬贯通大义》,选录古诗文276篇,依文章作法体系,分为44类。1928年,唐文治讲授《尚书》,编定《尚书大义内外篇》,其中"外篇""叙古今文源流,采择精博,断制谨严,撷江、段、王、孙诸家之菁华",《内篇》"发挥每篇精义,多有先儒未经道者"。⑦他以"厚植基础,博览专精"为训导,提倡学生精研国学元典。规定每位国专学生至少熟读顺诵古文五六百篇。除讲学于无锡国专外,唐文治亦前往各地演讲。1933年8月,应李根源、金天翮之邀,前往苏州国学会演讲,讲题包括《论语大义》、《孟子大义》和《性理学大义》等。讲演《论语大义》时,唐文治标举"尊孔读经"大旗,目的为"救人心""救人命",能达此目的者以《论语》所论最为精要。他将《论语》大义归结为学、仁、政三字,其后针对学、仁、政三字予以析论。讲演《孟子大义》时,关怀核心仍不离"救人心""救民命",并据《孟子》篇次讨论要点。⑧1938年起,交通大学校长黎照寰开设特别讲座,邀请唐文治每星期日前往演讲,以道德文学大纲为主,揭示救民命之宗旨。1939年,前往大夏大学演讲,内容以王阳明"致良知"和"知行合一"之学为主,希望达到"正心救国"之目的。⑨

二、"与时俱进""因时制宜"——唐文治的现实主义态度

近代以来,随着大学由"边缘"逐渐走向社会的"中心",大学尤其是私立大学与政府

① 王桐荪、胡邦彦、冯俊森等选注:《唐文治文选》,上海交通大学出版社2005年版,第182页。
② 唐文治:《茹经堂文集》编二卷五,台湾文海出版社1974年版,第800页。
③ 唐文治:《茹经堂文集》编二卷五,台湾文海出版社1974年版,第788—791页。
④ 唐文治:《茹经堂文集》编一卷四,台湾文海出版社1974年版,第257—263页。
⑤ 唐文治:《茹经堂文集》编四卷四,台湾文海出版社1974年版,第1605—1608页。
⑥ 唐文治著,唐庆诒补:《茹经先生自订年谱正续篇》,台湾文海出版社1986年版,第81—122页。
⑦ 唐文治著,唐庆诒补:《茹经先生自订年谱正续篇》,台湾文海出版社1986年版,第97—98页。
⑧ 唐文治:《茹经堂文集》编三卷三,台湾文海出版社1974年版,第1309—1312、1312—1317页。
⑨ 唐文治著,唐庆诒补:《茹经先生自订年谱正续篇》,台湾文海出版社1986年版,第131—133页。

的关系得以重塑,其结果是政府以强势姿态介入大学管理,这使得原本处于"体制外"的私立大学很难保持原有的独立状态。民国前期的混乱局势反而为包括私立大学在内的高等教育机构提供了相对宽松的政治环境,私立大学数量、在校生数都获得一定的发展。与此同时,大学管理的粗放和教育质量的低下也常为人诟病。南京国民政府成立后即着手整顿全国高等教育,先后出台《大学组织法》(1929)、《专科学校组织法》(1929)、《大学规程》(1929)、《专科学校规程》(1931)等系列法令,特别是为加强私立大学整顿力度,出台《私立大学及专门学校立案条例》(1927)、《私立学校规程》(1929、1933)、《私立大学、专科学校奖励与取缔办法》(1930)、《私立专科以上学校补助费分配办法大纲》(1934)、《私立专科以上学校补助费支给办法》(1934)等法令法规,其着眼点在于控制大学数量、提高质量,增强政府对大学控制能力。[1] 这一系列从宏观到微观、从整体到部分对私立大学发展做出的详细规定,体现了政府对私立大学的管理由粗略到严密、由松懈到严格。[2] 事实证明,南京国民政府出台的系列法令尤其是私立大学须受国家监督,只有取得立案资格方准办学的规定深刻影响了民国时期的私立大学,尤其是对一批"书院式学校"发展走向产生重要影响。在这些法案影响下,少数机构如无锡国专既坚持原则又不失灵活性,既保持自身办学风格又积极适应政府要求,从而有效实现了"书院现代化"。但也有更多机构由于或无视或抵制,或主动调适而效果不彰,最终逐渐淡出历史舞台。

(一)务实的抉择:从"体制外"走向"体制内"

为今人所讴歌的古代书院精神与书院早期兴起过程中所形成的"在野"和"体制外"的身份传统有很大的关联。"在野"意味着与当朝或主流意识形态的区隔甚至对立,因而较不易受到政治直接的干预;"体制外"意味着书院在经济上基本或较少有求于政府,又可以弥补官学教育之不足。正是由于上述原因,古代书院形成了所谓私人讲学、研究自由的传统。但也应看到书院的这种传统其实根基是相当脆弱的,尤其是元代官学化、明代科举化以后书院的这种"自治"传统遭遇到很大的冲击。进入现代以后,书院转型除面临知识转型、人才培养目标与过程的调适以外,也还存在着主动适应新的法律、政策环境的问题。所以到这个时候,想继续以"在野"和"体制外"的方式维持"书院式的学校"生存下去只能是"刻舟求剑"。

无锡国学专修馆创办之初一直以"书院"模式运转,但这明显地与现代学校教育制度大势不符。壬戌学制(1922)颁布后,教育部对高等教育年限、文凭等作了相应的规定。依照规定,由于无锡国专在这一体制之外,学生即使国学功底扎实,但却无法拿到官方认可的文凭。1927年12月,《私立大学及专门学校立案条例》要求私立学校一律重新立案,凡不符规定者不予立案;其后《私立大学条例》和《私立大学校董事会条例》更对私立大学办学条件、规模、目标、水平提出明确要求。江苏省政府也于1926年颁布《江苏省整理私立学校中等以上学校暂行办法》,要求试办两年以上私立学校应向教育厅申请立案,并对

① 田正平、陈玉玲:《国民政府初期对高等教育的整顿(1921—1937年)》,《河北师范大学学报(教育科学版)》2012年第1期。

② 宋秋蓉:《20世纪上半叶中国私立大学产生与发展的历史轨迹》,《高等教育研究》2006年第11期。

经济窘迫、宗旨悖谬、借学敛财、贻误青年、违法乱纪的私立学校坚决取缔。[①] 1927 年 1 月,教育厅组织专门人员对私立大学整顿情况实地考察。[②] 在此背景下,唐文治主导下的无锡国学专修馆选择主动顺应形势、扩大学校发展空间,积极融入现代学校制度潮流。此后,根据 1929 年颁布的《大学组织法》《专科学校组织法》对于"大学"学科设置的要求,教育部给予学校"专科学校"身份,并令学校更名为"无锡国学专门学校"。

(二)必要的妥协:不求其名,但求有实

唐文治的初衷是将国学馆办成一所正规大学或一般意义上的文科大学,并使之成为中国传统文化的代表和弘扬"国粹"的旗帜。办理"专科学校"显非其本意——1947 年无锡国学专修学校上报教育部的英译名为"the College of Chinese Culture"(直译即为"中国文化学院"),1949 年 8 月,无锡国学专修学校的桂校、锡校、沪校师生合校之际即立主校名为"中国文学院"。[③] 但是,倡导"立教救世,贵在因时"的唐文治似乎更愿意顺应环境的变化,尽管校名和学校性质并非如预期,但唐文治并不斤斤于此,而是在坚持国学教育特色的同时加以妥协、变通,这种务实理性的精神或与其仕宦生涯有一定的关联。在这一点上,同样致力于复办书院的章太炎和马一浮就更显"狷介"。这集中反映在他们对于学校教育始终抱持怀疑态度,如章太炎批评学校"专重耳学,遗弃眼学",过求速悟,不讲虚心切己体察穷究,于学生日后之治学危害极大;至于学生才性不一,教师只管大班讲授,而非因材施教,实在是糟蹋人才。[④] 马一浮讲,"当今学校,不如过去的书院。教师为生计而教,学生为出路而学。学校等于商号,计时授课,铃响辄止"。[⑤] 因此,二人始终拒绝进入现代大学体制,而是模仿古代大儒设帐讲学,归根到底,这反映了他们厌恶新式学校,向往传统书院的强烈心愿。[⑥] 但是,为什么苏州章氏国学讲习会虽有章太炎这样的名师坐镇,然而真正由其培养的国学人才却凤毛麟角? 这其中固然有章太炎过早去世,及缺乏系统的人才培育计划和完善的课程规划等因素有关,但根本的原因还是在于主办者不能拥抱现代教育制度,积极立案获得合法身份,从而导致其与教育发展潮流渐行渐远。无怪吴稚晖在章太炎过世后扬言:"章氏国学讲习会既不是大学,又不类研究院,未经立案,应予封闭。"[⑦]同样,复性书院虽"无名而有实"地存在了几年,但最终也只得草草关门,从而使得这种"有理想""有信念"的可贵尝试仅留下"象征意义远大于实际效果"的遗憾。[⑧]

---

① 《国内教育新闻》,《中华教育界》第 15 卷第 12 期。
② 《国内教育新闻》,《中华教育界》第 16 卷第 7 期。
③ 吴湉南:《无锡国专与现代国学教育》,安徽教育出版社 2010 年版,第 55—57 页。
④ 陈平原:《中国现代学术之建立——以章太炎、胡适之为中心》,北京大学出版社 1998 年版。
⑤ 滕复:《马一浮思想研究》,中华书局 2001 年版,第 28 页。
⑥ 马镜泉等:《马一浮评传》,百花洲文艺出版社 1993 年版,第 83、95 页。
⑦ 陈平原、杜玲玲编:《追忆章太炎》,生活·读书·新知三联书店 2009 年版,第 401 页。
⑧ 陈平原:《大学何为》,北京大学出版社 2006 年版,第 60 页。

(三)着眼促进现代学校制度建设

20 世纪 20 年代,中国高等教育"美国化"倾向日益明显,反映在大学组织架构上,大学纷纷设立董事会和校务委员会,教学实行学分制,课程实行选修制,在沿袭书院传统上旁采欧美大学建立导师制。早在 1927 年改制为国学专修学院(1927—1929)时,学校就成立正式的董事会,董事会分"经济股"和"教育股",到抗战前经济股 33 名董事中 32 人为无锡、江苏当地实业家,包括大慈善家唐滋镇(董事长)、近代民族工商业领袖荣氏兄弟、"火柴大王"刘鸿生等人。这些企业家发扬施肇曾、孙鹤卿、杨寿楣、陆勤之等人的倾资助学精神,又通过《校董会章程》将其制度化,并明确规定"经济股校董每年每人担负本校经费五百元"①。大部分校董不仅热爱教育,又与唐文治志同道合,对国学教育事业有着相当的认同感,对无锡国专的发展起了重要的推动作用。可以说,抗战前无锡国专得以平稳发展,与其董事会建设有着非常直接的关系。此外,无锡国专又健全了学校行政机构,据《私立无锡国学专修学校组织大纲》,学校设校长一人,"总理全校一切行政",其下设秘书处、教务处、总务处、训育处开展工作。完善的组织结构意味着学校虽以唐文治为核心,但教学、管理运作秩序井然。1928 年 2 月,参照国立大学中国文学系课程规定,国专又进一步实行学分制,订学制为 3 年,规定至少应修满 129 个学分才能毕业。② 同时,又规划必修与选修课程,选修课是学生在完成基础课之后为进一步地提高、进修和深入研究,根据自己的喜爱和所长,选择一门和几门课程,作为自己主攻和研究的对象。为了解决无锡国专改制后学生人数增长,对学生的课外指导减弱的问题,1935 年起,国专决定"为学生课外研究,发展个性起见,特实行导师制"③。虽然后来导师制有所变化,但目的和实行的方法基本相同,即原则上是由学生自由选择教师为自己研究的指导老师,学校不予干涉。"由各同学性趣所近,自行签名认选教授为课外导师,指导各种研究方法,时间则由各教授支配。"④当然,无锡国专的导师制与清华国学院研究生导师制还是有所不同,无锡国专的导师制更像是一种课堂教学的补充,其目的是通过专门辅导,针对性地问学和指导,为学生的自学或深入研究学问提供指导。总体而言,无锡国专从 1927 年开始的董事会、校务会,实行学分制、选修制和导师制等制度,虽然一开始有国民政府《私立大学条例》和《私立大学校董事会条例》等外部要求的原因,但最终逐渐趋于主动和积极,体现了唐文治积极融入现代大学制度的努力。

(四)以生为本,宽谋出路

科举制度除具有选官的职能外,一个很重要的特征是确立了儒家知识精英的复制机制。在科举制度存在绝大多数时间里,知识观、人才观及课程、教学观都没有发生根本的变化。同时,小政府、大社会及"士绅潜于野"的文化格局导致古代书院等教育机构几乎

---

① 无锡国学专修学校学生自治会:《私立无锡国学专修学校十五周年纪念册》,1936 年,第 3 页。
② 刘桂秋:《无锡时期的钱基博与钱钟书》,上海社会科学院出版社 2004 年版,第 117 页。
③ 无锡国学专修学校学生自治会:《国专月刊》,1935 年 10 月发行,第 79 页。
④ 无锡国学专修学校学生自治会:《国专月刊》,1935 年 10 月发行,第 79 页。

不存在学生出路等问题。但是,近代城市兴起及学校多集中于城市的特征,决定了学校要避免"学生毕业即失业"的情形。当此之时,学生出路亦成为"书院式学校"的出路!如果说古代书院尚可以"为己之学"自命,那么,现代学校则越来越成为职业技能养成机构和身份认证机构,通过"文凭"或"证书","教育市场"与"劳动力市场"实现有效对接。因此,现代教育与传统书院的区别在于新式学堂很大程度上是为工业社会培养专业人才的教育机构,因此,课程内容亦由"四部"之学走向"七科"之学,传统教育所追求的养成"通儒"("通才")越来越为"专家"所取代。

民国时期北大国学门、清华国学院或东大国学院等都企图在追求专门训练的同时强调通才教育,但结果却适得其反。唐文治、章太炎、马一浮与钱穆等人也都冀望于"体制外"复办书院,也是为了追求培养"通儒"。但是,在一开始无锡国学专修馆、苏州章氏国学讲习会、复性书院、新亚书院因未完成注册手续,自然无法颁发文凭证书。固然如马一浮所讲:"几曾见程朱陆王之门有发给文凭之事?"认为虽然注册可解决文凭认证,却妨碍学术自由,与儒家"为己之学"理念背离。但是,这种自我封闭的办学却无疑影响着学生的出路。试想,倘学生出路无着,学校的命运也就无形中被决定了。须知钱穆对古代书院推崇备至,认为"中国传统教育制度,最好的莫过于书院制度",书院"私人讲学,培养通才"的人文主义精神是传统教育中最有价值、最值得保存的。[①] 为此,他创办新亚并惨淡经营十余年,但当20世纪60年代香港政府有意将新亚、崇基、联合三校合并为中文大学时,虽有同人反对,但钱穆却力排众议,其理由主要是:"新亚毕业生,非得港政府承认新亚之大学地位,离校谋事,极难得较佳位置。"[②]我们看无锡国专,今日教育者津津乐道于"以生为本",在唐文治那里则具体反映为积极为学生谋出路。除了前面提到的立案问题、证书问题,无锡国专还注重帮学生解决现实的问题,甚至为了让学生到中学顺利任教,国专还专门开设有教育学、中学国文教学法等课程,并邀请当时一些有影响的教育学专家如朱邦彦、孟宪承等人去任教。[③] 在教育学之外,还开设"历史教学法""国文教学法"课程,以加强学生从事教育教学的能力。

(五)同声同气,善解"人事"问题

无锡国专还较好地处理了"人事"这一困扰书院复兴的重要问题。这体现在以下几方面:

一是广泛延聘名师,在保持"国学特色"的同时设置多样化课程。无锡国专虽以"国学"为名,但其授课范围并不局限于传统的"经学"或"理学",而是囊括经、史、子、集,涵盖文学、史学、哲学、经济、地理、艺术等诸多领域,可以说是以"国学"为中心的中国传统文化的系统化学问。[④] 尤其是在文字、训诂、音韵、版本目录学等学科和儒家经典、史学名著、诗词曲选等专题研究方面见长。为充分考虑学生的兴趣,20世纪40年代学校还开设

---

① 钱穆:《新亚遗铎》,生活·读书·新知三联书店2004年版,第11页。
② 钱穆:《八十忆双亲·师友杂忆》,岳麓书社1986年版,第274页。
③ 于书娟:《无锡国专成功转型之原因探析》,《常州工学院学报(社科版)》2010年第1期。
④ 钱仲联著,周秦整理:《钱仲联学述》,浙江人民出版社1999年版,第11页。

中外哲学、中外史地、汉译名著选读、中外文艺批评、英语等课程。学者评价国专教学突出"重基础、宽视野、求精研"特征，不断争取与时俱进，其课程变化既刻下了时局变动的烙印，也反映了其由书院向现代学校转化的身影。[①] 为支持多样化的课程教学，国专灵活采取专聘、兼聘或短期讲学方式邀请知名学者到校任教。

二是取兼容并包风范，鼓励学术争鸣。作为理学家的唐文治学术立场鲜明，但他同时也认为做学问不能以"陋儒"心态局于"一隅"，主张经不计汉宋，文不分古今，学不问新旧，以开放包容心态汇集了各家各派的学者，活跃国专的学术氛围。[②] 值得一提的是，章太炎治经素扬汉抑宋，与唐文治学术观点抵牾，但唐文治赞其国学精深、博学识广，多次邀其到校讲演。周予同主张经学史研究应跳出汉宋所限，坚决反对读经。在课堂上，周予同也对孔子多有批评，有家长认为不应让周予同在学生面前"大放厥词"，但唐文治却惜周予同有真才实学，辩称"我们学校正需要周予同先生这样的教授"。[③]

三是国专核心人员同声相应，同气相求。无锡国专虽以唐文治为灵魂，但钱基博、冯振、王蘧常等管理核心在唐文治精神感召下团结一致，倾心为校，为无锡国专的发展发挥了关键性作用。反观书院，其人治色彩极为浓厚，且其发展方向与主事者密不可分。若逢意见分歧，往往引发内部对立，造成出走情形。如马一浮与熊十力即为最佳例证，由于二人对于书院理念的意见相左，导致熊十力出走。熊十力及其学生牟宗三不再回到复性书院讲学，无形中削弱了师资阵容，这也是复性书院办学不彰的重要原因。[④]

孔子讲："不得中行而与之，必也狂狷乎？"在儒家看来，中行中道倘不可求，则退而思狂狷。何谓"狂狷"？狂者进取，狷者有所不为。"不为"意味着守住自己，保持独立人格。如刘梦溪先生所说，中国古代狷介之士恰好是有独立人格，不肯同流合污的人。[⑤] 以此观之，在"五四"以后尚主张尊孔读经，力倡保存文化血脉，致力国学教育的唐文治，在诸多方面确体现出文化保守主义者的执拗与坚持，体现其性格狷介的一面。但正如这一时期的人物往往充满着矛盾与复杂性一样，"近代的文化保守主义并不是守成主义者"，并且，"近代的文化保守主义者常常微妙地修改传统的文化体系，一方面与新派对抗，一方面用自己的方式捍卫旧的价值系统"。[⑥] 唐文治自己讲："吾国学术久荒，宜采所长辅吾之短，但讲西法者必取而化裁之，以适中人之用。尊西抑中与守中斥西皆一孔之见，非通人所宜出也。"[⑦]如果我们进一步结合唐文治在无锡国专立案及管理等问题上的策略化应对，那么，我们可以说唐文治身上不仅具有非常明显的现实主义情怀，而且还体现出因时变通的实践理性精神。学者谓无锡国专的成功很大程度上缘于校长唐文治"有眼光""有胆识""有恒心"，[⑧]但如果缺少了"智慧"恐怕远远不够。

① 吴湉南：《无锡国专与现代国学教育》，安徽教育出版社 2010 年版，第 142 页。
② 吴湉南：《无锡国专与现代国学教育》，安徽教育出版社 2010 年版，第 98 页。
③ 政协江苏省委员会：《江苏文史资料》第 19 辑，江苏古籍出版社 1987 年版，第 131—132 页。
④ 唐屹轩：《无锡国专与传统书院的转型》，台湾政治大学历史学系，2008 年，第 70 页。
⑤ 李凡、刘梦溪：《国学是通儒之学——刘梦溪先生访谈录》，《天中学刊》2016 年第 4 期。
⑥ 王汎森：《从经学向史学的过渡——廖平与蒙文通的例子》，《历史研究》2005 年第 4 期。
⑦ 唐文治：《茹经堂文集》编二卷六，台湾文海出版社 1974 年版，第 939 页。
⑧ 陈平原：《大学有精神》，北京大学出版社 2009 年版，第 52 页。

三、"存正气""履大节"——唐文治的爱国主义精神

1865 年,唐文治生于江苏太仓一个较清寒的书香之家。宋、明以来太仓、昆山一带贤哲名士辈出,尤其是明代以来的王世贞、张溥、顾亭林、徐健庵、沈敬亭、陆桴亭、陈确庵、江药园、盛寒溪等,他们或才高一世、名满朝野,或风骨侠义、名节高尚,或倡经学以淑世,或导穷理尽性以拯人心。唐文治年幼时因随父亲读书,每年来往于太仓、昆山数次,"车舟经历,先大夫辄指示之曰:某乡之某先生之发祥地也,某社某先贤之设教地也"。幼年的经历和感悟往往为成年后的性格、气质扎下根基。在唐文治眼中,先贤遗址虽不可辨识,但其精神仍在。因此,其身上洋溢着浓郁的乡土情结和爱国情怀。他常言:"一国之文化风尚,必始于一乡,而一乡之文化风尚,实始于一二人之心理","爱国不在空言,当先爱乡。爱乡不在空言,当先爱乡先哲。爱乡先哲不在形迹而在精神"。[①] 此后,数十年的理学家生涯更令其从精神、信念上将儒学所蕴含的人文精神内化。在儒家看来,"传道"与"为己"是人生两大使命,"传道"就是"为学","为己"就是完善自身人格。而"为学"与"为己"二者实质是统一的。唐文治一生推崇张载"为天地立心,为生民立命,为往圣继绝学,为万世开太平"的理想。其中既有"为学"的担当,更有"为己"的承诺。而要养成一种完善的人格,就要不断地扩充自己,培育自己,促成自己的健全人格,达到孟子所说"富贵不能淫,贫贱不能移,威武不能屈"的大丈夫境界。[②] 正是这种理学家一以贯之的修养,在非常的情况下,这种修养会转化成另一种形式,那就是气节。

为国家富强,为民族文化复兴是唐文治的毕生追求,也成为无锡国专富有特色的校园文化。校友回忆学校礼堂讲台的正上方悬挂"作新民"的大字横匾,两旁配上长 1 丈有余、宽 2 尺许的长联条幅,上刻唐文治亲手融汇孔孟经典所成之联:"好学近乎智,力行近乎仁,知耻近乎勇。所存者神,所过者化。富贵不能淫,贫贱不能移,威武不能屈。虽愚必明,虽柔必强。""九一八"事变后,日本强占中国东北,唐文治作《国鉴》,斥责当政者的误国,并借以警醒人心,并在国专膳堂挂了一块匾,上面写道:"世界龙战,我惧沦亡,卧薪尝胆,每饭不忘。"日伪占据上海后,唐文治又一直激励国专师生保持气节,书写了"浩然之气""人生惟有廉洁重,世界须凭气骨撑"等联,激励学生的爱国救亡意识,并在教学上采取了一系列有针对性的措施,包括学生生活军事化,教学、研究和诗文创作中突出"抗战""爱国"题材,举行关于抗日主题的演讲比赛,动员学生捐款捐物支援抗日等。在校董产业因抗战遭受巨大损失,学校失去外部资助情况下,他和教职员一起减薪减酬,共克时艰。"八一三"事变后,日军轰炸无锡,他在双目失明、处处须人扶持的 74 岁高龄时,率国专师生西迁桂林。1938 年,淞沪战役失利,他在一次演讲中指出:"深望吾国青年,从事修养,动心以致其灵警,忍心以致其深沉,振兴中国,深望诸生勉之。"抗战期间,唐文治在上海一边养病,一边在租界以"补习部"名义开办国专沪校。在唐门弟子王蘧常协助下,沪

---

① 王桐荪、胡邦彦、冯俊森等选注:《唐文治文选》,上海交通大学出版社 2005 年版,第 278—279 页。
② 郑明星:《书院传统及其现代意义》,《中国文化遗产》2014 年第 4 期。

校办得有声有色。为抵制向汪伪教育部立案，在沪 12 年间国专数度更换校名。譬如，为了避免与汪伪纠缠，他将国专沪校改为"国学专修馆"，以私人讲学名义教学和招生。1943 年，又将校名恢复为"无锡国学专修学校"，坚决不向汪伪当局登记立案。太平洋战争爆发后，日伪接管了交通大学并劝唐文治出任伪交大董事长，并要挟他签字同意。唐文治从容作答："行年七八十，此字可以不签矣！"体现了一个中国知识分子"威武不能屈"的铮铮铁骨和民族气节。在唐文治的引领和感召下，冯振以代校长名义领导国专桂校师生在桂林、北流、穿山等坚持着"明耻教战"的兴教活动。由于国专不停迁移，地址难以固定，教育部每年有限的补助资金无法及时发放到校，桂林学校师生在缺少经济来源的情形下仍患难相共、自力更生，求学之志磨炼愈坚，真正体现出"贫贱不能移"的骨气。

四、结　语

1919 年，韦伯为慕尼黑大学学生作了《以学术为业》和《以政治为业》的著名讲演，这两个演讲影响了几代人，并作为一种信仰的发源将此后更多的人集中在学术理想的旗帜下。并且，在《新教伦理与资本主义精神》第三章"路德的'业'概念"里，韦伯做了一个将近 3 页长的注释，专门讲这个"业"。在他看来，"业"(Beruf)是一个伦理概念——"业"不是养家糊口的饭碗，而是具有"使命"意义的职业，是"伦理之业"，或者叫"天职"。[①] "志业"就是听命于某种神圣召唤而进行的一场生命实验！投身某一志业不仅需要理论的勇气、饱满的热情，还需要具备相当的人格条件。陶行知则说，真正的教育家须有孔子那样的热忱、耶稣那样的博爱和释迦牟尼那样的忘我精神。这等于是说一个真正的教育家必是怀有坚定教育信仰之人，而一个怀抱教育信仰之人多半是一个具有理想主义情怀之人——这恐怕是教育家所不可或缺的品质。如果我们进一步剖析其教育信仰的内核，是否也可以说一个充满理想主义的教育家，他首先是有着坚定的文化信仰，其次才是他所恪守的个性化的教育价值观？以此观之，作为教育家的唐文治"独立支撑很不时尚的无锡国专"，他不仅"为二十世纪中国高等教育留下另一种可能性"，而且其精神足以令人"尊敬与同情"，[②]同时，也彰显了他理想主义者的本色。

综观唐文治 47 年教育生涯，可知其基本理念在"教育救国论"。然而，区别于民国时期一般意义上"教育救国论"的是，其居于"教育救国论"核心的"理学救国论"主张，后者构成了其个性化的文化哲学、教育哲学观。以后来者的角度看，"教育救国论"无限夸大了教育的功能，不能正确认识教育与社会政治、经济的辩证关系，难免陷入唯心主义的窠臼。但它却是近代以来广大教育家群体献身于教育的思想基础和根据。正是在这一理念的支撑下，他们把教育事业作为自己毕生的追求，将兴学育才作为中国摆脱奴役的"自由之路"。可以说"教育救国论"深入他们的骨髓，注入了他们的血液，成为教育家们共同的时代特征。[③] 与之类似，"理学救国论"也并非将中华民族从水火之中拯救出来的科学

---

① 马克斯·韦伯：《学术与政治：韦伯的两篇演说》，冯克利译，生活·读书·新知三联书店 1998 年版，第 23 页。
② 陈平原：《大学有精神》，北京大学出版社 2006 年版，第 52 页。
③ 秦俊巧：《南京国民政府时期教育家办大学研究》，河北大学博士学位论文，2013 年，第 66 页。

路径,但正如学者所指出,"提出理学救国,有助于在民国时期的社会背景下凝聚人心,弘扬民族气节,并在一定程度上构成了拯救中华民族的重要精神力量"。① 所以,如果我们能以理解的态度对其表之以同情,如果我们不是以"文化保守主义"为其价值观念贴一标签,那么,我们将会发现如唐文治这样的书院教育家的真挚与热诚,同时也对他们怀抱理想主义而上下求索的精神感到可敬与可爱。

以理想主义的立场,试图保存民族文化精粹,救民众于水火,此之为"大爱",所以也可以说这体现了唐文治身上所具有的"仁爱"品质。同时,其根据无锡国专面临的社会形势与教育环境,积极拥抱现代教育制度,通过主动调适与因时变革,化解书院式学校转型过程中的种种难题,从而体现其实践"智慧"人格。当日寇入侵、民族陷入深重危机时,他以"明耻教战"为旗帜,面对日伪势力不妥协、不屈服,从而展现其"勇毅"精神。钱穆说:"古来大伟人,其身虽死,其骨虽朽,其魂气当已散失于天壤之间,不再能搏聚凝结。然其生前之志气德行、事业文章,依然在此世间发生莫大之作用。"② 无锡国专及唐文治虽已走入历史,但唐文治身上所具有的"仁""智""勇"的君子人格及其理想主义、现实主义、爱国主义情怀仍值得今人铭记与追慕。

① 乐爱国:《民国学人的理学救国论——以汤用彤、唐文治、贺麟为中心》,《广西社会科学》2014年第10期。
② 余英时:《现代危机与思想人物》,生活·读书·新知三联书店2005年版,第505页。

民国高校教师学术交往方式的选择

◎王建军*

摘　要：学术交往方式本质上体现为高校教师的学术生活秩序，因而具有时代色彩。民国高校教师的学术交往最初是继承以学缘、地缘为基础的传统方式，但近代学术发展的冲击，促使民国高校教师的学术交往倾向于以思想认同为基础和以学问兴趣为基础的方式。

关键词：民国高校教师；学术交往；方式

文人需学术交往，自古皆然，民国高校教师的学术生活自然是少不了这项内容。然而怎样的交往方式才是较为理想的选择，这对于民国高校教师来说是个时代课题。传统的学术交往方式是以地缘、学缘为基础的交往圈，内中的成员凭此获得各自的利益。但是，民国时期的学术纷争、思想碰撞是何等的激荡，中西文化之争，新旧教育之争，玄学与科学之争，文言与白话之争，近代社会变革蹦跶出一个又一个的学术课题，令民国高校教师仅靠学缘、地缘方式来抱团取暖根本不能满足学术发展的需要。于是，追求思想的认同，追求学问的兴趣，最终导致了民国高校教师学术交往方式的变化。

一、章门师徒交往圈的裂变

这里讲的章门师徒，是指章太炎在东京讲学时，黄侃、钱玄同、周树人、周作人、朱希祖、汪东、许寿裳、龚宝铨、马裕藻、沈兼士等投身其门下的早期弟子。这些人在民国初期大部分都集中在北京，又都主要在北京的高校任教，因此他们相互之间的学术交往成为当时北京高校的一道风景线。但这种以学缘、地缘为基础的传统交往模式在以后的交往过程中遭遇了裂变。

(一)章门师徒交往的温馨期

民国初期，章门师友之间的交往很频繁，很温馨，交往圈的基础很牢靠，这一点可以从钱玄同日记中表现出来：

1915年1月，1日"至默处"；4日"晨访幼渔，约同至李爕和处"；5日"访幼渔"；12日

---

* 作者简介：王建军，华南师范大学公共管理学院教授。

"至尹默处，复至章师处，师谓拟编《群经大义》数篇入《訄书》"；13 日"至尹默处。午后访崔师"；14 日"晨至尹默处"；16 日"傍晚归至尹默处"；17 日"晨访崔师，旋至章师处，见警确已撤去。旋夷初来，谈至傍晚始归。访尹默"；31 日"今日尹默、幼渔、我、坚士、逖先、旭初、季茀、豫才八人公宴炎师于其家，谈宴甚欢"。

1915 年 2 月，6 日"晨访崔君"；7 日"今日午逖先宴兄、稻、默、坚、幼、我诸人于致美斋"；11 日"今日课毕至逖先处，谈及现在作古体诗宜用何韵"；14 日为正月初一，"晚餐本师宴，同座者为尹默、逖先、季茀、豫才、仰曾、夷初、幼渔诸人"。①

在一个半月的时间里，钱玄同与同事交往达 12 次之多，绝大多数是章门师徒之间的交往。这里提到的尹默即沈尹默，坚士即沈兼士，逖先即朱希祖，幼渔即马裕藻，季茀即许寿裳，豫才即鲁迅，旭初即汪东，夷初即马叙伦。这些人都是章太炎在东京讲学的早期弟子，且大都在北京高校任专任教授或兼课讲师。

学门师友交往圈的和谐相处，首先得力于老师的学术魅力。清末时期，章太炎不仅是个反清斗士，而且对国学很有研究。他在日本东京讲学，坚持研究国学与推翻清朝两项任务并行不悖，推行"提奖光复，未尝废学"的讲学宗旨。他的革命情怀和学术追求都深深地影响了弟子，造就了弟子们追求时代进步和立志学术建树的志向。这些早期弟子大都积极参与了辛亥革命的活动，并能将国学研究与推动时代进步有机结合。例如钱玄同就以"壹志国学，以保持种性，拥护民德"②展示他的志向，黄侃也把治学看作是"存种性，卫国族"的手段。可以说，以学术求进步成为章门师徒之间的交往基础。

另外，章门弟子当时主要是进入北京大学。北京大学讲坛历来为以严复、林纾为代表的桐城派所盘踞，桐城派所倡导的文风与时代风潮有所隔膜，给北京大学带来一股沉闷之气。章门弟子进入北京大学后，因学术旨趣不同而引起阵地之争，正如沈尹默所说："太炎先生门下大批涌入北大以后，对严复手下的旧人则采取一致立场，认为那些老朽应当让位，大学堂的阵地应当由我们来占领。"③由此而激发的斗志，由此而凝聚的群体意志，极大地促成了章门学术文化群体的形成和崛起。

正因为如此，民国初期，章门师徒之间的学术交往十分必要，也十分密切。弟子们每与老师相聚，章太炎必论学，例如上文所述"师谓拟编《群经大义》数篇入《訄书》"。弟子之间的交往，一般也为学术之事，例如所谓"至逖先处，谈及现在作古体诗宜用何韵"。学术的探索和奋进成为章门师徒交往的兴奋剂。

这一时期章门师徒的学术交往还有一件事，那就是为老师章太炎排除寂寞。1913年，章太炎为反对袁世凯称帝复辟，只身到北京，为袁世凯所幽禁。先是禁锢在一所被废弃的军校内，后移禁于龙泉寺，最后软禁在北京城东的钱粮胡同。弟子们一方面利用各种关系积极营救老师，另一方面则尽可能前往探望老师。从钱玄同日记看，仅这一个半月，弟子们与老师就有过 4 次聚会。《鲁迅日记》也载，1915 年 1 月 31 日，"午前同季市往

---

① 杨天石主编：《钱玄同日记》(上)，北京大学出版社 2014 年版，第 277—281 页。
② 杨天石主编：《钱玄同日记》(上)，北京大学出版社 2014 年版，第 145 页。
③ 陈平原、夏晓虹编：《北大旧事》，生活·读书·新知三联书店 1998 年版，第 166 页。

章先生寓,晚回"。2 月 14 日,"午前往章师寓,尹默、季中、逖先、幼舆、季市、彝初皆至,夜归"①。

弟子们对老师的情怀是至诚的。黄侃于 1914 年秋被北京大学聘为教授,为解老师寂寞郁闷,他冒着杀头之险,自愿到钱粮胡同与章太炎同住,一方面侍奉老师,一方面与老师日夜论学。几个月后,黄侃被警察驱赶,章太炎为抗议而绝食。弟子们又为劝老师复食而奔忙。一日马叙伦去探望章太炎,两人交谈甚欢,不觉天色已晚,然两人意犹未尽,还想谈下去。马叙伦说:"肚子饿了,要回去吃晚饭。"章太炎说:"这个问题在这里也容易解决,这里也有厨房,在这里吃比回家去吃,可以快点。"马叙伦说:"知道你这里有厨房,但想到面对一个绝食的人,自己据案大嚼,试问情何以堪? 何况你是为了民国存亡续绝而斗争才绝食的。自己饱餐,岂仅自私,简直太残忍了,何况是面对一个舍命为国的友好。"章太炎听后,略一思索,说:"那我就同你一起进食如何?"马叙伦非常高兴地同章太炎共进晚餐,章太炎一口气吃了两个水焖鸡蛋。弟子们劝老师复食的事便顺利解决。②

章太炎对弟子们的态度也随和、宽容。《章门弟子与近代文化》一书引用了数位弟子的评价,可见章太炎与弟子的融洽相处之情。譬如鲁迅就曾说过:"太炎先生对于弟子,向来也绝无傲态,和蔼若朋友然。"曹聚仁也说:"太炎先生对于弟子们的问学,态度非常谦和,和家人夫子一样说家常话,并不摆出什么大学者的架子。"周作人也说:"太炎对于阔人要发脾气,可是对青年学生却是很好,随便谈笑,同家人朋友一般。"许寿裳更是细腻描绘道:"就是随便谈天,也复诙谐间作,妙语解颐。"据汪东、朱希祖等人回忆,章太炎还将得意弟子戏封为天王、东王、北王、西王、翼王。③

师生情谊,同门手足,奠定了学门师友之间交往的自然基础。加之章门师徒在辛亥革命前后的目标追求一致,故而带来了相互交往的和谐。

(二)章门弟子的思想分野

但是,伴随着民国社会变革的深入,观念层面的变革也随之深化。学术界思想的动荡催促了新文化运动的兴起,章门弟子也在这一时代风潮中产生了思想的分化。

正在探索国语改革之路的钱玄同敏锐地捕捉到这一风潮的时代脉搏,他一旦为陈独秀、胡适的文学革命思想所鼓舞,便立即投身于文学革命潮流中。不仅如此,他还带动同门周树人、周作人、朱希祖、沈尹默、沈兼士等人加入进来,成为《新青年》的生力军。

然而,章太炎另一得意弟子黄侃却对这股潮流持反对态度。黄侃学问博大精深,于经、史、子、集几乎无所不通,但在学术取向上,章太炎谓"其为学一依师法,不敢失分寸,见人持论不合古义,即眙视不与言"④。这种学术态度使黄侃对白话文,对新文学,乃至对新文化运动都采取一种敌视立场。

这样,章门师友的思想裂痕在时代潮流中显现。

---

① 鲁迅全集编辑委员会:《鲁迅全集》第 14 卷,人民文学出版社 1981 年版,第 152、154 页。
② 陈平原、杜玲玲编:《追忆章太炎》(增订本),生活·读书·新知三联书店 2009 年版,第 75 页。
③ 卢毅:《章门弟子与近代文化》,广西师范大学出版社 2009 年版,第 228 页。
④ 程千帆、唐文编:《量守庐学记》,生活·读书·新知三联书店 2006 年版,第 2 页。

朱希祖从"骈散之争"角度概述北京大学文科教授主持文学者的学术分歧,他认为黄侃及其刘师培属于骈文派,他自己与章太炎则属于骈散不分派,另外一派则属于桐城散文派。这里便把章门师友的学术分歧表现了出来。

沈尹默则从思想分歧角度讲得更明确:"太炎先生的门下可分为三派。一派是守旧派,代表人是嫡传弟子黄侃,这一派的特点是:凡旧皆以为然。第二派是开新派,代表人是钱玄同、沈兼士,玄同自称疑古玄同,其意可知。第三派姑名之曰中间派,以马裕藻为代表,对其他二派依违两可,都以为然。"①

思想观点的分歧对以学缘、地缘为基础的交往圈所形成的冲击力可能是致命的。时为北大学生的杨亮功回顾当时情形说:"教授方面,如章太炎先生的门弟子,亦显然分为两派。钱玄同、沈尹默、沈兼士和马幼渔是站在新的方面,黄季刚则反对新文学最力";"黄侃抨击白话文不遗余力,每次上课必定对白话文痛骂一番,然后才开始讲课。五十分钟上课时间,大约有三十分钟要用在骂白话文上面。他骂的对象是胡适之、沈尹默、钱玄同几位先生。他嘲笑新诗,他讥讽沈忘恩负义,他骂钱尤为刻毒。他说他一夜之发现,为钱赚得一辈子之生活。他说他在上海穷一夜之力,发现古音二十八部,而钱在北大所讲授之文字学就是他一夜所发现的东西。但是黄先生除了骂人,讲起课来却深具吸引力。"②

当时为北大学生的罗家伦也说:"黄季刚则天天诗酒谩骂,在课堂上不教书,只是骂人。尤其是对钱玄同,开口便说玄同是什么东西,他那种讲义不是抄着我的吗?他对于胡适之文学革命的主张,见人便提出来骂,他有时在课堂上大声地说:'胡适之说白话文痛快,世界上哪有痛快的事?金圣叹说过,世界上最痛的事,莫过于砍头;世界上最快的事,莫过于饮酒。胡适之如果要痛快,可以去喝酒,再仰起颈子来给人砍掉。'这种村夫骂座的话,其中尖酸刻薄的地方很多,而一部分学生从而和之,以后遂成为国故派。"③

(三)章门师徒交往圈的维持

可能是由于章太炎的威望,也可能是由于黄侃自1919年任教于武昌高等师范而离开了北京,总之,章门弟子之间没有公开决裂,章门师徒的交往圈得以维持。

1926年秋因北京师范大学聘请,黄侃回到了北京。即使同门之间有所隔阂,都可能念及同窗情谊而珍惜相聚的机会。1926年10月16日,黄侃谓:"十二时赴西长安街芳湖春郑介石、李仲衍之约,坐有检斋、钱中季(即疑古玄同)、朱逖先、马幼渔、沈尹默。饭后至午门历史博物馆。归后杨遇夫、孙蜀丞、骆绍宾来访,同出(又邀检斋)至五道庙街春华楼饭(遇夫作主人),复偕检斋、蜀丞归,谈至一时乃散。"④检斋即吴承仕,为章太炎被幽禁北京时的受业弟子,当时任司法部金事。1924年后辞去司法部职务而专心致力于讲学,任教于北京大学、北京师范大学等。黄侃归来,吴承仕、钱玄同、朱希祖、马裕藻、沈尹默这些同窗都悉数到场,把盏叙旧。

---

① 钟叔河、朱纯主编:《过去的大学》,长江文艺出版社2005年版,第24页。
② 杨亮功:《早期三十年的教学生活》,黄山书社2008年版,第22页。
③ 王云五、罗家伦等:《民国三大校长》,岳麓书社2015年版,第94—95页。
④ 黄侃:《黄侃日记》(上),中华书局2007年版,第279页。

章太炎于 1916 年定居上海，黄侃后来也到了南京任教于中央大学。每逢章太炎生日，黄侃总要带上在南京的同门及门生赴上海为老师祝寿。1929 年 12 月 27 日，黄侃"午后雨中偕旭初、石禅赴沪祝太炎师六十二生日，夜半到，冒雨投宿上海新旅社"。12 月 29 日，"太炎师为书谢监'既秉上皇心，岂屑末代消。始信安期术，得尽养生年'四语作一长联。午与旭初备酒为师上寿。夜师设席款余及旭初。"12 月 30 日，"师生辰，晨往叩祝。晤通一、心如、尧卿、品山诸熟人。夜斗牌。师出《春秋疑义》一册三卷，令看，得细读一过"①。

1931 年"九一八"事变后，日本侵略中国的步伐不断升级，京沪局势趋于紧张。1932 年初，黄侃偕家人由南京赴北平避乱。2 月 20 日，章太炎也由家人陪同由上海赴北平避乱。于是在黄侃日记中又留下了师门再次相聚的某些片断。

1932 年 3 月 1 日，黄侃"偕衮甫至舍饭寺胡同花园饭店谒太炎师。师以二十号自上海仓促避兵来，龚振鹏同行。师言梨洲性多忌刻，于同门毁恽日初即其徵也。予言阳明门下究以心斋为天下卓绝、壁垒精严。此二说皆可记。晚，与检斋、逖先、幼渔同请师饭于忠信堂。师去后，与三子谈片刻乃返"。

3 月 2 日，黄侃于"午后诣师，遇中季，遂与吴、马、钱、朱四人从师游南海，憩于瀛台。师言及逸周书、清史稿。旋起，至怀仁堂小步，即返，食于大陆春。席间，闻上海我军退出昆山之报，为之怆然不怡。饭后，与检斋送师返寓，师从容语及受学俞、谭二君往事及两君学术文章大概。有客来访，遂与检斋退"。

3 月 3 日，黄侃与同门共午餐，"饭后同诣师，遇检斋。座上有他客，且今夕有人延师饭，无暇论学，遂辞出"。

3 月 4 日，"检斋来，起与久谈，遂同诣师。师谓入歧路。又询予弟子孰为佳。检斋请师饭于新陆春，予及公铎陪坐。饭罢久谈，从师返寓，从容燕语，及明儒之学，盛赞王时槐、林春（唐顺之集有其事状）。又询予治学、诲人之法甚详。刘文典坚邀师食于同和居，予从往，送之还，夜深退"。

3 月 6 日，黄侃"午赴符宇澄、陈仲骧、林公铎三处招，初至中央公园，继至新陆春，旋至东亚春陪师饮，饮后久谈，至六时，乃陪师（返），于师处细读清代文字狱档（夕食师所），夜十一时乃返"②。

连续一周，黄侃及同门都在与老师章太炎交往论学，关注时势。关于这次聚会，钱玄同的日记也有记载。1932 年 3 月 2 日，"午回家，饭毕，即访幼渔，与同至花园饭店访老夫子，别来十六年矣。近来态度如旧，益为和蔼，背颇驼，惟发剪极短，与当年披发大不相同。季刚亦在，检斋亦在。政客一大帮，与辛亥冬于哈同花园时颇相像。询知师实避沪难而来也。四时许，朱、马、钱、黄、吴、师六人乘汽车逛中南海公园。六时雅于大陆春，将食，忽得噩耗，谓沪十九路军总退却，噫"！③

更为震撼的是，这次章太炎来到北平，曾到北京师范大学演讲。令台下学生惊奇的

① 黄侃：《黄侃日记》（中），中华书局 2007 年版，第 607 页。
② 黄侃：《黄侃日记》（下），中华书局 2007 年版，第 780—781 页。
③ 杨天石主编：《钱玄同日记》（中），北京大学出版社 2014 年版，第 849 页。

是,章太炎中坐,黄侃、钱玄同、吴承仕、马裕藻四位先生侍立两旁,并轮流代章太炎在黑板上写字。当时正在北京大学读书的张中行对此也有印象,那次是在北京大学第三院演讲。"老人满头白发,穿绸长衫,由弟子马幼渔、钱玄同、吴检斋等五六人围绕着登上讲台。太炎先生个子不高,双目有神,向下望一望就讲起来。满口浙江余杭的家乡话。估计大多数人听不懂,由刘半农任翻译,常引经据典,由钱玄同用粉笔写在背后的黑板上。"①

虽然各位弟子都已身为教授,但老师出场,师生的名分不能错位。老师就是老师,学生就是学生,章门师徒之规矩丝毫不能走样。虽然弟子们之间思想已出现裂痕,但在老师面前,在公众场合,不能使性子,闹别扭。可见,尊师重道是章门师友交往圈维持的内在原因。

(四)钱玄同与黄侃的反目

但是,思想之裂痕终归难以掩饰长久。章太炎1932年北游之时,马叙伦请周作人宴聚,周作人拒绝:"3月7日晚,夷初招饮辞未去,因知系章太炎先生,座中有黄侃,未曾会面,今亦不欲见之也。"②周作人对黄侃的拒绝已近于公开。

其实,黄侃只是才性偏激,与世多忤,尤痛挽近世不悦学,恐学术中断,偶见不快意者,或于课堂,或于人前,常力排之。特别是对于有悖于师法者,必盛气争之。汪旭初与黄侃同门,皆出自章太炎门下,其兄汪辟疆对文字学也颇有研究。一次汪旭初到中央大学讲学,论吴音、唐音之异,证以梵语、日语,与章太炎之说稍有不同。黄侃当场责问汪旭初:"汝从师乎?从兄乎?"颇有争执,黄侃笃信章学,汪旭初不敢辩。③ 中央大学教授胡小石为黄侃好友,然一次讲授甲骨文,以甲骨文纠正汉儒许慎《说文解字》之非。黄侃大怒,谓甲骨文晚出,为后人伪造,不可信。两相争执,面红耳赤,甚至击碎玻璃板。④

依黄侃这样的脾气,他与钱玄同的冲突当然是不可避免了。1932年3月12日,也就是章太炎这次北游之时,黄侃与钱玄同之间终于爆发了一场争吵。

钱玄同在3月12日日记中写道:"三时往,又是宾客满堂。我忽与季刚龃龉,因他称我为'二疯',问我近治音韵有何心得,我答以无(我们的新方法,审音,实事求是而不主宗主,皆与季刚不合者,如何可以对他说!)他忽然不耐烦的说:'新文学,注音字母,白话文,屁话。'我闻'屁话'二字大怒,告之曰:'这是天经地义!我们道不同不相为谋,不必谈。'喧哗了一场,殊可笑。"⑤

查《黄侃日记》这一天的记载:"食罢,二风至,予屈意询其近年所获,甫启口言新文学三字(意欲言新文学,且置之不言),彼即面赤,嗷嗷争辩,且谓予不应称彼为二风,宜称姓字。予曰:'二风之谑,诚属非宜。以子平生专为人取诨名,聊示惩儆尔!常人宜称姓字,子之姓为钱耶?为疑古耶?又不便指斥也。'彼闻言,益咆哮。其实畏师之责,故示威于

---

① 张中行:《负暄琐话》,中华书局2006年版,第4页。
② 周作人:《知堂回想录》,安徽教育出版社2008年版,第381页。
③ 萧乾主编:《史迹文踪》,中华书局2005年版,第37页。
④ 张晖编:《量守庐学记续编》,生活·读书·新知三联书店2006年版,第39页。
⑤ 杨天石主编:《钱玄同日记》(中),北京大学出版社2014年版,第851页。

予，以塞师喙而已。狡哉二风！识彼卅年，知之不尽，予则浅矣。"①

学术乎？意气乎？可能谁都不想走到这一步，但一切都无法挽回。黄侃于1935年底逝世，1936年1月，钱玄同在《制言》半月刊第7期发表了《挽季刚》的挽联：

> 小学本师传，更绅绎韵纽源流。黾勉求之，于古音独明其真谛。
>
> 文章宗六代，专致力沉思翰藻。如何不淑，吾同门遽丧此隽才。

钱玄同还说："弟与季刚自己酉年订交，至今有二十六载，平日因性情不合，时有违言。惟民国四、五年间商量音韵，最为契合。二十一年之春，于余杭师座中一言不合，竟致斗口。岂期此别，竟成永诀！由今思之，吾同门中精于小学文辞如季刚者，有几人耶？"②

钱玄同讲得很真诚。从"最为契合"的师门学术到"一言不合，竟致斗口"的思想分歧，说明单纯的学门师友交往圈经不起时代思潮的激荡。章门早期弟子不仅钱玄同与黄侃出现了思想裂痕，鲁迅与钱玄同、鲁迅与周作人也都因思想或人脉关系等因素产生了不和。原因应该很明白，随着时代的发展，弟子们的思想也必然会发生变化和分歧，仅仅靠着老师的权威来维持学门的统一，其凝聚力是很苍白的。即使如黄侃，他的学术也在章太炎基础上有了发展，他与老师的交往也并不很顺畅。如他日记曾说，1931年7月20日："烈日诣师，又不获畅意。久坐，乃论及文字。师出所著《三体石经考》、所批薛氏《钟鼎款识》，令阅。"③黄侃的不快在日记中还是有所表现。这说明，近代学术的纷争与思想的碰撞呼唤民国高校教师的学术交往寻求思想认同的基础。

二、以思想认同为基础的交往

寻求思想认同，是民国高校教师学术交往挣脱学缘、地缘关系的一步。虽然古代社会的文人也有寻求思想认同的冲动，但由于社会节奏的缓慢，更由于学术思想为正统所束缚，文人之间的思想纷争并不激烈，寻求思想认同的需求也并不强烈。然到民国时期，无论是海外留学归国人员，还是本土哺育的学者，为了学术的发展，都越来越感觉到只有寻求思想的认同，才能有抱团取暖的味道。

（一）钱玄同的例子

我们还是要说钱玄同的例子。钱玄同比较早就开始探讨国语改革问题，1917年，当他看到《新青年》所载胡适的《文学改良刍议》后，立刻从中受到启发并为新的文学革命所鼓舞。他写信给陈独秀，极为赞同《新青年》宣传胡适的这种主张。陈独秀接着发表《文学革命论》，由此在社会上蔚成一股文学革命的思潮。钱玄同的学术交往立即从学门圈子转向了新文化运动的圈子。

---

① 黄侃：《黄侃日记》（下），中华书局2007年版，第783页。
② 转引自马嘶：《1937年中国知识界》，北京图书馆出版社2005年版，第87页。
③ 黄侃：《黄侃日记》（下），中华书局2007年版，第724页。

他在 1917 年 1 月 1 日的日记中写道："往访尹默,与谈应用文字改革之法。余谓文学之文,当世哲人陈仲甫、胡适之二君均倡改良之论,二君邃于欧西文学,必能于中国文学界开新纪元。"①

当时蔡元培已经出任北大校长,并聘请陈独秀出任北大文科学长,这给钱玄同的学术交往以新的鼓舞。1 月 2 日,钱玄同在日记中写道："傍晚蔡子民先生来访阿兄,并与我见。其人状貌温蔼,语言谦和,举止醇谨。人谓其学问渊博,吾谓其道德尤高。尹默谓大学校长得此等人任之,允足为学生表率。诚然!"1 月 3 日,"客岁之杪,由夏浮筠发起,大学教员各出食资,在北京饭店饯别胡次珊,欢迎蔡子民。余偕沈、韦二君同往。计来斯会者,中外教员有百余人之多"②。特别是,钱玄同对蔡元培在讲话中采用汉语而不是英语,感觉由衷地钦佩。

1 月 6 日他在日记中写道："陈独秀已任文科学长,足庆得人,第陈君不久将往上海,专办《新青年》杂志,及经营群益书社事业,至多不过担任三月。颇闻陈君去后,蔡君拟兼任文科学长,此亦可慰之事。"1 月 7 日,他又再次"至尹默处,携胡适之《论文字句读及符号》一文往。……尹默意欲用西文点句之法及加施种种符号,将以胡文所论供参考。此意我极谓然"③。

自后,钱玄同多与蔡元培、陈独秀交流,对蔡元培的大学主张及陈独秀的学术观点极为赞同。他在 1 月 20 日的日记中强调了学术研究的基本立场："欲倡明本国学术,当从积极着想,不当从消极着想。旁搜博采域外之智识,与本国学术相发明,此所谓积极着想也。抱残守缺,深闭固拒,此所谓消极着想也。"这一天,"独秀今晚宴客于庆华春,同座者为沈尹默、高一涵、李大钊、刘三诸公"。2 月 1 日,"四时顷,携篷仙同至大学,访子民、独秀。出,同访幼渔,与幼渔同至逖先处晚餐"。2 月 2 日,"今日《甲寅》日刊有李守常《论真理》,其言曰:'孔、佛、耶之说,有几分合于真理者,我则取之,否则斥之。'其说甚正"④。

1917 年 9 月,胡适到达北京,钱玄同立刻与胡适密切交往。9 月 12 日,"胡适之君于10 日到京,今日子民先生请他在六味斋吃饭,除胡、蔡两君外,为蒋竹庄、汤尔和、刘叔雅、陶孟和、沈尹默、沈兼士、马幼渔及我"。9 月 19 日,"午至中西旅馆访独秀。午后至大学访适之,畅谈,甚乐"。胡适与其谈儒学发展的线索,并强调古书伪者甚多,读书贵能自择,不可为古人所欺。钱玄同觉得此说极是。"五时顷至尹默处,并晤篷仙、逖先。我将由六书次序发现造字进化之意告兼士,兼士亦以为然。"9 月 25 日,"午后三时顷大学访适之"。胡适与其讨论白话文法,"此意吾极以为然"⑤。

短短半个月,钱玄同就与胡适有了三次较深入的交往。这说明以思想认同为基础的学术交往能够在某种程度上满足民国教师的学术需要,尤其在转变时代风气、开启学术新潮流的过程中具有较强的吸引力。诚如蔡元培所说:"北大的整顿,自文科起。旧教员

---

①　杨天石主编:《钱玄同日记》(上),北京大学出版社 2014 年版,第 296 页。
②　杨天石主编:《钱玄同日记》(上),北京大学出版社 2014 年版,第 296—297 页。
③　杨天石主编:《钱玄同日记》(上),北京大学出版社 2014 年版,第 298—299 页。
④　杨天石主编:《钱玄同日记》(上),北京大学出版社 2014 年版,第 303、307 页。
⑤　杨天石主编:《钱玄同日记》(上),北京大学出版社 2014 年版,第 315—319 页。

中如沈尹默、沈兼士、钱玄同诸君，本已启革新的端绪；自陈独秀君来任学长，胡适之、刘半农、周豫才、周启明诸君来任教员，而文学革命、思想自由的风气，遂大流行。"[1]

(二)吴虞的例子

吴虞的例子之所以具有典型性，是因为吴虞的学术交往一直处于孤独郁闷的状态中。他在辛亥革命前后就发表了许多非孔排儒、反对礼教及家族制度的文章，因此在老家四川处境困难。据冉云飞的研究，吴虞一直生活在紧张的家庭人际关系环境中，加之后来又遭遇成都社会对他的压抑和孤立，他具有深深的不安全感，以至于形成偏执于倔强、多疑、记仇的性格，在生活中表现出强烈的道德焦虑、认同危机、自恋人格、过度防卫等心理障碍。[2] 应该说，他更需要一种思想认同基础上的学术交往。

1921 年，他被北京大学所接纳。这一年 1 月，其堂弟吴君毅写信告知他要多和新文化人士交往："今日过马幼渔处，接洽兄事，知已通过北大聘任委员会，以教授聘任。月薪至少一月二百元，(通常初到北大当教员者，须试讲一年半载，不发生问题者，始可升任教授，亦有竟不能任教授者，兄开首即任教授，实异例也)"；"至北大功课，闻限于文学(本科)方面，尽可放胆教去，不必顾虑"；"北大是全国文化运动中心，将来蔚成一种势力，吾兄入是间后，可竭力将事"。[3]

吴虞于 5 月 7 日到达北京，当天就与北京大学的马裕藻、马寅初、蒋梦麟见面喝茶。接下来两天他频繁地与北大人士接触。5 月 10 日，北京大学政治科主任陈惺农教授请客。据《吴虞日记》所载：在中央公园，有任鸿隽夫妇、陈惺农夫妇、胡适、王弘实、吴君毅等人，"胡适之颇能谈，富于文学趣味者也"；"席散后，茗饮久之"。

5 月 13 日，吴虞拜访胡适。吴虞请教国文教学该如何进行，胡适说："总以思想及能引起多数学生研究兴味为主。"5 月 14 日，马幼渔请客："幼渔来电话催予，即叫车与君毅同至广陵春。到者胡适之、钱玄同、蒋梦麟、朱希祖、沈兼士、沈士远、单丕诸君。"

又过几天，吴虞做东宴请北京大学的新同事。5 月 19 日："发信请马幼渔、马夷初、蒋梦麟、胡适之、朱逖先、钱玄同、沈兼士、沈士远、陈惺农、王弘实星期六午后七钟，在南园饭庄晚餐。"21 日，又与陈惺农、马幼渔、沈兼士、朱逖先、钱玄同、马夷初、胡适之、王弘实等在贾家胡同南园聚餐。第二天，马叙伦也出面请客。5 月 22 日，"午后六时，过中央公园长美轩，赴马夷初之约。晤陈伯弢、马叔平、马幼渔、胡适之、谭仲奎、李翼廷、钱玄同、汪原放诸人。原放为亚东图书馆主人，即印《水浒》《儒林外史》者也。予因言欲印文稿事。适之约明日午前过渠一谈"[4]。

除了聚餐，吴虞到北大不久，还频繁与北大同人了解藏书、买书的情况。1921 年 6 月 29 日，"马幼渔来，约过隆福寺街看书"。7 月 2 日，"予、玄同、单不厂、幼渔、叔平同至叔平处，观所藏北魏、隋唐以来磁人马，殆来殉物乎。叔平云，皆洛阳出土者也"。7 月 13

① 蔡元培著，张圣华总主编：《蔡元培教育名篇》，教育科学出版社 2007 年版，第 304 页。
② 冉云飞：《吴虞和他生活的民国时代》，山东人民出版社 2009 年版，第 351—374 页。
③ 中国革命博物馆整理：《吴虞日记》(上)，四川人民出版社 1984 年版，第 581—582 页。
④ 中国革命博物馆整理：《吴虞日记》(上)，四川人民出版社 1984 年版，第 597—602 页。

日，"马幼渔来，代予在聚珍堂取得日本刻《经传释词》，皮纸印一本，索价三元。同幼渔访朱逖先，观所藏之书"。7 月 22 日，"作字马幼渔，借黄季刚圈残本《水经注》"①。

短短两个月时光，吴虞与北京大学新文化运动人士频繁互动。从吴虞的角度讲，他需要与新同事熟悉，需要从新文化运动人士中吸取学术动力。从北大新文化运动人士的角度讲，他们对于吴虞的加盟十分重视，这对于壮大新文化运动的力量十分必要。正如吴虞在 1921 年 6 月 24 日的日记中所写："北大聘予，主动者为沈尹默，初拟聘予及易白沙，白沙病未来。尹默因国文系思想腐旧，故主张聘予二人也。"②这种相互需要成就了这一思想认同的交往圈。

（三）胡适的例子

胡适是个学术交往欲望很强烈的学者。无论是在新文化运动中，还是在主编《努力周报》到《独立评论》时期，胡适都热衷于学术交往。尽管他平日很喜欢说"我们安徽人"，但在学术交往中他将追求思想认同列为首要标准。

仅举一例。20 世纪 20 年代后期胡适南下至上海，就很注意通过结社方式加强与一批对政治感兴趣的知识分子的交往。胡适与朋友们的最初设想，是要通过创办一个刊物来加强学术交往。他在 1929 年 3 月 25 日的日记中写道："《平论》是我们几个朋友想办的一个刊物。去年就想办此报，延搁到于今。《平论》人员是志摩、梁实秋、罗隆基（努生）、叶公超、丁西林。"4 月 21 日，平社有了第一次活动："平社第一次聚餐，在我家中，共七人。到者梁实秋、徐志摩、罗隆基、丁燮林、叶公超、吴泽霖。"

这之后《平论》杂志未见面世，但活动看来在进行。到 5 月 11 日已经是第四次了，胡适于是对活动有了进一步的设想："平社第四次聚餐，在范园，到者志摩、禹九、光旦、泽霖、公超、努生、适之。努生述英国 Fabian Society（费边社）的历史，我因此发起请同人各预备一篇论文，总题为'中国问题'，每人担任一方面，分期提出讨论，合刊为一部书。"

胡适的设想得到了较好的落实。5 月 19 日："平社在范园聚餐。上次我们决定从各方面讨论'中国问题'每人任一方面。潘光旦先生任第一方面，'从种族上'。他从数量、质量等等方面看，认为中国民族根本上大有危险，数量上并不增加，而质量上也不如日本，更不如英美。他的根据很可靠，见解很透辟，条理很清晰。如果平社的论文都能保持这样高的标准，平社的组织可算一大成功了。"胡适在日记中记载了他们的计划：

---

① 中国革命博物馆整理：《吴虞日记》（上），四川人民出版社 1984 年版，第 610—616 页。
② 中国革命博物馆整理：《吴虞日记》（上），四川人民出版社 1984 年版，第 608 页。

平社中国问题研究日期单①

题目	姓名	日期
从种族上	潘光旦	五月十八日
从社会上	吴泽霖	五月廿五日
从经济上	唐庆增	六月一日
从科学上	丁西林	六月八日
从思想上	胡适之	六月十五日
从文学上	徐志摩	六月廿二日
从道德上	梁实秋	六月廿九日
从教育上	叶崇智	七月六日
从财政上	徐新六	七月十三日
从政治上	罗隆基	七月二十日
从国际上	张嘉森	七月廿七日
从法律上	黄华	八月三日

但接下来的活动效果却不是很理想。5月26日,"平社在范园聚餐。吴泽霖先生讲'从社会学上看中国问题'。他提出两点:一是价值,一是态度,既不周详,又不透切,皆是老生常谈而已,远不如潘光旦先生上次的论文"。6月2日,"晚六点半,平社在范园聚餐。唐庆增先生讲'从经济上看中国问题',他把问题看错了,只看作'中国工商业为什么不发达',故今天的论文殊不佳"。6月16日,"平社聚餐,到的只有实秋、志摩、努生、刘英士几个人,几不成会。任叔永昨天从北京来,我邀他加入"②。

以后的半年,在胡适日记中未见平社活动的记载。直到第二年,1930年2月4日,胡适日记中再次出现了平社活动的内容:"平社今年第一次聚餐在我家举行,到者新六、西林、实秋、英士、光旦、努生、沈有乾,客人有闻一多、宋春舫。决定下次聚餐在十一日,由努生与英士辩论'民治制度'。这样开始并不坏。"2月11日,"平社在我家中聚餐,讨论题为'民治制度'。刘英士反对,罗努生赞成,皆似不曾搔着痒处"。

这样又隔了半年,7月24日,"平社在我家开会,潘光旦读论文,题为《人为选择与民族改良》"。8月31日,"平社聚餐,沈有乾读一篇论文讨论教育问题,不甚满意,预备不充分是一个原因,但作者见地亦不甚高"③。

在这之后,平社活动的记载再也没有了。这或许是因为胡适要重返北京大学,也或许是因为活动效果不理想,平社的这个活动最终是不了了之了。胡适对此肯定有遗憾。

---

① 曹伯言整理:《胡适日记全集》第5册,台湾联经出版公司2004年版,第550、573、606、622—623、626—627、639页。

② 曹伯言整理:《胡适日记全集》第5册,台湾联经出版公司2004年版,第550、573、606、622—623、626—627、639页。

③ 曹伯言整理:《胡适日记全集》第6册,台湾联经出版公司2004年版,第65、99、201、250页。

政治思想的认同,却因参与者水平的不够,以及参与者态度的不积极,而缺乏持久的基础。原因在哪,估计胡适也很困惑。

1932年3月13日,陈寅恪与清华几个同学谈话,其中谈到了文人结社的问题。陈寅恪说:"近年集会结社之风盛行,尤以留美学生为甚。互相攀援,为害于国家与民族者殊烈。间有少数初发起者均甚好,及其发展,分子复杂,君子渐为小人所取代,最后将此会社变坏。结社之首要,在于有共同的高尚理想,有此精神,始能团结巩固。"①此中韵味,是否含有这样的意思:以思想认同为基础的交往并不是现代学术发展的最佳选择?

(四)志不同道不合的交往

有思想认同者,当然也有思想不认同者。有趣的是,对垒双方在笔战中会极尽攻击之能事,毫不留情面,但当不经意相会之时,却不争论,不吵架,透出一丝温馨的和谐。

清华大学的吴宓就遇到一次颇为特殊的饭局。出席饭局的人员多为北大教师,且在学术观点上与他针锋相对,中心人物还是他十分反对的胡适。吴宓记载,1929年1月27日,"七时许,偕陈君至东安门外大街东兴楼,赴温源宁君招宴。客为胡适、周作人、张凤举、杨丙辰(震文)、杨宗翰、徐祖正、童德禧(禧文,湖北,蕲春),共十人。胡适居首座,议论风生,足见其素讲应酬交际之术。胡适拟购《学衡》一整份,嘱寄其沪寓(上海极司非而路四十九号甲,电话二七七一二)。又拟刊英国文学名著百种,请宓亦加入云云"②。虽然学术观点不同,至少饭局没有出现尴尬。胡适欲向吴宓购一套《学衡》,使吴宓心中些许好受。

辜鸿铭与胡适也通过对对联有过交往。胡适在1935年8月11日的天津《大公报·文艺副刊》发表了一篇《记辜鸿铭》,文中回忆了1921年10月13日在王彦祖举行的一次家宴上,胡适与辜鸿铭相遇。胡适说:"辜鸿铭是向来反对我的主张的,曾经用英文在杂志上驳我,有一次,为了我在《每周评论》上写的一段短文,他竟对我说,要在法庭控告我。然而在见面时,他对我总很客气。"席间,辜鸿铭对胡适说:"去年张少轩(张勋)过生日,我送了他一副对子,上联是'荷尽已无擎雨盖',——下联是什么?"胡适一时想不出好对句,辜鸿铭说:"下联是'菊残犹有傲霜枝'。"辜鸿铭又接着问:"你懂得这副对子的意思吗?"胡适说:"'菊残犹有傲霜枝',当然是张大帅和你老先生的辫子了。'擎雨盖'是什么呢?"辜鸿铭说:"是清朝的大帽。"满座大笑。再接下去,辜鸿铭又跟胡适说:"你知道,有句俗话:'监生拜孔子,孔子吓一跳。'我上回听说某某的孔教会要我去祭孔子,我编了一首白话诗:监生拜孔子,孔子吓一跳。孔会拜孔子,孔子要上吊。胡先生,我的白话诗好不好?"③

胡适极力提倡白话文,章士钊创办《甲寅》杂志,一律刊登文言文,并对白话文发起猛攻。1935年正月,有人请客,两人恰好在餐馆前相遇。有人给章士钊照相,章士钊邀请胡适合影,之后两人各持照片一张。2月5日,章士钊在照片后面题白话诗一首送胡适:"你

① 蒋天枢:《陈寅恪先生编年事辑》,上海古籍出版社1997年版,第79页。
② 吴学昭整理注释:《吴宓日记》第四册,生活·读书·新知三联书店1998年版,第202页。
③ 转引自罗尔纲:《师门五年记·胡适琐记》,生活·读书·新知三联书店2006年版,第185—187页。

姓胡，我姓章，你讲什么新文学，我开口还是我的老腔。你不攻来我不驳，双双并座，各有各的心肠。将来三五十年后，这个相片好作文学纪念看。哈哈，我写白话歪词送把你，总算是老章投了降。"并要胡适写旧体诗送他。2月9日，胡适礼尚往来，在照片后赋古体诗一首："但开风气不为师，龚生此言吾最喜。同是曾开风气人，愿长相亲不相鄙。"①

当然，黄侃的脾气暴躁，他与胡适的见面多少带有火药味。有一次黄侃当面责难胡适："你口口声声要推广白话文，为什么名字偏叫胡适，而不叫'往哪里去'？"弄得胡适十分尴尬。另一次，二人在宴会上相遇，胡适大谈墨学，黄侃甚为不满，跳起来说："现在讲墨学的人，都是些混账王八！"胡适大窘。黄侃又接着说："便是胡适之尊翁，也是混账王八！"胡适正要发作，黄侃却笑着说："且息怒，我在试试你，墨子兼爱，是无父也。你今有父，何足以谈论墨子？我不是骂你，聊试之耳！"胡适一时气得说不出话来。②

黄侃与胡适的见面算是比较尴尬了，但也只是尴尬而已，还并未到剑拔弩张的地步。至于吴宓、辜鸿铭、章士钊与胡适的相遇，则体现出"和为贵"的价值取向。求真才重学术交往，唯真才重"和为贵"。在民国高校教师学术交往"和为贵"的后面，反映了一种更为和谐的交往追求在流行，那就是以学问兴趣为基础的学术交往。

三、以学问兴趣为基础的交往

学问兴趣，应该是高校教师素质的应有之义。民国高校教师学术交往给我们留下的温馨画面更多的还是以学问兴趣为基础的结合。人们仅仅只是因为有研究学问的兴趣、爱好而融合相处，它不关乎专业，不关乎年龄，不关乎思想观点，只要对学问有热情，就能走到一起，就能寻觅到知音，就能抱团取暖。

浦江清1926年毕业于南京东南大学，经吴宓推荐任教于清华大学，担任陈寅恪的助手。作为年轻的高校教师，他很注意向年长教师求教请益。1931年1月5日，浦江清"与斐云同谒陈寅恪先生（西四姚家胡同），不在。折至钱稻孙先生府上（西四受壁胡同），剧论北平教育界人物，看日本原田淑人新编《乐浪》一书。出至西四某饭店饭。至北海静心斋中央研究院历史语言研究所访徐中舒、赵良翰两君。傅孟真先生闻余来，欲留一饭，固辞。晚徐中舒款余于其寓所，傅孟真亦在座，谈古史上诸问题。傅先生地位甚高而和蔼近人，颇重视余，令余有受宠若惊之慨。中舒谓余，如余明年清华得津贴赴欧，经济尚困难，则中央研究院亦可津贴少许，略担任工作"③。钱稻孙、徐中舒、傅斯年对浦江清的关怀，是一种无私的无利害的关爱。

陈寅恪在清华，其寓所门前上午下午经常挂着"休息，敬谢来客"一牌，所以要与他相见十分困难。钱穆与陈寅恪的交往，却因着汤用彤。陈寅恪与汤用彤曾是清华同学，他进城常到汤用彤家，而钱穆与汤用彤同为北京大学同事，又是邻居，且来往亲密。所以凡陈寅恪来访，汤用彤必引见到钱穆书斋聚谈。钱穆对学富五车的陈寅恪是打心底敬仰，

① 邓云乡：《文化古城旧事》，中华书局1995年版，第256页。
② 叶贤恩：《黄侃传》，湖北人民出版社2006年版，第246页。
③ 浦江清：《清华园日记·西行日记》，生活·读书·新知三联书店1999年版，第44页。

不想竟能在自家相聚请益,这使他十分高兴。陈寅恪常穿长袍,钱穆也常穿长袍。他还看到每临冬季,陈寅恪是长袍外套一棉袍或皮袍,或一马褂,或一长背心,钱穆由是也仿效之。

辅仁大学校长陈垣则是主动关爱青年教师,从学术上帮助他们成长。青年教师启功谈到陈垣对他的科研指导,深情地讲:"遇到一个可研究的问题,老师总是从多方面启发我们的兴趣,引导我们写文章。如果有篇草稿了,老师喜悦的表情,总是使我们如同得了什么奖品。但过不了两天,'发落'这篇'作业'时,就不好受了。一个字眼的不合逻辑,一个意思雷同而表面两样的句子,常被严格地挑出来,问得我哑口无言。哑口无言还不算,常常被问要怎么改。……这样耳提面命的基本训练,哪个大学里,哪个课程里,哪位教授的班上能够得到呢?试问我教书以来,对我教的学生,是否也这样费过心力呢?想起来,真如芒刺在背,不配算这位伟大教育家的门徒!如果我一篇文章发表了,教师每每提醒旁人去看,如果有人夸奖几句,其实很明显地夸奖给老师听的,那时老师的得意笑容,我至今都可以蘸着眼泪画出来!"①陈垣对弟子们交流治学经验,总是无私无隐,毫无保留,弟子们总是能问一得三。可见这种以学问兴趣为基础的交往是不关乎年龄的。

同样,只要有学问的热情,不论什么专业,总能在交往中寻找到共同的话题,沉浸于共同的喜悦之中。钱穆在燕京大学任教时,认识了北京大学来此兼课的张星烺:"余在燕大又识张星烺,每星期五来燕大兼课。其寝室与余相邻,必作长夜之谈。余喜治地理之学,星烺留学英伦治化学。返国后,改从其父,治地理,尤长中西交通史,余与星烺谈尽属此门。及星烺归寝,竟夜鼾声直侵余室,余每夜必过四时始睡,故闻之特清晰。"②

后钱穆到北大,汤用彤同年也受聘于北大哲学系。汤用彤(锡予)原任教南京中央大学,他不喜交游,闭门独处,然也常感孤寂,钱穆便成了他在北京走动比较勤的一个。第二年,河南大学的蒙文通为汤用彤推荐来北大。蒙文通初下火车,直奔汤用彤住宅,继至钱穆寓所。"三人畅谈,竟夕未寐。曙光既露,而谈兴犹未尽。三人遂又乘晓赴中央公园进晨餐,又别换一处饮茶续谈。及正午,乃再换一处进午餐而归,始各就寝。凡历一通宵又整一上午,至少当二十小时。"

此时汤用彤的老友熊十力也来到北大,于是四人便时时相聚。"时十力方为新唯识论,蒙文通不谓然,每见必加驳难。论佛学,锡予正在哲学系教中国佛教史,应最为专家,顾独默不语。惟余时为十力、文通缓冲。又自佛学转入宋明理学,文通、十力又必争。又惟余为之缓冲。"此外,还有林宰平、梁漱溟也不时地加入。由是相互切磋,论学辩难便成为他们交往的主题。

还有在燕京大学任教的张孟劬和张东荪兄弟,他们家与钱穆家相距五宅之遥。熊十力经常携钱穆与他们二兄弟相晤。"或在公园中,或在其家。十力好与东荪相聚谈哲理时事,余则与孟劬谈经史旧学。在公园茶桌旁,则四人各移椅分坐两处。在其家,则余坐孟劬书斋,而东荪则邀十力更进至别院东荪书斋中,如是以为常。"

① 程斯辉:《中国近代大学校长研究》,人民教育出版社 2010 年版,第 366—367 页。
② 钱穆:《八十忆双亲·师友杂忆》,生活·读书·新知三联书店 2005 年版,第 152 页。

　　钱穆又因汤用彤认识了清华的吴宓。钱穆在清华兼课，课后就去吴宓居所。"一院临湖，极宽适幽静。雨生一人居之。余至，则临窗品茗，窗外湖水，忘其在学校中。"钱稻孙与钱穆同时有课，因而三人聚谈，更易忘时。吴宓在办《大公报·文学副刊》时，特别提拔了清华两学生，一为贺麟，自欧留学归来与汤用彤在北大哲学系同事；一为张荫麟，留美归来在清华历史系任教。"余赴清华上课，荫麟或先相约，或临时在清华大门前相候，邀赴其南院住所晚膳。煮鸡一只，欢谈至清华最后一班校车，荫麟亲送余至车上而别。"①

　　浦江清与一帮清华同事聚谈，年龄不同，专业各异，却能从词而昆曲，而皮黄，而新剧，而新文学地展开，从中感悟学术交往的喜悦。他在1931年1月8日日记中写道："今晚要请客。下午邀叶石荪、俞平伯诸人。斐云来。晚七时在西客厅宴客，到者有顾羡季（随）、赵斐云（万里）、俞平伯（衡）、叶石荪（麐）、钱稻孙、叶公超（崇智）、毕树棠、朱佩弦（自清）、刘廷藩，客共九人。湘乔及梁遇春二人邀而未至。席上多能词者，谈锋由词而昆曲，而皮黄，而新剧，而新文学。钱先生略有醉意，兴甚高。客散后，钱先生与斐云留余于西客厅谈，灯熄继之以烛。"②

　　至于专业相近，学术追求相同，如果还年龄相仿，其学术交往则更求互通有无，取长补短，精诚合作。浦江清、钱穆（宾四）、向觉明、以中都是有学术追求的年轻教师，1932年1月10日，"觉明来访，共午餐。喝葡萄酒二钟，觉微醺。觉明谈欲邀同志数人组织一团体，参观北平各学术机关作印象及批评文学。宾四谓游历名胜名刹为上。我提议办一杂志，以打倒高等华人、建设民族独立文化为目的，名曰《逆流》。逆流者，逆欧化之潮流也。觉明、以中、宾四皆赞同，不知何日能发动耳"③。1936年1月19日，浦江清"下午至马大人胡同，访钱宾四。宾四谈康有为之思想矛盾处，又伪造文章事，甚趣。其《近三百年学术史》不久即脱稿矣"④。

　　这样的学术交往，在民国高校教师中，可以说是蔚成风气。从诸多高校教师日记中，我们可以经常见到这样的画面。吴宓日记载，1926年9月9日："晚，寅恪来。又梅教务长来，谈甚久。"9月13日，"晚，在寅恪处谈"。9月15日："夕，王静安来，久坐。"七时，曹校长宴请新职教员晚宴，散后，十时，"陈寅恪、楼光来、唐钺三君来宓室小坐"。9月16日，"下午，陈寅恪、赵元任等携觚寿枢来室中小坐"⑤。

　　这样宽松、自由的学术交往是高校教师最为向往的。钱穆自苏州来北平，且孤身一人，不似其他高校教师，或学缘故旧，或地缘新识，这些他都没有，他就自学成才一个。好在北平著名高校集中，学者云集，给他的学术交往带来诸多的便利。"同在北平，有所捧手，言欢相接，研讨商榷，过从较密者，如陈援庵、马叔平、吴承仕、萧公权、杨树达、闻一多、余嘉锡、容希白肇祖兄弟、向觉民、赵万里、贺昌群等，不胜缕述。"这样的学术交往，很纯洁，钱穆认为："诚使时局和平，北平人物荟萃，或可酝酿出一番新风气来，为此下开一

① 钱穆：《八十忆双亲·师友杂忆》，生活·读书·新知三联书店2005年版，第169—173页。
② 浦江清：《清华园日记·西行日记》，生活·读书·新知三联书店1999年版，第45—46页。
③ 浦江清：《清华园日记·西行日记》，生活·读书·新知三联书店1999年版，第61页。
④ 浦江清：《清华园日记·西行日记》，生活·读书·新知三联书店1999年版，第131页。
⑤ 吴学昭整理注释：《吴宓日记》第3册，生活·读书·新知三联书店1998年版，第219—223页。

新局面。"因为这些人"皆学有专长,意有专精。世局虽艰,而安和黾勉,各自埋首,著述有成,趣味无倦。果使战祸不起,积之岁月,中国学术界终必有一新风貌出现"①。

钱穆所言,"安和黾勉,各自埋首,著述有成,趣味无倦",这才是民国高校教师最为理想的学术交往方式。选择什么样的学术交往方式,实际上就选择了什么样的学术生活方式。封闭于学门师友的交往圈,终难有开放的学术生活,难以适应多元的学术社会。一味地拘泥于思想认同的边界,也同样会将自己的学术生活封闭于狭窄的轨道,难有高尚理想的号召力和共同奋勉的持久力,难以适应发展的学术社会。中国现代学术的建立,需要一批志同道合的具有学问兴趣的学者共同努力,需要一种宽容的自由的学术氛围,这才是学术交往的真正动力。民国高校教师对学术交往方式的选择,表现了由传统的社会关系向新的社会关系的转变,即由地缘、学缘等人际因素的结合转向了追求以学术思想认同为基础,以及以学问兴趣为基础的结合。

---

① 钱穆:《八十忆双亲·师友杂忆》,生活·读书·新知三联书店 2005 年版,第 173—174 页。

郭秉文与陶行知的交往与合作研究(1917—1923)

◎李 永 柯 琪*

摘 要:郭秉文与陶行知是民国时期教育家的代表,他们年龄相差不多,经历十分相似,早年在教会学校求学,日后赴美国留学,转读教育学专业,先后在哥伦比亚大学师范学院攻读博士,且深受杜威实用主义之影响。陶行知 1917 年 9 月入职南京高等师范学校,1923 年 8 月请辞,6 年间郭陶两人以"教育救国"为使命,在"南高""东大"校园内外开展了密切的教育合作,共同推进着中国教育现代化的进程,其精神、其业绩、其风范至今依然值得我们学习与借鉴。

关键词:陶行知;郭秉文;南京高等师范学校;国立东南大学

郭秉文与陶行知是民国时期教育家的代表,也是民国教育史上的风云人物。他们年龄相差不多,经历十分相似,早年在教会学校求学,日后赴美国留学,转读教育学专业,先后在哥伦比亚大学师范学院攻读博士,且深受杜威实用主义之影响。陶行知 1917 年 9 月入职南京高等师范学校(以下简称南高或南高师),1923 年 8 月请辞东南大学(以下简称东大)职务,6 年间,郭陶两人以"教育救国"为使命,在南高、东大校园内外开展了密切的教育合作,共同推进着中国教育现代化的进程,其精神、其业绩、其风范至今依然值得我们学习与借鉴。

一、人生交集

(一)郭陶二人的基本情况

郭秉文,字鸿声,江苏江浦人。陶行知,原名文浚,字世昌,安徽歙县人。二人早年的经历非常相似。首先,都曾在教会学校读书,有一定的宗教情结。郭秉文毕业于上海清心书院,陶行知早年在崇一学堂学习,后毕业于金陵大学。

其次,郭秉文和陶行知两人都赴美留学并改读教育学专业,博士导师同为斯垂耶(George. D. Strayer)。郭秉文 1906 年先入伍斯特学院预备学校,后升入伍斯特学院,1911 年毕业获得理学学士学位,随后进入哥伦比亚大学师范学院从事教育学研究,1912

---

* 作者简介:李永,中南民族大学教育学院讲师;柯琪,中南民族大学教育学院硕士研究生。

年获硕士学位,1914 年获哲学(教育学)博士学位,是中国首位留美教育学博士,指导教师为斯垂耶和法云通(Frederic Ernest Farrington),博士论文为《中国教育制度沿革史》。留学期间,擅长演讲,曾担任留美中国学生会首任主席,《中国学生月报》总编辑等职务。陶行知 1915 年获伊利诺伊州立大学政治学硕士学位,后转而攻读哥伦比亚大学教育学博士,师从斯垂耶,攻读博士期间返回中国。

最后,两人归国后都投身高教事业,彼此支持。郭秉文 1914 年秋归国,1915 年 1 月江谦聘其为南京高等师范学校教务主任,陶行知 1917 年 8 月归国,9 月受郭秉文邀请到南高任教。郭秉文不仅是陶行知的校友、学长,还是他的上司。1918 年郭秉文出任南高代理校长,陶行知出任代理教务主任;1919 年郭秉文任校长,陶行知任教务主任。1921年郭秉文任国立东南大学首任校长,陶行知又兼任国立东南大学教务主任。有一点不同的是,在南高、东大期间,郭秉文主要负责教育行政事务,并未授课,而陶行知则先后主讲过教育学、教育哲学等多门课程。

(二)郭陶二人的早期交往

郭秉文与陶行知何时第一次见面,目前尚不清楚。余子侠教授认为,1916 年郭秉文赴美替南高延揽人才,曾与陶行知有过会面,两人还一道参加过留美中国学生联合会组织的讲演活动。[①] 实际上此次见面之前,二人通过其他渠道对彼此已经有所了解。

1914 年 8 月,郭秉文回国,但具体日期不详。8 月 15 日,陶行知从上海赴美留学。一位是归国,一位是出国,此时他们彼此见面、相互了解的概率几乎为零。1914 年 9 月,随着陶行知进入美国,他对郭秉文的了解开始日益增多。比如,通过留美学生会等途径,郭秉文作为刚刚离开的留美学生领袖人物的大名势必迅速为陶行知所知晓,更何况一年以后,他来到了哥伦比亚大学,就读于同一位导师斯垂耶门下。

1914 年归国以后,最有可能向郭秉文推荐陶行知的当属当时江苏教育会副会长黄炎培,因为 1915 年黄炎培赴美考察开启了与陶行知的深度交往,而且南高初创也急需人才。其实,郭秉文与黄炎培的相知要早于陶行知,但是他们的初次见面则晚于陶行知。1913 年 10 月,江苏教育司派俞子夷赴美,会同郭秉文、陈容两位留学生考察美国小学、师范教育,当时任江苏教育司司长的为黄炎培。这次考察使郭秉文与江苏教育人士、与黄炎培建立了联系。刚回国不久,江苏教育会就邀请郭秉文介绍美国教育情况。1916 年郭秉文的博士论文《中国教育制度沿革史》由商务印书馆出版,除了孟禄的英文序言,又添加了黄炎培的序言,可见两人已经有了更为密切的交往。

此外,1914 年 6 月 22 日,黄炎培参加金陵大学毕业典礼并颁发中文文凭。而陶行知作为优秀毕业生宣读毕业论文,面赠黄炎培自己主编的《金陵光》杂志,自此二位彼此相识。1915 年 4 月黄炎培赴美国考察职业教育,并通过陶行知等人的帮助结识了杜威。此时陶行知因撰写毕业论文缺乏资料而苦恼,故委托黄炎培代为其搜集资料。1916 年 12月 5 日,黄炎培给陶行知寄送了江苏教育的有关资料,供其撰写毕业论文所需,并附带书

---

① 余子侠:《山乡社会走出的人民教育家:陶行知》,湖北教育出版社 1999 年版,第 92 页。

信一封,与其讨论职业教育问题。

二、校内办学

郭秉文与陶行知在南高、东大共事的 6 年间,他们精诚合作,默契配合,完成了南高和东大的多项创举,从而为我国早期高等教育留下精彩的一页。虽然两人均提倡教育救国、教育改造社会,但郭陶两位的着力点略有不同。

基于目前资料的分析,郭秉文选择教育专业,不在"教育"专业本身,而在于"教育改革"的力量,因为教育改革可以牵动其他改革事业。所以郭秉文回国后主要是做教务主任,做大学校长,而非做教师,其主要精力放在了推动"教育改革"上,郭秉文自己也曾说过"公在校未任课"。所以,郭秉文更侧重于高校的办学与管理,晚年将其归结为"四个平衡"的办学宗旨。陶行知虽然也侧重于高校的教学与改革,但与郭秉文相比关注的问题则更为具体。在南高、东大任教任职期间,除了授课,陶行知也以教育改革家的姿态,在教学、招生、社会服务等方面提出了新观点,得到了郭秉文的呼应。二人相互配合,推进了南高、东大的发展。

(一)倡导"教学法",代替"教授法"

1918 年 3 月,陶行知受聘为代理教务主任,就应用统计学方法重新设计课程总表,全校上下对其顿生好感。1919 年 10 月任教务主任后,由于办事认真,要求严格,陶行知被同学们称为"老虎教务长"。

民国初年,国内学校仍在使用"教授法"的提法,但接受了杜威"以学生为中心"观念的陶行知对此提出了批评意见,认为先生只管教,学生只管学,学校成了教、学分离的"教校"。1918 年 5 月,他在《师范生应有之观念》的讲演中强调学校教育应以学生为中心。后来,他又在教务会议上提出以"教学法"代替"教授法",结果辩论 2 小时,最终未能通过。

事后,陶行知通过发表文章,进一步阐述自己的观点。1919 年 2 月 24 日,陶行知发表《教学合一》的文章,认为,"教师的责任不光在教书,而是在教学,应当将重点放在教学生学,教的法子必须根据学的法子","做先生的,应该一面教一面学"。[①]

经过坚持不懈的努力,陶行知的主张逐渐得到了教育界的响应,苏州师范学校首先赞成并采用了教学法。五四运动兴起后,部分老师的观念发生了转变,也无暇顾及此事。在郭秉文的支持下,陶行知将南高全部课程中的"教授法"改为"教学法",而教学法的概念也被一直沿用至今。"教授法"与"教学法"虽然只有一字之差,却反映了从以教师为中心向以学生为中心的教育思想的根本转变,中国教育改革迈出了重要的一步。

(二)实施招生改革,实现男女同校

民国初期,男女同校仍然是教育的"禁区"。经历了五四运动的洗礼,教育界开始积

---

① 华中师范学院教育科学研究所主编:《陶行知全集》第 1 卷,湖南教育出版社 1984 年版,第 87—90 页。

极关注女子教育问题，蔡元培发表演讲呼吁男女教育平等，胡适撰文讨论大学开女禁的问题。北有其呼，南有其应，南高的学者也主张高校放开"女禁"。

郭秉文留美就读的伍斯特学院就是男女同校的高校，所以他也提倡男女同校学习。1919 年 12 月 7 日，陶行知在第 10 次校务会议上指出：中国女子高等教育最不发达，南高有益于女子的课程，可否允许其旁听。[①] 与会的郭秉文、刘伯明、陆志韦等均表示支持此提案。1920 年 4 月 21 日，陶行知又在第 11 次校务会议提出"学生有应试资格来校应试者，苟能及格，不论男女均可录取"，[②]随后南高决定自 1920 年夏正式招收女生。

南高开"女禁"的计划在社会上引起了极大的反响，张謇、江谦等人表示反对，但是也获得黄炎培等人的支持。面对社会的流言蜚语和各种阻力，郭秉文、陶行知等人通过与蔡元培、蒋梦麟、胡适等人的商议，决定南北联合行动，壮大声势，开放"女禁"。

北京大学在 1920 年春季学期招收了 9 名女大学生，但因招生考期已过，只好以"旁听生"的资格就读于北大。1920 年春季学期南高也招收了女子旁听生。1920 年夏，南高继续按计划执行，以男女同样的标准招考女生。"第一年投考南高师的女生百余人，正式录取 8 人。"[③]此外，在贵州、四川、察哈尔三处的特别生中招收女生 20 人，同年还招收了50 余名女旁听生，从而使南高成为中国第一个正式招收女生的高等学府。

（三）开办暑期学校，服务社会需求

南高、东大办学的一个显著特点是面向社会，让大学成为推动社会进步的"服务站"。"五四"以后，中国现代教育发展很快，但师资力量十分薄弱，如果仅凭现有学校及其师资水平，必将影响国民素质的提升，所以在 1920 年前后，全国兴起开办暑期学校的热潮，借以培训各类教师和教育行政管理人员。

其实，郭秉文曾在《中国教育制度沿革史》中提到"夏季学校"等"于教员之养成裨益匪浅"。另外，1915 年陶行知曾经在美国伊利诺伊州立大学"夏学期"接受过"暑期教育"，使他初步掌握了美国高校教育学科的基本知识。早期理念、经验与现实需要的结合，促使郭陶二人很快将举办暑期学校付诸实践。

1920 年 7 月 12 日至 8 月 20 日，南高在全国率先开办了暑期学校。学生总数 1041人，来自 17 个省份，年龄最高者 59 岁，最幼者 16 岁。[④] 其中有大学、专科、中专毕业生，也有中学毕业生和私塾先生，以及各类学校的教学及行政管理人员。陶行知自始至终主持了第一期暑期学校。由于学员中有 86 位女生，为此他还专门给予这些首开男女同校之禁的学子特殊照顾。

由于陶行知的周到安排，尤其对每门课程的斟酌审定，这期暑期学校办得相当成功，收到了极好的成效，不仅"甫经创办而四方来学者即踊跃异常"[⑤]，而且不到一年，各地都

---

① 华中师范学院教育科学研究所主编：《陶行知全集》第 1 卷，湖南教育出版社 1984 年版，第 143 页。
② 华中师范学院教育科学研究所主编：《陶行知全集》第 1 卷，湖南教育出版社 1984 年版，第 146 页。
③ 张蓓蔷：《我成为中国男女同校女生之追忆》，《高教研究与探索》1987 年第 2 期。
④ 华中师范学院教育科学研究所主编：《陶行知全集》第 8 卷，湖南教育出版社 1992 年版，第 77 页。
⑤ 道之：《我所望于暑期学校者》，《教育杂志》1922 年第 6 期。

开始效仿这一教育推广的做法。次年,南高改组为东大,继续举办暑期学校,并特地邀请美国的杜威、孟禄、推士,德国的杜里舒,国内的梁启超、胡适、张君劢等人前来讲学。

1920—1923 年,南高、东大连续 4 年举办暑期学校,1921 年第 2 期正式学员为 950 人,1922 年第 3 期共 931 人,1923 年第 4 期计 893 人。① 南高、东大所办的暑期学校,时间长,规模大,师资强,影响广。1923 年,陶行知负责中华教育改进社事务以后,又将暑期学校的经验引入了进社,该社 1923 年的工作计划中就有"暑假期内举行科学教育演讲会"。

(四)具备国际视野,邀请学者讲学

作为留美学子,郭陶都有着广阔的国际视野。郭秉文办学中所强调的"国内与国外平衡",除了指教师的培养要国内外并举,还指师资来源国内与国际并重。郭秉文利用自己在海外学术界的人脉以及国内学术界的影响力,邀请杜威、孟禄、罗素、泰戈尔等国际知名学者来校访问、讲学,开阔了师生眼界,活跃了学术气氛,提升了学校知名度。

1919 年,陶行知与郭秉文成为杜威来华邀请的发起人,其中陶行知是出力最多的人之一。1919 年 2 月陶行知得知杜威在日本讲学的消息后,告知了将要到美国考察并途经日本的郭秉文。3 月郭秉文赴日面见杜威,邀请其来华讲学,杜威欣然答应。因出国考察,郭秉文将接待杜威之事委托给陶行知。1919 年 4 月 30 日,南京高师陶行知、北京大学胡适和江苏教育会蒋梦麟三人分别代表三个单位,前往上海码头接迎杜威及其家人。1920 年 4 月,杜威再度来南高,现存南高档案中记录了具体授课安排:

> 教育哲学　星期五下午 8 时至 9 时
> 伦理　星期四下午 2 时至 3 时
> 哲学史　星期六下午 2 时至 3 时②

杜威在中国游历和讲学的两年多时间里,陶行知与杜威接触甚多,南京及苏沪地方进行的讲演和游历活动多由陶行知负责安排,并担任了部分讲演的翻译工作。从更大的范围来看,杜威、孟禄等人的来华活动推动和促进了中国新教育事业的进步,胡适评价说:"自从中国与西洋文化接触以来,没有一个外国学者在中国思想界的影响有杜威先生这样大的。"③而对孟禄在华所为,陶行知即认为"此次博士来华,以科学的目光调查教育,以谋教育之改进,实为我国教育开一新纪元"④。

(五)为公多方努力,筹措办学经费

郭秉文在创设东南大学之初,就提出办大学有赖于充足的人才与经费。东南大学创立之初,由于学生主要来自苏浙皖赣四省,故办学经费由四省分摊,但浙皖赣三省拒绝支

---

① 王德滋主编:《南京大学百年史》,南京大学出版社 2002 年版,第 30 页。
② 《南大百年实录》编辑组编:《南大百年实录》(上),南京大学出版社 2002 年版,第 86 页。
③ 胡适:《胡适自选集》,安徽人民出版社 2013 年版,第 10 页。
④ 华中师范学院教育科学研究所主编:《陶行知全集》第 1 卷,湖南教育出版社 1984 年版,第 173 页。

付经费,导致东南大学只好将分摊经费之事提交国务会议裁决。1922 年 10 月 30 日,郭秉文致信兼任南高、东大教务主任的陶行知暂缓离京,负责催办此事。

当时的内阁由王宠惠、顾维钧、汤尔和、罗钧任等人组成。为了让提案在国务会议上提出并通过,陶行知进行了多方努力。好在陶行知与内阁中的不少人打过交道,心中较为有信心。

11 月 2 日,陶行知首先拜访了教育总长汤尔和,主要是为了打消他的顾虑。陶行知表示将提前疏通内阁成员,避免其他阁员反对汤的议案。汤尔和表示将从速提交内阁审议。

3 日下午,陶行知来到财政总长罗钧任府上。在这次会谈中,陶行知反应灵活,针锋相对,当罗钧任问及学校是否国立等问题后,陶行知抓住机会指出:"现在只有江苏一省出过钱,其余三省,还没有出钱。"其间,陶行知又略带一点威胁的口气谈及,"我们还是让学校关门呢,还是逼令此四省的父兄的代表人担负相当的责任呢"? 当交谈中发现罗钧任对东南大学不太了解时,陶行知就讲述了东大的办学情况,以及孟禄对东南大学的赞誉。最后又设问:"先生看这样的情形,我们怎忍看他关门?"罗钧任表示:"等教育部来文时,我再设法。"[①]4 日上午,为确保经费的落实,陶行知又专门拜见了署理国务总理王宠惠,王宠惠表示已经督办此事。随后国务会议向四省省长通告了经费分摊办法,财政部下发了催办经费的公文。

20 世纪 20 年代国内高校普遍存在经费难以保障的问题。正是由于郭秉文等人的多方筹款,才使得东南大学本部和上海商科大学分部仍能照常上课,而且无索薪事件,这已是 20 年代国内大学办学的奇迹。

总之,郭秉文与陶行知相互配合,他们进行了多方面的改革,给学校的发展带来了活力,提升了南高、东大的声誉,使之成为中国最早的现代意义上的大学。

三、校外合作

除了校内合作,郭秉文与陶行知还通过著书立说,宣传新的教育思想。他们在校外的合作主要有两个方面,其一为利用中华教育改进社,推进教育改革,其二,利用世界教育会议的平台,宣传中国的教育实践。

(一)借改进社之力,推进教育进步

1921 年 12 月 23 日中华教育改进社成立。1922 年 2 月,改进社在上海召开董事会会议,推举陶行知为主任干事。4 月 12 日,改进社总事务所在北京正式成立。该社以"调查教育实况,研究教育学术,力谋教育改进"为宗旨。因董事会和董事长不驻会办公,所以该社的具体事务实际上主要由陶行知负责。此后陶行知也开始南京北京两地的奔波。

陶行知宣布中华教育改进社诞生时,提出教育革新运动须具开辟与试验精神。在他

---

① 华中师范学院教育科学研究所主编:《陶行知全集》第 5 卷,湖南教育出版社 1985 年版,第 15—17 页。

担任主任干事期间,主要开展了四个方面的工作:其一,1922—1925 年,主持开展了一系列的教育调查,日后汇总为《中国教育之统计》;其二,聘请国内外教育家开展中国教育现状的研究,丰富中国的教育理论;其三,主持《新教育》《新教育评论》杂志,发表大量教育研究的文章,并出版相关教育丛书;其四,大力开展平民教育、乡村教育等推广工作。而且每年主持召开中华教育改进社的年会,会议组织亲力亲为,提交社务报告,发表专题演讲。

改进社成立之时,推蔡元培、熊希龄、张伯苓等九人为董事,成立了董事会。郭秉文是 9 位董事之一,也是组织者和领导人之一。郭秉文多次参加该社的年会,参与有关中小学教育教学改革的各项重大决策,如参与制定与《壬戌学制》相配套的课程标准,确定中小学课程与教材改革研究方案等。[①] 同时,郭秉文也利用这种双重身份,推进中华教育改进社与东南大学的合作。比如,1922 年美国推士教授受中华教育改进社邀请来华进行科学教育调查和研究,东南大学就邀请推士到东南大学讲授相关课程,培训中学科学教员。随后,美国麦柯尔教授又来华指导中国教育测验运动,其中中华教育改进社和东南大学教育科在推动测验运动中贡献最大。

(二)国际教育舞台,显露中国声音

无论是郭秉文,还是陶行知,他们都具备融通中西的知识结构,西式教育培养了他们开阔的国际视野,儒家学说造就了他们强烈的民族责任感,所以他们能站在世界高度把握中国问题,推进教育改革与实践。另外,他们也积极向世界推介中国教育的理论构建和实践活动,显露中国声音。

1922 年 3 月,陶行知在获悉一些国际国家教育会议的信息之后,发文批评国内对国际教育会议的重视不足,准备不够,导致夏威夷、菲律宾的会议无果。"我们以后若再懒惰,不早些从事准备,那世界真要以为中国没有教育了。"[②]

为了筹备参与 1923 年万国教育会议(即世界教育会议),1923 年 2 月 24 日陶行知曾写信给胡适,希望他作为代表参会。随后陶行知被改进社董事会推举为参会代表。为准备此次会议,陶行知亲自参与撰写有关论文,7 月,陶行知与薛鸿志合撰了英文专题报告《中国之教育统计》,其中包括 56 份统计表。[③] 另外,陶行知还敦促有关人士积极准备材料。3 月 21 日,致函东南大学督促编辑会议所需图表,5 月 22 日又请郭秉文撰写《中国高等教育》要点。当时共计 20 余件资料送往万国教育会议,涉及中国文化、教育的多个领域,作者多达 28 名。其中郭秉文提交了《民国十一年之高等教育》《中国近代教育之进步》。

在这次会议上,郭秉文当选世界教育联合会副会长、理事兼亚洲分会会长。由于郭秉文连续 3 次被推举为世界教育会副会长兼亚洲分会会长,所以"20 世纪 20 年代在各国人士眼睛里,中国外交界上只有顾维钧、施肇基,教育界上只有郭秉文"。此次会议后,陶行

---

① 周洪宇、陈竞蓉:《艰难的改革家:中国现代教育改革先驱郭秉文》,《高等教育研究》2014 年第 10 期。
② 华中师范学院教育科学研究所主编:《陶行知全集》第 1 卷,湖南教育出版社 1984 年版,第 238 页。
③ 华中师范学院教育科学研究所主编:《陶行知全集》第 1 卷,湖南教育出版社 1984 年版,第 308—360 页。

知更加意识到参与国际教育活动的重要性，"教育的良否，在国际地位上狠（很）是重要"①。

1923 年 7 月 28 日，陶行知因为同时担任东南大学及中华教育改进社的两处职务，每月来往南京北京一次，渐觉精疲力倦，难于支持，希望辞去校内职务。② 8 月辞呈获准，陶行知举家迁往北京。

因为政局动荡，1925 年 1 月北洋政府免去了郭秉文的校长职务，改派胡敦复接任校长，东大发生"易长风潮"。当时东大校内形成拥郭、倒郭两派，继而东大师生"拒胡挽郭"，最后调江苏省教育厅厅长蒋维乔任东南大学校长。在此背景下，作为东大名誉教授，陶行知对此不能超然事外。1925 年 2 月 25 日《申报》刊发了《陶知行致函政府，援助蒋教育厅长》的短文，指出："今政府方谋国是之善后，但贤能被摈，公道不彰，众怨将归，何以为国？ 昔人种恶因，后人谋善后。"③郭秉文被迫去职后，陶行知也彻底脱离了东大，两人校内外密集的、有创建的合作基本结束。

小 结

第一，郭秉文、陶行知是近代中国社会大转型的时局下中国近代知识分子尤其是留学生群体中秉承"教育救国"理念的代表。

南京高师学生高明指出："先生盖以为非振兴科学，无以救亡图存，而培养人才，则有赖于教育，故所习如此（教育学）。"陶行知曾留学美国，先入伊利诺伊大学学市政，获政治学硕士学位。由于他认为在中国当时腐败的政府里不能很好地为民服务，于是转入哥伦比亚大学研究教育。1916 年 2 月 16 日陶行知在致罗素的信中，他决心"将回国与其他教育工作者合作，为我国人民组织一高效之公众教育体系"④。

郭秉文在博士论文中认为"与国民进步最关系者乃教育"，"教育之改良为一轴纽，牵动各种事业皆随之而变新，教育造成人才为国家之栋梁，措国家于磐石之安"。⑤ 陶行知也有相近的观点，他在《师范生应有之观念》中提出教育乃救国之方法，"鄙人谓教育能造文化，则能造人；能造人，则能造国"⑥。可以说，把教育视为促进中国进步的关键这一观念，促使郭秉文、陶行知先后走上中国教育改革的历史舞台。

第二，离开东大以后，郭秉文、陶行知的人生有着较大的差异。

1925 年 2 月，郭秉文赴美国，后与孟禄等人一起创立"华美协进社"，20 世纪 30 年代归国转入政界，抗战时期曾负责对英借款事宜，后出任联合国救济总署副署长兼秘书长，并长期在美国推动中美之间的文教事业。1969 年 8 月 29 日在美国逝世。郭秉文一生涉足多个职业领域，亲任繁务，举重若轻，被尊为"中国哲人"。

---

① 华中师范学院教育科学研究所主编：《陶行知全集》第 8 卷，湖南教育出版社 1992 年版，第 128 页。
② 华中师范学院教育科学研究所主编：《陶行知全集》第 5 卷，湖南教育出版社 1985 年版，第 27—28 页。
③ 华中师范学院教育科学研究所主编：《陶行知全集》第 8 卷，湖南教育出版社 1992 年版，第 749 页。
④ 董宝良主编：《陶行知教育论著选》，人民教育出版社 1991 年版，第 9 页。
⑤ 郭秉文：《中国教育制度沿革史》，商务印书馆 1916 年版，第 147 页。
⑥ 华中师范学院教育科学研究所主编：《陶行知全集》第 8 卷，湖南教育出版社 1992 年版，第 37 页。

陶行知离开东南大学以后,为中国教育探寻新路,先后创办南京晓庄乡村师范学校、燕子矶幼稚园、山海工学团、育才学校、社会大学等机构。他是伟大的民主主义战士、爱国者,一直从事着改造中国社会的伟大实践。他于 1946 年 7 月 25 日在上海逝世,享年55 岁。陶行知逝世后,被毛泽东、宋庆龄称为"伟大的人民教育家"和"万世师表",是"民族之魂、教育之光"。

由上文可以看出,郭陶后半生的人生轨迹有较大的差异。陶行知奉行的是"大丈夫精神",即平时要"仁者不忧,智者不惑,勇者不惧,达者不恋",有事则要"富贵不能淫,贫贱不能移,威武不能屈,美人不能动"。① 相较而言,陶行知更多地受到基督教的影响,因而人生大起大落,生命短暂,所以"捧着一颗心来,不带半根草去"是对其最经典的解读。

郭秉文则深谙中国传统文化,讲求持中之道,他认为"平,是治学治事的最好的座右铭"。曹文彦认为郭秉文"养生处世之道,宅心温和敦厚,持躬宁静淡泊,深得道家反诸自然之妙。可是在做事方面,始终是积极的,关于这一点,他实已得儒家哲学之真传"。② 所以郭秉文比陶行知摄生有道,多了 30 年的人生时光。

"云山苍苍,江水泱泱,先生之风,山高水长",虽然郭陶两位先生风格迥异,但是这两位先驱勠力中国教育,为中国教育现代化进行了卓越的探索,其业绩与风范长存。

第三,郭秉文与陶行知晚期交往减少的未解谜团。

陶行知辞职以后,二人还有一定的交往。比如 1924 年 7 月中华教育改进社第三届年会在东南大学召开,推举蔡元培、郭秉文、张伯苓、陶行知 4 人参加 1925 年世界教育会议,后陶行知因社内事务未能成行。1924 年 9 月 18 日,中华教育文化基金会成立,负责美国退还的庚款相关事宜,中方 10 位董事成员中包括与陶行知熟识的郭秉文、黄炎培,美方 5 位董事成员中包括孟禄和杜威。1925 年 7 月陶行知被聘为中基会执行秘书,1926年 2 月陶行知辞去了这一职务。

郭秉文赴美以后,两人的交往更为稀少,目前仅知晓两事。1926 年 6 月,郭秉文参加美国费城举办的世界教育博览会,并负责筹备中国馆的展览。当时中国教育展品获得一大奖,郭秉文曾电告改进社"此次教育产品参展成功,实为我国教育在国际上之荣誉"③。1927 年,郭秉文撰写的《费城博览会中国展览第三次报告》④刊登在了陶行知主持编辑的《新教育评论》上,这想必是陶行知约稿或者两人提前商定的结果。因为参加 1926 年世界教育博览会是改进社第三届年会曾讨论的议题,所以郭陶二人必定有所交流。

根据目前掌握的资料,此事以后,再未见到两人其他交往记录。⑤ 陶行知离世后,未能看到郭秉文的悼念文字。为什么有着 6 年深度交往和密切合作的郭陶二人日后未能有长期的联系,至今仍是未解之谜。

---

① 华中师范学院教育科学研究所主编:《陶行知全集》第 5 卷,湖南教育出版社 1985 年版,第 965 页。

② 曹文彦:《伯乐校长——教育家郭秉文》,参见网站:http://museum.nju.edu.cn/yc/renwu/zmrwxz/gbw.html.

③ 《美国展览会我国教育得大奖》,《申报》1927 年 9 月 26 日。

④ 郭秉文:《费城博览会中国展览第三次报告》,《新教育评论》1927 年第 9 期。

⑤ 储朝晖:《郭秉文与陶行知在中国教育现代化中的互动与选择》,《东南大学学报(哲学社会科学版)》2014 年第 3 期。

中国近代教育组织、制度及教科书研究

民国时期北京大学学术休假制度考述

——基于高等教育国际化的视角

◎田正平 王 恒*

摘 要：北京大学学术休假制度肇始于 1914 年胡仁源校长拟定的《北京大学计划书》。第一次世界大战结束后,国际教育运动兴起,以 1918 年 10 月所公布之《大学校长等派赴外国考察规程》为标志,北京大学的学术休假制度初步确立。南京国民政府对高等教育进行了大力整顿,使得高等教育国际化水平显著提升。1934 年 12 月,北京大学公布《国立北京大学教授休假研究规程》,学术休假制度基本定型。抗战期间,教育部出台了一系列有关学术休假的政策法规,以维持中外学术界的联系。第二次世界大战结束后,国际主义教育理念再度兴起,北京大学于 1947 年 2 月制定了《修正教授休假研究规程草案》。此方案在继承北大学术休假制度传统的同时,也受到教育部所颁休假规程的直接影响,可惜并未得到有效执行。

关键词：北京大学;教授休假;助教留学;高等教育国际化

进入 21 世纪以来,高等教育国际化已成为我国高等教育改革与发展的核心导向之一。国内大学,尤其是高水平大学在国际化办学的道路上已经迈出了坚实的一步,取得了丰硕的成果。目前,国家正在大力推行"双一流建设",而深入推进国际交流与合作是"双一流建设"的题中应有之义。众所周知,我国现代意义上的高等教育始自清末,至民国时期已经初具规模。在此期间,教育国际化理念及其制度实践实际上一直在影响并推动着我国高等教育的发展。其中,民国时期创立并实行的学术休假制度即是当时高等教育国际化的一种典型体现。学术休假,作为一项高等教育制度,是指大学教师在同一所大学连续服务满一定年限后,即有权享受以学术研究为宗旨的短期休整生活。该项制度肇始于 19 世纪末期的美国,目的是为了满足美国研究型大学迅速发展的需要。1917 年,北洋政府教育部正式引入此项制度,后经各高校不断修正,到 20 世纪 30 年代已经成为我国高等教育领域的一项重要制度。国立北京大学(以下简称北京大学或北大)是当时国内第一所建立学术休假制度的国立大学,无论在制度文本的制订,还是具体的操作执行方面,均极具代表意义。因此,考察北京大学学术休假制度的发展沿革,有助于我们深入了解民国时期学术休假制度的基本情况,认识民国时期高等教育国际化的具体面相。

---

* 作者简介：田正平,浙江大学教育学院教授;王恒,浙江大学教育学院博士研究生。

一、初具雏形:《大学校长等派赴外国考察规程》的制定

1912 年 1 月 1 日,中华民国宣告成立。民国肇建,百废待兴,需材孔亟,而人才之培养端赖教育,尤以高等教育为甚。有鉴于此,1912 年 10 月 24 日,中华民国教育部正式公布《大学令》,规定"大学以教授高深学术,养成硕学闳材,应国家需要为宗旨"。[①] 毋庸置疑,发展现代大学教育的关键是要有一批兼具国际视野和超拔学识的大学教师。为了能更快提升大学教师的学术水平,1916 年 10 月 18 日,教育部公布《选派留学外国学生规程》,规定"曾任本国大学教授或助教授继续至二年以上者"和"曾任本国专门学校、高等师范学校教授继续至二年以上者"均具备出洋研求学术之资格,且得免检定试验之全部或一部。[②] 1918 年,教育部选派刘复、朱家骅、杨荫榆等七名教授分赴欧美各国留学,此为我国教授留学之嚆矢。[③] 然而,民初教育部选派出国留学的教授名额有限,无法满足各大学对优秀师资的需求,因此以北京大学为代表的各国立高校开始探索其他能尽快提高师资水平的办法。学术休假制度即是在此背景下应运而生的。

北京大学学术休假制度的初步成型当以 1918 年 10 月公布的《大学校长等派赴外国考察规程》为标志。该规程亦是我国大学制定的首份关于教师学术休假的文本,具有重要意义。此规程的制定历时数年,离不开北洋政府教育部的政策支持,但更关键的是北大学人的大力提倡。

1914 年 7 月 6 日,北洋政府教育部颁布《教育部直辖专门以上学校职员薪俸暂行规程》,其中规定大学校长、学长和教员在校服务五年以上,确有成绩者,全年得给数额不等的津贴。大学校长可领 1000 元,分科学长可领 600 元,而大学校专任教员除可支最高级薪俸外,另可领津贴 600 元。[④] 可见,当时只是通过发放津贴的形式来表彰和激励大学教职员,尚无"赴外考察"及后来"休假研究"等学术休假方面的含义。

1914 年 9 月,校长胡仁源为振兴北大,拟定了《北京大学计划书》。在"养成专门学者"一节中,他指出:"数十年来世界学术发达日新月异,我国僻处东方,新知识之输入稍觉迟缓,故研究学问之士,居本国日久,往往情形隔阂,学问日退。"为提升大学教员的学术水平,他提出了选派教员出国研究的设想:"拟仿照日本大学办法,于各科教员中,每年轮流派遣数人分赴欧美各国,对于所担任科目,为专门之研究。多则年余,少则数月,在外时仍支原薪,而所有功课,由本科各教员代为分别担任,则于经费毫无出入,而校内人士得与世界最新智识常相接触,不至有望尘莫及之虞。"[⑤] 计划虽好,但在胡仁源任期内并没有得到真正落实。

1917 年 5 月 3 日,教育部公布《国立大学职员任用及薪俸规程》。其中第十三条规

---

① 《教育部公布大学令》,《教育杂志》1912 年第 10 期。
② 《教育部订定选派留学外国学生规程》,《教育杂志》1917 年第 3 期。
③ 《学事一束·教育部选派教授留学》,《教育杂志》1918 年第 8 期。
④ 潘懋元、刘海峰:《中国近代教育史资料汇编·高等教育》,上海教育出版社 1993 年版,第 782 页。
⑤ 王学珍、张万仓:《北京高等教育文献资料选编(1861—1948)》,首都师范大学出版社 2004 年版,第 342 页。

定:"凡校长、学长、正教授每连续任职五年以上,得赴外国考察一次,以一年为限,除仍支原薪外,并酌支往返川资。"①该规程废除了为任职满五年的大学职员提供津贴的规定,代之以赴外国考察一年的待遇。此外,与1914年颁布的"暂行规程"不同,只有国立大学的正教授才可能享受此待遇,助教和讲师即使"确有成绩",也无权享有。这一规定是西方学术休假制度理念在我国教育法规中的首次展现,同时也为北京大学首创学术休假制度提供了明确的政策支持与保证。

1917年11月17日,北京大学理科学长夏元瑮在理科研究所第二次会议上提出《大学根本大计》一文。他指出,"北京大学师生素来自为一小团体,与世界学者不通闻问。试问吾等抱此闭关自守主义,能独力有所发明,与欧美竞争乎?……本校同事多半曾在欧美留学,或归国已久,或近始毕业,然归国后与外国之教习、同学断绝学问上之关系则尽人所知。回国做教习数年,日所为者,不过温习学过之物而已。新智识增加甚少,新理之研求更可云绝世"。② 有鉴于此,他认为根本的解决办法只有派教员出国留学,并提出了教员留洋办法,交会议讨论。后经与会诸人议决,暂定了五条教员留洋的办法。

也许是为了营造声势,理科全体教员在1917年11月27日《北京大学日刊》第10号上发布了一则《致评议会诸君公函》。公函的主要内容是:理科研究所若要有所发展,必须派教员出洋留学。不仅是理科教员,文法科教员同样有留学之必要。最后将教员留学办法缩减为四条,一并附录在后,供评议会讨论。③

1917年12月8日,北京大学评议会对理科教员所提之"派遣大学教员出洋留学案"进行了讨论,"众极赞成,惟办法辩论颇久"。据夏元瑮报告,最终议决的留学办法共有五条,包括"资格""期间""学费""著作"和"契约"等。④ 评议会的议决办法与理科研究所初定的留学办法原则上一致,只是具体的规定有少许不同。如将学校与教授双方的"十年契约"改为"三年以上";教授考察归国后必须有研究著作,而不仅仅是作一总报告。当然,这些规定和办法有着相同的法规依据,即1917年5月3日教育部公布之《国立大学职员任用及薪俸规程》。

1918年10月4日,《北京大学日刊》第219号发布了由校评议会议决的《大学校长等派赴外国考察规程》。规程条文如下:

一、大学校长、学长、教授每连续任职五年以上得受特别优待,派赴外国考察一次,惟同时不得过二人。

二、考察员于出国之前应将其所拟研究之事物,及所往之各地点,作一节略报告大学评议会。

三、考察员除支在校原薪全数外,得支左列各费:

出国川资　六百元

① 潘懋元、刘海峰:《中国近代教育史资料汇编·高等教育》,上海教育出版社1993年版,第786页。
② 《理科研究所第二次报告》,《北京大学日刊》1917年11月22日。
③ 《致评议会诸君公函》,《北京大学日刊》1917年11月27日。
④ 《致理科各教员公函》,《北京大学日刊》1917年12月11日。

治装费　　三百元

回国川资　六百元

考察费　　每月与部定欧洲留学生学费同

各款全以现金发给,不受纸币涨落之影响。

四、出国时领出国川资、回国川资、治装费又俸薪及考察费六个月,以后俸薪及考察费每三个月由大学会计课汇寄一次,惟三个月前必须设法寄到。

五、考察以二年为期,惟得延长。

六、考察员随时应有详细报告寄本校评议会。

七、考察员归国后,北京大学仍须继续延聘至少三年。

八、此项规程大学及考察员各执一份,双方签名盖印以昭信守。

九、大学对于执有此项规程之考察员,他种同类之规程均不适用之。

嗣后,北大将此规程呈递教育部,请求核准备案。教育部允其备案,并将规程各条"略加改正合并",定名为《国立大学校长学长正教授派赴外国考察规程》,令北大遵照执行。该部令刊登在 1918 年 10 月 30 日《北京大学日刊》第 240 号上。以下是教育部修正之后的考察规程:

国立大学校长学长正教授派赴外国考察规程

一、大学校长、学长、正教授每连续任职五年以上,得派赴外国考察一次,惟同时不得过二人。

二、考察员于出国之前,应将其所拟研究之事务,及所往之各地点,作一节略报告大学评议会。

三、考察员除支在校原薪全数外,得支左列各费:

出国川资　六百元

治装费　　三百元

回国川资　六百元

考察费　　每月与部定欧美留学生学费同。

专赴日本考察者,上列各费另行核定。

四、出国时得预支俸薪及考察费三个月。

五、考察以一年为期,但得延长。

六、考察员随时应有详细报告,寄本校评议会。

由于是部颁条令,故相较北大之前呈送的规程,形式上更为规范,内容上也较为简要。不同之处主要有以下两点:一是区分了因考察国别不同在费用上的差异。赴日考察的往返川资肯定要比赴欧美考察者少,故需另行核定。二是考察期从两年缩短为一年,但均可延长。考察期的缩短,使得出国时只能预支俸薪及考察费三个月,而非之前的六个月。

至此,北京大学学术休假制度得以初步确立。从 1914 年胡仁源首次提出设想,到教育部于 1918 年颁发《国立大学校长学长正教授派赴外国考察规程》,跨越了近四个春秋,而这四年正处于第一次世界大战的烽火硝烟之中。国际局势的动乱严重阻碍了我国与西方国家正常的文化与教育交流。一战结束后,各国人民都渴望拥有一个和平稳定的世界。为此,各种具有和平理念的国际组织相继成立,力图通过加强国际交流与合作,达到相互了解、共同进步的目的。在此背景下,各国有识之士试图通过教育文化的交流与合作,来解决国与国之间的误解与冲突,增进国际了解和民族互信。国际教育运动由此拉开序幕,并引起世界各国的响应和参与。正如蔡元培所言,"战前教育,偏于国家主义。战后教育,必当偏于世界主义。即战前主持教育者,仅欲为本国家造成应用之人才。而战后主持教育者,在为世界养成适当之人物"。① 与此同时,国内学者开始关注国际教育问题,并通过译介向国人宣传国际主义教育的理念。其中,代表性的文章为孟宪承译的《教育的国际联盟》②、孙国璋译的《国际的教育联合》③和杨贤江译的《最近的国际教育运动》④。1922 年,陶行知在《新教育》第 3 期发表《对于参与国际教育运动的意见》一文,首次提出了我国教育国际化的问题。他认为,国际教育运动的目的有"交换智识"和"解决问题"两种,中国一定要参与到国际教育运动中去,且必须有所准备,这种准备包括"自有的成绩"和"彻底的自明"两方面。⑤ 在这种提倡国际教育合作的氛围中,北京大学学术休假制度的制订,体现了教育界积极参与国际教育运动的热情和努力,可谓是中国高等教育国际化发端时期的一个典型案例。

《规程》自 1918 年 10 月颁布后,北京大学即按此办理本校教授赴外考察事宜,直至1935 年新的休假规程出台,期间并未做任何修正。这一时期由于政局动荡,经费紧张等因素,选派出国考察的教授很少。⑥ 目前可以确定为学术休假的只有夏元瑮、沈尹默和蔡元培三人。⑦ 其中,作为规程促成者的夏元瑮亦是照章出国休假的第一人。在教育部正式颁布该规程后,蔡元培即呈请教育部,谓夏元瑮任职已满六年,"学问淹博,经验宏深,对于校中一切兴革事宜诸多赞助",具备规程中所指之资格,拟派其"亲赴欧美日本等处考察大学教育及欧战与教育之关系"。教育部当即准请。⑧ 夏元瑮 1909 年从美国耶鲁大学物理学专业毕业后,曾前往德国柏林大学继续深造,初识物理学家普朗克(Max Planck)。1919 年,夏元瑮因学术休假第二次来到柏林,经普朗克介绍,认识了时在柏林大学任教的著名物理学家爱因斯坦(Albert Einstein)。"即在柏林大学听其讲演。爱氏常为予释疑,娓娓不倦。"⑨1921 年 3 月 16 日,他与在德考察的蔡元培一道拜访爱因斯坦,

---

① 蔡元培:《欧战后之教育问题》,《北京大学日刊》1919 年 4 月 19 日。

② 孟宪承:《教育的国际联盟》,《教育杂志》1919 年第 8 期。

③ 孙国璋:《国际的教育联合》,《北京大学日刊》1919 年 9 月 23 日。

④ 杨贤江:《最近的国际教育运动》,《教育杂志》1922 年第 2 期。

⑤ 陶知行:《对于参与国际教育运动的意见》,《新教育》1922 年第 3 期。

⑥ 有论者指出,北大在 1925—1933 年间暂停了学术休假制度,目前来看,应属事实。见李红惠、王运来:《民国时期国立大学学术休假制度的认同机理》,《复旦教育论坛》2016 年第 1 期。

⑦ 有些北大教员出国留学,并非以休假形式赴外考察,而是根据北京大学 1918 年 10 月颁布之《选派教员留学外国暂行规程》。只要在北大任职超过一年的本、预科教授和助教都可以申请赴外留学,支半薪。如宋春舫、卜思(Bush)、程演生等教员即是依此规程赴外留学。

⑧ 详见《教育部指令(第 1318 号)》,《北京大学日刊》1918 年 11 月 5 日。

⑨ 夏元瑮:《爱因斯坦小传》,商务印书馆 1931 年版,第 4 页。

并当面邀约爱因斯坦来华讲学。[①] 休假结束回国以后,夏元瑮便积极介绍引进爱因斯坦的相对论学说。1922 年 4 月,他翻译的爱因斯坦相对论的代表作《相对论浅释》,由商务印书馆出版发行,是为该书在国内的最早译本。[②] 此书短期内先后六次再版,足见其在当时学界所受到的欢迎程度。[③] 与此同时,夏还发表了一系列关于相对论的演讲,如 1922 年 12 月 6 日在北京大学讲演《安斯坦及其学说》[④],1923 年 1 月 7 日在欧美同学会讲演《物理学之新潮流及相对学说》[⑤],1923 年 2 月 10 日在清华科学社讲演《相对论及其发见之历史》。[⑥] 这些著述和讲演,使爱因斯坦的相对论学说在国内学界得到及时和较为广泛的传播。

沈尹默于 1919 年末向评议会提出休假申请,得到通过。[⑦] 但据他回忆,开始申请的是去法国,后因胡适以"国文教员不必到法国去为由"反对,遂改为日本。且因为校内派系斗争之故,直至 1921 年蒋梦麟代理校长时期才获准赴日休假。[⑧] 沈尹默赴日后,在京都大学进行研究,并以辞去北大所有津贴为条件,请求续假两年,得到评议会批准。[⑨] 1923 年 7 月,校长蔡元培照章赴欧休假,"拟以两年,专研美学,于素来未得解决之诸问题,利用欧洲图书馆、博物馆,潜心研究,冀得结果"。旅欧期间,除了研求学术外,蔡元培还从事了以下公务:"本校委赴德国参与康德纪念会,教育部委赴荷兰、瑞典参与美洲地理人类学会,及其他留欧同学要求赴奥京参与世界语大会,赴法国史太师埠参与中国美术展览会,赴伦敦交涉退款兴学问题,赴里昂参与国际联盟同志会年会,并交涉中法大学校长及代理校长诸问题。"[⑩]

二、日趋完善:《国立北京大学教授休假研究规程》的施行

南京国民政府成立后,为了遏止北洋政府时期高等教育的无序发展,出台了一系列政策法规,对高等教育进行大力整顿。重点包括取消单科大学、限制滥设大学、调整院系结构和提高教育效能等方面,但最为关键的还是要提升大学教员的学术水平,以提升高等教育的质量。这就为大学教员学术休假制度的修订完善提供了新的机遇。

自北京大学制定学术休假制度之后,各国立大学纷纷效仿。至 20 世纪 20 年代末 30 年代初,包括中山大学、交通大学和武汉大学等高校均已制定学术休假制度。可以说,学术休假制度已经得到了国立大学的普遍认同,且有了一定的实践基础。为了适应新的形

① 详见蔡元培著,王世儒编:《蔡元培日记》上册,北京大学出版社 2010 年版,第 275 页。
② 该书最初以《安斯坦相对论浅释》为题刊于 1921 年 4 月 1 日《改造》第 3 卷第 8 号"相对论号"上。
③ 邹振环:《影响中国近代社会的一百种译作》,中国对外翻译出版公司 1996 年版,第 304 页。
④ 夏元瑮:《安斯坦及其学说》,《北京女子高等师范周刊》1922 年第 10 期。
⑤ 夏元瑮:《物理学之新潮流及相对学说》,《北京高师周刊》1923 年第 184 期。
⑥ 夏元瑮:《相对论及其发见之历史》,《晨报副刊》1923 年 2 月 22 日。
⑦ 王学珍、郭建荣:《北京大学史料》第 2 卷,北京大学出版社 2000 年版,第 159 页。
⑧ 钟叔河、朱纯:《过去的大学》,长江文艺出版社 2005 年版,第 32 页。
⑨ 王学珍、郭建荣:《北京大学史料》第 2 卷,北京大学出版社 2000 年版,第 164 页。
⑩ 蔡元培著,高平叔编:《蔡元培全集》第 5 卷,中华书局 1988 年版,第 1 页。

势,北京大学决定对原有的休假制度进行修订。

1934 年 6 月 28 日,北京大学召开校务会议,讨论修改教授休假研究制度,并推定樊际昌、张颐、戴修瓒三人负责起草制度文本。[①] 经过近半年的反复讨论,1934 年 12 月 1 日,在《北京大学周刊》第 126 号上首次全文公布了该项规程。

国立北京大学教授休假研究规程

第一条　本大学教授连续服务满五年者,得请求休假一年,如不兼事,支半薪。其请求休假半年者,如不兼事,支全薪。曾经休假一次者,须连续服务六年方得再请假。

第二条　本大学教授如欲在休假期内作研究工作者,应先提出研究之具体计划,经系务会议通过审定,提校务会议核准后,方得享受下列各条之待遇。

第三条　本大学教授在休假期内赴欧美研究者,支给全薪,并给予来往川资各美金三百五十元。但本人如在他方面领有川资者,本校不再支给川资。

第四条　本大学教授在休假期内赴日本研究者,支给全薪。

第五条　凡休假教授赴欧美或日本研究者,其在国外研究期间须在十个月以上。

第六条　本大学教授在休假期内赴国内各地研究者,除照第一条支薪外,其旅行及研究费用,由研究者提出详细预算,经校务会议核定,但其总数不得超过一千五百元。

第七条　本大学教授依本规程休假者于休假期满后有返校服务之义务。

第八条　本大学教授每年休假人数,每学系不得超过一人。

第九条　本大学各学系不得因教授休假而增聘教授及讲师。

第十条　本大学教授经特种契约聘定者不适用本规程之规定。

第十一条　本规程如有未尽事宜,得由本校务会议修正之。

第十二条　本规程自二十四年度起施行。

将《国立北京大学教授休假研究规程》和 16 年前的《国立大学校长学长正教授派赴外国考察规程》做一个对比分析,从中可以发现一些明显的变化和改进。其一,从规程名称上看,其适用对象已经从大学校长、学长和正教授三类职员精简为教授一类。学长制早在 1919 年 2 月即经校评议会议决废止,北大此时仿照美国大学模式实行的是院系制,而且当时的大学校长一般都具有教授职称,所以"合三为一"符合大学教育发展的实际状况。另外,该规程首次使用了"休假研究"一词,替代了原先的"派赴外国考察"一词,更加突出了教授休假的学术特性。其二,"休假研究规程"对在国内休假研究也做了明确规定,这是对 1918 年休假规程的拓展。这一规定极其人性化,它考虑到了教授个体及其研究领域的差异性。因为有些教授可能对出国考察并无兴趣,况且有些研究根本就无须出

---

① 王学珍、郭建荣:《北京大学史料》第 2 卷,北京大学出版社 2000 年版,第 436 页。

国。比如 1935 年中文系郑奠教授因"治国学"而在国内休假一年。[①] 其三,"休假研究规程"相比此前的"赴外考察规程",内容更加丰富,细节规定更为清晰。如在外研究期限须在十个月以上,休假人数每学系不得超过一人等。

1935 年 4 月 24 日,北京大学该年度第四次校务会议通过了《教授休假研究规程补充原则》,规定"每年全校休假研究教授总额以七人为限",且"休假研究教授应于每年四月十日前提出研究计划"。[②] 时隔一年,1936 年 5 月 22 日,北京大学根据本校需要,又对《教授休假研究规程补充原则》进行了修订:"请求休假出国研究之教授人数超过七人时,应以本校之需要定其先后,但第一年无教授出国研究之学系下一学年有优先权。""全校休假人数不足为每系一人时,如某一系有特殊需要,得与无教授休假之学系相商,借用其休假名额一年。"[③]

至此,从 1917 年夏元瑮提出大学教员留学案到 1936 年北京大学对教授休假研究规程的再次修订,北京大学的学术休假制度在抗日战争前夕基本定型。教授休假研究制度在当时受到大学教授的普遍赞誉,成为吸引优秀人才的重要砝码。钱穆在《读书与游历》一文中道出了"此项制度,备受欢迎"的原因:"那时北大清华燕京诸校,每年有教授休假,出国进修,以一年或半年为期。一则多数教授由海外学成归来,旧地重游,亦一快事。二则自然科学方面日新月异,出国吸收新知,事更重要。亦有初次出国,心胸眼界,得一新展拓。"[④]1936 年 4 月,竺可桢在就任浙江大学校长之初就有意延请钱穆来杭任教。钱穆终以北大的休假机会难得为由婉谢了邀请。竺可桢在 1936 年 6 月 8 日的日记中这样写道:"得北平钱穆函,谓北大每五年可以休假一年。渠在北大已久,不愿放弃此权,故亦不能来。"[⑤]钱穆 1931 年夏始任教北大历史系,至 1936 年夏刚好满五年期限,符合休假条件。如果此时离职南下,确实可惜。20 世纪 30 年代,清华大学的学术休假制度也较为完善和成熟。曾担任清华大学历史系主任的蒋廷黻后来回忆道:"清华有两项重要措施是值得称道的。清华是一所国立大学……就待遇的标准说,清华是按照教育部规定的,但清华另外规定有休假,并可供给休假旅费……此外根据清华评议会所拟的规定,清华可以资助学者进修深造。以上规定,使清华建立一种看不见,但却极有效力的延揽人才的制度。在那段时日中,我们能够从其他大学中挖来著名学者,他们来清华不是因为待遇优厚,而是为了做学问。"[⑥]

学术休假,作为高等教育国际化的一种表现形式,自然会受到国际局势的影响。例如,1937 年 5 月 19 日,北大校务会议通过本年度休假名单,包括秦瓒、陶希圣、周作人、孟森、汤用彤、戴修瓒和罗庸七名教授。[⑦] 除陶希圣在国内调查外,其余六人似乎均因抗战爆发而未能成行。周作人在 1949 年 7 月给周恩来的信中提到:"我于民国六年到北京大

① 王学珍、郭建荣:《北京大学史料》第 2 卷,北京大学出版社 2000 年版,第 439 页。
② 王学珍、郭建荣:《北京大学史料》第 2 卷,北京大学出版社 2000 年版,第 441 页。
③ 萧超然等:《北京大学校史(1898—1949)》,上海教育出版社 1981 年版,第 210—211 页。
④ 钱穆:《中国文学论丛》,生活·读书·新知三联书店 2002 年版,第 239 页。
⑤ 竺可桢:《竺可桢全集》第 6 卷,上海科技教育出版社 2005 年版,第 89 页。
⑥ 蒋廷黻:《蒋廷黻回忆录》,东方出版社 2011 年版,第 133 页。
⑦ 王学珍、郭建荣:《北京大学史料》第 2 卷,北京大学出版社 2000 年版,第 441—442 页。

学,至二十六年已经满二十年了,北大定例凡继续服务满五年者可以休假一年,我未曾利用过,这时想告假休息,手续刚在办,卢沟桥事件就发生了。"孟森应该也没有休假,因为北大内迁长沙后,他与周作人、冯祖荀、马裕藻因年迈或有家累而留下成为"北大留平教授",并受蒋梦麟校长的委托照管校产。[1]

学术休假不仅限于大学教授,对于北京大学来说,助教如果符合规定条件,也可以申请学术休假。学术休假的对象从教授群体扩展至助教群体,反映了北京大学国际化程度的大力提升。民国时期,教授和助教是大学教员的主要组成部分。将助教纳入学术休假的对象范围,意味着最低一级的大学教员也可享有出国研究的机会,有助于营造学术研究的整体氛围,提高学术研究的整体水平。

1934年6月28日,北京大学校务会议通过了《资助助教留学规则》。[2]

资助助教留学规则

一、凡助教具左列两项资格,经系教授会审查合格,提交院务会议及校务会议通过者,须由学校资助留学。

(a)在校服务满五年以上勤于职务者。

(b)兼作研究工作,确有相当成绩者(研究成绩以登载本校刊物或国内外著名刊物者为有效)。

二、留学时期,第一年薪金照支,第二年如成绩优良,得由该助教向学校请求继续一年。惟须经系教授会、院务会议及校务会议之通过。

三、留学助教之职务,在该助教留学时期由本系或本院他系中其他助教分别担任之,学校不另加聘他人。

四、留学助教每系不得同时有二人。

五、助教留学回国后,学校倘有聘请其回校服务之必要时,该助教有尽先在校服务之义务。

1937年5月,北京大学对《资助助教留学规则》进行了修正,着重将第三条规定改为:"助教留学时期,其职务在可能范围内应由本系或本院他系中其他助教分别担任。"[3]此条规定实际上给另聘校外助教担任课程提供了操作的可能性。

可以看出,助教留学与教授休假研究在形式上相似,在本质上相同。从形式上看,助教与教授一样,必须在北京大学服务满五年以上,且出国留学由学校提供部分甚至全部费用。从本质上看,二者均是以学术研究为基础,助教留学除了要在北大服务达到五年,还要有一定的研究成绩。这两个条件缺一不可,否则就无法申请出国留学。与教授休假研究最大的不同在于《资助助教留学规则》并没有对助教留学期间的研究成果做出硬性规定,只说如果"成绩优良",可以向学校申请续发第二年薪金。如1937年5月19日,北大评议会议决通过准予继续资助在美留学的两名北大助教沈青襄和胡子安。另外,在此

---

① 《周作人的一封信》,《新文学史料》1987年第2期。
② 王学珍、郭建荣:《北京大学史料》第2卷,北京大学出版社2000年版,第436页。
③ 王学珍、郭建荣:《北京大学史料》第2卷,北京大学出版社2000年版,第441页。

次会议上,还通过了助教张仲桂的赴美留学申请。①

三、劫后余生:《修正教授休假研究规程草案》的昙花一现

1937 年 7 月,日本悍然发动全面侵华战争,华北高校危在旦夕。为了保存教育火种,储备建设人才,包括北大在内的众多高校纷纷根据政府安排,踏上西迁之路。具体到学术休假,在抗战的相持阶段,教育部出台了一系列规定,用以激励致力学术的大学教授,提升我国学术研究水平,并最终为抗战建国提供智力支持和人才保证。

如前所述,抗战以前,不少国立大学已实行学术休假制度。抗战期间,因经费拮据,国立各校均无力遣送教员出国休假研究。此时,教育部参照已有的休假制度,出台了若干重要政策法规,主动担负起这一学术使命。1940 年 8 月 27 日,教育部公布《大学及独立学院教员聘任待遇暂行规程》。其中第十五条规定:"教授连续在校服务七年成绩卓著者,得离校考察或研究半年或一年。离校期内,仍领原薪,但不得担任其他有给职务。"②8月 30 日,教育部又在此基础上颁布了《教授离校考查或研究办法》。《办法》规定:连续在一校任教满七年以上,成绩卓著,而未经休假进修的教授,由原校报部核准,可离校考察研究一年。离校期间,仍领原薪。③ 实际上,抗战之前,国内实行学术休假制度的几所大学对于任职期限的规定不尽相同。如北京大学、清华大学和山东大学规定的期限都是五年,同济大学定为六年,交通大学定为七年,而北洋工学院则定为八年。④ 为统一起见,教育部明确规定为七年。个中缘由,可能是参照了美国当时通行的七年期满休假一年的做法。⑤

1941 年 5 月 8 日,教育部公布《国立专科以上学校教授休假进修办法》。该办法延续了《教授离校考查或研究办法》的基本原则,但比前者更加成熟与完善。其中明确规定符合条件且未经学校予以休假机会的教授,在经教育部核准后,可离校考察或研究一年,"经费由教育部拨给之"。⑥ 1944 年 4 月 1 日,教育部颁布《大学教授、副教授自费出国进修办法》四条,但这一办法规定"在抗战期内研究社会学科之教授副教授暂缓适用"。⑦

1945 年秋,第二次世界大战结束,我国抗战取得了最后的胜利,国际地位显著提升。战后,和平与稳定再次成为国际性的重大课题,而国际主义教育的理念又一次被人们寄予厚望。⑧ 当时即有学者指出:"人类彻底的和平,要从各国教育来做起,在繁多的教育问题中,最重要的我们要改变教育的目的,提倡和平主义的教育。国际间保持正谊公道,彼此尊重,互相谅解,以平等互助的精神,为儿童教育的基础,谋世界永久的安宁。联络各

---

① 王学珍、郭建荣:《北京大学史料》第 2 卷,北京大学出版社 2000 年版,第 442 页。
② 宋恩荣、章咸:《中华民国教育法规选编》,江苏教育出版社 2005 年版,第 650 页。
③ 王学珍等:《北京大学纪事(1898—1997)》,北京大学出版社 2008 年版,第 331 页。
④ 朱师逖:《三年来国立各校院教授休假进修概况》,《高等教育季刊》1942 年第 2 期。
⑤ 林杰:《美国大学的学术休假制度》,《比较教育研究》2008 年第 7 期。
⑥ 王学珍、张万仓:《北京高等教育文献资料选编(1861—1948)》,首都师范大学出版社 2004 年版,第 807 页。
⑦ 宋恩荣、章咸:《中华民国教育法规选编》,江苏教育出版社 2005 年版,第 628 页。
⑧ 田正平、王恒:《"教育国际化"考略》,《社会科学战线》2015 年第 6 期。

国民主政治,酷爱和平的民族,倡导和平教育运动,造成国际和平高尚的理想。"①在此背景下,20世纪40年代后期的高等教育国际交流逐渐恢复甚至超过了战前水平。即以学术休假为例,1948年,国立中山大学制定出台了独立的教授休假办法②,国立交通大学修正通过了教授休假进修案③,国立武汉大学还发布了该年度休假教授名单。④

1945年9月,胡适被任命为北京大学校长。1946年5月,国立西南联合大学宣告结束,北京大学与清华大学、南开大学各自独立复员。胡适向来重视大学教师的学术质量,以提升教员学术水平,增进国际教育交流为宗旨的学术休假制度显然符合胡适的大学教育理念。1947年2月,北京大学重新制定并通过了新的教授休假办法,即《修正教授休假研究规程草案》。⑤该草案规定:"本大学教授副教授连续服务满七年者,得请求休假一年。在休假期间,仍支原薪,但不得兼任任何有给职务。"⑥与1918年和1934年的两个规程最大的不同在于:教授必须任满七年,而不是之前的五年,才能休假一年。而且该草案首次将副教授也纳入学术休假的范畴之内,扩大了休假研究的教员群体。显然,以上两点不同均是受到教育部在抗战期间所定休假制度的直接影响。

对于学校其他教员如讲师、助教等,北大校方仿照教授休假规程,制定了《本校讲师、研究助教、讲员、助教出国研究暂行补助办法草案》。申请补助的条件是:"在本校任职连续三年以上;请得国外大学之奖学金;过去研究确有成绩,并有著作;外国文具有留学之资格;拟有研究计划,经系务会议通过。"满足以上诸多条件的申请人员,如"其所得之国外奖学金每月不满美金一百元者,得由本学系请求本大学补助,照支原薪,以一年为限"⑦。如此一来,学术休假制度基本覆盖了全校教员,为每一位有志从事学术研究者提供了出国研究的机会和便利。北京大学这种制度设计既延续了其在20世纪30年代的学术休假传统,又依据形势的发展,做了相应的变化和改进。遗憾的是,因内战打响,全国政局动荡,金融崩溃,以上两个草案并未得到有效的贯彻执行。

综上所述,从高等教育国际化的视角看,北京大学学术休假制度的确立和发展与国际局势和国内高等教育的需求有着千丝万缕的关系。民国肇建,社会建设急需大量高级人才,遂对大学教员的学术水平提出了新的要求。北洋政府教育部试图通过公派教授出国留学的方式来缓解国内高等教育的现实压力。北京大学的学术休假制度肇始于1914年北大校长胡仁源拟定的《北京大学计划书》。第一次世界大战结束之后,国际教育运动兴起,在夏元瑮等人的极力倡导下,以《大学校长等派赴外国考察规程》的颁布为标志,北京大学的学术休假制度得以初步确立,为提升大学教员的学术能力另辟了一条途径。南京国民政府成立后,加大了对高等教育的整顿力度,出台了一系列的政策法规,意在提升质量。在此背景下,我国高等教育国际化的水平有了显著提升,一批国立大学如北京大

---

① 张怀:《国际和平与教育》,《广播周报》1948年第96期。

② 《教授休假办法经行政会议规定》,《国立中山大学校报》1948年第16期。

③ 《教授会全体大会》,《交大周刊》1948年第41期。

④ 《三十七年度休假教授》,《国立武汉大学周刊》1948年第381期。

⑤ 《北大教授休假办法》,《申报》1947年2月13日。

⑥ 萧超然等:《北京大学校史(1898—1949)》,北京大学出版社1988年版,第416页。

⑦ 萧超然等:《北京大学校史(1898—1949)》,北京大学出版社1988年版,第416页。

学、清华大学等与国外高水平大学建立了比较稳定的合作交流机制,并逐渐在国际学术界崭露头角。此时,北京大学顺应时势,制定通过了《国立北京大学教授休假研究规程》和《资助助教留学规则》,在进一步完善教授休假制度的同时,首次将助教群体纳入学术休假的实施范围。学术休假制度在当时受到大学教员的普遍赞誉,成为吸引优秀人才的重要砝码。抗日战争的爆发使得各国立大学难以切实执行学术休假制度。此时教育部及时接手,参照已有的制度文本,出台了若干重要政策法规,形成了战时的学术休假制度。抗战胜利后,我国的国际地位陡然跃升,国际主义教育理念再度兴起,各国立大学学术休假制度得以迅速恢复,并有了新的发展。北京大学在此背景下制定了《修正教授休假研究规程草案》和《本校讲师、研究助教、讲员、助教出国研究暂行补助办法草案》。这两个方案一方面继承了北大 20 世纪 30 年代学术休假制度的传统,一方面也受到抗战时期教育部所颁休假规程的直接影响。但由于内战爆发,政局动荡,金融崩溃,两个草案并未得到贯彻实施。

原载《教育研究》2017 年第 5 期

晚清和民国时期教会大学"双层董事会"的制度转向

◎任小燕*

摘　要：随着清末教会书院向教会大学的转型，"西方托事部—在华校董会"的双层董事会制度普遍出现，并先后出现三次制度转向。北洋政府时期出现第一次制度转向，大学治理权由西方托事部转向在华校董会；南京政府初期出现第二次制度转向，治理权由西方人士为主转向中方人士为主；全面抗战前后出现第三次制度转向，治理权由西方教会转向中国政府。在三次制度转向中，政策与实践、初衷与结果不尽一致，甚至名实不一，反映出政府与教会对教育权力的博弈，也是中国政府将教会教育纳入中国教育体系的过程。

关键词：晚清民国；教会大学；双层董事会；西方托事部；在华校董会；制度转向

早期的教会书院在管理上没有正式机构和专职管理人员，一般由西方教会派遣一到数位传教士兼任管理者，负责聘用中国教师，并设定课程。早期教会书院层次低，规模小，分布散，结构简单，几无设立董事会之必要。成立于1886年的岭南学校是较早设立董事会的教会书院，其创办人美国长老会传教士哈巴（Andrew P. Happer）在纽约组建了董事会，以应对在美国筹捐办学资金之需。总体而言，这一时期的教会书院董事会并没有普遍出现。

一、从教会书院到教会大学：双层董事会的形成

晚清以降，教会书院开始向教会大学转型。教会大学因其综合特征和规模扩大，仅仅通过几个兼职传教士难以解决错综复杂的大学管理问题。经过整合而成的教会大学，往往由多个差会共同办理，导致存在管理权力的分配问题。此外，由于教会大学都是在西方国家注册立案，作为教会大学创办者和实际管理者的差会也都在国外，因而难以直接对身处中国的教会大学进行及时和有效的管理。因此，初创时期的教会大学迫切需要

---

*　作者简介：任小燕，南京师范大学教育科学学院副研究员。基金项目：江苏省教育科学规划基金重点项目（B-b/2015/01/006）；江苏高校教育学优势学科建设工程资助项目（PAPD）。

一个新的治理机构,"西方托事部—在华校董会"①的双层董事会应运而生。

(一)决策机关:西方托事部

西方托事部设在教会大学立案的母国,是由创办者组成的教会大学最高权力机构。西方托事部成员一般为外国差会组织成员,受外国差会直接管理,因而西方托事部的实质是西方差会对在华教会大学实施控制和管理的权力机构。

汇文大学是较早设立双层董事会的教会大学。根据纽约州的法律,汇文大学创办者在美国纽约成立了 9 人托事部,其中包括 5 名美以美会的会督和 4 名美以美会的世俗成员。纽约托事部拥有对汇文大学的所有权,负责在西方募集资金,进行投资,并获取最大利益。金陵大学托事部设在纽约大学,作为该校的最高决策机构,拥有办学认可、人员管理、经费募集、毕业认定等政策制定权。托事部成员由纽约大学校董担任。根据设定规则,托事部"由美以美会、基督会、长老会各选举三人"组成,有权批准金陵大学堂及其初学、中学、高等学的设立,签发毕业证书。② "凭单格式,由美国长官预备。所发给之凭单,须经纽约大学校董事签名、本堂驻纽约董事部长签名、本堂监督签名。凭单费须缴金洋五元,此乃纽约大学校校董所定。"③

作为在华校董会的最高主管与决策机关,西方托事部对在华校董会进行指导,并制定政策,负责征募和考核新的候选人等④,正式任命校长、副校长、教职员中的外籍人员,负责为教会大学募集资金,并通过在华校董会管理教会大学,实质上掌握着教会大学的治理权和决策权,并完全掌控教会大学的财产权,是教会大学的权力中心。

(二)"经理人":在华校董会

在华校董会设在中国本土,由西方托事部指派的西方传教士组成,通常包括校长、行政管理人员、地区差会的代表、美英外交官员⑤,人员构成与西方托事部成员多有交叉,西方托事部的部分成员直接兼任在华校董会的董事。作为西方托事部的在华管理委员会,在华校董会在其委托和领导下,对教会大学实施管理。

早期教会大学校董会成员以外国人为主,华人很少,甚至没有。汇文大学于 1892 年成立校董会。根据该校校董会章程规定,校董不超过 24 人,其中 1/3 的董事为美以美会成员,校长由纽约托事部直接任命,为在华校董会当然主席。在华校董会在纽约托事部

---

① 学界关于西方托事部、在华校董会的称呼,由于翻译等方面的原因,并不统一。多数学者分别称之为托事部、校董会,但有学者(比如卢茨、潘懋元等)分别称之为"西方董事会""中国管理委员会"。张宪文将西方托事部称作"董事会本部",而将在华校董会理解为"董事会分部"。熊月之将在华校董会笼统称作校董会,而将西方托事部这一概念淡化不提,只提西方差会。本文为了统一且较为明晰地表达这两个机构的地域归属、职权划分、隶属关系,统一以"西方托事部""在华校董会"进行表述。

② 朱有瓛、高时良:《中国近代学制史料》第四辑,华东师范大学出版社 1993 年版,第 587—588 页。

③ 朱有瓛、高时良:《中国近代学制史料》第四辑,华东师范大学出版社 1993 年版,第 587 页。

④ 费正清编:《剑桥中国晚清史(1800—1911)》上卷,中国社会科学院历史研究所编译室译,中国社会科学出版社 1985 年版,第 612 页。

⑤ 杰西·格·卢茨:《中国教会大学史(1850—1950)》,曾钜生译,浙江教育出版社 1988 年版,第 47 页。

的批准下管理学校事务。① 东吴大学校董会成立于1900年,设董事12人,由差会选举产生,包括7名在华居住的传教士,以及5名在美居住的传教士,负责在中国传教的会督为当然董事。东吴大学第一届校董会与西方托事部成员多有交叉。

在华校董会受西方托事部管理,教会大学校长每年需要向西方托事部提交教会大学年度报告,向其汇报学校工作。校董会的主要职责是监督学校,任命大学行政管理人员,负责起草大学年度预算,任免中国教职员,批准所开课程等事宜。学校教职员的任免权不在校董会,而在西方托事部,校长没有本校教职员的任免权。教会大学受制于西方托事部的情况,在早期的许多教会大学的成立和运作中均有体现。

以东吴大学为例,东吴大学校董会职权包括系科设置、分校设置及管理、人员选举、规章制定、资产管理等方面:第一,学校的系科设置权。在既有文学系、神学系、医学系三个主要系科的基础上,校董会有权根据实际情况设立诸如法学、工程学等系科。第二,分校设置及管理权。校董会可以继续开办上海中西书院,掌管差会在苏州等地的学校,建立适宜的其他小学或更高年级的学校,并从总体上协调差会的所有学校。第三,校长等大学管理者的选举权。包括选举校长、教务长、各学院教授会成员。② 第四,学校相关规章制度的制定权。包括董事会管理细则的制定,以及学校章程修订权,但须经过托事部批准。第五,学校财务和资产管理权。校董会在行使这一权力时,须经过托事部批准。

(三)西方托管与在华经营:早期双层董事会的权力特征

教会大学的双层董事会制度具有明显的托管性,体现在西方托事部与在华校董会之间的权力关系上。西方托事部作为教会大学的权力中心、创办者代表、大学所有者,拥有对教会大学的绝对领导权。在华校董会作为由托事部选派代表并对托事部负责的管理机构,在西方托事部监督下,拥有校务管理权,定期向西方托事部汇报校务工作,并根据西方托事部的授意进行工作调整。因此,教会大学在华校董会实则是西方托事部的"经理人"。

这一时期的治校权力,在西方托事部,而不在在华校董会。然而,在教会大学的发展过程中,双层董事会的权力中心发生了调整和转移,西方托事部、在华校董会两者的角色关系也发生了相应的变化。

二、第一次制度转向:从西方托事部到在华校董会

晚清时期,由于清廷采取"无庸立案"、置之不理的态度,教会学校所有权归属于国外创办者——西方托事部,与清廷毫无瓜葛。直到1921年,教育总长范源濂在一次演讲中不无遗憾地直言,教会学校"迄今仍自成一体,与中国的体制不完全相符。它们形成了一个特殊的群体。这实在是件令人遗憾的事"③。20世纪20年代开始,随着北京政府的外

---

① 艾德敷:《燕京大学》,珠海出版社2005年版,第11—13页。
② 王国平:《东吴大学简史》,苏州大学出版社2009年版,第28—31页。
③ 王立诚:《美国文化渗透与近代中国教育:沪江大学的历史》,复旦大学出版社2001年版,第156—157页。

交失利,民族主义运动如火如荼,教会大学遭遇到了前所未有的冲击,教会大学治校权的归属成为中西双方的理念争议乃至实践争夺的焦点。

在社会压力和舆论推动之下,北洋政府于 1925 年颁布《外人捐资设立学校请求认可办法》(以下简称《认可办法》),要求教会学校向中国政府注册立案,同时对校长、董事名额作了限定,要求中国人参与学校行政领导。《认可办法》的出台,标志着中国政府对教会学校的态度开始转向,从消极排斥转向主动吸纳,对教育主权从自动放弃到自觉收回。北洋政府试图通过此番立案,将教会大学的治校权收归政府,将教会教育纳入中国教育体系。

面对《认可办法》,各教会大学的态度产生了较大分歧:积极立案者如燕京大学、金陵大学,顺应趋势者如辅仁大学、东吴大学,抵制与观望者如圣约翰大学。即便是在双层董事会内部,西方托事部、在华校董会和校长之间也存在诸多分歧。身为学校创办者代表,西方托事部为保持宗教教育与教会主权,不愿立案,而校长和部分校董从办学实际出发,更倾向于立案。即便是最初对立案持抵制与观望态度的圣约翰校长卜舫济也认为:"在静观的过程中,在稍晚些时候,我们可以对学校进行重组,这样,差会、中国教会、校友间便可有真正的合作,对学校的管理权、控制权和督察权也可逐步移交给中国校董会。"[1]这一时期,仅有为数极少的几个教会大学向中国政府立案。

然而,即便是向中国政府立案,也并不意味着教会大学将治校权转交给中国政府,更难有中国人加入校董会。这一时期,双层董事会的权力调整主要体现在其内部结构之间的权力转移,即治校权开始由西方托事部向在华校董会发生转移,燕京大学是这次权力转移的典型,校长司徒雷登是这一转向的鼓吹者和践行者。

燕京大学在董事会改组之前,纽约托事部掌握着学校的财政权、决策权和人事权,通过对燕大校董会进行遥控指挥,实现对燕大的管理。燕大校董会没有治校权,仅仅是纽约托事部的驻华办事机构或经理班子。早在 1919 年,司徒雷登就认为这一治理模式存在很多弊端,纽约托事部通过遥控方式难以解决燕大校内的各种复杂关系和具体问题。

司徒雷登试图对这一双层治理模式进行改革,主张纽约托事部"基金会化",即主要负责学校筹款,以及学校委托的相关事务,而对于燕大校内的人事、财产等权力应当交给燕大校董会。[2] 经过 1926 年改组,燕大双层董事会初步实现了内部角色调整与权力转移,西方托事部实现"基金会化",在华校董会开始取代纽约托事部的权力地位而成为拥有财政权和人事权的关键性决策机构。[3] 而改组初期,司徒雷登同时兼任董事会主席、校长、副校长、常务会议主席、执行委员会主席。[4]

然而,燕大的这场权力转移仅仅发生在外国差会内部,权力所有者依然为外国差会,校董会实际权力并未发生转向中国的实质性变化。教会大学管理权的实际拥有者,依旧

---

① 赉玛丽:《圣约翰大学》,王东波译,珠海出版社 2005 年版,第 112 页。

② 罗义贤:《司徒雷登与燕京大学》,贵州人民出版社 2005 年版,第 92 页。

③ 田正平、刘保兄:《消极应对与主动调适——圣约翰大学与燕京大学发展方针之比较》,《高等教育研究》2006 年第 4 期。

④ 罗义贤:《司徒雷登与燕京大学》,贵州人民出版社 2005 年版,第 88 页。

是由外国传教士组成的原班人马。其他申请立案的教会大学中,虽然中国人被任命为校长(或副校长),却由于不在既有权力体系之中而难有实际话语权。因此,在校董会的实际权力运作中并未实现北洋政府掌握教会大学治校权的初衷。此外,在西方托事部和在华校董会之间发生的权力调整,仅在燕京大学等少数教会大学中出现,直至南京政府初期才普遍发生。

三、第二次制度转向:从以西方人士为主到以中方人士为主

南京国民政府先后制定了一系列教育政策,加强对教会大学董事会的权力约束。1929年、1933年两度颁布的《私立学校规程》对校董资质,以及校董会构成、性质、职权、运作规则等作出了更为严格的限定,强调私立学校须受教育行政机关之监督及指导,校长必须由中国人担任,校董会主席必须为中国人,以及中国人须占校董半数以上(1933年改为三分之二以上),校董会职权被限定在选任校长、筹划经费、审核预决算、财务保管、财务监察的范畴内,不得参与学校学术、教学等事务。校董会每学期须向主管教育行政机关报备学校财务状况、上一年度重要事项及收支情况、学校师生一览表,"主管教育行政机关每学年须查核校董会之财务及事务状况一次,于必要时,得随时查核之"。[①]

此外,南京政府还出台了一些相关辅助政策,通过对学位授予、宗教团体设立学校等诸多方面设定约束条件,对未向中国政府立案的教会大学予以区别对待。教育部对逾期不遵照规定进行立案的教会大学明确表示要"严以取缔",在部内也曾拟有三种具体处理方案:"一、勒令解散;二、勒令停办;三、限期结束。"[②]这一举措使得还未立案的教会大学在招生、学位、就业以及学校发展等方面将缺乏政策优势和竞争优势。为了维持发展、获得政府支持,教会大学校董会必须按照中国政府的要求进行立案,这也引发了教会大学校董会的二次改组和权力转向。

(一)"中国化":在华校董会改组

根据南京政府教育部《私立学校规程》所规定的"中国董事必须占三分之二以上","董事会主席或董事长必须为中国人,外国人不得为主席或董事长","校董会校董名额不得超过十五人"之要求,教会大学纷纷对董事及董事长进行了符合规定的调整。

1928年,燕京大学校董会经过改组,由原来的31人减至21人,中国董事占据多数,[③]其中外国差会代表8人,燕大代表5人,自由成员8人。校务长、女部主任等为燕大代表。校长加入校董会,但没有表决权。新改组的校董会选举孔祥熙为校董会主席,颜惠庆为副主席。1934年,燕大校董会再次改组,董事减至15人,其中自由成员11人,外国差会代表仅留4人,人数缩减了一半。校长、校务长、女部主任有权列席会议,但没有校董会

① 宋恩荣、章咸:《中华民国教育法规选编(1912—1949)》,江苏教育出版社1990年版,第141—143页。
② 《私立圣约翰大学校董事会章程及申请立案的有关文书(1932年6月—1947年10月)》,中国第二历史档案馆,档号:五(2)—687,第10页。
③ 艾德敷:《燕京大学》,珠海出版社2005年版,第167页。

表决权。① 金陵大学于 1927 年进行了改组,并制定了新的校董会章程。校董会由 29 名董事组成,校长为当然董事,其余董事由中国宗教团体选派 11 人,金陵大学校友会选派 4 人,有合作关系的布道使团中选派 8 人,校董会增选委员 5 人(由当选董事公推产生)。改组后的金陵大学校董会,由 30 人组成,中国董事占校董会人数的 2/3,吴东初任校董会主席。② 东吴大学校董会于 1928 年改组,共有校董 15 人,董事长为中国人,中国董事 9 人,美国董事 6 人。③ 1929 年,东吴大学校董会进一步改组,中国董事增至 10 人,美国董事为 5 人,中国董事人数占东吴大学校董会人数的三分之二。辅仁大学校董会于 1929 年改组,在 27 位董事中,中国董事占 22 人,张继任董事长,陈垣任校长,原任校长奥图尔改任校务长。④

值得关注的是,虽然《私立学校规程》规定"现任主管教育行政机关及其直接上级教育行政机关人员,不得兼任校董",然而,身居政府要职的中国董事乃至董事长大有人在,这也成为南京政府时期教会大学校董会的鲜明特色。许多教会大学邀请在任或卸任的政府官员担任董事长或董事,目的是积攒社会资源和人脉,为大学发展获取更多的社会资源。比如,孔祥熙任燕京大学、齐鲁大学校董会主席,颜惠庆(曾任北洋政府总理)先后任燕京大学校董会副主席、主席。东吴大学邀请钮永建(曾任广州国民政府中央政治会议秘书长,北伐军总参议,时任南京国民政府秘书长)、朱经农(先后任南京国民政府教育部普通教育司司长、教育部常务次长)担任董事。

(二)走向最高权力机关:在华校董会

经过改组,教会大学校董会的地位和职权发生了改变,逐渐成为教会大学最高权力机关。同时,西方托事部的治校地位被逐渐削弱,由过去的大学最高权力机关,转变为大学基金会,校董会作出的各项决策也不再需要经过托事部认可。

燕京大学校董会在经过数次改组之后,职权和地位发生了重要的转变,这主要体现在与托事部的职权关系上。改组后的燕大校董会取代了纽约托事部成为学校的最高权力机关。⑤ 《私立燕京大学校董事会简章》对燕大校董会职权作了规定,燕大校董会有权制定或修改学校组织大纲、选聘校长、委任校务长和女部主任、受设立者委托保管学校财产和永久投资、实施筹募捐款并保管募捐款项、核定学校年度预决算等。燕京大学校董会下设执行、财政、查账、建筑四个委员会。⑥ 执行委员会负责执行校董会议决事项,并于校董会休会期间代行校董会一切职权,校务长为当然委员;财政委员会负责监督学校财政,辅助校务长处理学校财政;查账委员会负责每年聘请查账专家检查燕大账目。建设委员会负责监督学校建筑及其方案拟定。自此,燕大校董会成为拥有校政决策、人事任

---

① 艾德敷:《燕京大学》,珠海出版社 2005 年版,第 167 页。
② 张宪文:《金陵大学史》,南京大学出版社 2002 年版,第 59 页。
③ 王国平:《博习天赐庄——东吴大学》,河北教育出版社 2003 年版,第 91 页。
④ 转引自王炳照:《中国教育史专题研究》,北京师范大学出版社 2009 年版,第 385 页。
⑤ 艾德敷:《燕京大学》,珠海出版社 2005 年版,第 167 页。
⑥ 张玮瑛、王百强、钱辛波:《燕京大学史稿(1919—1952)》,人民中国出版社 2000 年版,第 1392 页。

免、资产管理等权力的学校最高权力机关。

相比之下,燕大纽约托事部改称"设立者会",这一称呼的转变体现托事部功能和职权的转变,纽约托事部不再是燕大最高权力机构,而是转化为燕大基金会,退居"幕后",成为燕大款项筹集、基金管理、受托办理的机构。①

其他教会大学也按照南京政府的要求改组校董会,实现了治校权的转移。金陵大学校董会职权包括:校长等人选的人事任免权、系科与课程的设置权、师资选择权、财政预算与分配权、资产管理权、学位授予权、协议签订权等。② 1927 年的《私立东吴大学校董会章程》对校董会职权作出了相似的规定,包括办学方针决定权、人事任免权、学位授予权、财政筹划权、资产管理权等。③

通过此次改组,在华校董会完成了权力中心的转移,职权范围由"托管经营"转移到"学校治理",获得了相对独立的大学治理权,与此同时,增强了与中国社会的沟通和联系,争取了更多的社会人脉和办学资源。在这场权力的转移中,西方托事部虽然依旧以创办人代表的身份对在华校董会进行遥控管理,但毫无疑问,在华校董会摆脱了长期以来作为"经理人"的影子角色,也更加有利于教会大学及时应对在中国出现的各种形势。

(三)名实不一的权力调整:在中国校长与外国校务长之间

根据南京政府《私立学校规程》之规定,教会大学校长必须为中国人,若有特殊情形,得另聘请外国人为顾问。在此之前,教会大学校长均由西方托事部指派外国传教士担任。此次改组之后,教会大学校长均改由中国人担任。

根据《私立燕京大学组织大纲》(1930 年 6 月)的规定,校长由校董会聘任,"总辖校务,并对外一切关系,代表全校负责;校长出席校董会讨论校务;校长为大学总会议、校务会议、行政执行委员会会议、各种正式大会当然主席"④。改组后的燕大校董会选举吴雷川为校长。然而,随着校长改由中国人担任,校长角色也发生了变化。改组之前,校长是校董会的"当然董事"。改组之后,许多教会大学(比如燕京大学、圣约翰大学、东吴大学)校长的角色出现了"去董事化"现象,即从原来的"当然董事"角色中退出,亦不再担任董事。在校董会例会中,校长依然可以发表意见,但没有会议表决权。

《私立燕京大学组织大纲》同时规定,设立校务长,"由董事会的设立者同意推选,由校长聘任之;校务长协助校长管理校务,校长如不在校,得代行其职权;校务长为董事会当然会员;校务长筹划本校财政,对本校之设立者及本校董事会负责"⑤。据此,原校长司徒雷登改任校务长。校务长作为校董会"当然会员",享有董事会议表决权,并协助校长管理校务。

---

①　罗义贤:《司徒雷登与燕京大学》,贵州人民出版社 2005 年版,第 93 页。

②　《南大百年实录》编辑组:《南大百年实录·中卷·金陵大学史料选》,南京大学出版社 2002 年版,第 134—135 页。

③　王国平等:《东吴大学史料选辑(历程)》,苏州大学出版社 2010 年版,第 226 页。

④　张玮瑛、王百强、钱辛波:《燕京大学史稿(1919—1952)》,人民中国出版社 2000 年版,第 1381 页。

⑤　张玮瑛、王百强、钱辛波:《燕京大学史稿(1919—1952)》,人民中国出版社 2000 年版,第 1382 页。

燕京大学同时设立校长和校务长的两元制做法直接导致了两者职权分工的暧昧与模糊。[①] "燕京大学的中文规章是吴雷川手订,校长一职对中国政府和燕京大学北京董事负责。司徒雷登的职位在立案后改称校务长,对燕京大学纽约托事部负责。燕京大学另有英文规章,是向美国纽约州教育局立案的。这样的两元制,和当时的东西文化交流一样……吴雷川急于要把燕大变为一个中国人的学校,但是只要燕大必得向美国托事部伸手要钱,此事就难办到。"[②] 由于校务长司徒雷登在燕大的长期影响力及与纽约托事部的友好关系,加之校长吴雷川不谙外语,在校董会里难以与董事们进行语言沟通,以及西方大学管理模式的现实状况,造成两人之间的较大反差,导致实际治校权在实践的发酵中愈加清晰地倒向校务长司徒雷登,而不是校长吴雷川。

也有例外的情形。金陵大学校董会改组之后,校长依然是校董会的"当然董事"。中国人陈裕光担任校长,但在实际治校过程中并无实权。据陈裕光回忆:"名义上中国人当了校长,实权,尤其是经济大权,依然掌握在美国教会手中。我这个中国校长,几乎很少过问。"[③] 身在其位,却难谋其政,这是一种变相的校长"去董事化",教会大学的治校权依然在教会委派的西方传教士手中。

在应对中国政府要求立案的情形下,教会大学的"西方托事部"和"在华校董会"内部经历了多次争论与反复,但最终按照中国政府的政策要求作了形式上的调整,其中包括董事及校长的"中国化"。吊诡之处在于,中国人更多的是担任名义上的一校之长,而并未拥有真正意义上的治校实权。校长的"去董事化"以及校务长的实权在握,是在华校董会改组后的重要特征,即在形式上满足了向中国政府立案的标准,而在权力实践上依然是一种敷衍。托事部更愿意将一手创办的教会大学的治校权交付给自己人,而不是掣肘于政治的中国人。真正的大学治校权依然更多地掌握在外国教会及其所指派的校务长及外国传教士手中。这也正是许多教会大学的中国校长"去董事化"的真正原因。

四、第三次制度转向:走向联合与转向政府

(一)走向联合:西方托事部

全面抗战前后,许多教会大学的西方托事部为加强校际合作开始走向联合。1932年,中国基督教大学校董联合会(Associated Boards of Christian Colleges in China,下称"校董联合会")成立,作为教会大学西方托事部之间的联合机构,下设执行委员会、宣传和筹款委员会、基督教性质及基督教运动关系委员会、财政委员会、教职员和课程委员会、审计委员会。校董联合会的具体工作包括事务管理、发展规划、联合筹款、宗教信仰维持等方面。[④] 校董联合会的成立实现了教会大学西方托事部之间的有效联合与实质性

① 陈远:《燕京大学(1919—1952)》,浙江大学出版社 2013 年版,第 74 页。
② 董鼐:《学府纪闻·私立燕京大学》,南京出版有限公司 1982 年版,第 112 页。
③ 金陵大学南京校友会:《金陵大学建校一百周年纪念册》,南京大学出版社 1988 年版,第 14 页。
④ 刘家峰、刘天路:《抗日战争时期的基督教大学》,福建教育出版社 2003 年版,第 195—196 页。

合作。抗战期间,教会大学来自中国的经济投入急剧减少,校董联合会在美国成立了全国紧急委员会,着手战时筹款事宜,为教会大学提供资金和师资援助。1938—1941年间,校董联合会先后招募78对夫妇和57位单身传教士进入中国的教会大学,在一定程度上缓解了教会大学师资缺乏的压力。同时,平均每年拨付3000美金,先后资助多名教会大学教员赴美进修。此外,成立教职员研究基金,用于资助教会大学的中国教员出国留学,1939—1945年间,先后资助48名中国教职员出国留学。[①] 然而,由于校董联合会组织结构上的松散性特征,不具备一个独立机构的完整有效的组织体系,因而也就难以对联合体内的成员产生有效的约束和管理,亦无法构成一个独立组织内部应有的权利义务关系。

1945年成立的中国基督教大学联合董事会(United Board for Christian Colleges in China,下称"联合董事会")将各教会大学托事部真正合并形成了一个有效的托事部,它下设5个常设委员会,即任命和行政委员会,基督教性质、教职员和课程委员会,投资和财政委员会,教育方针和预算委员会,以及筹款委员会。[②] 联合董事会的主要职责包括为在华教会大学宣传、募集、管理和分配办学资金及战后重建资金,维护教会大学的宗教活动和宗教品格,负责选聘外籍教师,以及对课程设置进行政策指导等。[③] 联合董事会的主要工作体现在招募西方教员和资金赞助方面。在提供资金方面,联合董事会于战后恢复了研究基金项目,向在华教会大学拨款35万美金,用于中国教师赴国外深造。1945—1951年间,联合董事会的研究基金项目先后资助了60名中国教职员出国深造。在招募西方教员方面,应在华教会大学请求,联合董事会于1949—1950年间,向其选派10名相关专业教员来华。[④]

不论是早期的校董联合会,还是后来的联合董事会,作为教会大学西方托事部的联合组织,均延续着前两次权力调整的路径,向战时教会大学提供资金和师资,维持其大学基金会的角色。

(二)转向中国政府:在华校董会

随着教会大学逐渐内迁,许多教会大学的在华校董会纷纷在内地重新选举董事,组建"非常时期校董会"以维持学校在内地之发展,由此出现两个小组、两地办公的情况。这一时期,政府要员担纲校董的比例较之前有了显著增加。如东吴大学内迁之后,原校董会"散在苏沪一带,东南沦陷以后,既未能正常行使职权,亦不克全体转来后方,只得暂告解散,而在陪都另行组织战时校董会,以应需要"[⑤]。"由设立人代表中华卫理公会执行

---

① 肖会平:《合作与共进:基督教高等教育合作组织对华活动研究(1922—1951)》,山东教育出版社2009年版,第231—235页。

② 刘家峰、刘天路:《抗日战争时期的基督教大学》,福建教育出版社2003年版,第210页。

③ 肖会平:《合作与共进:基督教高等教育合作组织对华活动研究(1922—1951)》,山东教育出版社2009年版,第184—185页。

④ 肖会平:《合作与共进:基督教高等教育合作组织对华活动研究(1922—1951)》,山东教育出版社2009年版,第238页。

⑤ 王国平等:《东吴大学史料选辑(历程)》,苏州大学出版社2010年版,第281页。

部征得设立人同意就现留后方之原任校董四人外,另推十一人组织非常时期校董会"①,以应对战争时期之非常局面。1942 年 10 月,东吴大学非常时期校董会在重庆成立,孔祥熙(行政院副院长)任董事长,此外,司法院院长居正、四川省政府主席张群等 6 位政府要员加入校董会。政要董事甚至占据东吴大学非常时期校董会人数之大半。

作为最后一个向中国政府立案的教会大学,圣约翰大学校董会先后经过三次立案申请,最终于 1946 年 11 月 28 日得以在南京政府立案。根据 1946 年 11 月的《私立圣约翰大学校董会章程(修正本)》的规定,圣约翰校董会由设立人指派 4 人、江苏教区议会选举 4 人、同学协会选举 4 人、校务会选举 2 人、社会知名人士 2 人共同组成。② 与之前一样,校长列席校董会,但无表决权。立案之后,董事 15 人,其中中国董事 12 人,美国董事 3 人,中国人在校董会中占据绝对优势,这一比例也远远高于 1928 年校董会的中外人士比例。与圣约翰以往董事长由创办者代表或校长担任不同,时任董事长由民国前外交总长、国务总理全权大使颜惠庆担任。③ 同时,宋子文等政府要员纷纷受邀加入校董会。

由于战争的特殊性,加之与西方托事部沟通不畅,战时教会大学的维持和发展更多地依赖于中国政府的供给和支持。在华校董会的政要董事数量显著增加,更多的政府要员担任董事或董事长,在战时为维系教会大学发展发挥了重要作用。战时教会大学的资金收入中,来自于中国的部分甚至一度超过了国外,达到了总收入的 53%。④ 然而,这并非意味着教会大学治校权的完全转移。事实上,外国教会从未失去对学校的控制,董事中的部分教授代表是教会力量的坚定维护者,教会在校董会中依然有着强大的影响力。⑤ 只是在战争年代以及在西方教会与中国政府的角力中,这一影响力遭遇削弱,中国政府在教会大学治校权的天平上进一步增加了砝码。

五、权力博弈与办学影响:制度转向的背后

中国近代史上,教会大学"西方托事部—在华校董会"的双层董事会随着学校管理需要应运而生,并随着近代中国的政局动荡而先后发生了三次制度转向。首先是 20 世纪 20 年代北洋政府时期,治校权开始由西方托事部转向在华校董会,在华校董会的"经理人"角色开始发生转变;其次是 30 年代南京政府初期,校董成员开始由以西方人士为主转向以中方人士为主;再次是 40 年代全面抗战之后,治校权由西方教会转向中国政府,西方教会开始逐渐失去教会大学治校权的主导地位。

教会大学双层董事会的三次制度转向反映出多重利益角色之间的权力博弈。其一,

---

① 肖会平:《合作与共进:基督教高等教育合作组织对华活动研究(1922—1951)》,山东教育出版社 2009 年版,第 265 页。
② 《私立圣约翰大学校董事会章程及申请立案的有关文书(1932 年 6 月—1947 年 10 月)》,中国第二历史档案馆,档号:五(2)—687,第 29 页。
③ 《私立圣约翰大学校董事会章程及申请立案的有关文书(1932 年 6 月—1947 年 10 月)》,中国第二历史档案馆,档号:五(2)—687,第 27 页。
④ 刘家峰、刘天路:《抗日战争时期的基督教大学》,福建教育出版社 2003 年版,第 198 页。
⑤ 熊月之、周武:《圣约翰大学史》,上海人民出版社 2006 年版,第 212 页。

在华校董会与西方托事部之间的权力博弈,尤其突出地体现为大学校长与代表教会当局利益的西方托事部之间的权力协商。这一权力博弈发生于西方教会内部,目的是更好地管理教会大学。其二,中西董事之间的权力博弈,主要体现为中国政府为收回教育主权而多次调整教育政策,以及由此出现的董事"中国化"转向,同时,以西方教会当局及中国地方教区主教为代表的"强硬派"对中国政府的抵制或敷衍,典型表现是通过将中国校长"去董事化"而架空校长权力,从而将实际治校权掌握在外国校务长手中。其三,中国政府与西方教会之间的权力博弈,贯穿于三次制度转向的始终,成为主导校董会权力调整的重要因素。在民族矛盾和军事战争等特殊的历史背景下,在华校董会最终发生了向中国政府的制度转向。

从晚清政府失去教育主权与消极排斥,到北洋政府在社会舆论下的主动吸纳,再到南京政府对于教育主权的强势态度,教会大学在管理体制上逐步发生变化。随着立案的发生与强化,教会大学双层董事会及其办学实践也随之发生着与中国政府立案要求一致的变化。首先,在课程设置上,宗教类课程改为选修课,不再是必修课,学校亦不得在课内作宗教宣传。其次,宗教仪式不再是强制行为,改为自愿行为,学校不得强迫学生参加宗教仪式。[①] 以上两点,即便是迟迟未能立案的圣约翰大学也不例外。再次,立案的教会大学得到了中国政府更多的政策与经费支持。尤其是在战乱年代,通过聘请政府要员担任董事,教会大学在获得财政经费支持上更为便利。最后,中国政府的教育行政权力通过行政政策的形式得以在教会大学中逐步渗透。比如,中国政府通过相关政策在大学招生、学位认定、学生就业、出国考试、校际合作等方面,引导家长和学生选择立案的教会大学。因此,对于教会大学双层董事会而言,选择立案有利于改善本校的办学困境。事实上,双层董事会的制度转向贯穿于教会大学向中国政府立案的过程,是中国政府对于教育主权逐步回收的艰难历程,也是中国政府将教会教育纳入中国教育体制的过程。

原载《高等教育研究》2016 年第 10 期

---

① 宋恩荣、章咸:《中华民国教育法规选编(1912—1949)》,江苏教育出版社 1990 年版,第 141—143 页。

研求学术:民国时期高校教师公派出国制度的演进

◎商丽浩　葛福强*

摘　要:培植本国教师是西学东渐过程中近代中国新式高等学校独立自主发展的重要途径。民国时期高校公派教师出国制度发展的动因,最初来自高校学习欧美先进知识的需要,以及力图维持教师国际学术水准和激励教师研求学术的需要。此后,这一制度受到中华教育文化基金会培养中国本土科技领袖人才和国民政府培养中高级建设人才的目标的推动。因为在高深学术领域,相比普通留学生,高校教师具有明显优势和效益,因而公派高校教师出国制度不断拓展,并与普通公派留学构成互补互通之态势。在政府、高校、中华教育文化基金会的推动下,民国公派高校教师出国的路径逐渐多元化、分层化;公派教师的精英化程度增加,公派目标向更专业、更深入的项目研究演进,资助力度和方式逐渐区别于普通公派留学生;高校教师公派出国以研究学术的特质不断增强,促进了民国高等学校学术质量的提升。

关键词:民国;高校教师;公派出国;学术研究;学术休假

1872 年,中国官费资助留学的第一批留美人员是垂髫稚童;1947 年,中国近代史接近尾声时,则有一批高校教授作为研究员由国民政府公费派至美国。在西方坚船利炮裹挟之下,中国社会的现代化在西学东渐的过程中逐渐推进。从公派学生到公派高校教师的转变,显示了中国近代公派留学制度的革新。然而,现今不少研究者往往将高校教师纳入留学生群体进行整体考察,忽视了公派高校教师和派学生在近代中国人才战略上的差异。事实上,民国公费派送教师出国制度不仅在政府主导的普通公派留学体制内形成、生长,更在高等学校和中华教育文化基金会(以下简称中基会)的推动下积久成势、自成泾渭。本文力图考察民国时期公派高校教师出国的动因、目标、经费、派出途径、人员资格的演变过程及主要特质。

一、北京政府时期:在原有普通留学体制中开辟出新路径

清末中国面对外部世界的挑战,逐渐注重优先发展本国高等教育,由此,各省官立高

---

　* 作者简介:商丽浩,浙江大学教育学院教授;葛福强,浙江大学教育学院博士研究生。基金项目:全国教育科学规划课题(BOA130115)。

等学堂和专门学堂陆续兴建。由于新建高等学堂师资短缺,中国一边借才异域,聘请外国教师,一边派遣留学生以储备师资。然而,派遣留学生并不能缓解新建高等学堂的当务之急。1904 年江苏巡抚端方会同钦差大臣铁良一起巡视三江师范时,学生禀报"所有教员均不胜传授之任"。为提升中国教习的水平,17 位中国教习被选送至日本学习师范教育,并以其薪水作为留学费用,由学堂经费项下支给。[①] 他们成为中国最初以提高教学水平为目的而派出国外的高校教师。民国成立后,为进一步培植本国高校教师,原有的普通公费留学制度不断革新,逐渐发展出三条较为稳定的公费派送高校教师进入国际学术系统的新路径,其目标也由提高教学水平向学术研究演化。

(一)高校教师在普通公费留学体制内获得免考资格

民初,北京大学校长严复强调聘任大学教员"总以本国人才为主",主张优给薪酬聘请本国学识渊博人士和欧美归国留学生,使他们一边教授,一边自行研究学问,只有如此,"吾国学业可期独立",中国学术才能有进步和发达的机会。由于民初政局动荡,北京大学经费困绌,不得不增聘本国教师代替外国教师,然而校长对本国教师的质量颇为担忧。1914 年,北京大学校长胡仁源提出派教师出国的建议。他指出:"我国创立大学垂十余年,前后教员无虑百数,而其能以专门学业表见与天下者,殆无人焉,不可谓非国家之耻矣。""学问之士居本国而久,往往情形隔阂,学问日退。"鉴于此,胡仁源认为中央财政应予拨款,"于各科教员中每年轮流派遣数人,分赴欧美各国,对于所担任科目为专门之研究。多则年余,少则数月"[②]。

与北京大学校长在中外教师替代过程中对本国教师"学问日退"的远虑不同,高等师范学校校长陈宝泉则表达了他对留学的贴近观察。1915 年 4 月,陈宝泉在第一届全国教育会联合会上提出《资遣师范学校职教员游学游历》议案,建议高等师范和师范学校职员(包括教员、管理员)凡尽职三年以上、成绩优良者应资遣游学或游历。高等师范学校名额由教育部定,以外国学校为限;年限在三年以内,酌量决定;游学费用由公家支付,由各校列于预算案中,原校支薪俸原额十分之二以下。他还历数其利:"资遣职教员游学,教学相长,较之派遣留学生事半功倍。""游学、游历之人日多,则内外知识可以相互交换。"[③]这一建议成为第一届全国教育会联合会议 9 项议决案之一,此后又提交给同年 8 月召开的全国师范校长会议,为教育部采用。

民初普通官费留学的派遣政出多门,各省、中央各部都有派遣,还有清华留美生的选派,缺乏统一的规制。这一时期清华留美学生基本上由教育部把名额分配于各省,经省初试和教育部复试后录取,如有缺额,再由各省补选。由于民初招录不到足额的官费留学生,1914 年 7 月,《教育部颁发各省留学官费生缺额选补规程》规定,在国内充任中小学

---

① 苏云峰:《三(两)江师范学堂:南京大学的前身,1903—1911)》,台湾"中研院"近代史研究所,1998 年,第 119 页。

② 萧超然等:《北京大学校史(1898—1949)》,上海教育出版社 1981 年版,第 36 页。

③ 璩鑫圭、童富勇、张守智编:《中国近代教育史资料汇编:实业教育师范教育》,上海教育出版社 1994 年版,第 825—826 页。

校教员或中等以上学校教员三年以上者,充任三年学校教育管理者,有资格进行选补。[①]高校教师视同普通中小学教员。

1916 年袁世凯下台后,7 月,教育总长范源濂上任。10 月,教育部颁发《选派留学外国学生规程》,这是教育部首次力图统筹管理各地留学事务的重要规程。教育部要求各省选派的公费生统一资格,并由教育部审核复试。教育部规定,连续两年任本国大学教授或助教授、连续两年任本国专门学校或高等师范学校教授的不用考试就可申请公派留学。[②] 教育部对高校教师的资助与其他留学生相同,如留美公费标准包括治装费 200 元国币,出国和回国川资分别是 500 元国币和 250 美元,学费每月 80 美元,这一资助水平对当时的留美生活而言极为宽绰。

(二)公派出国研修成为高校教师职业的新待遇

高校教师不仅承担着培养本国专门人才之责,更承担着引进西学,发凡起例,提升本国学术水平之任。随着中国著名大学向研究型大学的转型,提升教师学术研究水平的需求日益迫切,高校专门规程中出现了将高校教师公派出国作为其职业待遇延伸的趋势。

教育总长范源濂上任后力邀蔡元培出任北京大学校长。蔡元培将德国研究型大学的理念引入北京大学,推动北京大学由教学型大学向现代研究型大学发展。他在北京大学倡导师生以学术为志业,以学术水平为标准,重组教师队伍,创办研究所以推进学术研究。

1917 年 5 月,教育部公布《国立大学职员任用及薪俸规程》,规定:"凡校长、学长、教授每连续任职五年以上,得赴外国考查一次,以一年为限,除仍支原薪外,并酌支往返川资。"[③]这一待遇承袭清末《学务纲要》的余绪,将清末政府对教员每届五年可援用同文馆成例进行奖赏和派官绅出洋考察两者合在了一起。

然而,国立大学已不满足于这项规程,北京大学以教育部的普通官费留学制度为突破口,着手革新。1917 年 11 月,北京大学理科学长夏元瑮认为大学教授一般有两种性质的事业:一是教育后进,二是研求真理。"吾国自开办学堂以来,最良之教师亦不过云教授有方而已,若曰研求真理则相去甚远,所传授所讲习者均拾亚人之余,从未闻己有所发明也。"他指出:"吾国派出洋学生亦已甚多矣,其结果殊不能尽满人意者,则以出洋之人程度太浅,年费钜金,所得者不过一大学毕业生耳";相反,"派大学教员则事半功倍,其结果与派学生必犬不相同也。"[④]1917 年 12 月,由理科各教员提议并经评议会议决,北京大学发布了《派遣大学教员出洋留学法案》,规定在校连续任职五年之教授须由大学派遣出洋留学一至二年。教员留学期间,除官派学费及往返川资外,仍支原薪之半数。官费无

---

① 沈云龙主编:《近代中国史料丛刊三编第十辑:教育部行政纪要》,台湾文海出版社 1985 年版,第 150 页。
② 沈云龙主编:《近代中国史料丛刊三编第十一辑:中华民国教育法规汇编》,台湾文海出版社 1986 年版,第419—421 页。
③ 中国第二历史档案馆编:《中华民国史档案资料汇编》第三辑,凤凰出版社 1991 年版,第 167 页。
④ 佚名:《理科研究所第二次报告》,《北京大学日刊》1917 年 11 月 22 日。

空额时，须支原薪之全数及往返川资。① 北大在教育部原有官费留学名额之外，注入自有资金，进一步拓宽留学渠道，自此，教师提升研究能力开始与教学工作相同，也可获得薪酬的支持。

北京大学校内酝酿的新风向高等教育界蔓延。1918 年 10 月，教育部召开专门以上学校校长会议，其议决案有《培养教授及优待方法案》《专门以上学校酌派教员出洋留学研究问题案》《私立专门学校教员出洋留学公费请由公家支给案》等。在学界的推动下，政府迈出了关键一步。1919 年 3 月，教育部正式公布了《专门以上学校酌派教员出洋留学研究办法案》，规定"国立各校教员留学经费由教育部支给，省立各校由各省支给，私立各校由各该校支给"；教师留学的资格为连续任职三年以上，教员在留学期内仍由本校酌给原薪若干成以为津贴。② 高校教师公派出国的经费来源渠道进一步拓宽。然而，该法案有出洋"研究"之题，文中却频现"考察"之词，对于出国学术研究目标和研究方案要求仍不明确，也未关注高校学术精英的派送。

民国初期，公派高校教师出国规模甚小，时人认为"由于当时政局的紊乱，学校经费时常短欠，实际上能认真办理（按：办理公派高校教师出国）的学校极少"③。然现在仍有案可稽，如南京高等师范学校在 1917 年以江苏省费补助一位英语教师出国，1918 年以教育部所定专额官费送体育教师赴美学习；1918 年 7 月，教育部决定选派各大学教授赴欧美各国留学，北京大学刘复及其他高校若干人等成为第一批选派教授，是"我国教授留学之嚆矢"④。

（三）中基会创立选派高校教师出国的制度

20 世纪 20 年代，北洋政府财政危机频现，但高校教师出国研修的议题在退赔庚款兴学讨论中得以延续。清末民初中国以第一批美国退赔庚款作为派遣留学生之用。第二批美国退赔庚款在原有的选派学生出洋之外，新增选派高校教师出国研究科学。

1923 年 6 月，《教育杂志》在第二批庚款酝酿返回之际就庚子赔款兴学计划设立专号表达学界意见。庄泽宣认为，退还庚子赔款的各国希望中国以此经费派赴该国留学生，建议此项留学生分四类，前两类一是国内的学者和专家，二是国内外大学毕业任事或教学有成绩的人员。陈振民提出中国应学习日本选送资深的大学教授出国留学的办法："其留学之期限甚短，而归国后收效反宏，真所谓事半功倍。良规美法，吾人亟宜仿效者也。"⑤

1924 年 5 月，美国政府要求其退还的庚子赔款作为发展中国教育文化事业之用途，不专用于派遣留学。北京政府批准设立中华教育文化基金会管理退赔庚款。1925 年，中基会的美方代表孟禄对有关庚款用途的意见发表在《教育杂志》上。孟禄在文章中指出，庚款不应以"纯粹研究科学"之用，而应利于民生，重视应用科学。他认为："中国一日无

---

① 王学珍、郭建荣主编：《北京大学史料·第二卷（1912—1937）》，北京大学出版社 2000 年版，第 414 页。
② 佚名：《专门以上学校酌派教员出洋留学研究办法案》，《教育公报》1919 年第 5 期。
③ 朱师辙：《三年来国立各校院教授休假进修概况》，《高等教育季刊》1942 年第 2 期。
④ 佚名：《教育部选派教授留学》，《教育杂志》1918 年第 8 号。
⑤ 陈振民：《庚子赔款与教育·其四》，《教育杂志》1923 年第 6 号。

曾受高深科学训练、足以开发本国富源、发展本国实业之人,一日不能免除外国之觊觎与夫染指之野心。"中国须以"训练专门人才为第一要义"①。孟禄推动中国由仿效德国大学注重纯学理研究向美国式的重视应用科学研究转变。中国国内学术界的回应则更具包容性,以"研求学术"涵盖应用科学的研究和纯学理的研究。1926 年在《中华教育界》推出的《留学问题专号》上,舒新城批评道:"中国六十年之留学政策均把受教育当作研求学术,留学界之一切因果均由此观念造成。"他建议"以后的留学政策当以研求学术改进本国文化为惟一的目的"②。

在孟禄的推动下,中基会对科学教育十分关注。1926 年,中基会通过"设立科学教席办法",拟定在 7 所大学设 35 座科学教席,所聘教席连续服务满六年者,可休假一年,由基金会支给全薪一年,外加旅费,但以继续留学或考察为限。中基会正式引入美国的学术休假制度,选派高校学术精英出国研究。1927 年,中华教育基金会审议通过《科学研究补助金规程》,规定科学研究补助金的甲种每年补助 3000～4000 美元,乙种为 1000～2000 美元。申请研究员之资格规定,甲种须能独立研究,且曾发表研究成果如论文、著述等;乙种须在国内外大学毕业,并在专家指导下从事研究。研究人员须向中基会提交研究项目、研究方法、研究方案等内容;研究地点不限国内,如在国外研究,年限通常定为一年。③ 至此,中基会资助教师出国研究有了成文的规制。

总之,北京政府时期,公派高校教师留学制度以教育部原有的普通官费留学制度为基础不断革新,形成政府、高校、中基会资助派送三条不同层次的出国路径。高校选派教师出洋的人员待遇、经费来源与普通留学生渐有区别,其出洋目标也由清末民初的提高教学水平向进行学术研究演化。高校虽扬起学术研究之帜,具体制度却尚需培育。相比之下,中基会独领风骚,着意培养研究型领袖人才,力图选派学术精英出国进行专深的学术研究,但其范围囿于科学领域,且有待落地生根。

二、南京国民政府时期:多元化和分层化格局的形成

南京国民政府成立,政局相对稳定,高等教育被纳入国家建设的轨道,政府整顿高等教育以提升高等教育品质。高校教师公派出国的制度形成了多元化和分层化的格局,公派出国规模扩大,高校各领域的学术精英受到重视,研究学术的特质在政府、高校和中基会的培植下逐渐凸显。

(一)中基会以科学研究补助金项目和教授学术休假制度选派教师

国民政府成立后,蔡元培、胡适、蒋梦麟等均参与了中基会的管理,中基会开始加大资助高校教师出国研修的力度。1928 年,中基会开始发放科学研究补助金,甲乙两种补

---

① 佚名:《教育界消息·孟禄博士对于庚款用途之意见》,《教育杂志》1925 年第 2 号。
② 吕达、刘立德主编:《舒新城教育论著选》(下),人民教育出版社 2004 年版,第 605—607 页。
③ 参见中华教育文化基金董事会:《中华教育文化基金董事会设立科学补助金规程》,《中华教育文化基金董事会第三次报告》,1929 年 3 月刊,第 30 页。

助获得者 15 位,其中 10 位研究地点在国外。1930 年,补助 47 位研究人员,其中有 28 位大学教师赴国外研修。[①] 1936 年,补助研究人员 55 人,其中 38 人在国外开展研究。1947 年,中基会恢复国外科学补助金项目,因外汇关系,只设 5 个名额,每名研究人员一年补助 4000 美元。中基会通过削减名额,维持公派出国人员资助水平,以保障研究工作的开展。

1932 年,中基会设置的第一批科学教授已满 6 年,两位教授申请中基会补助出国学术休假。1933 年,12 位科学教授获得出国学术休假补助。中基会对学术休假制度评价甚高,认为各教授在学术休假期间"多能潜心专研,卓有成就……休假期满,均已先后返国……渠等本其研究考察所得,以谋吾国科学教学之改进,其贡献宏多,盖可预卜矣"[②]。中基会通过学术休假制度资助科学教授出国,为中国大学树立了榜样。

同时,中基会的人事变动也会引起资助方向的变化。由于中基会与北京大学的关系日益密切,1930 年,双方通过了《北京大学与中华教育文化基金董事会合作研究特款办法》(以下简称《办法》)。中基会从 1931 年起至 1936 年向北大每年提供国币 20 万元,支持其学术研究,并在北大设立研究教授,暂定名额 35 名。该《办法》明确规定:"研究教授为学术上的需要,得由北大给假往国外研究一年,除支原薪外得实支旅费,并得由顾问委员会依其所在地之需要,酌量津贴其费用。"中基会资助研究教授年俸为 4800～7200 美元不等。[③] 在这一办法中,研究教授的出国学术休假待遇高于科学研究补助金获得者,并且不再限于科学学科教师。学术休假制度通过中基会的资助在北京大学得以拓展。

(二)政府普通公派留学规程将普通人员和专门人员分类选派

南京国民政府成立不久,成立大学院,推行大学区制。大学院于 1928 年 4 月举行第一次全国教育会议商讨全国教育政策。全国教育会议审议修正通过《公费派出留学案》,提出大学院为"奖进高深学术,应设公费额"。留学人员资格规定为两种:一是大学教授在校继续服务五年以上,经大学院审查合格者;二是已得学士学位,经留学考试合格者。[④] 修正案提出将大学久任教授和普通留学生进行分类派遣的方法,明确表达派出资深学术精英的意图,在某种程度上体现出大学区制强调学术研究的内在理路。

在全国教育会议前后一段时期,一些省区制定出分类明确的留学办法,为高校教师和学术精英设置了专项名额。浙江省在 1928 年由浙江省政府委员会会议议决,颁布《浙江派遣留学办法大纲》,大纲规定一般派遣国内外大学毕业、在本省服务 3 年以上人员。名额分配办法是:政府服务行政人员 10%,技术人员 30%,大学教授 35%,高中教员和中学校长 25%。1930 年,浙江省出台的《留学细则》规定:大学讲师或助教归大学教授类分配。江苏省在 1929 年由中央大学区制定《派遣出洋员生大纲》,规定该大学区派遣出洋员生共分研究、考察、留学、津贴四种。其中,"研究员以本大学本部教授、副教授暨直辖

① 参见中华教育文化基金董事会:《中华教育文化基金董事会第三次报告》,1929 年 3 月刊,第 13—14 页;《中华教育文化基金董事会第五次报告》,1930 年 12 月刊,第 19—20 页。
② 参见中华教育文化基金董事会:《中华教育文化基金董事会第八次报告》,1933 年 12 月刊,第 6—7 页。
③ 参见中华教育文化基金董事会:《中华教育文化基金董事会第六次报告》,1931 年 12 月刊,第 51—52 页。
④ 中华民国大学院编:《全国教育会议报告》,商务印书馆 1928 年版,第 444—449 页。

教育机关之教员（具有副教授以上之资格者）继续任职在三年以上、有优良之成绩者充之"，考察员亦以任职 3 年以上之教授、副教授充之。其留学经费分配比例为：研究 15％，考察 5％，留学 60％，津贴 20％。①

大学区制取消后，教育部的普通留学章程采纳了增加留学人员已有工作年限的意见，搁置派出学术精英的意向。1933 年 4 月公布的《教育部公布国外留学规程》规定，国内外公立或已立案之私立专科以上学校毕业，或任相关技术职务两年，或在研究所学习两年以上的人员有资格报考，如没有两年的服务经历，则需大学本科毕业人员才有资格报考公费名额。②

抗日战争胜利在望，留学风涌成潮，公派高级学术人才出国研修再次进入政府的议事日程。1942 年，国民党在五届十中全会上提议，因建国工作和战后恢复都需要高深学术人才和专门技术人才，政府需派遣大量留学生。1943 年，蒋介石在《中国之命运》中指出，派遣留学为当务之急，并令教育部估计理工各部门所需的高、中、低各级干部数目，拟定十年留学计划。1944 年 8 月，行政院核发《1943 年度派遣国外学习人员计划及经费的训令》，派留学生 600 名之外，又派研究员 95 名，考察员和实习员 505 名。其中，研究员是由"教育部及中央研究院就专科以上学校正副教授、各研究院正副研究员中择优遴选"，研究考察时间为半年至一年；考察员分学术考察员和行政考察员，高校教师也承担学术考察员之职。第一批派出包括姜立夫在内的研究人员 67 位，每名治装费 400 美元，旅费 1484 美元，生活费每月 250 美元，研究费 1000 美元。③

可见，民国后期中国公派普通留学人员的学术水平大幅提高，高校初级教师可通过普通留学生渠道出国，高校学术精英即正、副教授成为国民政府行政院派出"研究员"的主要群体。公派研究员所获的资助力度较高，资助经费中"研究费"项目的设置为研究工作提供了保障；其资助水平不仅高于同期清华大学公派普通留学生的每月 90 美元，也高于中基会的一年 4000 美元。这一制度创新因其效益得到支持。直到 1948 年 7 月，曾为留学生的钱三强仍提议："政府今后勿宁多多派遣学者赴国外研究深造，其收效实较派遣留学生为大。"④

（三）高校学术休假制度将高级教师和初级教师分层选派

有民初教育部资助具有一定任期的高校教师出洋在前，中基会引入欧美高校的学术休假制度在后，这一时期通过学术休假公派教师出国的制度受到一些著名高校的积极响应。教育部 1931 年的调查表明，有 6 所国立大学出台了大学教授学术休假规程。北京大学、清华大学、山东大学规定服务满 5 年的教授可出国进修，同济大学规定 6 年，交通大学 7 年，北洋工学院 8 年。学术界的意见从庄泽宣发表的《高等教育革命》中可见一斑："七年进修的办法必须强制执行，教授若无进修机会，是高等教育自杀的政策，进修时

---

① 中国第二历史档案馆编：《中华民国史档案资料汇编》第五辑，凤凰出版社 1994 年版，第 363—373 页。
② 中国第二历史档案馆编：《中华民国史档案资料汇编》第五辑，凤凰出版社 1994 年版，第 381—382 页。
③ 中国第二历史档案馆编：《中华民国史档案资料汇编》第五辑，江苏古籍出版社 1997 年版，第 886—890 页。
④ 钱三强：《科学座谈会席上钱三强博士讲演》，《申报》1948 年 7 月 26 日。

应予种种便利,使感到学术工作的满足。"①

同时,国立大学形成了高级教师和初级教师分层选派制度,并对学术研究提出明确要求。

1930 年 6 月,清华大学通过《专任教授休假条例》,规定专任教授如按照契约及服务规程继续服务满 5 年,而本大学愿继续聘任其担任教授者,得休假一年。"如国外研究者,应准支半薪,并按学生条例给予月费学费及来往旅费,但不给他项费用。"凡赴欧美研究者,出国时由大学给予川资 520 美元,返国时由留美监督处给予川资 520 美元,月费 80 美元。清华大学对研究提出明确的要求:凡赴国外研究之教授,应先将在国外研究之具体计划交由系主任、院长、校长,经评议会核准后,方得享受前条规定之待遇。1934 年的《国立清华大学教师服务及待遇规程》基本沿用此规定。对于专任讲师、教员及助教的学术休假,规定连续服务满 5 年且成绩优异者,其出国川资及研究费为教授的半数,不得支薪。②

1934 年,北京大学通过《国立北京大学教授休假研究规程》,规定本大学教授在休假期内赴欧美和日本研究者,支给全薪。本大学教授如欲在休假期内进行研究工作者,应先提出研究之具体计划,经系务会议通过审定,提校务会议核准。选派留学的助教须为在校服务满 5 年以上、勤于职务并兼做研究工作,确有相当成绩者;在助教留学时期,第一年薪金照发,第二年如成绩优良,可申请继续照发。

1937 年,抗日战争爆发后,各大学学术休假制相继受到影响,教育部的学术休假政策却姗姗而至。1939 年,教育部在抗日战争的炮火中召开了第三次全国教育会议,会上通过两个相关的议案:《请予国立专科以上各校教授有出国研究机会案》和《保障专科以上之教员或教授俾学术得以深造案》。1940 年 8 月,教育部规定大学教师聘任待遇的同时,也规定大学教授七年学术休假,其经费列入国家文化教育预算。同年教育部资助 29 人学术休假。1941 年 5 月,教育部颁布《国立专科以上学校教授休假进修方法》,规定可资助未在大学获得休假进修机会的大学教授,在休假期可出国进修研究,各校申报研究人员和研究课题后由教育部学术审议委员议决。1943 年,教育部在教授休假进修经费中批准 10 位学术休假人员出国,每位经费为 8480 美元,包括全年生活费 2880 美元、考察研究费 1000 美元及旅费等各项费用③,资助水平远远高于国民政府行政院和中基会派出研究员的待遇,而且在款项上设置了考察研究费。

抗日战争后,学术休假制度在国立著名高校如北京大学和清华大学恢复。恢复后的学术休假制度不仅分层选派教师出国,并且增加了"研究补助费"款项。如清华大学规定,连续服务满 7 年而本大学愿续聘的教授、副教授可赴国外休假研究一年,川资及研究补助费共 3000 美元,支全薪;同时,讲师、教员及助教也可以申请,川资及研究补助费等为教授、副教授标准的三分之二。④

① 庄泽宣:《高等教育革命》,《东方杂志》1933 年第 12 号。

② 清华大学校史研究室:《清华大学史料选编》(二),清华大学出版社 1991 年版,第 179—182 页。

③ 教育部教育年鉴编纂委员会编:《第二次中国教育年鉴》第 5 编,商务印书馆 1948 年版,第 33—34 页。

④ 清华大学校史研究室:《清华大学史料选编》(四),清华大学出版社 1994 年版,第 407—408 页。

三、结 语

在西力东侵、西学东渐过程中,近代中国新式高等学校聘任和培植本国教师以有效替代外籍教师的做法,是后发型现代化国家的高等教育获得独立自主发展的重要途径。清末民初,普通公派留学制度不能满足新建高等学校对合格师资的迫切需求,也无力维持高校本土教师的国际学术竞争力,因而公派高校教师出国制度得以逐渐发展。其发展动力最初来自国内高等师范学校为培养合格教师和有效学习国际先进知识的需要,还有国立著名大学在中外教师替代过程中维持本国教师国际学术水平的需要,以及向研究型大学发展过程中激励教师研究高深学问的需要。这一制度继而又受到中基会培养以科技知识促进社会和经济发展的领袖人才的目标和南京国民政府急需国家建设人才的推动。

随着高等教育的发展,普通公派留学生的水准虽然在不断提高,但高校教师在研究高深学术上比普通留学生具有明显的优势和效益,正是这种优势和效益促使公派高校教师出国从清末个别高校的临时措施演化为较稳定的制度。民国公派高校教师出国制度不仅在原有的普通公派留学制度上拓展,而且另辟蹊径,在人才战略上与普通公派留学制度形成互通互补之势。

在政府、高校、中基会的推动下,民国公派高校教师出国的路径逐渐拓宽,形成多元化和分层化的格局,公派规模逐渐扩大。政府普通公派留学制度在民初将高校教师作为普通公派留学人员;在民国中后期将派出人员区分为高、中、低等三类人才,高校教师分别被纳入中级和高级人才派出项目。中基会以美国退还庚款为资源,分别设置科学研究补助金项目和科学教席、研究教授席位,资助高校教师出国研究。高校选派教师出国从民初作为久任教师的工作待遇嬗变为与欧美高校、国际惯例一致的高校学术休假制度。

民国时期高校教师公派出国的具体目标逐步从一般性的游历、游学向更专业、更深入的项目研究演进;派出教师的学术层级不断提高,有利于深入进行专门学术研究;资助力度逐渐高于公派普通留学生,待遇优厚,而资助项目中"研究费"的设置则较好地保障了研究工作的有效开展。在民国高校教师公派出国制度的演进中,研究学术的特质不断增强,从而有效地促进了高等学校学术质量的提升。

现今我国公派高校教师出国制度不断改进,且已取得较好的效果,但民国公派高校教师出国制度不断强化研究学术的特质仍然值得我们关注。民国时期公派教师的具体管理措施、资助方式和资助力度确实较好地保障了学者在出国后顺利开展学术研究,至今仍有借鉴意义。尤其是学术休假制度,以学术休假资助教师出国,既强调研究性又无学科偏向,也无选派初级教师和资深教师的分歧,可普遍而持续地提升高校教师的学术水平,这一制度值得现今中国高校继承和发扬。

原载《浙江大学学报(人文社会科学版)》2015 年第 6 期

中国近代"教育会"的功能变迁及其当代启示

◎马洪正*

摘　要:"教育会"是我国近代教育团体的核心力量,在教育近代化进程中扮演着重要角色。在近半个世纪的发展过程中,教育会功能的具体内容从最初的传播新知、劝学办学转向近代教育体系的整体建构;功能的实施方式从最初的各自分立到走向联合。然而,随着全国教育会联合会的解散,各地方教育会在分散游离中功能逐渐式微。我们从近代教育会的兴衰存亡中,依然可以获得无尽的思想营养和实践反思。

关键词:中国近代;教育会;功能变迁;当代启示

我国近代教育团体大体上可以分为官方、教会、民间三种基本性质类型。官办的教育团体主要由民国教育部主持设立,中华基督教教育会是主要的教会教育团体,民间教育团体大部分创立于民国初期,影响较大的主要有中华职业教育社、中华平民教育促进会、科学社、中华教育改进社等。另外,还有一种由民间绅士阶层发起,后经政府"改造"而形成的"半官半民"性质的地方教育团体,这类教育团体具有我国近代教育团体的普遍功能特征,其产生与发展有其特定的历史和社会背景。随着近代工商业的发展,社会对新式人才的需求成为革新教育观念的新动力,从事近代工商业的商绅成为新式教育的推动者和鼓吹者。清朝末年地方经济薄弱、治理落后,政府政策和制度远远滞后于社会发展的需要;地方政府权力的式微,也为绅士阶层提高其影响力进一步提供了空间,很多地方的开明绅士既是商绅,也成为学绅。在这样的背景下,政府发展地方新式教育需要得到绅士阶层的有力支持。为了自身实业的发展及扩充权力的需要,地方绅士也乐于为此。由此可见,地方教育团体的出现正是时代的呼唤在民间的反映,而"教育会"正是地方教育团体的核心力量和典型代表。在近半个世纪的发展过程中,其功能实施内容及作用方式随着社会环境的变化不断地进行主动或被动的调整,最终在分散游离中逐步走向式微。

---

　*　作者简介:马洪正,南京师范大学教育科学学院副研究员。基金项目:江苏省社科基金资助重点项目"民国教育学术史研究"(13JYA001);江苏省高校哲学社会科学研究指导项目"民国时期江苏社会教育近代化研究"(2016SJD880012)。

一、功能的具体内容:从传播新知、劝学办学转向近代 教育体系的整体建构

近代知识的传播和整个教育体系的建构一直是我国近代"教育会"的首要目标,"教育救国"思想首先在"仁人志士"群体中形成共识。1902 年由蔡元培、蒋智由、叶翰、王季同、汪德渊、乌目山僧宗仰等人在上海倡议发起中国教育会,但其"表面办理教育,暗中鼓吹革命"①。然而,近代知识分子精英在谋求革命的同时"醉心新学",积极传播近代知识。是年 11 月,中国教育会成立爱国学社,帮助南洋公学被开除的学生继续接受教育,开设哲学、政治学、国文、地理、历史、英文、体育等课程,当时吴稚晖的国文课程就是用严复译的《天演论》作为课本,章太炎的国文课则要求学生自编《本纪》。1903 年 4 月,中国教育会成立军国民教育会,蔡元培等主导对学生进行军国民教育和训练。1905 年 4 月,又决议开办通学所,系补习性质,早晚开课,以便有职业者前来肄业,开设课程主要有拉丁文、德文、英文、日文、法文、初级理化、高级理化、博物、代数、几何、名学,学员数百人。俞子夷曾回忆称:"蔡师(蔡元培)的号召力与教育会、爱国学社的吸引力着实不小,一时群贤毕至,少长咸集,差不多成为上海新学界的一个重要中心。"②除此之外,中国教育会还在江苏、浙江等地创办新式学校,譬如常熟的塔后小学、同里的明华女校、浙江公学等。

各省教育会的教育活动更是丰富多彩,以各种方式传播新学。(一)劝学,创办新式学校。早期成立的江苏学会③劝导各道或各府建立师范学校,养成教员、管理员,多设新式初级小学,以谋教育之普及,另外劝设实业学校,以养成农工商实业人才。从 1905 年 9 月至 1907 年 5 月,福建省教育会开设法政讲习所,主要讲授行政法、地方自治制、经济学、国际法、比较宪法等科目,第一届学生就达 200 余人,毕业 196 人,其后的报名者更是踊跃。在初等教育方面,至 1910 年,福建教育总会隶属下的小学学堂达到 22 所,其中两等学堂 16 所,初等学堂 2 所,单级小学堂 4 所。(二)推进社会教育,传播新知。1906 年的江苏教育总会设法政研究会(后改为法政讲习所),每年一届学员,共举办三届,共计修业学员 200 余人,学员抑或留学日本,抑或还乡筹设讲习所。1909 年,江苏教育总会咨呈江督端方筹设单级教授讲习所,于 1909 年、1910 年先后举办两届。第一届毕业 54 人,修业 4 人;第二届毕业 42 人,修业 8 人。后因经费困难而停办。1915 年 4 月,江苏省教育会受江苏巡按使委托,设立体育传习所,学期四个月,毕业学员 140 余人。1915—1916 年间还设立小学教授法讲习会和小学教育暑期讲习会。1918 年设立国语补习会及注音字母传习所,学员达数百人。北京教育会分别于 1912 年、1913 年、1914 年开办夏期讲习

---

① 蒋维乔:《中国教育会之回忆》,《东方杂志》1936 年第 1 号。

② 中国人民政治协商会议全国委员会文史资料研究委员会:《辛亥革命回忆录》,文史资料出版社 1982 年版,第 508 页。

③ 1905 年 9 月,杨湖县(现武进县)绅士恽祖祁在"教育救国"思潮影响下,组织发起"江苏学会",后陆续更名为江苏学务总会、江苏教育总会、江苏省教育会,该教育会被学界认为是我国教育史上公开成立最早的教育会。后经张謇、唐文治、袁希涛、王同愈、黄炎培等人的经营,其活动逐渐影响至全国。

所,主要讲习手工和音乐两科目;设立通俗讲演会,辅助社会教育之推进,主要讲授科目包括社会学大意、社会教育概要、心理论理大意、雄辩学、讲演实习等;设立小学教员讲习会,学期六个月,讲授教育学(教育原理、教授法、管理法)、教育史、心理学概要、论理学概要,等等。1922 年,湖南省教育会设暑期学校,学员达 800 余人。(三)开展教育研究,传播新学。主要有两种方式,一是创办刊物,如江苏省教育会的《教育研究》、浙江省教育会的《教育周报》、湖南省教育会的《教育杂志》、广东省教育会的《广东教育会杂志》、安徽省教育会的《教育报》、江西省教育会的《教育杂志》、北京教育会的《都市教育》,其他各省也都办过同类刊物,刊发教育界之新经验、新学理。二是设立各种研究会,如江苏教育会设立的理科教授研究会(后更名为理科研究会)、体育研究会、中等以上学校教育研究会,湖南省教育会设立的中等教育研究会、国文教授研究会、数学教授研究会、外国语教授研究会、小学教育研究会,北京教育会设立的通俗讲演研究会、小学研究会,等等。各省教育会试图进一步推进某一学科、某一阶段教育的专门性研究,以示范全省乃至全国。

我们看到,教育会成立初期,专注于引介和传播近代西方科学知识,对"新教育"进行宣传,强调初等教育之普及。如果说这一时期教育会试图传播新知,致力于教育普及,那么,民国初期教育部公布《教育会规程》之后,教育会功能的作用范围开始转向,更加关注近代教育的整体建构。《教育会规程》明确指出,教育会以研究教育事项为目的,力图实现教育之发达,这些事项包括"学校教育事项、社会教育事项、家庭教育事项",要求教育会讲求各项学术及开通地方风气,分设研究会或讲习会。自此,各省教育会将整个近代教育体系的研究纳入研究讨论范围。1915 年 4 月全国教育会联合会成立之后,历次年会议题都紧跟当时教育热点,并形成决议建议于国家行政部门。譬如,首届教育会分两个讨论组,甲组审查小学教育、师范教育、中等教育及女学教育,乙组审查实业教育、专门教育、社会教育、教育行政。更为值得注意的是,此次会议湖南省教育会提出"改革学校系统草案",但决议指出,"以问题重大,其应否改革宜以郑重之手续出之,爰议定征集各省意见,以三个月为限。一面详细备具意见书送由教育部解决,一面由联合会陈请教育部,在未解决以前暂勿变更现制"[1]。是年 7 月和 11 月,教育部先后公布《国民学校令》《高等小学令》和《预备学校令》,初等教育由单轨制改为双轨制,联合会决议得以采纳。另外,会议还陈请国民会议及宪法起草会"拟将义务教育列入宪法案",建议将普及义务教育列入宪法。于 1919 年 10 月在山西召开的第五届教育会联合会提出"退还庚子赔款专办教育案""中小学校教科书应即改编案"等。1920 年 10 月,第六届全国教育会联合会有代表提出"教育经费独立案""请速增设国立大学案""改革学制系统案""学生自治纲要案",等等。这些都是当时社会最为关注的教育热点,会议"成绩不可谓不佳"。其中"改革学制系统案"也成为 1921 年 10 月在广州召开的第七届年会的主要议案,"此草案关系教育前途至为重大"。1922 年第八次全国教育会联合会的议案最为完备,涉及了当时教育改革的方方面面,主要包括:学校系统案,新学制课程案,地方教育行政制度案,改革中等学校教育法案,沟通大、中、小学案,拟请国会将教育经费订入宪法案,教育经费独立案,社会

---

[1] 佚名:《中国教育会联合会记事》,《中华教育界》1915 年第 6 期。

教育案,二重学制案,救济贫民教育案,促进女子教育案,建设蒙藏回教育案,推广幼稚园案,推广学校图书馆案,组织义务教育委员会案,改全国教育会联合会章程案,筹集义务教育经费案,改订童子军名称案,等等。①

由此看出,民国初期的教育改革议案多经由各地方教育会提出,再经由全国教育会联合会年会研究讨论,并形成议决案,建议于国家行政部门,最终形成各种教育政策和教育制度。直到1926年解散,全国教育会联合会为民国初期我国教育体系的整体构建不辞辛劳,倾注了大量精力。

二、功能的实施方式转换:从"分立"到"联合"

江苏学会"专事研究本省学务之得失,以图学界之进步,不涉学外事"②。其他省级教育学会均以研究本地学务为己任。然而,学部认为,中国疆域广阔,人民繁庶,要想谋求教育普及,仅仅依靠地方官吏统率催促,困难实在是太大。"势必上下相维,官绅相通,借绅之力以辅官之不足,地方学务乃能发达。"而且,"章程不一,窒碍实多","应令改照臣部章程,以归划一"。③ 为此,1906年7月颁布的《各省教育会章程》规定,教育会为全省所公立,学务公所设省教育总会,厅府州县所公设,称为某厅府州县教育会。总会与分会之间并非隶属关系,但需联络统合,以图扩充整理。自此,"教育会"由"民间私立"转为"政府公设",辅助地方教育行政,"图教育之普及,应与学务公所及劝学所联络一气"④。尽管如此,各省教育会却处于分立状态,各自为政,意见也难以集中。

1911年5月,江苏教育总会在上海发起成立"各省教育总会联合会"。会长唐文治在《致各省教育总会代表欢迎词》中指出,发起联合会之目的,"在沟通各省教育界之知识与情谊,以期对学部可发表共同一致之意见,对于内部得酌量本地方之情势,为各方面之进行,务使所持之教育主义勿入迂途,适于生存竞争之世界而已"⑤。据此,成立教育总会联合会有两个主要目的:一是地方联合,形成合力,以便建言于学部;二是互通交流,避免弯路,以期各地统一共进。6月,在各地教育界联合趋势的刺激下,学部模仿日本,奏请设立中央教育会获准,试图沟通上下,集思广益,研究解决制约宪政进程的重大教育事宜。从《中央教育会章程》来看,中央教育会直接受命于学务大臣,实为官办的中央教育行政决策咨询机构,是学部的辅助机关。然而,该章程并未规定其与各省教育总会之间关系,只是明确各省教育总会会长、副会长可以参选中央教育会会员。7月、8月,由11个省教育会参加的中央教育会召开,其所通过的议案反映了教育界的公意。正如陆费逵所言:"第一次开会,已能如是,实可喜之现象也。"⑥从学部《各省教育会章程》的颁布到"各省教育

---

① 第七届全国教育会联合会:《第七届全国教育会联合会纪略会议之主要议案》,《教育杂志》1922年第1期。
② 佚名:《江苏教育会暂定简章》,《东方杂志》1905年第12号。
③ 学部总务司:《学部奏咨辑要》上册,1909年,第48页。
④ 学部总务司:《学部奏咨辑要》上册,1909年,第48页。
⑤ 佚名:《江苏教育总会文牍六编丁》,《教育杂志》1911年第4期。
⑥ 陆费逵:《论中央教育会》,《教育杂志》1911年第8期。

总会联合会"及"中央教育会"成立期间,各省厅府州县各级教育会普遍设立,组织机构也日渐完善,这一时期也成为我国近代教育会组织发展的黄金时期。

民国成立,国体更变,刚刚成立的中央教育会活动不再延续,仅一次会议后便告夭折。但是,为了保持地方教育会工作的延续,教育部于 1912 年 9 月公布《教育会规程》,规程规定各省教育会设三级,即省教育会、县教育会、城镇乡教育会,三级教育会之间"互为联络,不相统辖",进一步完善教育会设置体系。规程要求教育会的事务由教育官厅委任,并建议于教育官厅;教育会不得干涉教育行政及教育以外之事;会员资格增加了现任教育职务者;规定省教育会由省行政长官核准立案,转报教育部备查,县及城镇乡教育会由县行政长官核准立案,转报省行政长官备查。这样,进一步强化了教育会的政府辅助职能,"教育会"已纳入教育行政体系。

1914 年,直隶省教育会向教育部呈文认为,尽管在上海创办的各省教育总会联合会为当时之创举,但是"所议足多",鉴于教育形势,应该仿效欧美教育之"联络主义",建议教育部召开全国教育联合会,以讨论教育事宜。1915 年 4 月,首次全国教育会联合会在天津召开,会上议定公布了《全国教育会联合会章程》,随后的 10 年间是教育会事业发展的巅峰时期。鉴于当时行政区划调整、各地方教育形势以及学生运动的实际情况,1919年教育部公布《修订教育会规程》,与"原规程"相比,"修订规程"会员增加了教育行政人员,每届会员的资格由相应学校校长及视学员组织资格审查会进行审查,审查会于选举一个月以前审查完毕,并正式宣布会员履历名册。教育部试图通过对会员资格的限定,以达到对教育会的"净化"和"控制"之目的。

1926 年 11 月,全国教育会联合会在上海召开座谈会,做出"暂时离沪,再行召集"的决定。自此以后,该组织无形解散。南京国民政府成立之后,全国性的教育会组织未再成立,只是从制度上进一步对教育会进行"规范"。1927 年 9 月教育部公布《教育会规程》,1928 年 2 月,大学院颁布《教育会条例》,1929 年 6 月教育部公布《教育会规程》,这三个"章程"除了对教育会内部组织机构及会务程序进行了调整,还另外规定"教育会得以决议事项,建议于地方教育行政机关",言下之意,决议事项须得到教育行政机关的同意和认可。1931 年 1 月行政院颁布《教育会法》,赋予教育会"法人"地位,对教育会的目的任务、设立条件、职员范围、会议程序、解散清算等做出法律上的规定,并且要求之前成立的教育会依照《教育会法》进行改组。抗战期间,为了适应战时需要,国民党中央社会部薛先挺认为"我国各地教育会为数十年来推行地方教育之民众组织……惜是项组织多沿袭民元以来北京政府之旧例,……其习惯亦仍未刷洗多年来陈腐之气象"[①],国民政府社会部于 1938 年 11 月颁布《各种教育会目前工作要点》,要求严格履行《教育会法》规定的教育会职务之外,还针对教育会当时存在的问题做出了一些特别规定。

总而言之,教育会产生于民间,发展于联合,规范于政府。教育会成立初期,作为一种民间自发教育团体,既有发起者的社会责任与其对教育的热情,也有其产生的客观社会背景和时代需要。教育会活动历史,逐渐从各地分立走向联合,由民间组织转向政府

---

① 中国第二历史档案馆编:《中华民国史档案资料汇编》第五辑,江苏古籍出版社 1997 年版,第 659 页。

附属机构,已经具有"半官半民"的性质。

三、在分散游离中功能逐渐式微,作用和影响逐渐衰落

　　"中国教育会"因其特殊的政治目的与教育团体的本体功能发生错位,仅存续五载,便匆匆解散。辛亥年间,在各省教育总会联合会催促之下,垂暮的晚清政府成立的中央教育会仅存数月又因国家政权的交替而自然消亡。1912 年《教育会规程》颁布,各省教育总会改名为省教育会,各地方教育会在新的"规范"之下开始重组,"清末的教育会组织在民国初年多数进行了重新选举,有些还重新组织,召开新的成立大会"①。这一时期,各县及城乡教育会普遍设立,且为独立的教育团体组织,教育会借助教育行政力量推进教育改革获得"合法化",甚至在经费上也得到了地方政府的支持。尽管如此,各地教育会的属地化对推动全国性的教育改革显得力不从心。于是直隶教育会于 1914 年向教育部呈文认为:"各国教育会有开联合会之举,讨论教育利害得失,以条陈于教育行政官厅,既无上下隔阂之虞,又无远近分歧之弊,法至善也。"②并向各省教育会发出公函商开全国教育联合会。1915 年 4 月,全国教育联合会于天津召开首次会议。此后共计召开 11 次年会,该会因时制宜,不辞辛劳地推动着我国教育近代化进程。然而,1926 年全国教育会联合会无奈地退出历史舞台,实乃当时教育界一大憾事,有学者认为:"全教联之解散,组织自身的缺陷自是不容忽视的因素,溯本逐源,实乃其时纷乱的政治、军事形势使然,诚然,全教联所依奉的指导思想的时代局限性亦难辞其咎。"③

　　"全国教育会联合会停止活动后,各地教育会仍然存续,并继续开展各项有关教育的工作。"④但是,"教育会"的影响力大大弱化,教育会的活动仅限地方一隅。另外,由于各地政治生态、社会状况差异较大,各省(包括厅府州县)教育会的发展也极不平衡,有的被取缔接管,有的陷于停顿,有的继续存在,但其功能取向已经发生转变。譬如,广西省教育会自 1908 年成立,其发展几经曲折。民国前后,江西匪患严重,多年军阀战乱,教育基础本就薄弱,教育会成立之后,活动多次中断,效果并不理想。直至 20 世纪 30 年代中期,新桂系开始经营广西,建立并完善了广西的民团制度,教育受到异常重视,堪称当时的全国"模范省"。1935 年 8 月广西省教育会召开第一届全员大会。重组后的广西省教育会在参与并组织社会教育中起到了较大作用,由清末民初的半官方组织转为民众教育团体,开展了一系列文化、教育及社会活动,直至 1949 年广西解放后才停止。福建省教育会出现衰落的时间更早。有学者分析认为,民国之后福建省教育会走向衰落的主要原因是当时福建战祸连年,经济窘迫,热心教育的绅士们由于时局变迁,对教育的态度也发生了变化,"正由于他们这种传统绅士的身份和特性必然带来了福建教育会的局限性。

---

① 孙广永:《社会变迁中的中国近代教育会研究》,华中师范大学出版社 2007 年版,第 140 页。
② 佚名:《记事:议开全国教育联合会之公函》,《教育杂志》1914 年第 7 期。
③ 杨卫明:《全国教育会联合会之解散考述》,《福建师范大学学报(哲学社会科学版)》2008 年第 1 期。
④ 宋荐戈:《中华近世通鉴·教育学卷》,中国广播电视出版社 2000 年版,第 219 页。

在清政府统治结束后,福建教育会在清末出现繁荣后只能走向沉寂和衰落"①。尽管江苏省教育会在我国近代教育团体历史上有着特殊的地位,但也难逃消亡命运。民国初期,军阀混战使得国家政权式微,政权的式微,又使得地方势力成为主导教育的重要力量,绅士与新知识分子发挥作用的空间空前增大,社会力量开始渗透到国家和地方政权之中,影响力不断扩大。在这样的背景下,有着深厚社会基础的江苏省教育学会也开始积极参与政治,其主要成员中不少人进入江苏都督府担任要职。② 此时的江苏教育会已经不仅仅是教育改革的参与者,甚至成为领导者。这一时期,其活动内容极其广泛,包括创立学校、教育研究、教育交流、教育推广、社会调查、留学选拔等等。另外在政治领域,教育会反对张勋复辟,鼓动教师学生要求参与国民大会,要求解散北洋政府新国会,发起召集"国事会议",等等,这些政治诉求反映了江苏省教育会主张社会变革的积极的一面。然而学潮兴起,其传统绅士的保守一面又显露无遗。如此,江苏省教育会在政府当局和进步力量面前"进退两难"。1923 年 3 月,北伐军占领上海,教育会随即关闭,随后被江苏教育协会接管。"面对革命大潮,江苏省教育会采取保守态度,虽然起因在于地方精英保护既得利益的愿望,然而终归因为错误地判断了形势而最终不能逃脱被历史车轮甩在车后的命运。然而民族主义是近代保守主义和激进主义者的共同观念。"③其他各省的教育会的命运与此三省情况大同小异。

四、结　语

近代以来,西方近代文明走进了中国这片古老的土地。清末民初,社会转型运动剧烈,各种新思想、新理念接踵而至,西方话语开始在中国语境中重构。从西方移植到本土自觉,国人开始了广泛的社会近代化的实践探索,"教育救国"一度成为社会之共识。清末新政开启,一场轰轰烈烈的以"新教育运动"为核心内容的教育近代化实践旋即在中华大地全面展开。我国当时的社会政治和经济实际状况决定了近代知识精英们在这场运动中的主导地位,很多教育实践往往先由他们发起、发展,经过一段时间以后,国家予以"认可",使这些教育政策、教育制度、教育活动等"合法化"。在教育近代化进程中,特别是清末民初,那些旧式开明绅士、西方留学生群体恰恰成为新教育运动的主要推动力量。"教育会"正是这支力量的主要载体。从最初的以"革命"为目的的中国教育会形成开始,各省教育会陆续成立,从中央教育会设立到全国教育会联合会的成立,我国近代"教育会"在性质上从民间转向半官半民,其活动影响也从边缘走向中心,在组织形式上从分立走向联合,其作用范围也从传播新知与试办新学转向近代教育体系的整体建构。然而随着自身功能的转向,教育会逐渐开始与社会需求产生错位;随着社会的不断变革,教育会自身的时代局限性也显露无遗。最终,随着全国教育会联合会的解体,各地方教育会处

---

① 叶青等:《论清末民初福建教育会社》,《福建论坛(人文社会科学版)》2013 年第 5 期。
② 如李平书任民政司长,黄炎培任教育司长,沈恩孚任内务司长,马相伯任外交司长,张謇任省议会会长,后来担任北京临时政府实业总长,等等。
③ 傅乐诗等:《近代中国思想人物论:保守主义》,时报文化出版事业有限公司 1980 年版,第 26 页。

于分散游离状态,组织废弛松懈,功能逐渐式微,作用从中心滑向边缘。

从性质来说,社会团体是一种社会组织,它是随着社会分工的不断分化及社会功能的不断拓展,依据社会生产实践的需要而产生的。我们把教育团体狭义定义为一种教育的社会性群体组织,同样是因为人们对教育实践的需要以及教育自身发展的内在需要而产生的。我国近代教育团体种类繁多,时代已逝,但物随时迁。单从近代教育会的兴衰存亡中,我们已经可以获得无尽的思想营养和实践反思。

首先,教育团体的功能应该凸显教育在社会融合中的作用。教育团体以研究教育事务为己任,助力教育与社会的互动,引导教育在整体层面促进社会融合;通过教育活动推进个体社会化,加速个体层面的社会融合。教育团体是群众性组织,具有"民间"的性质属性,在协调"人—教育—社会"三者关系中,具有自身独特的功能作用。教育团体应该将教育促进社会融合作为自身功能的重要内容之一。

其次,教育团体的活动内容应该以"问题导向"为着力点。教育团体的活动内容一般包括教育实践活动和教育研究活动。无论何种活动都应该主动关注社会和民众关切的教育热点问题,以解决教育实践中的问题为工作指向。要善于发现问题,分析问题,研究问题,以便提出解决问题的措施。另外,教育团体应该关切教育理论和实践的最新成果,以保持理论和实践引导的先进性和实用性。

最后,教育团体在实现自身功能的过程中,应该发挥好纽带和平衡作用。作为政府与教育机构(民众)之间的"第三方组织",教育团体在处理"关系"的过程中,应该是服务于政府,但又独立于政府,服务于民众,但又不"迁就"于民众。发挥好政府和教育机构及民众之间的纽带作用,平衡好各种关系。与此同时,始终秉持自身的教育政策或教育制度的咨询职能,而不是担任教育事项的决策者,否则,容易发生功能错位。

从阎锡山"治晋"看地方教育改革的首创性与示范性

◎申国昌*

摘　要：五四新文化运动是 20 世纪中国一次真正的思想启蒙运动，经历这场思想大解放之后，社会各个层面均发生了很大变化。尤其是在文化教育领域，人们的观念发生了诸多根本性转变，其中全社会空前关注教育成为这些变化的重要表现之一。20 世纪上半叶，我国掀起了空前的教育改革热潮，教育改革首次以不可阻挡之势闯入了所有国人的视野，一跃上升到最为引人注目的显耀地位。不管是教育业内人士，还是平常百姓人家，抑或是商界团体个人，都积极投身教育改革，因而出现了以山西阎锡山为代表的地方教育改革先行者，并取得了值得肯定与借鉴的成功历史经验。

关键词：阎锡山治晋；教育改革；首创性；示范性

现实是未来的历史，历史是过去的现实。当我们漫游于现实与历史之间的时候，有时会发现历史与现实可能会出现惊人相似的一幕，有时也会发现现实可能无声无息地从历史土壤中汲取养分。当然，历史最为引人注目的场景，也往往是由现实的需求所诱发的。在教育成为全社会关注焦点的当今，引发了我们对 20 世纪前半期社会各界人士以空前的热情去改革教育的思考。在这一场由社会各阶层掀起的教育改革热潮中，特别值得注意的是，其中竟有这样一位令人关注的特殊历史人物：他学识不丰，却十分崇尚文化教育；他固守传统，却刻意追求开拓创新；他偏居一隅，却热衷于对外文化交流；他行武起家，却心存教育救国理想；他身为军阀，却酷爱教育管理改革。这个特殊而复杂的历史人物，就是中国近代史上曾统治三晋长达 38 年之久的山西军阀——阎锡山。

一、阎锡山对民国山西地方教育的整体改革

阎锡山是近代中国一位复杂的历史人物，他凭着老成持重、谨慎圆滑的性格，依靠精打细算、善于谋略的个性，借助"事必躬亲、务求实效"[①]的作风，统治山西长达 38 年之久。其怀着对山西浓厚的乡土之情，守土经营，"保境安民"，利用山西的天然屏障，"东有崇山

---

　　* 作者简介：申国昌，华中师范大学教育学院教授。
　　① 中共中央党校主编：《阎锡山评传》，中共中央党校出版社 1991 年版，第 2 页。

峻岭,西部和南部有黄河,北有长城"①,阻断山西与战乱省份的联系,实施对山西的模范治理。特别是极力改革地方教育,实实在在使山西各类教育得到了较大发展,特别是义务教育取得了令世人惊叹不已的突出成绩。到 1924 年,全省已入学的学龄儿童总数高达 1056115 人,受义务教育儿童数占学龄儿童总数 1461842 人的百分比高达 72.2%,男童受义务教育人数占男学龄儿童总数的比例更是高达 90% 之多②,在 20 世纪前半叶一直居全国首位,并直接带动了全国各省义务教育的实施。人民教育家陶行知到山西三次参观后,评价说:"中国除山西省外,均无义务教育可言"③,"山西是中国义务教育策源地"④。20 世纪 30 年代,山西高等教育也走在全国的前列,拥有省立高校 6 所,在全国省立高校数排名中居第一位⑤;在校生 2387 人,当年全省总人口数为 12228155 人,每百万人口中拥有专科以上学生数为 195 人,在全国排名中与江苏省并列居第三。⑥ 师范教育方面,据 1922—1923 年中华教育改进社调查,山西省 13 所师范学校的在校生总数为 3442 人,居全国第二位,其中女生人数居全国第一位。⑦ 特别是阎锡山亲自设计的一些特殊师资培养形式,如国民师范学校、模范示教等,引起了国内外教育界的关注和好评。美国著名教育家杜威于 1919 年亲临山西调查后评价说:"山西之国民师范学校、师范讲习所、模范示教等,皆为中国部章所无,实为能实行主试验之教训。"⑧陶行知也评价道:"将来实行义务教育,自必从推广师范学校入手。山西国民师范学校的办法很可参考。"⑨为了避免"三害教育",培育更多实用人才,阎锡山大力发展职业教育,并取得了令人满意的成绩,使职业教育与义务教育呈并驾齐驱之势。黄炎培于 1925 年在深入调查的基础上评价道:"山西的义务教育与职业教育差不多已算普及。"⑩社会教育方面,阎锡山采取了一些独特的方法,如编印《人民须知》(共印 270 万册)、《家庭须知》等通俗的读物大量免费发放到民间;选派阵容庞大的宣讲团队深入民间讲演;大量张贴各种宣传标语、公告;率先在全国推行国语与注音字母;充分发挥民众教育馆在社会教育中的核心作用,因而取得了骄人的成绩。1929 年山西省社会教育机构数多达 12291 个,在全国排第一;受教育人数为 210386 人,排全国第二名;职教员数为 17411 人,居全国首位。⑪ 可以说,当时教育改革的各个方面均取得较大成绩,有效地保证了社会秩序的安定、民众文化素质的提高、"用民政治"的推行和实业计划的实施。作为一个晚清以来经济文化一直相对落后的内陆省份,山西省一跃成为世人瞩目的教育大省,并跃居全国各省的前列,这也是隋唐之后山西教育史上的第一次。与其他经受战争破坏严重的省份相比,山西统治秩序相对稳定,教育发展势

---

① 费正清:《美国与中国》,张理京译,世界知识出版社 2002 年版,第 208 页。
② 《第一次中国教育年鉴》(1934 年 丁编),台湾宗青图书出版公司 1991 年影印本,第 503 页。
③ 华中师范大学教育科学研究所编:《陶行知全集》第 1 卷,湖南教育出版社 1984 年版,第 227 页。
④ 陶行知:《陶行知全集》第 2 卷,四川教育出版社 1991 年版,第 245 页。
⑤ 《第一次中国教育年鉴》(1934 年 丁编),台湾宗青图书出版公司 1991 年影印本,第 40—41 页。
⑥ 中国第二历史档案馆编:《中华民国史档案资料汇编》第五辑,江苏古籍出版社 1991 年版,第 246—247 页。
⑦ 高践四:《三十五年来中国之民众教育》,载《最近三十五年之中国教育》卷上,商务印书馆 1931 年版,第 193 页。
⑧ 杜威:《教育上的试验态度》,《教育杂志》1918 年第 10 卷第 12 期。
⑨ 陶行知:《陶行知全集》第 1 卷,四川教育出版社 1991 年版,第 395 页。
⑩ 黄炎培:《职业教育》,《新教育》1925 年第 11 卷第 2 期。
⑪ 《第一次中国教育年鉴》(1934 年 丁编),台湾宗青图书出版公司 1991 年影印本,第 185—187 页。

头良好,因而当时阎锡山被誉为"模范省长",成为全国新闻界、教育界备受关注的人物。

(一)以国民教育培育根基,义务教育独领风骚

1917年9月3日,北洋政府下令任命督军阎锡山兼山西省长,"从此,阎锡山既是握有山西军事实权的督军,又是握有山西行政实权的省长,终于将一省的军政大权集于一身"①,这就为其放手实施思虑已久的治晋方略提供了得天独厚的条件。精明世故、善于盘算的阎锡山,想趁军阀忙于争战导致各地经济、文化惨遭破坏之际,一举振兴山西的经济、文化、教育,使之能够超出全国其他省份。为此,他十分关注国民教育改革。

为了切实搞好山西的国民教育,阎锡山责成山西省教育厅根据教育部已经颁布的有关国民教育或义务教育方面的文件,结合山西省学校教育的实际,围绕实行"用民政治"的施政目标,拟定了《山西省施行义务教育规程》(以下简称《规程》),于1918年初颁布并实施。《规程》规定:

> 凡儿童自满六周岁之翌日起至满十周岁止,共四年为学龄期;凡学龄儿童均受国民学校之教育,其不入学者,得依本规程之规定强迫之;凡失学儿童(失学儿童限于未经国民学校毕业,并未受与国民学校毕业相当之教育者)未逾十八岁者,得权附学龄儿童受同一之教育;学龄儿童及失学儿童之调查,责成劝学所督促学务委员会及各区长、各街、村长副分区办理,并由各区学务委员或区长及各街村长副于学年告终造册,送由劝学所汇报,县知事存案办理。②

为了保证在较短时间内能够稳步推进义务教育发展进程,阎锡山于1918年专门召集各级官吏传达山西实施强迫教育的旨意,他说:"强迫教育,既认为根本之要政,早办一年,即早收一年之效果。"③之后,在他的主持和安排下,山西省教育厅于1918年初颁布了《施行义务教育程序》(以下简称《程序》),规定全省从《程序》颁布之日起开始筹备施行义务教育,共分七次在全省施行义务教育,分区实施的具体时间表为:第一次省城,限至1918年9月办理完竣;第二次各县城,限至1919年2月办理完竣;第三次各县乡镇及300家以上村庄,限至1919年8月办理完竣;第四次200家以上之村庄,限至1920年2月办理完竣;第五次100家以上之村庄,限至1920年8月办理完竣;第六次50家以上之村庄及不满50家毗连之村庄能联合设学者,限至1921年2月办理完竣;第七次凡人家过少之村庄而附近又是无村庄可联合者,应由各该地方官绅特别设法办理。同时,还规定了山西省施行义务教育的大致步骤和具体承办者:一、造就师资,由省公署督饬县知事办理;二、调查学龄儿童,由县知事分令各区长督令各街、村长副办理;三、筹款设学,由县知事分令劝学所会同各区长督饬各街、村长副办理;四、劝导就学,由劝学所及宣讲员各区助理员暨各街、村长副分头切实办理;五、强迫就学,由县知事分令各区长督令各街、村长副

① 中共中央党校本书编写组:《阎锡山评传》,中共中央党校出版社1991年版,第96页。
② 山西教育厅编:《十年来之山西义务教育》,山西省教育厅1929年编印,第2—3页。
③ 阎锡山:《阎伯川先生言论辑要》第2册,太原绥靖公署办公处1937年编印,第12页。

办理。[1]

《程序》为全省各地推进义务教育进程,提供了明确的时刻表,为促进山西省义务教育的普及奠定了良好基础。特别是规定的步骤与责任分担制,为后来山西省在数年内稳步实施义务教育提供了行动指南。将山西省义务教育的实施步骤概括如下:

1.动员官民。由于实施义务教育在山西省尚属首次,此次要在全省范围内包括广大乡村普遍施行,而山西农村向来闭塞,民众对此举措并不了解和理解,为义务教育的推行带来了很大难度,因此,阎锡山提出在实施义务教育的过程中要首先加大对民众的动员力度,以使山西乡村民众对义务教育有全面的了解和正确的认识,从而保证此项举措得以顺利实施。他说:"盖欲学龄儿童受教育,须先使此儿童之父兄明教育之利益与受教育之必要,此乃当然不易之理。"[2]而要动员民众,首先要教育好各级官吏。然后通过官吏去动员与引导老百姓去送子女入学。

2.培养师资。由于过去山西学校少、教员少,眼下突然要使学校数量猛增,师资严重短缺的矛盾必然要暴露出来。对此,阎锡山说:"国民教员自以师范毕业者为最合格,然以山西全省计之,最少有三万村庄,其户口较多之村,每村一校,尚恐不足。一校即以一教员计,亦须三万多教员。目下全省师范已毕业与将毕业者,不过几千人,相差尚远。"[3]当时,只能以师范传习所这种快捷方式来培养师资,以适应义务教育普及的需要。这种解决师资不足所采取的应急办法,在后来的实践中证明是完全有道理的,到1924年教育业内人士仍然认为这种方式是可行的。后来,全省大部分县在省属师范学校毕业生不能满足农村义务教育对师资需求的情况下,均按此法在本县自行创办二年制师范学校或讲习所,以解决师资短缺问题。

3.选定课本。阎锡山认为,在动员官民之后,"尚有两层须筹备者:一为师资,二为课本。……目下流行于社会上之课本最多,此等课本多不适用。何以不适用?以其皆用文言,不用白话,过于深奥,儿童不易领会,此于教育固大有关系也"。阎锡山为了扩大新政的影响面,率先在全国采用白话文告的形式来宣传其治晋方略,这就要求广大民众必须能够看懂白话文告示。他确定的义务教育基本目标是"能阅通俗报,能看白话告示,能写信,能升学"[4]。为了达到这些具体教育目标,他要求国民学校必须选用白话文编写的课本。这样,一方面可使小学生节约大量学习语言文字的时间,另一方面也有利于达到他所规定的教育目标。

4.调查学童。调查学童是实施义务教育的基础性工作,只有准确地了解到全省的学龄儿童数,才能筹划学校数、经费数、师资数、课本数等。由于山西以往很少进行户口调查之类的活动,无知的民众不理解户口调查或学童调查的本来意图,颇为抵触。阎锡山对调查学童的难度早有所预料,所以他一再要求调查人员必须向山西百姓讲清楚调查学童的意义。山西省在施行义务教育的过程中,各县一直十分重视学童调查和户口调查,

---

① 山西村政处编:《山西村政汇编》卷一,山西村政处1928年编印,第32页。
② 阎锡山:《阎伯川先生言论辑要》第2册,太原绥靖公署办公处1937年编印,第15页。
③ 阎锡山:《阎伯川先生言论辑要》第2册,太原绥靖公署办公处1937年编印,第13页。
④ 阎锡山:《阎伯川先生言论辑要》第2册,太原绥靖公署办公处1937年编印,第14页。

据《山西教育公报》载：襄陵县县长一贯注重调查学童，并将此活动"视为普及教育之先着"①。为了准确统计失学儿童数，1920 年山西省在充分调查的基础上，又编印了《山西省第一次学校系统以外教育统计》。可见，山西省在实施义务教育过程中一直重视学童调查。

5. 筹款设学。此项工作主要由县知事来总负责，并分令劝学所会同各区长，督饬各街长副、村长副具体办理。经费分担情况是省立国民学校由省负担，县立国民学校由县负担，乡村小学由乡村负担。全省整个义务教育经费筹集的主渠道是农村地亩税、庙产以及个人捐献等。如垣曲县筹集小学经费的办法是："一由县政府令委各村教员协同村长副、学董，详细调查本村区域内庙产及公共处所之财产；二各村庙产及公共处所之树木，一律归作村校基本金；三各村中无此项庙产时，由学务人员设法捐募，以免儿童负担。"②

6. 划分学区。民初，教育部要求各省划分学区，当时山西省各县划分学区的办法也各不一样，有的县划分的学区较大，如晋南的襄陵县，全县人口数为 52997，学龄儿童数为12434，已入学儿童数为 8541，入学率达 68.69%③，根据地域特征将全县划分为 4 个学区，每学区划分为六段，由劝学员协同各委员划分之。④ 晋中辽县则按照选举区，将全县划分为七个学区，"各区之幅员广狭、户口多寡，均属相宜，每区设学务委员一人，协同劝学所担任稽查本学区学龄儿童、失学儿童及未达就学始期儿童并督促其入学"⑤。由于襄陵县和辽县两县境内山区较多，所以划分的学区较大；而猗氏县地势平坦，农村多平川，所以划分的学区就多。

7. 劝导就学。强迫教育本来是以强迫为主，但阎锡山要求山西的官员先采用劝导的方式，旨在积极引导民众主动接受这种义务。这正如美国当代社会学家丹尼斯·朗所讲的：权力的形式是权威，而权威分为强制性权威、合法性权威和诱导性权威。强制性权威是运用恐吓、处罚和暴力等手段来迫使权力对象服从；合法性权威是指权力对象已认可掌权者的权力和自己服从的义务，因而在掌权者不使用任何手段的情况下，便主动地去服从；诱导性权威是通过积极的动员和引导，来使权力对象服从。⑥ 阎锡山在山西兴办义务教育的行为，本来是属于合法性范围，但由于民众无知，不了解此举，所以，阎锡山主要采取诱导性与强制性相结合的办法。阎锡山的这套劝导办法，为山西率先实施义务教育起到了积极推动作用。

8. 强迫入学。"义务教育"的英文写法是"Compulsory Education"，直译为"强迫教育"，意思是国家通过法律的形式来迫使适龄儿童接受一定程度的学校教育。山西省颁布的《程序》明确强迫入学的责任由县知事、区长、街长副、村长副来承担。1918 年《规程》

① 山西教育厅：《山西教育公报》第 270 期，山西省教育厅 1929 年编印，第 22—24 页。
② 山西教育厅：《山西教育公报》第 274 期，山西省教育厅 1929 年编印，第 26 页。
③ 山冈师团编：《山西大观》，山西省史志研究院编译，山西古籍出版社 1998 年版，第 564—565 页。
④ 山西教育厅：《山西教育公报》第 274 期，山西省教育厅 1929 年编印，第 21 页。
⑤ 山西教育厅：《山西教育公报》第 275 期，山西省教育厅 1929 年编印，第 18—19 页。
⑥ 丹尼斯·朗：《权力论》，陆震纶等译，中国社会科学出版社 2001 年版，第 42—58 页。

具体强迫入学的操作方法为：“凡学龄儿童暨 18 岁以下之失学儿童，无故之不入学者，经各区长、各街村副查明呈请县知事核准，处其家长以 1～5 元罚金，此项罚金自学龄儿童 10 岁起每岁迟追加 1 元；凡有意破坏或阻挠学务暨抗不交纳本地方应行公派担负相当数目之学款者，应呈由知事处以相当之罚金，使其数至多以 30 元为限。”①到 20 世纪 30 年代，由于战乱影响，学校松弛，导致失学儿童猛增，此时仅靠县一级办学人员难以保证强迫入学的效果，所以，有的县就求助于省教育厅，如猗氏县就建议教育厅重新明定处罚标准，以增强实施的权威性。

正因为山西在实施义务教育过程中有计划、有步骤、有监督，实施措施得力，因而十多年一直保持稳步实施，“于民国八年规定分期筹办年限，自十年为始至十七年而普及，然数载以来各省区或困于兵祸，或迫于天灾，确能按照分期进行者，除山西外，殆无一可述”②。

(二)以人才教育铸就精英,全力培育各类人才

人才教育是阎锡山为山西所设计的“四大教育”之一，尽管在他心目中优先程度不及义务教育，但其毕竟关系到治晋人才的培育与造就，直接影响到山西新政的推行和实业的发展，因此，民国时期他也非常重视人才教育。阎锡山说：“人才教育，以供给适应时代之行政自治及社会高等事业之用为主。”③这一含义界定共有两层意思：一是供“社会高等事业之用”，从这层意义上讲，高等教育、师范教育乃至中等教育都可满足这种需求。二是供“行政自治之用”。这里的“行政自治”人才实则分为两类：一类是省县等较高级别的行政自治人才，主要靠高校、育才馆来培养；另一类是乡村自治所需要的各种人才，主要靠行政讲习所、中学乃至高小来培养。本来高小属于初等教育，不属于人才范畴，但在民国早期特别是 20 世纪 20 年代的山西，人才奇缺，高小数量又有限，农村的高小毕业生也是凤毛麟角，阎锡山深知，高小毕业生在农村已经算是人才了。在这种特殊历史时期，阎锡山将其纳入“人才教育”范畴也有一定的道理。因此，阎锡山的“人才教育”是一个包括数种教育类别的“百宝囊”。

1.发展高等教育,培育急需高级人才

为了促进山西高等教育的较快发展，阎锡山于 1917 年亲自主持制定了《山西教育逐年进行计划案》，对高等教育作了认真的规划与设计，以期为山西实业发展和社会进步培育更多的高层次人才。他极力主张加快高等教育的发展步伐，原因主要有二：其一，发展高等教育是各项事业发展的需要。到 1919 年他更加感到人才的缺乏，因而不得不将以前激进与速成的思路调整为缓和渐进的方针，“昔日所持之猛进速成之主义，不得不变为缓和进行的主义，斯则关于人才之缺乏所致，故人才教育不可不扩充者也”④。其二，发展高等教育是中学毕业生升学的需要。自 1918 年阎锡山倡办教育以来，山西的中小学教

① 《十年来之山西义务教育》,山西省教育厅 1929 年编印,第 2—3 页。
② 《山西省教育会杂志》,1924 年第 10 卷第 1 期。
③ 阎伯川先生纪念会:《民国阎伯川先生锡山年谱长编初稿》(一),台湾商务印书馆 1988 年版,第 260—265 页。
④ 山西六政考核处编:《阎督军讲话汇编》第 3 册,晋新书社 1929 年版,第 54 页。

育取得了长足的进步,到 1921 年"普通中学校卒业者约二千名以上,而省内大学及各专门等学校纵尽量容纳多不过七八百人"①,为此,在扩大公立高校规模的同时,也成立了几所私立大学。

民国初年,按照教育部改学堂为大学校或专门学校的要求,当时山西的高校有:山西大学校、公立法政专门学校、公立农业专门学校、公立商业专门学校。1918 年全国 26 个省共有公立专门学校 47 所,平均每省只有 1.8 所,而山西有 3 所,居全国前列。其中农业专门学校的在校生数、办学质量、办学规模与经费投入等均居全国前三名。② 1919 年又成立了山西省立工业专门学校,1921 年成立了私立川至医学专门学校,此外,1922 年又新成立山右大学和兴贤大学 2 所私立高校。1922 年,山西共有公私立高校 8 所。1925年,为了加大中学教师的培养力度,在太原国民师范设高等师范部,1929 年独立建成了省立教育学院。1931 年山西省共有省立专科以上学校 6 所,在全国居第一位,其中省立专科学校数为 3 所,居第二位③;共有在校学生 2387 人,当年全省总人口数为 12228155,每百万人口中拥有的专科以上学生数为 195 人,在全国各省排名中与江苏省并列居第三。④

阎锡山亲自创办了川至医专,成为其实现高等教育办学理念的一块"试验田"。由于该校是阎锡山亲自创办的一所私立医学高等学校,而且投入较多,经费充足,师资力量雄厚,教学管理严格,因此,培养质量较高,毕业的学生分赴山西省各大医院并成为业务骨干,仅 1934 年和 1935 年两年就有 4 名毕业生考取出国留学资格,成为日本东京医科大学留学生。"到 1935 年,一个近代化的医学院基本建成,使它得以跻身于国内同类先列。"⑤抗战爆发后,川至医专停办,直到 1940 年在陕西宜川复校后不久并入山西大学。

2.建立独特的师范教育与师资培育体系

"师范学校为义务教育之母"⑥,阎锡山将师资问题作为国民教育中与经费问题并列的一大难题,为此,他十分重视师范教育的发展。他说:"国家对于师范生尤为注重,因为师范原是以培养师资为目的,今日的学生就是异日的教师,凡多数国民无不赖你们以造就。"⑦阎锡山看到了发展师范教育的重要性,因此,20 世纪二三十年代山西师范教育得到了较快的发展。

据统计,1930 年山西共有 7 所省立师范学校,省立第一至第六师范学校和省立国民师范学校;省立女子师范学校 6 所,省立第一至第六女子师范学校。据 1922 年至 1923 年中华教育改进社调查,全国 26 个省区共有师范学校 275 所,其中男校 208 所,女校 67 所,共计在校学生 38277 人,男生 31553 人,女生 6724 人;山西省共有 13 所师范学校,居全国第 8 位,其中男校 8 所,女校 5 所,居全国第 4 位,在校生总数为 3442 人,居全国第 2 位,

① 并州学院校央编委会编:《山西私立山右大学校史略》,载《并州学院一览》,1933 年编印,"沿革"第 5 页。
② 中国第二历史档案馆编:《中华民国史档案资料汇编》第三辑,江苏古籍出版社 1991 年版,第 181—186 页。
③ 《第一次中国教育年鉴》(1934 年 丁编),台湾宗青图书出版公司 1991 年影印本,第 40—41 页。
④ 中国第二历史档案馆编:《中华民国史档案资料汇编》第五辑,江苏古籍出版社 1991 年版,第 246—247 页。
⑤ 刘存善:《抗战前的川至医专》,载《山西文史资料》第 68 辑,山西省政协文史资料研究委员会 1990 年编印,第107 页。
⑥ 《山西教育会杂志》1925 年第 6 期。
⑦ 《阎伯川先生言论辑要》第 2 册,太原绥靖公署主任办公处 1937 年编印,第 107 页。

男生 2629 人,居全国第 2 位,女生 813 人,居全国第 1 位。[①]

山西师范教育体系,不仅学校种类齐全,而且富有特色。既有全国普遍设立的省立师范学校、女子师范学校、幼稚师范学校、简易师范学校、特别师范科、简易师范科等办学形式,而且有阎锡山自己创造的一些史无前例的师资培养形式,如国民师范学校、师范讲习所、模范示教等。这些独特的师范教育形式,引起了国内外教育界的关注和好评。陶行知评价道:"将来实行义务教育,自必从推广师范学校入手。山西国民师范学校的办法,很可参考。"[②]省立国民师范学校是阎锡山倡导创办的一所专门为国民学校培养师资的师范学校。从 1919 年开办到 1936 年停办,18 年间为山西各县教育培养了近 2 万名合格师资。该校在全国尚属首例,投入经费充足,建筑规模宏大,聘任名师,实行独特的管理体制,取得了良好的教育效果,为国民教育培育了大批师资。

此外,阎锡山首倡一种山西独有的师资培育方式——模范示教。1918 年,阎锡山就提出了模范示教的师资培育模式,即每学区设模范示教员若干人,每人负责 10 多所学校;其职责为对各校进行代授和示范各科,以规范的教学方式来影响和带动那些没有经过正规师范教育的农村教员,并指导各校教员进行规范教学,定期与各校教员集中研讨教学方法之改进。

3.公私杂糅:山西中等教育的多元发展

民国时期山西中等教育也得到了较快发展,到 1930 年,全省中学校数就增至 51 所,在全国排第 12 位,学生数为 9399 人,居全国第 14 位。[③] 阎锡山还亲自创办川至中学和进山中学两所私立中学,一所在五台县河边镇,一所在太原市。这两所学校是完全按照他的意图去创办和实施管理的,他经常到校视察和训话。可以说,这两所学校是阎锡山实施其个人教育设想的试验场。1918 年 8 月,阎锡山出资在五台县河边村成立私立中学,定名为私立川至中学校。川至中学的校名、校训、校旗、校歌均由阎锡山亲自制定,除了支付全部基建经费,还于初创之时,就将 10 万元存入太原通顺巷由他开办的德生厚银号,作为川至中学的基金,以其利息作为该校的日常经费。进山中学是阎锡山在山西创办的第二所私立中学,成立于 1922 年 9 月 23 日,阎锡山亲自担任校长。这两所中学在办学过程中均体现了阎锡山的办学思路,其办学风格独特:第一,经费充足,设备先进。由于这二校是阎锡山亲自创办而且十分重视的中等学校,因此经费投入较其他中学大得多,且设施齐全,有大礼堂、会议室、生化研究室、标本陈列室和体育场,许多教学仪器都是从国外进口的。[④] 第二,选聘师资,吸纳贤才。1922 年,川至中学教职员中北高师毕业生 5 人,北京大学毕业生 1 人,北京协和大学毕业生 2 人,山西大学毕业生 5 人,山西法政专门学校本科毕业生 2 人;进山中学师资更加雄厚,1925 年前后的教职员中,留学国外的有 5 人,北京大学毕业生 2 人,北京师大毕业的有 8 人,金陵农大毕业生 1 人,山西大学毕

① 高践四:《三十五年来中国之民众教育》,载《最近三十五年之中国教育》卷上,商务印书馆 1931 年版,第 193 页。
② 陶行知:《陶行知全集》第 1 卷,四川教育出版社 1991 年版,第 395 页。
③ 《第一次中国教育年鉴》(1934 年 丁编),台湾宗青图书出版公司 1991 年影印本,第 104—105 页。
④ 陈应谦:《阎锡山与家乡》,山西古籍出版社 1995 年版,第 117 页。

业生 5 人。① 第三,教法新颖,管理得当。先后采取分团教学法、养蚕抽茧式教学法、实验教学法、观摩操作法等新教育方法。第四,注重培养学生服务社会的能力。阎锡山要求川至中学必须注重培养学生对社会的服务意识和服务技能,设立学生社会服务团和学生售品所。为了锻炼学生的动手操作能力,还设立了纺工、木工、印刷工等实习工厂。

4. 阎锡山的特殊育人基地——育才馆和行政研究所

为了确保编定村制、整理村范顺利进行,阎锡山主持成立了育才馆和行政研究所,用以培育基层行政管理人才。第一,育才馆是县区行政官员的摇篮。1918 年 4 月育才馆正式举行开学典礼,招生对象为各专门学校优等毕业生,学制为半年,学业修完后相继毕业,这些毕业生分别被分配到各县区机关从事行政管理和技术指导工作。育才馆是一所具有短期培训性质的政治大熔炉。第二,行政研究所是行政办事人员的培训站。为了培养编定村制和整顿村政中所需要的县区级行政办事人员,如承政员、承审员、主计员、县视学、宣讲员、管狱员、实业技士、农桑技术员等,阎锡山决定于 1918 年 6 月成立以培养上述人员为主的教育机构——行政研究所。总之,这种教育模式很有特色,在全国亦属少见。

(三)以职业教育谋求生计,构筑实业人才的摇篮

阎锡山将不能适应社会需要的教育称作"三害教育",即"害学生、害家庭、害社会"。这种与社会脱钩的教育,致使大批乡村青年离开乡村,流落在都市,没有稳定职业,既破坏家庭,又危害社会,也困苦自己。要想使教育为社会和经济发展服务,就必须从本地实际情况出发,自主探寻新的办学模式,大力发展与经济和社会发展相关的职业教育。

他提出,发展职业教育的基本原则是"因地制宜"和"学有所用"。为了体现"因地制宜"原则,他提议:运城的职业教育应突出棉织和丝织专业,长治的职业教育突出制麻和制铁专业,朔县的职业教育加强农产品制造专业,临汾职业教育以染织专业为主,代县职业教育突出商业和毛织专业。为了贯彻"学有所用"的办学原则,阎锡山提出职业教育的具体招生设想:高等职业学校不应当完全在中学毕业生中招生,大部分应当从有实际工作经验的青年中录取。如商业专门学校应从从事商业的青年中录取学生,农业专门学校应主要招收有一定农业生产经验的青年,工业专门学校应从工厂中招收青年工人,这样就会"使所学者即为所做者,毕业之后,自不患无有职业"②。

据中华职业教育社调查,1921 年全国职业学校共有 842 所,包括甲、乙种农工商业学校、职业补习学校和慈善性质的职业学校。其中山西 60 所,在全国排第 4 位。据中华职业教育社调查统计,1925 年全国职业教育机关共有 1666 所,其中山西 151 所,由 1921 年的全国第 4 名跃居第 2 名,这说明山西职业教育在此期间取得了较快的发展。

1. 培养技术骨干的高等职业教育

阎锡山一直比较重视山西的高等职业教育。据教育部统计,直到 1931 年全国共有

---

① 参见徐崇寿:《抗战前的进山中学》,载《山西文史资料》第 38 期,第 104—105 页;《进山中学校史》,进山中学校史编审组 1987 年编印,第 88—91 页。

② 阎伯川先生纪念会:《民国阎伯川先生锡山年谱长编初稿》(四),台湾商务印书馆 1988 年版,第 1075 页。

省立农工商专门学校 8 所,而山西省就有 3 所,占总数的 37%,居全国首位。[1] 阎锡山对这些学校的内部情况、发展规划都十分关注。譬如,1918 年阎锡山谈道:"农科、林科,就山西现在农林状况言,不能不设此两科。……商业本科,则拟每年毕业 1 班,就目下情形论,只好如此。工业专门学校,则只设机械与应用化学两本科,以机械本科与大学校(山西大学)所办的机械本科合起。一则专注事实,一则专注学理,可资以为进化之助。应用化学能收速效,想必为诸员所赞成,内附染织本科,亦为吾晋要事,不可不学。"[2]这是他作为省长对本省专门学校发展规划的指令性意见,在某种程度上,民国时期山西高等职业教育的发展与阎锡山的关注与指令是分不开的。在他的重视与支持之下,山西省公立农业专门学校、山西省公立专门工业学校和山西省公立商业专门学校均取得较快发展。

2.造就实用人才的中等职业教育

总观民国时期山西中等职业教育发展情况,表现出如下特点:

第一,借助原有基础,跻身全国一流行列。继 1902 年成立山西农林学堂之后,1908 年在河东建立蚕桑学堂,这是山西兴办中等职业教育之开端。以 1919 年为例,全省共有甲种实业学校 7 所,教职员共有 146 人,学生数为 1097 人,经费总数为 96286 元,这些指标在全国 24 个被统计省份中均居前 5 名。这说明民国时期山西省的中等职业教育在原来良好的发展基础上取得了较大的进步,在全国堪称一流。

第二,结合当地经济优势,开办具有本地特色的专业。根据阎锡山关于职业教育专业设置的指导性意见,省立几所职业学校力求因地制宜。以省立第一职业学校为例,因晋南地势平坦、气候温和、土壤肥沃,是山西的粮食主产区,适合大面积推广优良作物的栽培,因而将作物栽培方法、种子改良、肥料配合等技术作为该校的主攻专业方向;晋南又是山西棉花主产区,每年产出大量的优质棉,所以增设了纺织科;同时,加大农产品加工技术的培训力度。[3] 1931 年,该校就在与当地经济结合方面迈出了一大步。关于作物和蔬菜的栽培,有种子、肥料、土质、播种等比较试验;关于果树园艺技术,有接木、剪木实习等;农产制造与园艺产品有葡萄酒和桃、杏、梨罐头等,均投放到市场销售,而且所制罐头、柿饼、梨膏、藕粉等非常可口;养蚕方面,缫丝、制棉技术过关,产品为社会所欢迎。

第三,以所属各县摊派为主,辅以政府微量补贴的经费筹集体制。山西省职业学校经费来源大致分为两种:一为县款协济费,由旧制道属各县或旧制府属各县分摊,约占全数 3/5;二为省补助费,由省财政支付,约占全数 2/5。[4] 这是由"职业学校得由省县联合立之"[5]的办学体制所决定。[6]

3.获取谋生手段的初等职业教育

1912 至 1925 年,山西正规的初等职业教育机构是乙种实业学校,主要包括乙种农业

① 何炳松:《三十五年来中国之大学教育》,载《最近三十五年之中国教育》上卷,商务印书馆 1931 年版,第 127 页。
② 《阎伯川先生言论辑要》第 2 册,太原绥靖公署主任办公处 1937 年编印,第 45 页。
③ 《山西教育公报》第 267 期,山西省教育厅 1929 年编印,第 28 页。
④ 《第一次中国教育年鉴》(1934 年 丁编),台湾宗青图书出版公司 1991 年影印本,第 407 页。
⑤ 《中央日报》1931 年 4 月 3 日第 2 版。
⑥ 《山西省直辖各校办公费及杂费支给标准》,载《山西教育计划进行各案》,山西省教育厅 1918 年编印,第 23—28 页。

学校、乙种工业学校和乙种商业学校。1925年之后,根据新学制将乙种实业学校改为初级职业学校。初等职业教育由各县主办,学制3年,主要招收具有初小毕业学历者,与高小程度相当,经费由各县财政支付。1919年山西省乙种实业学校总数为51所,仅次于河南和山东,居全国第3位;教职员总数为221人,在全国排第4位;在校生人数为2239人,居全国第4位;岁入经费42310元,居全国第4位。总体来看,山西初等职业教育发展稍次于河南、山东和江苏,居全国第4位。据山西省政府统计处统计,1912—1925年山西省县立乙种实业学校共有在校学生16429人,其中县立乙种农业学校8303人,县立乙种工业学校746人,县立乙种商业学校7380人;毕业学生共计2505人,其中县立乙种农业学校1388人,县立乙种工业学校52人,县立乙种商业学校1065人。①

4.职业补习教育异军突起

为了补救正规职业教育之不足,山西省从1918年开始直到30年代,一直大力发展职业补习教育,旨在"为已有职业或志愿从事实业者授以应用之知识技能,并使补习普通学科"②。按照阎锡山设想,补习教育要达到与"无山不树木,无田不水到"相对应的"无区不职校,无人不入校"③的办学目的,尽量为正在从事各种职业的成人提供接受应用职业技能培训的机会,使之通过接受补习教育成为工农商等各业的技术人才,进而促进山西经济的发展。

职业补习教育的办学形式有:农民传习所、商业传习所、兵工筑路传习所、林业传习所、医学传习所、银行簿记传习所、权度练习所、女子职业传习所、女子蚕桑传习所、女子纺织传习所等。据不完全统计,1918至1923年各种职业补习教育机构共招收学生14909人,毕业学生8071人。其中省立农民传习所、林业传习所、商业传习所等职业补习教育机构共有学生5837人,毕业生人数为3856人,总经费为321301元。④ 职业补习教育为民国时期山西经济发展培育了一大批一线技术人员,有力地促进了区域经济的发展。

(四)以社会教育感化民众,以稳固统治为指归

阎锡山认为,"社会教育,以改良风俗、开通知识为主"⑤。他将社会教育作为推动山西政治文明、开启社会进步之门的钥匙。正是基于这样的认识,阎锡山极力倡导兴办社会教育,尤其注重识字教育和政策宣传,旨在让更多的人能识字、会看书,这样全省人民就能通过看书、看通告来知晓其各项政策,有利于更多的民众充分理解其治晋方略。

1.社会教育主体:多种形式并用的施教机构

民国时期山西省设立的社会教育机构有博物馆、图书馆、通俗图书馆、公众阅报处、巡回文库、通俗教育讲演所、巡回宣讲团、公众补助学校、半日学校、简易识字学塾、通俗

① 《山西省第八次教育统计》(1923年),山西省政府统计处1926年印行,第12—15页。
② 中国第二历史档案馆编:《中华民国史档案资料汇编》第三辑,江苏古籍出版社1991年版,第383页。
③ 《阎伯川先生言论辑要》第9册,太原绥靖公署主任办公处1937年编印,第34页
④ 山西省政府统计处:《山西省第一次学校系统以外教育统计》,1920年印行,第62页。
⑤ 阎伯川先生纪念会:《民国阎伯川先生锡山年谱长编初稿》(一),台湾商务印书馆1988年版,第264页。

教育会等。30年代又成立了民众教育馆、党化教育图书馆等。社会教育机构主要分为四大类:学校式社会教育机构、流动式社会教育机构、场馆式社会教育机构和社团式社会教育机构。学校式社会教育机构包括:公众补习学校、半日学校、露天学校、简易识字学校等;流动式社会教育机构主要有:通俗教育讲演所、巡行讲演团、通俗教育会、平民问字处、巡回文库等;场馆式社会教育机构主要有:图书馆、博物馆、书报阅览处、体育场、国术馆、民众娱乐所、电影院、剧院以及洗心社等;社团式社会教育机构有洗心社、自省堂、通俗教育研究会、"青年团"、学生讲演团等。

2.社会教育活动:众人参与,异彩纷呈

民国时期山西的社会教育活动形式多样,主要有识字运动、官方宣讲、师生讲演、标语公告、散发印刷品、健康教育、体育活动、歌谣戏曲、游艺活动等。综观山西社会教育活动情况,其特点如下:第一,注重调动社会各界人士承担社会教育任务。除了各级官员和宣讲员,还发动了学生、教师、商人、绅士等识字开明的各界人士,主动承担社会教育和政策宣传任务,以共同推动山西社会的文明与进步。第二,开展形式多样的社会教育活动,如识字运动、村民讲演、散发印刷品、开设流动图书馆、张贴标语公告、免费散发书籍、组织游艺及歌谣戏曲活动,通过多层面的教育活动,力争全方位提高民众的文化素质和认识水平。第三,阎锡山的重视直接影响着社会教育活动。阎锡山十分关注社会教育,亲自编写社会教育读物。1919年他编写了《人民须知》《家庭须知》《村长副须知》《公民必读》等一系列面向民众的读物;亲自编制标语内容,涉及各个层面和各个领域;经常视察各县农村,了解和督促社会教育。

3.社会教育内容:以施政与启智为主题

社会教育内容直接影响着对民众的育导倾向,也关系到民智的开启程度和民众对政策的领悟能力。民国时期山西的社会教育与施政紧密结合,本着开启民智、促进"新政"、净化风气的宗旨,将政策宣传、职业教育与社会教育内容融为一体,形成综合性社会教育内容。如讲演"六政三事",配合政策施行;宣传整理村范,劝导民众从善;颁发《人民须知》《村长副须知》和《家庭须知》,分层实施教化。此外,还印行《新刑律》《单行法规》《刑事诉讼法》《注音字母读本》《权度法令》等30多种用于社会教育的通俗读物,使山西的社会教育内容更加充实,为提高民众文化素质、强化政策宣传力度、改善社会风气奠定了较好的基础。

4.社会教育方法:凭热情感化民众

20世纪二三十年代山西实施社会教育的方法在很大程度上属于"说服"型,具有以下特点:其一,充分利用文告形式进行社会教育。其二,广泛调动各界人士开展宣讲活动。阎锡山动员知事、区长、宣讲员、村长副、街长副、教员、学生、商人、绅士结成团体,深入民间进行广泛宣讲。其三,特别注重凭热情去感化民众。山西进行社会教育还有一个显著的特点,就是倡导各级官员和各类讲演者要满怀热情,凭借自己的真情去感化民众。阎锡山本人身体力行,以身示范,亲自加入到社会教育的施教者队伍当中,他本人"擅长演讲,而又时时喜欢与乡民谈话"①,以此来带动各级官员和宣讲员深入民间去耐心教育乡民。因此,山西要求各级宣教人员要有万分的耐心和热情,通过"苦口婆心"的教育去感化贫苦而愚昧的民众,收到了良好的实施效果,得到了当时社会的认可。

5.20 世纪 30 年代社教"中心机关"——山西民众教育馆

1933 年 10 月,原山西省立图书馆,省立第一、二通俗图书馆合并新组建了"山西省立民众教育馆",并颁布了《山西省立民众教育馆组织规程草案》,下设三部:总务部、教导部、生计部。总务部下设事务股和出版股,教导部下设教学股、阅览股、陈列股、健康股、游艺股,生计部下设职业股与经济股。正是由于民众教育馆机构健全,规章制度严密,馆务会议务实,因而有效地保证了 20 世纪 30 年代山西社会教育的顺利开展,并成功带动了部分县立民众教育馆的创设。据教育部统计,1933 年山西省的教育经费数为 1498320 元,社会教育经费数为 146505 元,占教育总数的 9.8%;民众教育馆有 4 个,民众教育馆经费数为 1832 元,民众教育馆职员数为 13 人;民众书报处有 468 个,民众书报处经费数为 11186 元;民众识字处有 127 个。② 1934 年,山西省有省立民众教育馆 1 所,县立民众教育馆 6 所。

山西省立民众教育馆以主要实施生计、文字、公民、健康、政治、家事、社交、休闲等各种教育,并辅导本省各县民众教育馆之进行为宗旨,③重点围绕生计教育、语文教育、公民教育、健康教育以及休闲教育开展了一系列的民众教育活动,这些活动成为民众教育馆实施社会教育的可行路径与有效载体。阎锡山及山西教育界人士正是看到了社会教育的这些功能,因而花费了很大气力、采用各种措施去实施社会教育,旨在使山西民众的文化素养与思想水平有一个较大的提高,并引导其朝着健康、积极的方向发展,进而起到理解与支持"用民政治",净化社会风气,促进社会稳定的作用,这些举措收到了良好的教育效果。

二、阎锡山治理山西教育对全国教育改革具有先导性和示范性

从阎锡山在山西率先施行普及义务教育改革,进而带动 20 世纪 20 年代全国初等教育改革的历史事实不难看出,每一次地方教育改革探索都会成为全国教育改革的先导和示范,从而推动全国性教育改革的广泛开展。

(一)社会需求是刺激地方教育率先改革进而带动全国的内在动力

阎锡山主政以来,为了推行其政治方略,急需一批素质高、有智慧的决策和管理人才,这就促使其大力改革以高等教育为核心的人才教育;同时,为了使全省人民能够比较准确地领悟和理解其各项政策,还须加强社会教育改革,以普遍提高普通民众的文化素质和认识水平;作为热衷于经济和商业的地方长官,阎锡山雄心勃勃早就打算创办西北

---

① 《申报》1922 年 3 月 11 日。
② 中国第二历史档案馆编:《中华民国史档案资料汇编》第五辑,江苏古籍出版社 1991 年版,第 732—733 页。
③ 《山西教育公报》第 72 期,山西省教育厅 1933 年编印,第 10 页。

实业公司,而发展实业急需一大批懂技术的实业人才,这就向职业教育提出了新的要求,从而促进了山西职业教育和高等教育的改革。以上是为解决当务之急所进行的应急性措施,但作为老成持重、深谋远虑的阎锡山,并非只顾眼前而不顾长远,为了保证山西日后的长期发展,他尤为重视义务教育,将之比作"人群之生命""统治之基础",只要将未来一代教育好,使之拥有一定的文化素养和道德品质,就会为山西将来的永久发展打好基础。阎锡山改革山西各级教育的主要动力,就在于实现其政治抱负和社会理想,姑且笼统地称作社会需求是推动教育发展的原动力。雷沛鸿在广西开展国民基础教育改革,也是适应了当时广西社会发展对文化教育的需求而进行的。由此可以看出,任何一个时期的教育发展都主要是由社会需求来决定的,社会发展需要什么样的人才,就必然会促进该种教育的发展,以培养这方面的人才来满足社会的需要。

(二)地方长官的认识高度与地方教育改革的成败密切相关

地方长官对教育改革的认识高度直接影响着区域教育改革的成败。改革区域教育所投入的经费多寡、对教育改革的宣传力度、实施强迫教育的督促强度、创办新校的决策力度、扩大教育规模的师资保障,这些都与地方行政长官特别是主要领导对教育改革的认识水平密切相关。如果一个地方的行政长官对教育改革的重要性认识充分,并满怀热情,态度积极去投身于此项改革,那么,这个地方的教育改革往往比其他地方搞得出色。相反,若某区域的主要领导,本身对教育改革缺乏足够的认识和重视,抱着维持现状的态度,对教育不闻不问,漠不关心,只是迫于中央或上级的压力,装装样子,忙于敷衍应付,只作表面文章,不采取实质性的措施,而且也只是在上报材料时将教育经费数据人为地加大,而自己所管辖的一方百姓子女仍不能受到良好的教育,甚至还有些干脆仍在校门外徘徊,这样的地方行政长官所进行的区域教育改革,其效果可想而知。阎锡山是地方行政总长,雷沛鸿是教育厅厅长,他们对教育改革的认识水平直接影响到地方教育改革的成败。这种主要长官重视教育、热衷改革的导向,直接带动和影响着所辖区域所有干部和群众对教育改革的关注和态度,进而关系到区域教育条件的改善、教育质量的提升和办学水平的提高,进而成为全国教育改革的示范与楷模。

(三)地方拥有办学自主权是地方教育改革成功的保障和条件

从民国成立到抗战前夕,可以说是新旧军阀混战时期,由于中央权力板块松动,难以控制地方军阀,结果导致一些地方军阀的权力不断膨胀,客观上为实现地方自治创造了良好条件。阎锡山和李宗仁就是在这种特殊背景下,成为能够独踞一方的"守土长官",山西和广西便成为他们的独立王国,他们完全可以按照自己的旨意来管理和治理本省,这样就为发展其所感兴趣的教育事业创造了千载难逢的大好机遇。这种相对独立的地方经营自主权,成为促进山西和广西地方教育发展的最有利因素。当然,发展教育并非一定要实现地方自治,但有一点是值得肯定的,那就是中国是一个地域辽阔、地形复杂、风俗各异的大国,各地有各地的特色,教育也不例外,因此,不能用一刀切的办法去强令全国各地放弃各自已有的特色,去搞清一色的全国推广式教育,这样就容易抹杀各地的办学特色,从而影响到教育改革的进程。而应当给予各地以一定的办学自主权,以使其审时度势,因地制宜,根据当地的实际情况去制定适合本地教育发展的具体措施,这样可能会真正收到有益的效果。

(四)教育智囊团的首创精神是地方教育改革推进的重要原因

地方教育改革的成功不能完全归功于行政长官一人,其教育智囊团的出谋划策、首创精神也发挥着十分重要的作用。山西阎锡山之所以热衷于教育改革,并在诸多方面取得成效,与他周围的智囊团的努力是分不开的。他的智囊团核心人物有赵戴文、赵丕廉、冯司直、贾景德、陈受中、冀贡泉、王怀明、刘逢炎、李冠洋、宁超武、梁化之、薄毓相、景瑞萱、杜任之等,这些人大都是从英美和日本留学归国的,这个群体中的大部分人酷爱教育,热衷改革,他们的创新精神是推进地方教育改革的重要力量。同样,广西雷沛鸿进行国民基础教育改革,也得益于普及国民基础教育研究院这个智囊团所发挥的作用。在广西普及国民基础教育改革预备期,雷沛鸿于 1933 年 12 月主持成立了"普及国民基础教育研究院",先后聘请徐敬五、方与严、梁金生、杭苇、李竞西、范昱、尤浩德、程今吾、黄旭朗、李德和、黄齐生、孙铭勋等任职,他们有的从事过乡村教育,有的从事过平民教育,有的热衷于社会教育,有的对生活教育感兴趣,有的对职业教育感兴趣。其中不乏站在中国教育改革理论前沿的教育家,他们的首创精神带动了广西国民基础教育改革运动的顺利开展。

(五)广大民众的积极参与是地方教育改革成功的有力保障

教育是培养人的活动,人是教育最直接、最基本的着眼点。[1] 教育的主要目标是培养人,因此,要想发展教育,时刻都不能离开民众的参与。只有调动起民众参与教育改革的热情和积极性,才能真正推动区域教育改革的开展。阎锡山在进行教育改革过程中,早已认识到这一点,他深知没有民众的支持与参与,教育改革是不会有成效的。为此,他始终将动员民众参与改革作为政府的重要任务。为了动员民众参与教育改革,阎锡山主要从以下几方面入手:第一,在政府动员下,民众踊跃送子女入学。在实施义务教育改革过程中,他十分注重对民众的宣传与动员,以使山西民众对教育改革重要性有全面的了解和正确的认识,从而保证教育改革得以顺利进行。他说:"盖欲学龄儿童受教育,须先使此儿童之父兄明教育之利益与受教育之必要,此乃当然不易之理。"[2]他努力引导老百姓去送子女入学。经过动员,民众普遍认识到送子女入学是公民应尽的义务,因而到 20 世纪 20 年代初,山西民众就踊跃地送子女入学接受教育,为山西学龄儿童入学率稳居全国首位提供了有效的保障。第二,在政府动员下,民间积极开展捐资兴学活动。在山西施行义务教育改革之前,就有部分县的开明绅士捐资设学,如浑源县绅士刘际明捐大洋2000 两为本县创办小学,五台县黄世自筹资金办起了两座小学。[3] 为了鼓励民众捐资兴

---

① 王道俊、郭文安主编:《主体教育论》,人民教育出版社 2005 年版,第 133 页。
② 《阎伯川先生言论辑要》第 2 册,太原绥靖公署办公处 1937 年编印,第 15 页。
③ 《山西省教育会杂志》1915 年第 1 卷第 1 期。

学,1929 年山西省颁布了《山西省捐资兴学褒奖规程》。大部分国民学校的经费来自民众的摊派,政府动员民众出资兴学,"为人民的,共摊学款,就是对人群的义务。世上万事都可省钱,只有出钱教子弟求学,是与自己后人积钱的法子"①。这样,义务教育的有效实施得到了保障。第三,在政府动员下,民众踊跃参与社会教育改革。通过动员与宣传,山西民众的思想认识水平得到了较大提高,普遍意识到学习文化知识的重要性。到 30 年代,城乡民众大部分能够主动进入公众补习学校、半日学校、露天学校、简易识字学校、通俗教育讲演馆、民众教育馆等社会教育机构和场馆接受教育。在接受教育的过程中,民众的文化素养、知识水平、思想境界以及领悟政策的能力均得到了较大提高,使社会教育得以有效实施。此外,民众的积极参与也是确保职业教育改革和人才教育改革取得较好效果的有力保障,真正实现了教育培养人的根本目的。

(六)借鉴国外经验是地方教育改革取得成功的有效途径

山西是相对落后封闭的省份,要想全面更新教育观念,缩小与发达地区教育的差距,就必须加强与外界的联系与交流,借鉴国外先进的教育改革经验。阎锡山正是抱着这种想法,在山西省教育会与教育厅的协助下,开展了广泛的对外教育交流。他曾于 1919 年10 月和 1925 年 8 月,先后在太原举办了全国教育会联合会第五次年会和中华教育改进社第四届年会,除了国内著名教育家陶行知、黄炎培、张伯苓、胡适、郭秉文、晏阳初、梁漱溟、马寅初等,还特邀美国著名教育家杜威、道尔顿制创始者柏克赫斯特也来参会。在会上,杜威应邀作了《教育上的试验态度》等三场报告。这就为山西教育界人士与国内外著名教育家进行各个领域的交流提供了很好的机会,也为阎锡山及山西官员向国内外教育家请教与学习有关教育问题筑起了一个很好的平台。阎锡山利用此次机会主动与杜威、柏克赫斯特等座谈与交流,并就当时山西办学所存在的问题虚心请教了各位专家。此外,他还特意邀请美国孟禄博士来山西,专门向孟禄请教了关于义务教育筹款、教学方法改进、高等教育实习、注音字母推广、职业教育招生等相关问题。这些教育交流活动,为借鉴国外教育改革先进经验奠定了基础。从后来阎锡山发表有关教育的讲话中,可以明显看出欧美教育家对其思想的深刻影响。譬如,他所提倡的"自觉自动"教学法,就是受到杜威"活动教学"模式和柏克赫斯特道尔顿制的影响,他自己也说:"自觉自动是新式的教育,……人身上有一个能自觉自动的根本。"②也就是说,自动教学法是欧美新教育运动所倡导的主要方法,这是顺应儿童天性的教学方法。但在学习与借鉴国外教育理念与方法的同时,阎锡山也注重融合与创新,而杜绝照搬现象,一再强调要适应于中国,变成合乎中国的东西。

令人欣慰的是,进入 21 世纪的中国在"科教兴国"战略的导引下,真正将教育摆在了优先发展的战略地位。温家宝同志强调:"我们有一流的教育,才能有一流的国家实力,才能真正成为世界上一流的国家。"③对于重点体现教育公平的义务教育,近年来各级政

---

① 《阎督军讲话汇编》第 3 册,山西六政考核处 1929 年校印,第 27 页。
② 《阎伯川先生言论辑要》第 3 册,太原绥靖公署主任办公处 1937 年编印,第 108 页。
③ 余冠壮:《优先发展 开局之年奏响教育最强音》,《中国教育报》2006 年 12 月 26 日。

府大幅度增加经费投入,对全国城乡实施九年义务教育。同时,经济社会发展需要大力发展职业教育,构建和谐社会亦呼唤扩大职业教育规模。2009年政府又作出决定,实施免费中等职业教育,职业教育正在朝着培养数以千万计技能型人才方向迈进。为了提高高等学校办学质量,培养大批拔尖创新人才,政府一方面给予各高校充分的办学自主权,允许各校自主规划发展规模,自主设置专业,自主聘任师资;另一方面加大对高校科研经费的投入。各级政府正怀着对兴办教育的满腔热情,积极采取有力措施,以确保教育投入的不断增加,力争实现财政性教育经费占国民生产总值4%的目标。目前,全国各省正坚定不移地大踏步行进在教育强国的伟大征程之中,我们坚信,经过全国上下团结一致,齐心协力的努力,一定会迎来一个教育前景更加美好的未来。

留学生与民国时期中国教育史教材编写中的民族主义倾向

◎刘 齐 胡金平*

摘 要：留学生是中国近现代史上有特色和代表性的群体。在学成归国之后，不少留学生都参与到了中国教育史的研究当中，并编写出了中国教育史的教材。在教材编写过程中，他们对当时社会上"西风"弥漫的现象表示了担忧和批判，强调文化传承，关注民族振兴，坚持学术传统，表现出较为鲜明的民族主义倾向，从而使中国教育史的研究日益深入，再现了传统文化的合理内核。

关键词：留学生；中国教育史；教材；民族主义

大批留学生赴欧美、日本学习，是中外文化交流史上颇为壮阔的一幕。同时，留学归国人员对中国社会的发展影响之大也是空前的。梁启超在谈及晚清维新运动失败时说："晚清西洋思想之运动，最大不幸者一事焉。盖西洋留学生殆全体未尝参加于此运动。运动之原动力及其中坚，乃在不通西洋语言文字之人。坐此为能力所限，而稗贩、破碎、笼统、肤浅、错误诸弊，皆不能免。故运动垂二十年，卒不能得以健实之基础，旋起旋落，为社会所轻。就此点论，则畴昔之西洋留学生，深有负于国家也。"①

但进入民国后，这一状况发生了巨大变化。在民国成立后的各种运动和思潮传播中，留学生无不充当着中坚力量。在留学生中，学习教育者众多。在留学归来后，学贯中西后的他们，以自己的热切渴望和积极准备，以自己高昂的呐喊和强烈的呼唤，身体力行的实干实践，为中国教育事业的发展做出了重要贡献。但思想浸润了欧美文化的他们并没有完全移植外来理论，一味模仿西方模式，而是以极大的热情去研究和整理本土文化，编写出版了一批有影响力的中国教育史教材，体现出鲜明的民族主义倾向。本文试就此问题进行考察，不当之处，敬请方家指正。

一、在教材编写时强调文化传承

20世纪是中国教育史学科艰难起步、曲折发展、日益多元的重要时期。伴随着西方

---

* 作者简介：刘齐，南京师范大学教育科学学院博士研究生；胡金平，南京师范大学教育科学学院教授。基金项目：全国教育科学"十一五"规划教育部重点课题"中国百年高考的历史回顾及其现代启示"，项目编号：DAA070172。
① 梁启超：《清代学术概论》，上海古籍出版社1998年版，第98页。

及日本教育学著作的译介,教育学科在中国逐步创立起来,教育史也成为其中不可或缺的一部分。一般说来,由黄绍箕、柳诒徵于1910年完成的,为达到《壬寅学制》和《癸卯学制》中规定大学堂和师范学堂须开设"中外教育史"①课程的要求而编写的一部中国教育史的教材——《中国教育史》,是中国学者自己撰写的第一部中国教育史著作。虽然,它的作者、出版时间等问题尚存争议,但必须承认的是,正是这本教材奠定了今后中国教育史研究的诸多基础,也成为中国教育史教材编写的一个经典范本。

民国建立后,特别是民国初年的学制改革,商务印书馆和中华书局竞相为师范学校出版教育史教材。进入20世纪二三十年代,中国教育史教材的研究与编写步入了一个黄金时期。

在经历了一场演绎了救亡与启蒙双重变奏的五四运动后,"中国人进一步思考中国现代化进程中的传统文化与西方文化的关系问题"②。而以1922年学制改革和《壬戌学制》颁布为契机,一批高质量的中国教育史研究著作问世。笔者搜集整理了部分这一时期出版的中国教育史教材,兹将有留学背景的作者及其出版情况汇编成表,仅供参考(见表1)。

表1　民国时期部分中国教育史教材作者及出版情况

作　者	留学年份	留学国家	著作名	出版时间
范寿康	1913—1923	日本	《教育史》	1923
陈宝泉	1903—1904	日本	《中国近代学制变迁史》	1927
余家菊	1922—1924	英国	《中国教育史要》	1929
刘炳藜	不详	美国	《教育史大纲》	1931
毛邦伟	1904—1909	日本	《中国教育史》	1932
孟宪承	1918—1921	美国	《新中华教育史》	1932
姜　琦	1919—1921	日本	《教育史》	1932
	1922—1925	美国		
陈东原	1935—1937	美国	《中国教育史》	1936
陈青之	1921—1922	日本	《中国教育史》	1936
王凤喈	1930—1933	美国	《中国教育史大纲》	1928
			《中国教育史》	1945

阅读表1中所列之教材,我们无不深切地感受到这些留学归国人员的拳拳报国之心和强烈的民族使命感。

余家菊是我国近代颇有影响的教育家,因大力倡导国家主义教育而蜚声于学界。他对中国教育的诸多问题都有独到的见解,并在社会上引起强烈的反响和广泛关注。

---

① 璩鑫圭、唐良炎:《中国近代教育史资料汇编·学制演变》,上海古籍出版社1991年版,第341页。
② 虞和平:《中国现代化历程》第二卷,江苏人民出版社2005年版,第600页。

余家菊的《中国教育史要》成书于 1928 年 11 月。目前可以查阅的版本大致有三：沈阳长城书局 1929 年 9 月版；上海中华书局 1934 年 4 月版；台北慧炬出版社 1984 年 8 月版。三版内容基本一致，唯《绪言》部分略有不同。

余家菊在《中国教育史要》的《凡例》部分，坦言了编写初衷："兴学校，讲教育学，已三十年。顾中国教育史，尚无教本可用，各学校因缺而不讲，致学者数典忘祖，妄自菲薄，更无所谓识古以通今矣，实为一大憾事。"[1]可见，虽然促使他直接著写的原因是解决"无教本可用"的急需，但"学者数典忘祖，妄自菲薄"也是让他非常担心却已经出现的积弊。

在该书的《绪言》里，余家菊进一步阐述了他撰写《中国教育史要》的真实用意："教育情况随文化情况转移，此一定不易之则也。三十年来，欧风东渐，旧日思想，一一动摇。固有文化，殆濒崩溃。由是而教育设施，东涂西抹，缺一贯之主旨，抄袭仿摩，乏充实之精神。学子之趋向不定，国民之意趣难凝"，这样下去，令人担忧，"果将长此纷扰以日即泯灭乎？抑可以振衰起废，而渐臻进境乎？反观已往之历史，吾人对吾族文化之前途，果将作何判断乎？"但余家菊并不悲观，他对未来充满信心，"吾族四千年来，饱经患难。文化亦数濒危境，屡经震撼。只因富于弹性，且具消化力，卒能融合多种文化而销纳于其固有之中。既保持固有文化之精髓，复撷取他种文化之英华，于绵延之中，具生长之象。每经一度危机，即有一度进步。此其所以成其伟大也"[2]。

因此，余家菊编写的不仅是一部中国教育史教材，而是对那个时代紧迫问题的严肃回答，更是激励人们振奋前进的呐喊！

王凤喈的《中国教育史》，是发行数量最多的中国教育史著作之一。早在王凤喈在北京高师读书期间，就立下了编写教育史著作的志向，"以当时教育科目俱备，独缺中国教育史，颇有志于弥补此缺"[3]。故此，王凤喈在湖南省立第一师范学校讲授教育史课程时，就开始着手编写一部中国教育史的教材，1925 年完成《中国教育史大纲》一书，1928 年由商务印书馆出版。该书出版后，深受欢迎，为许多学校所采用。1935 年，王凤喈在美国芝加哥大学教育学院进修归国后，执教于中央政治学校教育系。此时，距《中国教育史大纲》出版已十年，"内容颇嫌简略，乃增集资料，重新编写"，但"所根据基本之认识，并未变更"。[4] 终于，在此基础上，1943 年修订完毕，易名为《中国教育史》，经教育部大学用书委员会审定为部定大学用书，交由国立编译馆出版，重庆正中书局印行。两年之后，上海就出了第 4 版。到了 1981 年，更是在台湾地区出了第 18 版。

王凤喈认为，"各国情形各有不同，一国之教育，断不能恃模仿而成功"[5]。而"促进教育普及的动力为民族、民权、民生。民族主义之目的在发扬民族精神，故需要组成民族各分子均能接受民族文化"[6]。

---

[1] 余家菊：《中国教育史要》，中华书局 1934 年版，第 1 页。
[2] 余家菊：《中国教育史要》，中华书局 1934 年版，第 1 页。
[3] 王凤喈：《中国教育史》上册，福建教育出版社 2011 年版，第 1 页。
[4] 王凤喈：《中国教育史》上册，福建教育出版社 2011 年版，第 2 页。
[5] 王凤喈：《中国教育史》上册，福建教育出版社 2011 年版，第 20 页。
[6] 王凤喈：《中国教育史》上册，福建教育出版社 2011 年版，第 254 页。

因此,教育的本土化,抑或文化的民族性,在这些留学归国人员看来,是十分重要的,也是必需的。正是在海外的游历,才使他们更加深刻地认识到"一个民族若能保留自己的文化传统和风俗习惯,就能保证该民族的情感与个性不会消散,也就表明了此民族存在的价值"①。

毋庸置疑,民族文化以其维系稳定的功能,成为统摄人心、团结族群的精神纽带,是中华民族思想文化精华的民族精神依托,融汇着整个中华民族共同的价值诉求,起着凝聚人心的作用,是国家社会稳定的重要维护力量。同时,在某种程度上讲,一个国家的兴衰,事实上是一个民族的精神和意志的角逐和博弈。民族文化的这种维系稳定功能,有助于减少维持国家实力的成本,因为"当文化优越感成功地得到维护和悄悄地被认可之后,它具有减少依赖的巨大力量,用来保持帝国中心的力量"②。

而"传达社会文化,必须依靠教育做它的工具"③。但社会不是停滞不前的,它会随着技术的改良而发达,意识的革新而进步。所以,教育的思想和意识,制度和方法也会随之改变。所以,刘炳藜在以他用作国立暨南大学师范科的讲义基础上编写的教材——《教育史大纲》中声明"教育史的任务,就在说明这些教育的事实及理论之起源、变迁和发达,旁及对于社会之影响"④。通过教育史,来明了教育;通过教育,来传达社会文化。可以说,在这些教材中,无不流露着对中华民族文化传承的关照。毛邦伟的《中国教育史》出版于 1932 年,由北平文化学社印行。在《绪论》中,他开宗明义地讲道:"东洋诸国,如印度、波斯、埃及、犹太等,虽曰开化甚早,但其教育与现实无关;惟中国之文化,影响于现实教育颇大。"⑤

而此时的中国,正在疯狂地追日逐美,这不仅让这些留学归国人员忧心忡忡,也让一些外国人士不解。梁漱溟的德国友人卫西琴(Alfred West-harp),十分倾慕东方文化,有中文名"卫中","西琴"乃其字。来华后,从沪至宁,又至津京等地,"乃知事实上中国方歆羡日本学西洋成功而追踪之,则不能不失所望。每发为言论,直吐胸臆于不自禁。国人乍闻其言,相视诧讶者纷纷然,或疑是疯子,或疑是骗子"⑥。

可是,在国人看来是"疯子""骗子"的卫西琴,其所发言论,至今仍值得我们深思:"中国为世界中开化最早之国,其民族素富创制性质,非如英、法、德、俄、美等国,须交相提携,始能成一种文明也;然设使英、美诸国,除模仿他国外,不复有独立之制作,恐亦不能成为强国矣……今中国所谓教育方法者,徒袭取外人之个人性以为己性,盲从外国之标准以为标准,己性之有善者,或因人之不同,以为不善,而梏亡之;己性之有不善者,或因人之偏见,以为善,而提撕之;设长此不变,恐将丧失中国独立之精神,独立文化,而爱国心随之消灭,学术亦同归于尽矣。故为中国计,宜讲求适当之中国教育,而专心致志,以

---

① 许明、花建:《文化发展论》,北京大学出版社 2005 年版,第 319 页。
② 兹比格纽·布热津斯基:《大棋局:美国的首要地位及其地缘战略》,中国国际问题研究所译,上海人民出版社 1998 年版,第 88 页。
③ 刘炳藜:《教育史大纲》,北新书局 1931 年版,第 1 页。
④ 刘炳藜:《教育史大纲》,北新书局 1931 年版,第 1—2 页。
⑤ 毛邦伟:《中国教育史》,北平文化学社 1932 年版,第 5 页。
⑥ 梁漱溟:《梁漱溟全集》第七卷,山东人民出版社 2005 年版,第 236 页。

图发展中国人固有隐力,吾人确知中国惟此隐力,为能保存其古代文化,发展其近世权能,固未可妄自菲薄,事事取法外人,反置己所固有者于不顾也。"[1]

正是有感于此,包括毛邦伟在内的大批留学归国人员,以探明中国教育精神为要旨,以发扬中国传统文化为己任,奔走呼号,著书立说,编写出了这些具有民族特色、富有时代气息的中国教育史教材。

二、在内容撰写中关注民族振兴

20世纪前半叶,内忧外患不绝,兵燹纷争不断,加之旱涝迭发,经济社会的发展受到巨大影响和冲击。而教育发展"须稳妥可靠,不以政治变化,及天灾旱涝而受影响。否则,无济于教育计划之实现"[2]。但就是在这样一个风雨如磐的年代,大批留学归国人员仍坚守学术园地,将炽烈的民族情感融汇于教材之中。

"这一时期中国教育通史研究中以陈青之和陈东原的学术成就为最高。尤其是陈青之历时10年完成的《中国教育史》,资料翔实,自成系统,被列为大学丛书教本,有较大的影响。"[3]

萌生著写《中国教育史》的想法,除了与教学需要有关,也与陈青之在日本考察教育期间的一次遭遇有关。在日期间,有日本人以"中国教育史将由日本人撰写"相讥。陈青之当即愤言:"中国有自己之教育史,吾回国后,当寄汝。"回国后,陈青之在北平创办群化中学,并在中国大学、民国大学、师范大学授课。在此期间,他开始着手撰写《中国教育史》。"常于授课之余,沉浸图书馆,馒头果腹,刻苦攻读,博考旁征,参阅大量资料。经数月,咯血不止,加之旧疾复发,高烧以至昏厥。年未半百,竟骨瘦如柴,行必扶杖。然仍坚持撰述。"[4]终于,陈青之用了十年时间,完成了《中国教育史》从第一卷到第三卷著写。

我们从这部作品中能感受到陈青之对当时中国社会、中国教育的隐忧。"中国目前所患最大的毛病,我们归纳起来:莫过于贫、弱、私三字。"[5]"中国自创行新教育以来,到现在已有六十多年了,教育宗旨与制度虽屡经变更——始而袭取日本,继而袭取美国,有时还取德法——但对于社会产业的发展及民族习性的改革,毫无补助。"[6]

因此,在陈青之看来,改变这一状况,就是要改造现有的教育制度,从教育教学出发,从小对学生进行"民族基本教育","因为要解决中国目前的困难,以达到三民主义理想的社会,非先提倡民族自信力不可,故在小学教育里面特别注意于民族意识的培养"。[7] 同时,"奖励民族教育,所以提起民族自信力,团结奋斗,置中国于国际平等地位"[8]。

---

① 毛邦伟:《中国教育史》,北平文化学社1932年版,第6页。
② 程湘帆:《中国教育行政》,商务印书馆1927年版,第327—328页。
③ 蔡振生:《中国教育史研究的历史回顾与反思》,《北京师范大学学报》1988年第3期。
④ 仙桃市地方志编纂委员会:《沔阳县志》,华中师范大学出版社1989年版,第659页。
⑤ 陈青之:《中国教育史》下册,福建教育出版社2009年版,第845页。
⑥ 陈青之:《中国教育史》下册,福建教育出版社2009年版,第834页。
⑦ 陈青之:《中国教育史》下册,福建教育出版社2009年版,第841页。
⑧ 陈青之:《中国教育史》下册,福建教育出版社2009年版,第846页。

　　1936年4月,商务印书馆进行了陈青之的《中国教育史》全书的初版发行,随即受到广泛关注和好评,同年10月即行再版。这在当时灾难日益深重的中国,实属罕见。

　　鸦片战争以来,国家每况愈下,外国强权步步紧逼,对此,刘炳藜在他的《教育史大纲》中进行了无情的鞭挞。"帝国主义者的大炮震天响,使数千年来安眠惯的中国社会发生动摇:都市发展,农村崩溃,军阀交争,学术思想及其工具发生变化。凡此变化均是帝国主义的侵略所造成的。所以帝国主义的侵略是中国社会变化的主因"①,"所以近十余年来,西洋的学术思潮伦理规范等亦普泛地流行于中国"②。受此影响,"适应帝国主义要求的新教育应运而兴","成为金钱与奴隶化的专业的形式",学术思想混乱,教育制度变化多端,"其目的亦无确定","全中国乡民都成为知识不开的愚民或目不识丁的文盲了"。③

　　因此,一方面,刘炳藜感慨"古代农业文明民族的教育现象真是鲜花灿烂啊";④另一方面,他也无奈地表示"中国社会到底要走往哪条路上去,谁能知道"⑤。但刘炳藜始终没有放弃对中国未来发展的信心,他指出:"帝国主义继续地压迫中国,因而中国的新教育继续地改造与完成。近代的中国教育就走在改造与完成的过程之中。"⑥

　　在书的最后,刘炳藜用"人类社会的教育史是这样一幅缩影图"⑦来对全书做总评,也坚定重申自己的判断。

　　其实,像刘炳藜这样表达对民族命运前程的学者有很多,只是有的语言未必率直。但在一个说话作文都万分困难的时代,这种表达已殊为不易。不愿出卖自己灵魂的知识分子只有在颠连困苦中出卖他的脑汁。很多学者都"无法统一知识分子在现代中国的任务究竟是什么,感到难堪的苦闷"⑧。但所有人都明确的就是:民族要独立,民族要自强,民族要振兴,一味盲目地效仿国外,是徒劳的和无益的。这一点,也得到了那些从未走出国门学者的认同。

　　周予同应范寿康的邀请,到安徽大学主讲中国教育史。加之先前与出版商的联系,遂编写了《中国现代教育史》一书。在《导论》部分,他说:"中国自清同治元年(1862年)采取西洋学校制度设立同文馆以来,到现在(1932年)已有七十年的历史,然后教育的成绩如何呢?恐怕谁也不能说满意吧。它的所以失败,根本的病因在于不顾国情而专事模仿——不,不如说剽窃更为恰当些,于是最初模仿日本,继而模仿德国,继而模仿美国,继而模仿法国,继而模仿俄国,一切都是浮薄的、皮毛的。救济这病态的模仿,只有先从事于中国社会的认识,而教育史的研究就是社会认识之一种切要的方法。"⑨

------

①　刘炳藜:《教育史大纲》,北新书局1931年版,第409页。
②　刘炳藜:《教育史大纲》,北新书局1931年版,第415页。
③　刘炳藜:《教育史大纲》,北新书局1931年版,第417—418页。
④　刘炳藜:《教育史大纲》,北新书局1931年版,第450页。
⑤　刘炳藜:《教育史大纲》,北新书局1931年版,第414页。
⑥　刘炳藜:《教育史大纲》,北新书局1931年版,第453页。
⑦　刘炳藜:《教育史大纲》,北新书局1931年版,第453页。
⑧　民国丛书编辑委员会:《民国丛书》第一编,上海书店1989年版,第4页。
⑨　民国丛书编辑委员会:《民国丛书》第一编,上海书店1989年版,第2—3页。

正是基于这种认识,无论是本土学者,还是留学归国学者,都把探究本国教育历史,爬梳教育发展路径作为重要任务,这进一步加强了民族认同。

王凤喈在《中国教育史大纲》中对中国与西方的教育做了细致的比较。他认为,中国传统教育虽然存在有不少缺点,但也并非无可取之处:第一,"为其平民的精神,——即是机会平等精神";第二,"中国讲教育者限于人事,丝毫不带宗教的色彩,故中国的智识界,少有迷信宗教或神鬼者,而西洋的旧教育则纯系宗教的教育。宗教的战争亦与宗教的教育有关系";第三,"中国教育,注重人格的感化,感情的陶冶……师之人格,常能影响其学生,使其学生永远服从其道德教训。此点为西洋旧教育所不及";第四,"宋明理学者,对于心理现象,有精密的观察,对于个人修养,有独得的报告;绳之以近代心理学,虽间有不妥之处,然比之同时的西洋学者,实在是强得多";第五,"博爱与和平为中国教育的根本精神,结果养成一种爱和平爱人类的国民性。因有此特性,故对于异族取同等待遇的态度,因而其同化力特别的强"。① 王凤喈总结的这五个特点,是值得思考的。

同样,关于中国传统教育,陈宝泉在《中国近代学制变迁史》的开篇便言:"我国教育制度之渊源发端最早……有立教之宗旨,有施教之方法,有教育之种类。复分大学、小学及女子教育等制。虽谓欧美最新之学制。已实现于我国成周时代。"②这是他在北京师范大学讲授中国近代学制变迁史一门课时编写的教材。这一说法,或可商榷,但也反映出这些学者对中国传统教育在某种程度上的认可。

针对风靡国内的外域理论,王凤喈的论说可谓中肯:"中国的教育问题,不可专靠输入西洋的学说来解决,必须注意历史的背景与社会的情况;对于西洋学说的本身,亦宜加以选择,不可作盲目的介绍。"③

同样,王凤喈对于中国文化、民族的论述也是真诚的。他认为,"中国的文化,有特殊的优点,我们应该以教育之力量保存之,发展之;亦有其缺点,应以教育之力量补救之,使日趋于完善"。而"中国的民族,现在是被压迫的民族,地位是次殖民地的地位,所以教育的方针,第一应发扬民族精神,集合民族力量,促国民革命之成功,建设民有民治民享之新中国;第二应发扬'天下为公'的精神,集合被压迫人类的力量,促世界革命之成功,建设民有民治民享之新世界即大同世界"④。在教材的最后,王凤喈更是呼出了"大同世界是建筑在民族平等,人类平等的基础上面,教育应该永远朝着这个方向走!"⑤这样的口号。

教育的发达,民族的振兴,是包括留学归国人员在内的仁人志士为之奋斗的目标。研究教育史,就是要为复兴中华文化提供思想资源,生成精神创造力。留学生们深刻地认识到,民族的振兴,内含着中华民族文化的伟大复兴。这就要求他们既要弘扬中华民族的优秀思想文化,实现中华民族优秀思想文化的现代化,又要批判地吸收国外的一切

---

① 王凤喈:《中国教育史大纲 中国教育史》,湖南教育出版社 2008 年版,第 186—187 页。
② 陈宝泉:《中国近代学制变迁史》,北京文化学社 1927 年版,第 1 页。
③ 王凤喈:《中国教育史大纲 中国教育史》,湖南教育出版社 2008 年版,第 217 页。
④ 王凤喈:《中国教育史大纲 中国教育史》,湖南教育出版社 2008 年版,第 217 页。
⑤ 王凤喈:《中国教育史大纲 中国教育史》,湖南教育出版社 2008 年版,第 217 页。

优秀学术思想,用人类创造的一切优秀文化丰富发展中华民族的思想文化,增强中华民族思想文化的时代性、世界性。不可不谓之用心良苦!

三、在研究方法上保持学术传统

在这些教材的作者看来,教育史是作为专门史的一门历史,即"教育史就是教育的历史"①。因此,必然要用历史学的理论与方法来研究和探讨教育史。"今日之各种科学,皆以用历史的研究方法为最要;教育亦科学中之一种,则欲研究之,必先研究其历史也,明矣。"②

无论是先秦伦理史学、汉唐叙事史学、宋明义理史学、清代考证史学,还是近代新史学与新历史考证学、马克思主义史学,中国史学的基本学术传统都一以贯之,并且与中国教育史的研究保持着天然的密不可分的联系。而伴随着西学东渐的日益深入,中国史学的学术传统也同样面临着一场革命性的变革,史学在破旧立新中经历着激烈的转型。但是,我们惊喜地看到,中国史学的基本学术传统被保留了下来,在与西方思想理论交融后,得到了凤凰涅槃般的新生。这些,在中国教育史的研究中,同样有着淋漓尽致的展现。

第一,非常重视对事物的描述。

这些教材,并没有一板一眼的说教,语言都极具特色和魅力,有着丰富多彩的表述形式。以时间为主轴,以史料为依托,纲举目张,论说明晰。使我们不仅能感受到作者们探玄钩沉的考证工夫和披沙拣金的辛勤劳作,更能感受到丰满充实的中国教育发展史。虽然反对事件历史和经验历史的年鉴学派也在这一时期开始兴起,但时隔半个世纪后的叙述史的"复兴",使我们必须承认,叙述是历史学的一种基本方法,也是中国传统史学的优点之一。

第二,非常重视对事物的考证。

马端临在《文献通考》的《自叙》中说:"凡叙事,则本之经史,而参之以历代会要,以及百家传记之书,信而有证者从之,乖异传疑者不录,所谓文也。凡论事,则先取当时臣僚之奏疏,次及近代诸儒之评论,以至名流之燕谈,稗官之记录,凡一语一言,可以订典故之得失,证史传之非者,则采而录之,所谓献也。其载诸史传之纪录而可疑,稽诸先儒之论辨而未当者,研精覃思,悠然有得,则窃著己意,附其后焉。"③他的这一论述,充分展现了中国史学对考证的重视态度。

陈东原在他的《中国教育史》之《自序》部分言称:"我对于教育史之研究,胡适之先生给我影响最深。"④我们知道,胡适受杜威影响很大,倡导实验主义方法。但事实上,胡适并没有放弃中国史学的学术传统,并从中汲取营养。在美国读书期间,胡适在日记中这样写道:"考据之学,其能卓然有成者,皆其能用归纳之法,以小学为之根据者也……吾治古籍,盲行十年,去国之后,始悟前此不得途径……后稍稍读王氏父子(王念孙及其子王引之)及段(玉裁)孙(仲容)章(太炎)诸人之书,始知'以经说经'之法,虽已得途径,而不

---

① 范寿康、唐钺:《教育史》,商务印书馆 1931 年版,第 1 页。

② 毛邦伟:《中国教育史》,北平文化学社 1932 年版,第 3 页。

③ 马端临:《文献通考》,中华书局 1986 年版,第 3 页。

④ 陈东原:《中国教育史》上册,福建教育出版社 2009 年版,第 5 页。

得小学之助,犹为无用也。两年以来,始力屏臆测之见,每立一说,必求其例证。"①由此可见,胡适对自己的小学功底并不满意,并已经感受到因此而给自己治学带来的不便。

归国后,胡适加强了这方面的学习,也确立了他在中国学术史上的重要地位。胡适在晚年谈到自己的治学方法时说:"我想比较妥当点的说法,是我从考证学方面着手逐渐地学会校勘学和训诂学。由于长期钻研中国古代典籍,而逐渐地学会了这种治学方法。所以我要总结我的经验的话,我最早的资本或者就是由于我有怀疑的能力。我另一个灵感的来源,也可以说是出于我早期对宋学中朱注的认识和训练。朱熹的宋学为我后来治学开拓了道路。"②

受此影响,在陈东原的《中国教育史》中,我们发现,每章每节每个问题的叙述与论断,都有着充足的历史文献依据。先列举论据,再提出主张,这是陈东原《中国教育史》的一大特色。

同样,余家菊的《中国教育史要》也是如此。"本书于古人学说,有所指陈,必先引古人之自身之言,以明吾说之所据。且读其言,如亲声欬,对于读书,所益良多。"③陈宝泉更是声称:"本编取材:见知者,居十之七八;闻知者,居十之二三。颇可供将来修近代教育史者信实之参考。"④表现出他对自己亲自考察所得的高度自信。

第三,非常重视对事物的借鉴。

除了探赜索隐,钩深致远是中国史学的又一优良传统。无论是陈寿所谓"总括前踪,贻诲来世"⑤,还是王夫之所说"故论鉴者,于其得也,而必推其所以得;于其失也,而必推其所以失。其得也,必思易其迹而何以亦得;其失也,必思就其偏而何以救失。乃可为治之资,而不仅如鉴之徒县于室,无与焰之者也"⑥,都讲明了中国史家鉴往知来的基本史观。

留学归国的学者们,正是秉承这一理念,编写出了中国教育史的教材。

孟宪承在他的《新中华教育史》中,开篇便回答了"为什么要研究教育史"这个问题。他认为,"历史是人类活动体相的总记录,教育是人类社会活动的一部门,所以教育史只不过是从历史中把人类的教育活动,特别的提示出来,作一个系统的叙述",因此,"我们要明了教育演进的轨迹,固非研究教育史不可;便是要更透彻地认识现代教育,也有研究教育史的必要。而且教育史里叙说着前人教育的经验,可以做我们现在实施教育时的参考。从古不知有多少'悲天悯人'的教育家,耗尽了他们的心力,甚至贡献了他们的生命,才把我们的教育史,装点成这样的灿烂庄严。他们生平的故事,更可以净化我们浮躁的精神,鼓舞我们奋争的勇气。教育者精神的食粮,也将从这里得到了"。⑦

姜琦在他编写的作为高级中学师范科教科书的《教育史》中也同样表达了这样的看

① 胡适:《胡适日记全编》(二),安徽教育出版社 2001 年版,第 515—516 页。
② 唐德刚:《胡适口述自传》,华东师范大学出版社 1993 年版,第 125—126 页。
③ 余家菊:《中国教育史要》,中华书局 1934 年版,第 2 页。
④ 陈宝泉:《中国近代学制变迁史》,北京文化学社 1927 年版,第 1 页。
⑤ 陈寿:《三国志》,中华书局 1982 年版,第 1471 页。
⑥ 王夫之:《读通鉴论》,中华书局 1975 年版,第 2553—2554 页。
⑦ 孟宪承:《孟宪承文集》卷九,华东师范大学出版社 2010 年版,第 12—13 页。

法："所以我们研究教育史不应该单纯地参照其所记载的许多古今教育学说与教育事实，拿它们来做自己施教的模范或鉴戒，即有些只做'他山之石'，有些只做'前车之鉴'。"①

可以说，在每部教材中几乎都有这样语言的表述或感情的流露。如果说，教材编写者们在欧美文化中获得了一些滋养的话，那就是他们以中国的学术传统为依托，做出了迎合新时代的努力。

四、余 论

纵览这一时期出版的中国教育史教材，进而检视中国教育现代化的历史进程，我们可以清晰地看出，留学生们在风雨飘摇的政治生态以及极具艰难的社会环境下所表现出来的筚路蓝缕、弦歌不辍、拼搏奋进的开拓创新精神，他们在强权入侵、内乱频仍，以及始终缺乏稳定社会秩序乃至强力政治干预情况下，倡扬文化传承，谋求民族振兴，坚持学术传统的做法，使中国教育史的研究日益深入，为中国教育现代化的发展做出了不可忽视的贡献。

留学生们之所以坚持民族化、本土化，"恰是在走向世界和吸收西方文化的过程中真诚地发现了中国传统文化的价值，也是在如饥似渴地移植西方文化的艰苦岁月中科学地改造传统，再现了传统文化的合理内核"②。

一如胡适，又如傅斯年。归国后的傅斯年，出任了台湾"中研院"历史语言研究所所长，并创办了《历史语言研究所集刊》。在《历史语言研究所工作之旨趣》中，他公开反问道："在历史学和语言学发达甚后的欧洲是如此，难道在这些学问发达甚早的中国，必须看着他荒废，我们不能制造别人的原料，便是自己的原料也让别人制造吗？"③这样的感慨，也同样存在于中国教育史教材之中。

显然，留学生们在编写中国教育史教材中表现的民族主义倾向，是与鸦片战争以来国内弥漫着的民族主义情绪相较而言的，但这种种表象并非独立进行。早期传教士的在华活动，特别是在布道传教、办学授课中，带有的特殊心理，甚至是种族偏见，不仅是对中国传统文化的公然挑战，也是对中国坚固的文化教育壁垒的沉重回应。

但事情的发展，并非如传教士所愿，欧风美雨的掀起，留学人员的归国，反而激起了全体民众捍卫民族文化的热情，激起了一个民族国家捍卫教育主权的使命感。中国教育的构建，中国教育史的谱写，只能由中国人自己完成！

而这些留学生们，从倾慕西方，到学习西方，再到反思西方，又转变到对中国教育的民族化、本土化的探索，也构成了中国近现代史上一段不同寻常的记忆。从这个角度来说，由留学归国人员编写的每一部中国教育史教材，都记载着我们这个民族的教育选择。

原载《现代大学教育》2013年第4期

① 姜琦：《教育史》，商务印书馆1934年版，第17页。
② 李喜所：《中国留学史稿》，中华书局2007年版，第89页。
③ 傅斯年：《民族与古代中国史》，河北教育出版社2002年版，第467—468页。

国定教科书：时代价值及其局限

——从南京国民政府的国定教科书说起

◎张　文　石　鸥*

摘　要：南京国民政府成立后，为了推行三民主义，强化国民党的意识形态，教科书的国定就成了重要路径。但国民党早期的教科书国定的努力效果不大。抗战的全面爆发为国定教科书带来了契机。国定教科书积极宣传抗战，用教育塑造理想，用教育鼓动民族自信，为抗战胜利涂写了浓重的一笔，具有重要的时代价值。但是，国定教科书在全面服务抗战的同时，也成为加强国民党统治的工具，由此而带来的历史局限和效果上的局限使得它终究逃脱不了被历史潮流淹没的命运。但要正确处理非常时期和国家稳定时期教科书的关系，彰显教科书的本质功能，在这一终极意义上，国定教科书并不是传播主流意识形态最有效的途径，甚至注定它的预期目标会在实施中不断偏离，本来用于统一思想、传播与培育主流价值的教科书国定制，最后的结局是大大削弱了思想的统一，阻碍了主流价值的深入人心。

关键词：国定教科书；南京国民政府；时代价值

教科书是形塑国民意志的最佳工具。自清末近代意义的教科书产生到新中国成立，我国出现过三次国定化教科书的尝试，分别是清末学部图书局主编的官定教科书、袁世凯推行尊孔复古教育的国定教科书以及南京国民政府时期由国立编译馆编订的国定教科书。清末民初的两次国定教科书尝试，持续的时间短，产生的影响弱，而且伴随着（抑或加速着）清王朝的灭亡与袁世凯的复辟失败，这两次努力都无果而终。南京国民政府成立后，国民党的思想上升为国家意识形态，教科书的"国定化"由思潮逐渐演变为一种政府主导下的强制行为，为我们留下了远没有深度挖掘的种种启迪。

一、南京国民政府的国定教科书之路

所谓国定本教科书，也叫国定教科书、统编教科书、统一教科书、通用教科书等，用今天的话说就是"一纲一本"或"一标一本"，即一个教学大纲或课程标准，只配一套教科书。

---

* 作者简介：张文，泰山学院讲师，首都师范大学教育学院博士研究生；石鸥，首都师范大学教育学院教授。基金项目：国家社科课题"百年中国教科书在文化传承与创新中的基础作用"（BAA120011）。

全国各地学校使用该套教科书。而这一套教科书基本上是由中央教育主管部门授权组织编写，授权特定机构出版，甚至授权特定机构发行。各地与个人一般不得自行编写出版教科书，学校也不得使用国定教科书以外的教科书。

1929 年，国民党第三次全国代表大会正式通过了"关于教育宗旨及实施方针"的新决议，教育宗旨明确为"三民主义"，各级教育都要"与中央密切合作，以三民主义为实施教育之最高原则，领导儿童和青年，以祖国之繁荣建设为念"①，教育活动的开展，"首先要将三民主义教育思想贯彻其中"②。为了落实三民主义，强化国民党的意识形态，教科书的统一或国定就成了重要路径。

(一)国定教科书的登场

1931 年，"为发展文化、促进学术暨审定中等以下学校图书"③，民国会议第六次大会通过成立"国立编译馆"的决议。1932 年国立编译馆的成立为国定教科书奠定了组织基础。

1933 年朱家骅任教育部部长，把国定教科书推上了一个新台阶。是年国民政府行政院会议议决教育部自编中小学教科书。预计 1934 年起颁布全国使用。教科书国定化的大剧正式拉开序幕。

随即，教育部组建教科书用书编辑委员会，该委员会和成立于 1932 年的国立编译馆同属教育部，只是二者的分工不同。教科用书编辑委员会主要编辑中小学用教科书，属学术机构；国立编译馆成立初期的职责是审定中小学用教科书，属行政机构。二者之间的关系介于被管理和管理、运动员和裁判员之间，编委会编写的教科书初稿需接受国立编译馆审定。

1935 年起，国立编译馆开始审定教科用书编委会的小学教科书稿，此套教科书在 1936 年审定完成。④ 关于此套教科书，后来教育部给蒋介石的报告中称之为"国定教科书之嚆矢"⑤。由于教科书由国立编译馆做了大幅度的修改，因此，教科书署名为"国立编译馆编纂"。出版时间大约集中在 1936 年到 1937 年。但该套教科书没有编撰完，且教育部也没有强制不允许其他教科书使用，所以，各承印书局不积极，原因在于国立编译馆的教科书和各书局自行编写的教科书形成利益上的竞争。⑥ 结果是，这些国定教科书没有全部进入学校，更没有进入全部学校，造成的影响不大。

人算不如天算。国民党政府教科书国定化之路尽管一开始走得曲折艰难，但很快，抗日战争全面爆发，为教科书的国定化提供了最好的舆论空间、社会氛围与物资可能。

1938 年，国民政府颁布抗战建国纲领，其中第四部分"教材"中规定，"各级学校各科

---

① 中国第二历史档案馆：《中华民国史档案资料汇编》第五辑，江苏古籍出版社 2000 年版，第 523 页。
② 朱家骅：《女子教育与学校党务》，《甘肃教育》1940 年第 21—22 期。
③ 国立编辑馆：《组织规程》，《中华教育界》1932 年第 20 卷第 1 期。
④ 上海书店：《教育部编辑小学教科书之积极》，《申报》(影印本第 329 册)，上海书店 1983 年版，第 127 页。
⑤ 中国第二历史档案馆：《中华民国史档案资料汇编》第五辑，江苏古籍出版社 1997 年版，第 495 页。
⑥ 教育部教育年鉴编纂委员会编纂：《第二次中国教育年鉴》，商务印书馆 1948 年版，第 355 页。

教材与所用之教科书,为教学时最重要之工具","教育部应成立各级学校各科教材编订委员会","小学教科书及中学、师范用之公民、国文、历史、地理教科书,应由国家编辑,颁布应用"。① 根据抗战建国纲领,顾全民族大局,服务抗战需求,民国政府对教科书统一的举措迅速升温,国定教科书的大幕急骤拉开。1938 年 8 月,教育部教科用书编辑委员会进行改组,为全面实施国定教科书做组织准备,当时的具体任务是迅速编印一套中小学使用的教科书,供应战时后方之急需。因为战乱,加之后方交通阻隔,出现了严重的教科书荒,急需适合抗战情势的教学用书,而原来各民间出版社的教科书既不太适合抗战需要,也因出版社多在上海而受到巨大损失,不足以应对大规模需求,所以,必须举政府之力来编辑"部编本"教科书,分发各地翻印。

到 1941 年,全套教材初稿分批分期陆续编就付印,供后方各地学校使用。② 此套教科书被称为"部编本"教科书,是国定教科书的一种形式。教科书署名为"中小学教科用书编辑委员会编"。

借抗日战争之特殊形势,教科书的国定化举措终见成效。

但抗战时期"中小学教科用书编辑委员会"编撰的部编本教科书是依据抗战前的1936 年课程标准编写的。它们的缺陷显而易见。因此,根据抗战需要,有必要对中小学各科课程标准进行修订。1942 年初,各科课程标准全部公布,并于 1943 年上学期开始实行。③

新课标改动较大,比如取消小学中国语课、常识课的独立设课,开国语常识综合课,这就要有新"国语常识"综合教科书。这种教科书是一种全新的形式,没有任何版本可以借鉴。

1942 年 1 月,教育部将教科用书编辑委员会并入国立编译馆,后者成为教科书国定的唯一机构。"国语常识"课本成为这一阶段国立编译馆编纂的主要国定教科书,也成为国立编译馆最先出版的国定教科书。1942 年秋天,初小国语常识课本陆续出版,小学各其他科目,初中语文、公民、史地等教科书,也陆续完成。商务、中华、大东、世界、正中、开明等六大书局,外加文通书局,联合成立"国定中小学教科书七家联合供应处",负责国定教科书的出版与发行。

至此,国定教科书全面出台登场。

为确保国定教科书迅速进入学校,1942 年 5 月 26 日,蒋介石亲自下令:"以后凡小学教科书应一律限期由部自编,并禁止各书局自由编订。"④6 月 23 日,教育部关于奉令编撰国定教科书致蒋介石:小学主要科目之课本"已陆续交由正中书局制版,年内当可次第出书。……一俟部编课本准备充足,全国各地均能供应时,当禁止各书局自由编印,以杜操纵之弊,而收统一之效"。⑤ 1943 年 6 月,国民政府教育部发布第 28500 号训令,规定"自

---

① 中国第二历史档案馆:《中华民国史档案资料汇编》第五辑,江苏古籍出版社 1997 年版,第 28 页。
② 魏冰心:《国定教科书之编辑经过》,《教育通讯》1946 年复刊第 1 卷第 6 期。
③ 《课程标准公布》,《教育通讯》1942 年第 5 卷第 28 期。
④ 中国第二历史档案馆:《中华民国史档案资料汇编》第五辑,江苏古籍出版社 1997 年版,第 458 页。
⑤ 中国第二历史档案馆:《中华民国史档案资料汇编》第五辑,江苏古籍出版社 1997 年版,第 496 页。

三十二年度第一学期起,中小学应分别采用国定本教科书"。①

从 1943 年秋季开始,国定教科书在国统区学校全面使用。

为确保国定教科书进课堂,教育部对其他教科书进行了清除。1943 年 10 月教育部再发训令,命令"国定中小学教科书各科各册出版后,各书局编印之版本一律停止发行","自三十三年一月份起,中小学各科各册教科书已有国定本者,各学校应一律改用国定本,所有各书局以前编印之版本,不论其尚在审定有效期间,或已过审定有效期限,或曾经核准发行,或尚未经审定者均一律停止发行"。②

一方面强制各学校一律采用国定教科书,另一方面禁止各民间书局版本进入学校。中小学教科书制度完成了由抗战前的审定制到抗战期间的国定制的转变。国定教科书正式作为一项制度,强制实施。

(二)国定教科书的谢幕

1945 年抗战胜利后,教科书国定的急迫性没有了,同仇敌忾的局势消失了,一些有识之士意识到教科书国定过于服从抗战需要,过于体现统治者意志,竞争缺失,在内容方面乏善可陈,有人说它"误尽苍生"③,有人说它"荒谬绝伦"④,有人说它"控制国民思想"⑤,甚至有"法西斯教育的教科书"之嫌⑥,认为国定教科书已完成了它的政治使命,到了该退出历史舞台的时候了。

1947 年 3 月,在"教育问题座谈会"上,与会专家讨论了教科书问题。最后通过投票表决,22 名参会者中,主张统一使用国定教科书的没有一人,主张废除国定教科书,重新采用审定制者 14 人,主张国定教科书和审定教科书同时出版供选择 7 人,主张部分教科书国定,部分审定者 1 人。⑦ 后宪政促进会研究委员会也提案主张废止国定课本。⑧ 但是,关于国定教科书的存废问题尽管走上了政治程序,在参议会讨论并通过,后续却没了消息,因为国民党因节节败退已经无暇顾及此事了。这就导致事实上国定教科书一事再无人关注,也再没有大的起色,伴随着国民党政府在大陆的消失而消失。

二、南京国民政府国定教科书的时代价值与局限

国定教科书是时代的产物,在国家危亡时刻,国定教科书积极宣传抗战,用教育塑造理想,用教育鼓动民族自信,为抗战胜利涂写了浓重的一笔,具有重要的时代价值。但

① 《教育部公报》1943 年第 15 卷第 6 期。
② 《教育部公报》1943 年第 15 卷第 10 期。
③ 徐天震:《所谓"国定本教科书"》,《大夏周报》1947 年第 7 期。
④ 邓恭三:《荒谬绝伦的国定本教科书》,《时代文摘》1947 年第 1 卷第 7 期。
⑤ 上海书店:《教育问题座谈会讨论教科书问题》,《申报》(影印本第 392 册),上海书店 1983 年版,第 669 页。
⑥ 史永:《取消掺杂法西斯思想的国定教科书》,《民主》1946 年第 29 期。
⑦ 上海书店:《教育问题座谈会讨论教科书问题》,《申报》(影印本第 392 册),上海书店 1983 年版,第 669 页。
⑧ 上海书店:《宪政促进会研究委员提案主张废止国定课本》,《申报》(影印本第 393 册),上海书店 1983 年版,第 819 页。

是,国定教科书在全面服务抗战的同时,也成为加强国民党统治的工具。由此而带来的历史局限和效果上的局限使得它终究逃脱不了被历史潮流淹没的命运。

(一)国定教科书的时代价值

1.宣传抗战,有利于传播国家声音,动员民众加入抗战大军

近代中国遭受了太多帝国主义列强的入侵,在巨大的屈辱面前,消极退缩的观念有一定受众面。抗战初期,国民党军队溃败,汪精卫之流的投降主张影响了不少人。此时,急需应用一切手段,清除此类消极危险情绪对民众的不良影响,统一抗战救国的思想。在民族最危急的时刻,教科书统一有利于消除杂音,宣传抗战,传播国家抗战主张,有利于塑造理想,鼓动民众,提升民族自信心。

总体上看,国定教科书做到了这一点,它塑造了一套"国家""民族""反侵略"的爱国话语体系,集中反映了当时的政府关于对日作战的思想主张,也参与了这种话语和主张的再生产。它从内容到形式,从编创手法到话语修辞,都服务于特定的抗战需要和统治思想的需要。国定教科书是抗战时代民族思想和意识形态的教育具象。它把战争意识形态推向了前所未有的极端。

必须承认,在民族危亡时刻,国定本教科书迅速激发了民众的爱国热情。

2.统一思想,有利于凝聚中华民族精神,发出抗战的最强音

抗战不仅是前线枪炮声的呼啸,还有课堂上孩子们的呐喊。

> 不成功,便成仁,为国为家为子孙。……
> 既尽力,也尽心,保国保家保乡邻。……
> 练身体,求知识,奋发自强雪国耻。①

——这是另一种形式的抗战,它听来柔弱,却奏出了时代的最强音。孩子们稚嫩而高亢的读书声就是气贯长虹的抗战宣言。

国定教科书的目的是"将我国固有的道德、知识、能力融化在历史教材中,激发学生爱护民族国家的情绪,并坚定其民族的自信力"②。因此,国定教科书非常重视民族精神的渲染,民族英雄的塑造,以加强民众的民族自信。

> 他们是谁?他们是民族英雄,抗日好汉!他们的武器:枪炮!炸弹!他们的精神:干!干!干!他们干了些什么?一战使汉奸惊心,再战使倭寇胆寒。他们奋不顾身,为国死难。他们不死的精神,如日月一般,永远光明璀璨。③

激情慷慨的课文,把汹涌澎湃的民族精神传达给学生,在抗战最艰苦的时候,激发民众的爱国热情和必胜信念。

---

① 国立编译馆:《初级小学国语常识课本》第七册,国定中小学教科书七家联合供应处1943年版。
② 魏冰心:《国定教科书之编辑经过》,《教育通讯》1946年复刊第1卷第6期。
③ 国立编译馆:《初级小学国语常识课本》第七册,国定中小学教科书七家联合供应处1943年版。

3.普及科学,有利于传授抗战需要的基本常识,确保抗战的胜利

国定教科书在普及抗战常识、懂得科学抗战、防止不必要的损失与牺牲方面做出了很大的努力。在战争知识方面,注重战时救护、军事看护、战时医药常识、火柴、照明、烟幕、毒气、兵器、防空、警报等内容的组织;在卫生方面,国定教科书注重人体构造、预防传染病等知识的传授。这些科学常识的普及,提高了战争时期国民的素养,也有利于抗战本身的进行。

(二)国定教科书的局限

为了国家的安危,民族的兴亡,教科书国定化是能够被接受的。但如果为了国民党的"一个主义、一个政党、一个领袖"而强制实施国定教科书,从长远看,就可能事与愿违,适得其反。

国民党抗战时期的国定教科书,为统一思想、动员全民抗战发挥了重要作用,同时,国定教科书也打着三民主义的旗帜,成为维护国民党统治地位的一个重要举措。国民党推进国定教科书的最终目的是实现执政党对教学内容的掌控,清除所有不利于执政党的言论和观念,打压共产党人和共产主义思想,张扬国民党统治集团意识形态,宣示国民党政权的合法性。对此,国民党重要人物、教育部部长陈立夫有过特殊的关注,他本人对国定教科书应该传授什么制定了非常细致的规定:比如"国定本的国语、国文,是应贯彻历史、地理、公民三方面的知识,而以整个三民主义为选材的标准。所以国语、国文教材,以三民主义为纲,以党员十二守则为目"[1]。事实上,一些国定教科书对国民党党义的宣传,数量上甚至超过了抗战内容。而如前所述,早在抗战前的1927年8月,国民党就开始了通过国定教科书钳制思想的行动,南京国民政府教育行政委员会在1927年就明确提出"应赶促审查和编著教科用的图书,使与党义和教育宗旨适合"[2],只是反对强烈,收效不大。这说明抗战并不是国民党强制教科书国定的唯一动因。

可见,国民党在利用国定教科书宣传抗战的同时,也不失时机地利用它们宣扬国民党一党党义。国定教科书"以整个三民主义为选材的标准"[3],通过控制公众认识,统一思想意识和战争话语体系,力求达到促进个人对国民党蒋介石政权的高度认同。领袖偶像是国定教科书的重要内容,如《蒋主席幼年的故事》《伟大的领袖蒋主席》《蒋委员长和民族复兴》等频频出现。无论是历史还是地理,都严格遵循"遵照蒋主席训示"[4]、"总裁训示"[5]。国定教科书身上高度体现了支配集团集中控制、彻底同一化和政权合法化的权力意愿。正是制造并利用这样的教科书,国民党试图达到钳制思想与言论、划一民众精神与行为的目的。此时,教科书异变为维护"一个主义、一个党、一个领袖"的国民党意识形态的重要工具。

① 魏冰心:《国定教科书之编辑经过》,《教育通讯》1946年复刊第1卷第6期。
② 《教育界消息》,《教育杂志》1927年第19卷第8号。
③ 魏冰心:《国定教科书之编辑经过》,《教育通讯》1946年复刊第1卷第6期。
④ 国立编译馆:《初级中学地理》,国定中小学教科书七家联合供应处1946年版,第4页。
⑤ 国立编译馆:《初级中学历史》,商务印书馆1947年版,第1页。

　　国定教科书不但在内容上统一思想和话语体系,它本身的定性与存在,就意味着要消除其他非国字号的教科书生存的空间。

　　以上可以说是国定教科书的历史性局限,国民党力求强化自己的一党专制显然是逆历史潮流而动,历史最终选择了中国共产党。

　　其实,国民党的这一做法是能够被理解的。因为教科书是一种确立权威、实施规训的机制,往往与秩序、认同、归属感、共同体、国家相联系,有塑造经典偶像的功能。同时教科书也是一种排斥机制(a system of exclusion),即它排斥异己,排斥不符合主流意识形态的东西。[①] 但理解不等于认同,尤其不等于它自然能够达到预期目标。

　　国定教科书还有效果的局限。从国定教科书使用的有效性来看,当时国民党强制推进国定教科书,只允许一套教科书,以为这样能够最好地传播一个党、一个主义、一个领袖的意识形态,能够最佳地实现国民党统治的长治久安。他们没有认识到,恰好是自己寄予厚望的国定教科书未能有效实现其预期目标。教科书的国定与垄断,缺乏竞争,最终只能导致单一化、模式化,最后走入僵化。质量不高,垄断盛行,生气全无。国民党用自己的垄断性质的教科书不断削弱自己的思想根基,不断引起人们对一个主义一个党一个领袖的逆反,也不断地为自己树立了知识界的批判靶子。这可以说是效果的现实的局限。国定教科书严重偏离了自己的预期目标,正是看到国定教科书的局限与弊端,看到它并不是最佳传播意识形态的教科书,国民党内部的一批有识之士基于拯救国民党、拯救国民政府的目的,站出来坚决反对教科书国定。这些人中有吴稚晖、胡适、任鸿隽,还有顾树森、陆殿扬等国民党大佬或知识界有影响的人物,但蒋介石一直都没有醒悟。这样做的后果是离预期目标越来越远,引起越来越多人的不满,包括国民党自己内部的人。其结果是,蒋介石去世后,这一教科书很快便被推翻了。

三、南京国民政府国定教科书带来的思考

　　国民政府国定教科书的尝试,既意味着教科书的多样化发展时期的结束,也意味着特定环境下教科书的统一确实能够起到不可替代的作用。

(一)在特殊时期,教科书可以且应该快速转变职能与属性,适应政治和社会的需要

　　教科书尤其是中国的教科书,确实有能力与责任,利用自身扮演的角色,去引导人们对社会特定时期某些重要问题进行关注,促使它们进入公众思维。

　　教科书在中国传统文化中具有极高甚至神圣的地位,它潜入底层百姓家的能量、影响城乡民众的广泛性和权威性,怎么想象都不过分。特别是,教科书的海量特点,它的普及性是任何宣传文本无法比拟的,教科书具有"学童一本书,阅读一家人"的神奇作用。教科书通过传承主流社会的行为规范及价值标准,引领年轻人社会化,促进个人对国家

---

　　① 石鸥:《民国时期的一次高强度教科书控制》,《湖南师范大学教育科学学报》2014年第2期。

政权认同感的形成，这种认同感，是促使民众同心同德的基础。所以，特殊时期中的最高权力机构完全有可能采取种种措施来统整教科书，国定化教科书，以同一社会声音，控制公众认识。

正因为这样，在国家的非常时期，可以"征用"教科书，甚至使之国定化，最大限度传播非常时期国家的特殊声音，适应非常时期国家和民族的特别需要，尽可能促进人们统一思想认识，以防社会思想的分裂。特别是在民族危机的非常时刻，教科书是爱国救亡的重要推动力量，它在唤起民族觉醒方面功不可没。[①] 比如在战争时期，教科书应该义无反顾地站出来，为民族的解放、国家的安危而摇旗呐喊。

不过，即便在非常时期，国定教科书是服务于国家民族最高需要的重要途径与工具，但也不是唯一的途径与工具。抗战时期，国民党统治区使用国定教科书，宣传抗战，而共产党根据地则使用自己的教科书，同样为抗战声援，同样在抗战中做出了重要贡献。[②]

（二）正确处理非常时期和国家稳定时期教科书的关系，彰显教科书的本质功能

教科书有服务于政治需要的一面。教科书的重要功能就是主流价值观的确立和意识形态的宣传。[③] 在历史发展的进程中，不同时期的主流价值观会有差异，有时候差异还非常显著。因此，教科书必然会受到政治力量消长的左右，带有政治变动的痕迹，所以，非常时期可以用教科书国定化的手段来达成特殊的目的。统治集团总要控制教科书，实现培养人才的教育目的和国家认同的政治目的。想要在教科书中完全清除政治势力的影响是不可能的，教科书一定会也应该夹杂着时代的风雨气息。

但是，第一，教科书的发展有其自身的规律性。教科书毕竟不是战争或其他极端政治的专用宣传品，它的本质功能是启蒙，是文化的传承，是科学的播撒，它启迪智慧，开阔眼界，它增加见识，去除愚昧。当教科书过于服从服务于极端政治目的之后，教科书的启蒙精神就会消减，科学的、个性的、人本身发展的声音就会沉寂。而政治性过强、启蒙功能完全消失的教科书，最终又是无法持续生长的，是达不到预期效果的，这是前几次国定教科书黯然退出舞台的沉痛教训。好的教科书制度一定要平衡二者的关系，达到既宣传特定的信念、理想或主流意识形态，也传播人类先进文明的双重目标。意识形态性和启蒙性二者关系的处理将是未来教科书要面对的重要挑战。在国家与社会的稳定时期，教科书本质性的启蒙功能也许更为突出和重要。

第二，教科书国定虽然表面上看有利于国家意识形态的控制，但多数人认为，这样做漠视了区域间的差异性与不同学生的不同需要，也不利于竞争并在此基础上产生优质教科书。事实上，国民党国定教科书即便在抗战期间，在表达抗战素材选取上，质量也并不高，宣传抗战的气氛也不是很强烈。不论是晚清政府，还是袁世凯政府，以及南京国民党

① 石鸥等：《课本也抗战——〈国防教科书〉》，《河北师范大学学报（教育科学版）》2015年第5期。
② 石鸥等：《课本也抗战》，《课程·教材·教法》2015年第9期。
③ 石鸥等：《论教科书的基本特征》，《教育研究》2012年第4期。

政府,国定教科书都导致教科书日渐傲慢与僵化,没有了生机与活力,出现了"万马齐喑"的局面。教科书对意识形态的传播效果越来越差,信念的确立越来越难,国定教科书预期目标越来越被偏离。

原载《河北师范大学学报(教育科学版)》2016 年第 6 期

民国国立中央大学学科变革的历史考察
(1928—1937)

◎曲铁华　王丽娟*

摘　要:1928—1937 年,国立中央大学学科建设走出了理想与现实"非此即彼"的价值困惑,确立了"实践本位"新的学科建设价值观念,学科发展走出了学习引进和模仿的阶段,不断走向成熟。这一时期的中央大学学科建设是学科内在基因与外部环境互动生成的结果。具体体现于确立了"建立有机体民族文化"的学科宗旨,为大学建设提供强大的实践整合机制和新的目标导向;建构基于学科建设实践"立体化"的学科结构;建立本土化"校务会"学科管理体制。这些举措对当前我国大学学科建设具有重要的启示与借鉴价值,即大学学科建设应当凸显学科的实践批判性品质。

关键词:民国;国立中央大学;学科变革;实践本位

民国时期的国立中央大学(1928—1937,以下简称中央大学)在校长罗家伦的领导下,学科建设走出了理想与现实"非此即彼"的价值困惑,确立了"实践本位"新的学科建设价值观念,学科发展走出了学习引进和模仿的阶段,不断走向成熟。此时大学学科有效地协调了社会目标与学术目标的关系,主动追求多维文化的动态平衡。以民国国立中央大学学科建设为历史借鉴,当前大学学科建设应当凸显学科的实践批判性品质,以此建构适应我国现代化进程的学科建设的新的生长点。

一、中央大学学科变革之背景

自 19 世纪末以来,为追赶西方科学文化,我国大力引进西学,不断掀起学习西方文化的高潮。民国北洋政府时期学界各种学科的建立,都程度不同地模仿移植外国大学学科制度,造成中国大学学术现代化与我国本土资源发生冲突,出现了许多弊端及实践困境,难以收到预期的效果。

1928 年,国民政府实现了名义上的全国统一,南京国民政府成为唯一合法政府。此时由于工作重心转到经济建设上,促进了社会生产力的发展和经济的繁荣。所以,从

---

　* 作者简介:曲铁华,东北师范大学教育学部教授;王丽娟,吉林师范大学教育科学学院副教授,东北师范大学教育学部博士研究生。

1928 年到 1937 年抗战爆发前,中国的工业以 9%的增长速度快速提升,国内生产总值飞速增长,是同时期日本的三倍。中华民国也因此进入强盛时期。国民政府通过一系列的教育改革,初步发展了中国化现代大学制度,形成了中国高等教育发展的组织机构和制度规范。

这一时期伴随着学科知识的专业化,学科组织结构日趋精致化以及专业化研究队伍的出现,为大学学科发展提供了一个新的历史条件,此时学科内部要素逐渐成为推动学科持续发展的内在动力。

首先,专业性学术期刊的出现,使大学学科学术研究实现现代性的转化,学科学术研究实现由对社会功能的关注,转到对于学术功能的关注。它为学者们提供了一个相互商榷、平等交流的平台,催生了大量新学科和新成果,学人之间相互体认,凭借出版进一步拓宽自己的用武之地。

其次,国家级别的学术研究及联络机构——中央研究院的建立,为大学学科体制搭成了一个完整的结构。其完善的学术评议会制度及人才培养机制、职责分明的科研管理及考核奖励制度,使之在科学研究、人才培养及学术联络方面做出了重要贡献,标志着富于中国特色、官方出资创办经营的集中型国家学科体制的确立。

最后,大量从西方学成归国的留学生,逐渐发展成为中国科技发展的领军人物,以他们为主体,形成了中国现代职业科学家群体。此时,影响学科发展外在社会历史条件的变革与学科内在因素共同合理作用,直接推动了学术主体的素质的全面提升,使他们在推动科技本土化应用方面做出了重要贡献。

二、中央大学学科变革之表现

1927 年国民政府定都南京后,为强化国家政权,国民政府以原东南大学为基础,合并江浙九校,组建国立第四中山大学,1928 年改称国立中央大学。作为处于首都南京的一所国立大学,中央大学学科资源、学科地位及学科规模都位居全国之冠,被誉为"民国最高学府"。校长罗家伦掌校后,在对学科建设实践的批判与反思中,不断调整学科观念与行为,根基于学科建设实践活动的内在性、基础性和本体性,将学科建设主旨整合到民族复兴和国家建设的框架之下,创造性地实现了学科价值整合,使学科理想与现实价值实现了有机融合、互动统一。在对学科内外部环境变化的理性把握的基础上,动态实现学科价值目标体系创新,不断深化各相关领域的沟通协作,合理配置学科资源,实现了学科科学发现与技术创新能力的最大化。这一时期中央大学学科建设是学科内在基因与外部环境互动生成的结果。因此,其建设更具有现实感和历史感。它体现于"建立有机体民族文化"的学科宗旨、基于实践"立体化"的学科结构和本土化"校务会"学科管理体制的建立。

(一)"建立有机体民族文化"的学科宗旨

学科宗旨集中体现了学科建设的基本价值判断准则,它关乎学科的定位以及学科的根本性质。1932 年 8 月,罗家伦出任中央大学校长后,认识到办理中央大学的关键在于重树中央大学的学科精神和使命,但是,中大规模太散,难以把握,这种"散"不仅在形式上,更体现在精神上。于是,他提出"苟欲纳中央大学于轨物,因素甚多,各方面对于客观事实及民族前途之认识,尤为关键"①。于是,他对大学学科使命进行重新定位,倡导建立有机体的民族文化以振起整个民族精神的学科宗旨,为大学建设提供了强大的实践整合机制和新的目标导向,他认为:

> 中国当前的危机,其最要者,乃在缺乏一种有机体的民族文化,以振起整个民族精神。而民族文化之寄托,当然以国立大学为最重要,尤其是中央大学,须担负造成民族文化之使命,为民族求生存,使国家学术得以永久发展,使民族精神得充分振发,履行大学对于民族和国家的责任。②

何谓"有机体的民族文化"？罗家伦对它的解释是:首先,需要培育民众"中华民族共同体"强烈的民族意识;其次,使多元文化都集合在这一民族意识大旗之下,互相补充,沟通融合。他说:"无论学文的,学理的,学工的,学农的,学法的,学教育的,都应当配合得当,精神一贯,步骤整齐,向着建立民族文化的共同目标迈进。"③这就需要大学融入客观现实社会环境,为社会各行各业输出大批国家建设的有用人才,全面地、系统地推进国家经济、政治及文化等领域的规范化、和谐化发展。罗家伦以为,中国的真正危机并不仅仅是政治的腐败,其根本还在于缺乏一种具有一定凝聚力及创造力的,能够振奋民族精神、使自己立于世界民族之林的精神文化支撑。"民族有机文化"必须使民众具有"中华民族共同体"的统一意识,使其他各部分文化在这个统一意识的指引下,相互协调,配合一致,向着建立民族文化的公共理想迈进。

1932 年 10 月 11 日,中央大学举办开学典礼。在开学典礼大会上,罗家伦发表就职演说,题目是"中央大学之使命"。他认为,中央大学作为位于首都的全国大学的表率,理应承担起对于国家及民族的独特使命,也就是要为中国"建立有机体的民族文化,足以振起整个的民族精神"④。为此,中央大学就要从根本上改变原来的面貌,在承担重建民族文化之重任的同时,不断创新,引导大学学科走向综合性、研究性发展方向。这意味着中央大学将要走向与北京大学、清华大学不同的发展道路,不再仅仅关注人才培养,而以"建立有机体的民族文化"作为大学学科建设新的宗旨。

怎样才能使中央大学的这种特殊使命得以实现？罗家伦制定了六字治校谋略和四字学风建设方针。罗家伦认为,要想谋中央大学的重建,必须遵循"安定""充实""发展"三时期,这也是治校的三个阶段:安定是学术风气兴起的前提与基础,安定之后,力求充实人财物,不断增进新设备,增强大学对学术人才的吸引力,充实之后则当进行大规模的学科制度改造和有计划的学科建设。

---

① 罗家伦:《罗家伦先生文存》第 7 册,近代中国出版社 1988 年版,第 125 页。
② 罗家伦:《罗家伦先生文存》第 5 册,近代中国出版社 1988 年版,第 233 页。
③ 罗家伦:《罗家伦先生文存》第 5 册,近代中国出版社 1988 年版,第 237 页。
④ 谢泳、智效民、陈远:《逝去的大学》,同心出版社 2005 年版,第 291 页。

要实现大学学科发展需要培养新的学风,中央大学首先需要从匡正时弊入手,辅以"诚、朴、雄、伟"四字以建设学风。于是,罗家伦提出"诚、朴、雄、伟"的校训,鞭策学生,为中央大学学科理念指明了方向。

"诚",即从事学术的意念发自人内在真诚的心意,不以获得物质名利为目的,而是为了"共同信仰"而努力奋斗;学者应当具有一种使命情怀,不应把学问沦为满足自己私利的工具,他们对于中央大学所肩负的历史使命,应当发自内心地认可并加以重视。"朴",即朴素和笃实,追求学问的本质,避免流于表面的虚浮,不可将青春光阴虚度在时髦、流行的文章上面,力戒心浮气躁,崇尚笃实勤奋。"雄",即具有过人的胆识,无畏的精神气魄,以之扭转自南宋以来文人怯懦颓唐的风气,培养整个民族不卑不亢的凛然正气。"伟",即努力追求卓越,避免门户之见与裹足不前,放手开创雄图伟业。要集中精力,放开眼界,从整个民族文化的命运着眼,努力做出几件大的事业来,既不可偏狭小巧,存门户之见,也不能故步自封,怡然自满,也就是伟大崇高。

在以上学科理念的指引下,罗家伦妥当处理了大学内部存在的各种矛盾纠纷,使学校学科发展取得了历史性的飞跃,走上了制度化、规范化的发展道路。罗家伦坚信:大学通过创造一种新的风气,一定能够完成引领一个民族文化前行的使命。

罗家伦对中央大学学科教育宗旨的精深透彻的阐述,合于教育发展的规律,符合时代发展的精神内核,由于突破了传统学科价值观的局限,具有鲜明的历史进步性,对现代大学学科发展有着一定的启示。

(二)基于学科建设实践"立体化"的学科结构

民国成立以来,大学学科建设一直深陷理想与现实"非此即彼"的价值困惑之中,表现在学科结构上,就是基础理论学科与应用技术学科之间的摆动及失衡,究其原因在于"悬置"了学科实践本体形态,忽视了实践学科及其学科实践主体的各自作用及彼此的相互关系。20世纪30年代,当大学学科外部环境的变化引发其形态结构内部各构成部分的重新界定与排列时,大学学科需要在实践中实现理想与现实双重价值形态的统一。中央大学在罗家伦掌校时期,学科结构形成以综合应用学科为根基,技术实用学科与基础理论学科为两翼的"立体化"跃动型学科结构,使学科呈现螺旋式发展与波浪式前进的良性循环,三者统一于反映社会发展需要变迁与学科具体情境的实践。这体现了学科建设者理论眼光和把握时代的自觉能动精神,也体现了学科与时俱进的创新品格。罗家伦掌校时期"中央大学成为当时全国高校门类齐全、院系最多、规模最大、学科最齐全的首都大学"[①]。

首先,中央大学注重以国家建设为目的的实用技术学科。

1928年,南京国民政府建立初期,从政策上对国家建设急需发展的大学"应用技术学科"给予倾斜,一时间大学学科文实比例不协调的问题得到了很大的扭转,大学普遍进行学科调整,学生学习实用技术学科的热情高涨。另外,由于在当时日本侵略中国步步紧

---

① 张宏生、丁帆:《走近南大》,四川人民出版社2000年版,第9页。

逼的历史条件下,许多大学生抱着"实业救国"的理想,积极投身到实用技术学科的学习当中。罗家伦要把中央大学打造成复兴民族的"参谋本部",成为汇聚各类人才的储备库,大学在学科结构的调整上紧密追随国家的需要。罗家伦受命出任中央大学校长之前,中央大学学科涵盖文、理、法、教育、工、农 6 个学科门类,罗家伦到任后,为了适应社会需要及学科内在发展规律,对重大院系与学科不断进行重组与调整,学科设置以把握时代精神,适应国计民生需要为根本原则。

罗家伦对中央大学的学科发展有着明确定位:

> 我认定我们以后所有的学科,都要切合国家的需要,以后各方面的行动,要与政府有最密切的联络。我们今后一切的学科都要在一个中心目标和整个计划之下配合国家得需要。在教学的各种活动中,一定要与政府取得密切的联络。我们要使本大学变为国家定选人才的机关,要使本大学未完成全国总动员之知识上的功臣。……我们必须寻求实际的应用,尤其是要切合国家的需要,在政府的指导赞助下求实际的应用,这就是我们今后的中心政策。[1]

在这一中心政策的指导下,中大的学科调整对国家需求和现实应用给予了密切关注,并积极寻求与各级政府机构合作。1932 年,校务会议在讨论化工组的办理方针时指出,该组"应以研究国防化学及重工业之基本原料制造为主体,其对普通工业之研究仅以所费轻而需要切之化工事业为限"[2]。

1933 年,中大为指导各院系的课程修订,通过了各院系修订课程时应注意事项,其中规定当此国难严重时期,一切课程之设置,尤应特别注意有关民族生存之问题,以养成健全实用之学术人才为主旨。满足国家建设和民族救亡的需要,成为衡量知识生产价值的重要标准。1935 年,教育部在没有经费支持的情况下,训令中大筹办医学院,罗家伦多方筹措仅仅得到 3 万元,仍毅然知难而上,他后来回忆说,当时急于开办医学院有两种用意:一是准备对日作战,训练救死扶伤的人才;二是为了复兴民族,主持培养民族健康的人才。中大添办医学院,国家建设和民族救亡的需要是首要的考量,医学院的成立奠定了中大七院的格局。

1935 年,罗家伦在中大又增设工学院的水利工程系、理学院的心理学系及法学院的社会系。到 1936 年,中央大学已有 7 个学院、38 个系,共有学生 2000 余人,是当时国内系科最全和学生人数最多的大学。1937 年航空工程系成立,为加快人才培养,中大专门在 1938 年从机械、电机、土木、化工、建筑等八系修完一年级的学生中招收插班生 20 名,转入航空系二年级学习,这显示了大学在培养航空人才上的急切心态。而在训练航空机械人才上,中大不仅与航空委员会密切合作,罗家伦甚至可以越过航空委员会,向委员长随时呈报。1935 年 6 月,罗家伦便专门飞赴成都面见蒋介石,"为添设机械特别班事,有所请示"[3]。这说明国家意志和政府需求,乃至"最高领袖"的指示,已深深影响到大学的

①　罗家伦:《罗家伦先生文存》第 5 册,近代中国出版社 1988 年版,第 277 页。
②　《本校化工组办理方针案》,中国第二历史档案馆藏中央大学档案,全宗号 648,分卷号 910。
③　《中大校长罗家伦昨日回京》,《中央日报》1935 年 6 月 28 日。

办学实践。国家需求还渗透到大学课程标准之中。

鉴于国难深重，国内航空事业近乎空白的状况，中央大学在几乎没有任何学科基础的前提下，主动担当起创办航空工程学科这一任务。罗家伦极力邀请毕业于美国麻省理工学院(Massachusetts Institute of Technology)机械工程科的罗荣安归国，创建中国现代航空教育，来中央大学开办自动工程研究班，培养中国现代第一代航天专业人才。在中央大学的带动之下，当时大学的工程学科实力明显增强，已经超越了数量上的积累，达到了质量上的提升。

其次，中央大学在重视工科实用教育的同时也重视基础理论学科建设。

20世纪二三十年代大学在自然科学学科发展结构上，确实存在着较大的不平衡状态。学科有一半以上都分布于农学、生物学、医药学以及地学，这几类学科由于有着更便利的本土化研究环境与研究条件，调查研究的对象多是中国本土人们生活中的事物或现象，因此，学科本土化工作取得了很大成就。这些学科学术实践经验丰富，学科带头人多是国内与国际同行认可的、在本学科领域有突出成绩和标志性的研究成果的"大家"。而到西方留学的科学家其选择留学涵盖的学科，主要集中在物理、化学、数学和工程技术等方面，大学中的数理化及工程技术等学科的学术成果，多受西方学科发展的影响，科学家所取得的重大科技成就也多是在国外，当时中国的基础科学相当薄弱。1932年，国联教育考察团以西方传统高等教育价值观为依据，指责当时中国大学中"各科之基本要素，在教学计划上向无充分之地位，殊不知研究该科之学生，对于基本要素，必先能彻底精通，乃能对于次要方面之研究获得实益"[1]。

朱家骅担任中央大学校长时便尖锐地指出："一个大学的功课所以要各科系的打通，注重基本的功课，是要使大学毕业生具有普通的常识，了解基本的理论，并不希望把很多高深的理论和专门问题，都要一一灌输到学生的脑筋里去。"[2]他掌管教育部时仍坚定地主张：

> 大学为研究学术之所，其所研究之学科，必须由基础而专门，作有系统之研究。倘轻重倒置，先后失序，轻于基础而重于专门，先于基础而后于专门，则学生先已乱其门径，研究学术，安得有济。专门学术之研究，就体系言，决非大学四年之教育所能为功。必待学生于毕业后继续不断作专门之研究，方得有济。[3]

中央大学在重视工科实用教育的同时并没有忽视基础理论学科。罗家伦说：

> 在大学里基本理论科学尤当注重。须知应用科学是从基本科学原理中产生出来的。应用科学将来的发展，还要靠新的原理的产生，前途才有希望……若是截头去尾地片断提倡应用科学，是很危险的。科学的精神在求真理，当求真理的时候，并

---

① 国联教育考察团：《中国教育之改进》，国立编译馆1932年版。
② 中国第二历史档案馆：《中华民国史档案资料汇编》第五辑，江苏古籍出版社1994年版，第279页。
③ 《第一次中国教育年鉴》丙编，开明书局1934年版。

没有计较到他的功用。[①]

在他看来,"纯粹科学是应用科学之基础。注重应用科学而不注重纯粹科学便是饮无源之水。不但是不能进步,而且是很容易干的"[②]。

从当时中央大学理学院算学系课程的设置,可以看到其对于基础理论学科的重视。中央大学理学院算学系课程包含统筹并重的三个部分,即代数、分析与几何。大体上一年级以微积分、方程式及综合射影集合为教学重心;二年级以高等微积分、高等解析几何、高等微积分方程及实用分析为教学重心;三年级以近世代数、复变函数数论及微积分几何为教学重心;四年级则重点突击专题研究及学位论文和一些选修课程。当时在算学系讲解高等解析几何、高等分析复变数、函数论课程的是段调元;讲解微积分、微分方程式论、椭圆函数课程的是杜作梁、钱宝琮;讲解微积分几何、微分方程的是张镇谦,他们都是留学欧美的知名学者,在自己专业理论领域都做出了重大贡献。后期对微积分、射影几何及高等解析几何有着深入研究的数学家孙光远,也曾经任教于中央大学算学系。浓郁的学术传统为中央大学学术研究奠定了基础,也为其基础理论学科的发展,提供了良好的学术资源。

最后,中央大学以培养学生的基础和实践能力为目的,建立与专业培养目标相适应的实践教学体系,重视不同学科间的相互渗透与联系。

中央大学不仅注重专门的基础理论学科课程设置,而且以实验教学为平台,开设跨学科、相互合作的综合性课程,通过解决一些实际问题来提高学生的综合创造能力。即便各学科之间有着细致的专业分工,但是,中大为了不把学生知识结构囿于偏狭的领域中,要求学生在完成本系必修课基础上,到他系完成一些选修课,对自己的知识结构进行拓展与提高,防止自身知识结构失衡、知识贫乏单一,这即是"通才教育"的理念。比如中央大学的理学院下设算学、物理、化学等7个系,开设99门课程,学校将之分为甲乙两组,甲组包括数学、物理、化学、地理等课程,乙组包括动物、植物、心理等课程。甲组学生必须在院内选修普通物理、无机化学、微积分、普通生物、地学或气象等课程,任选其一;乙组学生必须在院内选修普通物理、动植物解剖、无机化学、地学或气象等课程,任选其一。最晚要在入学第三年初确定"主系"和"辅系"。"辅系"必修课程为15个学分,"主系"一般为40个学分左右,但各系要求不尽相同。

从上面的课程要求可以判断,中央大学理学院践行的是一种"通才教育"理念,学生入学以后,可以凭借本人实际情况和个人的兴趣,在学校已经开发的选修课程中进行自由选择,而并非固定于某个学系,目的在于使学生能够在全面提升自身各方面素养的基础上,个性有所发展,能够正确认识及发掘自己的潜能,为自己未来工作学习奠定坚实的基础。践行通才教育理念的关键,在于以综合实践活动课程为平台,实现多元课程整合。中央大学在当时经费短缺的现实情况下,面向全体学生,开设了大量贴近学生社会、生活与科学实践的综合实践活动课程,将实验室建设纳入学校总体规划,学校有关教学管理

---

①　罗家伦:《罗家伦先生文存》第6册,近代中国出版社1988年版,第105页。
②　罗家伦:《罗家伦先生文存》第6册,近代中国出版社1988年版,第105页。

文件对于课程实验的时间及实践的环节都作以明确规定,这为大学生提供了一个相对独立的生态化的学习空间。比如,当时中央大学物理实验室有 9 个,化学实验室有 7 个,动植物实验室有 10 个,教材中所涉及的主要实验在实验室都可以完行。地质学系为了奠定学生的感性知识基础,十分重视野外实践教学工作,每个年级都需要在规定的时间走出校门,进行野外实习,称之为"地质旅行",学生返校以后需要上交《实习总结》,这对地质学专业学生综合素质提升无疑有极大的帮助。

总而言之,中央大学通过不断改善实践教学条件,调整实践教学内容,使大学毕业生动手能力和创新能力普遍得以提升,对用人单位的适应期缩短,在一定程度上满足了社会的人才需求。

(三)本土化"校务会"学科管理体制的建立

西方学者维德罗克(Rothblatt B. Wittrock)曾说:"近代大学形成的过程,正是工业经济秩序和民族国家这一最典型、最重要的政治组织形成过程的重要组成部分。"[1]英国高等教育学家埃里克·阿什比(Eric Ashby)教授在著作《科技发达时代的大学教育》中也曾指出,国家应对大学的自由加以限制,不可任由大学自由发展。民国以来,在大学学科管理体制上一直就存在着中央集权制与大学自治权的冲突与协调。大学学科管理必须同实际的社会发展需求状况相结合,同时又保持自身的独立性时,其才能发挥正向之功能。这也是保证大学自主权的一种现实策略,这种自主权由于适应社会历史实际需要而变得越来越强大。

南京国民政府成立以后颁布《大学组织法》,各大学按《大学组织法》的规定,也进行了一定的重组。高等学校除已经有的董事会、评议会和教授会之外,国民政府还根据不同类型的学校设置不同行政管理机构与管理权限,充分发挥大学学科建设的主体作用,大学的个性更突出鲜明。在这一时期,高等教育与党国体系,知识分子与政治建立起相互联系的新关系。学者对政治的态度由消极转向积极,学术研究的方向也发生了重要变化,政治哲学成为学术研究的重中之重。"五四后不少知识精英关注重心开始由文化转向政治,并在新的意义上'再发现'了坐而言不如起而行的旧说。"[2]当时有相当一部分知识分子选择入仕的机会,科学家参政在 20 世纪 30 年代也达到了高潮。伴随着民族主义高涨,教授参与政治的途径和方式,都发生了很大的改变。作为中央大学的校长,罗家伦面临的首要问题,就是如何将师生的热情转到学术研究之中,但是,又并非纯粹以学术为中心。

罗家伦在管理方面实施的成效显著的改革之一,即采用校务会、评议会及教授会的三级会议学科管理体系,这是对于有中国特色的学科管理体制与学科教育体制的探索,其目的是为了处理好大学内部行政权力、学术权力以及民主权利、监督权力的配置和制衡关系。校务会、评议会及教授会的三级会议体系,分别负责学科管理决策领导、行政组织和民主监督职能。各级会议中由教授会选出的代表占据多数席位,教授会可以对评议

① R. B. Wittrock. *The European and American University Since* 1800: *Historical and Sociological Essays*, Cambrige: Cambridge University Press, 1993, p. 305.

② 罗志田:《激变时代的文化与政治:从新文化运动到北伐》,北京大学出版社 2006 年版,第 2—3 页。

会行使相应的否决权,实现对评议会权力的制约与制衡。经过教授会、评议会和校务会议的顺次递进,加强了校长对院长与系主任的聘任权,也强化了校务、院务及系务工作的行政联系,从系务到院务必须由系主任、院长逐层上报商承,教授治校程度有所减弱。这种"校务会"学科管理体制既与欧洲大陆模式不尽相同,原因在于大学校长不是由选举产生的,而是由教育部任命的;也与英美模式不尽相同,原因在于校外董事并不参与大学治理,学校事务全部交由校内教授与行政人员共同管理。这体现了学术与行政两种管理体系走向一体化的特色。

以中央大学教师的选聘为例。罗家伦认为,大学校长治校的"首要之举"在于人才聘用,自称"聘人是我最留心最慎重的一件事"。[①]秉公办事、以才取人是罗家伦一贯遵循的重要原则。他曾说:"抚躬自问,不曾把教学地位做过一个人情,纵然因此得罪人也是不管的。"[②]罗家伦除尽力挽留原有优良师资之外,同时对外延纳各学科业务精湛人才,以全面推进学校教学、科研的整体发展。一时间中央大学掀起了引进海外留学博士的热潮。在竭诚招揽优良师资的同时,中央大学也尽力从事教师聘任制度建设。1940年,在拟定颁发的《中央大学组织大纲》就曾规定:"本大学教师分教授、副教授、讲师、助教四种,由各院院长商承校长聘任之。"[③]其中不但说明了教师级别的分类,而且对于教师聘任程序作以规定,校长不能以个人为中心,独断一切,学校需要与学院商议,共同决定教师任用与否,这体现了教师聘任体制的民主性。

考察中央大学的教授招聘,可以看到,多数情况下,教授招聘体现了院系与学校多方"商同"的特征。一般教师聘任由院长或系主任向学校推荐,学校通过一定的考核程序对教师进行考核,大多均能任用,而院长与系主任则由校长依照规定直接聘任。例如,1928年,中文系系主任汪东之向学校推荐黄侃,经考核符合任用条件而成行;1931年3月,中大教育学院院长孟宪承向学校推荐萧孝嵘,很快就得到了学校的答复,"当时的中大朱家骅校长即致信萧氏,正式发出聘书"[④]。这反映了在中央大学施行的"教师聘任制"中,学校对于下属院系推荐意见的高度重视。这种民主与集中相互依存的人才聘任体制,切实保障了中央大学师资来源的质量。

总之,中央大学确立"实践本位"的学科建设价值观念,学科变革有效地协调了学科社会目标与学术目标的关系,不断走向成熟。此时,中央大学学科影响因素呈现良性动态"和合"之势。学科整体管理与协调能力大大提高。学科理论发展与学科社会化应用齐头并进。在具体的学科实践中,学科知识走向本土化,社会民众科学素养的提升,学科发展与社会实践的互动生成,一方面使中央大学得到了社会各行业的重视与鼎力相助,不仅"拓宽了学校研究经费渠道,还增强了学生的实际工作能力"[⑤]。另一方面,工业界与

① 罗家伦:《中央大学之回顾与前瞻》,全国图书馆文献缩微中心,1940年,第74—75页。
② 罗家伦:《中央大学之回顾与前瞻》,全国图书馆文献缩微中心,1940年,第74—75页。
③ 南京大学校庆办公室校史资料编辑组、南京大学学报编辑部:《南京大学校史资料选辑》,南京大学印刷厂1982年版(内部发行),第306页。
④ 《中大教育学院教职员任免及有关文件》,中国第二历史档案馆藏,全宗号648,案卷号1829。
⑤ 钟叔河、朱纯:《过去的大学》,长江文艺出版社2005年版,第226—231页。

科学界的接触越来越为活跃,两界人士共同协商国家经济、教育发展大计。大学学科建设与社会发展开始实现良性互动,共创双赢局面。

三、中央大学学科变革之当代启示

进入21世纪以来,我国大学学科内部规范化程度相应提高,学科外部经营环境也更加复杂多变,这引发了学科内部各构成部分的重新界定与排列,它需要学科建设"朝向事物本身",回归实践本体。以中央大学学科建设为历史借鉴,当前大学学科建设应当凸显学科的实践批判性品质,以此建构适应我国现代化进程的学科建设新的生长点。

首先,构建"一体两翼"的学科价值目标体系。学科价值目标是学科建设的出发点与归宿,它应当是由人才培养、科学研究与社会服务构成的立体多元的结构,是根据学科所处时代与地域条件,以及自身的历史和现实条件综合决定的,学科价值目标体系建构具有复杂性,动态发展性与不可确定性,需要在统筹整体利益的基础上,重视单项目标的具体环境与约束条件,实施灵活的目标方案。由于学科建设目标与学科实践使命紧密相连,在以实践为根基的基础上,需要以辩证的思想方法保持目标体系"一体两翼"恰当的张力维系与必要的动态平衡。

其次,学科结构实现实践关照。大学学科结构是指在一定学科价值观的指导下,学科系统中的组成要素间的配比关系。大学学科设置及其布局结构决定了大学基本架构,决定了大学其他结构的大致走向。从性质上看,学科结构主要体现基础学科与应用学科合理配比的关系。当前大学学科结构的战略调整,成为贯穿我国高等教育发展全过程的主攻方向,学科结构优化的实质,就是以知识创新为指导思想而对现有学科结构进行的合目的性改造。以实践价值哲学为指导,大学学科结构调整应当以适应现代产业发展优化设计为目的,同时遵循动态协调原则实现学科结构的优化统筹。

最后,建构"动态立体化"的学科管理模式。立体化管理是信息社会下关系思维在管理中的运用,它是一种动态开放的管理模式,强调管理是在人的生存实践活动中现实地生成和展开的,管理活动的本质,在于在实践中协调人与人以及人与世界的关系。大学学科立体化管理是对传统的平面化管理模式的一种改进,是适应多变的高等教育外部环境而产生的新兴的管理模式,它指的是为了确保学科核心竞争力,保持与外部信息环境变化相适应的领先性,持续给学科带来竞争优势,依据"能级"原则以及"整分合"原理,使学科内部形成优化组合的群体结构,将具有不同能量的管理者个体,有机组合成为一个稳定复杂的动态立体组织结构系统,进而实现各层级管理者责、权、利相对应,决策、执行、监督各管理环节"三位一体"的动态管理模式。它适应了社会经济结构转型价值观念多元化以及生活方式与利益关系多样化,同时,大学学科"松散连接"的内在本性,也决定了管理模式立体化转型的应然选择。

原载《现代大学教育》2016年第5期

20世纪30年代我国大规模院系整顿及其动因分析

◎斯日古楞*

摘　要:教育救国和社会发展对建设人才的需求以及有效调整文类实类学科发展的失衡现象成为20世纪30年代中国高等教育不可回避的课题。1931年开始的大规模院系整顿,通过裁并文类院系缓解法政人才供过于求的现状,通过增设实类院系培养国家所需的建设人才。大学发展也从规模扩张进入质量提升阶段,人才培养从数量的追求转向学科结构的平衡,大学院系发展在国家宏观调控下逐步规范化。

关键词:近代;大学;院系整顿

1930年3月,国民政府教育部完成《改进全国教育方案》,同年5月开始视察大学,1931年后开始了大规模院系整顿。此次整顿主要表现为裁并文科类院系,缓解法政人才供过于求的现状,增设理科类院系,培养国家所需的国防建设人才。

一、大学院系整顿与人才需求的平衡

1930年4月全国第二次教育会议通过《改进高等教育计划》,"关于改进高等教育较为详细,主要用于充实国立大学"[1]。国立大学从规模扩张进入质量提升阶段,人才培养从数量的追求转向学科结构的平衡,大学院系发展在国家宏观调控下逐步规范化。

(一)裁并文类院系

"文类"和"实类"划分是按照当时国民政府教育部的分析框架采用的专用词,通常"文类"包括文、法、教育和商学等学科门类,而"实类"包括理、工、农、医学等学科门类。以北平的五所国立大学为例,进入院系调整范围的是国立北平大学、国立北平师范大学和国立清华大学,其中院系调整幅度最大的是国立北平大学。随着大学区制的废止,国立北平大学的北大学院、第二工学院、两个师范学院先后独立或他并。相较于北平其他国立大学,国立北平大学的设备不完善,学潮又不断,政府令其1932年下半年女子文理

---

　* 作者简介:斯日古楞,内蒙古师范大学教育科学学院教授。
　① 吴惠龄:《北京高等教育史料》第一集,北京师范大学出版社1992年版,第418页。

学院和法学院暂停招生,以期加以整理和改善。在北平的国立大学中,除国立交通大学北平分院不设文、理、法学院之外,其余四所都设置文、理学院或文、理、法学院。面对北平地区法政人才供过于求的局面,国立清华大学法律系被限制招生。1932 年 5 月 16 日教育部训令清华大学"下学期起暂缓招收法律系学生"①,而在 1934 年教育部训令中规定,"法学院法律系并应遵照叠次训令,即行结束"②。不论是国立北平师范大学裁撤社会系,还是国立清华大学裁撤法律系,都说明教育部此时对法政人才培养采取限制性措施,防止其过度发展导致法政人才的过剩。

上海的三所国立大学重复设置的学院,主要有工学院和商学院。工科人才是国家建设所需人才,部令加强建设。商科方面,国立暨南大学为华侨教育的先声,主要办学目的是把华侨子弟培养成为合格的师资或商务人才,所以商科是其特色学科门类。国立交通大学商科其实只有管理学院,主要是铁道管理专业,与交通大学特色也完全吻合。由于各设所需,也就不属于同一区域院系骈设的范围,没有归入教育部限制和裁撤院系范围。

国立中央大学由于 1932 年 6 月 29 日学生殴打代理校长段锡朋(教育部政务次长)一事,经过一段时间的整顿,1932 年起大学院系多有变动。商、医两学院独立为国立上海商学院及国立上海医学院,通过两年的院系整理,从 1931 年的 8 院 40 系科缩减到 1934 年的 6 院 30 系科,"将繁复之教育社会系等,从事归并,而将较切于国家实际需要之学系,如工学院之化工系,农学院之园艺蚕桑等系,予以恢复"③。1936 年增设医学院,"二十五年则奉部令将社会及蚕桑两系裁并,则一部分课程并入他系开设"④。社会学系裁并于哲学系。除了上述国立大学院系调整,国立四川大学在 1933 年 3 月迫于经济困境,裁撤教育学院,"所属教育系、艺术专修科、体育专修科并入文学院"⑤。"民国二十一年九月国立武汉大学法学院之商学系并入经济学系。"⑥

从国立大学院系裁撤或裁并情况看,裁撤院系主要包括艺术学院、法学院、社会学系、法律学系等,裁并院系主要包括商学院裁并于法学院,教育学院裁并于文学院。总体趋势上文类院系调整较大,被调整学科门类以法学、教育学、商学为主。尤其是面对法政人才供过于求的局面,大规模院系整顿中法律学科成为裁并或调整的首要目标。说明此次大规模院系整顿不是盲目进行,而是针对社会需求与大学人才培养之间的矛盾,有计划、有组织、有针对性地开展的一次大学学科调整活动。

(二)增设实类院系

1932 年 7 月朱家骅在《国立专科以上学校校长会议决议案》中提出,注重农、工、医、理学院,先行充实农、工、医、理学院的决议,"请由教育部调查全国各大学现有学科之特

---

① 《教部令清华停办法律系》,《申报》1932 年 5 月 17 日。
② 中国第二历史档案馆编:《中华民国史档案资料汇编》第五辑,江苏古籍出版社 1994 年版,第 201 页。
③ 《两年来之中央大学》,《申报》1934 年 6 月 23 日。
④ 《中央大学之最近四年》,《申报》1936 年 9 月 7 日。
⑤ 四川大学校史编写组:《四川大学史稿》,四川大学出版社 1985 年版,第 172 页。
⑥ 陈明章:《学府纪闻·国立武汉大学》,台湾南京出版有限公司 1981 年版,第 7 页。

点,就该科增设有关国防学科"①。随后,国立清华大学和国立山东大学增设工、农学院,国立中山大学增设工学院,国立武汉大学和国立四川大学增设农学院,国立中央大学增设了医学院。

具体而言,1932 年 5 月 16 日教育部训令国立清华大学"就财力所能及积极扩充工学院"②,根据当局决定,"民国廿一年(1932)呈准教育部添设机械工程学系、电机工程学系,合原有之土木工程学系,成立工学院"③。梅贻琦校长在制定工学院学科建设政策时强调,工学院应当培养工业组织人才,尤其是国家目前最迫切需要的工业建设的领袖。"为了配合国防需要,清华工学院机械系于 1934 年设航空组"④,并于 1936 年 11 月在南昌设立了航空研究所,以求推动航空事业的研究与发展。1936 年 4 月 1 日长沙电,"清华大学在岳麓山建农学院,一日成立工程处"⑤。济南 1932 年 7 月 15 日电,"文理两院并为文理学院,设青岛。理学院数学物理两系,并为数理系,教育学院停办,在文学院内设教育讲座"⑥。1932 年秋,中国文学系和外国文学系暂停招生,增设工学院,下设土木工程、机械工程两系,招一年级新生,在青岛授课。1934 年 5 月 3 日济南电,国立山东大学在济南设立农学院,"注重研究与推广,造就本省需要之农业人才"⑦,并与山东省教育厅合作,本省乡师三四年级学生可以入院研究。

国立中山大学曾于 1931 年重组工科筹备委员会,但在同年秋解散该委员会,理学院内设土木工程系和化学工程系,变通办理理工学院。1932 年邹鲁掌校后,鉴于国家急需工业技术人才,8 月成立工学院筹备委员会,聘肖冠英为筹备委员会主席,由刘均衡、曾广弼等 24 人组成委员。经过 2 年的筹备工作,"该委员会开会凡十一次,各委员分工合作,订学则,编课程,置设备,建院舍,积极进行。二十三年八月工学院卒以筹备完竣而组织成立,分设土木工程、化学工程、机械工程、电气工程四学系"⑧。国立武汉大学工学院 1931 年时仅有土木工程学系,邵逸舟负责。1933 年 4 月"校务会议议决自下半年度起工学院增设机械工程学系"⑨,工学院在原有土木工程系和机械工程系基础上,1935 年 8 月增加电机工程学系。1933 年 9 月成立农学院筹备处,"二十五年农学院成立,设立农艺系"⑩。国立四川大学 1931 年由国立成都大学、国立成都师范大学和公立四川大学合并而成时,公立四川大学农科学院独立为四川省立农学院。"1935 年秋,经教育部批准,该院重新回归川大,同时将重庆大学农学系并入"⑪,下设农学系、园艺系、病虫害系和林学系。仁鸿隽于 1935 年 8 月继王兆荣后担任校长,从当时四川经济建设需要出发,深感农

① 辛树帜:《第一次中国教育年鉴》(第二册 丙编),传记文学出版社 1971 年影印本,第 330 页。
② 《教部令清华停办法律系》,《申报》1932 年 5 月 17 日。
③ 陈明章:《学府纪闻·国立清华大学》,台湾南京出版有限公司 1981 年版,第 76 页。
④ 苏云峰:《从清华学堂到清华大学 1928—1937》,生活·读书·新知三联书店 2001 年版,第 54 页。
⑤ 《清华大学积极在湘设校》,《申报》1936 年 4 月 2 日。
⑥ 《青大改为山东大学》,《申报》1932 年 7 月 27 日。
⑦ 《山东大学设农学院》,《申报》1934 年 5 月 4 日。
⑧ 国立中山大学秘书处:《国立中山大学现况(民国二十四年)》,传记文学出版社 1971 年影印本,第 244 页。
⑨ 国立武汉大学:《国立武汉大学一览(民国二十四年)》,传记文学出版社 1971 年影印本,第 18 页。
⑩ 陈明章:《学府纪闻·国立武汉大学》,台湾南京出版有限公司 1981 年版,第 7 页。
⑪ 四川大学校史编写组:《四川大学史稿》,四川大学出版社 1985 年版,第 205 页。

业科学研究水平低下,于是拨款 2 万余元扩充农学院硬件条件,1936 年寒假后,增设畜牧研究室、农业化学研究室和农业经济研究室等。

由于当时国家缺乏医学人才,国民政府特令国立中央大学,"应即添办医学院,于下年度开始招生,以应国家急需……去年暑假招考新生,共录取二十八名,实际到校者二十五名"①。国立中央大学 1935 年招收医学科学生,正式成立医学院,同年设立牙医专科学校,1936 年下学期添设解剖学、生理学、生物化学、病理学、药物学和细菌学六个实验室。

国立浙江大学从 1932 年起工学院增设机械工程学系。1936 年 7 月农学院变更组织,将原来的农业植物学、农业动物学、农业社会学三系扩充为农艺、园艺、蚕桑、病虫害、农业经济五系。国立交通大学沪校土木工程学院在铁道、市政和构造门之外,于 1933 年增设道路门,机械工程学院在工业、铁道门之外,于 1934 年增设汽车工程门,一年后该门改为自动车工程门,分汽车及飞机两组,在交通工程领域开辟了新的领域。国立暨南大学也在战后积极恢复教学,1932 年新学期开始后"理学院扩充实验室,增添仪器标本及化学用品凡四万余元,注重实验,使学生手脑一致,培养切于实际需要之建设人才"②,在教育部积欠经费情况下,筹募基金改善教学研究。

(三)人才需求的相对平衡

改革的成效表现在实类毕业生人数和比例的大幅增加上,见图 1、图 2。

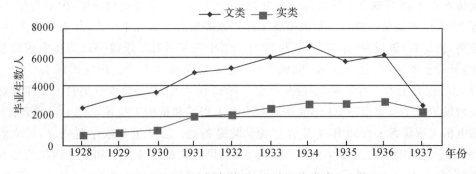

图 1　1927—1937 年专科以上文类和实类毕业生数

如图 1、图 2 所示,以文、法、教育、商科为主的文类毕业生数一直到 1934 年还占绝对优势,1935 年开始下滑,1937 年明显下降,总数比上一年骤减 3000 多人。以理、工、农、医学为主的实类毕业生数一直稳步上升,总体的比例最初不到 25%,1937 年时接近 50%。

按照 1929 年《大学组织法》中各学院学制规定,医学院为 5 年制,其他各学院按 4 年制计算,1935 年后文类毕业生数下降趋势说明,1931 年起文类招生人数得到有效控制。1935、1936、1937 年实类毕业生比例提升同样证明 1931 年后实类招生比例有了明显的提升,也折射出当时对实类人才的需求与重视程度。1934 年后实类招生人数更是大幅提升,见表 1。

---

① 中国第二历史档案馆编:《中华民国史档案资料汇编》第五辑,江苏古籍出版社 1994 年版,第 206、209 页。
② 《暨南大学之新发展》,《申报》1932 年 10 月 17 日。

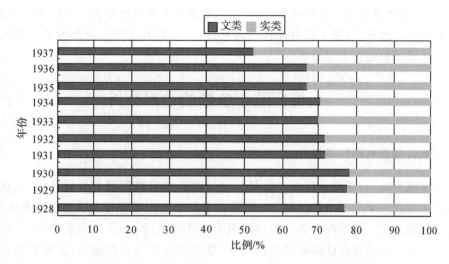

图 2　1927—1937 年专科以上文类和实类毕业生比例条形图

数据来源:中国第二历史档案馆编:《中华民国史档案资料汇编》第五辑,江苏古籍出版社 1994 年版,第 334—337 页。

表 1　1933—1935 年度全国专科以上学校录取新生统计

学科类别		1933 年	1934 年	1935 年
文类	合计	5142	6440	6118
	文	2246	2440	2280
	法	1791	2154	1804
	教育	655	893	1120
	商	450	953	914
实类	合计	3391	5480	6415
	理	1474	1294	2702
	农	441	683	694
	工	1027	1999	2332
	医	449	604	687
总计		8533	11920	12543

数据来源:《最近五年度全国高教录取新生之科别》,《申报》1936 年 7 月 14 日。

　　如表 1 所示,1934 年工、农、医学院新生增幅达到 95%、55% 和 35%,仅次于商学院,排在前四位,1935 年新生数首次实现实类生超出文类生。具体招生人数方面,理学院排第一,工学院第二,院系整顿工作初见效果。

　　看到成效的同时,不可否认大学院系整顿的严峻性。由于大学文、法学院基数大,即便采取暂停招生或限制招生人数的政策,学生总量还是难以在短期内控制到适度比例。直到 1936 年教育部还在控制文、法科学科门类的招生人数,"各大学设有文法商教育等学院,独立学院设有文法商教育等学科者,每一学系或专修科所招新生及转学生之数额,除具成绩特优等情形,经部于招考前特许者外,以三十名为限"①。由此可见当时国民政府对大学院系整顿的决心与力度。

二、大规模院系整顿的动因分析

(一)教育救国的迫切需要

大规模院系整顿,主观上离不开时任教育部部长朱家骅的努力与建议,客观现实也不得不让人反思大学发展以及国家存亡问题。朱家骅本人是教育救国思想的主张者,是中国近代化的先驱。戴季陶曾公开说中国只有一个半人才,一个指朱家骅,半个指易培基。从以同盟会会员身份助阵辛亥革命,到以学者身份参与五四运动,甚至不怕北洋政府的通缉,组织参与反帝国主义运动,均显示出朱家骅极大的爱国热忱。作为一名教育工作者,朱家骅积极投身教育事业,一心一意办好教育培养人才,历史见证了这位中国近代化先驱人物朴素的教育救国信念。

"九一八"事件后,举国上下急切关注教育救国问题,"一•二八"事件后,人们更加觉悟国难当头教育对国家社会建设的重要性,坚定走教育救国的道路。在征求全国各大学、独立学院、专门学校校长以及教育专家的意见后,全国高等教育问题谈论会于1932年7月15—17日在八仙桥青年会开会。此次会议主要意图是讨论如何改善大学和如何研究中国的生存问题。沪江大学刘湛恩致欢迎词时提出当前国内"许多大学是大而不学,还有是不大不学"②,说明民国成立后近20年间大学发展出现的盲目扩张和成绩不佳问题,证明20世纪30年代大规模院系整顿不但必要,还是急需解决的教育问题之一。

(二)大学院系的重复设置

1932年7月25日,教育部部长朱家骅在《政府整理大学办法之说明》中指出:"就国立及省立之大学与独立学院而言,毕业生成绩之不良,程度之低劣,设备之欠缺,研究学术风尚之不竞,几为普遍之现象。然最觉引以为遗憾者,即为办理之无方针、无计划,设大学,立院系,每忽略客观之环境及其具备之基础,相互仿效,企慕虚荣,从事铺张,专务粉饰。"③以大学较集中的北平为例,"北平一市,公私立大学及独立学院共十二处,凡分学院三十余,学系一百三十余,计文学院法学院各十院,理学院七院,其他各有一二院"④。同一区域院系重复设置情况可见一斑。

《九个月来教育部整理全国教育之说明》(1932年11月)中对大学院系骈设问题做了如下解释:同一区域设置同类学院须视其是否超过需要,如为超过需要,即为骈设,应予

---

① 《各大学招收新生教部通令限制》,《申报》1936年4月18日。
② 《全国高等教育问题谈论会第一日》,《申报》1932年7月15日。
③ 《朱家骅对政府整理大学办法之说明》,《申报》1932年7月25日。
④ 辛树帜:《第一次中国教育年鉴》第二册,台湾传记文学出版社1971年影印本,第348页。

至于大学分设院系,亦应视设备是否充分,管理是否便利,施以限制。1932 年 12 月 21 日国民党第四届中央执行委员会第三次全体会议通过了《关于整顿学校教育造就适用人才案》。该案就国民教育、生产教育、师资教育和人才教育四个方面提出具体整顿原则,其中关于人才教育主张重质不重量,对现存大学和中学严加整顿,"现有之国立省立或私立大学,应由教育部严加整理,同一地方院系重复者,力求归并,成绩太差、学风嚣张者,应即停办"①。

(三)社会所需人才的缺乏

民国成立以来全国专科以上学校毕业生数逐年增加,相反政局纷争导致整个社会事业不太发达。二者间的矛盾冲突使高校毕业生就业形势成为当时社会关注的焦点之一。1912—1931 年全国专科以上学校毕业生数从 490 人增加到 7034 人,比较文类和实类毕业生比例,便清楚地看到二者的差距与偏态发展状况,见图 3。

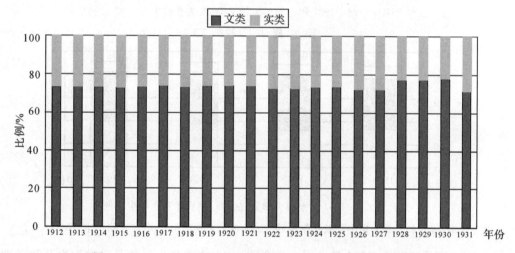

图 3 1912—1931 年专科以上学校毕业生中文类、实类毕业生比例

数据来源:中国第二历史档案馆编:《中华民国史档案资料汇编》第五辑,江苏古籍出版社 1994 年版,第 334—337 页。

如图所示,民国成立后近 20 年时间里大学及专门学校毕业生中文类毕业生数占绝对优势。相较于文类,实类人才平均不到毕业生总数的三分之一。"因每年毕业人数之增加,而出路未能供求相应,则失业为事所恒有,据最近二十二三四三个年度之调查统计,全国专科以上学校毕业生,共二万六千九百五十九人,其中失业者约占全数百分之十三,而计百分之十三大致多为文法两科毕业生,教育商业者极少,理工农医者多有所就业。"②这就导致"现实大学毕业生,非国家所真正需要的人才"③,进一步证明大学毕业生就业困难不是普遍现象,而是文类毕业生中文、法科毕业生过多导致的结构性失业。

① 中国第二历史档案馆编:《中华民国史档案资料汇编》第五辑,江苏古籍出版社 1994 年版,第 1052 页。
② 《全国高等教育趋势及历年毕业生人数》,《申报》1936 年 8 月 23 日。
③ 《中央与国府纪念周》,《申报》1931 年 9 月 1 日。

国民政府建立后全国大学在校生数也能说明文、法科畸形发展问题。据《第一次中国教育年鉴》民国十七至二十年度（1928—1931）大学教育概况，全国大学各院学生数统计见图4、图5。

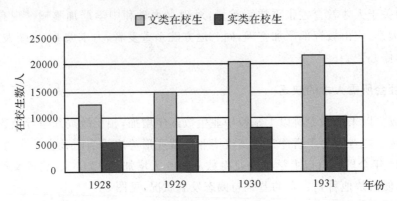

图4　1928—1931年全国各大学文类、实类在校生数比较

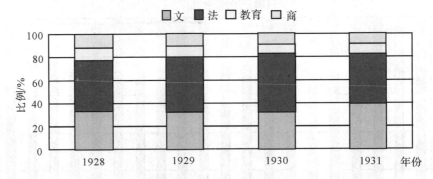

图5　1928—1931年全国大学文、法、商、教育学科在校生比例

数据来源：辛树帜：《第一次中国教育年鉴》第二册，传记文学出版社1971年影印本，第344页。

如图4所示，1928—1931年全国大学在校生中，文类学生总数是实类学生总数的两倍多，从每年度学生数比例看，实类生比例不及在校生总数的三分之一。由此判断，大规模院系整顿之前全国大学学科设置中文类学科发展充分，具体到文类各个学科门类中，尤其以文、法学科门类发展最突显，而教育学和商学门类学生仅占文类学生总数的20%左右。因此，在当时大学学科设置方面，文类不仅占据绝对优势，且偏向发展了文、法两大学科门类，导致大学文、法类学科畸形发展。中国华侨教育的创始人郑洪年1933年对当时国内高等教育出现的上述现象作了高度概括，"国内现有高等教育过于侧重人文，忽视生产，形成人才过剩与缺乏之矛盾现象"[1]，道出了文法人才过剩与建设人才缺乏的矛盾。社会发展对建设人才的需求以及有效调整文类和实类学科发展出现的失衡与矛盾现象成为当时国内高等教育不可回避的研究课题。

---

[1]　上海新闻社编：《一九三三年之上海教育》，上海新闻社1934年版，第C3页。

第三次全国教育会议与抗战初期高等教育改革

◎于　潇*

摘　要：抗战初期高等教育发展呈现出许多问题，召开于 1939 年的第三次全国教育会议商讨通过多项高等教育的相关提案。会后，这些提案形成多项教育政策文件，在优化高校地域布局及院系设置、规范教师资格、提升学术质量等方面做出了较大贡献。

关键词：第三次全国教育会议；抗战初期；高等教育

南京国民政府成立后的十余年时间里，国内局势相对平稳，高等教育事业取得了长足发展。不过，1937 年"卢沟桥事变"的爆发，日本帝国主义的全面侵华严重破坏了我国社会的发展进程，高等教育事业也难以幸免。据统计，截至 1938 年 12 月，各大学的设备及图书仪器遭轰炸损毁大半，战前大学及专科以上学校数为 108 所，抗战 18 个月后，大学及专科以上学校 14 所受极大损坏，18 所无法继续办学，73 所在迁移中勉强上课。[①] 战时许多高校被迫内迁，开启了一段悲壮的"文化苦旅"。诚然，高校内迁在一定程度上保存了国家的教育实力，但在这个过程中也存在许多问题。

1939 年 3 月 1 日，意图商定抗战期间教育发展战略的第三次全国教育会议在重庆召开，会议历时 9 天，高等教育作为专项议题得到会议代表们的高度关注。据统计，会议共审议通过高等教育相关提案 16 件，涉及高校设置、教师资格以及学术研究等众多内容。会后，相关提案形成多项教育政策，为战时高等教育实力的保存与发展做出了不小贡献。

一、会议与高校及院系设置的变动

由于众多高校内迁，原来的学校布局被彻底打乱，一时间某些地区的院校陡增，而另外一些地区的院校骤减或几乎全部消失，并且某些学校因局势变化一迁再迁。同时，高校的内迁使得某些院系及专业的设置重叠。上述问题的解决方案均在会议提案中有所体现。

教育部提交的"高等教育改进案"（以下称"改进案"）提出了若干建议：依据交通、人口及经济等情形，将全国划分为若干大学区，每区至少设有一所大学；在适宜地点筹建

---

* 作者简介：于潇，宁波大学教师教育学院副教授。

[①] 《教育短讯：抗战以来的文化损失》，《教育杂志》1939 年第 5 期。

农、工、商、医等专科学校或学院,以各省酌设一所为原则,与生产机关密切联系;迁入西南各省专科以上学校众多,战后应有通盘计划;过分重复者应归并,余者照常设置;酌情对私立专科以上学校的设置予以限制或奖励。

非教育部提案多从加强院系与抗战联系、力倡设置实科类和技术类大学或学院以及筹设高校于边疆地区等方面提出建议,这些提案主要有"应积极充分设备各大学院系与抗战有关之部门以加强抗战案""请设立国立药学院案""扩充西北医学教育案"和"全国大专科学校应分设至以提高边疆省份之文化案"等。

会后约 6 个月,即 1939 年 9 月 4 日,教育部颁布《大学及独立学院各学系名称令》,旨在解决高校院系名称杂乱无章的问题。1940 年 5 月,教育部公布《专科以上学校分布原则》,要求根据各地政治、经济和文化等情况,酌设或整改大学及院系,"应就全国地域予以适宜之分布"。关于农、工、商、医学院及专科学校设置和迁入院校整改及私立专科以上学校设立等问题与教育部提案的建议大体相仿,其规定更加详细。①

根据上述文件,各地高校进行了相应调整。1939 年 9 月,教育部决定将广西大学由省立改为国立,任命马君武为校长。② 1940 年 8 月,为了发展贵州工业以利增强抗战力量,教育部决定筹设贵州农工学院。③ 1941 年,教育部令香港南华大学停办,在贵州、福建和湖北筹设或恢复师范学校的建议也得到国民政府的批准。④ 在院系整改方面:1939 年 12 月 15 日,四川省政府决议重庆大学增商学院。⑤ 1940 年 4 月,复旦大学添茶叶系,拟培养"茶叶专才"。⑥ 1941 年 2 月,江苏省立教育学院添设的文、史、地专修科开始招生。⑦

教育部 1940 年度的工作报告显示,在此一年中,增设的专科以上学校以专门科学校为主,共计 20 所,分别为:国立 4 所,省立 10 所,私立 6 所。科系方面,各校共新增 112 个。⑧ 据相关数据统计,会议结束后的三年时间里,从数量上看,教育部整顿高校和院系设置的工作大有起色,各项数据不仅未因战乱而减少,反而均有明显提升,如表 1 所示。可见,尽管教育会议所拟定的战时高校发展计划是一种非常举措,但是客观上初步解决了战时国内高校布局失衡问题。

---

① 中国第二历史档案馆编:《中华民国史档案资料汇编》第五辑,江苏古籍出版社 1997 年版,第 709—712 页。
② 中国第二历史档案馆编:《中华民国史档案资料汇编》第五辑,江苏古籍出版社 1997 年版,第 842—844 页;《广西大学改为国立》,《申报》1939 年 9 月 13 日。
③ 《教部设立贵州农工学院》,《申报》1940 年 8 月 1 日。
④ 《教部令南华大学停办》,《申报》1941 年 2 月 15 日;杜元载:《革命文献第五十八辑:抗战时期教育》,兴台印刷厂,1972 年,第 197 页。
⑤ 《川政府议决重大增商学院》,《申报》1939 年 12 月 17 日。
⑥ 《复旦大学创设茶叶系》,《申报》1940 年 4 月 6 日。
⑦ 《苏省立教育学院文史地专修科二月中旬在兴化招生》,《申报》1941 年 1 月 20 日。
⑧ 杜元载:《革命文献第五十八辑:抗战时期教育》,兴台印刷厂,1972 年,第 212 页。

表 1　1938—1942 年全国高校和学院、学系、学科数量明细

年份	高校数（所）	学院数（个）	学系数（个）	科数（个）
1938	97	163	540	77
1939	101	170	585	84
1940	113	192	693	135
1941	129	192	725	180
1942	132	197	720	194
1938—1942 年增加数	35	34	180	117

资料来源：中国第二历史档案馆编：《中华民国史档案资料汇编》第五辑，江苏古籍出版社 1997 年版，第 778—782 页。

当然，高校及学院、学系、学科等数量的增加只能代表一个侧面，其质量的提升同样重要，这也是第三次全国教育会议讨论的焦点之一，许多提案就提升高校质量献计献策。

二、会议与高校教师资格认定的规范化

"高等教育改进案"建议，大学教师应分为"正教授、教授、副教授、讲师、助教五级"，其中"正教授"是新增层级，由国家授予。大学教师资格应以"学历、教学经验与成绩、品德及著作"为标准，其升格、待遇和任职等应由教育部订定条例。同时，"改进案"建议设立审查教员资格的机构——学术审议委员会，委员由教育部聘请"大学校长及学术界权威"担任。其他提案主要有"各国立大学之经费应为合理的分配教授应平等待遇案""请予国立专科以上各校教授有出国研究之机会案"和"保障专科以上之教员或教授俾学术得以深造案"等，它们分别从教师待遇、教授深造和创造良好的学术条件等方面提出了意见。

会后，教育部颁布的政策文件及推行的举措多与会议成果有关。为了更好地解决教师资格及待遇等问题，会议有关设立学术审议委员会的提议被教育部率先推行。在审议委员选举办法出台后，教育部通令专科以上学校校长与院长依据选举办法确定人选。1940 年 3 月，共推选出 13 人。同时，教育部聘任委员 12 人，另有教育部部长、次长和高等教育司司长 4 人为当然委员，最终学术审议委员会委员为 29 人。[①] 5 月 11 至 13 日，学术审议委员会举行第一次会议，拟具了教员资格审查、待遇及聘任等相关条例。12 月 6 日，学术委员会举行第一次常务委员会议，议决通过第一次会议的有关提议，并决定设置

[①] 《高等教育动态：组织学术审议委员会》，《高等教育季刊》（创刊号）1941 年第 1 期。学术审议委员会委员 29 人，共分为当然委员 4 人，聘任委员 25 人。当然委员：陈立夫、顾毓琇、余井塘、吴俊升。聘任委员：吴稚晖、朱家骅、王世杰、曾养甫、郭任远、颜福庆、陈大齐、冯友兰、傅斯年、罗家伦、程天放、张道藩、马约翰、滕固、郑树文、陈布雷、蒋梦麟、竺可桢、胡庶华、周鲠生、吴有训、茅以升、马寅初、张君劢和赵兰坪。

部聘教授。① 1940 年 8 月,教育部颁行《大学及独立学院教员聘任待遇暂行规程》,规定了大学教师薪级和数额,使战时大学教师待遇有章可循。同月,《大学及独立学院教员资格审查暂行规程实施细则》颁布,规定大学教师分为"教授、副教授、讲师、助教四等",各级教师的资格均有说明。10 月 4 日,针对教师资格审查问题,教育部又推出《大学及独立学院教员资格审查暂行规程》。时隔 3 个月,《专科学校教员应分为教授、副教授、讲师及助教四等其资格之审查悉依大学及独立学院教员资格审查暂行规程办理》公布实施。会议关于添设"正教授"的建议由教育部学术审议委员会决议采纳为设立"部聘教授",这体现在 1941 年 6 月 3 日公布的《教育部设置部聘教授办法》中,该令提出部聘教授应符合三个条件,"在国立大学或独立学院任教授十年以上者;教学确有成绩,声誉卓著者;对于所任学科有专门著作,且具有特殊贡献者",并对聘任办法予以阐释。② 就此,战时大学教师资格认定、待遇等问题得到了一定程度的解决。

三、会议与高校学术研究的强化

科研是高等教育承担的主要职责之一,也是体现高校质量的重要指标,"改进案"对此也提出若干建议。各大学及研究院所应以"民族立场和科学方法"对本国文化详加探讨,加强对国外文化的呈现、引进与本土化的研究,应注重与其他相关研究机关合作。再者,"改进案"主张订定"奖励学术研究、技术发明及著作办法",拓展编译馆工作——编译中外文化专著,设立学术审议委员会负责"学术文化之行政事项"。关于提升大学学术研究的其他提案较多,其主张多与"改进案"观点相近,这些提案主要有:"组设各科学术研究会以提高全国文化水准案""拟请中央促进各大学(或独立学院)与地方政府技术合作案"和"请政府实行扩充国立编译馆案"等。

会后,大学学术研究的改进工作相继展开。1939 年 6 月 23 日,教育部颁布《修正大学研究院暂行组织规程》,规定研究院分"文、理、法、教育、农、工、商、医等研究所","凡具备三研究所以上者",才可以称研究院。再者,该令对研究院所的系部划分、经费调拨、领导选派和招生等问题给予规定。③ 据此,科研院所的整改工作陆续进行。1939 年 6 月,北京大学文科研究所恢复招生,7 月和 8 月举行两次考试,共招收研究生 10 名。④ 1940 年,清华大学设立国情普查研究所,从事人口、农业等方面的普查工作。⑤ 1941 年 9 月,西北农学院农田水利研究所开始招考,拟招收 5 名研究生。⑥ 同时,中央大学、西南联合大学

---

① 《教育部学术委员会第一次会议》《教育部学术委员会第一次常务会议》,《高等教育季刊》(创刊号)1941 年第 1 期。
② 中国第二历史档案馆编:《中华民国史档案资料汇编》第五辑,江苏古籍出版社 1997 年版,第 716—718、723—724 页。
③ 中国第二历史档案馆编:《中华民国史档案资料汇编》第五辑,江苏古籍出版社 1997 年版,第 705—707 页。
④ 《北大文科研究所招研究生》,《申报》1939 年 6 月 13 日。
⑤ 《清华大学设立国情普查研究所》,《申报》1940 年 8 月 15 日。
⑥ 《农田水利研究所筹备就绪》,《申报》1941 年 8 月 20 日。

和武汉大学等校的研究所相继添设学部,以增强学术研究水平。[①] 此外,为了加强研究本国文化、增强与国外联系,西南各省筹设中华文化学院,华中大学则加强了对文史问题的研讨。[②]

会议关于大学与其他机关合作的建议也得到贯彻。会后不久,国立西北工学院增设工程学术推广部,与陕西、宁夏等省政府及生产机关合作,推进地区工业事业。[③] 因中国与法国合资从事西南建设事业缺乏专门人才,故震旦大学受委托培养专门建设人才,以应社会需要。[④] 1941 年,国立武汉大学筹设工厂一所,供学生实习,因抗战需要,工厂制造大批机件供相关机构使用。[⑤] 此后,教育部公布了《农林技术机关与农林教育机关联系与合作办法大纲》和《政府机关委托大学教授从事研究办法大纲》等政策文件,以保证大学与政府及社会各机关的通力合作,及时为抗战输送物资。

为了提高教师从事科研的积极性,教育部于 1941 年拨专款 10 万元,用于奖励在著作撰写、科技发明和艺术创作等方面做出贡献的研究者。[⑥] 1943 年 10 月 30 日,教育部公布《国立专科以上学校教员支给学术研究补助费暂行办法》,为从事学术研究的教师提供一定的经济保障。

其实,上述多项举措是由第三次全国教育会议主张设立的教育部学术审议委员会拟定的。该组织曾多次开会商讨大学科研问题,为提升学术研究水平做出了不小的贡献。

四、结　语

在抗日战争处于相持阶段、文教事业遭受重创之际,出于抗战建国的考虑,国民政府决定召开第三次全国教育会议,高等教育作为重要议题位列其中。针对高校被迫内迁凸显出的许多问题——院校布局失衡、系科设置多有重合和教学质量降低等,第三次全国教育会议议决了不少提案,并在会后得到了积极落实。如教育部公布的《专科以上学校分布原则》规定,各地筹建高校与拆并院系时,力求地域平衡,添设时以工、商、农等实用类专业为主。教育部颁布的《教育部设置部聘教授办法》和《修正大学研究院暂行组织规程》等政策多是对会议提案的回应。再如,会后不久,教育部组建了会议所倡导的学术审议委员会,专门负责审查教员和推进科研等工作。

可以说,第三次全国教育会议适应了战时社会的特殊需要,在一定程度上降低了抗战给高等教育发展带来的负面影响,为推动高校地域布局及院系设置的优化、大学教学与学术质量的提升等方面起到了较大的推动作用。

---

① 《国内各大学研究所添学部》,《申报》1941 年 10 月 17 日。
② 《西南各省筹设中华文化学院》,《申报》1941 年 2 月 8 日。
③ 《国立西北工学院近讯:设工程学术推广部与各方办各项工业》,《申报》1939 年 6 月 20 日。
④ 《震旦大学造就建设人才》,《申报》1939 年 5 月 13 日。
⑤ 《国立武大工厂制造各种机件》,《申报》1941 年 11 月 17 日。
⑥ 《教部拨款十万元:奖励著作发明美术》,《申报》1941 年 5 月 28 日。

论抗战时期大学先修班的创立

◎刘正伟　顾云卿*

摘　要：抗日战争全面爆发以后，为救济和补助因战争而被迫中断学业的高中毕业生，并为高等学校提供专业预备训练，教育部特别创立了大学先修班。大学先修班分教育部特设先修班和国立大学附设先修班。大学先修班在课程设计、师资配置、教材开发、教学实施与评价等方面都表现出一定的独创性。大学先修班与抗战进程相始终。大学先修班在救济青年学生学业、增进专业性向和学术兴趣、奠定其从事高深学术研究基础的同时，也促进了高等教育的区域均衡。

关键词：抗战时期；大学先修班；先修课程；国立大学

1937 年 7 月 7 日卢沟桥事变爆发后，日本对华发动了全面侵略，短短数月，平、津、沪等地区毁于战火，东南沿海各省相继失守，大片国土沦陷，全国教育与文化事业遭受严重摧残与破坏。为维持和保存中华民族教育与文化事业的命脉，1938 年 3 月 29 日，国民党在武汉召开临时全国代表会议，确定了抗战建国的纲领。会议提出，抗战建国须"集中全力，奋力迈进"，在实施政治改革的同时，强调教育为国家民族发展之命脉所系，实施战时教育方案。在抗战建国方针的指引之下，教育部随之积极谋划与实施战时教育计划：高等教育实施大学内迁政策，以维持高等院校之"教育文化生机"；中等教育由政府出资，在内地广泛设立临时中学（后更名为"国立中学"），办理救济工作；国立各院校实施统一招生办法。这些均为实施战时教育的重要政策举措。而针对大批投考大学无门、流离迁徙的高级中学毕业生，创设大学特设先修班，实施文化补习及大学专业预备训练，可谓一时之创举。它不仅较好地安置了大批中学失学青年，而且提高了大学的生源质量，为促进战时高等教育质量的稳定与发展提供了重要支持。

一、大学先修班的规划与设立

抗日战争全面爆发之初，为维持战区学校秩序及课务，教育部制订了《战区内学校处置办法》。随着平、津两地失陷与淞沪战役的爆发，山东、江苏、浙江等省先后沦为战区，

---

* 作者简介：刘正伟，浙江大学教育学院教授；顾云卿，浙江大学教育学院博士研究生。基金项目：教育部人文社会科学研究规划基金项目（Y101742）；教育部新世纪优秀人才支持计划资助项目（NCET-0450）。

华北、东南沿海大批大中学校遭受严重摧残及破坏,许多高中毕业学生四处迁徙,流离失所,无法继续升学。如何制订一个全面的指导方针,妥善安置失学青年,并使之恢复中断的学业,动员民众抗战成为政府亟须解决的问题。教育部部长陈立夫自述:"教育乃百年大计,不可一日间断,故竭力从事于救济收容,以免师儒之失职,青年之失学。"[1]1938 年 3月,国民党中央召开临时全国代表会议,制订了抗战救国的纲领,并提出"改订教育制度及教材,推行战时教程,注重国民道德修养"等整顿、改造与统筹救济教育的办法,以减少战争带来的损失。随后,教育部在抗战建国方针的指导之下,制订了更为具体的实施原则与办法。创设大学先修班就是诸多统筹救济最重要的办法之一。当时报刊对教育部创大学先修班的报道称:"抗战展开以还,战区渐形扩大,战区青年学子,相率流徙后方,……为使一般高中毕业生得有补习机会起见,教育部乃有大学先修班之创设。"[2]

大学先修班创设的另一个直接原因是,自 1938 年起,全国各国立院校实行统一招生考试,许多高中毕业生因故未能参加各国立院校的招生考试,为此需解决其失学问题。1938 年 12 月 6 日行政院决议通过的《二十八年度中等学校毕业生失学救济办法大纲》宣称:"教部为救济二十七年度投考各大学未经录取及因故未能参加入学试验之中等学校毕业生失学起见,特设置下列各种专修科及大学先修班。……先修班由教部择定相当地点设置之。……本办法由教部呈奉行政院核准后施行。"[3]同年 12 月 30 日,教育部即制定了一个更为详细的关于特设大学先修班的办法要点——《二十八年度特设大学先修班办法要点》[4](以下简称《办法要点》),其中规定,先修班分为教育部特设和国立大学附设两种,招收未能升学的公立或已立案的私立高级中学毕业生,予以大学预备训练。除教育部分发之外,其余须经入学考试及格后方得入班。修习期限自 1939 年 9 月起至 1940年 8 月止,修习期满后,选拔品行优良、体格健全、学业成绩前 50% 的学生,由教育部准予免试,分发至各公私立大学一年级就读。

1939 年 1 月,教育部"战时教育问题研究委员会"任命专任委员谢循初为教育部特设大学先修班筹备主任,决定在重庆白沙平民教育实验区创设教育部特设大学先修班。教育部先后拨款两万余元,从重庆、成都、贵阳三地招考录取正式生 400 名,备取生 23 名,于 1939 年 2 月正式设立第一所大学先修班。此外,《办法要点》规定在西北联大和云南大学两所国立大学附设先修班之外,另增设广西省立广西大学附设先修班。[5]

由于大学先修班的试办"对于学生基本功课之训练,颇有进益",1939 年统一招生时,"应考人数较前增加一倍,请求派入大学先修班者,数亦遽增"。[6] 为适应这种需求,1939年 9 月,教育部颁发《大学先修班办法要点》[7],对之前的《办法要点》进行了修订、调整,并明确规定,教育部特设大学先修班 3 所,即"教育部特设大学先修班"(地址在四川江津白

① 陈立夫:《战时教育方针》,正中书局 1939 年版,第 40 页。
② 《教育部特设大学先修班鸟瞰》,《教育通讯(汉口)》1939 年第 2 卷第 29 期。
③ 《救济失学青年办法》,《申报》1938 年 12 月 8 日。
④ 《教育法令汇编第四辑》,正中书局 1939 年版,第 67—68 页。
⑤ 中国第二历史档案馆:《中华民国史档案资料汇编》第五辑,江苏古籍出版社 1997 年版,第 740 页。
⑥ 中国第二历史档案馆:《中华民国史档案资料汇编》第五辑,江苏古籍出版社 1997 年版,第 247 页。
⑦ 教育部高等教育司:《高等教育法令汇编》,1942 年,第 110—111 页。

沙)、"教育部特设苏浙皖区大学先修班"(地址在安徽屯溪)及"教育部特设赣县大学先修班"(地址在江西兴国)。与此同时,各国立大学附设先修班也在各地创设,其中国立师范学院、西北大学、西北师范学院、交通大学、暨南大学、西南联合大学、浙江大学、云南大学、广西大学等各设立一至三个班,学员每班至少 50 人。

大学先修班自开设以来,受到社会普遍欢迎。不仅原有各校陆续扩充规模,添设班级数,各省在教育部相关政策的指导下也相继在境内省立学校附设班次。据 1939 年 10 月统计,全国"共有大学先修班 24 班,可容学生 1200 人"①。到 1940 年,大学先修班增至 28 班,其中江津白沙教育部特设先修班占了近一半。② 到 1943 年 10 月,附设先修班的国立大学共计九所,即西南联合大学、西北大学、中山大学、暨南大学、浙江大学、云南大学、广西大学、复旦大学和贵州大学。③

二、大学先修班的课程设计与实施

根据《办法要点》规定,先修班属于"大学之预备训练"。因此,对于其入学资格,教育部有明确的规定,必须是"未能升学的公立或已立案之私立高级中学毕业生",同等学力的学生概不接收。教育部强调,即使修业期满获得免试保送资格,倘若"未能缴验中学毕业证书或足资证明学历证件",亦不予分发至高校。④ 从各地举办的先修班招生录取情况来看,主要有两种途径:一种是参加各大学特设先修班组织的统一入学考试。考试科目包括国文、英文、数学和体格检查,及格后方可入班学习。例如设立于江西赣县的大学先修班,首次招生从 700 余名投考各大学落榜学生中考选出 110 余人,准予入班就读。⑤ 一种是各国立院校从参加大学本部统一招生考试的学生中选拔没有被录取而"成绩尚不过劣者"⑥,这些学生的考试成绩与正式录取的大学新生差距不大,如 1941 年国立中央大学、浙江大学、西南联大和武汉大学的四校联合招生中,拟定总平均 30 分为及格,而浙大或联大先修班录取的学生总平均分为 28 至 29 分。⑦ 对于入学资格的严格限定保证了先修班的总体生源质量,也有利于随后课程与教学活动的顺利开展。

(一)先修课程的设计

按照《办法要点》规定,先修班课程设置分必修课程和选修课程两种:必修课程为公民(每周一小时),体育军训(每周两小时),国文、英文和数学(每周六至八小时);选修课程为历史、地理、生物、化学和物理(每周二至三小时)。⑧ 鉴于普通高中教学计划从第二

---

① 中国第二历史档案馆:《中华民国史档案资料汇编》第五辑,江苏古籍出版社 1997 年版,第 247 页。
② 朱师逊:《大学先修班的过去现在与将来》,《学生之友》1942 年第 4 期。
③ 中国第二历史档案馆:《中华民国史档案资料汇编》第五辑,江苏古籍出版社 1997 年版,第 750—756 页。
④ 教育部高等教育司:《高等教育法令汇编》,赣南大学,1942 年,第 200 页。
⑤ 《教育部特设赣南大学先修班概况》,赣南大学,1946 年,第 1 页。
⑥ 《二十八年度国立各院校统一招生简章》,《国师季刊》1939 年第 4 期。
⑦ 竺可桢:《竺可桢日记》,人民出版社 1984 年版,第 537 页。
⑧ 教育部高等教育司:《高等教育法令汇编》,教育部高等教育司,1942 年,第 110—111 页。

学年起就实施分组教学,即甲乙两组所修习的课程性质及内容难度有别,因而先修班课程在每周教学时数方面预留了一定的余地。在具体操作过程中,由于各地办学情况不一,先修班的性质与类型有别,因而所开设的课程在数量、内容与结构上并不完全一致。

1.教育部特设大学先修班

1939年2月,设立于江津白沙的教育部特设先修班正式开学,共有8个教学班,由谢循初兼任班主任,总揽班务,先修班下设教务、训育和事务三个部门。各科专任及兼任教员共23人。课程设置基本遵循教育部的规定,仅在必修课程中增设了音乐一科。依据学生的升学志愿,先修班分理工、文法两组;理工组选修物理、化学和生物课程,文法组选修历史和地理课程,每组学生须至少选修两门课程。[①] 这种课程设计目的很明确,即根据学生报考大学的专业方向对学生进行分组培养,以奠定学生专业兴趣和学术基础。先修班还允许学生修改志愿,可以在理工组与文法组之间进行适当调整;选修课程过多的也允许退选,表现出较强的灵活性。[②]

江西赣县的教育部特设大学先修班设立于1943年夏,最初是为投考各大学落榜的应届高中毕业生进修而设:因东南交通中断,而致高中毕业生升学无望,"辄望本班能予收容",先修班规模遂由两班增至五班,学生人数总计240余人。先修班于创设之初聘请蒋经国为班主任,由于"蒋主任事繁",遂保荐张恺继任,后因张出任县长,兼顾为艰,最终举荐时任江西省教育厅中等教育科科长胡昌骐为班主任。先修班下设总务处、会计室、教务处和训导处四个部门,这样一种行政组织体系决定了该班先修课程的设计具有比较浓重的政治色彩。先修班课程的组织采用一元化结构,学程皆系固定,无必修和选修之分,具体情况见表1。

表1　江西赣县教育部特设大学先修班课程[③]

学科	国文	英文	代数	几何	三角	化学	物理	地理	历史	生物	公民
每周时数	六	七	二	二	二	二	二	二	二	二	一
组别	文组										

学科	国文	英文	代数	几何	三角	化学	物理	地理	历史	公民
每周时数	六	六	三	二	三	三	三	二	二	一
组别	理组									

学科	国文	英文	代数	几何	三角	化学	物理	地理	历史	生物	公民
每周时数	六	六	二	二	二	二	二	二	二	三	一
组别	医农组										

先修班课程设计注意各科兼顾,便于学生巩固基础和均衡发展,为获得进一步深造的机会打下基础;同时考虑到各组学生的学业程度,对个别课程在教学时数分配上有所

①　《教育部特设大学先修班鸟瞰》,《教育通讯(汉口)》1939年第2卷第29期。
②　熊吉:《特设先修班的新姿态》,《学生之友》1941年第2期。
③　《教育部特设赣南大学先修班概况》,赣南大学,1946年,第3页。

区别。但由于过多地强调课程设置整齐划一,因而较少考虑各组课程与相应的大学专业学习的联系。

2.国立大学附设先修班

西南联大附设先修班于 1939 年设立,由杨振声任分校主任,李继侗任先修班主任。该班开设的课程分别为国文、英文、算学(解析几何)、代数、几何、西洋历史、中国地理、物理演讲、物理施教实验、化学演讲、化学施教实验和公民,共计 12 门。该班没有开设教育部规定的必修课程"体育军训"以及选修课程"中国历史和生物"。[①] 众所周知,抗战以前,出于国家工业化建设的需要,国民政府曾推行"提倡理工,限制文法"的高等教育发展战略,战时为了实现"科学救国",仍然奉行这一战略,对发展文法科乃至理科并不积极。在招生政策上,工科录取比例远超文理科,在公费待遇上也有较大区别。西南联大教授对此颇多不满,还以校委会名义上书蒋介石与陈立夫,对教育部只重专才不重通才、重实科不重文理科的方针表示异议。[②] 因而,与其他大学先修班学生多报考工科截然不同,西南联大学生多数选择文组,如 1942 年度先修班学生共 88 人,其中文组学生 61 人,理组学生 27 人。1944 年度先修班学生共 174 人,其中文组学生 114 人,理组学生 60 人。[③] 此外,在先修班免试保送学生的人员比例上,西南联大也没有遵照部定的要求,如 1945 年度先修班学生人数为 215 人,[④]而最终经考试后准予免试升学学生共计 129 名,比例高达 60%。[⑤] 不难看出,西南联大先修班结合战时特殊形势与本校实际情况,对教育部课程设置方案进行了一定程度的变通处理。

浙江大学龙泉分校先修班设立于 1939 年 10 月,起初由陈训慈任分校主任兼教务主任,数月后陈训慈辞职,由郑晓沧接任。先修班课程基本遵照教育部规定设置,开设的先修课程共 14 门,各门课程的周教学时数和修习学程如表 2 所示。

表 2 国立浙江大学龙泉分校先修班学程一览[⑥]

学程	国文	英文	公民	历史[⑦]	解析几何代数	代数	初等几何	三角法	物理	化学	生物	体育	军训	看护学
学时	6	6	1	3	4	2	2	2	3	3	3	2	2	2
修习学生	全体必修	全体必修	全体必修	全体必修	投考理工两院必修	投考文农两院及生物系必修	全体必修	全体必修	理工两院必修,文农及生物系选修	同左	投考生物系及农学院必修,文学院选修	全体必修	全体必修	女生必修

---

① 北京大学等:《国立西南联合大学史料二会议记录卷》,云南教育出版社 1998 年版,第 146 页。

② 清华大学校史编写组:《清华大学校史稿》,中华书局 1981 年版,第 301—302 页。

③ 北京大学等:《国立西南联合大学史料三教学、科研卷》,云南教育出版社 1998 年版,第 424—425 页。

④ 北京大学等:《国立西南联合大学史料一总览卷》,云南教育出版社 1998 年版,第 42 页。

⑤ 北京大学等:《国立西南联合大学史料一总览卷》,云南教育出版社 1998 年版,第 350 页。

⑥ 《国立浙江大学龙泉分校先修班学程一览表》,浙江省档案馆,档号:L053-001-1493。

⑦ 前二月本国史,后二月西洋史。

从表2可以看出,除地理一门没有开设外,浙江大学龙泉分校先修班严格遵照教育部规定的课程及教学时数执行,并在此基础上对课程进行了若干整合,将所有课程划分为公共必修与分科专修两类,分科专修课程又细分成必修和选修两种。在课程设置上,以学生修习期满后所报考大学专业志愿为划分依据:举凡主要的、基本的课程概定为必修,其余则定为选修。如报考文学院的学生,除需修习国文、英文、公民、历史、体育和军训等公共必修课程之外,还需修习代数课程,以及在物理、化学和生物三门中选修一门课程;报考生物系及农学院的学生,除六门公共必修课程外,还需学习生物和代数两门必修课程,以及在物理和化学中任选一门课程。由于浙大先修班的学生多倾向报考理工学院(尤以工学院为最,如1940年度获得保送免试资格的十位学生中,前九位报考的都是工学院),浙大先修班在教育部规定的课程方案基础上对先修课程进行了变通处理:减少国文教学时数,增加数学和化学时数。如1942年度的课程设置与1940年度相比,国文由六学时减至五学时,数学由之前的甲组六学时和乙组四学时一律增至六学时,化学由三学时增至六学时,其中包括三学时的化学实验。[①] 可见,浙大先修班课程并不仅仅定位于普通高中的补习功能,而且力求使课程设置符合学生今后的专业志愿,努力与大学专业学习接轨。

(二)先修班课程的实施

教育部并未对大学先修班的师资配置和课程实施提出统一的要求,因此,各大学先修班在开办时大多因地制宜,从各校的实际出发选用教师,编制教材及讲义,对学生的学业实施考评等。教育部特设的大学先修班选用教师情况相对复杂一些,他们既注意选聘具备丰富教学经验和良好声誉的中学教师,也不乏选用大学教师。而国立大学附设的先修班,其师资则基本上来自大学本部各院系相关专业。以西南联大为例,1939年先修班各科任课教师均来自各院系,如国文教师郑婴是师院国文学系教员,英语教师王还、张振先分别是文学院外文系教员、助教,数学教师郑之蕃、杨武之是理学院算学系教授,赵淞是算学系副教授,孙树本是研究助教,他们分别讲授几何、代数、三角、解析几何。[②] 浙江大学龙泉分校先修班情况与西南联大先修班类似,也主要由本部教师充任。朱叔麟、徐声越、斯何晚、吴浩青、陈楚淮、胡步青等教师均担任课程教授任务,且授课内容极为精彩,就连分校主任郑晓沧也曾一度亲自为先修班学生讲授英语。[③] 这样的师资配置,既便于学生在升学指导方面获益,同时也能凭借大学师资与专业水准确保先修课程的品质。

先修班在抗战这一特殊历史时期创设,属于新生事物,因而在课程与教学内容上没有成规可以遵循。通常的做法是根据本校情况确定教学大纲,编拟讲义,或选择当时公开出版的大、中学教材。教育部特设大学先修班由于师资整体水平相对薄弱,故大多选用高中或大学已有的教材。如四川江津白沙教育部特设大学先修班里,"化学采用正中

---

① 《先修班概况简表》,浙江省档案馆,档号:L053-001-0982。
② 西南联大北京校友会:《国立西南联合大学校史——1937年至1946年的北大、清华、南开》,北京大学出版社1996年版,第434页。
③ 文史资料研究委员会:《龙泉文史资料》第九辑,文史资料研究委员会1990年编,第94—95页。

译版的《普通化学原理》,物理采用《复兴高中物理学》,数学中代数主要用范氏,三角与解析几何主要用龙门"①。其中《普通化学原理》系美国布林克利所著,该教材本是专供预修化学的大学普通化学班学生之用,当时"若干程度较高的中等学校采用为教本者为数不少"。《复兴高中物理学》是商务印书馆出版的中学用书。"范氏"指的是《范氏大代数》(*Fine*:*College Algebra*),即大学代数学,为美国人范因所著,被当时国内称为"高中最完善之教本"。而国立大学附设先修班则多采用本校教师编写的讲义,如西南联大先修班就采用本校教师的讲义或讲义大纲,学生可以通过讲义大纲自行搜集材料或在图书馆借阅,图书馆也专设讲义股代为油印②。浙江大学龙泉分校先修班一学年向每位学生征收四元的讲义费,用于教师整理课程资料并印发给学生。③ 随着全国大学先修班规模的不断扩大,各大学和书局在原有自编讲义的基础上开始重视先修班课程及教材的开发,甚至在此基础上出版正式的教材。如1944年白沙文心印刷社出版了一套"大学先修丛书";同一时期,正中书局也出版了一套"大学先修丛书",其中包括范际平编著的《代数学》《几何学》和《三角学》,该套丛书力求理论学习与解题指引并重,力避与普通课本中雷同之例题,且难度稍增,还收集了自1932年以来的各著名大学的入学试题④,受到社会普遍欢迎。

虽然教育部对先修班学生的入学资格有严格的规定,要求入学资格必须是高中毕业,但具体到各大学修先班,其生源情况则比较复杂一些,各班学生的学习程度参差不齐,因而在实际的教学中很难有统一的标准。教师必须充分考虑学生的需求,并且具有相当的判断力,"若尽教高中的课程,又要被厌倦;若多教些大学中的功课,又要莫名其妙,必须要知道学生的求知程度,给以相当的学识才行"⑤。以国文学科为例,中山大学先修班国文教师阮真就根据学生学习程度实行分类及分层教学。阮真依学生国文水平将其分为优等程度者、中等程度者和程度较差者,把教材也相应归为三类。虽然每生皆需修习,但各种程度的学生对于同一材料学习掌握的程度和重难点各不相同。"教法根据学法",阮真还一并拟定先修班国文课程在读文和作文方面的各种教学方法以及相应的考评办法,收效显著。

按照教育部规定,先修班课程设置须突出中学国文、英文和数学等学术性科目的教学与训练,它们均为"研究高深学术不可或缺之工具"⑥。在先修班总修习课程中,国文、英文和数学三门课程占2/3。从各地先修班的课程表可以发现,先修班课程的设置亦时有调整与变化,有的班级甚至第一学期和第二学期的课程安排也会有较大差异,而这些变动多是围绕学生报考大学的专业志愿以及所附属大学的学术优势展开的。可见,先修班课程设置的一个重要目的在于培养与增进学生的专业兴趣和研究能力,为日后从事高

---

① 余成锠:《新颖的学校:教育部特设大学先修班》,《学生之友》1940年第1期。
② 北京大学等:《国立西南联合大学史料一总览卷》,云南教育出版社1998年版,第11页。
③ 《国立浙江大学浙东分校二十八年度先修班暂行办法》,浙江省档案馆,档号:L053-001-1493。
④ 范际平:《代数学·编辑要旨》,正中书局1947年版。
⑤ 余成锠:《新颖的学校:教育部特设大学先修班》,《学生之友》1940年第1期。
⑥ 王哲安:《先修班设立之意义与使命》,《国立山东大学校刊》1946年11月23日。

深学术研究做准备。

先修班的修业期限分为一学年和一学期两种：秋季始业生至次年暑假，修业期限为一年，学业操行及体育总成绩列入前50％者，由该班保送教育部，由教育部免试分发到各公私立大学一年级就读；春季始业生至本年暑假，修业期限为一学期，修业期满学业操行及体育总成绩列入前25％者，可以保送教育部，由教育部免试分发各公私立大学一年级就读。关于"学业操行及体育总成绩"究竟如何计算，教育部并无明文规定，而由各校自行定夺。教育部特设大学先修班（江津白沙）的考评方式是，根据月考的平均成绩予以排名，因而只要平时多加努力，月考成绩不落人后，就很有希望享受保送的优待。[1]浙江大学龙泉分校先修班的考评办法则是，以所有修习课程的平均分数作为学业成绩，包括平时成绩、学期成绩和最终成绩三项，其中平时成绩系由平时听讲笔记、读书札记以及练习、实验报告等成绩合并计算。最后，学业成绩与操行成绩相加所得为总成绩，名列前50％者（同时其所入学系之主科分数须合于该系所定之标准），呈报教育部予以保送免试升学资格。凡在先修班未能取得保送资格的学生，则仍由该生以高中毕业资格自行投考大学。西南联大1939年度先修班的学生修习期满后大多数都如愿升入该校本科有关各系；[2]而据浙江大学先修班1941年度被保送的学生回忆说，另外二分之一的学友，凡参加入学考试者均被各学校顺利录取。[3]

三、大学先修班之功能探讨

大学先修班在全面抗战爆发的形势下诞生，它与抗战进程相始终，呈现出较为鲜明的战时教育特色，是抗战时期中国高等教育领域的一项创举。

第一，大学先修班在救济失学青年和培养人才方面成绩斐然。从教育部颁布的有关大学先修班的训令中不难看出，先修班具有补习和选拔人才的双重功能。虽然按照规定，修习期满后大学先修班仅有25％或50％的学生可以获得免试保送大学的优待，剩余的学生仍需参加大学统一招考，但由于先修班课程设置注意巩固高中课程知识基础，以及加强与大学专业学习的过渡与衔接，教学实施认真，实际上，大学先修班学生最终顺利进入大学深造者众多。教育部特设先修班（江西赣县）前后招生两届，即培养失学青年280人。[4]西南联大先修班自1939年度开始招生，截至1945年度共招七届，培养学生总计968人；[5]开设于1939年夏的中山大学先修班，首届经考试入学者仅18人，之后逐年增加，抗战期间共举办六届，历年毕业升入各大学者近千人。[6]

第二，大学先修班的创设弥补了当时学制之不足。早在1931年国际联盟教育考察

① 余成锴：《新颖的学校：教育部特设大学先修班》，《学生之友》1940年第1期。
② 西南联大北京校友会：《国立西南联合大学校史——1937年至1946年的北大、清华、南开》，北京大学出版社1996年版，第434页。
③ 文史资料研究委员会：《龙泉文史资料》第九辑，1990年，第95页。
④ 《教育部特设赣南大学先修班概况》，赣南大学，1946年，第2页。
⑤ 北京大学等：《国立西南联合大学史料三（教学、科研卷）》，云南教育出版社1998年版，第97页。
⑥ 吴定宇：《中山大学校史（1924—2004）》，中山大学出版社2006年版，第171页。

团来华考察时就曾指出，中国现代学制存在不相连续之弊。[①] 不仅各类学校之间互不联络，而且各级教育之间的衔接与过渡也存在严重问题。1934 年，蒋梦麟和胡适等人也联名提议改革教育制度以适应国情，指出现行中学制度存在许多缺点，其中最突出的问题是，高中教育没有为大学教育提供应有的准备，如"高中毕业后升入大学或预科学校，其基础知识之训练，未能适应大学之需要，……往年大学设有预科，此种缺点尚可于二年内补救，现预科既废，大学生之来源尽靠中学，故欲大学生求专门知识与技能有充分准备，须以改革中学课程与训练为入手办法"[②]。全面抗战爆发之后，高中与大学不相连续的问题变得更加严重。战争不仅导致大批青年学生失学，大学生源匮乏，而且造成大学、中学教育质量普遍下滑。作为在大学体制内增设的具有自身调节功能的一种机制，大学先修班成为战时高中向大学过渡进阶的重要桥梁，不仅在一定程度上弥补了学制的缺陷，而且在相当程度上保障了大学生源的数量与质量。

第三，大学先修班的设立客观上促进了中国高等教育的区域均衡。考察各先修班所处的地理位置，以 1940 年度为例，大学先修班分别设立于四川白沙、云南昆明、陕西城固、广西桂林、贵州遵义、浙江龙泉、湖南蓝田、广东坪石、四川南溪、江西泰和、贵州贵阳等地，多为以往教育不发达地区。无论是教育部特设大学先修班，抑或是国立大学附设先修班，在收容培养当地失学青年、拓展文化教育空间、促进知识和文明的传播方面均起到了重要作用，打破了此前"学在平津沪"的教育不均衡发展的格局。此外，抗战胜利以后，许多学校纷纷迁回原址，但仍有部分先修班选择留在当地，继续发挥人才培养的余热，如江西赣县教育部特设大学先修班便是一所留赣的高等教育机构，并且随着国家建设事业需要，该班最终扩充为专科学校，成为当地专业人才培养的摇篮。[③]

四、结　语

抗战胜利以后，作为教育界复员和善后的一项重要工作，教育部宣布停止举办原大学先修班，对大学先修班进行重新定位。为提高大学生源质量，避免大学低年级重修高中课程，教育部颁布了《国立大学暨独立学院附设先修班办法》。[④] 新的先修班办法规定，各国立大学暨独立学院均得设立先修班，它是大学的正式组成部分，在整个学制中享有法定地位；取消先修班入学资格中有关"高中毕业"的要求，先修班课程分为必修和选修，其中国文、外国语及数学三门为共同必修课，物理学、化学、生物学、中国通史、西洋通史及中外地理等课程被分为文、理两组选修。先修班修业年限为一学年，分两期教学，每期以 18 至 24 学分为限。先修班修业期满，各科考试均及格者，得免试升入该院校一年级。大学先修班由"特设"变为"通设"，取消了入学门槛限制，各国立大学及独立学院在这一新政之下纷纷掀起了附设大学先修班的热潮。一时间，大学先修班的设立大有泛滥成灾

---

① 沈云龙：《近代中国史料丛刊三编第十一辑》，台湾文海出版社 1988 年版，第 10 页。

② 中国第二历史档案馆：《中华民国史档案资料汇编》第五辑，江苏古籍出版社 1994 年版，第 147 页。

③ 《教育部特设赣南大学先修班概况》，赣南大学，1946 年，第 1 页。

④ 教育部参事室：《教育法令》，中华书局 1947 年版，第 148 页。

之势,如东北大学一次即招收 50 个班总计 3495 名学生。此后,教育部多次要求各国立大学及独立学院严格执行相关规定,须"一律提高入学考试录取标准",一再重申"以补习高中课程为限",然而此举并没有遏制各地创办先修班的热情。不久,由于物价飞涨,教育部取消了对各国立大学及独立学院先修班的补助,各国立大学便无法容纳附设先修班的学生进入大学一年级学习,各地开始陆续停办附设先修班。1948 年,创设于抗战时期的大学先修班终于完成其历史使命而宣告落幕。

战时大学先修班的创设虽属应时之举,但在抗战特殊历史时期却属首创,可谓功不可没。当时身处其中的学生称它是一种"新颖的学校"、一处"教育的乐园";[1]社会给予的评价则是:实乃"实施大学升学补习教育之唯一新兴教育事业,亦抗战以来我国高等教育上之新发现"[2]。大学先修班自规划、设立、兴盛至落幕,前后长达十年之久,无论是在功能定位、班级管理,还是在课程设计、师资配置、教材开发、教学实施与考核评价等方面,都留下了不少弥足珍贵的历史经验和不应被埋没的历史功绩。

原载《高等教育研究》2016 年第 6 期

---

[1] 余成锟:《新颖的学校:教育部特设大学先修班》,《学生之友》1940 年第 1 期;熊吉:《特设先修班的新姿态》,《学生之友》1941 年第 2 期。
[2] 《新兴教育事业大学先修班之一瞥》,《大美周报》1940 年 4 月 14 日。

中国现当代教育变革与发展研究

一核多元、中和位育：
中国当代少数民族教育法律与政策述评

◎吴明海*

摘　要：从 1950 年到现在，经过 60 多年的持续建设，中国已经建成以宪法为核心的少数民族教育法律与政策的多元一体的制度体系，有力保障并促进着少数民族与民族地区教育事业的健康发展。中国民族教育法律政策体系是建立在中华民族多元一体格局的文化传统基础之上的，有深厚的历史基础与广泛的群众基础，具有连续性、开放性与可持续发展性。其问题的关键是政策执行要与廉政吏治相结合，以中和位育为原则，切实落实到位，让各族人民与广大教师真正得到实惠。

关键词：中国；当代；少数民族教育；法律与政策；一核多元；中和位育

一、少数民族教育法律与政策体系

中国自 1950 年开始，通过识别并经中央人民政府确认的民族共有 56 个。汉族人口居多，是主体民族；汉族以外的 55 个民族（还有一些民族身份未识别的族群）相对汉族人口较少，习惯称之为"少数民族"。"少数民族教育"是含有少数民族身份的中国公民的教育实践活动，习惯简称为"民族教育"，包括少数民族个体的教育、群体教育与民族地区教育。当然，就广义而言，民族教育是指中华民族教育。在本文中，"中国当代少数民族教育法律与政策"是指自 1949 年 10 月以来在中国大陆实行的少数民族教育的法律依据和政府行政政策。其中，"少数民族教育法律"是指全国人民代表大会或其常务委员会制定的在全国范围内生效的规范性法律文件中有关少数民族及其教育的法律规定。"少数民族教育政策"是指依据法律而制定的有关少数民族教育的法规与规章。法规包括行政法规、地方性法规。行政法规是国务院（中央人民政府）为领导和管理国家各项行政工作而制定的法规的总称；地方性法规是省、自治区、直辖市以及省级人民政府所在地的市和国务院批准的较大的市人民代表大会及其常务委员会，根据宪法、法律和行政法规，结合本地区的实际情况制定的，并不得与宪法、法律、行政法规相抵触的规范性文件，并报全国人大常委会备案。规章一般指国务院各部委以及各省、自治区、直辖市的人民政府和省、

＊　作者简介：吴明海，中央民族大学教育学院教授。基金项目：中央民族大学国家"985 工程"中国少数民族教育创新基地项目"中国少数民族教育政策历史"（MUC98507-05013）。

自治区的人民政府所在地的市以及国务院批准的较大市的人民政府根据宪法、法律和行政法规等为某一行政事项制定和发布的规范性文件。国务院各部委制定的称为部门行政规章，其余的称为地方行政规章。经过 60 多年的建设，中国少数民族教育法律与政策的制度体系已经形成，具体包括如下层级与方面：第一层级是由全国人民代表大会及其常务委员会所颁布的宪法与法律中所规定的有关少数民族教育的条款，即少数民族教育的国家法律原则；第二层级是由国务院及其有关部门依据国家宪法与法律所制定的有关少数民族教育的行政法规、行政规章，即少数民族教育的中央人民政府政策；第三个层级是有关少数民族教育的省级地方性法规；第四层级是有关少数民族教育的省级地方性规章；第五层级是有关少数民族教育的市级地方性法规；第六层级是有关少数民族教育的市级地方性规章。第一、第二两个层级的法律法规是中央级（也可称之为国家级）的法律与政策。第三层级到第六层级属于地方性政策，其法律关系是下级服从上级，地方服从中央，政策服从法律，宪法是一切法律与政策之根本，具有最高法律效力。从 1950 年开始，中国一直持续建设少数民族教育法律与政策的制度体系，有力保障并促进着少数民族与民族地区教育事业的健康发展。限于篇幅，下文主要对中央层级的法律与政策进行归纳总结。

二、少数民族教育国家法律原则

《中华人民共和国宪法》序言指出："本宪法以法律的形式确认了中国各族人民奋斗的成果，规定了国家的根本制度和根本任务，是国家的根本法，具有最高的法律效力。"作为国家根本法，宪法是中国少数民族教育法律与政策的最根本的依据。以宪法为依据，《中华人民共和国教育法》《中华人民共和国民族区域自治法》《中华人民共和国义务教育法》《中华人民共和国高等教育法》《中华人民共和国职业教育法》《中华人民共和国教师法》《中华人民共和国国家通用语言文字法》等法律相互支撑，为少数民族教育提供了较为完整的法律保障体系。

（一）各民族群众有平等的受教育的权利与义务，教育促进各民族学子德智体等方面全面发展以及各民族团结、平等、互助、共同繁荣

宪法第 33 条将"公民"界定为："凡具有中华人民共和国国籍的人都是中华人民共和国公民。"同时规定："公民在法律面前一律平等。国家尊重和保障人权。任何公民享有宪法和法律规定的权利，同时必须履行宪法和法律规定的义务。"宪法第 46 条规定："公民有受教育的权利和义务。国家培养青年、少年、儿童在品德、智力、体质等方面全面发展。"教育法第 9 条规定："公民有受教育的权利和义务。公民不分民族、种族、性别、职业、财产状况、宗教信仰等，依法享有平等的受教育的机会。"各民族的群众，包括少数民族群众，只要拥有中华人民共和国国籍就是中国公民，依法有平等的受教育的权利与义务，有通过教育使德智体等素质得到全面发展的权利与义务。因此，从公民人权角度，德智体等方面全面发展是民族教育的个体发展目的。

宪法序言指出:"中华人民共和国是全国各族人民共同缔造的统一的多民族国家。平等、团结、互助的社会主义民族关系已经确立,并将继续加强。……国家尽一切努力,促进全国各民族的共同繁荣。"宪法第 4 条规定:"中华人民共和国各民族一律平等。国家保障各少数民族的合法的权利和利益,维护和发展各民族的平等、团结、互助关系。"第 52 条规定:"中华人民共和国公民有维护国家统一和各民族团结的义务。"由此可见,从公民的社会责任而言,团结、平等、互助、共同繁荣是我国各族人民携手前进共同奋斗的出发点与归宿点,也是民族教育的社会发展目的。

各民族的群众,包括少数民族群众是公民;各民族教育,包括少数民族教育,都具有公民教育共同的个体发展目的与社会发展目的。在这里,"德智体等方面全面发展"与"团结、平等、互助、共同繁荣"是内外统一、相辅相成、相得益彰的。

(二)国家领导、帮助各少数民族地区发展教育事业

宪法第 85 条指出:"国务院,即中央人民政府,是最高国家权力机关的执行机关,是最高国家行政机关。"第 89 条指出:"国务院行使的职权包括领导和管理民族事务,保障少数民族的平等权利和民族自治地方的自治权利;领导和管理教育、科学、文化、卫生、体育和计划生育工作。"少数民族教育事业是国家教育事业与民族事务的组成部分,国务院对其具有领导权。

宪法第 122 条规定:"国家从财政、物质、技术等方面帮助各少数民族加速发展经济建设和文化建设事业。国家帮助民族自治地方从当地民族中大量培养各级干部、各种专业人才和技术工人。"教育法第 10 条规定:"国家根据各少数民族的特点和需要,帮助各少数民族加速发展教育事业。"因此,国家具有帮助少数民族发展教育的权利与义务。

在国务院领导下,民族自治地方自治机关可以自主地管理和发展本地方的文化教育事业,开展国内外文化教育交流。宪法第 119 条规定:"民族自治地方的自治机关自主地管理本地方的教育、科学、文化、卫生、体育事业,保护和整理民族的文化遗产,发展和繁荣民族文化。"民族区域自治法第 36 条规定:"民族自治地方的自治机关根据国家的教育方针,依照法律规定,决定本地方的教育规划,各级各类学校的设置、学制、办学形式、教学内容、教学用语和招生办法。"第 42 条规定:"民族自治地方的自治机关积极开展和其他地方的教育、科学技术、文化艺术、卫生、体育等方面的交流和协作。自治区、自治州的自治机关依照国家规定,可以和国外进行教育、科学技术、文化艺术、卫生、体育等方面的交流。"

(三)支持各民族自由使用民族语言文字,提倡学习与使用国家通用语言文字

宪法第 4 条以及国家通用语言文字法第 8 条规定:"各民族都有使用和发展自己的语言文字的自由。"教育法第 12 条规定:"汉语言文字为学校及其他教育机构的基本教学语言文字。少数民族学生为主的学校及其他教育机构,可以使用本民族或者当地民族通用的语言文字进行教学。学校及其他教育机构进行教学,应当推广使用全国通用的普通话和规范字。"民族区域自治法第 37 条规定:"招收少数民族学生为主的学校(班级)和其

他教育机构,有条件的应当采用少数民族文字的课本,并用少数民族语言讲课;根据情况从小学低年级或者高年级起开设汉语文课程,推广全国通用的普通话和规范汉字。各级人民政府要在财政方面扶持少数民族文字的教材和出版物的编译和出版工作。"

(四)国民教育与宗教分离

宪法第 36 条规定:"国家保护正常的宗教活动。任何人不得利用宗教进行破坏社会秩序、损害公民身体健康、妨碍国家教育制度的活动。"教育法第 8 条规定:"国家实行教育与宗教相分离。任何组织和个人不得利用宗教进行妨碍国家教育制度的活动。"当然,学校可以对宗教文化进行研究,可以调动宗教界爱国人士以公民身份参与教育事业。

少数民族教育属于国家公民教育,包涵于国家教育体系之中,具有一般教育的共同性质,也具有自己的特殊性。国家宪法与法律充分考虑并尊重这两种性质,从教育者与受教育者的权利、义务、目的、管理原则与体制、双语教育、教育与宗教的关系等方面做了明确的原则规定,为少数民族教育的政策制订与执行奠定了稳定的法律基础并指明了发展方向。

三、中央人民政府有关少数民族教育特殊优惠政策的原则与要点

少数民族教育是国家教育事业的有机组成部分。中央人民政府关于教育事业的通行性政策都适用于少数民族教育;在通行性教育政策基础之上,为了更好地发展少数民族教育事业,根据各少数民族以及各民族地区的具体情况,中央人民政府又出台了其特殊的优惠政策。中央人民政府关于少数民族教育的特殊优惠政策的文本呈现,有专项政策文件,但更多的散见于多个时期多种文件之中;一个政策文件往往是一个综合政策的文件,综合程度不一。但就每一项政策而言,各个时间段之间是前后连续的,后一个时期的政策往往是在前一个时期的基础上层层叠加的;如果没有增加的或没有提及的,基本是"萧规曹随"。所以,要把中央人民政府各个时期各种政策文本当作"一本"大书来读,其形散而神不散。尽管在"大跃进""文革"前期因"左"倾干扰在地方执行中出现问题,但是中央政策文本及精神本身并没变。中央人民政府关于少数民族教育政策很多,各位专家归纳不一。笔者在自己及其他学者前期研究的基础上,按照管理机构、升学优待、生活补助、师资、语言文字、民族高校与民族班、寄宿制中小学、教育投入、对口协助机制等方面对民族教育政策基本原则和要点进一步提炼、归纳。

(一)建立健全民族教育行政管理机构

1951 年,政务院批准颁布的《关于第一次全国民族教育会议》动议设立各级民族教育行政管理机构。根据此精神,1952 年,中央人民政府政务院做出《关于建立民族教育行政机构的决定》,决定在中央人民政府教育部和有关各级人民政府教育行政部门建立少数民族教育机构或指定专职人员负责,掌管少数民族教育工作;并就各级机构设置原则、与同级机构的工作关系、基本工作任务都作出具体规定。其工作任务是:民族教育方针政

策的贯彻执行；国家统一的教育方针政策和法令在民族教育方面贯彻执行过程中，因民族特点产生的特殊问题的研究与处理；国家统一规定的学制、教学大纲、教学计划等，为结合各民族的具体情况而作的变通或补充；掌管民族教育事业计划、学校网的设置和少数民族教育补助费；有关民族语文教材的编译工作和新创制的少数民族文字在学校内的实验、推广工作；协助和培养民族学校的师资；有关民族院校的工作。到 1955 年，28 个省、自治区、直辖市的民族教育行政机构已基本建立，之后其机构的组织与功能不断得到健全与完善。

(二)在招生中给予少数民族学生适度照顾

对少数民族考生实行从宽录取的成绩照顾。1951 年高等学校招考新生对少数民族学生升学成绩从宽录取，1953 年将之确定为对少数民族考生实行"同等成绩、优先录取"的长期招生政策。改革开放以来对此不断充实、完善，使之更具体化、规范化：(1)高等学校在招生时，在一定时期内对少数民族考生仍继续实行同等条件下优先录取和适当降分录取相结合的办法(具体规定由有关省、自治区自定)，使普通高等学校在校生中少数民族学生占有适当的比例。(2)边疆、山区、牧区、少数民族聚居地区的少数民族考生，可适当降低分数，择优录取；甚至在高等学校调档分数线下适当降低分数要求投档，由学校审查决定是否录取。对散居于汉族地区的少数民族考生，在与汉族考生同等条件下，优先录取。(3)民族班招生，从参加当年高考的少数民族聚居地区的少数民族考生中，适当降低分数择优录取。(4)民族地区的委托培养，可以划定招生范围，明确预备生源，适当降低分数，择优录取。(5)普通中等专业学校和成人高等学校招生时，也执行与普通高等学校相类似的政策。

对少数民族考生语言文字予以照顾。民族自治地方用本民族语言授课的高等学校或系，由自治区命题、考试和录取，不参加全国统一考试。用本民族语言授课的民族中学毕业生，报考用汉语文授课的高等学校，应参加全国统一考试。汉语文由教育部另行命题，不翻译，并用汉文答卷；其他各科(包括外语试题的汉语部分)翻译成少数民族文字，考生须用本民族文字答卷。在考汉语文的同时，由有关省、自治区决定也可以考少数民族语文，并负责命题；汉语文和少数民族语文的考试成绩分别按 50％计入总分；但汉语文成绩必须达到及格水平方能录取。

实行"定向招生、定向分配"的招生政策。该政策是为了帮助边远地区、少数民族地区和某些工作条件比较艰苦的行业培养人才，把招生来源地区和毕业生分配去向适当结合起来的一项政策。本专科定向招生政策 1982 年试行，1988 年成型。研究生定向招生政策有"双少"政策与"少数民族高层次骨干计划"两项。从 1987 年开始，逐渐形成对来自少数民族地区的少数民族考生在报考硕士研究生时在复试分数线及最终录取分数线方面给予适当优惠的"双少"政策。2009 年起，国家采取"定向招生、定向培养、定向就业"和"自愿报考、统一考试、适当降分、单独统一划线"的原则，在内地有关部委所属高校和科研院(所)招收少数民族高层次骨干人才研究生(含硕士研究生、博士研究生)。各级各类考试在报考年龄、地区的限制方面对少数民族考生也予以适当放宽。[①]

(三)少数民族学生生活待遇从优

1950 年颁布的《培养少数民族干部试行方案》、1952 年通过的《少数民族待遇暂行办法》确立了少数民族学生生活待遇从优政策的基础,以后不断改进。目前,对基础教育阶段学生实行"两免一补"政策,即全部免除西部农村义务教育阶段学生学杂费,免费提供教科书和补助寄宿生生活费,补助标准逐步提高。对西藏中小学学生,国家实行"三包金"(包吃、包住、包学习费用)政策。2011 年,国务院办公厅印发《关于实施农村义务教育学生营养改善计划的意见》,国务院有关部委及各级地方政府积极响应并制订出配套实施计划,有力地保障了民族地区尤其是农牧区义务教育阶段适龄儿童的身体健康。无论是公费制阶段、人民助学金阶段还是奖学金与贷款制度阶段,对高校及中等专业学校的少数民族学生都实行待遇适当从优政策,确保被录取的学生上得起、学得起。[②]

(四)加强少数民族地区师资队伍建设

1951 年,第一次全国民族教育会议通过《培养少数民族师资的试行方案》。以此,中央一直把教师队伍建设作为民族教育发展的重点予以重点投入。主要表现为:兴办并办好一批民族师范院校和民族师资培训中心,大力培养当地各民族教师,加强在职教师的培训提高工作;鼓励师范生与教师热爱教育事业,既能教授文化课,又掌握一两项实用技术,一专多能;建设一支热爱中华优秀文化、国家通用语言文字水平较高、教育教学能力过硬、适应民族地区发展要求的双语教师队伍;提高师范院校教师队伍的教学和科研水平,加强县级教师培训基地的建设;采用远程教育等现代化手段,提高教师继续教育的质量和效益;加强校长培训,提高民族地区学校的管理水平;鼓励教师参加各类业务学习,提高教师学历学位层次;民族地区根据实际需要,教职工编制可适当增加。1956 年教育部发布《关于内地支援边疆地区小学师资问题的通知》,开内地师资援边之先河,国家组织内地有关省、市和高等学校、师范院校,采取代培、委培、派专家、教授定期讲学,接受在职教师进修等多种办法,为民族地区各级各类学校培养师资或输送师资。

(五)重视少数民族语文教学,提倡民汉双语教学

1951 年《关于第一次全国民族教育会议的报告》指出:"少数民族教育的内容与形式问题、课程教材问题,既要照顾民族特点,又不能忽视整个国家的统一性。"在此原则下,该报告对双语教学政策专门指出:"有现行通用文字的民族,小学、中学必须用本民族语文教学。有独立语言而尚无文字或文字不全的民族,一面着手创立文字和改革文字;一面得按自愿原则,采用汉族语文或本民族所习用的语文进行教学。少数民族各级学校得按当地少数民族的需要和自愿设汉文课。"20 世纪 50 年代初中央人民政府开始组织少数

---

① 顾明远主编:《中国教育大百科全书》,上海教育出版社 2012 年版,第 2557 页。
② 顾明远主编:《中国教育大百科全书》,上海教育出版社 2012 年版,第 2556—2557 页。

民族社会历史与语言文字调查工作,在此基础上,1957 年国务院批准少数民族创制和改革文字的方案,为一些民族语言确立了标准音,为 10 个无文字的民族创制了 14 种新文字,为文字不完善的民族改进了 8 种文字。1958 年第一届人大五次会议通过《关于汉语拼音方案的决议》。这就为民汉双语教学更广、更有效地开展,尤其为民族文字课程教材教法建设奠定了基础。

重视少数民族文字教材建设工作。第一,建立健全民族语文教材编写、管理与审查、奖励制度体系。教育部民族教育司设有教材处,协调民族教材建设的规划出版。民族语文教材使用范围在一个省区的,由本省区负责规划和编写出版;跨省区使用的,成立由有关省区参加的教材协作组织。20 世纪 70 年代先后成立八省区蒙文协作、五省区藏文协作、三省区哈文协作、东北三省朝文协作。实行民族语文教材编写与审查分开制度,跨省、自治区使用的教材,由教育部组织审定;本省、自治区使用的教材,由省、自治区教育厅组织审定。未经审定,不得作为教材使用。1986 年教育部分别成立藏文、朝鲜文、蒙古文教材审查委员会。与审查制度相配套建设奖励制度。第二,明确民族文字教材建设的基本原则。(1)各民族地区的中小学和师范学校应译用或采用全国通用教科书,可自编本民族语言教材、民族学校汉语教材、民族补充教材及乡土教材。(2)民族教材,特别是语文和历史教材中,应根据各个年级的不同情况,适当选编一些本民族的优秀作品,或本民族发展历史的内容。(3)少数民族文字教科书的内容和形式,必须有利于祖国的统一、民族的团结、民族政策的落实、少数民族优秀文化遗产的继承和发展;必须符合少数民族少年儿童的知识水平、学习规律和生理与心理发展特征,体现民族特点和地区特点,符合教育规律。(4)民族文字教材的编译要提高质量,注意解决各科教学大纲、教材、教学参考书、工具书、课外读物的配套问题,要加强各有关省、自治区之间的协作。[①]

民汉双语教学因地制宜。学校教学语言文字政策的具体实施,主要由各省、自治区根据宪法等法律规定,按照坚持开放、扩大交流和有利于发扬民族优秀文化传统,有利于民族间科学文化交流,有利于提高各民族教育质量的原则和当地的语言环境、教学条件以及多数群众的意愿决定。凡使用民族语言授课的学校,要搞好"双语"教学,推广全国通用的普通话,积极创造条件,逐步从小学一年级开设汉语课程。在民族中小学逐步形成少数民族语和汉语教学的课程体系,正确处理好两者关系。学校中的双语教学工作,要纳入教学计划由当地教育部门统一管理。国家对双语教学的师资培养培训、教学研究、教材开发和出版给予支持。提倡和鼓励不同民族学生合校分班或合校合班,提倡汉族学生学习少数民族的语言文字、文学艺术、历史、医学等;要使各族学生增进了解,广交朋友,团结互助,共同进步。[②]

(六)建立健全寄宿制民族中小学校、民族高校和内地民族班

寄宿制民族中小学主要设在民族聚居和多民族散杂居的边远农村、牧区、山区,20 世

① 吴明海主编：《中外民族教育政策史纲》,中央民族大学出版社 2006 年版,第 114—116 页。
② 滕星、王铁志主编：《民族教育理论与政策研究》,民族出版社 2009 年版,第 214—216 页。

纪 50 年代初开始兴办,80 年代以来不断加强。办学经费由各级人民政府负责,分为省办、州办、县办等形式,学校以公办为主,为学生发放助学金,实行全日制中小学计划。学生食宿在校,享受助学金,减缴或免缴学杂费、书本费,特别困难者还发给日常生活用品、服装等。国家在经费、师资、设备等方面给予特殊照顾,并配足炊事员、保育员,给学生较多的助学金,由国家管住、管吃、管穿。发挥社会各方面的积极性,实行多种形式办学。

民族高校主要是为各民族和民族地区培养专业人才的综合性高等院校,共有中央民族学院(建于 1950 年,前身是建于 1941 年的延安民族学院,1993 年更名为中央民族大学)、西北民族学院(建于 1950 年,2003 年更名为西北民族大学)、中南民族学院(建于 1951,2002 年更名为中南民族大学)等 15 所民族高校。民族高校创立之初的办学方针是"培养普通政治干部为主,迫切需要的专业技术干部为辅",1979 年改革开放开始后调整为"大力培养四化所需要的具有共产主义觉悟的政治干部和专业技术人才,为少数民族地区的社会主义现代化建设服务",专业设置也随之转型。

民族班是内地以及边疆较大城市的学校利用其在师资、设备等方面较为先进的条件,专门为偏远民族地区学生设立的教学班,包括:(1)中等学校民族班,即在普通中学、中等专业学校为少数民族学生设立的教学班,如内地西藏班(校)、内地新疆班;(2)高等学校民族班,即在普通高等学校为少数民族学生设立的教学班;(3)高校民族预科班(部);(4)在党校、团校为少数民族学生设立的教学班。20 世纪 50 年代兴办,60 年代部分停办,80 年代开始恢复并不断得到发展。就读民族班的学生生活待遇与学习条件都享受适当的优惠。民族班教学组织形式多样,提倡多民族学生混合教学。

(七)教育经费等公共教育资源向民族地区倾斜

1951 年《关于第一次全国民族教育会议的报告》明确提出,关于少数民族地区的教育经费,各地人民政府除按一般开支标准拨给教育经费之外,还应按各民族地区的经济情况及教育工作,另拨专款,帮助解决少数民族学校的设备、学生待遇、学生生活等方面的特殊困难。自此,中央及各级地方政府在一般教育事业费之外,特设少数民族教育专项补助费,用以补助一般教育事业费之不足。1953 年教育部《关于少数民族教育补助费使用范围的指示》确立该项经费专款专用、不得挤占和挪用的原则;1956 年国务院《关于少数民族教育事业费的指示》确立该专项经费逐年增长的原则。改革开放以来确立国家扶持与自力更生相结合、多渠道增加民族教育的投入的政策原则,要求中央和地方政府进一步加大对民族教育的支持力度,要求各地方本级财政教育经费的支出要切实做到"三增长"(即各级人民政府教育财政拨款的增长应高于财政经常性收入的增长,并使按在校学生人数平均的教育费用逐步增长,保证教师工资和学生人均公用经费逐步增长);各级各类民族学校要充分利用当地资源,广泛开展勤工俭学活动;国家拨给民族地区包干经费中的"三项"补助经费(民族地区机动金、边境地区事业补助费、不发达地区发展资金),各省(区)要增加用于发展民族教育的比例。在此基础上,国家西部地区"两基"(基本扫除青壮年文盲、基本普及九年义务教育)攻坚计划(2004—2007 年)、农村义务教育经费保障新机制改革(2005 年)、国家贫困地区义务教育工程、中西部农村初中校舍改造工程

（2007 年）、国家扶贫教育工程、西部职业教育开发工程、高等职业技术教育工程、教育信息化工程、全国中小学危房改造工程、中小学贫困学生助学金专款、青少年校外活动场所建设项目等国家项目向民族地区倾斜并相互配套、相互支撑；国际组织教育贷款、海外和港澳台教育捐款的分配，重点向少数民族和西部地区倾斜；鼓励社会力量办学，支持和调动社会力量参与教育"帮困济贫"行动；适度运用财税、金融等手段支持少数民族和西部地区发展教育事业。[①]

（八）建立健全内地与边疆的教育对口协助机制

内地对边疆民族地区的教育对口支援与协作从 20 世纪 50 年代开始，从无中断，且强度渐增。改革开放以来，更为广泛与深入。

有计划地组织内地省、市和沿海地区与西部少数民族贫困县开展多种形式的结对支援。协助少数民族贫困县制定教育发展规划；培养培训师资、教育行政干部，办好重点骨干中小学和县职业技术学校，发展电化教育和开展技术培训等，使教育更好地为促进当地经济建设、社会发展及脱贫致富服务；困难较多的一些省、自治区，除国家给予一定的支持外，各级政府应动员本省、自治区的力量，选择一些办学条件较好的中等学校招收有特殊困难的少数民族和民族地区的学生入学。组织实施"东部地区学校对口支援西部贫困地区学校工程"和"西部地区大中城市学校对口支援本省（自治区、直辖市）贫困地区学校工程"，使民族地区有困难的学校在资金、设备、师资等方面得到区内区外的帮助。

多方位开展对新疆、西藏的教育援助与协作。主要形式有：（1）确定内地对新疆、西藏地市的对口教育支援，加强教育部有关直属单位对新疆、西藏相关单位的对口支援等。（2）组织实施内地高等学校对口支援新疆、西藏高等学校的工作，大力加强教师和教育行政管理干部的培养、培训工作，全方位实施对受援高校的支援和合作。（3）内地办学。根据自愿报名、择优录取的原则，西藏从 1985 年开始，在本区内招生并在内地多个城市开办多所西藏中学，在内地多所中学开办多个西藏班；新疆从 2000 年开始，在本区内招生在内地多个城市中学开办多个新疆高中班，中央人民政府及各地地方政府给予大力帮助。（4）加强对新疆、西藏普通高中和中等职业教育的支援。（5）加强新疆、西藏教育研究和中小学语文教材建设。[②]

四、政策解析：一核多元、中和位育

"一核多元、中和位育"是笔者提出的中国特色多元文化主义及其教育理论范式。[③]笔者认为："一核多元"的关系是"一核"领导并服务"多元"，"多元"服从并服务"一核"，"一核"与"多元"之间是动态的平衡关系，有条件地互相生成。"核"好比太阳，多元是环

---

① 吴明海主编：《中国少数民族教育史教程》，中央民族大学出版社 2006 年版，第 306、308、318—319 页。
② 顾明远主编：《中国教育大百科全书》，上海教育科学出版社 2012 年版，第 2558—2559 页。
③ 参见吴明海：《古代中国政府多民族政策的文化模式研究》，《民族教育研究》2013 年第 1 期；《一核多元、中和位育：中国特色多元文化主义及其教育道路初探》，《民族教育研究》2014 年第 3 期。

绕这一核心在各层级轨道上运行的"卫星",这些"卫星"功能各异、互相配套,为核心服务。当然,它们相互之间是互动的、相辅相成的。"中"是社会正义,"和"是社会和谐。"一核"按照"中和"的原则领导"多元"。"致中和",则"天地位焉,万物育焉","万物并育而不相害,道并行而不相悖",①一核与多元之间、多元与多元之间,才能相互尊重、和平共处、和谐共生,才能"美美与共,天下大同"②。本文试用该理论简析当代中国少数民族教育政策法律的文本体系与执行体系。

中国当代少数民族教育法律政策体系有六个层级,其间存在多层级的"一核"与"多元"的关系。法律与政策之间、中央政策与地方政策之间、上下级政策之间均是"一核"与"多元"的关系。法律指导政策,政策服从并落实法律;上级政策指导下级政策,下级政策服从并落实上级政策;中央政策指导地方政策,地方政策服从并落实中央政策。一切法律与政策根本之"核"是宪法,都以宪法为出发点与归宿点,是围绕宪法在各层级轨道上运行之"多元",服从并落实宪法,不得违宪。在落实国家法律原则的过程中,中央人民政府政策总是要根据具体情况具体发挥与创新,某些具体发挥与创新在全国范围内试行证明是成功且成熟的,具有普适性与稳定性,经一段较长时间积淀之后又往往会被提升进入国家法律。宪法与一般法律之间、上下级政策之间互动关系也是如此,在适当条件下可以相互生成。因此,中国少数民族教育法律与政策体系是一核多元一体,业已具有依据宪法、上通下达、相互生成、自我修正、自我更新的组织性质。有学者讲要单独制订《民族教育法》③,窃以为不可。民族教育法律政策体系已经内涵于国家法律政策体系之中,就像人的循环系统已经内涵于人的有机体中,与其他各个系统浑然一体不可分离,分则造成《庄子》书中的"浑沌之死"④的现象。

就教育过程各要素关系而言,受教育者是核心,其他要素是多元。民族教育对象为各民族群众,受教育的各民族学子是民族教育的"核心",其他各要素是围绕此核心的"多元"。据此推论,当代中国少数民族教育法律与政策诸多原则中,核心原则是"各民族群众有平等的受教育的权利与义务,教育促进各民族学子德智体等方面全面发展以及各民族团结、平等、互助、共同繁荣",其他各项法律原则与政策原则皆是"多元"。公民素质与公民精神的培育是"核",其他目标是"多元";统一性是"核",多样性是"多元"。统一性之"核"并非熔化或排斥"多样性",而是引导、尊重、兼容"多样性"。

少数民族教育法律与政策体系是一棵大树,其生长不是一朝一夕的,而是数十年不断探索、不断累积持续建设的。放在时空大背景下来讲,它根植于中华民族多元一体格局的文化传统,根植于"从孔夫子到孙中山"自古及今之历史土壤(包括三民主义及中华民国时期诸多仁人志士的真知灼见以及中国共产党抗日民族统一战线政策),且吸收了

---

① 《礼记·中庸》。

② 1990 年 12 月,费孝通先生就"人的研究在中国——个人的经历"主题进行演讲时,提出"各美其美,美人之美,美美与共,天下大同"这一处理不同文化关系的十六字"箴言"。

③ 哈经雄、滕星主编:《民族教育学通论》,教育科学出版社 2001 年版,第 305 页。

④ 《庄子·应帝王》:"南海之帝为倏,北海之帝为忽,中央之帝为浑沌。倏与忽时相与遇于浑沌之地,浑沌待之甚善。倏与忽谋报浑沌之德,曰:'人皆有七窍以视听食息,此独无有,尝试凿之。'日凿一窍,七日而浑沌死。"(参见陈鼓应注释:《庄子今注今译》,中华书局 2009 年版,第 228 页。)

其他国家与地区的经验与教训,凝结着历史的智慧与人类的智慧。这种法律与政策体系具有扎根历史、海纳百川、与时俱进、自力更生、可持续发展的性质,是连续的、开放的,能够因地制宜、因俗而治,是可以根据新的情况新的问题不断修正、调适的。

1949 年 9 月《中国人民政治协商会议共同纲领》即明确指出:"中华人民共和国境内各民族一律平等,实行团结互助,使中华人民共和国成为各民族友爱合作的大家庭;各少数民族均有发展其语言文学、保持或改革其风俗习惯及宗教信仰的自由;人民政府应帮助少数民族的人民大众发展其政治、经济、文化、教育的建设事业。"《中国人民政治协商会议共同纲领》是《中华人民共和国宪法》(1954 年第一次立宪,现行宪法为 1982 年宪法,2004 年修订)之"种核"。从那时起,中国一直以此精神为指导不断建设自己的民族教育法律与政策体系,并于 2005 年首批签署《保护文化内容和艺术表现形式多样性国际公约》,其政策精神本身是积极、开明、一以贯之的,与当今世界各国各地区同类政策相比具有比较优势。加拿大长期实行一元同化主义与二元文化主义政策,20 世纪 70 年代与 80 年代才颁布多元文化主义政策与法律。美国长期实行高压同化与种族隔离的文教政策,1954 年联邦最高法院借"布朗诉托皮卡教委案"[①]宣布"隔离但平等"违宪予以废除,1964 年《民权法案》才明文规定取消种族歧视与种族隔离,可是到现在也没签署《保护文化内容和艺术表现形式多样性国际公约》。

当代中国少数民族教育法律与政策顶层设计具有先进性,问题不大;关键是执行。总的来说,法律与政策被执行得较好,成绩斐然。[②] 中国目前处于社会主义初级阶段,各地情况千差万别,各级干部政策水平与个人素质又参差不齐,对国家的法律政策理解不到位,导致政策执行过程中出现一些官僚主义、形式主义以及草率蛮干现象;法律政策监督机制与制衡机制不够齐全,某些权贵官官相助、权力寻租、假公济私,一些优惠政策被层层截留,真正惠及基层不够,难怪有百姓抱怨"光打雷不下雨"。民族问题(包括民族教育问题)有的是社会问题造成的,社会问题有的由行政问题(包括教育行政问题)造成。政通人和,增强政策行政执行力成为关键。第一,加强与改善党的领导,建立健全以党的领导为核心的"一核多元"的教育行政体制与学校行政体制。毛泽东同志说"领导我们事业的核心力量是中国共产党"[③]。没有党的核心坚强领导是办不成事情的,民族教育事业也是如此。第二,党要管党管干部,建立健全多元监督与制衡机制,加强少数民族地区与民族学校干部队伍廉政建设。少数民族地区社会治理必须与严格的廉政吏治结合起来辨证施治,教育治理也是如此。廉政有利于维稳,但廉政不能因维稳而网开一面。姑息迁就不是羁縻怀柔,而是姑息养奸。封建社会边疆治理是靠怀柔笼络其上层社会,对基层社会不管不问。共产党是靠劳动人民起家的,必须全心全意为人民服务。在社会主义

---

① 1951 年,堪萨斯州托皮卡的四年级黑人学生琳达·布朗为了不再到离家很远的一所黑人学校读书,而向一所离家较近的白人学校申请就读,遭到拒绝。女孩父亲先向托皮卡教育委员会申诉,结果失败。后上诉直至美最高法院。美最高法院于 1954 年判决琳达·布朗胜诉,宣布黑白分离的种族隔离教育违宪。

② 吴明海主编:《中国少数民族教育史教程》,中央民族大学出版社 2006 年版,第 327—407 页。

③ 毛泽东:《中华人民共和国第一届全国人民代表大会第一次会议开幕词》(1954 年 9 月 15 日),《人民日报》1954 年 9 月 16 日。

社会的今天,少数民族地区各级干部是国家公务员、人民的公仆,不是封建社会的"无法无天"的土司与"捞一把就溜"的流官,必须一切行动听中央指挥,与中央保持高度一致,大公无私,严于律己,努力提高政策水平与业务素质,有法必依,执法必公,将原则性与灵活性相结合,深入细致落实国家各项民族教育法律与政策。政治天朗气清,国家的民族教育法律政策惠风和畅,党与国家的"阳光雨露"才能落到老百姓的田间地头。各级党政部门以及有关人民团体、社会媒体必须中正督查,做到违法必究,将权力关进"一核多元"的监督笼子里。第三,以"中和位育"为原则行使教育领导权。民族地区及民族学校的领导干部,应以高度负责的精神,公正合理配置各种教育机会与公共资源,让广大教师、学生真正得到实惠。教育事关各族人民千家万户的切身利益,是改良社会的最良性的手段。教育搞好了,边疆各族人民的子女有出息,就有盼头,就会兄弟姊妹舞翩跹,歌声唱彻月儿圆,万方乐奏有于阗,民族大团结就有社会基础。民族教育法律政策文本体系这棵大树如果束之高阁,就会变成一堆干柴,所以必须将其根系深埋于人民群众的草根社会的土壤中,这样才能根深蒂固、枝繁叶茂、开花结果,才会有生命力,生命之树常青。

原载《河北师范大学学报(教育科学版)》2014 年第 5 期

后 记

　　2016 年 11 月 18 日至 20 日,由浙江大学教育学院主办、浙江大学中外教育现代化研究所承办的"第十届海峡两岸及港澳地区教育史研究论坛"在浙江大学紫金港校区隆重召开。来自北京师范大学、华东师范大学、厦门大学、澳门大学、台湾师范大学、台湾清华大学、中国人民大学、中央民族大学、华中师范大学、东北师范大学、南京师范大学、西南大学、河南大学、河北师范大学、上海市教育科学研究院、人民教育出版社、上海教育出版社、浙江教育出版社等海峡两岸及港澳地区 40 余所高等院校、科研及出版机构的 120 余位专家学者会聚启真湖畔,交流分享教育史研究的最新成果,共同展望教育史领域的发展前景,努力推动教育史学科的传承与创新。为了进一步促进海峡两岸及港澳地区教育史研究,会后决定以本届论坛与会代表提交的论文为基础汇编出版论文集。在本论文集即将付梓之际,我们就其汇编的有关情况作几点说明。

　　第一,本届论坛的主题是"教育交流与变革",围绕该主题与会代表提交的论文内容十分丰富,涵盖不同的方面,我们在汇编时按其内容和方面大致分为七个部分,并为每个部分加了标题,以期对读者起到提示的作用。

　　第二,除会议论文外,在征得作者同意后,本论文集收入了少数几篇近年来发表于学术期刊且与本届论坛主题吻合的论文,以供学界同人及读者参阅。

　　第三,台湾和澳门地区与会代表的论文因故未收入本论文集,其他部分与会代表的论文鉴于作者本人的要求也未收入本论文集,此外我们在不影响原文观点的前提下,对收入本论文集中的个别论文做了必要的删节或文字上的调整,谨此申明并祈鉴谅。

　　本论文集的出版得到浙江大学社会科学院、教育学院的大力支持和资助,浙江大学出版社的领导也给予热情关怀与指导,责任编辑为此付出了大量辛劳,浙江大学教育史学科博士研究生朱鲜峰、潘文鸢、李丽、苏青、裴子卫、王学璐、罗佳玉、吴秋月、张筱菲参加了编校等工作,在此我们一并深表诚挚的感谢!

　　限于水平,本论文集中难免有不妥之处,恳请学界同人及广大读者批评、指正。

肖 朗 商丽浩

2019 年夏于浙江大学教育学院

图书在版编目（CIP）数据

教育交流与变革:教育史研究的当代视域／肖朗，
商丽浩主编. —杭州:浙江大学出版社，2019.11
ISBN 978-7-308-19696-3

Ⅰ.①教… Ⅱ.①肖… ②商… Ⅲ.①教育史－研究－
中国 Ⅳ.①G529

中国版本图书馆 CIP 数据核字（2019）第 241478 号

教育交流与变革

——教育史研究的当代视域

肖 朗 商丽浩 主编

责任编辑	吴伟伟 weiweiwu@zju.edu.cn
责任校对	杨利军 程曼漫 李瑞雪 张振华
封面设计	雷建军
出版发行	浙江大学出版社
	（杭州市天目山路 148 号 邮政编码 310007）
	（网址:http://www.zjupress.com）
排 版	杭州隆盛图文制作有限公司
印 刷	杭州高腾印务有限公司
开 本	787mm×1092mm 1/16
印 张	35.5
彩 插	2
字 数	800 千
版 印 次	2019 年 11 月第 1 版 2019 年 11 月第 1 次印刷
书 号	ISBN 978-7-308-19696-3
定 价	128.00 元